STUDIEN ZUR KULTURKUNDE

Franz Steiner Verlag, Stuttgart; ab Band 104: Rüdiger Köppe

Begründet von Leo Frobenius, herausgegeben von Beatrix Heintze u
Vorzugspreise für Mitglieder der Frobenius-Gesellschaft in ʌ
(Preisänderungen vorbehalten)

18	**Eike Haberland: Untersuchungen zum äthiopischen Königtum.** 1965. VIII, 353 S., 8 Ktn, 3 Abb., kart. ISBN 3-515-00852-7 DM 60,– (51,–)
19	**Alfred Hauenstein: Les Hanya.** Description d'un groupe ethnique bantou de l'Angola. 1967. XX, 362 S., 23 Taf., 2 Faltkarten, kart. ISBN 3-515-00853-5 (épuisé)
20	**Walther F.E. Resch: Das Rind in den Felsbilddarstellungen Nordafrikas.** 1967. XII, 105 S. m. 4 Abb., 24 Taf., kart. ISBN 3-515-00854-3 DM 52,– (44,20)
22	**Klaus E. Müller: Kulturhistorische Studien zur Genese pseudoislamischer Sektengebilde in Vorderasien.** 1967. XII, 414 S., 7 Taf., 4 Ktn, kart. DM 122,– (97,60) ISBN 3-515-00856-X
23	**Wolfgang Lindig: Geheimbünde und Männerbünde der Prärie- und der Waldlandindianer Nordamerikas.** Untersucht am Beispiel der Omaha und Irokesen. 1970. XVI, 263 S. m. 29 Abb., kart. DM 72,– (61,20) ISBN 3-515-00857-8
24	**Rose Schubert: Methodologische Untersuchungen an ozeanischem Mythenmaterial.** 1970. VIII, 237 S. m. 35 Tab., 3 Ktn, 1 Ausschlagtafel, kart. DM 48,– (40,80) ISBN 3-515-00859-4
25	**Beatrix Heintze: Besessenheits-Phänomene im Mittleren Bantu-Gebiet.** 1970. VIII, 288 S., 6 Ktn, kart. DM 56,– (47,60) ISBN 3-515-00861-6
26	**Ulrich Braukämper: Der Einfluß des Islam auf die Geschichte und Kulturentwicklung Adamauas.** Abriß eines afrikanischen Kulturwandels. 1970. XII, 223 S., 4 Ktn, kart. DM 62,– (52,70) ISBN 3-515-00863-2
27	**Annemarie Fiedermutz-Laun: Der kulturhistorische Gedanke bei Adolf Bastian.** Systematisierung und Darstellung der Theorie und Methode mit dem Versuch einer Bewertung des kulturhistorischen Gehaltes auf dieser Grundlage. 1970. XVI, 293 S. m. 8 Ktn, kart. DM 92,– (78,20) ISBN 3-515-00865-9
28	**Andreas Kronenberg: Logik und Leben – kulturelle Relevanz der Didinga und Longarim, Sudan.** 1972. VI, 192 S. m. 31 Fig. u. 3 Ktn, 30 Taf., kart. DM 84,– (71,40) ISBN 3-515-00866-7
29	**Klaus E. Müller: Geschichte der antiken Ethnographie und ethnologischen Theoriebildung.** Von den Anfängen bis auf die byzantinischen Historiographen. Teil 1. 1972. XII, 386 S. m. 13 Abb., kart. DM 124,– (99,20) ISBN 3-515-00867-5
30	**Erzählungen der Kamayurá. Alto Xingú – Brasilien.** Deutsche Übersetzung und Kommentar von **Mark Münzel**. 1973. VIII, 378 S., 9 Taf. m. 12 Abb., kart. DM 116,– (92,80) ISBN 3-515-01210-9
32a	**Leo Frobenius 1873/1973: Une Anthologie.** Editée par **Eike Haberland** avec une préface de Léopold Sédar Senghor (Ausgabe in französ. Sprache). 1973. XIII, 247 S. m. 55 Abb., 24 Taf., kart. DM 92,– (78,20) ISBN 3-515-00869-1
32b	**Leo Frobenius 1873/1973: An Anthology.** Edited by **Eike Haberland** with a foreword by Léopold Sédar Senghor (Ausgabe in englischer Sprache). 1973. XIII, 233 S. m. 55 Abb., 24 Taf., kart. DM 92,– (78,20) ISBN 3-515-00870-5
33	**Dorothee Gruner: Die Berber-Keramik.** Am Beispiel der Orte Afir, Merkalla, Taher, Tiberguent und Roknia. 1973. XX, 182 S., 128 Taf. m. zahlr. Fig. u. 68 Abb., 3 Ktn, davon 2 Faltktn., kart. DM 88,– (74,80) ISBN 3-515-00871-3
34	**Die Völker Afrikas und ihre traditionellen Kulturen.** Hrsgg. von **Hermann Baumann**, Teil 1: Allgemeiner Teil und südliches Afrika. 1975. X, 815 S. m. 41 Ktn, 7 Abb., 2 Bildtaf. und 3 Falttabellen, kart. DM 304,– (243,20) ISBN 3-515-01774-7 Ln. DM 358,– (286,40) ISBN 3-515-01968-5

35 Die Völker Afrikas und ihre traditionellen Kulturen. Hrsgg. von **Hermann Baumann**, Teil 2: Ost-, West- und Nordafrika. 1979. VI, 734 S. m. 25 Ktn, kart. DM 304,– (243,20)
ISBN 3-515-01974-X
Ln. DM 358,– (286,40)   ISBN 3-515-02371-2

36 **Eike Haberland** und **Siegfried Seyfarth: Die Yimar am oberen Korowori (Neuguinea).** 1974. XIV, 441 S. m. 83 Abb. u. Ktn nach Zeichnungen von Gisela Wittner, 48 Fototaf., kart. DM 168,– (134,40)   ISBN 3-515-01870-0

37 **Ein Pfeilschuß für die Braut.** Mythen und Erzählungen aus Kwieftim und Abrau, Nordostneuguinea. Aufgenommen, übersetzt und kommentiert von **Antje** und **Heinz Kelm**. 1975. XII, 364 S., 16 Taf., 1 Kte., kart. DM 114,– (91,20)   ISBN 3-515-02088-8

38 **Christraud Geary: We, die Genese eines Häuptlingtums im Grasland von Kamerun.** 1976. X, 225 S. m. 6 Ktn und 5 Abb., kart. DM 72,– (61,20)   ISBN 3-515-02366-6

39 **Hermann Amborn: Die Bedeutung der Kulturen des Niltals für die Eisenproduktion im subsaharischen Afrika.** 1976. XVI, 376 S. m. 99 Abb. im Anhang, kart. DM 76,–(64,60)
ISBN 3-515-02411-5

40 **Werner Peukert: Der atlantische Sklavenhandel von Dahomey (1740-1797).** Wirtschaftsanthropologie und Sozialgeschichte. 1978. XVI, 412 S. m. 4 Ktn, 3 Abb. u. zahlr. Tab., Summary, kart. DM 72,– (61,20)   ISBN 3-515-02404-2

41 **Catalogue of the Rock Art Collection of the Frobenius Institute.** By **Pavel Cervícek** with drawings by Gisela Wittner and photos by Margit Matthews. 1976. XVI, 306 S., 178 S.m. 446 Zeichnungen u. 20 Ktn, 24 Taf. m. 35 Fotos, kart. DM 116,– (92,80)   ISBN 3-515-01856-5

42 **Dierk Lange: Le Dîwân des Sultans du [Kânem-] Bornû: chronologie et histoire d'un royaume africain (de la fin du Xe siècle jusqu'à 1808).** 1977. X, 174 S. m. 3 Tab., 1 Kte, 6 Taf., kart. DM 70,– (59,50)   ISBN 3-515-02392-5

43 **Renate Wente-Lukas: Die materielle Kultur der nicht-islamischen Ethnien von Nordkamerun und Nordostnigeria.** Mit Zeichnungen von Gisela Wittner. 1977. VIII, 313 S. m. 375 Abb., 3 Ktn, kart. DM 68,– (57,80)   ISBN 3-515-02608-8

44 **Edward Graham Norris: Wirtschaft und Wirtschaftspolitik in Abeokuta 1830–1867.** Aspekte der Ethnographie und Geschichte eines Yoruba-Staates im 19. Jahrhundert. 1978. XVIII, 190 S. m. 3 Ktn, kart. DM 44,–(37,40)   ISBN 3-515-02670-3

45 **Stefan Seitz: Die zentralafrikanischen Wildbeuterkulturen.** 1977. VIII, 241 S. m. 2 Abb. und 11 Ktn, kart. DM 64,– (54,40)   ISBN 3-515-02666-5

46 **Günter Best: Vom Rindernomadismus zum Fischfang.** Der sozio-kulturelle Wandel bei den Turkana am Rudolfsee, Kenia. 1978. XIV, 213 S. m. 29 Fig., 6 Ktn u. 17 Abb. auf 9 Tafeln, kart. DM 64,– (54,40)   ISBN 3-515-02690-8

47 **Hans Joachim Stühler: Soziale Schichtung und gesellschaftlicher Wandel bei den Ajjer-Twareg in Südostalgerien.** 1978. XVI, 162 S. m. 15 Abb., kart. DM 58,– (49,30)
ISBN 3-515-02745-9

48 **Fidelis Taliwawa Masao: The Later Stone Age and the Rock Paintings of Central Tanzania.** 1979. XIV, 311 S. m. 96 Abb., 7 Fotos, kart. DM 72,– (61,20)
ISBN 3-515-02783-1

49 **Hayder Ibrahim: The Shaiqiya: The Cultural and Social Change of a Northern Sudanese Riverain People.** 1979. XV, 243 S. m. 2 Ktn, kart. DM 64,– (54,40)   ISBN 3-515-02907-9

50 **Ulrich Braukämper: Geschichte der Hadiya Süd-Äthiopiens.** Von den Anfängen bis zur Revolution 1974. 1980. XV, 463 S. m. 30 Ktn, kart. DM 148,– (119,40) ISBN 3-515-02842-0

51 **Antje** und **Heinz Kelm: Sago und Schwein – Ethnologie von Kwieftim und Abrau in Nordost-Neuguinea.** 1980. 397 S. m. 80 Abb., 20 Taf., 1 Kte, kart. DM 150,– (120,00)
ISBN 3-515-02940-0

52 **Klaus E. Müller: Geschichte der antiken Ethnographie und ethnologischen Theoriebildung.** Von den Anfängen bis auf die byzantinischen Historiographen. Teil 2. 1980. (Teil 1 = Bd. 29 der Reihe). X, 563 S. m. 11 Abb., kart. DM 220,– (176,–)
ISBN 3-515-02499-9

53 **Asfa-Wossen Asserate: Die Geschichte von Sawâ (Äthiopien) 1700–1865.** Nach dem târika nagast von belâttên gêta Heruy Walda Sellâsê. 1980. XV, 165 S., kart. DM 62,– (52,70)
ISBN 3-515-02936-2

VERÖFFENTLICHUNGEN DES FROBENIUS-INSTITUTS
AN DER JOHANN WOLFGANG GOETHE-UNIVERSITÄT
ZU FRANKFURT AM MAIN

STUDIEN ZUR KULTURKUNDE
BEGRÜNDET VON LEO FROBENIUS
HERAUSGEGEBEN VON
BEATRIX HEINTZE UND KARL-HEINZ KOHL
106. BAND

RÜDIGER KÖPPE VERLAG KÖLN
1997

SABINE STEINBRICH

IMAGINATION UND REALITÄT IN WESTAFRIKANISCHEN ERZÄHLUNGEN

RÜDIGER KÖPPE VERLAG KÖLN
1997

Die Deutsche Bibliothek – CIP-Einheitsaufnahme

Steinbrich, Sabine:
Imagination und Realität in westafrikanischen Erzählungen / Sabine Steinbrich. –
Köln : Köppe, 1997
  (Studien zur Kulturkunde ; Bd. 106)
  Zugl.: Münster (Westfalen), Univ., Habil.-Schr., 1993
  ISBN 3-89645-201-0
NE: GT

ISBN 3-89645-201-0
Als Habilitationsschrift auf Empfehlung des Fachbereichs 14 – Alte und Außereuropäische Kulturen – der Westfälischen Wilhelms-Universität Münster gedruckt mit Unterstützung der Deutschen Forschungsgemeinschaft.
Alle Rechte vorbehalten. © Sabine Steinbrich. Rüdiger Köppe Verlag. Afrikanische Sprachen und Kulturen. Postfach 45 06 43, D-50881 Köln. Herstellung: Basis-Druck GmbH, Duisburg. Gedruckt auf säurefreiem und alterungsbeständigem Papier. Printed on acid-free paper which falls within the guidelines of the ANSI to ensure permanence and durability.

INHALT

1. Einleitender Teil 11
1.1. Ziel der Arbeit 12
1.2. Vergleichende Inhaltsanalyse von Erzählungen. Probleme der
     inhaltlichen und thematischen Klassifikation 17
1.3. Erzählungen und Sozialordnung 22

2. Erzählungen der Lyela von Burkina Faso 24
2.1. Der soziale Rahmen 24
2.2. Erzählerschaft und Publikum 25
2.3. Erzählsituation und Performanz afrikanischer Prosadichtung 29
2.4. Erzählungen im Rahmen anderer Oratur-Gattungen 37
2.5. Erzählungen und Mythen 39
2.6. Originaltexte und Übersetzungen 44

3. Das „traditionelle" Gesellschaftsmodell der Lyela 47
3.1. Die Verteilung politischer Macht in vorkolonialer Zeit 47
3.2. Die Dichotomie von religiöser und politischer Macht im
     Weltbild der Lyela 50
3.3. Die französische Kolonialherrschaft und ihr Einfluß auf das
     Autoritätsgefüge 54

4. Charaktersymbole westafrikanischer Erzählungen 58
4.1. Herrschergestalten 58
4.2. Der König (*pyɔ̃*) als Opfer der Naturgewalten 60
4.3. Konfrontation des Mächtigen mit dem Marginalen 69
4.4. Der König als überhöhte Vaterfigur 95

5. Arbeit und Existenzkampf, Not und Überfluß 114
5.1. Ökonomische Situation 114
5.2. Ursprung des Mangels und der Arbeit 118
5.3. Hungersnot und die verzweifelte Suche nach Nahrung 122
5.4. Erlösung aus der Mangelsituation durch ein Zaubermittel 133
5.5. Konflikte zwischen Menschen und Geistern um die Nutzung der
     natürlichen Ressourcen 139

5.6. Die unmögliche Wiedergutmachung 146
5.7. Einige Geschichten aus dem Hase-und-Hyäne-Zyklus 149
5.8. Arbeit und Faulheit 166

6. Liebe und Haß, Eifersucht und Solidarität. Brüder in westafrikanischen Erzählungen 176
6.1. Geschwisterrivalität 176
6.2. Die frühkindliche Lebensphase 180
6.3. Kinder über drei Jahre bis zur Pubertät 182
6.4. Geschwister in Erzählungen 183
6.5. Das Verhältnis zwischen Halbbrüdern nach dem Tod des Vaters 205

7. Geschlechterverhältnisse, Heirat, Ehe und Familie 223
7.1. Frauen in Erzählungen der Lyela 223
7.2. Freierproben, schwere und unlösbare Aufgaben 227
7.3. Blockierte Körperöffnungen und der Übergang in den Erwachsenenstatus 233
7.4. Der Erzählzyklus vom Schwierigen Mädchen 236
7.5. Ehemann und Ehefrau: Ehepartner zwischen Loyalität zur eigenen Herkunftsfamilie, Wettstreit und Zusammenarbeit 266
7.6. Das Stereotyp der treulosen Frau und die Notwendigkeit der Geschlechtertrennung 267
7.7. Konflikte zwischen Ehepartnern um Nahrung 275
7.8. Eifersüchtige Ehefrauen zerstören die Zaubermittel ihrer Ehemänner . 277
7.9. Die polygyne Ehe als unerschöpfliches Thema westafrikanischer Erzählungen 288

8. Dorf und Busch, Leben und Tod, Menschen und Geister. Mythische Motive in westafrikanischen Erzählungen 299
8.1. Erzählungen über die Buschgeister 299
8.2. Blindheit, Hellsehen und Geistesgestörtheit 309
8.3. Geschichten über Wassergeister 318
8.4. Die Wassergeister als Hüter der überlieferten Weltordnung .. 325
8.5. *Trickster* und *"Enfants Terribles"* 327

9. Zusammenfassung und Schluß 336
9.1. Erzählungen als ethnologische Quellen 336
9.2. Erzählungen und Wirklichkeit 339
9.3. Möglichkeiten und Grenzen der ethnologischen Textforschung 341

Bibliographie 343
Karte des Lyela-Gebietes 23

Verzeichnis der Erzählungen

4. Kapitel

Chamäleon hält den Regen zurück 61
Die dankbaren Tiere und der undankbare Mensch 63
Der Mann, dem die Frauen folgen 76
Die Haarbüschel, die verschiedene Namen tragen 81
Die Satire vom König, der rohe Körner kauen muß 85
Der Pechvogel 87
Die Erzählung von den magischen Gegenständen 88
Ödipus 95
Der König, der alle alten Männer des Landes töten wollte 103
Der Starke (Schlaue) Knabe und der Böse König 105

5. Kapitel

Der Gegessene Gott 120
Der Mann und seine drei Ehefrauen 125
Der Wundervogel 130
Hase läßt sich im Bohnenfeld begraben 132
Das wunderbare Hirsekorn 133
Hase und Hyäne bauen „im Himmel" ein Haus 138
Ein junger Mann rodet ein Feld der Geister 139
Eine alte Frau geht nachts zum Fischfang 142
Der Mensch, der einen Geist überlistet, indem er eine unlösbare
Aufgabe mit einer unlösbaren Gegenaufgabe erwidert 143
Der Geist, der zur Mittagsstunde alle Menschen vom Feld jagt ... 144
Eine Frau stiehlt bittere Auberginen von einem Geist 145
Die unmögliche Wiedergutmachung 146
Hase und Hyäne und der Wunderbaum 150
Hahn und Calao-Vogel besuchen gemeinsam ein Totenfest 159
Hase und Hyäne im Leib des Rindes 163
Die Frau im Haus der Geister 164
Hase und Hyäne lassen ihre Felder von den Ahnengeistern bestellen 166
Hase zaubert Unkraut auf Hyänes Feld 170
Die Tiere des Waldes bestellen ein gemeinsames Hirsefeld 171
Hyäne borgt sich Hases Wunderhacke aus 173
Die drei Faulen 175

6. Kapitel

Drei Kinder bemühen sich um ihren alten Vater 184
Der verlorene Sohn 187
Das Mädchen ohne Brüste 189

Brüder geraten in Streit 195
Die drei Brüder und die Geistmädchen 196
Die drei Brüder und das verwandelte Pferd 206
Warum man zum Totenfest keine Menschenopfer darbringt 210
„Däumeling" rettet seine älteren Geschwister vor der Hexe 211
Das *Enfant Terrible* 215
Die vier Brüder mit den unbekannten Namen 220

7. Kapitel

Das eingemauerte Mädchen 227
Das Mädchen, das seine "Sache" verliert 229
Der festgeklebte Honigtopf 233
Ewula wird von einem Ungeheuer verschlungen 237
Vom Mädchen, das nicht sprechen will und einen Leprösen heiraten muß .. 239
Penis erklärt sich bereit, seinen Freund Mund zu begraben 240
Der Lepröse und seine drei Ehefrauen 241
Ein ungehorsames Mädchen heiratet einen Geist- oder Tiermann 243
Ein junger Mann geht für seine Verlobte in den Tod 267
Ein Mann teilt die ihm noch verbliebenen Lebensjahre mit seiner Frau 269
Die Geschichte von der Frau, die den Männern den Penis abreißt 271
Der Dorfchef begeht Ehebruch mit einer Frau des Dorfes und bekommt
von ihrem Ehemann ein Ohr abgeschnitten 272
Eine Frau begeht vor den Augen ihres Mannes Ehebruch 275
Hyänenvater betrügt seine Familie und wird von einem mythischen
Wesen bestraft 275
Eine eifersüchtige Ehefrau zerstört den zauberkräftigen Kuhschwanz,
der ihrem Mann Reichtum brachte 278
Ein Wahrsager warnt einen jungen Mann vor seiner Ehefrau 282
Verschiedene Generationen von Söhnen töten ihre Väter auf Betreiben
ihrer Ehefrauen 285
Eine Frau verleumdet ihre Mitfrau beim Ehemann 289
Wie der Calao-Vogel schwarz wurde 292
Eine eifersüchtige Frau geht zum Wahrsager, um von ihm „Medizin"
zu bekommen, die die Liebe ihres Ehemannes zurückbringt 295
Der Mann und seine drei Ehefrauen 296

8. Kapitel

Mann und Frau stehlen den Geistern das Feuer und andere wichtige
Kulturgüter 299
Ein Mann rettet ein Geistkind vor dem Feuertod und wird mit Blindheit
geschlagen 305
Eine Menschenfrau findet ein Geistkind im Busch und nimmt es mit
nach Hause 306

Die Geschichte vom Geheimnis der Tiersprache 314
Ein blindes Mädchen stiehlt einem Buschgeist die Augen 316
Großer Bruder und Kleiner Bruder müssen in der Dürre ihr
Heimatdorf verlassen 318
Das Mädchen und die Kröte 320
Warum die Frauen die gleichen Geschlechtsteile wie Frösche haben 321
Hase vernichtet die Nachkommen von „Tante" Krokodil 327
Die Chamäleonskinder als Gewittergeschwister 331

1. EINLEITENDER TEIL

1.1. Ziel der Arbeit

Die vorliegende Untersuchung befaßt sich mit dem Verhältnis von Phantasie und Wirklichkeit in westafrikanischen Kulturen. Ausgehend von der Erfahrung, daß durch teilnehmende Beobachtung und Befragung, den beiden wichtigsten Methoden der ethnographischen Feldforschung, viele hintergründige Sachverhalte der geistigen Kultur nicht faßbar werden, soll in dieser Arbeit eine weitere Quellengruppe herangezogen werden: was sagt die orale Literatur über die Gesellschaft, die sie hervorbringt, aus? Die Oralliteratur, hier besonders Erzählungen, wird in ihrer Wechselbeziehung zum kulturellen Hintergrund der Erzähler und Zuhörer behandelt. Es geht darum zu zeigen, wie Erzählkunst, Familien- und Alltagsleben, Politik und Religion miteinander verschränkt sind. Welche Beziehungen lassen sich zwischen der Ebene der symbolhaften und metaphorischen Imagination der Oratur und dem Handeln der Menschen entdecken?

Die Nutzung mündlich überlieferter Wortkunst für die ethnographische Beschreibung und die ethnologische Theoriebildung hat eine lange Tradition von Boas (1916–1938) bis Lévi-Strauss (1955–1987). Für Afrika sind die relevanten Arbeiten in Finnegans Klassiker *Oral Literature in Africa* (1970: 315–388) zusammengefaßt. Einen guten Überblick über verschiedene Theorien der afrikanistischen Erzählforschung gibt auch Okpewho (1983, 1992). Die Bibliographie von Görög-Karady aus dem Jahre 1981, Erweiterung 1992, stellt bis heute die letzte Zusammenstellung der Veröffentlichungen dar, die sich international mit afrikanischer Oratur befassen. Sie soll in weiteren Auflagen auf dem neuesten Stand gehalten werden.

An westafrikanischen Beispielen wird dargelegt, wo die Möglichkeiten und die Grenzen der ethnologischen Interpretation oraler Prosadichtung liegen. Dabei werden wir nicht nur mit Problemen der Inhaltsanalyse von Erzählungen konfrontiert, sondern auch erneut mit den klassischen Problemen der ethnographischen Beschreibung und des ethnologischen Vergleichs. Welche Wirklichkeiten kann man ethnographisch beschreiben? Welche Dimensionen der Realität erschließen sich aus Beobachtung und Befragung und welche aus der Interpretation oraler Literatur? Welche Kategorien kann man heranziehen, um verwandte, aber doch unterschiedliche Erzähltraditionen eines Kulturareals bzw. benachbarter Kulturprovinzen miteinander zu vergleichen? Wie identifiziert man die wichtigsten Themen der afrikanischen Erzählkunst?

Der vorliegende Versuch, Erzählungen als eine bisher eher selten genutzte Quellengruppe auf ihren ethnologischen Informationswert hin zu untersuchen, geht von folgenden Überlegungen und Vorerfahrungen aus:

Der vorliegende Versuch, Erzählungen als eine bisher eher selten genutzte Quellengruppe auf ihren ethnologischen Informationswert hin zu untersuchen, geht von folgenden Überlegungen und Vorerfahrungen aus:

Ein wichtiges Ziel der Ethnologie ist die Überwindung eurozentrischer Sichtweisen: die B e f r a g u n g von Mitgliedern einer fremden Kultur erfolgt jedoch notwendigerweise in den Kategorien und Begriffen der Kultur, aus der der Forscher stammt. In der Befragung liegt die Gefahr, durch die eurozentrisch vorgegebene Art der Fragestellung die Antworten gleichfalls in ethnozentrischer Weise zu verfälschen.

In vielen Kulturen empfinden die Menschen die Befragung durch einen Fremden als Aggression. In ländlichen Gegenden Westafrikas wird direktes Fragen nach sozialen, familiären und persönlichen Sachverhalten nicht nur in der ersten Phase der Feldforschung als unzulässiges Eindringen in die Intimsphäre des Befragten gewertet, eine Grenzüberschreitung, die durch finanzielle „Gegenleistungen" nur unvollkommen wieder gut gemacht werden kann.

Durch die Methode der teilnehmenden Beobachtung erschließen sich die Motive, Absichten, Normen und Werte, die den beobachteten Handlungen und Geschehensabläufen zugrunde liegen, oft nicht.

Ich gehe hypothetisch davon aus, daß in den ländlichen Gesellschaften der westafrikanischen Savanne, in denen vom Individuum eine enge Anpassung an genau definierte soziale Rollen verlangt wird, ein hohes Potential an unzulässigen und deshalb verdrängten Emotionen besteht. Die unterdrückten Gefühle, Instinkte, Aspirationen und inneren Konflikte bedürfen der Verarbeitung in verschiedenen Symbolsystemen, unter denen die orale Literatur eine wichtige Rolle spielt. Dabei werden zahlreiche innere Konflikte in äußere Handlungen übersetzt und ein anderer Teil auf den menschlichen Körper projiziert.

Die Oratur, d.h. die jeder Kultur eigentümlichen Genres mündlich tradierter Wortkunst der bis vor kurzer Zeit noch schriftlosen Kulturen Westafrikas, stellen m.E. Quellenmaterial von besonderer Aussagekraft dar, da sie sich kulturspezifischer Formulierungen und Symbole bedienen. Die besondere A u t h e n t i z i t ä t der Erzählungen ist bereits von Boas als wichtiges Argument für ihre ethnologische Nutzung herangezogen worden:

„[...] die Erzählungen enthalten vermutlich alles, was den Erzählern wichtig ist, und auf diese Weise entsteht ein Bild ihres Denkens und Fühlens, das so frei ist vom *'bias'* des europäischen Beobachters wie irgend möglich. Die Dinge, die den Indianern selbstverständlich sind und (nur) den Fremden frappieren, verschwinden, wohingegen wichtige Gesichtspunkte zum Ausdruck kommen, die vollkommen vom Untersucher übersehen werden können [...]." (Boas 1935: V, eigene Übersetzung[1])

Bascom unterstreicht seine Argumentation für die Nutzung oraler Literatur als ethnographische Quelle mit einem Zitat seines Kollegen Hallowell, der bei den

---

1 Die Übersetzungen der Zitate wurden in den meisten Fällen von mir selbst vorgenommen; nur einige schwer übersetzbare Ausnahmen, bei denen es auf den genauen Wortlaut ankommt, blieben original stehen.

Ojibwa gearbeitet hatte und sich auch für die Analyse einheimischer Texte in der nach dem zweiten Weltkrieg aktuellen *„Culture and Personality"* Forschung einsetzte:

> „Schließlich sind die Dinge, über die die Menschen selbst reden, wichtig für unser Verständnis, und die Erzählungen, die sie von einer Generation zur anderen tradieren und die sie immer und immer wieder anhören, können in einer ausgewogenen Darstellung der Kultur nicht als überflüssig angesehen werden." (Hallowell 1947 zit. in Bascom 1965: 284)

In der aktuellen „postmodernen" Diskussion um die Relevanz und Glaubwürdigkeit ethnographischer Darstellung wird die Authentizität einheimischer Literaturgattungen erneut hervorgehoben. Immer mehr Skeptiker stellen grundsätzlich die Möglichkeit in Frage, zu einer objektiven „wissenschaftlichen" Analyse fremder Kulturen zu gelangen. Immer stärker setzt sich die Auffassung durch, daß man allenfalls zu temporär gültigen „Interpretationen" fortschreiten könne (Ausdruck von Clifford Geertz). Unter diesen verschiedenen Interpretationen rücken solche ins Zentrum des Interesses, in denen die Menschen anderer Kulturen sich selbst darstellen: Kunst, Musik, Tanz, Ritual, Masken, orale Literatur u.a.m.

Die Tatsache, daß ich unter den zahlreichen Gattungen der westafrikanischen Oratur Erzählungen gewählt habe, erklärt sich aus meiner ethnographischen Arbeit. Ich habe insgesamt zweieinhalb Jahre ethnographische Feldforschung[2] bei den Lyela von Burkina Faso durchgeführt, einer Gur-sprachigen ethnischen Gruppe, in der Prosaerzählungen (*səswǎlsɛ*) neben Preis- oder Satznamen (*zãã yilə*), Sprichwörtern (*səswalsɛ*) und Liedern (*núrh*) die wichtigsten Formen oraler Literatur darstellen. Die kondensierten und verklausulierten Satz- oder Preisnamen, ein im heutigen Europa unbekanntes Genre oraler Literatur, ist nur mit einer sehr guten Kenntnis der äußerst komplexen Ton- und Klassensprache des Lyele[3] verständlich. Erzählungen werden dagegen in den Worten der normalen Alltagssprache, hier und da durchsetzt mit schwer übersetzbaren Liedern, vorgetragen.

---

2   Ergebnisse meiner ersten Feldforschung wurden in der Arbeit *Frauen der Lyela. Die wirtschaftliche und soziale Lage der Frauen von Sanje* (1987) veröffentlicht. Der Aufenthalt dauerte von Mai 1982 bis März 1984. Ich führte ihn im Rahmen eines von Prof. Schott, Direktor des Seminars für Völkerkunde der Universität Münster, geleiteten Forschungsprojektes mit Unterstützung der Deutschen Forschungsgemeinschaft durch. Mit der genannten Dorfstudie habe ich einen Beitrag zur allgemeinen Ethnographie der Lyela geleistet, der von den Arbeiten von Schott (1984, 1986, 1988) und Dinslage (1986) ergänzt wird. Von Oktober 1989 bis Ende Mai 1990 war ich noch einmal bei den Lyela und habe ungefähr eintausend Erzählungen aufgenommen. Weitere Forschungsinteressen waren das Wahrsagerwesen und Religionsethnologie im weiteren Sinne.

3   Das Lyele gehört zur „Gurunsi"-Untergruppe der westafrikanischen Gur-Sprachen (vgl. Köhler 1975: 186–189; Manessy 1979; Duperray 1984: 13–29). Eine Grammatik und ein Glossar Lyele-Français (unveröffentliches Manuskript) wurden von Ron und Lynn Stanford in Réo erarbeitet; an älteren Veröffentlichungen ist vor allem Nicolas (1953) zu nennen, dessen Orthographie jedoch als überholt gilt. Die Schreibweise des Lyele in der vorliegenden Arbeit richtet sich nach den Arbeiten der Stanfords, die die Transkription des Lyele nach den Richtlinien der *„Societé Internationale de Linguistique"* durchführten.

Sie sind dem europäischen Verständnis leichter zugänglich als die Sprichwörter und stellen zum Teil schon seit vielen Generationen überlieferte Zeugnisse der traditionellen Kultur dar.

Im Unterschied zur funktionalistischen Interpretation oraler Literatur betrachte ich Erzählungen nicht einseitig als Ideologie zur Rechtfertigung der bestehenden Sozialordnung. Zahlreiche Erzählungen sowie einzelne Episoden und Motive verweisen auf Konflikte, Rebellion und Umkehrung des Schicksals der Schwachen und Marginalen. Sie zeigen, welche Kategorien von Personen mit anderen in einem Spannungsverhältnis leben, sie verweisen auf Widersprüche und Mängel im Sozialleben.

Die vorliegende Arbeit ist zugleich ethnographisch und vergleichend. Ich versuche einerseits, meine Kenntnisse der Kultur der Lyela, wie ich die Lyela in zweieinhalb Jahren als Beobachterin in verschiedenen Gehöften kennengelernt habe, mit dem, was sie in ihren Geschichten erzählen, in Beziehung zu setzen. Darüber hinaus werde ich zu den wichtigsten Erzähltypen andere westafrikanische Versionen und Varianten heranziehen.[4] Es ist zu zeigen, wie sich die Versionen und Varianten anderer Völker der Savannenzone von den Geschichten der Lyela unterscheiden. Ich werde herausarbeiten, welche sozialen, politischen, wirtschaftlichen oder ökologischen Unterschiede zwischen diesen Kulturen gegebenenfalls die Besonderheiten einzelner Varianten zu erklären vermögen. Viele Erzähltypen sind westafrikanisches „Gemeingut" oder auch über Westafrika hinaus verbreitet. Sie ähneln sich im äußeren Ablauf, besitzen aber in jeder Kultur Bedeutungsunterschiede, ein Aspekt, auf den besonders die französische Schule der Erzählforschung Gewicht legt.

Die isolierte Betrachtung der Erzählungen als Schöpfungen einer einzigen Kultur ist nicht nur in Westafrika unzulässig. Geschichten werden über sprachliche und kulturelle Grenzen hinweg erzählt, eine Binsenweisheit, die nicht immer von anthropologischen Erzählforschern beherzigt wurde. Für zu enge, sehr ethnographische Interpretationen wurde beispielsweise Beidelman kritisiert. In seinem Aufsatz *Hyena and Rabbit. A Kaguru Representation of Matrilineal Relations* (1961) führte er die Erzählung von den „Verkauften Müttern" auf bestimmte Institutionen der matrilinear organisierten Gesellschaft der Kaguru in Tansania zurück. Es zeigte sich jedoch, daß die „Verkauften Mütter" auch in patrilinearen Gesellschaften bekannt sind. Eine tiefenpsychologische Interpretation verschiedener westafrikanischer Varianten aus Mali, Burkina Faso und Bénin wurde von Calame-Griaule (1970 = 1987) vorgenommen.

---

4   In meinem Gebrauch der Termini „Version" und „Variante" folge ich Dundes (1964: 253): "Contrary to what Thompson says, any iteration of a text is a version. Thus if one had ten texts of a particular proverb, one would have ten 'v e r s i o n s' of that proverb. Versions which depart to a lesser or a greater degree from the more typical forms can be labelled 'v a r i a n t s'. Thus all v a r i a n t s must by definition be v e r s i o n s, but not all v e r s i o n s are necessarily v a r i a n t s. The obvious difficulties are first the determination of 'typical forms', and second the question of how different does a v e r s i o n have to be before it can be termed v a r i a n t?" (eigene Hervorhebung)

Auch Finnegan (1967) wurde von Dorson (1972: 11) dafür kritisiert, daß sie die von ihr aufgenommenen Limba-Erzählungen aus Sierra Leone nicht im Kontext anderer westafrikanischer Versionen und Varianten betrachtet hätte. Beidelman (1975) hält jedoch dieser Kritik von seiten der Erzählforscher (engl.: „*folklorists*") entgegen, daß es für ihn als Anthropologen relativ uninteressant sei, die Verbreitung bestimmter Motive zu dokumentieren. Der Sinn (die Bedeutung) eines Motivs, bzw. eines Symbols, erschließt sich seines Erachtens erst aus dem Sinnzusammenhang e i n e r Kultur. Zwei äußerlich identische Bilder (Symbole, Motive) können in verschiedenen Kulturen unterschiedliche Bedeutungen besitzen. Diese Meinung wird auch von Calame-Griaule geteilt, die in ihrer Methode der „*analyse symbolique*" den Bedeutungsgehalt der Symbole aus dem Gesamtzusammenhang der sie hervorbringenden Kultur erklärt.

Das Siedlungsgebiet der Lyela wird im Norden von den Samo begrenzt, die eine Mande-Sprache sprechen (Platiel 1984: 9–13) und damit in Beziehung zur großen Mande-Erzähltradition stehen. Die Lyela teilen trotz ihrer Zugehörigkeit zur Gurunsi-Sprachgruppe zahlreiche Motive und Erzähltypen mit den Samo. Gleichzeitig leben sie in direkter Nachbarschaft mit den Mosi, der zahlenmäßig und politisch dominierenden Ethnie Burkina Fasos. Ein Vergleich meines Korpus mit den Sammlungen von Tauxier (1917), Frobenius (1922), Tiendrebeogo (1963), Canu (1969) und Bonnet (1982) läßt leicht erkennen, daß die Lyela auch von den Mosi nicht nur einzelne Motive, sondern ganze Geschichten in sehr ähnlicher Form übernommen haben (oder umgekehrt). Chevrier (1985) zitiert eine unveröffentlichte Erzählsammlung der Nuna, der südlichen Nachbarn der Lyela, die mir von Deutschland aus leider nicht zugänglich ist (Yago, unveröffentlichtes Manuskript). Die wenigen von Chevrier zusammengefaßten Nuna-Geschichten finden sich ebenfalls beinahe identisch in meiner Lyela-Sammlung.

Über die direkten Nachbarn der Lyela hinaus werde ich Ethnographien und Erzählsammlungen weiterer Gur-sprachiger Kulturen heranziehen. Kulturhistorisch orientierte deutsche Ethnologen bezeichneten das Siedlungsgebiet dieser Gesellschaften als „Obervolta-Provinz" zwischen dem Nigerbogen und etwa dem siebten Grad nördlicher Breite:

„Die Bevölkerungsgruppen im Zentrum des Nigerbogens in Obervolta und Teilgebieten der Nachbarn Mali, Elfenbeinküste, Ghana, Togo, Benin, Nigeria und Niger weisen ein in den Grundzügen recht einheitliches Kulturgepräge auf. Dies wird bedingt durch: gleiche Umwelt, welche die überall gleiche Wirtschaftsweise des Regenzeitfeldbaus mit Herdenviehzucht und subsidiärer Jagd begünstigt; Vorherrschen der Gur-Sprachen [...]; ähnliche historische Schicksale." (Dittmer 1979: 495)

Die „Obervolta-Provinz" liegt in der westafrikanischen Trockenwald-Savanne, in der die Bauern Brandrodungsfeldbau betreiben. In den Sozialorganisationen der einzelnen Ethnien dominieren Patrilinearität, Patrilokalität, sozio-ökonomische Vormachtstellung der alten Männer, der Zusammenhalt der Patriklane als korporative Gruppen. In der Religion finden wir im ganzen Gebiet Ahnenkult, Hochgottglauben, Erdkult und Wahrsagerwesen. Die verschiedenen politischen Systeme unterscheiden sich vor allem hinsichtlich des Grades ihrer Zentralisierung und klassenmäßigen Schichtung. Die Lyela sind eine Gesellschaft ohne jede politische Zentralgewalt, der man die „feudale" Gesellschaft der Mosi als anderes Extrem entgegensetzen könnte. Im dritten Kapitel dieser Arbeit werde ich andere Gur-sprachige Gesellschaften vorstellen, die politische Systeme zwischen dörflicher Selbstverwaltung und „Häuptlingstum" entwickelt haben. Ich versuche, den Einfluß der verschiedenen politischen Systeme auf die erzählerischen Imaginationen zum Thema „Macht und Marginalität" in der Oratur nachzuweisen.

Die Gur-sprachigen Völker der westafrikanischen Savanne bieten ausreichende Ähnlichkeiten, aber auch genügend Verschiedenheiten, daß ein Vergleich ihrer Erzähltraditionen sinnvoll erscheint. Oberflächlich betrachtet, finden sich nicht nur Ähnlichkeiten zwischen den Erzählmotiven dieses relativ eng umrissenen Kulturraumes, sondern auch zu denen der westafrikanischen Waldlandregion, Zentral- und sogar Ostafrikas. Auf rein vordergründige Ähnlichkeiten zu verweisen und eine „Schmetterlingssammlung" afrikanischer Erzählmotive anzulegen, scheint mir jedoch weniger interessant, als zu versuchen, eine überschaubare Anzahl verwandter Erzähltraditionen mit den sie hervorbringenden sozio-politischen Systemen in Beziehung zu setzen. Ich bemühe mich darum, in meinen Vergleichen über die Ebene der Phänomene hinauszugelangen und aus den Erzählungen den Einfluß der entsprechenden kulturellen Modelle, der Muster sozialen Verhaltens sowie des religiösen Denkens herauszuarbeiten.

Die Dokumentation der Gur-sprachigen Ethnien ist sowohl in ethnographischer als auch in oralliterarischer Hinsicht sehr unterschiedlich. Natürlich sind nicht alle der im folgenden genannten Ethnien gleich gut beschrieben. Es liegen Ethnographien und Erzählungen von folgenden Gesellschaften vor: Bulsa (Nordghana), die seit etwa zwei Jahrzehnten von Schott (1970–1990) und seinen Schülern erforscht werden, und von denen mit über 1.300 Erzählsammlung die größte Erzählsammlung in Deutschland vorliegt. Dogon (Mali), die von Griaule und Dieterlen (1965, o.J.), Lifchitz (1940), Paulme (1940), Calame-Griaule (1954, 1965, 1986), und anderen Forschern in Arbeiten zur Ethnolinguistik, Erzählforschung und Religionsethnologie berühmt wurden. Kasena (Nordghana und Burkina Faso), für die eine Erzählsammlung und ethnographische Aufsätze von Zwernemann (1963–1985) vorliegen sowie die religionsethnologische Arbeit von Liberski (unveröffentlichtes Manuskript) Kurumba in ihren Monographien von Staude und Schweeger-Hefel (1972). Lobi in ihrer Beschreibung durch Labouret (1931–1958), Meier (1981) und Père (1988). Lyela aus eigener Kenntnis und den Arbeiten von Bayili (unveröffentlichtes Manuskript), Dinslage (1986) und Schott (1984–1988). Mosi, über die seit der frühen Kolonialzeit eine große Zahl ethnologischer Arbeiten und gute Erzählsammlungen publiziert wurden. Nunuma, beschrieben in einer Dorfmonographie von Duval (1985, unveröffentlichte Erzählsammlung von Yago). Sisala, die von Grindal (1973) St. John-Parsons (1958, 1960) und Tengan (1991) besucht wurden. Tallensi in ihrer epochemachenden Darstellung durch Fortes (1940–1970).

Die nördlichen Nachbarn der Lyela, die Samo, sprechen, wie gesagt, eine Mandé-Sprache. Ihre Versprengung nach Süden führte zur Herausbildung einer Enklave von Mandé-Sprechern in einem Gurunsi-Areal. Da sie trotz ihrer Zugehörigkeit zu einer anderen Sprachfamilie die wichtigsten kulturellen Merkmale mit den Lyela teilen (materielle Kultur, politische Organisation, Wirtschaft,

Religion), und da erstaunlich viele Erzählungen über die Sprachgrenzen hinweg gewandert sind (vermutlich vor allem durch interethnische Ehen), werde ich die Samo in meine Vergleichsgruppe miteinbeziehen. Auch auf Erzählungen der Bambara, der Malinké u.a. werde ich eingehen, wenn sie in ihrem gesamten Erzählablauf eindeutige Parallelen zu den Erzählungen der Gurunsi aufweisen.

1.2. Vergleichende Inhaltsanalyse von Erzählungen
Probleme der inhaltlichen und thematischen Klassifikation

Um der Untersuchung der komplexen Beziehungen zwischen Erzählungen und Alltagswirklichkeit den notwendigen Vergleich mit verschiedenen anderen Erzähltraditionen zur Seite stellen zu können, habe ich nach Kategorien gesucht, die eine Analyse ähnlicher Erzählinhalte über mehrere Kulturen hinweg ermöglichen. Dabei zeigte sich, daß die klassischen Kategorien des kumulativen Kulturbegriffs der Ethnologie, die die Kultur in Ökologie, materielle Kultur, Wirtschaft, Politik, Sozialstruktur, Religion, Erziehung usw. einteilt, in der Erzählforschung nicht ohne weiteres anwendbar sind. In einer Erzählung werden immer zugleich verschiedene Probleme z.B. wirtschaftlicher, politischer und sozialer Art angesprochen. Eine Trennung der genannten Teilbereiche, die im europäischen Denken isolierbar erscheinen, wird der Komplexität und Flexibilität afrikanischer Oratur nicht gerecht.

In ihrer ersten Arbeit über die Erzählungen der Limba in Sierra Leone (1967) beklagt Finnegan bereits das Dilemma, daß Erzählungen weder streng nach Themen, noch nach Handlungsträgern klassifiziert werden können.

"[...] *the stories cannot be strictly divided by subject or purpose. This, however, has been necessary.*" (1967: 39)

Nicht nur ist man bisher zu keiner verbindlichen Methode der inhaltlichen Klassifikation von Erzählungen gelangt, sondern für vergleichende ethnologische Interpretationen bleibt bis heute das Problem ungelöst, wie man zu einer Definition der kleinsten isolierbaren Einheiten von Erzählungen gelangen soll. Fischer, der 1963 erstmals einen zusammenfassenden Artikel über die vergleichende soziopsychologische Analyse von Erzählungen verfaßte, wurde z.B. von Jacobs dafür kritisiert, daß er sich an den interkulturellen Vergleich verschiedener Erzähltraditionen wagen wollte, ohne daß die methodisch-theoretischen Grundlagen dieses Vergleichs geklärt wären.[5]

---

[5] „Fischer besteht zurecht auf einer modernen, vergleichenden Methode [der Erzählforschung]... Das Ergebnis sollen stichhaltige Schlußfolgerungen über die Beziehungen zwischen soziokulturellen Faktoren und und expressiven Merkmalen der Folklore sein... [Aber] wir können mit Kulturvergleichen dieser Art nicht viel anfangen, bis wir nicht klar definierte, minimale Einheiten der oralen Literatur vorliegen haben. Eine komparative Methode, deren Grundlage größere Einheiten von Erzählungen in kaum bekannten Kontexten bilden, ist eine Methode, die den Karren vor den Esel spannt." (Jacobs in Kritik zu Fischer 1963: 278)

Andere Erzählforscher versuchten die unbefriedigende Ungenauigkeit der klassischen folkloristischen Begriffe des „*Motivs*", der „*Episode*", oder gar des „*Archetypus*", die häufig in der Inhaltsanalyse verwendet wurden, durch „*morphologische*" Kategorien zu ersetzen. In einer weiteren Kritik zu Fischers Artikel plädierte Dundes für eine formale Begriffsentwicklung nach Proppschem Vorbild, die er für wissenschaftlicher und strenger definiert hielt als die traditionellen folkloristischen Parameter.

> „Propps ‚*Funktion*' oder das was ich ‚*Motifem*' genannt habe, wird von Fischer zu wenig berücksichtigt. Es sind jedoch diese Einheiten der Erzählhandlung [*units of plot action*], die die wirklichen strukturellen Einheiten der Volksdichtung ausmachen [...]. Man kann eine Erzählung als eine limitierte Sequenz verschiedener Motifeme definieren. Trotz der großen Vielfalt von historisch und genetisch verschiedenen Erzählungen gibt es nur relativ wenig verschiedene Motifemsequenzen oder Motifemmuster. Innerhalb dieser Muster ist die Abfolge der einzelnen Motifeme mehr oder weniger festgefügt. (Dundes Kritik zu Fischer 1963: 276–277)

Der Versuch von Denise Paulme (1972), nach dem Proppschen Vorbild eine „*morphologische Typenunterscheidung*" afrikanischer Erzählungen vorzunehmen, entstammt der gleichen theoretischen Welle der sechziger Jahre. Paulme beklagt ebenfalls die Unmöglichkeit, afrikanische Erzählungen entweder nach Handlungsträgern oder nach Themen klar voneinander zu unterscheiden und auf inhaltlichem Wege zu einer Ordnung des Erzählstoffes zu gelangen. Für eine ethnologische Inhaltsanalyse geben jedoch die schlüssigsten und elegantesten Entwicklungen formaler Modelle und Typen (Paulme 1972, Bremond 1975, Haring 1982) nicht viel her.

Der international eingeführte Typenindex von Aarne und Thompson (1961) enthält kein afrikanisches Material, so daß man westafrikanische Erzählungen damit kaum angemessen bearbeiten kann. Die französischen Erzählforscher verweisen in ihren Analysen afrikanischer Erzählungen häufig auf Parallelen zu europäischen Erzähltypen; mehr als oberflächliche Analogien erbringen Vergleiche dieser Art m.E. jedoch nicht.

Wie aus der Gliederung dieser Arbeit und dem Verzeichnis der Erzählungen zu sehen ist, spielen auf einer den T h e m e n nachgeordneten Ebene E r z ä h l t y p e n (engl.: *tale types*) eine Rolle. Zu jedem Thema, das bedeutungsvoll für die westafrikanische Erzähltradition erschien, habe ich die dazugehörigen E r z ä h l t y p e n zusammengestellt. Darunter verstehe ich eine gleiche oder ähnliche Zusammenstellung von Motiven, die in gleicher Sequenz aufeinander folgen. Viele der populäreren Erzähltypen lassen die Entwicklung von verschiedenen „Subtypen" erkennen. Nach einer Anzahl gemeinsamer Einstiegsmotive „gabeln" sich die gleich oder ähnlich beginnenden Geschichten und laufen in verschiedenen Schlußsequenzen aus.

Aus dieser Beobachtung leite ich die Hypothese ab, daß das Experimentieren mit verschiedenen Endungen „gleicher" oder ähnlicher Erzählungen für diese Gattung der afrikanischen Oralliteratur signifikant ist. Besonders aus Afrika sind uns „*Dilemma-Erzählungen*" bekannt geworden, Geschichten mit einem unlösbaren Widerspruch am Ende (vgl. Bascom 1972). Die Häufigkeit der Dilemma-Erzählungen und der divergierenden Schlußsequenzen weisen in die gleiche Richtung: In Erzählungen verständigen sich die Menschen über ihre soziale Ordnung. Zu immer wiederkehrenden, strukturellen Konflikten ihrer Sozialordnung imaginieren sie in Erzählungen verschiedene Lösungsmöglichkeiten, die aber alle notwendigerweise defizitär bleiben müssen. Der experimentelle Charakter mündlich überlieferter Erzählungen ist ein konstituierendes Wesensmerkmal der Gattung.

Diese Hypothese setzt Flexibilität und Offenheit afrikanischer Erzählungen voraus. Sie geht davon aus, daß neue Schwierigkeiten und Anforderungen, die die Menschen auf dem Lande beschäftigen, etwa das immer massivere Vordringen der Geldwirtschaft, Wanderarbeit u.a., auch ihren Niederschlag in Erzählungen finden. Für die Lyela von Burkina Faso bestätigt sich diese Annahme. Andere Erzählforscher verweisen dagegen auf den konservativen Charakter afrikanischer Erzählungen. Tatsächlich finden sich dort Figuren und Gegenstände, die man in „Wirklichkeit" nicht mehr findet. So tragen die Frauen in den Geschichten nicht nur Stoffe, sondern auch noch die traditionellen Blätter um die Hüften. Der Jäger als Symbol für Männlichkeit und Wagemut erfreut sich auch heute unter der schulbesuchenden Jugend des Verwaltungszentrums Réo, der größten semi-urbanen Agglomeration im Lyela-Gebiet, noch größter Beliebtheit, obwohl dort in den Außenbezirken nur noch allenfalls einige Kaninchen zu jagen sind.

Wir haben keine gesicherten empirischen Kenntnisse darüber, in welchen Merkmalen afrikanische Erzählungen „konservativ" bleiben und wo welche Neuerungen in welcher Form aufgenommen werden. Meines Wissens gibt es keine systematischen Untersuchung verschiedener Erzählkorpora der gleichen Ethnie, die in einem zeitlichen Abstand von mehreren Generationen durchgeführt worden wäre. Für die Lyela liegen nur einige wenige Erzählungen vor, die Pater Nicolas in den 30er und 40er Jahren dieses Jahrhunderts als „Sprachproben" aufnahm (1952a, 1952b, 1952c, 1953). Die Geschichten sind länger und von komplexerem Aufbau als die meisten, die mir vierzig Jahre später erzählt wurden. Die Protagonisten sind die gleichen geblieben: Buschkobolde, (wilde) Tiere, Könige, Krüppel, verräterische Frauen usw., die klassischen, stereotypen Charaktersymbole der westafrikanischen Savanne.

Finnegan berichtet, daß sie bei den Limba in Sierra Leone einmal die biblische Geschichte vom Sündenfall erzählte. Zwei Jahre vergingen, in denen der Mann, dem sie die Geschichte erzählt hatte, sie ein paarmal nacherzählte. Bei ihrer nächsten Feldforschung nahm sie eine Geschichte von Adamu und Ifu auf, die im narrativen Stil, der Vortragsart und einigen nicht-biblischen Motiven wie eine typische Limba-Erzählung wirkte (vgl. 1967: 267–270).

Finnegan wandte sich ausdrücklich gegen eine Typologisierung afrikanischer Erzählungen nach dem Muster europäischer Märchentypen. Die von Sprachwissenschaftlern und Ethnologen aufgenommenen afrikanischen Erzählungen seien schriftliche Fixierungen mündlich tradierter Texte. Dagegen hatten die europäischen Märchen auch schon zu Zeiten von Aarnes erster Auflage des *Verzeichnis der Märchentypen* (1910) eine längere Zeit der Verschriftlichung hinter sich:

„Die Schwierigkeit, auf die man stößt, wenn man versucht, eine genaue Typologie [eines afrikanischen Erzählkorpus] zu erstellen, sei es nach dem Kriterium des Sinns und Zwecks einer Geschichte oder nach irgend einem anderen Merkmal, besitzt in Wirklichkeit eine tatsächliche und positiv zu bewertende Relevanz für das Verständnis der [...] Erzählungen. Sie sind von unbestimmter und flexibler Natur [...], die äußere Form einer Erzählung wird gerade *nicht* endgültig festgelegt, sondern von einem Erzähler zum anderen, von einem Publikum zum anderen, von einer Gelegenheit zur nächsten, variiert. Es gibt keinen Prototyp, keine „korrekte" Version, die uns als Fixpunkt für eine Klassifikation [nach Typen] dienen könnte. Wenn man – wie die Folkloristen früher – nach einer festgefügten Typologie verlangt, verschleiert man damit eines der entscheidenden Merkmale der [afrikanischen] Erzählungen." (1967: 31)

Ich betrachte Erzählungen hier als polyvalente, offene Gebilde, deren Bedeutungen nicht nur von einer Kultur zur anderen verschieden sind, sondern auch von einer Erzählsituation zur nächsten. Dementsprechend gibt es natürlich auch nie ein vollständiges Korpus von Erzählungen einer Ethnie oder Religion. Ob man nun eintausend oder zweitausend Erzählungen oder noch mehr gesammelt hat, muß man sich doch stets im klaren darüber sein, daß ständig neue Geschichten erzählt werden. Unter Benutzung herkömmlicher Formen, einzelner Episoden, Fragmente und Motive arbeiten die Menschen an ihrer Erzählkunst weiter. In dieser Erzählkunst setzen sie sich mit der Vergangenheit und der aktuellen Wirklichkeit auseinander. Gleichzeitig folgt die erzählerische Imagination ihren eigenen Regeln und Gesetzen.

Man wird auch nie zu einer (end-)gültigen Analyse mündlich überlieferter Literatur gelangen, man kann nur von einer Interpretation zur anderen fortschreiten. Jackson, ein Finnegan-Schüler, formulierte diesen Sachverhalt in der Analyse einer Erzählung der Kuranko (Sierra Leone) folgendermaßen:

„Wir können nicht erwarten, eine induktive Wissenschaft der Mythologie[6] zu entwickeln. Professionelle und persönliche Voreingenommenheiten werden die Methode der Analyse immer beeinflussen. Und niemand kann zweimal genau dieselbe Geschichte erzählen. Die Kunst der Mythenanalyse sollte aus diesen Grundbedingungen eine Tugend machen." (1979: 96)

In diesem Zitat drückt sich die zeitgenössische Haltung gegenüber afrikanischen Erzählungen aus. Vergleiche verschiedener Erzähltraditionen werden nicht mehr in so großem Stil gewagt wie in der Aufbruchsstimmung der sechziger Jahre. In Anbetracht der „Fluidität" afrikanischer Erzählkunst und auch der überaus komplexen Beziehungen zwischen Erzählungen und Wirklichkeit werden heute Einzeluntersuchungen bevorzugt. So haben z.B. die Mitarbeiter der französischen Forschergruppe *"Langage et Culture en Afrique de l'Ouest"* (U.R.A 1024) am Pariser *"Centre de la Recherche Scientifique"* (CNRS) alle eine „Stammethnie", bei der sie mehrere Feldforschungen betrieben haben und deren Sprache sie

---

6 Der Begriff „Mythos" wird hier in einem sehr weiten Sinne auch für Texte gebraucht, die ich als Erzählungen bezeichne.

beherrschen. In regelmäßigen Seminaren und Diskussionsrunden werden einzelne Themen und Fragestellungen vergleichend analysiert. Dieses Verfahren stützt sich theoretisch auf Calame-Griaules Postulat einer *„ethnolinguistischen Interpretationsmethode"* (1970 = 1987: 11).

Dabei spielt die ethnographische Feldforschungserfahrung des Analysanden eine wichtige Rolle. Kultureller Hintergrund und soziale Funktion der Erzählungen sollten dem Forscher aus eigener Anschauung bekannt sein. Wie Finnegan (1967), fordert Calame-Griaule nicht nur die Aufnahme von Erzählungen, sondern auch die Diskussion von Bildern, Allegorien und Symbolen mit den Erzählern und/oder den Zuhörern.

„Die Ethnolinguistik, definiert als Untersuchung der Beziehungen zwischen Sprache, Kultur und Gesellschaft, erlaubt die Synthese verschiedener theoretischer Ansätze und betrachtet die orale Literatur als privilegiertes Feld sprachlicher Manifestationen in einem gegebenen kulturellen Kontext." (Calame-Griaule 1987: 12)

Ich werde in dieser Arbeit von selbst dokumentierten, unveröffentlichten und publizierten Erzählbeispielen ausgehen und in ihrer Analyse exemplarisch die Möglichkeiten und Grenzen verschiedener theoretischer Schulen der afrikanistischen Inhaltsanalyse darstellen. Strukturale, textmorphologische und formale Theorien werden nur dann berücksichtigt, wenn sie zur inhaltlichen Bedeutung und zur Erklärung der Textbotschaft(en), beitragen. Der Schwerpunkt meiner Untersuchung liegt auf der ethnosoziologischen Analyse westafrikanischer Erzählungen, wie sie von Denise Paulme in zahlreichen Veröffentlichungen seit 1961 entwickelt wurde. Ich werde jedoch häufiger eine sozialpsychologische Argumentation verfolgen als die „grande dame" der französischen Oraturforschung, die – in der Durkheimschen Forschungstradition stehend – psychologischen Erklärungsansätzen prinzipiell skeptisch gegenübersteht. Die Arbeiten der französischen Forschergruppe U.R.A 1024 sind für mich in theoretischer und methodologischer Hinsicht maßgebend (vgl. dazu Biebuyck 1984).

Der Fokus der französischen Forscher liegt häufig in der vergleichenden Analyse einzelner Themen und Typen von Erzählungen über ethnische Grenzen hinweg. Ich habe es mir dagegen zur Aufgabe gemacht, ein ganzes Korpus von etwa eintausend Lyela-Erzählungen zu bearbeiten. Mich interessieren auch Fragen der inneren Strukturierung eines solchen Korpus: Welche Erzählungen sind die beliebtesten? Welche Kategorien von Erzählern bevorzugen welche Themen? Gibt es bestimmte Themen und Typen, die häufig in Kombination erzählt werden, usw.? Ich werde nicht alle Texte des Lyela-Korpus hier wiedergeben können. Das ist auch bei der gedrängtesten Zusammenfassung der Texte in dieser Arbeit nicht möglich. Ich möchte aber dennoch versuchen, einen Eindruck von der gesamten Erzähltradition, wie sie mir zu einem bestimmten Zeitpunkt präsentiert wurde, zu geben. In der bevorzugten Bearbeitung bestimmter Erzählthemen drücken sich die Sorgen und Interessen der Erzählenden unbewußt aus. Es liegt jedoch, wie gesagt, eine große Schwierigkeit darin, die wichtigsten Themen der vielschichtigen Erzählungen im Sinne der einheimischen Erzähler und auch der Zuhörer richtig zu identifizieren.

1.3. Erzählungen und Sozialordnung

Diese Arbeit wird zeigen, mit welchen Konflikten und Problemen sich westafrikanische Bauern in ihrer Oratur beschäftigen. Seltener wurde bisher die Frage gestellt, mit welchen akuten Problemen der Sozialordnung man sich in Erzählungen n i c h t beschäftigt. In der Erzählforschung wird kaum diskutiert, warum manche Symbolfiguren der westafrikanischen Erzähltraditionen wie der „Böse König", die „Verfeindeten Mitfrauen", die „Weise Alte Frau", der „Starke Knabe", das „Waisenkind" usw. in immer wieder neuen Versionen eingesetzt werden, während andere wichtige soziale Kategorien, die im Wirtschaftsleben, in der Dorfpolitik oder im Familienleben eine bedeutende Rolle spielen, keinen Gegenstand erzählerischer Phantasien bilden. So ist zum Beispiel die Figur des Mutterbruders, der ja bekanntermaßen in patrilinearen Gesellschaften eine wichtige Rolle für seinen Schwestersohn spielt (vgl. Goody 1959), in den Erzählungen dieser Gesellschaften nicht zu finden.

Es geht nicht darum zu wiederholen, daß in Erzählungen keine einfachen Widerspiegelungen der Sozialordnung zu erwarten sind; diese Erkenntnis ist inzwischen oft genug verbreitet worden. Ich werde hingegen versuchen zu zeigen, welche neuralgischen Punkte der sozialen Realität einer Gesellschaft in der oralen Literatur bevorzugt behandelt werden. Es sollten sich auch Erklärungen dafür finden lassen, warum bestimmte Sozialbeziehungen nicht in Erzählungen vorkommen. Als theoretisches Postulat wurde diese Idee bereits von Fischer formuliert (1963: 261); mir sind jedoch keine Arbeiten bekannt, in denen ein größeres Erzählkorpus systematisch daraufhin untersucht wurde, welche sozialen Rollen in der Erzählkunst bevorzugt behandelt werden und welche sozialen Kategorien nicht zum Gegenstand von Erzählungen gemacht werden (dürfen). Erzählungen werden in der vorliegenden Arbeit als „*Metakommunikation*" über die Sozialordnung verstanden, als Diskurs über Probleme der sozialen Kommunikation.

1.3. Erzählungen und Sozialordnung 23

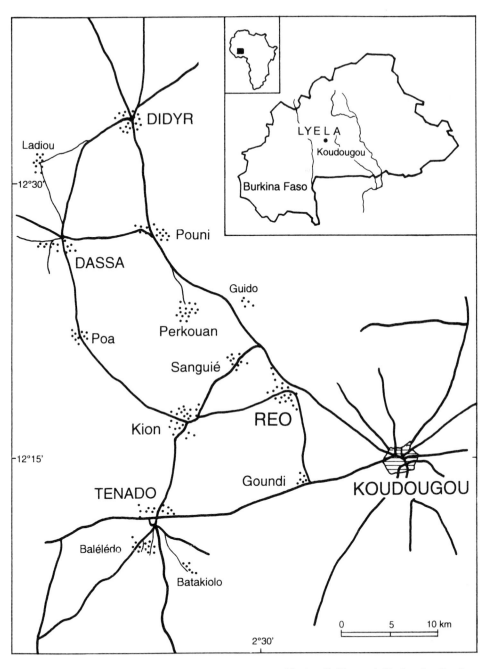

Karte: G. Hampel, Frobenius-Institut

Karte des Lyela-Gebietes

2. ERZÄHLUNGEN DER LYELA VON BURKINA FASO

2.1. Der soziale Rahmen

Die ethnische Gruppe der ungefähr 200.000 Menschen, die sich selbst als Lyela bezeichnen und die Sprache des Lyele sprechen, bewohnt ein Gebiet etwa 120 km westlich von Burkina Fasos Hauptstadt Ouagadougou. Die von Hackbau und Viehzucht lebenden Lyela wurden vermutlich in der vorkolonialen Zeit von den Mosi nach Westen bis in ihr heutiges Siedlungsgebiet an die Schwarze Volta gedrängt (vgl. Bayili, unveröffentlichtes Manuskript). Die heutige Siedlungsweise der akephal und segmentär organisierten Lyela ist noch von vorkolonialen politischen Strukturen geprägt. Früher lebten die Lyela unter ständiger Bedrohung durch militärisch überlegene, staatenbildende Völker, besonders der Mosi und der Djerma. Die Lyela wohnen in großen, runden, manchmal festungsartigen Lehmgehöften, die von einer etwa zwei Meter hohen Mauer umgeben sind (vgl. Fiedermutz-Laun 1983, Abb. 22 und 23). Das Gehöft (*kèlé*, pl. *kǎlsɛ*) ist die wichtigste soziale und wirtschaftliche Einheit und wird von einer erweiterten Familie bewohnt. Heute leben durchschnittlich noch etwa dreißig Personen in einem Gehöft; im semiurbanen Verwaltungszentrum Réo weniger, in den abgelegeneren Buschdörfern mehr. Gehöftoberhaupt ist der älteste Mann der ältesten Generation, der die Gehöftbewohner in allen wichtigen rechtlichen und religiösen Belangen nach außen vertritt. Die Lyela sind patrilinear und virilokal organisiert, Frauen nehmen besonders im Recht und in der Religion untergeordnete Positionen ein. Wichtig ist auch heute noch die korporative Einheit des Klans. Verschiedene lokalisierte Klansegmente leben zusammen in einem Dorf, oder besser gesagt in einer Streusiedlung (*cɔ*), mit dem Erdherrn (*cɛ-cɔ̀bal*) als politisch-religiösem Oberhaupt, das für Frieden und Ordnung innerhalb der rituellen Zone seines Erdschreins verantwortlich ist. Für die Art der außerdörflichen Kommunikation läßt sich wörtlich die Beschreibung von Goody über die Loo Dagaa in Nordghana übernehmen, einer anderen segmentären Ethnie der westafrikanischen Savanne, die in ihrer politischen Struktur dem Aufbau der Lyela-Gesellschaft ähnlich ist. Goodys Beschreibung stammt aus den fünfziger Jahren und weist auf die vorkoloniale „traditionelle" Gesellschaftsordnung zurück:

> „[...] die sozialen Kontakte zwischen benachbarten Dörfern entwickelten sich relativ frei. Die Menschen gingen auf fremde Märkte, um dort Produkte wie Hühner und Hirse zu kaufen, wenn sie zu Hause knapp waren oder woanders weniger kosteten; dorthin gingen sie auch aus sozialen Gründen, um Bier zu trinken, Mädchen zu treffen, mit Freunden zu reden oder Verwandte zu besuchen. Denn, obwohl zahlreiche Heiraten innerhalb der Gemeinde stattfanden, wurden auch einige außerhalb geschlossen. Sie führten zu (oder entstammten aus) affinalen Verwandtschaftsverbindungen. [Aber] der Sozialkontakt zwischen benachbarten Gemeinden führte auch unweigerlich zu Streit-

fällen, und in der weiteren Folge davon zu Kämpfen und Überfällen; denn es bestand nicht der gleiche moralische Druck zur friedlichen Beilegung, der innerhalb des rituellen Areals [um einen bestimmten Erdschrein] bestand." (1972: 9)

Die hohen Mauern der Lyela-Gehöfte sind bis heute mit Glasscherben und Dornbüschen gegen nächtliche Diebe aus anderen Dörfern bewehrt; auch zu den anderen Klanen desselben Dorfes sind die Beziehungen nicht immer ungetrübt. Trotz der Vielfalt der Kontakte zu den umliegenden Dörfern schließen sich nachts die Gehöfte nach außen ab. Die Gehöfteingänge werden mit dicken Holzbalken verriegelt, und die Mitglieder einer Klansektion bleiben meistens bei den abendlichen Erzählrunden unter sich. Ausnahmen bilden die in der Trockenzeit stattfindenden Totenfeste, zu denen auswärts verheiratete Klanschwestern zusammenkommen, sowie Freunde und affinale Verwandte. Auf Totenfesten wird abends getrommelt und gesungen, die Menschen erzählen sich Rätsel und auch Geschichten.

2.2. Erzählerschaft und Publikum

Meine Ankunft in den Dörfern führte naturgemäß zu einer Verzerrung der natürlichen Erzählsituation. Manchmal war die Attraktion meines zum öffentlichen Ereignis stilisierten Besuches in abgelegenen Buschdörfern so groß, daß bis zu hundert Neugierige zusammenkamen, um einem bekannten Erzähler zuzuhören. An anderen Abenden in „meinem" Dorf Sanguié dagegen, wenn der Mond nicht schien, kamen nur eine Handvoll Kinder und Jugendliche vorbei, und die Erzählungen wurden in annähernd „natürlicher" Erzählsituation zum besten gegeben. Zahlreiche Erzählungen wurden auch von meinen Mitarbeitern aufgenommen, die immer einen Kassettenrekorder bereit hatten für den Fall, daß jemand des abends einen „heißen Mund" bekam, wie die Lyela sagen, und Lust hatte zu erzählen.

Insgesamt habe ich etwa 1.050 Erzählungen in französischer Übersetzung vorliegen, einen geringeren Teil zusätzlich in brauchbarer Transkription des Lyele. Die Erzählungen stammen aus einem Dutzend verschiedener Dörfer aus allen drei voneinander unterscheidbaren Dialektregionen (vgl. Nicolas 1953: 134).[1] Es wurden sowohl im städtischen Bereich unter der schulbesuchenden Jugend als auch in weit vom Verwaltungszentrum Réo entfernten Dörfern Erzählungen aufgenommen.

---

1   Batakiolo, Boniolo, Bouldie, Dassa, Goundie, Kion, Ladiou, Perkouan, Pouni, Poa, Réo, Sanguié.

Männer (insgesamt 719) haben mehr als dreimal (3,25) häufiger erzählt als Frauen (insgesamt 211).[2] Auch in anderen westafrikanischen Gesellschaften erzählen Frauen deutlich weniger als Männer. Finnegan schreibt über die Limba:

> „Allgemein erzählen Frauen nicht so oft Geschichten. Das kann damit zusammenhängen, daß die Männer – obwohl sie zu bestimmten Zeiten sehr hart arbeiten – zu anderen Jahreszeiten mehr Freizeit haben. Dagegen sind Frauen ständig mit Kochen, Saubermachen und Kinderhüten beschäftigt. Die Männer sitzen gewöhnlich öfter in Gruppen zusammen beim Palmwein, und dort führen sie formelle Reden. Auf einer anderen Ebene gilt die Fähigkeit, ‚gut' zu sprechen als typisch männliche Fähigkeit, dazu gehört der wirkungsvolle Einsatz rhetorischer Figuren wie der Parabel oder des sprachlichen Bildes; dahingegen erwartet man von einer Frau, daß sie zuhört, in die Hände klatscht, um ihren Respekt und ihre Bewunderung zum Ausdruck zu bringen, oder daß sie im Chor die Lieder mitsingt." (1967: 70)

Die geringere Repräsentanz der Frauen im Lyela-Korpus hat ähnliche Gründe. Dazu kommt aber wohl noch ein anderer Sachverhalt: Das „Verstummen" von Frauen patriarchalischer Gesellschaften in der Öffentlichkeit ist wiederholt im Zusammenhang mit dem *"male bias"* in der Ethnographie diskutiert worden. Traditionsgemäß arbeiteten vor allem männliche Ethnologen mit eloquenteren männlichen Informanten; die „stummen" Frauen wurden häufig überhört und übersehen (vgl. dazu Ardener 1975, 1978, 1984). Obwohl ich als Frau – während der zweiten Feldforschung mit einem kleinen Kind – bei den Lyela arbeitete und bei meiner ersten Feldforschung die wirtschaftliche, rechtliche und soziale Lage der Frauen im Vordergrund meiner Untersuchungen stand, schafften meine Besuche zur Aufnahme von Erzählungen doch noch häufig eine „öffentliche Situation". Ardener (1984: 124) äußert die Ansicht, daß allgemein eine alleinstehende Feldforscherin besser plaziert sei als ein allein arbeitender männlicher Feldforscher. Eine Frau kann sowohl in wichtige männliche Bereiche der Kultur Einblick bekommen als auch in die weibliche Sphäre. Dagegen wird ein Mann wohl kaum in gleich freier Weise Zugang zum Bereich der Frauen bekommen. Das ist sicher richtig, ich vermute jedoch, daß die in meiner Erzählsammlung so kraß auftretende Unterrepräsentanz der Frauen nicht wirklich der natürlichen Erzählsituation entspricht. Auch als Frau habe ich, ohne es zu wollen, in meiner Rolle als Fremde eine Kontaktsituation geschaffen, in der sich mehr Männer als Frauen angesprochen fühlten.

2 Erzählerinnen und Erzähler nach Alter und Geschlecht:

unter 15 Jahren	97 ♂	5 ♀
16–25 Jahre	145 ♂	53 ♀
26–35 Jahre	127 ♂	66 ♀
36–50 Jahre	153 ♂	33 ♀
ohne Altersangabe	50 ♂	13 ♀

Mädchen unter fünfzehn Jahren haben sich nur bei kleinen, intimen Erzählrunden im Familienkreis zu Wort gemeldet. Sobald eine etwas öffentlichere Atmosphäre mit mehr Zuhörern entstand, oder sobald die Kinder anfingen, miteinander zu wetteifern, wer an der Reihe sei zu erzählen, verstummten die Mädchen. Die durchsetzungsfähigeren verbalen Auftritte der Jungen lassen sich auch damit erklären, daß sie mehr Zeit untereinander in *"peer groups"* als Viehhirten oder in Arbeitsgruppen auf den Feldern zusammen verbringen, während Mädchen mit ihren Tanten und Müttern zusammenarbeiten. In den Gruppen erlernen die Jungen die fünftonige Pfeifsprache der Lyela. Sie lernen auch *zāā yilə,* Sprichwörter oder Preisnamen, in der Pfeifsprache zu flöten. Sie rivalisieren miteinander im Erzählen von Rätseln *(esocɛme)* und zerstreuen sich so über lange Stunden während der Hirtenarbeit (vgl. dazu Dinslage 1986: 162–167).

Wenn die Mädchen auch kaum als Erzählerinnen aktiv wurden – jedenfalls nicht in meiner Gegenwart und auch nicht bei meinen männlichen Forschungsassistenten – so bin ich doch sicher, daß sie die Geschichten genauso gut kennen wie die Jungen. Wenn in der heißen Jahreszeit alle Menschen in der Mitte des Gehöftes unter freiem Himmel schliefen, habe ich in „meinem" Gehöft beobachtet, daß Mütter ihren kleinen Kindern auf den Schlafmatten liegend Geschichten erzählten, bis sie selbst oder die Kinder einschliefen. Eine so intime Erzählsituation wollte ich nicht durch meine Arbeit mit dem Kassettenrekorder stören. Die Kinder selbst haben auch immer wieder unabhängig vom Geschlecht betont, daß sie die Geschichten, die sie selbst kennen, von ihren „Müttern", das heißt allen Frauen im Hof aus der Generation ihrer Mutter, gelernt hätten.

Die Erzählungen der Lyela sind aber nicht ganz so eng mit dem Übergang vom Wachzustand zum Schlaf assoziiert, wie Platiel dieses von den nördlichen Nachbarn der Lyela, den Samo, berichtet. Im Samo bedeutet der Ausdruck „eine Geschichte erzählen" zugleich „Schlaf säen".

> „Erzählungen sind also mit dem besonderen Augenblick vor dem Einschlafen verbunden, dem Übergang zum Unbewußten; sie sind vergleichbar mit den Bildern, die von dort auftauchen und mit den Gedanken, die uns in diesem Moment ungewollt überschwemmen. [...] Wenn die Erzählungen auch Phantasmen evozieren, so werden sie aber dort nicht zur Wirklichkeit [wie im Traum]. Und darin besteht genau das Ziel der Erzählungen: die Kunst des Erzählens lenkt den Handlungsablauf so, daß das Phantastische sich stets in das Reale einfügt. Ohne daß man sich dessen bewußt wird, wird es [das Phantastische] zu den Verhaltensnormen, die die Gesellschaft vorschreibt, zurückgeführt." (Platiel 1984: 25)

Mädchen sind nicht nur als Zuhörerinnen in abendlichen Erzählrunden gleich stark vertreten wie Jungen, sie werden auch häufig explizit als Adressatinnen der am Schluß formulierten Moral genannt. Der Übergang der Mädchen zum Status der Frau und die Verheiratung von Frauen stellen zentrale Themen der westafrikanischen Oratur dar, die im siebten Kapitel dieser Arbeit eine wichtige Rolle spielen werden. In der Altersstufe der Sechzehn- bis Fünfundzwanzigjährigen wurde immerhin ein Viertel der Lyela-Erzählungen von Mädchen und jungen Frauen erzählt, darunter eine nicht geringe Anzahl frauenfeindlicher Erzählungen, wie noch zu zeigen sein wird. Je nach Zusammensetzung der Bewohnerschaft eines Gehöftes und je nachdem, ob ich über eine männliche oder weibliche

Kontaktperson in die entsprechende Familie gekommen war, kristallisierten sich mehr weiblich dominierte oder stärker männlich orientierte Erzählrunden heraus.

Geschichtenerzählen ist bei den Lyela auch ein Mittel der Selbstdarstellung. Besonders die guten, männlichen Erzähler sind stolz darauf zu zeigen, welch großes Korpus sie beherrschen. Sie neigen dazu, in rascher Folge eine Geschichte nach der anderen zu erzählen, worüber noch im Abschnitt über die *Performanz* des Erzählens die Rede sein wird. In einem Gehöft im Dorf Dassa habe ich mehrere lebhafte und langandauernde Erzählabende erlebt, die nur von Frauen aller Altersgruppen bestritten wurden, wobei sich die Frauen im Unterschied zu den Männern abwechselten. Keine der Erzählerinnen versuchte, die Aufmerksamkeit der Zuhörer allein auf sich zu lenken. An anderen Abenden in Poa lauschte beinahe das ganze Dorf einem einzigen Erzähler, der über drei Stunden lang niemand anderen zu Wort kommen ließ. Es gibt eine Tendenz zur Geschlechterpolarisierung der Erzählrunden, aber keine Geschlechtertrennung, und ich habe zum Beipiel auch eine alte Mutter zusammen mit ihrem erwachsenen Sohn beim gemeinsamen Geschichtenerzählen erlebt.

In der Altersgruppe der Sechsundzwanzig- bis Fünfunddreißigjährigen erzählen die Frauen, verglichen mit den Männern, am meisten, etwa halb so häufig wie die Männer. Zwar ist in dieser Lebensperiode die Arbeitsbelastung der Frauen am größten, aber in dieser Zeit bringen sie auch die meisten Kinder zur Welt, für die sie im Kleinkindalter abends oft erzählen. Die Frauen sind also in dieser Phase besonders geübt. Die beinahe fünffache Menge an Erzählungen von Männern im Alter zwischen sechsunddreißig und fünfzig Jahren, denen nur dreiunddreißig Frauenerzählungen gegenüberstehen, erklärt sich auch damit, daß ich aus dieser Altersgruppe einige „berühmte" Erzähler kennengelernt habe. Ich habe das gesamte Repertoire von Balelma Salifu Bado aus Pwa sogar zweimal aufgenommen, und zwar im Abstand von sieben Jahren, denn es interessierte mich zu sehen, ob und welche Veränderungen sich zwischen den beiden Aufnahmen finden lassen würden. Das gleiche gilt für die letzte Gruppe der nach Lyela-Vorstellungen „alten" Erzähler und Erzählerinnen über fünfzig Jahren. Hier waren es allerding nur noch dreimal so viele Männer wie alte Frauen, die *səswǎlsɛ* erzählten.

Die Männer erzählen viel und wortgewaltig. Sie lieben es, sich im Mittelpunkt der Aufmerksamkeit zu sehen. Noch bessere Auftritte als die einfachen Erzählabende im Familienkreis verschaffen ihnen die stundenlangen Gerichtsverhandlungen beim Erdherrn. Dort finden sich um die zerstrittenen Parteien, deren Konflikte der Erdherr schlichten soll, alle Familienoberhäupter des Dorfes ein. Jeder hat das Recht zu reden, das er auch ausgiebig in Anspruch nimmt. Mit großer Geste und temperamentvoller Mimik gibt jeder seine Sichtweise des Problems in langen Ausführungen (*zɔma*, pl.) bekannt, bevor es zu einem Urteil von seiten des Erdherrn kommt. Eine andere Gelegenheit zur Entfaltung ihrer Wortkunst behalten sich ebenfalls die Männer vor: das ist die Darstellung der *lul-ɛ-pursɛ* (pl.), des traditionellen Rechts- und Sittenkodex. Die *lul-ɛ-pursɛ zɔma* sind religiös begründet, und Frauen haben in der Regel nicht das Recht, Aussagen über diesen religiös determinierten Bereich der geistigen Kultur zu machen. So sind es nur die alten Männer, die über die Regeln und Normen zu reden befugt sind. Denn *zɔma* und *lul-ɛ-pursɛ* sind mit dem Begriff der Wahrheit (*zhènà*) verbunden. Die heilige

Macht der Erde straft jeden mit Krankheit oder gar Tod, der nicht die Wahrheit spricht. Wie die Erzählungen noch deutlich genug belegen werden (Kapitel 7.4.), wird den Frauen aber wegen ihrer Geschlechtszugehörigkeit gar nicht zugetraut, daß sie die Wahrheit sagen können.

Wenn alte Frauen auch nicht so viel erzählen wie die alten Männer, so werde ich doch einige gut erzählte und individuelle Geschichten wiedergeben können, die von Frauen stammen. Zusammengefaßt läßt sich sagen, daß das Genre der Erzählungen bei den Lyela prinzipiell allen Bevölkerungsgruppen offensteht. Vor der Einführung der westlichen Schulbildung waren Mythen, Erzählungen, Lieder, Rätsel, Sprichwörter und Preisnamen wichtige Vehikel zur Weitergabe der geistigen Kultur an die folgende Generation. Eine Ausnahme bildete esoterisches, religiöses Wissen, das bewußt auf ältere Männer und besonders auf Mitglieder einer Geheimgesellschaft beschränkt blieb. Als aktive Erzähler dominieren auch heute noch Männer über Frauen, und so bestimmen Männer auch wesentlich die Inhalte der häufig misogynen Geschichten. Es gibt kein Spezialistentum im strengen Sinne, aber in jeder Altersgruppe vom sechsjährigen Kind bis zum alten Greis findet sich nur eine Minderheit von guten Erzählern. Die Mehrzahl der Lyela sagt heute, sie könnten nicht mehr gut erzählen, obwohl alle die Geschichten kennen.

Unter der Zuhörerschaft dominieren die Kinder. In der Hinsicht dürften sich extra verabredete Erzählabende mit dem Ethnologen oder der Ethnologin nicht von der natürlichen Erzählsituation unterscheiden. Die große Beliebtheit der Erzählungen bei den Kindern der Lyela verweist auf ihre wichtige pädagogische Rolle. Jungen und Mädchen erhalten in den Geschichten Lektionen über richtiges und falsches (Sozial-)Verhalten, Belehrungen, die umso mehr Gehör bei den Kindern finden, als sie in verschlüsselter, satirischer Form der Tiergeschichten dargebracht werden.

Im städtischen Verwaltungszentrum von Réo ist das Geschichtenerzählen gänzlich zu einem Amusement für Kinder geworden. Erwachsene und Jugendliche hören lieber Musik aus dem Transistorradio. Wenn allerdings jede Woche Dienstag für eine Stunde ein Programm in Lyele von Radio Ouagadougou ausgestrahlt wird, in dem auch Geschichten erzählt werden, dann werden die letzten Batteriereserven mobilisiert, und das ganze Gehöft lauscht gebannt den durch das prestigeträchtige Medium Rundfunk aufgewerteten *səswǎlsɛ*.

2.3. Erzählsituation und Performanz afrikanischer Prosadichtung

In der afrikabezogenen Erzählforschung ab den sechziger Jahren entwickelten sich neue Trends in Gegenreaktion zur kolonialzeitlichen Aufnahme oraler Literatur. Dazu gehört etwa die Prägung emanzipatorischer Begriffe wie der der „*oralen Literatur*", der sich trotz des ihm inhärenten Widerspruchs bis heute allgemein durchsetzen konnte. Die Literaturwissenschaftlerin und Ethnologin Ruth Finnegan verteidigte diese Neuschöpfung in ihrer Dissertation über *Limba Stories and Storytelling* (1967). Im Jahre 1970 verhalf sie diesem Terminus mit ihrem breitangelegten und kritischen Werk *Oral Literature in Africa* international zum

Durchbruch.³ Die französischen Afrikanisten sprechen nun ebenfalls allgemein von *"littérature orale"*, und auch im Deutschen hat sich die „*Oralliteratur*" oder „*Oratur*" unter Ethnologen und Afrikanisten eingebürgert. Die begrifflichen Neuschöpfungen sollten den Zeugnissen mündlicher Prosa und Poesie in Afrika einen gleichrangigen Status mit der westlichen Literatur verschaffen. Dazu gehörte auch, daß Genres und Gattungen traditioneller afrikanischer Literatur erforscht werden mußten, für die es keine Äquivalente in der europäischen Literaturgeschichte gab.

Gleichzeitig besann man sich stärker als früher auf die Dimension der „*Oralität*", eine Entwicklung, die auch von der technischen Verbesserung der Aufnahmegeräte profitierte. Finnegan kritisierte nachhaltig die einseitige Konzentration auf unsensibel angefertigte Übersetzungen afrikanischer Oralliteratur und die Vernachlässigung der Erzählsituation, in der Geschichten, Sprichwörter, Preisnamen, Allegorien usw. kreiert werden. Wichtige Dimensionen der afrikanischen Oratur wie Gestik, Mimik, Sprachstil und -rhythmus gehen verloren, wenn sich die Forscher auf die zu Papier gebrachten Übersetzungen von Erzählungen beschränken.

> „Wie Finnegan und die von ihr zitierten Autoren zeigen, und wie auch Ben-Amos, Noss und Scheub im Sammelband *African Folklore* ebenfalls betonen, wird der schriftlich fixierte Text einer Geschichte oder eines Liedes ihrer mündlichen Performanz nicht gerecht, da er nicht die Stimmung des Erzählereignisses wiedergibt. Der Barde oder der Erzähler setzen Gesten, Blickkontakt, besondere Betonung, Pantomime, Schauspielkunst, Akrobatik und manchmal auch Kostüme und Requisiten ein, was die Autoren geschriebener Literatur niemals tun." (Dorson 1972: 11)

Okpewho ist gleichfalls der Ansicht, daß „nicht oft genug wiederholt werden kann, wie wichtig der Entstehungskontext für die Werke der Erzählkunst ist" (1983: 84). Er zitiert Junod (1913), der für seine Erzählsammlung der südafrikanischen Thonga heute noch große Anerkennung genießt, weil er sehr früh den Charme und die Überzeugungskraft der Erzähler während der Darbietung der Geschichten anerkannte. Spätere Forscher gingen in ihren dokumentarischen Ansprüchen dann gelegentlich so weit, daß sie meinten, nur durch Filmaufnahmen könne man den ästhetischen und künstlerischen Qualitäten der erzählerischen Performanz gerecht werden (Clark zit. in Okpweho 1983: 85). Dagegen beschreibt Stanek (1982) sehr anschaulich, welche Störungen des Alltagslebens und der natürlichen Erzählsituation mit Filmaufnahmen in einem Iatmul-Dorf in Papua-Neuguinea verbunden waren. Photographische Dokumentation der Gebärden, Gesten und Mimik des Erzählers stellt eine weniger drastische Störung der Erzählsituation dar. Diese Methode wurde von Scheub (1977) für die Aufnahme von Xhosa-Erzählungen angewandt.

---

3   Berry hatte 1960 den Begriff der *"spoken art"* kreiert, um damit zum Ausdruck zu bringen, daß künstlerische Kreativität nicht an die Schrift gebunden ist. M. und F. Herskovits und Bascom bevorzugten die Bezeichnung *"verbal art"*. Dagegen wurde der Begriff der *"folklore"* unter Ethnologen immer unpopulärer.

2.3. Erzählsituation und Performanz afrikanischer Prosadichtung

Heute sieht sich jeder Oralliteraturforscher genötigt, die Entstehungssituation des erzählerischen Werks, das er zu dokumentieren oder zu interpretieren sucht, genau zu beschreiben. Der Kontext wird theoretisch als ebenso wichtig erachtet wie der soziale Status und der biographische Hintergrund der Erzählerin oder des Erzählers. Für eine ethnologische Betrachtung oraler Literatur reicht die textimmanente Interpretation heute nicht mehr aus. Um zu erfassen, wie Erzählungen als Metakommunikation über die soziale Ordnung funktionieren, muß der bei einem Erzählabend zuhörende Forscher aber eigentlich nicht nur genau jedes Wort der Sprache verstehen, in der erzählt wird, sondern er muß auch völlig in die erzählende Gruppe integriert sein. Erst dann kann er verstehen, gegen welches anwesende oder abwesende Mitglied der Gemeinschaft ein Erzähler möglicherweise verdeckte Angriffe in Form verschlüsselter Textbotschaften losläßt (Kientz, mündliche Mitteilung über die orale Literatur der Senufo in der nördlichen Elfenbeinküste). Erst dann wird der Einsatz, die „Funktion" oraler Literatur wirklich faßbar. Im normalen Fall einer ein- bis zweijährigen Feldforschung mit unvollkommener Sprachbeherrschung, mit nur annähernder Integration in ein oder höchstens zwei Familien, ist weder die Kenntnis der sozialen Beziehungen innerhalb der Erzählrunden, noch die eigene Integration weit genug fortgeschritten, daß man die „natürliche" Anwendung der Erzählungen als Teil der sozialen Kommunikation wirklich erfassen könnte.

Wie Derive (mündliche Mitteilung) habe ich, um die natürliche Erzählsituation nicht immer durch meine Anwesenheit zu stören, auch Geschichten von Mitarbeitern aufnehmen lassen. Ich bin infolgedessen bei der Analyse dieser Erzählungen notgedrungen auf fremde Beobachtungen zur Erzählsituation angewiesen, was die Einbettung der Geschichte in ihren Entstehungszusammenhang auf eine andere Weise kompliziert. Es ist in diesem Zusammenhang noch zu erwähnen, daß ich die Erzählerinnen und Erzähler nie während des Erzählabends mit Fragen zu ihrer Person (Herkunftsort, berufliche Spezialisierung, Schulbildung usw.) gequält habe. Diese Angaben habe ich immer nach der Übersetzung und Transkription der Texte in einem gesonderten Besuch nachgeholt. Dabei wurde auch versucht, mit verschiedenen Erzählern über das Erzählte zu sprechen. So besitze ich nicht für alle Erzähler Informationen zur Person, aber diese Lücken scheinen mir weniger schwerwiegend als eine Störung der Erzählsituation durch Abfragen eines Fragenkatalogs.

Die starke Betonung der erzählerischen Darbietung (*performance*), die etwa nach Dorsons Auffassung eher mit einem Theaterstück als mit einem „Text" vergleichbar sein soll, ist wohl vor allem von den Gesellschaften Afrikas geprägt, in denen "*griots*" oder andere Spezialisten der Wortkunst das Publikum unterhalten. In den meisten westafrikanischen Gesellschaften sind die erzählerischen Darbietungen von weit schlichterer Art als von Dorson suggeriert. Dennoch setzte sich die allgemein geteilte Ansicht durch, daß die *Performanz*, d.h. die Gesamtheit aller Sinneseindrücke, die nach der Formulierung von Calame-Griaule (1982) den Erzählungen durch ihre mehr oder weniger lebhafte Aufführung „Geschmack" gibt, nicht nur dokumentiert, sondern auch vergleichend analysiert werden müsse (vgl. dazu auch Sandor [1967] und Derive [1975]).

Heute zeigt die Fülle des erhobenen Materials, daß Erzählungen in verschiedenen afrikanischen Kulturen ganz unterschiedlich „aufgeführt" werden. Dabei spielt nicht nur der Gegensatz zwischen Gesellschaften mit professionellen Erzählern und solchen ohne Spezialisten der Wortkunst eine Rolle. Jede Kultur hat eine eigene emische Klassifikation ihrer verschiedenen Genres oraler Literatur. Und jede Kultur verbindet unterschiedliche Regeln mit der Performanz der einzelnen Genres, die in eigenen Erzählsituationen geschaffen werden.

Schott berichtet von den Bulsa in Nordghana, daß dort Erzählungen eher „trocken" vorgetragen werden. Wie allgemein in Westafrika üblich, erzählt man bei den Bulsa abends und nachts nach der abendlichen Hauptmahlzeit. Die Erzählrunden kommen informell zusammen, und ihre zahlenmäßige, geschlechtliche und verwandtschaftliche Zusammensetzung variiert beträchtlich. Eine Besonderheit des Vortragsstils der Bulsa liegt darin, daß jeder Satz nicht nur vom Erzähler gesprochen wird, sondern daß ihn jemand aus dem Publikum wiederholt. Diese Art der zweifachen Rezitation gilt dagegen bei den Lyela nur für die Deklamation sakraler Texte als angemessen. Bei den Bulsa wie bei den Lyela enthalten die meisten Erzählungen Lieder. Ansonsten wird, abgesehen von der gelegentlichen Imitation einer Tierstimme, auf weitere stilistische Mittel verzichtet.

Platiel schreibt von den nördlichen Nachbarn der Lyela, den Samo in Burkina Faso:

„In Wirklichkeit stellen die Erzählabende kein besonderes Schauspiel dar; sie sind im Gegenteil sehr informell, eher ein banales Ereignis des Alltagslebens. Nach dem Abendessen, an langen Abenden im Mondschein während der heißen Trockenzeit, ist die ganze Familie im Gehöft versammelt, oder man sitzt auf dem Platz davor. Keiner hat Lust, sich zum Schlafen in einen noch heißeren Schlafraum zurückzuziehen. So als wollte man die erlahmende Unterhaltung neu beleben, fängt plötzlich jemand aus der Runde an, eine Geschichte zu erzählen, oder einer wird gebeten, etwas zu erzählen, was er tut, ohne groß aufzustehen und sich von seinem Platz zu erheben. Angefangen wird oft mit einer Dilemma-Erzählung, die zu einer Diskussion im Publikum führt." (1984: 27)

Auch bei den Lyela werden Geschichten in informellem Rahmen erzählt. Kein Tabu verbietet es heute mehr, auch am Tag Geschichten zu erzählen (vgl. Finnegan 1967: 64), aber die älteren Leute sagen, sie sähen es nicht gern. Die Kinder liefen dann von ihrer Arbeit fort und vertäten den Tag mit Geschichtenerzählen, statt ihren Pflichten nachzukommen. Nicolas (1954) unterscheidet Rätsel (esocɛme, pl.) und Geschichten mit refrainartig wiederholten Liedern (səsonúr, pl.). Die səsonúr sind die beliebteste Form der səswǎlsɛ (sg. səswalá), Geschichten allgemein, mit oder ohne Lieder. Die gleiche Geschichte kann als esonú (mit Liedern) oder als səswalá (ohne Lieder) erzählt werden.

Nicolas, der seine Forschungen bei den Lyela in den vierziger Jahren durchführte, berichtet noch von übernatürlichen Strafen, die denjenigen erwarteten, der während des Tages Rätsel erzählte.

„[...] wenn man sich dem Spiel des Rätselratens hingibt, läßt man sich in eine andere Welt außerhalb der Realität treiben. Diese Welt, das Gegenstück zur Welt der Leben-

2.3. Erzählsituation und Performanz afrikanischer Prosadichtung   33

den, ist das Universum der Körperlosen, der Totengeister. In dieser Tatsache muß man auch den Grund dafür suchen, daß das Rätselraten am Tage unter Androhung verschiedener Strafen verboten ist. Denn der Tag ist die Ruhezeit der Totengeister. Dagegen sind Totenfeiern besonders beliebte Gelegenheiten für den Austausch von Rätseln." (Nicolas 1954: 1014)

Die gefürchtetsten Strafen sind bei den Lyela Unfruchtbarkeit, Krankheit und Kindersterben, Kalamitäten, die allgemein jeden treffen sollen, der die Gebote des überlieferten Sittenkodex verletzt. Mir wurde vierzig Jahre nach Nicolas nichts mehr von den genannten Einschränkungen beim Rätselraten erzählt. Weder Rätsel noch Geschichten wurden von meinen Gewährsleuten mit der Welt der Totengeister in Beziehung gebracht. Bei der Diskussion über bestimmte Erzählinhalte ist es auch während des Tages hier und da vorgekommen, daß den befragten Lyela dabei eine bestimmte Geschichte einfiel. Diese wurde dann ohne Zögern erzählt, sei es am "*cabaret*", d.h. unter einem Schattendach um eine große Tonne Hirsebier geschart, oder in einer intimeren Gesprächssituation zu Hause im Gehöft.

Es gibt auch kein Tabu, das das Geschichtenerzählen während der Regenzeit verbietet, wie bei den Samo (Platiel 1984: 26). Dort sagt man, daß der Regen ausbleibt, wenn die Menschen während der „Winterszeit" von Mai bis Oktober Geschichten erzählen. In der Tat wächst dann das Unkraut zwischen den frisch gesäten Hirsepflanzen so schnell, daß in der genannten Zeit jedem arbeitsfähigen Menschen ein maximaler Einsatz auf den Feldern abverlangt werden muß. Anders kann dieser schwierige Engpaß im Einsatz der menschlichen Arbeitskraft nicht bewältigt werden. Die Leute sind nach der Rückkehr von den Feldern müde und schweigsam und legen sich sehr früh schlafen.

Wenn die Lyela auch nicht das Geschichtenerzählen während der Regenzeit ausdrücklich mit einem Tabu belegen, ist es dennoch nicht üblich. In anderen Kulturkreisen, unter anderen klimatischen Bedingungen mit anderen arbeitsorganisatorischen Erfordernissen, wird dem Geschichtenerzählen manchmal sogar eine wachstumsfördernde Wirkung auf die Pflanzen zugesprochen. So schreibt Malinowski über die Trobriand-Inseln:

„Erzählungen (*kukwanebu*, pl.) sind frei erfunden, werden dramatisch erzählt und befinden sich in privatem Besitz. Sie werden im November erzählt, zwischen der Ernte und der Fischereisaison. Es existiert ein vager Glaube daran, daß ihre Rezitation einen fördernden Einfluß auf die neuen Feldfrüchte hat, die gerade frisch in den Gärten angepflanzt worden sind, und sie (die Erzählungen) enden mit einer formalisierten Bezugnahme auf eine sehr fruchtbare wildwachsende Pflanze." (Malinowski 1926: 20–30)

Wie oben ausgeführt, habe ich Geschichten von Lyela-Frauen und -Männern im Alter zwischen zehn und achtzig Jahren aufgenommen; die geschlechts- und altersmäßige Verteilung wurde bereits diskutiert, nun möchte ich einige Angaben zum Vortragsstil machen. Generelle Aussagen sind schwierig zu treffen, da auch immer die jeweilige Zusammensetzung der Erzählrunde auf die Art und Weise des Vortrags Einfluß hat. Allgemein muß man aber doch sagen, daß die stilistischen Mittel selbst der guten Erzähler heute bei den Lyela weder besonders variabel noch besonders ausdrucksvoll sind. Das mag früher anders gewesen sein; es kann sein, daß nicht nur die Struktur der Lyela-Erzählungen im Laufe der letzten fünfzig Jahre weniger kunstvoll geworden ist, wie ein Vergleich der von mir aufgenommenen Erzählungen mit den Beispielen von Nicolas (1952, 1953) gezeigt hat, sondern daß auch der Vortragsstil heute weniger ausdrucksstark ist als früher.

Eine gewöhnungsbedürftige Situation bestand für mich darin, manchmal mit den Lyela in völliger Dunkelheit zusammenzusitzen und Geschichten zuzuhören. Die Erzählrunden, die bei hellem Mondschein zusammenkommen, sind schon größer und lebhafter als die Gruppen, die sich in mondlosen Nächten versammeln, um sich in der Finsternis die Zeit mit Geschichtenerzählen zu vertreiben. Aber auch tiefste Dunkelheit hinderte weder Jugendliche noch Erwachsene, eine kleine Erzählrunde zu bilden. Petroleum für die Lampen ist für die Bauern sehr teuer und oft nicht zu bezahlen. Sie sind so arm, daß sie den kostbaren Brennstoff nicht einfach nur „zum Vergnügen" vergeuden. Auch Taschenlampen, die in jedem Gehöft verbreitet sind, werden immer nur so kurz eingeschaltet wie es nötig ist, um sich im Dunkeln zurechtzufinden. Batterien sind für die finanziellen Verhältnisse der Lyela ebenfalls teuer. Die Menschen sind daran gewöhnt, abends im Dunkeln zu sitzen. Das ist heute vermutlich eine stärkere Notwendigkeit als früher, als es noch mehr Hirsestroh zu verbrennen gab und viel mehr Holz, mit dem man heute äußerst sparsam umgehen muß. In den weiter abgelegenen Buschdörfern, wo die Holzknappheit noch nicht ganz so akut ist, wird oft in der Mitte des Gehöftes ein dicker Baumstamm angezündet, der die ganze Nacht in leisem Schwelbrand vor sich hin glüht. Das ist der Versammlungsplatz für die Wachhunde, die die Nacht in der warmen Asche um das Feuer verbringen. Diese Hunde sind darauf dressiert, sofort Laut zu geben, wenn ein Familienfremder sich der äußeren Gehöftmauer nähert. Wie ausgeführt, betrachten sich die Gehöftgemeinschaften immer noch als wehrhafte Einheiten, die sich vor den Diebstählen der „Fremden" schützen müssen. Gleichzeitig ist der schwelende Baumstamm ein guter Platz zum Geschichtenerzählen, weil es dort in den für die Lyela kühlen Nächten von Dezember bis Februar angenehm warm ist. Das glühende Holz verbreitet einen rötlichen Lichtschein, bei dem man die Gesichter gerade eben erkennen kann. Meine Idee, zu den Erzählabenden eine Petroleumlampe mitzunehmen, um etwas mehr von der mit Spannung erwarteten Performanz der Erzählungen mitzubekommen, erwies sich nicht in allen Gehöften als gut. Besonders Frauen und jüngere Erzähler genierten sich zu erzählen, wenn sie beobachtet wurden. Verlegenes Gekicher machte sich breit, ebenso wie häufig am Anfang der Erzählabende, wenn sich keiner traute, die erste Geschichte zu erzählen. Wenn das Eis erst einmal gebrochen war, folgten jedoch meistens die Geschichten in rascher Folge aufeinander.

Es läßt sich in der Regel kein gemeinsames „Thema" eines Erzählabends ausmachen; bei den Lyela werden nicht nur Geschichten zu einem bestimmten Problem oder Erzählungen eines besonderen Typus an einem Abend erzählt. Gelegentlich kommt es jedoch zu einer „Serie" von Erzählungen sexuellen Inhaltes, oder es werden beispielsweise mehrere Geschichten zum Thema „Brautschau und Brautwerbung" hintereinander erzählt. Kinder lieben besonders Tiergeschichten, die sie von den Erwachsenen hören. Für ihre eigenen Erzählübungen wählen sie häufig als erstes eine Geschichte aus dem „Hase und Hyäne-Zyklus".

2.3. Erzählsituation und Performanz afrikanischer Prosadichtung 35

Kinder veranstalten ihre Übungen abseits der Erwachsenen, sie kritisieren sich gegenseitig im Vortrag, und die Kleineren lernen von den Älteren. Wenn die Kinder dann aber in gemischten Erzählrunden vortragen, werden sie von den Erwachsenen korrigiert, ermutigt und gelobt. Besonders Väter, die selbst gute Erzähler sind, fördern die Kunst ihrer Kinder. Gut und flüssig erzählen zu können, gilt als Zeichen für Intelligenz (*surhə*) bei Kindern, und die Erwachsenen loben ihr gutes Gedächtnis. Ein üblicher lobender Zwischenruf nach einer Erzählung lautet: „*kàà wene* – das ist interessant". Andere, die sich mehrfach irren oder Episoden falsch aneinanderhängen, werden mit abfälligem Zungenschnalzen kritisiert.

Es war nicht zu beobachten, daß die Erwachsenen versucht hätten, den Vortragsstil der Kinder zu verändern. Man legt Wert auf zusammenhängendes Erzählen ohne Stocken und Stottern; monotone Stimmlage oder zu wenig Abwechslung in der Gestik werden dagegen nicht beanstandet. Diese Mängel der Vortragskunst haben jedoch zur Folge, daß die Zuhörer überhaupt fortbleiben oder nach einer Weile weggehen. An einem Erzählabend im Dorf Poa versechsfachte sich die Zuhörerschaft innerhalb einer halben Stunde, nachdem ein guter alter Erzähler angefangen hatte. An einem anderen Abend im Nachbardorf Kion gingen viele der zuhörenden Kinder und Jugendlichen zum „Fetischtrommeln" ins Nachbargehöft, nachdem ein sehr langsam und tonlos erzählender junger Mann anfing, sein großes Repertoire zum besten zu geben. Einer der Weggehenden beklagte sich, der Junge „erzähle wie ein Chamäleon", und zum Schluß saß ich beinahe allein bei dem jungen Mann, der froh war, endlich einmal seine Geschichten „geschlossen" loszuwerden. Seine Erzählungen waren nicht schlecht, aber die Vortragsart wirkte auf das Publikum doch zu ermüdend. Oft schlafen auch immer mehr Zuhörer nach und nach ein, während sich zwei bis drei Erzähler in Begeisterung geredet haben und ihnen immer noch eine neue Geschichte einfällt.

Auch bei Erzählungen über Hexerei, Sexualität, Heirat, Konflikte zwischen Ehepartnern usw. hören die Kinder wie in den meisten anderen westafrikanischen Gesellschaften zu (vgl. dazu Lallemand 1985: 13–17). Obwohl sie z.B. bei Erzählungen sexuellen Inhalts nicht alles verstehen, stellen Kinder bei den Lyela keine Fragen. Im Gespräch äußerten manche Lyela, daß es „nicht gut" sei, Kinder bei Erzählungen sexuellen Inhalts zuhören zu lassen. In Wirklichkeit schickt man sie jedoch nie fort. Die Kinder klären sich untereinander über Zusammenhänge der Zeugung und Geburt auf, und sie beobachten natürlich die Tiere in ihrer Umwelt. Ob Kinder auch untereinander Sachverhalte diskutieren, die ihnen beim Anhören der Erzählungen unverständlich geblieben sind, kann ich nicht sagen. Jedenfalls ist die Freude der Kinder an Erzählungen groß, und sie hören oft über mehrere Stunden zu, bis sie irgendwann einschlafen. Sie müssen wie die Erwachsenen sehr auf den Inhalt konzentriert sein, denn der Vortragston ist bei vielen Erzählern oft sehr monoton. Ohne die Stimme groß zu verändern, hängen einige von den großen Erzählern eine Geschichte an die andere.

Der Anfang und das Ende sind durch kurze Formeln markiert: Die Geschichten beginnen üblicherweise mit „*nyɔ̃ balmɔ ń ya zã náa*" – es war einmal ein Mann, eine Frau, eine Hyäne oder ein Mädchen usw., die sich „erhoben" [um etwas zu tun und damit die Handlung in Gang zu bringen]. Die Formel „*shyaangamɔ* – früher", deutet eher auf einen legendenartigen Text (*zɔma*, wörtl. Reden) hin, der im

Zusammenhang mit der Wanderungsgeschichte eines bestimmten Klanes steht, wie z. B. die Geschichte von der „Aufgeschlitzten Schwangeren" (Schott 1988). Das Ende einer Erzählung (səswalá) lautet üblicherweise: „wɔ ɛ kùr gàa – es ist beendet". Das Wort kur oder kor wird nur für die Beendigung einer Erzählung gebraucht, nicht für den Abschluß einer Arbeit, einer Reise u.ä. Kur, pl. kurə ist der Sinn, die Bedeutung, auch die „Begründung" von etwas. Diese Formel verweist besonders auf die moralisierende, didaktische Funktion der Erzählungen, in denen den Zuhörern bestimmte soziale Botschaften vermittelt werden sollen.

Die Lyela-Erzähler fühlen sich aber nicht bemüßigt, das Wort, das ihnen zum Erzählen einer Geschichte erteilt wurde, nach Aussprechen der Schlußformel schon wieder abzugeben, nach Lallemand allgemein eine wichtige Funktion der Schlußformel in anderen westafrikanischen Erzähltraditionen (vgl. 1985: 238). Oft folgt die nächste Geschichte, kaum daß der Erzähler zwischendurch Luft geholt hat.

Bei der Frage, welche Rolle Gesten beim Vortrag von Erzählungen spielen, stößt man wieder auf große individuelle Unterschiede im Temperament der Erzählerinnen und Erzähler. Manche erzählen fast ohne jede Bewegung des Gesichtes oder der Hände; die guten Erzähler ahmen dagegen die Stimmen verschiedener Tiere nach, wobei besonders der quäkig näselnde Tonfall der Hyäne große Heiterkeit hervorruft. Der Rhythmus der Lieder wird mit den Füßen oder mit dem ganzen Körper skandiert; als besonders gutes Beispiel fiel mir die Geschichte vom „Stummen Mädchen, das einen Leprösen heiratet" auf, erzählt von Okuli Bado aus Kion. Der lepröse Held der Geschichte bringt das eigensinnige Mädchen mit einer List zum Sprechen, und dann tanzt er vor Freude darüber, daß er einen solchen Erfolg hatte. Er hat nämlich das starrsinnige Mädchen auf diese Weise zur Frau gewinnen können. Der Tanz wurde vom Erzähler mit vorgestreckten Armen und dem ganzen Oberkörper imitiert, was die zuhörenden Kinder zu begeistertem Mitschreien des gesungenen Refrains veranlaßte. Wie bei den Limba (Finnegan 1967: 80) zeigen auch Lyela-Erzähler zum Himmel, um anzudeuten, zu welcher Tageszeit sich das in der Geschichte erzählte Geschehen abspielte. Wenn ein Tier oder ein Mensch getötet wird, fährt sich der Erzähler mit dem ausgestreckten Zeigefinger von links nach rechts über den Hals, als würde dem Opfer der Hals mit dem Messer aufgeschlitzt. Schlagen wird mit den Fingern der erhobenen rechten Hand angedeutet, die geschüttelt werden wie eine Peitsche oder Rute. Frauen rühren manchmal mit ihrer rechten Hand einen imaginären Kochlöffel, wenn sie davon erzählen, daß in der Geschichte eine Frau Hirsebrei kocht.

Auch die sonst in Westafrika übliche Technik, einen Vorgang durch mehrfache Wiederholung des Verbs als besonders lang andauernd hervorzuheben, ist bei den Lyela bekannt. N dɔ̀m, ń dɔ̀m, ń dɔ̀m, ń dɔ̀m bedeutet „er wanderte und wanderte und wanderte", wobei der Rhythmus, der so erzeugt wird, an die Schritte der wandernden Person erinnert.

Insgesamt ist festzuhalten, daß Erzählsituation und Performanz der Geschichten bei ihrer ethnologischen Analyse selbstverständlich berücksichtigt werden müssen. Ich werde auf diesen Punkt bei der Abgrenzung verschiedener Genres, besonders bei der Unterscheidung von Mythos und Erzählung (Kapitel 2.4.)

zurückkommen. Dagegen ist es meiner Ansicht nach nicht gerechtfertigt, die Inhaltsanalyse zugunsten der Performanzanalyse immer mehr in den Hintergrund zu drängen, wie es in den letzten Jahren oft geschehen ist (vgl. z.B. Okpewho 1992).

Bestimmt hat das Zusammenkommen der Menschen zu abendlichen Erzählrunden eine sozial integrierende Funktion, und für die Interpretation einer Geschichte ist es oft unabdingbar, Daten zur Erzählsituation und zur Person des Erzählers zu haben. Aber ich bin überzeugt, daß zumindest die Lyela wegen des I n h a l t e s der Erzählungen zusammenkommen. In einigen Fällen war deutlich zu bemerken, daß es den Erzählern ein Bedürfnis war, einen Teil der Geschichten, die sie kannten, zu erzählen. Über das Erzählen setzten sie sich mit bildhaften und symbolischen Inhalten des Erzählten auseinander. Für diese Auseinandersetzung besaßen sie eine klar spürbare, aber schwer begründbare Motivation. Um zeigen zu können, warum welcher Erzähler welche Version(en) welcher Erzählungen wann erzählt, bräuchte man eine intime Kenntnis des Erzählers über längere Jahre hinweg. Man müßte seine Lebenssituation genau kennen, sein soziales Umfeld, die Konfliktpunkte, die sich für ihn aus dem Zusammenleben mit anderen Menschen regelmäßig ergeben, die Zwänge und Frustrationen, denen er (oder sie) ausgesetzt ist. Und selbst dann bleibt immer noch ein schwer oder gar nicht zu erklärender Rest. Bei den Lyela von Burkina Faso jedenfalls spielt einfach Phantasie als eine angeborene Begabung eine wichtige Rolle dabei, ob jemand eine gute Erzählerin oder ein guter Erzähler wird.

2.4. Erzählungen im Rahmen anderer Oratur-Gattungen

Wie in anderen westafrikanischen Gesellschaften spielen Sprichwörter eine wichtige Rolle in der Wortkunst der Lyela. Sprichwörter werden wie die Prosaerzählungen mit dem Lyele-Terminus *səswalá*, pl. *səswǎlsɛ* bezeichnet. Sie werden aber nicht des Abends in eigenen Erzählrunden abseits der Alltagswirklichkeit zum besten gegeben, sondern sie finden in verschiedenen Zusammenhängen der Alltagssprache Verwendung:

bei der Beilegung familiärer Konflikte innerhalb eines Gehöftes (*kèlé borsɛ*)

bei Gerichtsverhandlungen vor dem Erdherrn und heute vermehrt vor den modernen Gerichten Burkina Fasos

bei Verhandlungen zwischen aliierten Klanen um die Schließung und Aufhebung von Ehen, um die Aushandlung von Art und Umfang der Brautdienste, bei Konflikten zwischen affinalen Verwandten, die in formaler Rede besprochen werden.

Nach Nicolas sind Sprichwörter bei den Lyela „kurze Parabeln, farbige Abbilder einer abstrakten Idee" (1950: 86). Er fügt hinzu, daß sich viele Sprichwörter witziger Bilder und Vergleiche bedienen und oft nicht der Bosheit entbehren. In Sprichwörtern, die auch in der Erziehung der Kinder oft genug zitiert werden, will der Sprecher seiner persönlichen Meinung das Gewicht allgemein anerkannter Lebensweisheiten verleihen. Sprichwörter enthalten die kondensierte Erfahrung vieler Menschen mehrerer Generationen und heben somit die Ansicht eines einzelnen auf eine allgemeinere Ebene. Sprichwörter sind oft moralisierend und belehrend; sie sind eine bevorzugte Redeform der Autoritätspersonen. Sprichwörter haben nicht selten einen beurteilenden Charakter, oder sie werden im Zusammenhang mit Urteilsfindung und Urteilsbegründung ausgesprochen.

Dagegen wird in einer anderen Gattung von kurzen, sehr kondensierten Sätzen die in ihnen enthaltene moralische oder intellektuelle Botschaft auf eine einzelne Person gerichtet.

> „Das *zãã yil* ist wie das *tige* der Dogon gleichzeitig Ehrentitel, Sinnspruch, Indigamentum und Schmeichelei, das man im Namen einer bestimmten Person ausspricht, um sie näher zu bestimmen oder ihr zu danken." (Nicolas 1950: 86; vgl. auch de Ganay 1941)

Die Wirkung der *zãã yilǝ*, Preis- oder Satznamen, die bei den Lyela rezitiert, gesungen oder in einer fünftonigen Pfeifsprache auf der Holzflöte flötet werden können, besteht darin, das Selbstwertgefühl der angesprochenen Person zu heben (vgl. Barber 1984: 503 über die Wirkung der Preisnamen [*oríki*] der Yoruba). Es macht der angesprochenen Person Freude, den Beinamen zu hören, es ehrt sie und spornt sie an, bei einer Gemeinschaftsarbeit höchsten Einsatz zu zeigen. Von den Lyela, den Yoruba und anderen westafrikanischen Völkern wird dem Aussprechen eines Namens eine geheimnisvolle, magische, kraftsteigernde Wirkung zugeschrieben (vgl. Dinslage und Steinbrich 1993).

Zahlreiche Arbeiten auf den Feldern oder im Gehöft werden von den Lyela in Gruppenarbeit durchgeführt. In diesen Arbeitsgruppen gibt es einen oder zwei Trommler und einen Flötisten, die die Preisnamen der Mitglieder der Arbeitsgruppe flöten und damit ihren Eigenstolz ansprechen. Der so geehrte und geschmeichelte Arbeiter wird sich – durch den Trommelrhythmus und den Preisnamen angestachelt – besonders heftig auf seine Arbeit stürzen. Totenfeste, Hochzeiten und größere religiöse Riten werden ebenfalls von Trommel- und Flötenmusik begleitet. Die von den sogenannten "*griots*" in Pfeifsprache rezitierten Preisnamen lösen bei den geehrten Personen eine solche Zufriedenheit aus, daß sie die Musikanten oft mit den üppigsten Geschenken überschütten. Je mehr der Eigenstolz der besungenen Personen durch die Schmeicheleien der Musiker provoziert wird, desto größere Geschenke müssen die Gepriesenen den Verfassern der *zãã yilǝ* machen.

Bei der Ehrung verstorbener Angehöriger stehen die Hinterbliebenen in der Pflicht, besonders dem Vater oder der Mutter an ihrem Todestag und/oder während des Totenfestes eine größtmögliche Ehrung durch *zãã yilǝ* zuteil werden zu lassen. So versprach ein Mann aus Kion den Trommlerinnen und Sängerinnen, die den ganzen Tag Preisnamen zu Ehren seiner verstorbenen Mutter sangen (im Scherz):

> „Heute am Todes- und Beerdigungstag meiner Mutter werde ich alles, was ich besitze, euch Sängerinnen und Trommlerinnen geben. Ihr werdet mein Fahrrad bekommen, ihr werdet meine *valisi* (Koffer mit Kleidern und persönlichem Besitz) bekommen. Ihr werdet alle Rinder und Ziegen und Schafe im Gehöft bekommen. Singt und trommelt für den Namen meiner Mutter!"

Nicht nur die Ehre der Verstorbenen wird durch die Rezitation der Preisnamen vergrößert, sondern natürlich auch das Ansehen des Sohnes, für den die Ehrung der verstorbenen Mutter eine seiner vornehmsten Pflichten darstellt. Nicolas hat in seinem Aufsatz über die "*surnoms-devises*" der Lyela (1950) einhundertsiebenundzwanzig *zãã yilə* in Lyele mit französischer Übersetzung und erklärenden Kommentaren veröffentlicht. Nicht enthalten sind die oft sexuell und aggressiv gefärbten Kampfparolen aus dem ursprünglichen Entstehungsmilieu dieser Gattung. Der Terminus *zãã yil* läßt sich zerlegen in *zãã* (pl. *zããse,* frz. "*lutte*"), der traditionelle Ringkampf, der von jungen Männern in mondhellen Nächten der Trockenzeit durchgeführt wird, und *yil* (pl. *yilə*), der Name. Daraus läßt sich ableiten, daß die Ringkämpfe zwischen den jungen Männern benachbarter Dörfer wahrscheinlich der ursprüngliche Kontext waren, in denen die Lyela Preisnamen für den Sieger und Schmähnamen für den Verlierer gedichtet haben.

In Dinslages Sammlung, die sie im Jahre 1983 unter dem Publikum der Ringkämpfe aufnahm, finden sich überwiegend anzügliche Sprüche. Die Kämpfer provozieren sich gegenseitig mit obszönen Schmähreden; der eine bezeichnet den anderen als „Frau mit weichen Brüsten", verhöhnt ihn als reife Goyave, die vom Baum plumpst, als jemanden, der zu viel den Mädchen nachläuft und in sexuellen Ausschweifungen seine Kraft vergeudet usw. Oft ist die Steigerung der „Kraft" (*jàn*, pl. *jànà* – frz. "*force*", "*puissance*", "*violence*") einer Person oder einer Gruppe das Ziel und die Wirkung der Sprüche. Der Verlierer, dessen Kraftlosigkeit im Gegensatz zum Gewinner offenbar wurde, fühlt sich seinerseits an diesem empfindlichen Punkt besonders angegriffen. Sieger ist derjenige, der es geschafft hat, den Gegner auf den Rücken zu werfen. Oft treten Jugendliche aus benachbarten Dörfern gegeneinander an, die in einer antagonistischen Scherzbeziehung zueinander stehen. Die Jugendlichen beschimpfen sich „im Spaß" und bekämpfen sich rituell als Angehörige zweier „feindlicher" Dörfer. Gleichzeitig findet schon seit Generationen ein Frauentausch zwischen den Dörfern statt. Viele der Kämpfenden sind durch affinale Verwandtschaftsbeziehungen miteinander verbunden. Dennoch kommen etliche der Mädchen der „Gegenseite", die als Zuschauerinnen anwesend sind, als potentielle Ehepartnerinnen in Frage. Das macht die Lichtungen der Ringkämpfe zu Schauplätzen erotischer Werbung, und heute kommt es dort auch häufig zu sexuellen Kontakten unter den Jugendlichen.

2.5. Erzählungen und Mythen

Die Lyela erklärten mir mehrfach, Erzählungen seien ja „nur Lügen".

„Am Abend, wenn man den Hirsebrei gegessen hat, legt man sich auf den Rücken und erzählt Lügen (wörtlich: schneidet Lügen)"

erläuterte mir der beinahe achtzigjährige Bezombwe Babin aus Sanje-Bepuadir den Umgang mit dem Genre der *səswálsɛ*. Diese Erklärung des alten Gehö'therrn macht deutlich, daß Geschichten idealerweise in einem Zustand körperlicher Entspannung erzählt werden sollten, ganz anders als in der erregten Atmosphäre der *zãã yilə*, die bei der Arbeit, im Kampf oder im Festtrubel der Totenfeiern rezitiert werden, zu Zeiten, in denen das Blut der Menschen „heiß" ist und sie sich im Zustand körperlicher Anspannung oder emotionaler Erregung befinden. Sättigung und körperliche Entspannung in einer zwanglosen Körperhaltung bilden die Voraussetzung dafür, daß die Erzähler ihre Phantasie schweifen lassen und sich aus den engen Grenzen der täglichen Routine befreien. Der Ausdruck „Lügen schneiden" (Lyele: gɔm kɔma) zeigt an, daß Erzählungen bewußt in einen Gegensatz zur Wirklichkeit gebracht werden.

Der „lügenhafte", phantastische Charakter der səswǎlsɛ veranlaßt die Lyela dazu, ihre Erzählkunst in einen deutlichen Abstand zum Erdkult zu bringen. Ahnenkult, Verehrung der Erde (cɛ) und des Himmels (yí: Gott/Sonne/Himmel) sind die Grundlagen der Lyela-Religion. In Anlehnung an Baumanns Terminologie könnte man den fern der Menschen lebenden, guten Himmelgott der strengen und gerechten „Schwurgottheit" der Erde gegenüberstellen (vgl. Baumann 1964: 145–152 für die von ihm so benannten „Altnigritier" des Nigerbogens). Die Erde bestraft alles Böse. Auch absichtsvoll vorgebrachte Lügen oder Intrigen, die erfunden werden, um andere Menschen zu täuschen und ihnen zu schaden, gelten nach Vorstellungen der Lyela als strafbare, unrechte Handlungen. Erdpriester, Klanälteste und Familienoberhäupter stehen in ihren Versammlungen unter dem Gebot, die Wahrheit (zhèna) zu sagen. Die dörflichen Versammlungen vor dem Erdherrngehöft mit dem Erdschrein (cɛku) finden in engster spiritueller Nähe zur heiligen Macht der Erde statt. Die Erde wird häufig in den Diskussionen der alten Männer (zɔma) angerufen. Daraus ergibt sich für die Anwesenden die Verpflichtung, nichts als die reine Wahrheit zu sagen.

Im phantastischen Genre der Erzählungen wird dagegen auf die heilige Macht der Erde selten und nur in verschlüsselter Form Bezug genommen. In der Vorstellung der Lyela stehen sich „Phantasie" mit den beiden Dimensionen der absichtsvollen Lüge (kɔma) sowie der sorglos fabulierten Geschichte (səswalá) und „Wahrheit" (zhèna) unvereinbar gegenüber. In meinen Bemühungen, von den Geschichten Prosaerzählungen „sakralen" Charakters zu unterscheiden, deren Wahrheitsgehalt sie zu „Mythen" macht, bin ich bei den Lyela nicht weit gekommen. Einmal bat ich Jean Hubert Bagoro, einen anerkannten Erzähler mit großem Repertoire, mir zu erklären, wie die Welt angefangen habe. Der über vierzigjährige Erzähler meinte, nur die Alten könnten solche Dinge erklären. Allein die Alten (Männer selbstverständlich) seien befugt und befähigt, wahre und verbindliche Darstellungen (zɔma, frz. "paroles") über den Lauf der Welt vorzubringen.

Die Erdherren verhielten sich im Gespräch allgemein zurückhaltend. Der sorgfältige und vorsichtige Umgang mit der Wahrheit, zu dem ihr Priesteramt sie verpflichtet, beinhaltet auch äußerste Zurückhaltung gegenüber Fremden. Aus diesem Grunde ist nicht mit Sicherheit auszuschließen, daß mir nicht-sakrale Dinge, zu denen auch „mythisches Wissen" gehören mag, verschwiegen wurden.

Mein Eindruck ist jedoch eher der, daß auch in den abgelegeneren Buschdörfern, „mythisches Wissen" heute nicht mehr tradiert wird. Seit dem Jahre 1912, der Gründung der wichtigsten Missionsstation im heutigen Verwaltungszentrum Réo, hat die Zahl der zum Christentum konvertierten Lyela beständig zugenommen. Bestimmte Bereiche der lokalen Religion wie das Maskenwesen, die Initiationsgemeinschaften der Jugendlichen und möglicherweise auch die „Mytholo-

2.5. Erzählungen und Mythen

gie" der Lyela sind seit der Durchsetzung des Christentums verkümmert. Andere religiöse Institutionen wie der Ahnenkult, das Wahrsagerwesen und zum Teil auch der Erdkult, haben sich bis heute erhalten können. Das „Fetischwesen", verschiedene traditionelle und neu eingeführte Kulte zur Bekämpfung des Hexenwesens, haben dagegen einen Aufschwung erfahren (vgl. Schott 1986).

Einen Hinweis auf früher einmal geglaubte, mythische Inhalte gibt Nicolas in einem Aufsatz über *Mythes et êtres mythiques chez les L'éla* (Nicolas 1952b). Im dort veröffentlichten Mythos über die Buschgeister (nòcílsé) werden diese übernatürlichen Waldbewohner als Kulturbringer beschrieben. Sie gaben den Menschen das Pfeilgift, lehrten sie die Herstellung von Karitéfett usw. Fünfzig Jahre später war die Geschichte vom Kampf zwischen dem Jäger und dem nòcílú bei den Lyela noch bekannt (LYE-E420, LYE-E642). Sie hatte aber ihren mythischen Gehalt verloren und wurde wie alle anderen Geistererzählungen als Phantasie abgetan. Daß immer noch viele Lyela an die Macht der Buschgeister glauben, zeigt sich an der Verehrung des nòcílú in der Geheimgesellschaft der Wahrsager. Auch in den gɔco („Busch- oder Jagdfetisch") – Vereinigungen findet sich noch einiges an Glaubensvorstellungen, die mit der heiligen Macht des Waldes verbunden sind (vgl. Kapitel 8.1.). In verschiedenen Gesprächen wurde deutlich, daß die Existenz der Ahnen- und Buschgeister als solche auch von den heutigen Lyela nicht angezweifelt wird. Aber das, was sie in den Erzählungen tun, ist Phantasie. Auch Menschen und Tiere leben wirklich, aber das, was sie in den səswǎlsea sagen und tun, ist erfunden.

In Nicolas Versionen (1953) haben die mythischen Wesen (nòcílsé) nicht nur einem einzigen Menschen etwas gebracht, sondern sie führten noch unbekannte Kulturgüter in die G e m e i n s c h a f t der Menschen ein. Damit erfüllen sie ein weiteres Definitionskriterium, mit dessen Hilfe sich Erzählungen von Mythen trennen lassen:

„Wenn der ursprüngliche (anfängliche) Mangel, den es zu beseitigen gilt (Hunger, Armut, Fehlen einer Ehefrau) nur ein einzelnes Wesen betrifft, dann ist der vorliegende Text wahrscheinlich eine Erzählung (frz.: *conte*). Wenn er die Gemeinschaft betrifft oder sogar alle lebenden Menschen, dann handelt es sich um einen Mythos. Man muß dazu sagen, daß diese Unterscheidung nicht die einheimischen Kategorien widerspiegelt. Es handelt sich aber um ein objektives Klassifikationsmerkmal, das jeder Beobachter an den Fakten überprüfen kann." (Paulme 1972: 158/159)

Paulme verweist in ihrem Aufsatz zur *Morphologie du conte africain* auf Beispiele, in denen dasselbe Handlungsmuster in verschiedenen Gesellschaften abwechselnd als Mythos oder als einfache Geschichte erzählt wird. Sie steht deshalb auf dem Standpunkt

"que mythe et conte ne sont pas de genres distincts du point de vue génétique." (1972:158)

Dieser Ansicht schließe ich mich aufgrund der bei den Lyela gemachten Beobachtungen an; sie bestärken die auch andernorts dokumentierte Tatsache, daß sich innerhalb ein und derselben Kultur in verschiedenen historischen Phasen ein Mythos zur Erzählung wandeln kann. Da vielerorts die traditionelle Religion in Afrika einem massiven Druck durch islamische und christliche Einflüsse ausgesetzt ist, ist es unwahrscheinlich, die umgekehrte Entwicklung einer Erzählung zu einem Mythos verfolgen zu können.

In der afrikanistischen Erzählforschung herrscht über die Abgrenzung zwischen Mythos und Erzählung bis heute Uneinigkeit. Besonders einige ältere Verfasser benutzen den Begriff Mythos für alle Erzählungen mit religiösen Motiven. Baumann verstand Mythos

> „als anschauliche Darstellung der Weltanschauung von Gemeinschaften. Das einfache Märchen unterscheidet sich dadurch, daß es nur dürftig und sekundär weltanschaulichen Gehalt besitzt." (1964: 2)

Erzähltypen wie die Einführung des Todes als Folge einer vertauschten Botschaft, werden von Baumann als Mythen behandelt, ebenso von Abrahamsson (1951) und Zahan (1969). Dabei wird nicht deutlich, ob Erzähler und Publikum den sakralen Charakter des Erzählten begründeten oder nicht. Schott bezeichnet den Erzähltypus vom „Gegessenen Gott", auf den ich noch zu sprechen kommen werde, abwechselnd als Erzählung und als Mythos (1982: 129–132; 1989: 260). Ich werde die von mir aufgenommene Version als Erzählung auffassen, ausgehend von der oben beschriebenen E r z ä h l s i t u a t i o n, in der die Lyela darauf bestehen, alles Geschehen in den *səswålsɛ* in den Bereich der Phantasie zu verlegen.

Das Performanzkriterium zur Unterscheidung von sorglos erzählter Geschichte und zelebriertem Mythos wird auch von Finnegan in den Vordergrund geschoben. Sie kommt zu dem Schluß, daß die meisten Texte, die von ausländischen Forschern als „Mythen" angesehen werden, sich bei näherer Betrachtung als eher profane Zeugnisse der oralen Literatur erweisen. Sie kritisiert die herkömmliche Forschung für die Klassifizierung zu vieler Texte als Mythen, einzig und allein auf der Grundlage (oft nicht nachprüfbarer) Übersetzungen des Inhaltes. Die Meinung der Erzähler selbst und ihres Publikums über Wahrheitsgehalt und Glaubensinhalt der Texte war nach Finnegan den afrikanistischen Mythologen gar nicht zugänglich (1970: 362).

Okpewho (1983) ist mit Finnegans provokantem Diktum

> "[...] *it seems evident that myths in the strict sense are by no means common in African oral literature.*" (1970: 362)

nicht einverstanden. Er zitiert den von Goody (1972) veröffentlichten *Myth of the Bagre* der Loo Dagaa in Nordghana als einen religiösen Text, der in einem rituellen Zusammenhang rezitiert wird und dessen kosmologisch sehr komplexer Inhalt „geglaubt wird". Dieser Text wird, wie viele andere sakrale Rezitationen, nicht nur dem von Finnegan hochgehaltenen Performanzkriterium gerecht, sondern kann auch im funktionalistischen Sinne als *"charta for belief"* angesehen werden.

Der Bagre-Kult der Loo Dagaa in Nord-Ghana dreht sich um Buschgeister und *bo wen*, einen sogenannten *"little god"*, an den sich die Menschen wenden, um „Krankheiten" im weitesten Sinne abzuwenden. Wie in anderen afrikanischen Gesellschaften gehören dazu körperliche und geistig-seelische Krankheiten, aber auch Sterilität, Viehsterben, „Armut" und „Unglück". 75% der Loo Dagaa fühlen sich einmal in ihrem Leben von *bo wen* ergriffen. Nach Konsultation eines

2.5. Erzählungen und Mythen

Wahrsagers bemühen sie sich mit Hilfe ihrer Familien, die für die Initiation in den Bund erforderlichen Güter zu akkumulieren. Die Initiation erfolgt in bis zu elf rituellen Teilschritten (Goody 1972: 54); wie bei den rezitierten Mythen sei nach Goody die Variabilität der Riten jedoch erheblich. Goody legt bei seiner Beschreibung allergrößten Wert auf die Bezüge zwischen den rituellen Handlungen und den inhaltlichen Episoden der sakralen Texte. Er kommt zu einem Ergebnis, das Okpewho zu erwähnen unterläßt, nämlich daß

„wir die Rolle des Mythos in seiner Beziehung zur Kosmologie und zur Kultur radikal zu überdenken haben... [Der Bagre-Mythos] ist der *einzige umfassende* Text dieser Art aus Afrika. Ob man nun die kosmologischen Aspekte des Bagre betrachtet oder seinen symbolischen Inhalt oder seine Stellungnahme zu Gott, so zeigt sich, daß der Bagre-Mythos eine besondere Rolle einnimmt [...] Die Mitgliedschaft in der Bagre-Gesellschaft ist für niemanden verpflichtend; weiterhin gehört dieser Bund zu einem Typus von Kulten, die von einer ethnischen [Unter]Gruppe zur nächsten wandern [...] Obwohl die Loo Dagaa diesen langen, systematisch aufgebauten, kosmologischen Mythos haben, kennt ihn keine der umgebenden Gesellschaften. Das alles läßt mich zu der Schlußfolgerung gelangen, daß der Mythos [...] nicht die zentrale Rolle in menschlichen Kulturen spielt, die ihm Malinowski, Lévi-Strauss und andere zugewiesen haben [...] Die Funktion, die viele Autoren und Ethnologen dem Mythos zugeschrieben haben, scheint eher der Reflex der großen *"fragmentation of beliefs"* in der Industriegesellschaft zu sein. Diese Autoren scheinen sich zur größeren Sicherheit des Mythos, der [festgefügteren] Ordnung und der [einfacheren] Strukturen zurückzusehnen, die ihnen die eigene Situation nicht bieten kann." (Goody 1972: 32–33)

Goodys Beobachtung, daß die Nachbarn der Loo Dagaa keine kosmogonischen Mythen haben, wird durch die neuere Forschung ständig bestätigt. Bulsa, Lyela, Sisala, Lobi, Puguli, Tallensi usw., sie alle erzählen keine Mythen. Das bedeutet keine Einschränkung oder Verarmung des rituellen oder kultischen Lebens dieser Gesellschaften. Tengan hat in seiner Arbeit über die *Erde als Wesen und Kosmos* (1991) eine Fülle an lebendigen kosmologischen Vorstellungen der Sisala dokumentiert, die sich auf die heiligen Mächte der Erde und des Himmels beziehen. Die Islamisierung und die seit den zwanziger Jahren dieses Jahrhunderts fortschreitende Christianisierung sowie das oben diskutierte Gebot der Geheimhaltung sakraler Inhalte reichen nicht aus zu erklären, warum die Mythologie in diesen Religionen so gut wie keine Rolle spielt.

Lyela, Senufo, Bulsa und andere Ethnien erzählen sich jedoch Geschichten mit aetiologischen Motiven. Sie erzählen über Gott, der in verschiedenen Gestalten auf die Erde hinabsteigt, über Gottes Söhne und sogar Töchter, die oft wie ein *deus ex machina* aus dem Nichts auftauchen und dem bedrängten Helden bzw. der bedrängten Heldin aus einer Notlage helfen (vgl. Schott 1989). Erzählungen religiösen Inhaltes sind Gegenstand des letzten Kapitels dieser Arbeit, und dort wird auch die allgemeine Diskussion zur Rolle der Mythen in Westafrika noch einmal aufgenommen.

2.6. Originaltexte und Übersetzungen

Von afrikanistischer und literaturwisssenschaftlicher Seite wurden ethno-soziologische Interpretationsansätze verschiedentlich dafür kritisiert, daß die Textanalyse von unsensiblen Übersetzungen ausgehe und die originalsprachlichen Zeugnisse nicht genügend berücksichtigt und gewürdigt würden (Geider 1990: 12; Okpewho 1992: 12). Dieser Kritik ist grundsätzlich zuzustimmen. Ebenso ist Geiders Forderung zu unterstreichen, daß in der Textaufbereitung muttersprachliche Assistenten einen maximalen Anteil ausmachen.

Ich habe mich in meiner Feldforschung bemüht, dieser Forderung so gut wie möglich gerecht zu werden. Alle Lyela-Erzählungen wurden so bald wie möglich nach dem Abend ihrer Aufnahme von mir selbst in Zusammenarbeit mit zwei Assistenten[4] übersetzt. Andere Mitarbeiter, die im Rahmen von kirchlichen Alphabetisierungprogrammen in der Verschriftlichung des Lyele ausgebildet worden waren, schrieben, mit eigenen Arbeitsgeräten versehen, die Texte in Lyele nieder. Von einigen Texten wurden nach der Transkription Interlinearübersetzungen ins Französische angefertigt.

Meistens waren die Übersetzer bei den Aufnahmen mit dabei, wenn sie sie nicht überhaupt ganz allein durchgeführt hatten (vgl. Kap. 2.2.). Ossora N'Do, der kein Französisch sprach, Schwestersohn meines gastgebenden Gehöftherrn Eloa Bazie aus Sanje, war oft bei den Transkriptionen und Übersetzungen dabei. Er war als guter Erzähler mit einem großen Repertoire hervorgetreten und besaß besondere Kenntnisse zur Symbolsprache, Metaphorik und Bedeutung von Erzählungen. Schnitzend oder Matten flechtend saß er bei Transkription, Übersetzung und Textanalyse dabei und bereicherte unsere Arbeit durch seine textexegetischen Exkurse.

Nach der Niederschrift der Rahmendaten zur Person der Erzählerin oder des Erzählers gingen wir zu dritt den Text Satz für Satz durch. Dabei wurde eine Rohübersetzung angefertigt, die möglichst eng am Lyele-Text blieb. Die erste Übersetzung „klebte" so eng am Text, daß zunächst jedes einzelne Verb mit einem französischen Äquivalent wiedergegeben wurde, von denen eine Mehrzahl eine bestimmte Handlung ausdrückt: z.B. *"N zì, ń kwè, ń po – il s'est arrêté pour prendre et donner"*. Er (oder sie) gibt jemandem etwas. In dieser ersten Übersetzung ging es zunächst darum, so wenig wie möglich von dem zugrundeliegenden Lyele-Text zu „verlieren". Neben der Befragung von Ossora, der selbst während meiner beiden Aufenthalte mehr als 50 Geschichten erzählt hatte, stand mir das lexikalisch umfangreiche Glossar von Pater Nicolas (1953) zur Verfügung, das sich wegen seiner Fülle an idiomatischen Redewendungen und zusammengesetzten Worten für die Textaufbereitung als sehr wertvoll erwiesen hat. Das von den

---

[4] Valentin Bazie aus Goundie und Oli Bado aus Sanje, die jeweils halbtags arbeiteten. Ihnen möchte ich ebenso wie Jean Bacono, Zaccharie Baco, Samuel Badiel und Ernesté Badiel, die von Ron und Lynn Stanford in der Verschriftlichung des Lyele ausgebildet worden waren, herzlich für ihre Mitarbeit danken.

Stanfords erstellte Lexikon Lyele-Français (unveröffentlichtes Manuskript) ergänzte Nicolas Arbeit nicht nur durch die genauere Transkription des Lyele, sondern auch dadurch, daß es – mehr als 30 Jahre später erstellt – zahlreiche Neologismen, die nicht selten französischen Ursprungs sind, enthält. Ossoras Kommentare zu den Erzählungen reichten von der Erklärung einzelner „archaischer" Wörter aus der Märchensprache, die den Übersetzern als weniger guten Kennern der Oratur unbekannt waren, bis zu längeren textexegetischen Ausführungen. Oft diente eine bestimmte Textstelle als Aufhänger für eine längere Diskussion. Dieses Verfahren wurde z.B. von Jackson (1984: 4) etwas hochtrabend als eigene „ethnographische Methode" bezeichnet. Über bestimmte Formulierungen in den Erzählungen kam es zu Gesprächen über Hexerei, über die moralische Wertigkeit bestimmter Verhaltensweisen, wie sie in den Geschichten vorgeführt werden, u.a.m. Ich habe diese Ausführungen, die zum Teil den Charakter „freier Assoziationen" hatten, immer so weit wie möglich festgehalten, auch wenn sie sich vom eigentlichen Thema oft recht weit entfernten.

Es sollte aber auch auf die Grenzen der „einheimischen Textexegese" hingewiesen werden. Erzählungen werden in einer Symbolsprache formuliert, die nicht restlos in die Alltagssprache übersetzbar ist. Die meisten Lyela sind damit zufrieden, den Erzählungen zuzuhören, sich an ihrem Witz, ihrer Spannung und ihrem sprachlichen Charme zu erfreuen. Eine bewußte Reflexion über die Geschichten wird von vielen abgelehnt oder als unpassend verlacht. Ähnliches befindet Oosten über die nordeuropäische Mythologie:

> „Die Zuhörer genießen die Geschichten, aber sie suchen nicht nach versteckten Bedeutungen oder Botschaften; ihr Verständnis der Texte wird beim Zuhören gebildet. Dieser Prozeß ähnelt dem Zuhören bei einem Musikstück. Das Publikum folgt der Aufführung der Musik und genießt ihre Melodie, Harmonie usw. Obwohl die Struktur der Musik bei verschiedenen Aufführungen die gleiche bleibt, wird das Publikum sie auf verschiedene Weise genießen, was von der Qualität der Aufführung, ihrer eigenen Stimmung usw. abhängt. Nach der Aufführung ist kein Bedarf für eine sofortige Diskussion [...]. Obwohl wir eine Kultur insgesamt verstanden haben müssen, bevor wir den Sinn des Mythos entschlüsseln können, können wir uns nicht an die Zuhörer wenden, um unsere Auffassung von den Geschichten bestätigen oder falsifizieren zu lassen, denn sie gehen mit den Erzählungen völlig anders um. Das Publikum, das einen Mythos anhört, ist mit einem unmittelbaren, intuitiven Verständnis zufrieden. Aber der Analytiker versteht den Text auf eine völlig andere Weise." (Oosten 1985: 5)

Es ist auf jeden Fall Vorsicht geboten, die Gewährsleute nicht zu „Interpretationen" zu drängen, die sie vorbringen, um nicht dem Fremden die Antwort schuldig zu bleiben, die aber möglicherweise ihrem eigenen Empfinden zu den Erzählinhalten vielleicht wenig entsprechen.

Die Weiterarbeit an den in Burkina Faso angefertigten Rohübersetzungen und Erstinterpretationen mußte in Deutschland ohne weitere Hilfe von Lyele-Sprechern erfolgen. Für die vorliegende, vergleichende Arbeit wurden jeweils Zusammenfassungen mehrerer Versionen und Varianten erstellt. Dabei mußte eine zweite Übersetzung der Texte vom Französischen ins Deutsche vorgenommen werden. In dieser Arbeit geht es besonders darum, die V a r i a b i l i t ä t afrikanischer Erzählungen in verschiedenen Kulturen und Erzählsituationen (im Sinne von Görög-Karady 1990: 22) deutlich werden zu lassen. Dazu müssen neben dem Erzählkontext und Angaben zur Person der Erzähler vor allem Handlungsablauf und Inhalt einer Erzählung mit den sinntragenden Symbolen wiedergegeben werden. Originaltexte ließen sich in dieser Arbeit nicht unterbringen. In einer komparatistischen Analyse, die auf der Grundlage von tausenden von Texten beruht und die zum Verständnis dieser Texte notwendigen ethnographischen Erklärungen enthält, ist eine Wiedergabe von Originaltexten mit annotierter Übersetzung nicht zu leisten.

Ich werde aber selbstverständlich dennoch während der gesamten Arbeit ständig auf einheimische Begriffe und idiomatische Ausdrücke aus den Erzählungen und der Lebenswelt rekurrieren. Geider, der aus afrikanistischer Sicht die ethno-soziologische Erzählforschung am pointiertesten kritisierte, konzediert selbst, daß knapp bemessener Publikationsraum für die Wiedergabe und angemessene Annotation afrikasprachlicher Texte wohl ein ewiges Problem darstellen werde (1990: 12). Es bleibt mir also nicht mehr, als den Leser auf eine Publikation der Originaltexte zu einem späteren Zeitpunkt zu vertrösten.

3. DAS „TRADITIONELLE" GESELLSCHAFTSMODELL DER LYELA

3.1. Die Verteilung politischer Macht in vorkolonialer Zeit

Heutzutage bei den Lyela historische Daten über die Zeit vor 1920, der faktischen Eroberung des Lyela-Gebietes durch die französischen Kolonialherren, zu erheben, ist schwierig, wenn nicht unmöglich. Das genealogische und auch das geschichtliche Gedächtnis der Lyela sind wenig entwickelt. Das Memorieren langer Ahnenreihen, wie es aus anderen segmentären Gesellschaften Westafrikas bekannt ist, erfüllt in der gleichfalls akephalen Gesellschaftsordnung der Lyela keine Funktion und ist deshalb unbekannt. Wiederholt ist es mir passiert, daß ein alter Gewährsmann seine Darstellung bestimmter Zustände aus der Vergangenheit mit den Worten einleitete: „Damals, als die Welt begann..."; aus bestimmten Details seines folgenden Berichtes wurde jedoch dann deutlich, daß er über die zwanziger oder dreißiger Jahre dieses Jahrhunderts sprach. Aus diesem Grunde sind alle Aussagen über „vorkoloniale" Institutionen, Sitten und Gebräuche der Lyela mit Vorsicht zu betrachten. Wir müssen uns aber mit den vergangenen Zuständen auseinandersetzen, denn es ist stark anzunehmen, daß in den Erzählungen auch häufig von vergangenen Verhältnissen die Rede ist (vgl. Kap. 1.2.).

In der traditionellen Siedlungsstruktur der Lyela[1] können die einzelnen Viertel (*duwúlse*) eines Dorfes so weit voneinander entfernt sein, daß man gelegentlich den Eindruck gewinnt, man befinde sich bereits in einem anderen Dorf statt in einem weit vom „Zentrum" entfernten "*quartier*". Entscheidend für die Zugehörigkeit zu einem bestimmten Dorf ist die rituelle und juristische Unterordnung unter einen Erdschrein *(cɛkú)*, der als spirituelle „Mitte" der sonst so weitläufig verstreuten Lyela-Dörfer angesehen werden kann (vgl. Fortes 1967 [1945]: 164–166, Goody 1967 [1956]: 35 für die Tallensi und die LoDagaa).

Der oberste Priester des Erdschreins und der mächtigste Mann in der Dorfgemeinschaft der Lyela ist der Erdherr *(cɛcɔ̀bal,* pl. *cɛcínə)*. Er soll direkt vom Dorfgründer oder vom Ältesten des zweiten Klanes abstammen. Aufgabe des Erdherrn ist die Bestrafung der Menschen, die die Gesetze der Erde übertreten. Dazu gehören:

---

[1] Bayili bezeichnet die Lyela in seiner historischen Dissertation als „Nord-Nuna". Diese Eigenbezeichnung wird gelegentlich gebraucht, aber sehr viel seltener als die Bezeichnung *lyəl,* pl. *lyəla.* Aus der Untersuchung dieses Lyela-Historikers beziehe ich zahlreiche Angaben über die Autoritätsstruktur traditioneller Lyela-Dörfer, obwohl sich bestimmte Darstellungen dieses Autors nicht mit meinen eigenen Forschungsergebnissen decken.

Blutvergießen innerhalb der „rituellen Zone", die zu einem Erdaltar gehört und die von den verschiedenen Klansektionen eines Dorfes *(cɔ)* bewohnt wird.
Diebstahl innerhalb eines Dorfes.
Ehebruch eines männlichen Dorfmitgliedes mit der Ehefrau eines Mannes aus demselben Dorf.
Schadenszauber, Hexerei, der Besitz von schlechten Fetischen, die das Dorf verderben.
Selbstmord.
Verkauf eines Mitgliedes desselben Dorfes an einen Sklavenhändler (vgl. Bayili, unveröffentlichtes Manuskript 1983: 74, Schott 1984: 88–103).

Damit ähnelt die Religion der Lyela der der anderen Völker des Voltagebietes (vgl. z.B. Fortes 1987: 135, Goody 1962: 52, 63; Zwernemann 1968: 209–228). Wichtiger noch als seine richterliche und strafende Rolle ist die Aufgabe des Erdherrn, Fruchtbarkeits-, Regen- und Ernteopfer für die Bewohner seines Dorfes durchzuführen. Über die Art und den Zeitpunkt der Opfer wird der Erdherr von den Wahrsagern seines Dorfes beraten. Für die materiellen Aufwendungen kann der Erdherr ein beliebiges Stück Vieh von einem Bewohner seines Dorfes konfiszieren, das ihm die anderen Gehöftherren in Hirse ersetzen.

Die Kommunikation zwischen dem Erdherrn und den anderen Dorfbewohnern erfolgt durch die *cɔpyàlá* (pl.), die Ältesten der alten, landbesitzenden Klane eines Dorfes. Sie sind bei allen wichtigen Gerichtssitzungen vor dem Hof des Erdherrn zugegen, und sie erhalten einen Teil des Fleisches der Tiere, die auf dem Erdaltar geschlachtet werden. Im übrigen sind die „Gerichtsverhandlungen" beim Erdherrn, bei denen über Recht und Unrecht eines Falles nach den Regeln der Erde entschieden wird, öffentliche Angelegenheiten. Zu ihnen können alle Familienväter kommen, nicht nur um zuzuhören, sondern auch um ihre Meinung zu äußern. Die Termine werden vom Erdherrn selbst festgesetzt. Er kann aber auch Sitzungen dieser Art auf Verlangen einer Partei anberaumen, die der Meinung ist, daß ihr eine andere Familie im Dorf Unrecht zugefügt habe. Wenn die Erde Bußzahlungen zur Sühne bestimmter Vergehen verlangt, ergreift der Erdherr die Initiative, und er lädt den Familienvorstand der Klansektion vor, aus der jemand einen Frevel gegen die Erde begangen hat.

Eine wichtige Aussage von Duval über die Nuna gilt in gleicher Weise für ihre nördlichen Nachbarn, die Lyela, und eine Vielzahl anderer gerontokratisch regierter Ethnien der westafrikanischen Savanne:

> „Man kann nicht behaupten, daß ‚die Macht' auf die gesamte männliche Bevölkerung verteilt ist. Der Erwachsenenstatus wird bei den Nuna häufig erst Männern über fünfunddreißig zugestanden. Wenn man die niedrige Lebenserwartung (im ländlichen Westafrika) berücksichtigt, wird klar, daß auf diese Weise ein großer Teil der erwachsenen männlichen Bevölkerung ausgeklammert wird. Alle Frauen, Kinder und junge Männer bleiben von vornherein unberücksichtigt. So fängt die Macht tatsächlich erst bei den Oberhäuptern der *lineages* an." (Duval 1985: 22)

Bayili betont die religiöse Bedeutung des Erdherrnamtes, wenn er sagt: „Die Erde ist der wahrhafte Herrscher über ein Dorf, und der Erdherr ist der höchste

3.1. Die Verteilung politischer Macht in vorkolonialer Zeit

Repräsentant der heiligen Macht der Erde gegenüber den Bewohnern" (unveröffentlichtes Manuskript 1983: 58). Bayili beschreibt symbolhafte Handlungen während des Investiturrituals eines neuen Erdherrn, die die friedensstiftende Rolle des Erdherrn unterstreichen.

„In einigen Dörfern war für die Investitur des neuen Erdherrn nicht das Oberhaupt des Gründerklanes dieses Dorfes zuständig, sondern eine Frau oder ein Junge, die nach Konsultation des Wahrsagers ausgewählt wurden. Sie pflanzten eine Lanze in den Boden vor die Füße des Kandidaten, und sie überreichten ihm sein neues Chefgewand, zusammen mit seinen anderen Insignien. [...] Die zeremonielle Einsetzung des neuen Chefs durch eine Frau oder ein Kind drückt die Stellung des Mannes, der von nun an die Geschicke des Dorfes lenken soll, aus. Wer diese schwere Verantwortung übernehmen muß, [...] muß sich völlig seiner Männlichkeit und seines kriegerischen Charakters entledigen, er muß die Schwäche, die Geduld und die Toleranz einer Frau erwerben, die Ohnmacht des Kindes, das den Launen der Erwachsenen ausgeliefert ist. Er muß ein echter Vater seines Dorfes werden. [Der Erdherr] muß als Person, als Individuum in gewisser Weise sterben, er muß seinen Stolz und seine Persönlichkeit aufgeben. Er muß sich für die Erhaltung des Friedens, den Zusammenhalt und das Wohlergehen der Dorfbewohner opfern. In Didyr [im nördlichen Lyela-Gebiet] wird die Einsetzung des neuen Erdherrn [zwar] nicht durch eine Frau oder ein Kind vorgenommen, aber zwei Blätterbündel [die traditionelle Bekleidung der Frauen] werden dem Erdherrn vom Klanältesten des Gründungklanes des Dorfes um die Hüften gelegt. Damit wird eine grundlegende Verwandlung symbolisiert. ‚Der Erdherr ist eine Frau geworden und darf niemanden mehr angreifen'." (Aussage von Oyama Bako aus Didyr im Dez. 1978 zit. in Bayili, unveröffentlichtes Manuskript 1983: 69)

Der Erdherr soll zwischen zerstrittenen Parteien seines Dorfes vermitteln und tritt selbst in keiner Weise als „starker Mann" auf. Wie bei den Tallensi ist der Erdpriester ein *"primus inter pares"* im Rat der alten Männer eines Dorfes, und er besitzt keine politische Macht in dem Sinne, daß er den anderen Dorfbewohnern seinen persönlichen Willen aufoktroyieren könnte (vgl. Fortes 1967: 104). Dagegen betont Bayili die große spirituelle Macht, die der Erdherr nach seiner Investitur als Priester der heiligen Macht der Erde nach den Vorstellungen der Lyela besitzt:

„Jede Bedrohung aus seinem Munde hat entsetzliche Auswirkungen [...]. Sie kann den Tod einer Person bewirken. Diese große Macht, die ihm von den Gottheiten der Erde übertragen wurde, verpflichtet ihn zu besonderer Vorsicht in allem was er sagt und tut, wenn er nicht unbeabsichtigt Katastrophen auslösen will." (Bayili, unveröffentlichtes Manuskript 1983: 69)

Aussagen dieser Art, die den friedlichen und gewaltfreien Aspekt des Erdherrnamtes unterstreichen, dafür aber die religiöse Macht des Erdherrn hervorheben, steht allerdings Bayilis Beschreibung eines Erzwingungsstabes des Erdherrn entgenen. Ich habe bei meinen Feldforschungen nicht mehr beobachten können, daß die cɔpyàlá als Erzwingungsstab des Erdherrn eingesetzt worden wären. Der moderne Staat Burkina Faso fordert heute das Gewaltmonopol für sich. Kriminelle Vergehen werden nicht mehr nur von den lokalen Autoritäten, sondern auch von der Polizei verfolgt. Die richterlichen Kompetenzen der Erdherren reichen auch immer häufiger nicht mehr aus. Streitereien zwischen Angehörigen verschiedener

Dörfer, Frauenentführungen, Geldstreitigkeiten, alle diese Gerichtsfälle werden heute vor die staatlichen Gerichtshöfe gebracht. Für die Lyela sind vor allem die Gerichte von Réo und Koudoguou, die nach dem Staatsstreich von 1983 so benannten *"Tribunaux Provinciaux Populaires Révolutionnaires (TPPR)"* zuständig.[2]

3.2. Die Dichotomie von religiöser und politischer Macht im Weltbild der Lyela

Ich habe bei den Lyela nicht einmal mehr davon gehört, daß die *cɔpyàlá*, die Bayili als *"jeunes policiers du village"* bezeichnet, aus der Familienherde eines Delinquenten mit Gewalt eins oder mehrere Tiere geholt hätten, die dann auf dem Erdaltar geschlachtet wurden. Die *cɔpyàlá* sind auch heute nicht mehr bewaffnet. Die *"lance spéciale"* (*swí*, pl. *swé*), die Bayili als Waffe der „Polizisten" beschreibt, ist meiner Information nach das wichtigste Abzeichen des Erdherrn selbst. Es handelt sich dabei nicht um eine Waffe, sondern um eine Rituallanze, die der Erdherr in die Erde vor das Gehöft desjenigen pflanzt, der ein Gebot der Erde verletzt hat. Normalerweise errichten die Bewohner des mit der Lanze öffentlich markierten Gehöftes ihre Bußzahlung an die Erde aus Angst vor einer Bestrafung durch die Erde selbst:

> „Das Ziel der Sanktionen [für Vergehen gegen die Erde] war in erster Linie religiöser Art: sie bestanden [vor allem] in Reinigungsriten und verfolgten den Zweck, die beschmutzte Erde um Vergebung zu bitten, so daß die Menschen nicht die verheerenden Folgen ihres Zornes zu erleiden hatten." (Bayili, unveröffentlichtes Manuskript 1983: 69)

Wenn die Sünder die Erde nicht direkt mit Sühneopfern um Vergebung bitten, wartet der Erdherr auch heute noch den nächsten Todesfall im Gehöft oder in der Sektion der Frevler ab. Sollte der Gehöftherr auch dann noch nicht seine Bußzahlungen an die Erde entrichtet haben, weigert sich der Erdherr, den Leichnam bestatten zu lassen. Spätestens in dieser Situation werden die Familienältesten zur

---

[2] „Die TPPR [...] sind Beschwerdegerichte, bei denen Urteile niedrigerer Instanzen auf Dorfebene, die von den *"Comités pour la Défense de la Révolution"* (C.D.R) gebildet werden, überprüft werden können [...]. Ihre Zusammensetzung besteht aus zwei professionellen Richtern, die durch Dekret der Richter der 1. Instanz (in der Hauptstadt Ouagadougou) eingesetzt werden, sowie sechs Personen, die durch die Generalversammlung der C.D.R. auf Provinzebene gewählt werden" (Fahrenhorst 1988: 338). Am 15.10. 1987 wurde Sankara ermordet, noch im gleichen Monat die neue Regierung der „Volksfront" *(front populaire)* Blaise Compaorés bekanntgegeben.
Nach meiner Beobachtung in den Dörfern Poa und Sanguié von Oktober 1989 bis Mai 1990 waren auf Dorfebene keine von den jugendlichen C.D.R.s gebildeten „Vermittlungsvolksgerichte" mehr aktiv, sondern die Erdherrn sprachen wieder nach traditionellen Normen Recht. Fälle, die ihrer eigenen Ansicht nach außerhalb ihrer gerichtlichen Kompetenzen lagen, verwiesen die Erdherren an das staatliche Gericht von Réo.

3.2. Die Dichotomie von religiöser und politischer Macht

Entrichtung ihrer Bußzahlungen gezwungen. Der Erdherr muß auch die Erlaubnis zur Abhaltung von Totenfeiern geben. Sollte eine Familie ihre „Schulden" an die Erde noch nicht entrichtet haben, verbietet es der Erdherr, daß die großen Trommeln zur Einleitung der Totenfeiern geschlagen werden. Kein Klanältester oder Gehöftherr kann es zulassen, daß für eine(n) Verstorbene(n) seines Klanes die Totenfeier ausgesetzt wird. Denn das bedeutet, daß die gekränkte Seele des (der) Verstorbenen sich weiterhin in der Nähe der Gehöfte der Lebenden aufhält, weil sie nicht ordnungsgemäß ins Totenreich überführt wurde. Der (die) Verstorbene rächt sich für die Unterlassung der Totenfeier, indem er die Hinterbliebenen krank macht oder gar tötet. Dieses Thema wird uns später noch in Erzählungen begegnen.

Heutzutage ist die Macht des Erdherrn auf die *"zone rituelle"* eines Dorfes bechränkt. In voreuropäischer Zeit soll der Erdherr auch gewisse Funktionen bei den nicht seltenen kriegerischen Auseinandersetzungen zwischen Dörfern erfüllt haben. Seine Rolle in bewaffneten Vendettas zwischen Dörfern (*nəgúlsi*), wird von Bayili und Bamony wie folgt beschrieben:

> „Ein Erdherr war kein Krieger, und er durfte sich nicht an bewaffneten Auseinandersetzungen (*nəgúli*, pl. *nəgúlsi*) beteiligen, sagt die Tradition. Andernfalls mußte er der Erde Buß- und Reinigungsopfer darbringen. Er durfte einem Rachefeldzug oder Vergeltungsschlag [gegen ein anderes Dorf] nur unter dem Druck seiner Krieger stattgeben und erst nachdem er alle Verhandlungsmittel und friedlichen Maßnahmen ausgeschöpft hatte. Wenn z.B. wegen einer Frauenentführung oder wegen eines Viehdiebstahls ein Konflikt auszubrechen drohte, sollten sich die Erdherren gegenseitig Vermittler schicken und dafür sorgen, daß die entsprechenden „Güter" dem Bestohlenen wieder zurückgegeben wurden [...]." (Bayili, unveröffentlichtes Manuskript 1983: 118)

Der friedensstiftenden, „diplomatischen" Rolle des Erdherrn, der den rachedurstigen Kriegern eines fremden Dorfes eine Frau aus seinem Dorf als Kompensation für einen Mord oder Totschlag anbietet, stellt Bamony ein weniger pazifistisches Bild gegenüber:

> „Vor der Kolonialherrschaft waren Konflikte zwischen Dörfern an der Tagesordnung. Vor einer Vergeltungsschlacht brachte der Erdherr Tieropfer auf dem Erdheiligtum dar, um den Sieg seiner Dorfbewohner zu erbitten. Und während der Schlacht bewegte er sich nicht vom Erdheiligtum fort. Er mußte ununterbrochen beten, damit seine Männer siegreich aus der Schlacht zurückkehrten. Wenn er mit dem Ergebnis des Rachefeldzuges nicht zufrieden war, mobilisierte er eine größere Anzahl [von Kriegern] und schickte sie auf das Schlachtfeld. Wenn die zurückgebrachten Trophäen ihn zufriedenstellten [dazu gehörte nach Barral 1968: 17 die abgeschnittene (linke?) Hand des getöteten Feindes], und wenn mehr Feinde als eigene Leute getötet worden waren, ging er an die Zeremonien, die notwendig waren, um die Erde um Verzeihung für das vergossene Blut zu bitten." (Bamony 1984: 436)

Es fällt also nicht leicht, ein eindeutiges Bild des Erdherrn, der wichtigsten Autorität auf Dorfebene, zu zeichnen. Gründe dafür sind die fragmentarische Quellenlage, die verschiedenen Grundannahmen der Historiker und Ethnographen, die bei den Lyela gearbeitet haben, und vermutlich auch sehr unterschiedliche Verhältnisse in einzelnen Dörfern und Regionen des Lyela-Gebietes. Noch weniger eindeutig läßt sich die Frage beantworten, inwieweit sich bei den Lyela neben den Erdherrn als religiösen Autoritäten „Chefs" (pyŏ, pl. pyă) mit deutlichen machtpolitischen Ansprüchen herausbilden konnten. Es ist auch nicht klar, ob das Amt des Dorfchefs (cɔcàbal) bereits in vorkolonialer Zeit bei den Lyela bekannt war, oder ob es, wie einige Autoren meinen, von den Franzosen eingerichtet wurde, um die Lyela verwalten und beherrschen zu können. Duperray vermutet, daß das Amt des Erdherrn, das bei allen Gurunsi-Stämmen[3] Burkina Fasos und Ghanas eine wichtige Rolle spielt, die einzige Form der politischen Autorität bei den Lyela bis zur französischen Kolonialherrschaft gewesen sei. Über die Grenzen eines Dorfes hinaus habe es bei den Lyela keine Form institutionalisierter politischer Macht gegeben. Der *peo* oder *pyŏ*, ein Chef über mehrere Dörfer, ist nach Duperrays Recherchen bei den Lyela nicht bekannt, im Unterschied zu den Nuna, Kasena und den anderen Gurunsi Burkina Fasos und Ghanas, wo der *pyŏ* als politisches und militärisches Oberhaupt eines oder mehrerer Dorfverbände eine feste Institution ist (vgl. Duperray 1984: 39; Dittmer 1961: 52–123).

Bayili schreibt den Erdherrn bei den Lyela gleichzeitig die Funktion des *pyŏ* zu:

> „Der Erdherr (cɛcàbal) trägt auch den Titel *pyŏ* (König oder Chef) im Lande der Nord-Nuna [Lyela]. Das bestätigt und erklärt die politische Autorität und auch den Respekt, den er bei den Dorfbewohnern genießt. Seine beiden Titel offenbaren seine Art der Autorität, die zugleich religiös und politisch ist. Darin besteht ein besonderes Charakteristikum der soziopolitischen Organisation der Nord-Nuna im Unterschied zu ihren Brüdern im Süden." (Bayili, unveröffentlichtes Manuskript 1983: 59)

Diese Gleichsetzung kann ich aufgrund meiner Forschungen n i c h t bestätigen; m.A. nach ist der Machtanspruch eines *pyŏ* von ganz anderer Natur als der durch die heilige Macht der Erde verliehene Autoritätsanspruch des Erdherrn. Die religiöse Autorität des Erdherrn und die begrenzte politische Gewalt einzelner *pyă*, die sich aufgrund ihres „Reichtums" an Frauen, Rindern und Gefolgsleuten für eine begrenzte Zeit einen höheren Status verschaffen konnten als die Menge der einfachen Bauern, stehen nach meiner Kenntnis in einem spannungsreichen Widerspruch. Die Dichotomie zwischen der religiösen Autorität der Erdherrn und

---

[3] Die Lyela, Nebwa, Ko, Nuna, Kasena und Puguli in Burkina Faso, die Sisala, Bulsa, Nankana, Tallensi und Kusase in Nordghana (Duperray 1984: 16). Nach Manessy (1969), der nach rein linguistischen Kriterien vorgeht, gehören die Lyela, Nuna, Kasena, Ko, Puguli, Sisala, Chakali, Tamprusi, Mo, Vagala, Siti, Degha, Kabyé, Tem, Cala, Bago, Kurumba und Bulsa zu den Gurunsi-Sprechern, wobei die Zugehörigkeit der Bulsa, Kurumba und Larhama zur Gurunsi-Sprachgruppe damals bereits umstritten war und heute wohl ausgeschlossen wird. Der Terminus „Gurunsi" ist eine zweifelhafte, oft auch abwertende Fremdbezeichnung dieser ethnischen Minderheiten. Zwernemann (1958: 123–125) fand jedoch, daß beispielsweise die Nuna stolz auf „ihre traditionelle Gurunsi-Kultur" waren. Auch die Lyela verteidigen ihre „Gurunsi-Identität" gegenüber der Mosi-Mehrheit mit einem gewissen Eigenstolz.

3.2. Die Dichotomie von religiöser und politischer Macht

den *"big man"*-artigen Machtansprüchen des *pyɔ̃* ist darüber hinaus ein Lieblingsthema in der Oratur der Lyela.

Bayili führt die Aufteilung der politischen Autorität in das Amt des Erdherrn und des Dorfchefs historisch auf die Herrschaft der Mosi über weite Teile des Lyela-Gebietes bis zum 19. Jhdt. zurück. Zahlreiche Lyela-Klane berichten heute noch, daß ihre Vorfahren Mosi waren, die aus ihrem Heimatgebiet ausgewandert sind und sich im Siedlungsgebiet der Gurunsi niedergelassen haben. Dittmer behauptet sogar (übertriebenerweise), daß die Lyela „in einem seit dem Mittelalter bis heute forgesetzten Assimilierungsprozeß den größten Teil ihres früheren Siedlungsgebietes und der Bevölkerung an die Mosi verloren haben und heute nur noch in einem schmalen Landstrich ihre alte Kultur bewahren konnten." (1961: 2)

Wie bei den Nuna (Duval 1985: 16) und anderen Gurunsi-Stämmen Burkina Fasos (Duperray 1984: 50ff) haben die ins Lyela-Gebiet eingewanderten Mosi die Sprache und die Gebräuche der Urbevölkerung übernommen. Der Einfluß der Mosi auf die akephalen Gurunsi soll allenthalben in der Einrichtung von „Chefferien" bestanden haben. Allein die Lyela übernahmen nicht das Häuptlingstum der Mosi und lehnten weiterhin alle Autorität oberhalb der Dorfebene ab:

> „Die Infiltration der Mosi in das Stammesgebiet der Lyela scheint dort nicht zur Herausbildung kleinerer territorialer Einheiten wie bei den südlichen Gurunsi-Stämmen geführt zu haben. Vielleicht liegt das daran, daß ins Lyela-Gebiet hauptsächlich Familien der Nyonyose, (der von den adligen Lineages unterdrückten Urbevölkerung Burkina Fasos) eingewandert sind, während die südlichen Gurunsi-Stämme von vertriebenen Lineages der Nakomse durchmischt wurden." (Duperray 1984: 52)

Das Amt des Dorfchefs (*cɔcə̀bal*) wurde bei den Lyela der religiösen Autorität des Erdherrn untergeordnet. Bayili beobachtete diese „Umformung" politischer Strukturen der Mosi vor allem im Norden des Lyela-Gebietes, das in den Herrschaftsbereich der Chefs von Dakola, Batono und Samba im Mosi-Königreich Yako fielen. In den nördlichen Lyela-Dörfern entwickelte sich seit voreuropäischer Zeit eine Gewaltenteilung zwischen dem Erdherrn und dem Dorfchef:

> „[...] der Dorfchef kümmerte sich besonders um gerichtliche Fragen im Gebiet seines Dorfes, aber in enger Unterordnung unter den Erdherrn. Er wurde nach Konsultation der Wahrsager gewählt und eingesetzt. Er spielte gegenüber dem Erdherrn die Rolle des ‚ersten Ministers'. Der Erdherr blieb also [...] die oberste Autorität." (Bayili, unveröffentlichtes Manuskript 1983: 59)

In den Lyela-Dörfern Poa und Sanguié, in denen ich mich am intensivsten mit dem Problem der politischen Herrschaft befaßt habe, besteht diese Art der Gewaltenteilung bis heute fort. In Poa wie in Sanguié waren die Erdherren älter als die Dorfchefs. Die Erdherren galten als klassifikatorische „Väter" der Dorfchefs. Da die Autoritätsvorstellungen der Lyela stark vom Prinzip des relativen Alters geprägt sind, kommt dem Erdherrn somit von vornherein eine Vormachtstellung über den klassifikatorischen „Sohn" Dorfchef zu. In beiden genannten Dörfern stammen der Erdherr und der Dorfchef aus derselben Klansektion, wodurch Gegensätze zwischen dem religiösen Amt des Erdherrn und dem politischen Machtanspruch des Dorfchefs neutralisiert werden. Die Vater-Sohn-Beziehung zwischen den beiden Ämtern sorgt für eine klare Unterordnung des Dorfchefs unter den Erdherrn.

Duval bezeichnet die religiöse Autorität des Erdherrn und die politische, wirtschaftliche und militärische Macht des Dorfchefs als gegensätzliche Pole im politischen Gefüge der Nuna-Dorfgemeinschaften:

„[...] ein Charakteristikum der Nuna-Dörfer ist das Vorhandensein zweier Machtpole, die miteinander existieren ohne sich untereinander Konkurrenz zu machen. Es handelt sich um die Macht der Erde und um politische Macht; erstere wird vom Erdherrn ausgeübt, letztere vom Dorfchef oder vom politischen Chef (*peo*)." (Duval 1985: 22)

Diese Dichotomie läßt sich dem einfachen Modell von Stagl zuordnen, der sagt:

„Rang-Gesellschaften kennen verschiedene Typen von Führern. Man kann diese aber auf zwei Grundtypen reduzieren: ‚Älteste' und ‚Big Men'. ‚Älteste' sind die Häupter von stabilen Primärgruppen, vor allem von Verwandtschaftsgruppen (welche in Rang-Gesellschaften eine besonders wichtige Rolle spielen). [... Sie] müssen zur Regelung ihrer gemeinsamen Angelegenheiten Führungspositionen aufweisen, deren Aufgaben und Kompetenzen einigermaßen klar umschrieben sind. Solche Führungsrollen sind von der Persönlichkeit ihres jeweiligen Trägers abhebbar, sie haben also den Charakter von Ämtern. Zu einem Amt gehört ein Sukzessionsautomatismus [...]. Die Fähigsten werden hingegen zu ‚Big Men'. Ein ‚Big Man' hat seine Führungsautorität durch eigene Leistungen auf wirtschaftlichem, organisatorischem, militärischem oder anderem Gebiet erworben; diese ist also nicht an ein Amt, sondern an seine Person gebunden." (Stagl 1988: 184)

Ein wichtiger Unterschied zwischen der politischen Organisation der Lyela und der der Nuna scheint im heute immer noch andauernden Machtzuwachs der politischen Chefs bei den Nuna zu bestehen. Diese Tendenz ist bei den Lyela weniger zu beobachten. Dort hat sich nirgendwo ein derartiges Machtübergewicht des Dorfchefs oder des politischen Chefs über den Erdherrn herausgebildet, daß man auf die Idee kommen könnte, die Lyela als „totalitäre Gesellschaft ohne Staat" zu bezeichnen, wie das Duval für die Nuna tut. Im übrigen scheint mir Duvals Generalisierung seiner Beobachtungen in einem einzigen Dorf für die gesamte ethnische Gruppe der Nuna doch sehr zweifelhaft zu sein.

3.3. Die französische Kolonialherrschaft und ihr Einfluß auf das Autoritätsgefüge

Dort, wo die französische Kolonialverwaltung keine Chefs oder Häuptlinge in den Dörfern der Lyela vorfand, versuchte sie, die Erdherrn zu einer Reihe von administrativen Aufgaben zu verpflichten. Diese Aufgaben wurden von den Betrauten nicht selten dazu benutzt, um sich zu bereichern und einen höheren Status anzustreben als die Mehrheit der Bauern. Ein französischer Kolonialbeamter beschreibt die Veränderung der ursprünglich akephalen Sozialstruktur durch die Franzosen folgendermaßen:

„Vor unserer Ankunft gab es bei den Lyela keine Dorfchefs (cɔcína), die wie bei den Mosi tatsächliche Autorität besaßen und eine wichtige soziale Rolle spielten. Der cɔcɔ̀bal [...] ist eine rezente Einführung, außer in dem Gebiet, in dem Mosi und Gurunsi sich miteinander vermischen. Dort [...] ist die soziale Organisation der Mosi zum Teil übernommen worden. Im Rest des Lyela-Gebietes haben wir selbst nach unserer Ankunft den Erdherrn oder eine andere Person, die von der Bevölkerung vorgeschlagen wurde, als Chef über ein Dorf eingesetzt. Er fungiert als administrative Einrichtung und ist vor allem mit der Steuererhebung und der Steuerabführung betraut. Heutzutage ist oft der Erdherr auch der Dorfchef. Zusätzlich zu seiner religiösen Rolle als Erdpriester soll er bestimmte soziale Funktionen übernehmen, die ihm die (Kolonial-) Verwaltung zuerkennt. Dazu gehören die Beziehungen zum *"Commandant de cercle"*, die Eintreibung und Entrichtung der Kopfsteuern, die Aufrechterhaltung von Sauberkeit, Recht und Ordnung im Dorf, die Rekrutierung der Polizei, die Beilegung und Schlichtung von kleineren Rechtsfällen.
Wenn der Erdherr glaubt, zu alt für dieses Amt zu sein, sagt er den Einwohnern, sie sollten ein Mitglied seiner Familie als Dorfchef vorschlagen. Aber er selbst bleibt der wirkliche Chef. Keine Entscheidung im Dorf kann ohne die Zustimmung oder den Befehl des Erdherrn getroffen werden, selbst wenn ein besonderer Dorfchef existiert." (Ponton 1933: 106)

In den Dörfern Sanguié und Poa, in denen ich die Erdherren am besten kennengelernt habe, lehnten sie das Amt des Dorfchefs nicht ab, weil sie dazu zu alt waren, sondern weil sich die *"affaires des blancs"*, wie sie die Beziehungen der Dörfler zum Staat nennen, obwohl die „weißen" Kolonialherren längst durch schwarze Staatsbeamte ersetzt sind, nicht mit der Priesterrolle für den Erdaltar vertragen. Schott hat ausgeführt, in welchen Widerspruch traditionelle Rechtsauffassungen mit der Rechtsprechung des modernen Staates treten können (1978, 1984, 1990). Der Erdherr ist für die Rechtsprechung nach dem traditionellen Erdrecht zuständig, aber er ist nicht kompetent, sich mit den *"affaires des blancs"* zu befassen. Streitfälle wegen Veruntreuung von Geld, Entführung von Frauen aus anderen Dörfern u.a.m. werden vor den staatlichen Gerichten Burkina Fasos geschlichtet, von denen bereits die Rede war.

In der Kolonialzeit mußten sich die Dorfchefs darüber hinaus auf eine Weise die Hände schmutzig machen, die nicht recht zur Figur des „Vaters eines Dorfes", wie Bayili den Erdherrn nennt, paßt.

„In der Kolonialzeit war die Macht des Dorfchefs groß und hatte Zwangscharakter. Er sorgte dafür, daß Leute, die ihre Steuern nicht bezahlen konnten, grausam verprügelt wurden. Außerdem wurde er mit Geschenken von Leuten überschüttet, die seine Gnade in einem Gerichtsfall erwirken wollten, oder wenn sie ihre Steuern nicht bezahlen konnten." (Bamony 1984: 434)

Die Dorfchefs hatten auch die Aufgabe, Träger und Arbeiter für Straßen- und Eisenbahnbau zu rekrutieren. Dazu kamen noch die Arbeitskräfte, die im Gebiet des heutigen Burkina Faso zusammengezogen wurden, um als Plantagenarbeiter zu Privatfirmen der Elfenbeinküste geschickt zu werden (Duperray 1984: 198). Die Dorfchefs wurden von der französischen Kolonialverwaltung bezahlt, sie hatten ein Anrecht auf einen geringen Prozentsatz bei den Steuereinnahmen, und sie wurden auch mit einem bewaffneten Erzwingungsstab ausgerüstet.

Nach Angaben von Bamony (1984: 434) wurde im Jahre 1910 von der französischen Kolonialverwaltung der erste Kantonschef (*pyɔ̃*) über alle 38 Dörfer des gesamten „Lyela-Stammes" eingesetzt, freilich immer noch unter der Oberherrschaft des Mosi-Nabas Larlé in Ouagadougou. Der erste Lyela-Häuptling war Banyini Bassolé aus Réo. Zehn Jahre später wurde die "*province de Réo*" gegründet, über die „König" Banyini in der Weise „herrschte", daß er die von den Franzosen verlangten Quoten an zwangsangebauter Baumwolle sogar übererfüllte (Duperray 1984: 201).

Im Jahre 1926 wurde das Lyela-Gebiet in drei Cantons eingeteilt, die ungefähr den drei verschiedenen Dialektarealen entsprechen; jeweils ein "Chef de Canton" wurde in Réo, Batondo und Didyr eingesetzt. Der *Chef de Canton* (in Lyele ebenfalls *pyɔ̃*) besaß ein Gewehr, und er sollte über Rechtsstreitigkeiten z w i - s c h e n den Dörfern seines Cantons entscheiden (Bamony 1984: 438). Der *pyɔ̃* hatte das Recht, zum Beispiel den Entführer einer verheirateten Frau und auch die Ehebrecherin selbst verprügeln zu lassen. Nach Beschreibungen älterer Gewährsleute besaßen die Kantonschefs Pferde und Pagen (*sona*, pl. *sonərh*); sie orientierten sich in ihrem Auftreten und in ihrer Kleidung am Vorbild der Mosi-Nabas. Auch verschiedene "*Chefs de villages*" wie z.B. in Goundi und Kion haben sich bemüht, den Herrschaftsstil der "*Chefs de Canton*" zu imitieren. Dabei war der Besitz von Pferden das wichtigste Symbol für ihre Stellung, wie anhand der Analyse von Erzählungen noch ausgeführt werden soll.

Zusammenfassend läßt sich bisher sagen, daß die Lyela unter allen Gurunsi-Gruppen Burkina Fasos und Ghanas diejenigen waren, die ihre akephale, in voreuropäischer Zeit entwickelte Gesellschaftsordnung am hartnäckigsten sowohl gegen die Einverleibung in einen Mosi-Staat, als auch in ein Häuptlingstum kolonialer Machart verteidigten. Auch nach 1916, der blutigen Niederschlagung des letzten Lyela-Aufstandes durch französische Artillerie, klagte ein französischer Beamter noch darüber, daß die Bauern nicht die von der Kolonialmacht eingesetzten "*chefs de canton*" anerkannten:

> "*De caractère frondeur et individualiste, le paysan Gourounsi est toujours prompt à répondre à son chef: 'Qui t'a fait roi?'*."(zit. in Bayili, unveröffentlichtes Manuskript 1983: 411)

Der Glaube an die richtende Macht der Erde, der Ahnen und anderer übernatürlicher Mächte ist so stark gewesen, daß sich die Dorfgemeinschaften unter der priesterlichen Leitung der Alten und des Erdherrn bis heute beinahe vollständig selbst verwalten konnten. Diese Organisationsform verhinderte allerdings nicht blutige Auseinandersetzungen zwischen Dörfern; die Folge war weitestgehende wirtschaftliche Autarkie auf Dorfebene, ein ökonomischer Entwicklungsstand der oft nicht zur Eigenversorgung ausreichte (Duperray 1985: 170). Es kam im Lyela-Gebiet immer wieder zu Hungerperioden, ein Anschluß an den Fernhandel der Dioula, Mosi und Yarsé existierte nicht. Die Lyela waren für ihre Angriffslust bekannt, weswegen ihr Territorium von Fernhandelskarawanen weitgehend gemieden wurde.

Während der kolonialen und postkolonialen Zeit kam es zur Einführung des Geldes und einer großen Anzahl neuer Güter. Das Lyela-Gebiet erhielt durch

Straßen und die Eisenbahnlinie Ouagadougou – Abidjan Anschluß an den internationalen Markt. Wanderarbeit in den Küstenländern und die Einrichtung von Schulen wirkten dabei mit, die westliche Kultur auch in diesem Teil Westafrikas zu verbreiten. Es fand eine „Schichtung" der Bevölkerung nach Reichtum und Ausbildungsstand statt, allerdings ohne daß es bis heute zu ausgeprägter Klassenbildung gekommen wäre. Eine politische Zentralinstanz besteht im Lyela-Gebiet bis heute nicht. Die Bauern sind jedoch der Staatsgewalt in Form der Polizei unterworfen, und sie müssen die in Burkina Faso gültigen Gesetze respektieren.

Vor der Analyse der Erzählungen der Lyela, die sich mit Fragen der politischen Macht beschäftigen, sei darauf hingewiesen, daß die Herrscherfiguren in der oralen Literatur meistens mit dem Titel "*pyɔ̌*, pl. *pyǎ*" bezeichnet werden, was die französischsprechenden Lyela mit "*roi*" oder "*chef*" übersetzen. Seltener ist der fiktive Machthaber der Oratur ein *cɔcɔ̀bal* (pl. *cɔcína*), d.h. der in der Kolonialzeit eingeführte Dorfchef.

4. CHARAKTERSYMBOLE WESTAFRIKANISCHER ERZÄHLUNGEN

4.1 Herrschergestalten

Etwas über einhundert Geschichten, das ist rund ein Zehntel aller aufgenommenen Lyela-Erzählungen, haben Konflikte mit einem Herrscher oder die Auseinandersetzung mit dem Problem der politischen Macht zum Thema.[1] Sie lassen sich verschiedenen, in Westafrika oder in ganz Afrika verbreiteten, manchmal sogar weltweit bekannten Erzähltypen zuordnen.

Auch Erzählungen, die sich mit einer Herrschergestalt auseinandersetzen, werden viermal so häufig von Männern wie von Frauen erzählt. Darin findet sich kein Unterschied zur geschlechtlichen Verteilung der Erzähler insgesamt, wie im Kapitel zur Performanz der Erzählungen (2.2.) ausgeführt wurde. In beinahe allen Geschichten, die sich mit einem Häuptling oder Chef ($py\mathfrak{I}$) befassen, werden Attribute des Herrschers und Einzelheiten seines Hofstaates beschrieben, die auf Mosi-Einfluß oder auf Einflüsse der französischen Kolonialherrschaft zurückgehen. Tatsächlich haben die Lyela bis heute eine akephale Gesellschaftsstruktur bewahrt, während in der Phantasie der Geschichten immer wieder der überaus mächtige Herrscher vorkommt, der ganz abweichend von der Wirklichkeit die Macht über Leben und Tod besitzt und mit seinen Untertanen machen kann, was er will. In den Geschichten ist Machtmißbrauch ein wichtiges Thema.

Die einseitige Stilisierung des Königs als machtbesessener, gieriger, ziemlich dummer und kurzsichtiger Potentat findet sich in bestimmten Erzähltypen, die nach N'Da (1978: 88) über ganz Afrika verbreitet sind. In seiner Dissertation über die Figur des Kindes in afrikanischen Erzählungen, zu der N'Da 100 Erzählungen aus geographisch weit voneinander entfernten Kulturen Schwarzafrikas zusammentrug, fand er siebzehnmal das Stereotyp des „Bösen Königs". Das „Schlaue Kind" und der „Böse König" sind ein klassisches Gegensatzpaar der afrikani-

---

[1] Eine Auszählung nach einem Hauptthema – im konkreten Fall die Zusammenstellung aller „Geschichten über Herrschergestalten" – ist von vornherein ein problematisches Unterfangen. Ein bereits in der Einleitung erörterter Befund muß hier noch einmal betont werden: jede Erzählung ist ein offenes, polyvalentes Sinngebilde. Je nach Altersstufe, Geschlechtszugehörigkeit und sozialem Status innerhalb der Familie können die Zuhörer v e r s c h i e d e n e Themen und Episoden für sich selbst als die wichtigsten ausmachen. Darin liegt ein entscheidender Grund für die Beständigkeit und die Anziehungskraft der Erzählungen.

schen Oralliteratur. Sie sind panafrikanische, gegensätzliche „Charaktersymbole", um einen Ausdruck des Ehepaares Herskovits zu gebrauchen,[2] beinahe wie „Hase und Hyäne" oder „Guter und Schlechter Bruder", und ihr Bezug zur ethnographisch beobachtbaren Realität einer einzigen Ethnie ist mit Vorsicht herzustellen.

Dennoch sind Erzählungen zum Thema „Herrscher" sicherlich ein Medium, mit dessen Hilfe sich die Menschen mit verschiedenen Formen der Macht auseinandersetzen. Azuonye (1995) zeigt z.B. anhand von Erzählungen der Igbo (Nigeria), daß sich die Mitglieder dieser „demokratischen" Gesellschaft, wie er sie nennt, in der oralen Literatur besonders intensiv mit Problemen der Macht und des Machtmißbrauchs verschiedener Herrschergestalten auseinandersetzen. Ähnlich wie die Lyela unterscheiden die Igbo *"money chiefs"* (Männer, die von der Regierung in übergeordnete Positionen gebracht wurden), von spirituellen Herrschergestalten (*eze*). Mit der krassen Betonung negativer Charakteristika besonders der weltlichen Herrschergestalten entwerfen die Igbo einen Hintergrund, vor dem sich die Ideale guter und richtiger Herrschaft deutlich abheben sollen.

Wie viele andere westafrikanische Völker unterscheiden die Lyela ziemlich kategorisch zwischen „wahrer Rede" (*zɔma*) und „Fiktion, bzw. erfundenen Geschichten" (*səswǎlsɛ*) (vgl. Kap. 2.3). Nach Meinung der Lyela selbst werden in *səswǎlsɛ* keine religiösen Themen im engeren Sinne behandelt. Religion und *lùl-ɛ-púrse* – die Gesamtheit der überlieferten Sitten und Gebräuche – stehen auf der Seite von Wahrheit und Wahrhaftigkeit. Sie werden deshalb von den Lyela bewußt nicht in Erzählungen behandelt.[3] Wichtige religiöse Ämter vom *kwálácɔ̀-bal* (Priester des Klanheiligtums) bis zum Erdherrn, die früher das religiöse Rückgrat der politischen Verfassung bildeten und auch heute immer noch wichtigen Einfluß besitzen, werden in Erzählungen kaum erwähnt. Ein Erdherr erklärte:

> „Man redet nicht leichtfertig über die Erde. Die Angelegenheiten der Erde sind hart und gefährlich (*zum*). Jeder, der nicht mit jedem Wort die Wahrheit (*zhènà*) spricht, wird von der Erde bestraft. Geschichten dagegen sind voller Lügen (*kɔma*), sie werden zum Spaß und zum Vergnügen erzählt."

Der Begriff der „Lüge" ist hier nicht im Sinne eines schuldhaften oder gar sündhaften Vergehens zu verstehen. Gemeint ist die spielerische Phantasie, die sich in ausgeschmückten, übertriebenen und phantastischen Motiven der Erzählungen ausdrückt. In dem Begriff der „Lüge" ist aber auch das Element der „Distanzierung" enthalten. Man kann Dinge in den „lügenhaften" Geschichten ansprechen, die man mit dem Anspruch, ein „wahres Geschehen" berichten zu

---

2 "[...] *the literary gallery of protagonists whether super-human, human or animal, comprises identifiable personality t y p e s that are culturally standardized, a fact of which the narrator is fully cognizant. The Dahomean thinks of them in such terms, so that each becomes a s y m b o l in the strict sense of the word, a 'vehicle for the conception of objects'.*" (Herskovits 1958: 23)

3 Das achte Kapitel dieser Arbeit wird zeigen, daß andere Aspekte der Lyela-Religion, besonders der Glaube an Busch- und Wassergeister, dagegen durchaus ein beliebtes Thema für Erzählungen darstellen.

wollen, nicht anzusprechen wagt. Dieselbe Übereinkunft gilt für andere Gattungen der afrikanischen Oratur. So drücken die Frauen zahlreicher afrikanischer Erzählungen Haß und Eifersucht auf ihre Mitfrauen desselben Ehemannes in *"pounding-songs"* aus, in selbsterdachten Liedern, die sie während des Hirsestampfens in Anwesenheit der Rivalinnen vortragen. Finnegan schreibt dazu:

> *"It is as if expression in poetry takes the sting out of the communication and removes it from the 'real' social arena. And yet, of course it does not – for the communication still takes place. It is a curious example of the conventions that surround various forms of communication in society, where, even if the overt 'content' remains the same, the form radically affects the way it is received – whether or not it is regarded as a confrontation."* (1992: 224)

In vielen Lyela-Erzählungen erscheint die Figur des Häuptlings eher aufgesetzt, und die eigentliche Handlung der Erzählung zielt auf einen Konflikt auf dem Niveau der Familie (Vater-Sohn-Beziehung) oder innerhalb der Dorfgemeinschaft zwischen Jungen und Alten ab. Man bedient sich allgemein in Westafrika bekannter Erzähltypen; eine genauere Deutung der Symbolik zeigt jedoch, daß diese interethnisch in der westafrikanischen Savanne zirkulierenden Geschichten von einer Gesellschaft zur anderen mit kulturspezifischen Inhalten gefüllt werden.

4.2. Der König (*pyɔ̃*) als Opfer der Naturgewalten

Um das vorliegende Kapitel nicht zu sehr mit Material zu befrachten, wurden hier keine Erzählungen berücksichtigt, in denen der „König" als Brautvater auftritt. Zahlreiche Familienväter versuchen, sich durch Heiratspolitik einen Einflußbereich zu schaffen, und das Thema der Verheiratung junger Mädchen erscheint entsprechend häufig in Erzählungen. Ich möchte mich an dieser Stelle auf einen einzigen Erzähltypus aus diesem „Zyklus" beschränken und eine Geschichte wiedergeben, die besonders charakteristisch für die Lyela zu sein scheint.[4] Bisher habe ich keine Versionen anderer Ethnien gefunden.

Die Geschichte vom „Chamäleon, das den Regen zurückhält",[5] unterscheidet sich von den später vorgestellten Typen durch den Einsatz von Tierfiguren. Der Rahmen der menschlichen Gemeinschaft, in dem sich die Königserzählungen meistens bewegen, wird überschritten. Das wichtigste Thema dieser Geschichte

---

[4] Für die Analyse thematisch verwandter Heiratsgeschichten, etwa über das „Eingemauerte Mädchen", verweise ich auf das siebte Kapitel über Geschlechterbeziehungen, Heirat, Ehe und Familie.

[5] Die Lyela selbst geben ihren Erzählungen keine Titel. Das ist allgemein in Afrika nicht üblich. Um besser auf bestimmte Geschichten und Erzähltypen verweisen zu können, habe ich ihnen selbst Überschriften gegeben oder Titel übernommen, die sich unter afrikanistischen Erzählforschern eingebürgert haben. Im folgenden gilt, daß Zusammenfassungen mehrerer Versionen (angezeigt durch Nummern) im Präsens stehen. Die Übersetzung eines integralen Textes steht in der Vergangenheit, wie von den Lyela erzählt.

4.2. Der König (pyɔ̃) als Opfer der Naturgewalten

ist die Beziehung zwischen weltlicher politischer Macht und den Naturgewalten. Die Geschichte vom „König und dem Chamäleon" wurde in fünf Versionen aufgenommen, die ausnahmsweise bis auf eine (recht kümmerliche Version) nur von Frauen erzählt wurden:[6]

Der König (pyɔ̃) versammelt alle Tiere des Waldes, und er verspricht demjenigen seine schöne Tochter (in vier Versionen zusammen mit ihrer ebenso hübschen jüngeren Schwester), dem es gelingt, den Hügel hinter seinem Gehöft vor den Hof zu schieben. Alle Tiere des Waldes, ihnen voran Elefant als stärkstes Tier, versuchen vergeblich, die unmögliche Aufgabe zu lösen.
Chamäleon versucht es trotz des Gespötts der anderen Tiere. In einer Version (LYE-E182) wird es sogar von Elefant vom Berg gestoßen. Chamäleon singt ein zauberkräftiges Lied, und der Berg setzt sich in Bewegung.
Das kleine Reptil bekommt das (die) Mädchen.
Die anderen Tiere des Waldes sind nicht einverstanden, sie geben Hase die Braut (LYE-E042, LYE-E182, LYE-E484) oder Elefant, den sie als ihren König betrachten (LYE-E137, LYE-E452).
Chamäleon steigt auf einen hohen Baum, füllt Wasser in einen Tontopf (LYE-E042) und hält auf diese Weise den Regen zurück.
Alle Tiere und Menschen dürsten und hungern, auch Hase, bzw. Elefant, der mit seinen Frauen im Wald verschwunden ist.
Der Brautvater bietet Chamäleon Rinder oder anderes Vieh an, wenn er es wieder regnen lasse. Die Vermittler (eine alte Frau [LYE-E137], Chamäleons Schwester [LYE-E182]) kommen jedoch unverrichteter Dinge vom Baum, auf dem Chamäleon sitzt, zurück.
Chamäleon besteht darauf, seine Braut und ihre Schwester zurückzubekommen.
Kurz vor dem Hungertod gibt der Frauendieb nach, und Chamäleon gibt den Regen zurück.
Der König stellt sich unter das Dach, dort wo das Wasser abfließt, und er trinkt so viel, daß er stirbt.

Diese Geschichte ist wahrscheinlich auch deshalb bei den Frauen populär, weil darin so häufig Lieder gesungen werden. Erzählungen mit refrainartig wiederholten Liedern gehören zur Gattung der *esonúrh* (pl.) und sind besonders bei Kindern und Frauen beliebt. Chamäleons Lied hat sogar eine magische Wirkung. Ein anderer Grund für die Vorliebe der Frauen für diese schöne Geschichte liegt in der besonderen Betonung des Themas der Fruchtbarkeit nicht nur des Landes (Chamäleon als Regenmacher), sondern auch der Frauen. In allen Versionen trägt die von Chamäleon begehrte Braut, die Belohnung für die Lösung der unmöglichen Aufgabe, den besonders „sexy" klingenden Namen Ewula, abgeleitet von *wul*, pl. *wulə*, der Bauchnabel. Ein männlicher Informant sagte mir einmal: „Wenn man den Namen Ewula hört, weiß man schon, daß das Mädchen hübsch ist." Die in Nordghana lebenden Bulsa geben den Mädchen in den Erzählungen manchmal

---

[6] LYE-E042: Eyom Kanssono, 35 Jahre aus Sanguié; LYE-E065: Egura Kancono, 65 Jahre aus Sanguié; LYE-E182: Dorothée Kando, 30 Jahre aus Réo-Toucon; LYE-E452 Ezuna Kandolo, 68 Jahre aus Dassa; LYE-E484 Gorazhẽ Sandogho, 18 Jahre aus Boniolo-Guido.

den Namen Akawuruk. Der leitet sich „vom Worte *wuruk* her, das einen kleinen, runden Tontopf bezeichnet [..]." (Schott 1970: 62) Frauen mit runden, „fruchtbaren" Bäuchen werden so in Wirklichkeit genannt, noch häufiger aber in Erzählungen. Diese weiblichen Vornamen bezeichnen keine einzelne Frau. Nicht das Individuum ist gemeint, sondern die junge, hübsche, gebärfähige Frau (eine Kategorie), die von den Männern „gesucht" wird, wie die Lyela sagen. Der Bauch symbolisiert Schwangerschaft, Geburt, Nachkommenschaft, Themen von denen sich weibliche Erzählerinnen naturgemäß angesprochen fühlen, so daß damit erklärt werden könnte, warum ich beinahe alle Versionen dieser Geschichte von Frauen erhielt.

Stets gelingt es allein dem kleinen, aber zauberkräftigen Chamäleon, die unlösbare Aufgabe des Brautvaters zu erfüllen und den Berg (*pyɔ*), der bei den Lyela und anderen Savannenbauern als Naturheiligtum gilt, zu bewegen. Die unmögliche Aufgabe des Königs selbst: einen heiligen Berg von seinem Platz zu schieben, stellt bereits einen Affront gegen die Naturgewalten dar, der die Bestrafung des Königs am Ende der Erzählung mit begründet. Chamäleon mit seinen übernatürlichen Kräften gehört nicht zu den „normalen" Tieren des Waldes. Sein seltsames Aussehen, die Fähigkeit, seine Farbe an die Umwelt anzupassen, der langsame Kriechgang, die hervorquellenden Augen, der seltsame „Gesang" bei Nacht, faszinieren die Aufmerksamkeit zahlreicher afrikanischer Völker (vgl. Struck 1909, Westermann 1936, Zahan 1979: 40). Wie in den Erzählungen von den "*Enfants Terribles*" bei den Samo (vgl. Platiel 1980: 109–177) erscheint Chamäleon gelegentlich als Vater der frevelhaften Zwillinge (Gewittergeschwister) bei den Lyela (Kap. 8.7.). In einer anderen Geschichte hat eine Frau heimlich ehebrecherischen Geschlechtsverkehr mit einem Chamäleon, und ihre Untreue wird von der eigenen Tochter an den Ehemann verraten. Chamäleon hat wegen seiner Assoziation mit „Fruchtbarkeit" auch eine sexuelle Konnotation. Jemand, der bei den Lyela ein einzelnes Chamäleon irgendwo sieht, muß das als gefahrbringendes, unheilvolles Zeichen für sich selbst werten (Nicolas 1953: 270). Wenn man dagegen zwei Chamäleons bei der Paarung findet, soll dieser Anblick als glückbringendes Omen aufgefaßt werden. Gelingt es gar, die zwei Chamäleons während der Paarung zu fangen, kann man aus den getrockneten und pulverisierten Tieren ein starkes Medikament herstellen, das die Gesundheit des Finders und seiner Nachkommen viele Jahre lang schützt (Nicolas 1953: 839; Haaf 1966: 45 für die Kusase in Nordghana).

Schott (1970: 60) fand auch das Chamäleon in der Erzählung von den frevelhaften Zwillingen bei den Bulsa (in Nordghana). Die Bulsa betrachten das Chamäleon als heiliges Tier, weil es

„nicht nur zwischen den Elementen ‚Land' und ‚Luft' vermittelt, sondern auch zum ‚Wasser' eine enge Beziehung hat. Nach einer Überlieferung der Bulsa rettete das Chamäleon die Vorfahren des Volkes in einer Trockenperiode vor dem Verdursten, indem es in den Erdboden ein Loch stampfte, dem eine Wasserquelle entsprang, aus welcher die Menschen trinken konnten." (1970: 68)[7]

Der Elefant als großes, mächtiges Tier repräsentiert Gewaltherrschaft, eine Vormachtstellung, die sich nur mit roher physischer Gewalt durchsetzen läßt. Die Geschichte wurde möglicherweise von den Mosi „übernommen", wo der Elefant einen festen Platz im Symbolrepertoire einnimmt. Von Pasquier wurde eine Mosi-Version der Geschichte vom Kampf zwischen den „Vierbeinern und den Zweibeinern" veröffentlicht. Auch dort tritt der große und starke Elefant gegen ein kleines Tier, den Hahn, an und verliert in der Konkurrenz um eine Frau (1975: 673). Elefant nimmt keine Rücksicht auf Recht oder Unrecht, sondern er benutzt seine Körperkraft und seine Gefolgschaft dazu, um sich selbst Vorteile zu verschaffen und andere zu unterdrücken. Aber durch seine übernatürliche Fähigkeit des Regenmachens besitzt Chamäleon mehr Macht als Elefant, der König des Tierreichs, und der Brautvater, Herrscher über die Menschen, zusammen. In der vorliegenden Geschichte wird erneut deutlich, wie abhängig sich die Bewohner der westafrikanischen Savannenzone vom Fruchtbarkeit bringenden Regen sehen. Wenn er ausbleibt, wird das in der moralischen Weltordnung der Lyela meistens mit menschlichem Fehlverhalten erklärt. Die Menschen haben durch ihren Verstoß gegen die überlieferten Normen und Regeln (*lul-ɛ-púrsɛ*) des sozialen Lebens gleichzeitig gegen die kosmische Ordnung gefrevelt. Dafür werden sie von den übernatürlichen Mächten bestraft. Bei ausbleibendem Regen ist es mit politischer Machtentfaltung (Vater des Mädchens) und mit physischer Gewalt (Elefant) aus.

Auf einer anderen Interpretationsebene kann man in dieser Darstellung eine Begründung der Superiorität der Erdherrnschaft über andere Arten der Machtausübung sehen. Nur derjenige, dem es gelingt, die Fruchtbarkeit der Erde durch den richtigen Einsatz des Regens zu erhalten, ist in der Lage, die wichtigste Form der Macht auszuüben. Dazu gehört im realen Leben der Lyela die richtige Ausübung des Erdkultes und der Respekt vor den mit ihm verbundenen sozialen und religiösen Normen und Werten. Ähnliche Vorstellungen der Tallensi in Nordghana wurden von Fortes (1962) in einem Aufsatz über die enge Beziehung zwischen Ritual und politischen Ämtern beschrieben.

Das nächste Erzählbeispiel ist eine Variante des weltweit bekannten Erzähltypus „Die dankbaren Tiere und der undankbare Mensch":

Ein Jäger verirrt sich im Wald; auf einer Lichtung hört er Geflüster, und er folgt dem Geräusch. Er findet Krokodil, Affe, Buschratte, Schlange und einen Menschen, die alle miteinander in einen Brunnen gefallen sind (LYE-E121).

---

[7] Von Wolf Brüggemann (mündl. Mitt.) erfuhr ich, daß bei den Lyela getrocknete und pulverisierte Chamäleons als „Medikament" (*còm, pl.còmò*) für Regenzauber verwendet werden. Die Lyela kennen kein institutionalisiertes Amt des Regenmachers, doch scheinen Schmiede, die auch eine besondere Beziehung zu den Wassergeistern haben, häufiger Regenzauber auszuüben als Bauern ohne religiöse Ämter.

Oder: Der Besitzer eines Brunnens rettet Schlange, Elefant, Löwe und einen Jäger, die alle in einen Brunnen gefallen sind (LYE-E362).
Die Tiere im Brunnen flehen den Mann draußen an, sie aus dem Brunnen zu retten, aber er solle den anderen Menschen im Brunnen zurücklassen, denn der werde ihm sonst Gutes mit Schlechtem vergelten.
Nachdem er die Tiere aus dem Brunnen befreit hat, versteckt sich der Jäger hinter einem Busch, dann holt er auch den anderen Mann aus dem Brunnen heraus.
Nach einigen Jahren verirrt sich der Jäger noch einmal. Er trifft Buschratte, die ihm das Leben mit Erdnüssen rettet, und Affe hilft ihm aus der Not, indem er ihm Wasser zu trinken gibt. Auf dem Weg nach Hause trifft er Krokodil, das ihm eine große Menge Gold schenkt.
In Version LYE-E362 ist es die Schlange, die das Gold vor dem Retter der Tiere niederlegt.
Auf dem Rückweg kommt der Jäger am Gehöft des Mannes vorbei, dem er das Leben gerettet hat. Er muß dort die Nacht im Ziegenstall verbringen, und er bekommt nichts zu essen (LYE-E121).
Der Jäger zeigt sein Gold, um dafür etwas zu essen zu kaufen. Der Mann, den er aus dem Brunnen gerettet hat, geht zum König und sagt ihm, daß zu ihm ein Fremder gekommen sei, der Gold in großen Mengen besitze, Gold, das der König ihm wegnehmen solle.
Der Herrscher läßt den Besitzer des Goldes festbinden, um ihn am folgenden Tage hinrichten zu lassen. In der Nacht geht Schlange zum Gefesselten und gibt ihm eine Medizin, mit der man Tote wieder zum Leben erwecken kann. Schlange beißt den Sohn (oder die Tochter) des Königs, der (die) an dem tödlichen Biß stirbt.
Der Jäger bietet sich an, das Kind des Königs wieder zum Leben zu erwecken, wenn man ihm das Gehirn oder die Leber eines Verräters bringen könne, um daraus eine „Medizin" herzustellen.
Der Verräter versucht zu fliehen, aber die Leute des Königs ergreifen und töten ihn. Sie nehmen seine Leber und sein Hirn und geben es dem Jäger, der den Sohn (die Tochter) des Königs wieder zum Leben erweckt.
Der König gibt dem Jäger hundert Rinder, hundert Pferde, hundert Stoffbahnen, er gibt ihm sein Gold zurück, und der Jäger kehrt nach Hause zurück (LYE-E121).

Der Erzähler selbst bestätigt in seiner am Schluß der Geschichte vorgebrachten Moral den Interpretationsansatz von Paulme und Seydou zur Erzählung der „Hilfreichen Tiere" (1972: 86). Neben dem König als dem Hüter der sozialen Ordnung und dem Jäger als einer Symbolfigur, die zwischen Dorf und Buschland vermittelt, spielt der Verräter eine entscheidende Rolle. Er stört die öffentliche Ordnung und bedroht das friedliche Leben im Dorf, deshalb wird er von niemandem verteidigt, als der Held am Ende seine Tötung verlangt.

Der König wird nach dem Vorbild der benachbarten Mosi, deren Gesellschaftsstruktur bekanntlich stark hierarchisiert ist, als Spitze der Gesellschaft und Inhaber des Machtmonopols dargestellt. Varianten der gleichen Erzählung werden auch bei den Mosi erzählt, und so ist es möglich, daß die Lyela auch diese Erzählung von ihren westlichen Nachbarn übernommen haben. Ich zitiere aus Version LYE-E121:

„Der König sagte zum Jäger, wenn es nötig sei, einen Menschen zu töten [...] dann sollte der Jäger ihm das [ruhig] sagen. Das sei keine Schwierigkeit, denn er [der

4.2. Der König (pyɔ̃) als Opfer der Naturgewalten

König], regiere über die ganze Region. Wenn der Jäger es verlange, werde er [der König] jemanden schicken, der den Menschen töten solle."

Die Geschichte nimmt auf die Beziehungen zwischen Mosi und Lyela in vorkolonialer Zeit Bezug. Interethnische Beziehungen sind durchaus Gegenstand von Erzählungen, wie auch an verschiedenen anderen Erzähltypen gezeigt werden könnte. M. Zaongo, selbst ein Mosi, erläuterte z.B. folgendes Motiv: Ein „Schlauer Knabe" kommt mit einem Messer in der Hand und mit einem Ledersack über der Schulter zur Welt. In dem Messer sieht Zaongo das „Abzeichen des Opferpriesters, der von den Ureinwohnern abstammt. Der Ledersack über der Schulter läßt ihn als Fremden auf der Reise erkennen, aber auch als '*envahisseur*', der die Macht (des Mosi-Naba) angreift" (zit. in Paulme 1976: 200).

Der nur mit einem Lendenschurz bekleidete Jäger (Lyela) wird dem Rinder, Pferde und Stoffe besitzenden Herrscher gegenübergestellt. Der König und der Jäger bilden ein wohlbekanntes Gegensatzpaar im Repertoire westafrikanischer Charaktersymbole. Der Jäger ist nach tagelanger Wanderung zufällig in den Machtbereich des Herrschers geraten, nachdem er sich im Busch verirrt hatte. Der Jäger spielt in den Erzählungen zahlreicher westafrikanischer Völker immer noch eine erstaunlich wichtige Rolle. Zwar ist heute überall das Großwild ausgerottet, und die Jagd auf das noch verbliebene kümmerliche Kleinwild besitzt keine nennenswerte wirtschaftliche Bedeutung mehr. Aber immer noch ist in vielen Geschichten der Jäger eine wichtige und geheimnisvolle Figur. Er vermittelt zwischen den Gegensätzen von Dorf und Busch; er verläßt die geordnete und bekannte Welt des heimischen Weilers und wagt sich in die gefährliche, unüberschaubare Welt des wilden Buschlandes. Zwar gibt es heute in der westafrikanischen Savanne keine Landschaft mehr, die gänzlich vom Menschen unberührt geblieben wäre, aber im Denken der Bauern besteht die Dichotomie zwischen dem Dorf, dem bebauten Land als der Welt der Menschen und dem wilden Buschland als der Welt der Geister, fort. Die Menschen haben offenbar das Bedürfnis, immer wieder den Gegensatz zwischen Dorf und Wald zu mediatisieren. In den Erzählungen finden wir jedenfalls symbolische Vermittlungen auf den verschiedensten Ebenen.

Nach Untersuchungen von Izard und Bonnet geht im Denken der Mosi von der Figur des Jägers immer auch G e f a h r aus:

„[...] in der Gesellschaft der Mosi gilt der Jäger als ein marginales Wesen... [früher] schützte er sich mit [einem Fetisch aus] Knochen von Zwillingskindern, (die die Buschgeister repräsentieren), bevor er auf die Jagd ging. Der Jäger steht mit dem Terrain der Buschgeister in Beziehung, [er bewegt sich] auf wildem, unzivilisiertem Raum, der statt von Menschen von Geistern beherrscht wird', schreibt Izard (1979: 300). Er [der Busch] ist ein unbekannter Ort, der zur Gesetzesübertretung herausfordert. [...] Der Jäger stellt eine Gefahr für die Gemeinschaft dar, die Gefahr des einsamen Todes, weit weg von den Verwandten, weit weg von allem, was mit Ordnung und sozialem Gleichgewicht zu tun hat. Wenn das geschieht, wird er [der Jäger] übrigens nicht mit den anderen Mitgliedern der Gesellschaft begraben. Sein Körper wird entfernt, um nicht die Stabilität der Gruppe zu beeinträchtigen, genauer gesagt ihre Fruchtbarkeit [...]. Der Jäger ist das Urbild des [verzweifelten] Umherirrens. Umherirren, das tut auch der Verrückte, der ebenso verloren in einem asozialen Raum herumläuft. Er ist ein Symbol für das einsame Schicksal, ebenso wie die unbewohnte Erde, die von keinem Menschen bestellt wird. Der Jäger repräsentiert den Einbruch der individuellen Lebensentscheidung gegenüber der sozialen Hierarchie und der gesellschaftlichen Ordnung. Somit ist er ein ‚vorstaatliches' Charaktersymbol. Die Ursprungslegende [der Mosi] unterstreicht dieses, indem sie aus dem Sohn eines Jägers den Gründer des Staates macht." (Bonnet 1988: 28)

In der beinahe „feudalistisch" stratifizierten Gesellschaft der Mosi scheint die Figur des Jägers noch stärker mit Gefahr, Abweichung, Chaos, Tod und Unfruchtbarkeit assoziiert zu werden als in einer einfachen Dorfgesellschaft. Die früher „altsudanisch" genannten Gesellschaften des Nigerbogens, die – wie die Gurunsi – vermutlich schon seit mehreren Jahrhunderten in ihrem heutigen Siedelungsgebiet ansässig sind, haben ein anderes Verhältnis zur Erde als Kriegervölker wie die Mosi, die Djerma oder Dagomba.

Bei den Lyela ist die spirituelle Macht des Busches ($g\jmath$) jedenfalls eng mit der religiösen Macht der Erde ($c\varepsilon$) verbunden, und man kann nicht sagen, daß zwischen den beiden ein klarer Gegensatz von böse und gut, steril und fruchtbar, gefahrbringend und sicher errichtet wird. Für die Lyela repräsentiert der Buschwald nicht nur die gefährliche Welt der Geister, sondern aus dem Busch kommen auch wichtige lebensspendende und lebenserhaltende Dinge. Man findet im Busch Gold, Eisen, „Fetische" (cème, pl.), Medizin aus Kräutern, Büschen und Bäumen sowie wildwachsende Nahrungspflanzen, die besonders in Notzeiten von den Frauen gesammelt werden. Die Menschen müssen ständig die Grenze zwischen Zivilisation und Wildnis überschreiten.

In unserem Erzählbeispiel erhält der Jäger Gold aus dem Busch, es ist ein Geschenk von Krokodil oder Schlange (je nach Version), gefährlichen, mystischen Tieren, die bei vielen Völkern der westafrikanischen Savanne in einer engen Beziehung zu den Ahnengeistern stehen. Bei den Dogon verwandelte sich der Urahn nach seinem Tod in eine Schlange, die in die Erde zurückkehrte (Paulme 1940: 19). Auch die Tallensi betrachten Krokodile als Inkarnationen wichtiger Ahnen des Klanes (Fortes 1987: 249). Auf einer mehr metaphysischen Ebene stellen sich die Lyela sogar den Menschen selbst als die Verbindung eines menschlichen Körpers mit einer aus der Wildnis stammenden Seele vor. Wie an anderer Stelle ausgeführt (Dinslage und Steinbrich 1993), glauben die Lyela, daß die Seelen der Ungeborenen aus „Naturheiligtümern" (cèmé, pl.) stammen. Dazu gehören viele fruchttragende Bäume wie Affenbrotbaum (bot.: Adansonia Digitata), Sheanußbaum (bot.: Butyrospermum Parkii), Tamarinde (Tamarix indica) usw., aber auch der Regenzeitfluß (bǔ, pl. bwǐ), der heilige Hain (sɔ̀lɔ̌, pl. swaalɛ), markante Felshügel in der Landschaft (pyɔ̌, pl. pyǎ) u.a.m. (vgl. auch Nicolas 1953, Bonnet 1988: 22 für die Mosi).

In der vorliegenden Geschichte versucht der König, sich das Gold des Jägers anzueignen. Gold ist nicht nur bei den Lyela d a s Symbol für Macht. Anders als in der westlichen Kultur repräsentiert Gold nicht so sehr Reichtum, das sind in Westafrika Vieh und Frauen, manchmal noch Kleider, sondern es ist "*attribut du pouvoir parmi les hommes s'il n'en est pas le signe éclatant*" (Paulme 1976: 98).

Der Jäger bekommt mit Hilfe der Schlange sein Gold am Ende der Erzählung zurück, dazu erhält er noch Reichtümer in Form von Rindern, Pferden und

4.2. Der König (pyɔ̃) als Opfer der Naturgewalten

Stoffbahnen. Pferde und Vollkleidung aus gewebter Baumwolle waren, wie gesagt, in vorkolonialer Zeit die Herrschaftssymbole der Mosi-, aber auch der Nuna- und Kasenaherrscher (vgl. Dittmer 1961: 79–86). Schott fand bei den Bulsa, daß dort manche Klane kein Pferdefleisch essen dürfen:

> „[...] diese Aussagen bestätigen Jack Goodys Hypothese von der '*opposition of horse and earth*', wonach das '*horse taboo*', das heute noch von zahlreichen autochthonen Gruppen des westlichen Sudan durchgesetzt wird, die alte Feindschaft gegen berittene Eroberergruppen anzeigt, welche die angestammten Erdherren unterwarfen." (1973: 284)

Bei vielen Lyela läßt sich bis heute eine deutliche Animosität gegen die Mosi nachweisen. Das hindert die „reichen" Bauern nicht daran, nach Macht und "*big man*"-Status zu streben und sich die Statussymbole der Mosi-*nanamse* zuzulegen: Gewehre, Vollkleidung, früher auch hier und da Pferde. In Erzählungen machen die weltlichen "*big men*" dagegen häufig eine schlechte Figur. In der vorliegenden Geschichte von den „Hilfreichen Tieren" maßt sich der *pyɔ̃* Macht über Leben und Tod an, die „wirkliche" Macht hat jedoch die Erde inne. Sie wird hier durch die Schlange symbolisiert

> "*qui à la fois chtonien et aquatique... est en relation avec les ancêtres morts et avec la puissance de vie (rôle fécondant de l'eau et symbolisme sexuel du serpent)*" (Paulme, Seydou 1972: 98).

Die Schlange, Vertreterin der heiligen Macht der Erde, sorgt dafür, daß dem Machtanspruch des Herrschers, der den Jäger wegen seines Goldes töten lassen will, Grenzen gesetzt werden. Mit ihrem „Medikament" verleiht sie dem Jäger Macht über Leben und Tod. Als der König die starke magische Kraft des Jägers erkannt hat, gibt er am Ende der Erzählung dem Fremden, dessen Gold er zunächst für sich beanspruchte, einen Teil seiner irdischen Reichtümer ab.

In einer Konkomba-Variante aus Nordtogo (Froelich 1954: 98) gestattet ein alter Erdpriester nacheinander dem Affen, den Ameisen und einer Viper (?), sich auf seinem Grund und Boden niederzulassen und eine Parzelle seines Ackerlandes zu bestellen.

> Trotz anfänglicher Vorbehalte gegen diese Art von „Nachbarn" gewährt er den Tieren auf Anraten seiner Frau Nutzungsrechte an Boden. Der Erdpriester wird reich, was den Neid eines Blinden erregt.
> Dieser ("*aigri par son sort*") geht zum Chef und überredet ihn, dem Erdherrn unerfüllbare Aufgaben zu stellen. Damit sei ein ausreichender Vorwand geschaffen, den alten Mann zu töten und sich seiner Reichtümer zu bemächtigen. Der alte Mann fängt an zu weinen, Affe nähert sich ihm und sagt: „Erdpriester, wenn du weinst, wird deine Erde verdorben".
> Der Alte berichtet dem Affen von der unmöglichen Aufgabe, die ihm der Chef gestellt habe: er müsse die höchsten Früchte aus der Krone eines gewaltigen Baobabs pflücken. Affe erfüllt die Aufgabe.
> Am nächsten Tag muß der Alte Körner der kleinen Hirse aus dem Sand lesen, was die Ameisen für ihn verrichten.

Schlange schließlich hilft dem Erdpriester dabei, einen großen Stier allein durch die magische Kraft seines Blickes zu töten. Der Alte tötet mit Hilfe der Schlange auch gleich die Lieblingsfrau des Chefs.
Nachdem der lange genug über die schlechten Ratschläge des Blinden geklagt hat, bietet ihm der Erdpriester an, seine Frau wieder zum Leben zu erwecken. Dafür brauche er aber die Leber eines Verräters. Die Leute des Chefs ergreifen den Blinden und töten ihn. Der Erdpriester stellt aus seiner Leber ein „Medikament" her, mit dem er die Frau wieder zum Leben erweckt.

In der Konkomba-Variante tritt die Dichotomie zwischen der von der Erde verliehenen, sakral-mystischen Macht und der profanen Stellung des Chefs besonders klar hervor. Als der Erdpriester in Not gerät, tritt Schlange als heiliges Erdtier in Erscheinung. Schlange hilft dem menschlichen Vertreter der heiligen Macht der Erde, sich aus einer Notsituation zu befreien, in die er durch Intrige eines Verräters geriet. Von Verrätern wird in dieser Arbeit noch viel zu hören sein. Sie gehören meist marginalen Kategorien der Gesellschaft an: Es sind Blinde, Lepröse, alte Frauen, Randfiguren der Gesellschaft, die Frustrierten und Benachteiligten, die sich durch ihre Handlungen in Erzählungen endgültig zu Ausgestoßenen machen, wenn sie nicht ihre Intrigen mit dem Tod bezahlen.

Bei den Lyela habe ich im Jahre 1989 nur noch eine dürftige Version der Geschichte von den „Hilfreichen Tieren" aufnehmen können (LYE-E657):

Affe schenkt einem Mann, der zugelassen hat, daß das Tier seine Hirseernte frißt, einen „Fetisch", mit dem er die Toten wieder zum Leben erwecken kann. Damit wird der Mann reich, denn die Angehörigen der wiedererweckten Toten entgelten ihm seine Dienste mit Vieh und anderen Reichtümern.
Obwohl Affe dem Mann ausdrücklich gesagt hatte, daß er niemandem das „Tabu" (*súsúlú*) des kraftgeladenen Gegenstandes verraten dürfe, auch und gerade nicht seiner Ehefrau, läßt sich der Mann doch von seiner Ehefrau erpressen. Er sagt ihr, der Fetisch dürfe niemals mit Honig in Berührung kommen, sonst verliere er seine Wirkung.
Die untreue Ehefrau hat nichts Eiligeres zu tun, als bei der ersten Abwesenheit ihres Mannes den Zaubergegenstand mit Honig zu beschmieren, der „sich auf der Erde windet und zuckt wie ein geschlachtetes Huhn" und dann seinen Geist aufgibt.
Beim nächsten „Einsatz", als der Mann am Hof des Königs aufgefordert wird, die gestorbene Lieblingsfrau des Königs wieder zum Leben zu erwecken, versagt sein Zauber kläglich. Der Mann wird getötet, vom Affen noch einmal kurz aus der Asche erweckt, und dann muß er endgültig sterben.

Einzelne Motive des Erzähltypus von den „Hilfreichen Tieren" wurden vom Erzähler dieser Variante noch verarbeitet. Die Auseinandersetzung mit dem König rückt jedoch ganz in den Hintergrund. Das Hauptproblem dieser Geschichte ist die Beziehung zwischen Mann und Frau. Dazu gibt es eine Unzahl von Lyela-Erzählungen, die im siebten Kapitel dieser Arbeit über Geschlechterbeziehungen, Heirat, Ehe und Familie behandelt werden.

4.3. Konfrontation des Mächtigen mit dem Marginalen

Auch wenn die Lyela keinen Brautpreis in Geld oder Prestigegütern kennen, sind doch auch hier junge Männer bis zur Heirat wirtschaftlich von ihren Vätern (den leiblichen oder klassifikatorischen) abhängig. Junge Männer haben bis heute wenig Verfügungsgewalt über selbst erwirtschaftete Güter. Sie sind nach wie vor verpflichtet, den Löwenanteil ihrer Arbeitskraft auf den Gemeinschaftsfeldern der Gehöfte einzusetzen. Wenn sie das Bedürfnis nach größerer individueller Freiheit und persönlichem Besitz verspüren, bleibt ihnen nur die Möglichkeit, in die westafrikanischen Küstenländer auszuwandern, eine Option, von der inzwischen etwa 40% der „jungen" Männer im Alter zwischen 15 und 39 Jahren Gebrauch machen (vgl. Steinbrich 1987: 40, 281). Für ihre Verheiratung brauchen aber auch die meisten Gastarbeiter der Küstenländer die Unterstützung der „Alten". Der Vater, der Gehöftherr und die anderen Alten müssen den Jungen Hirse, Vieh und Geld zur Verfügung stellen, damit die Söhne heiraten können. Den Zeitpunkt der Verheiratung der Söhne bestimmen die Alten. Die Jungen können erst den Status von Erwachsenen erlangen, wenn die Alten bereit sind, ihnen wirtschaftlich dazu zu verhelfen.

Von neomarxistischen Wirtschaftsethnologen wie Meillassoux, Dupré und Rey wurde ja sogar die Frage diskutiert, ob man „die Alten" in westafrikanischen patrilinearen Gesellschaften, die vor allem dort, wo für die Heirat einer Frau ein Brautpreis verlangt wird, erhebliche Macht über „die Jungen" ausüben, als herrschende „Klasse" im marxistischen Sinne bezeichnen solle (vgl. Meillassoux 1978:96; O'Laughlin 1983: 309). Eine derartige Kategorisierung wäre für die Lyela unzutreffend, wie sich überhaupt die Auffassung von den Alten als „herrschende Klasse" über die Jungen und die Frauen nicht durchsetzen konnte.

Trotzdem wird die bis heute ausgeübte Macht der Alten über die Jungen von den Lyela selbst als Grund für Konflikte zwischen den Generationen dargestellt. So stellt auch das folgende Erzählbeispiel (LYE-E893) den „Mächtigen Alten König", der über Reichtum, zahlreiche Frauen und viele Kinder verfügt, dem armen, unverheirateten „Waisenknaben" gegenüber, der eine kümmerliche, widernatürliche Existenz außerhalb der Gesellschaft im Busch führt.

Ein Waisenknabe lebt mit seiner Schwester im Busch. Die Geschwister sind bitter arm und müssen sich von Buschratten, die der Bruder fängt, ernähren.
Der Bruder hat alle Ratten gefangen und gräbt eines Tages die letzte Ratte aus ihrem Bau.
Die Ratte verspricht dem Waisenknaben einen Zaubergegenstand[8], mit dem er sich ernähren könne, wenn er sie verschone. Sie sei das letzte Tier ihrer Art und müsse dafür sorgen, daß das Buschland wieder neu mit Ratten bevölkert würde. Der junge Mann läßt die Ratte laufen und bekommt einen Holzknüppel mit magischer Wirkung von ihr.

---

8   Approximative Übersetzungen des Lyele-Begriffs *cǒ*, pl. *càmè* werden so häufig gebraucht werden, daß ich darauf verzichte, sie jedes Mal in Anführungsstriche zu setzen, wie z.B. „Fetisch", „Kraftträger", „Zaubergegenstand" usw.

Mit Hilfe dieses Knüppels verwandelt der Held Tiere (z.B. Rinder in Esel und umgekehrt) und kann sie in seinen Viehkral treiben, ohne daß der Besitzer das gestohlene Vieh wiedererkennt.
Er lebt in einem großen Gehöft im Busch. Nach und nach ziehen immer mehr Menschen aus seinem alten Dorf zu ihm.
Ein Verräter hetzt den alten König auf, daß der junge Held ihm alle Leute wegnehme. Der Held verwandelt den Verräter mit seinem Zauberknüppel in einen Esel und reitet auf ihm zum König. Der König sagt, um über den „Fall" des jungen Helden richten zu können, müsse auch der Verräter anwesend sein.
Als der auch beim nächsten Termin nicht erscheint, schickt der König den „Konkurrenten" wieder nach Hause.
Seitdem werden Esel mit dem Stock verprügelt, denn sie sind verwandelte Verräter (*shetana*).

Das Beispiel zeigt deutlich, daß die Lyela dazu tendieren, Spannungen zwischen Alt und Jung, Arm und Reich, Männern und Frauen u.a., in der Imagination der Erzählungen einem „Verräter" oder „Sündenbock" anzulasten, der eliminiert oder ausgestoßen wird. Der Konflikt zwischen den beteiligten Parteien wird auf diese Weise entschärft; die Aggression auf einen Dritten übertragen, der mit gutem Gewissen „geopfert" wird, weil er einen zentralen sozialen Wert – die Bewahrung des öffentlichen Friedens – verletzt hat.

Buschratte, das „Dankbare Tier" der Geschichte, schenkt dem Helden einen zauberkräftigen Knüppel im Tausch gegen sein eigenes Leben. Der Knüppel verwandelt geraubte Tiere, so daß sie nicht mehr als Besitz eines bestimmten Eigentümers zu identifizieren sind. Das Motiv des magischen Gegenstandes (Flöte, Knüppel, Kuhschwanz etc.), der in ausgleichender Gerechtigkeit dafür sorgt, daß „Reichtümer" ihren Besitzer wechseln, spielt auch in anderen Erzählungen eine Rolle. Der zauberkräftige Gegenstand sorgt dafür, daß zu große Reichtumsunterschiede zwischen den Menschen ausgeglichen werden und daß die Alten nicht zu große Macht über die Jungen bekommen. Eine Variante der Erzählung ist z.B. bei den Dogon belegt (Lifchitz/Paulme 1938: 287). Hier bekommt ein junger Mann einen "*talisman*" von seinem Chamäleonsvater, der seinem (halb?) menschlichen Sohn damit seine Zuneigung zeigen will. Mit dem Zaubergegenstand läßt sich durch einfache Berührung die Farbe der Haustiere verändern. Der Junge eignet sich viele Tiere aus der umliegenden Umgebung an, ohne daß man ihn des „Diebstahls" verdächtigt.

Wie oben ausgeführt, wurde vor der Einführung westlicher Gerichtsbarkeit nur Diebstahl innerhalb eines Dorfes als Vergehen gegen die Erde angesehen und mit Bußzahlungen belegt. Diebstahl an Vieh oder Frauen in einem a n d e r e n Dorf wurde von den Bewohnern dieses Dorfes mit Pfeil und Bogen erwidert, wenn sie der Räuber habhaft werden konnten. Die Dorfgemeinschaften sicherten ihr Eigentum gegen Diebe von außen mit Waffengewalt. Eine traditionelle „Waffe" der Lyela war der in der Geschichte genannte Knüppel, der aus einer Astgabelung geschnitten wurde (*dɔdɔlɔ*). Auf Totenfesten und bei anderen wichtigen sozialen Anlässen, zu denen zahlreiche Menschen aus verschiedenen Dörfern zusammenkommen, sieht man auch heute noch viele Männer mit ihren Holzknüppeln über der Schulter. Die Knüppel dienen als Wurfhölzer für die Jagd auf Buschratten oder

4.3. Konfrontation des Mächtigen mit dem Marginalen

Kaninchen; die Hirten dirigieren damit ihre Herden. Schon ab vier bis fünf Jahren gibt man den kleinen Lyela-Jungen einen solchen gebogenen Knüppel, damit sie durch Imitation der älteren Kameraden den geschickten Umgang damit erlernen.

Bayili dokumentierte die Bedeutung der Lanze, des Holzknüppels und der Hacke als Symbole der Macht, die auch im Investiturritual des Erdherrn eingesetzt werden (vgl. Kap. 3.1.):

> „Im nördlichen Lyela-Gebiet und westlich der Schwarzen Volta wurde dem neuen Erdherrn anläßlich seiner Investitur ein gebogener Knüppel oder der Stab des Viehhirten übergeben. Damit wollte man ihm signalisieren, daß er von nun an der Hüter und Hirte der Dorfbewohner geworden sei, daß ihm die übernatürlichen Mächte die Verantwortung für sie übertragen hätten." (unveröffentlichtes Manuskript: 67–72)[9]

Der Waisenknabe, Protagonist der vorliegenden Erzählung, erhält durch das Geschenk des Holzknüppels nicht nur großen Reichtum an Vieh, sondern als nächste Stufe – durch die Verteilung des Viehs – erhält er Macht über Menschen. Die Dorfbewohner wenden sich von dem alten, kraftlosen Chef ab und siedeln sich um das Gehöft des einstigen Waisenknaben an, so daß ein neues Dorf entsteht.

Auf einer anderen Interpretationsebene wird eine Assoziation zwischen dem Holzknüppel als Herrschaftszeichen und als Symbol männlicher Fruchtbarkeit deutlich. Lallemand (1985: 89–92) hat genügend Belege aus anderen westafrikanischen Erzähltraditionen zusammengestellt, die die symbolische Äquivalenz zwischen Ackerbauwerkzeugen (Hacke, Knüppel und Haumesser) und dem männlichen Geschlechtsteil bezeugen. Die Buschratte unserer Lyela-Erzählung verspricht dem Waisenknaben die wertvolle Gabe des magischen Knüppels, wenn er ihr das Leben schenke, denn sie sei das letzte Tier ihrer Art und müsse für die Erhaltung ihrer Rasse sorgen. Die große Wertschätzung, die die Lyela, wie wohl die meisten afrikanischen Gesellschaften, auf Zeugung einer großen Nachkommenschaft legen, wird hier von einem Tier zum Ausdruck gebracht. Der Waisenknabe hat der Buschratte die Chance gegeben, ihre Rasse wieder zu vermehren und den Busch neu mit Ratten zu bevölkern. Dafür gibt ihm das dankbare Tier ein äquivalentes Geschenk zurück. Mit den (auf magische Weise erworbenen) Rindern kann der junge Held so viele Frauen heiraten wie er schwängern kann, um ebenfalls sein Geschlecht (*dwi*) zu vermehren. Um ein wirklich erfolgreicher Gehöftherr zu sein, braucht ein Mann materiellen „Reichtum" (Hirse, Vieh, heute zunehmend auch Geld). Aber er braucht auch sexuelle Potenz und Fruchtbarkeit, um seine Verfügungsgewalt über die Frauen im Sinne der Lyela „richtig" zu nutzen. Dittmer schreibt über den Häuptling (*peo*) der Kassena:

> „Da ein *peo* für die Fruchtbarkeit verantwortlich ist, erwartet man bei ihm auch eine kinderreiche Ehe und sieht ein diesbezügliches Versagen des *peo* als schlechtes Vorzeichen an. Wenn ein Häuptlingsehepaar unfruchtbar ist, wird auch das Land

---

9 Der Hogon, das religiös-politische Oberhaupt der Dogon, trägt einen Herrschaftsstab, bei dessen Anblick jeder Streit eingestellt werden muß. Dieses Symbol der Macht ist so ehrwürdig und heilig, daß Auseinandersetzungen jeder Art sofort beim Nahen des Hogon beigelegt werden müssen (vgl. Paulme 1940: 204).

unfruchtbar, während die Fruchtbarkeit des *peo* auch das Land, d.h. Frauen, Vieh und Erde, fruchtbar macht." (1961: 63)

Eine Botschaft der vorliegenden Erzählung lautet, daß die „reichen" Alten auf dem Höhepunkt ihrer Macht einen Teil ihres Besitzes zur Verheiratung der jungen Generation abtreten müssen. Wenn sie dieses nicht tun, werden die Jungen, für die die Zeit der Fortpflanzung gekommen ist, den Alten gewaltsam (wie in den folgenden Erzählbeispielen) oder auf übernatürliche Art und Weise einen Teil ihres Besitzes fortnehmen.

Eine Variante der Geschichte vom „Chamäleon, das den Regen zurückhält" (LYE-E397) bestätigt die von Lallemand (1985: 88–89) an Erzählungen der Kotokoli in Nordtogo gemachte Beobachtung, daß die Rivalität zwischen Alten und Jungen auch auf der Ebene der Sexualität ausgetragen wird. In LYE-E 397 stellt ein reicher Chef den Bewerbern seiner Tochter die Aufgabe, mit ihrem Penis wie mit einem Holzknüppel gegen einen Baum zu schlagen, um seine Früchte herunterzuschütteln. Die Freier des Mädchens versuchen vergeblich, die Aufgabe zu erfüllen. Nur Chamäleon gelingt es, den ganzen Baum mit seinem Penis zu fällen. Er bekommt die Braut, die ihm jedoch später vom Elefanten weggenommen wird, so daß sich neue Konflikte ergeben, die im ersten Abschnitt dieses Kapitels anhand anderer Varianten derselben Geschichten behandelt wurden. Das phantastische Motiv des als Arbeitsgerät (sei es als Hacke oder als Holzknüppel) im Dienste des Schwiegervaters eingesetzten Geschlechtsteils des Schwiegersohnes verweist nach Lallemand (1985: 88) auf angestauten Groll, auf Wut und unterdrückte Aggression des Frauennehmers gegen den Frauengeber.

> „Weil die Alten ihre vitalste Energie blockieren, legen die Junggesellen sie dafür [mit den verschiedensten Listen] herein." (Lallemand 1986: 88)

Nicht nur in Erzählungen, auch durch Befragungen wurde deutlich, daß bei den Lyela der Wunsch nach einer möglichst großen Nachkommenschaft immer noch d e n zentralen Wert darstellt. Im bäuerlichen Milieu geben auch heute noch die meisten Menschen „viele Kinder, Gesundheit und ein langes Leben" als die drei wichtigsten Wünsche für ihr weiteres Leben an, meistens in der genannten Reihenfolge, und nur selten wird noch „Reichtum" dazu genannt. Diese Einstellung wirkt vor dem Hintergrund der ökologischen und ökonomischen Situation, in der die Lyela heute leben, verheerend. Ich kann an dieser Stelle nicht näher auf das gravierende Problem des Widerspruchs zwischen überlebten Werthaltungen und den heute bereits bestehenden, schwerwiegenden ökologischen Problemen der Lyela-Region (Übernutzung der Böden mit der Folge der Verkarstung, Desertifikation als Folge übermäßigen Holzeinschlags besonders für den semi-städtischen Brennholzmarkt, usw.) eingehen. Ich kann hier nur am Beispiel der vorliegenden Erzählung aufzeigen, daß bei den Lyela immer noch die Vorstellung besteht, man brauche nur ein Stück weit in das überall noch im Überfluß vorhandene Buschland hinauszugehen, um dort neue Felder oder, wie in der Geschichte, neue Dörfer anzulegen. Es ist noch nicht in das Bewußtsein der Bauern gedrungen, daß unter den bestehenden technologischen Möglichkeiten sehr bald das Land überhaupt nicht mehr ausreicht, um die viel zu schnell anwachsende Bevölkerung ausreichend zu ernähren. Noch gilt der Besitz einer polygynen, möglichst kinderreichen Familie als angesehenste Bestätigung für die Männlichkeit des Familienvaters.

Die gleiche Auffassung zur Unerschöpflichkeit des Buschlandes findet sich bei den Dogon. Die Bauern wissen, daß Bäume für ihr Überleben wichtig sind, und sie schätzen und verehren sie. Aus dem Busch kommen Weisheit, Macht und Leben. Aber gleichzeitig ist das Buschland wegen der dort lebenden Geister und wilden Tiere, die wohl eher in der Imagination der Erzählungen als Helfer der Menschen in Erscheinung treten als in ‚Wirklichkeit', unheimlich und gefürchtet. Mit zäher Arbeit und ausreichenden Arbeitskräften, sprich Nachkommen, kann man den Busch urbar machen: eine sich verändernde Umwelt bedeutet eben, daß man etwas mehr arbeiten muß als früher (vgl. van Beek 1992: 71). Daß der Busch selbst etwas ist, was der Mensch hegen, schonen und bewahren sollte, ist eine Auffassung, die die westafrikanischen Savannenbauern bisher nicht mit den staatlichen und westlichen Entwicklungsorganisationen teilen. Im Raumverständnis und Umweltbewußtsein bestehen zwischen westlicher Wahrnehmung und afrikanischer Perzeption enorme Widersprüche, die dem Entwicklungsziel einer „nachhaltigen Entwicklung" bisher noch im Wege stehen.

Am Schluß der vorliegenden Geschichte vom Waisenknaben mit dem Zauberknüppel (LYE-E893) muß der alte Chef (hier: cɔcàbal – chef de village) die Existenz eines neuen Mächtigen neben ihm akzeptieren. Interessant erscheint mir, daß der t e m p o r ä r e Charakter der Macht über Menschen in dieser Geschichte betont wird. Der alte Dorfchef hat durch Akkumulation von Reichtümern, Heirat mit zahlreichen Frauen und der Zeugung einer großen Nachkommenschaft eine übergeordnete Stellung über die Bewohner seines Dorfes erworben. Diese hohe Stellung wird jedoch nicht vererbt und in der nächsten Generation möglicherweise noch weiter ausgebaut. Vielmehr zieht ein armer Waisenknabe, zu Anfang der Geschichte noch unverheiratet und mit seiner Schwester in der Wildnis lebend, dem alten Dorfchef einen bedeutenden Teil seines Reichtums ab und gründet damit einen neuen Weiler in bisher ungerodetem Buschland.

Der fünfzigjährige Erzähler der Geschichte gehört zwar selbst nicht mehr der jungen Generation an, zählt aber nicht zu den einflußreichen „großen" Alten.[10] Unter den „Alten" der Lyela finden sich Männer mit wichtigen religiösen Ämtern, bedeutendem Viehbesitz, großen Gehöften und vielen Frauen, wohingegen andere Alte als ewige „jüngere Brüder" des Gehöftherrn nur geringes Prestige besitzen. Bestimmte religiöse Ämter wie beispielsweise das des Erdpriesters (cɛcàbal), des Schmiedepriesters (lǎlicàbal), des Flußpriesters (bwĭcàbal) oder des Klanoberhauptes (kwálacàbal) werden vererbt, und somit genießen die Alten, die diese Ämter bekleiden, einen "ascribed status". Andere, prestigeträchtige und oft sehr

---

10 Der Erzähler der Geschichte ist mit einer Frau verheiratet. Er ist Bauer, etwa fünfzig Jahre alt, und gilt eher als „Armer". Einmal hat er den Versuch unternommen, während der Trockenzeit als Fleischer auf dem Markt eine Nebentätigkeit aufzunehmen. Dieser Versuch führte jedoch nicht zum Erfolg und mußte nach kurzer Zeit wieder aufgegeben werden. Er sagt selbst, daß er besonders gerne erzählt, wenn er Hirsebier getrunken habe, und er wird häufig in Bierbuden, sog. "cabarets", gesehen.

lukrative Rollen können vom Individuum selbst erworben werden. Dazu gehören Wahrsager (Spezialisten des Mäuse-Sandorakels, Mitglieder der Geheimgesellschaft der *vura*, Spezialisten des Kauri-Orakels u.a), der Erwerb eines mächtigen Kraftträgers (*cŏ*),[11] der dazu dient, Hexen zu entlarven u.a.m. Erworbene Ämter scheinen nach dem zweiten Weltkrieg zahlenmäßig zugenommen zu haben. Im Zuge des immer mächtigeren Eindringens der Geldwirtschaft in das Lyela-Gebiet und mit steigenden Zahlen von Wanderarbeitern haben Anti-Hexerei-Kulte (wie etwa der wohl ursprünglich aus Ghana stammende *tugere* oder *tigali*-Kult) ebenso zugenommen wie das Bedürfnis nach Weissagung mit Hilfe verschiedener Orakeltechniken. Diese Tatsache widerspricht der These von Zahan, daß überlieferte Wahrsagetechniken im Zuge des modernen Wandels verschwinden. Nach Zahan können Rolle und Funktion afrikanischer Wahrsager nur in Gesellschaften richtig verstanden werden, die noch eng mit ihren religiösen Traditionen verbunden sind.

> "[...] *contact with foreign civilizations and the utilization of new techniques introduce new modes of thought. All this upsets the African's conception of the world and of the place he holds in it.*" (1979: 90)

Die Divinationstechniken der Lyela sind dagegen flexibel genug, um eine Reihe westlicher Innovationen (Reisen mit modernen Verkehrsmitteln, bezahlte Berufe usw.) in das überkommene Symbolrepertoire einzubauen. Heute finden sich also zugewiesene Führungspositionen, die immer auch wirtschaftliche Vorteile und Verpflichtungen mit sich bringen, neben erworbenen religiösen Spezialistenrollen. Etwas vereinfacht betrachtet kann man aber davon ausgehen, daß bis heute die einflußreichsten Positionen (*ascribed and achieved positions*) den Alten vorbehalten sind.

Die vorgestellte Erzählung (LYE-E893) verweist auf die Möglichkeit für junge Männer – in der Imagination der Erzählungen mit magischen Kräften als leicht zu verwirklichen dargestellt –, im Busch ein neues Dorfviertel zu gründen. D.h. der Held „erarbeitet" sich selbst eine angesehene Position, wenn auch mit geraubtem Vieh und den entführten Frauen des Nachbardorfchefs.

In anderen Geschichten werden noch radikalere „Lösungen" thematisiert, durch die die Jungen sich aus der untergeordneten Stellung unter die Alten zu befreien suchen. Naheliegender als der Aufbau einer eigenen Gefolgschaft erscheint dem jungen Helden oft die Usurpation bestehender Machtpositionen. In den beiden folgenden Varianten (LYE-E900, LYE-E916) geht es wieder um einen Wundergegenstand, der einem armen Waisenknaben „Reichtümer" verschafft:

---

11 *cŏ* pl. *cèmé* bedeutet gleichzeitig „Baum" und „Kraftträger", „magischer Gegenstand", oder wie man sonst in Vermeidung des unglücklichen Wortes „Fetisch" übersetzen kann. Diese Etymologie verweist auf die Heilkraft vegetabilischer Substanzen. Bäumen als den „Kindern der Erde" werden übernatürliche Kräfte zugesprochen, die ihnen aufgrund ihrer engen Beziehung zur heiligen Macht der Erde eigen sind.

4.3. Konfrontation des Mächtigen mit dem Marginalen 75

Ein Waisenknabe hat von seinem Vater nach dessen Tod große Viehherden hinterlassen bekommen. Der Junge trinkt die ganze Milch der Kühe, so daß für die Kälber keine Nahrung mehr bleibt. Seine Tiere sterben nach und nach (LYE-E900).
Danach steigt er mit einer vom Vater geerbten Flöte aufs Dach und bläst sie. Alle Reichtümer des Königs gelangen auf magische Weise in das Gehöft des Waisenjungen. Auch die Tochter des Königs kommt, um ihn zu heiraten (LYE-E900).
oder: Der Waisenknabe bekommt von einem Geist einen Wunderknüppel aus Eisen, den er auf der Grabstätte seines Vaters niederlegen soll. Am nächsten Tag erwacht der Waisenknabe in einem „Haus aus Gold", das mit unermeßlichen Reichtümern gefüllt ist (LYE-E916).
Die Tochter des Chefs findet die Zauberflöte und gibt sie ihrem Vater. Er bläst die Flöte, und die Reichtümer kommen wieder zu ihm zurück. Der Chef versteckt die Flöte in einem Erdloch (LYE-E900).
oder: Der Chef schickt seine Lieblingsfrau zum Waisenknaben, die ihn zum Beischlaf verführt und ihm den magischen Knüppel wegnimmt (LYE-E916).
Der Waisenjunge bittet Sperber, Katze und Maus (Ratte?), ihm zu helfen und die Flöte (den eisernen Wunderknüppel) für ihn wiederzubeschaffen. Er bekommmt sie zurück, aber er gibt ihnen keine Belohnung dafür (beide Versionen).
Deshalb stehlen die Sperber bis heute die Küken der Menschen, und die Ratten stehlen ihren Hirsebrei.

In beiden Versionen erlangt der Waisenknabe seinen zauberkräftigen Gegenstand vom Vater. Dieses Motiv erinnert an einen anderen Erzähltypus der Lyela, in dem ein Sohn seinen Vater bittet, ihm den Knochen aus seinem Unterschenkel zu geben, damit er sich daraus einen Knüppel oder eine Keule (frz."gourdin", lyele $d\grave{o}d\grave{o}l\acute{o}$) herstellen könne. Der Vater gibt dem Sohn den Knochen mit der Auflage, daß der Sohn ihm als Gegengabe den Schwanz eines gefährlichen Ungeheuers bringen müsse. Bevor der Vater auf seine Mobilität verzichtet und bereit ist, das zurückgezogene Leben eines Greises zu akzeptieren, verlangt er vom Sohn einen Beweis seiner Männlichkeit. Der Sohn erfüllt die Aufgabe des Vaters und kehrt mit dem Schwanz eines Löwen oder eines wilden Untiers nach Hause zurück, wo er dem alten Vater den erbeuteten Schwanz als Fliegenwedel (symbolisches Abzeichen der Alten) überreicht. Vater und Sohn rücken beide in die nächste Altersklasse auf. Der Sohn kann aber erst zum eigenständig und verantwortlich handelnden Mann aufsteigen, wenn der Alte für ihn „die Bühne frei macht" (LYE-E585, LYE-E625, LYE-E868, LYE-E975).

Auch in anderen Erzähltypen wird einem jungen Mann häufig übernatürliche Macht ($j\grave{a}n$, pl. $j\grave{a}n\grave{a}$), die den Aufstieg in hohe Statuspositionen gestattet, vom Vater verliehen. Der Sohn muß sich auch in religiöser Hinsicht vom Vater abhängig fühlen; der Antagonismus zwischen beiden enthält also nicht nur die genannten wirtschaftlichen und sexuellen Anteile, sondern erstreckt sich auch auf die Ebene des Religiösen.

In Geschichte LYE-E771 schlägt ein Sohn den persönlichen Schrein (da-yi) seines Vaters auf, um nachzuschauen, welches „Medikament" sich im Innern dieses Schreines befinde.[12] Der persönliche Schrein eines von Unglück oder Entwicklungskrisen geplagten Menschen (*yí*, pl. *yə̀*)[13] wird bei den Lyela auf Anraten eines Wahrsagers im Gehöftabteil der Mutter des Klienten vor ihrem Wassertopf (Symbol ihres Bauches) errichtet. Es handelt sich dabei um eine einfache Lehmkugel, die vom Priester eines Regenzeitflusses (*bwǐcə̀bal*) aus dem Flußbett (Fruchtbarkeit spendender Ort) geholt wurde. Die heilige Substanz der Erde repräsentiert von nun an das *yí* des Menschen, dessen Schicksal verbessert werden soll.

Nach dem Tod eines Menschen wird aus seinem persönlichen Schrein (*yí*) ein Ahnenschrein, der vom ältesten Sohn des Verstorbenen beopfert wird. Die *yə̀*-Schreine verschiedener Generationen werden in den Gehöften der Lyela zusammen in einer Art „Ahnengalerie" aufgebaut. Es ist kaum notwendig zu betonen, daß das Zerschlagen eines *da-yí* durch den Protagonisten in LYE-E771 sowohl einen Frevel gegen die Erde als auch gegen den verstorbenen Vater selbst darstellt.

Eine ähnliche Verbindung zwischen Gott, bzw. der Sonne und der Errichtung von Ahnenschreinen, finden wir bei den Bulsa in Nordghana, westlichen Nachbarn der Tallensi. Gott heißt bei den Bulsa Nawen. Jede Person besitzt neben seiner Seele (*chiik*), auch noch ein *wen*, das nach Kröger (1982: 7) seinen Sitz außerhalb der Person hat. In einem Ritual während der ersten Lebensjahre eines Kindes wird sein *wen* auf die Erde geholt. Genau in dem Moment, in dem die Sonne nach ihrem Aufgang halb am Horizont steht, steigt das *wen* des betreffenden Kindes auf die Erde nieder in einen kleinen Stein, der an der Stelle am Boden liegt, wo die ersten Sonnenstrahlen auftreffen. Der *wen* Stein der Bulsa wird in einem Schrein aus Lehm untergebracht und vom Inhaber bei Bedarf beopfert.

Auch die Geschichte von der „Wunderflöte" (LYE-E900) enthält wie so viele andere Lyela-Erzählungen misogyne Stereotypen von Frauen: das der untreuen Ehefrau und das der verführenden, Unglück bringenden Frau, die auf ihre Geschlechtlichkeit reduziert wird. Diese Geschichte wurde zum Anlaß genommen, um die Bewohner des Gehöftes, in dem sie aufgenommen worden war, zu fragen, ob allgemein die Loyalität einer Tochter gegenüber ihrem Vater bei den Lyela größer sei als die Treue gegenüber ihrem Ehemann und ihrer Prokreationsfamilie. Diese Frage wurde von der Gesprächsrunde negativ beantwortet. Tatsächlich erzählen sich ja auch die Lyela gern die Geschichte vom „Mann, dem die Frauen folgen", und hier ist es nicht nur der Ehemann, der von seiner Frau verraten wird, sondern auch der Vater wird von seiner Tochter hintergangen.

---

12 vgl. dazu auch Erzählung LYE-E523, in der ein Sohn den abgeschnittenen kleinen Finger der linken Hand seines verstorbenen Vaters „erbt". Er verschnürt ihn in einem Paket zu einem "gri-gri", geht damit von Hof zu Hof der „Reichen" und sagt, sie sollten den Inhalt des Fetischbündels erraten. Wenn ihnen dieses gelänge, dürften sie ihn töten. Andernfalls bekomme der Besitzer des Fetisches zehn Kühe. Alle so herausgeforderten „Reichen" versuchen, den Inhalt des verschnürten Päckchens zu erraten, und der Junge erwirbt sich auf diese Weise großen Reichtum.

13 *Yí* ist auch der Hochgott der Lyela, der Erschaffer der Welt, ebenso wie die Sonne und der Himmel.

4.3. Konfrontation des Mächtigen mit dem Marginalen

Es handelt sich bei dieser Geschichte in vier Versionen (LYE-E038, LYE-E135, LYE-E669, LYE-E973) um eine Dilemma-Erzählung, in der sich die männliche Zuhörerschaft am Ende den Kopf darüber zerbricht, in welchen sozialen Rollen die Frauen den Männern am meisten nutzen und gleichzeitig schaden. Diese Geschichte veranschaulicht den nie zu lösenden Zwiespalt, den die Männer in ihren Beziehungen zu Frauen erleben. Sie brauchen die Frauen wirtschaftlich, sozial und sexuell, mißtrauen ihnen jedoch gleichzeitig zutiefst. Keine Gemeinschaft kann ohne Frauen fortbestehen,[14] und vor allem ein reicher und mächtiger Herrscher ist ohne Frauen, die seine Reichtümer produzieren und ihm die Kinder gebären, undenkbar.

In der nächsten Geschichte ist die Umkehrung des Schicksals des jugendlichen Helden das alleinige Ergebnis der Unterstützung seiner Frauen:

> Ein König hat eine Tochter, die er niemandem zur Frau geben will. Er sperrt sie in einen Turm und reinigt einen großen Platz um den Turm herum, so daß man die Fußabdrücke jedes Menschen erkennen kann, der den Turm betritt und verläßt (LYE-E038).
> Trotz allem dringt ein junger Mann zu ihr ein, das Mädchen nimmt ihn auf den Rücken, und sie fliehen gemeinsam (LYE-E038).
> oder: Der König stellt den Freiern der Tochter unmögliche oder schwer zu erfüllende Aufgaben, bzw. die jungen Männer selbst bieten sich an, bestimmte Aufgaben zu erfüllen, um die Königstochter zu bekommen.
> Dazu gehören: Ein Ritt auf dem Pferd des Königs (LYE-E135, LYE-E973), Austrinken eines riesigen Tonkübels mit Hirsebier, Verzehr eines ganzes Rindes, Schwängerung der Königstochter in sieben Tagen (LYE-E669).
> Der Held flieht mit der Königstochter (LYE-E038, LYE-E135, LYE-E669), wobei in der letzten Variante ausgeführt wird, wie die Frau von einem übernatürlichen Helfer ein Zaubermittel erhält, um den erfolglosen Helden vor der Tötung durch ihren Vater, den König, zu erretten.
> Das Paar trifft eine alte Frau und ihre Tochter am Fluß. Die Tochter stößt beim Anblick des Helden ihre Mutter in den Fluß, wo sie von Wassergeistern ergriffen wird. Nach diesem „Opfer" kann der Held unbeschadet mit beiden Frauen den Fluß überqueren. Die Muttermörderin schließt sich dem Helden als Zweitfrau an (LYE-E038, LYE-E135, LYE-E669).
> In Version LYE-E973 ist die Muttermörderin die erste Frau des Helden.

---

14 In der Phantasiewelt der Erzählungen experimentieren die Lyela auch mit der Idee einer Welt ohne Frauen. In 2 Versionen (LYE-E257, LYE-E501) einer Geschichte läßt der Chef eines Dorfes alle Mädchen gleich nach ihrer Geburt töten. Ein Elternpaar versteckt seine Tochter; die Existenz des Mädchens wird jedoch von einer bösen Alten dem König verraten. Das Mädchen oder seine Mutter singen in einem Lied davon, daß Ewula (LYE-E257) nun bald sterben müsse. Der König ist schließlich aber von der Schönheit des Mädchens so geblendet, daß er sie heiratet, statt sie zu töten. An ihrer Stelle wird die verräterische, unfruchtbare, häßliche alte Frau getötet (der negative Aspekt der Weiblichkeit).

Ankunft in einem fremden Dorf (in LYE-E038 in einer Stadt), in der ein Fremder der neue König werden soll, wenn er in der Lage ist, den geheimen Inhalt eines Lederbeutels (LYE-E038, LYE-E 135, LYE-E669) bzw. einer Kürbiskalebasse zu erraten.
Die Lieblingsfrau des Königs verrät dem Helden das Geheimnis ihres Ehemannes als er verspricht, sie ebenfalls zu heiraten.
Die zu erratenden Objekte sind: Fingernägel und Menschenblut (LYE-E038), Augenbrauen und Fingernägel eines Neugeborenen (LYE-E135), Fingernägel eines Neugeborenen und Schamhaar einer Frau (LYE-E669), der Kopf des verstorbenen Königs (LYE-E973)
Der junge Held rät richtig, der alte König wird getötet (LYE-E038, LYE-E135, LYE-E669) und der Junge wird König (alle Versionen).
Es wird jedoch von ihm verlangt, daß er eine seiner Frauen „auf dem königlichen Stuhl" opfert (LYE-E038, LYE-E135, LYE-E973).
Oder: Ein Wahrsager sagt, er solle einen zauberkräftigen Kuhschwanz an den Sohn seiner Lieblingsfrau geben (LYE-E669).

Zu Beginn dieser Erzählung findet sich das Motiv der schwierigen oder unmöglichen Aufgaben, die ein Vater den Freiern seiner Tochter stellt. Der Vater will seine Tochter nicht hergeben, in Version LYE-E038 wird die Tochter sogar in einen Turm eingemauert. Hier möchte ich mich auf das Gegensatzpaar des Herrschers und des jugendlichen Helden konzentrieren und auf das Schicksal der Braut nicht besonders eingehen. Im siebten Kapitel dieser Arbeit wird das Thema des „Eingemauerten Mädchens", das auch in der Erzähltradition der Fulbe und der Bambara bekannt und beliebt ist, noch einmal unter dem Aspekt der Geschlechterbeziehungen, Heirat, Ehe und Familie aufgenommen.

Der Held ist von so starker sexueller Attraktivität, daß ihm mehrere Frauen gleichzeitig folgen und ihm den Weg zur Macht ebnen. In Version LYE-E669 weint sich jedoch die Königstochter die Seele aus dem Leib, weil der Fremde seine Aufgabe, sie in sieben Tagen zu schwängern, nicht nur nicht erfüllt, sondern gar nicht erst versucht hat. Er hat mit ihr sieben Tage im Haus eingeschlossen verbracht, ohne sie anzurühren. Dafür soll er jetzt von ihrem Vater getötet werden. Mit einem Zaubermittel verhilft die Königstochter ihrem Geliebten zur Flucht. „Der Held könnte sich ohne die Hilfe einer Frau gar nicht selbst aus der Affaire ziehen" schreibt Paulme in ihrem Aufsatz über die Probe des unbekannten Namens, „und hier braucht er sogar drei Frauen" (1976: 183).

Der jugendliche Held als Gegenspieler des alten, mächtigen Königs tritt in den meisten Versionen durch eine übersteigerte sexuelle Attraktivität hervor. Frauen folgen ihm von ganz allein, ohne daß er sich um sie bemüht, Brautdienst oder Brautgaben entrichten müßte wie in der schnöden Wirklichkeit. Vor diesem Hintergrund scheint mir Dundes tiefenpsychologische Deutung des Rätsellösens als Angst vor Impotenz nicht ganz abwegig. Die Version LYE-E669 hat ja auch schon einen Hinweis darauf gegeben, daß der sexuelle Charme des Helden auf unsicheren Grundlagen ruht:

> „Besorgnis über ‚Fragen und Antworten' oder die gefürchtete Untersuchung der Träume ist oftmals als ein traditioneller Ausdruck der Angst vor sexuellem Versagen gedeutet worden. So symbolisiert das Rätsel, das dem Helden der Volkserzählungen gestellt wird, die Bedrohung durch Impotenz." (Dundes 1964: 258)

4.3. Konfrontation des Mächtigen mit dem Marginalen

Lutz Röhrich (1974: 107–116) führt dagegen eine Menge schwieriger Freierproben in der europäischen Erzähltradition auf alte apotropäische oder initiatorische Hochzeitsbräuche zurück. Die Hochzeit ist ein Übergang im Leben des Brautpaares, und Übergänge wurden auch in den europäischen, vorindustriellen Kulturen als von übernatürlichen Mächten bedroht angesehen. Rätselstellen und -lösen galt als Bewährung schützenden (Geheim-)Wissens. Das Untertauchen der richtigen Braut unter mehreren, gleichartig verschleierten Mädchen (etwa in verschiedenen Varianten der Erzählung von den „Hilfreichen Tieren") sollte die bösen Mächte über die Identität der wahren Braut verwirren. Kaum verändert finden wir in westafrikanischen Erzählungen das Motiv, in dem ein hilfreiches Tier, eine Fliege, eine Katze oder ein Vogel aus einer Menge von gleichaussehenden Mädchen die richtige Braut herausfindet. Röhrich erinnert an die Parallele zwischen diesem Motiv und den im bäuerlichen Volksglauben belegten Hochzeitsbräuchen, in denen sich Braut und Bräutigam voreinander verstecken oder in denen die Braut vom Bräutigam „geraubt" wird.

„Braut und Bräutigam dürfen nicht allzu eilig in den neuen Zustand eintreten, denn aller Übergang wird von bösen Mächten neidisch belauert. Jeder neue Anfang muß daher als etwas behandelt werden, was die Betroffenen nur unter Zwang begehen und wofür sie nicht verantwortlich gemacht werden können." (Röhrich 1974: 111)

Paulme verweist in ihrem Aufsatz über die „Probe des unbekannten Namens" (1976) auf zwei weitere Versionen der Geschichte „Vom Mann, dem die Frauen folgen". Die eine stammt aus dem Süden der Elfenbeinküste, und die andere wurde vor 1910 bei den Peul von Fouta Djalon im heutigen Senegal aufgenommen. Enge Parallelen dieser Art zeigen, daß man vielleicht eher von einer westafrikanischen Erzähltradition reden sollte als von einer Oratur der Lyela, der Dogon, der Bulsa usw. Nicht nur, daß Erzähltypen auch in Westafrika über zahlreiche ethnische Grenzen hinweg wandern. Sie besitzen in ihrer Episodenabfolge auch eine Stabilität, die viele Generationen überdauert. So liegen zwischen der Fulbe-Version von 1910 und der von mir aufgenommenen Lyela-Version immerhin beinahe achtzig Jahre. Ohne mich weiter in diese historisch-geographische Problematik vertiefen zu wollen, ist doch für die ethnologische Inhaltsanalye zu berücksichtigen, daß die Phantasien, die in Erzählungen zum Ausdruck kommen, an bestimmte morphologische Grundgerüste, nämlich die Erzähltypen, gebunden sind. Der „Flexibilität" afrikanischer Oratur, von der im einleitenden Teil die Rede war, werden auf diese Weise Grenzen gesetzt.

Paulmes Gedanken zur Interpretation des Motivs vom Lederbeutel, der dem fremden König gehört und dessen Inhalt vom jugendlichen Usurpator erraten werden muß, weisen in eine religionsethnologische Richtung:

„Der [in den Lyela-Varianten zum Paket verschnürte oder in einem Beutel aufbewahrte] *gri-gri* repräsentiert die Seele oder Lebenskraft (*l'âme extérieure*) des Herrschers, die der Usurpator angreift." (1971: 183)

König und Usurpator rivalisieren um eine unteilbare, übernatürliche Macht, manifestiert in einem kraftgeladenen Gegenstand, den nur einer von ihnen besitzen kann. Mit der Benennung des geheimen Zaubergegenstandes macht der jugendliche Held ihn sich zu eigen. Er eignet sich auf diese Weise die Lebenskraft des alten Herrschers an, der in drei von vier Versionen nach der Lüftung des Geheimnisses getötet wird.

Die Gegenstände im Lederbeutel oder in der Kalebasse stehen in symbolischem Zusammenhang mit dem sakralen Königtum, das den Lyela ja nur durch ihre Nachbarn, die Mosi, bekannt ist. Im ostafrikanischen Königreich Bunyoro werden Fingernägel und Haare des Herrschers bei seiner Inthronisation zusammen mit seiner Nabelschnur und sechs Zähnen, die ihm bei der Initiation ausgeschlagen wurden, in einem Korb oder in einem besonderen Beutel aufbewahrt (De Heusch 1987: 71). Zwei klassifikatorische, jüngere Schwestern der Königsmutter werden dazu abgestellt, dem Herrscher die Fingernägel und das Haar zu schneiden und diese kostbaren, mit magischer Kraft geladenen „Abfälle" zu entsorgen. Da die Fingernägel in unserer Geschichte von einem Neugeborenen stammen, legen sie eine symbolische Assoziation mit „Fruchtbarkeit" nahe. Ihr sexueller Anteil findet sich im „Schamhaar einer Frau" ausgedrückt, das ebenfalls Inhalt des geheimnisvollen Beutels ist.

Auch der „Stuhl" des Königs als sakraler Sitz des Herrschers ist bei den Lyela natürlich unbekannt. Dieses Symbol wurde möglicherweise von den Aschanti übernommen (vgl. Fortes 1962: 59). Nach Kumasi, Hauptstadt des Aschanti-Reiches, hat es die Lyela spätestens seit den zwanziger Jahren dieses Jahrhunderts durch die Flucht vor der Zwangsarbeit der französischen Kolonialherren verschlagen (Steinbrich 1987: 37–57). Alle diese Motive und Symbole, die die Lyela offenbar von anderen Ethnien übernommen haben und die keine Entsprechung in der gelebten Wirklichkeit dieses akephalen Volkes haben, warnen vor einer zu „ethnographischen" Lesart afrikanischer Erzählungen. In die Oratur als eigenständiges, sekundäres Symbolsystem scheinen eben doch Motive, Bilder und Symbole aufgenommen zu werden, die mit der alltäglichen, beobachtbaren Wirklichkeit einer Kultur nicht viel zu tun haben. Diese Hypothese steht im Gegensatz zur Auffassung zahlreicher französischer Erzählforscher, die sagen, es würden nur Motive von fremden Ethnien in die eigene Erzähltradition aufgenommen, die für die Mitglieder der aufnehmenden Kultur „relevant" sind. Meines Erachtens werden aber doch etliche fremde, überlebte oder nur noch halb verstandene Einzelheiten bei der Wiedergabe eines Textes „mitgeschleppt", weil sie einfach zum Erzähltyp dazugehören. Zum Beispiel sangen einige Erzählerinnen und Erzähler Lieder in fremden Sprachen: Dioula, Moore u.a. Bei der Übersetzung der Lyela-Erzählungen ins Französische stellte sich heraus, daß ihnen die Bedeutung der Lieder oder einzelner Worte in den Liedern gar nicht bekannt war. In ihrem Ehrgeiz, eine Geschichte „genau wiederzugeben", hatten sie das ungefähr „aufgeschnappte" Lied eben auch so gut wie möglich rekapituliert.

Die bei den Lyela übliche Wertschätzung einer „genauen Wiedergabe" von Erzähltexten läßt sich natürlich nicht für Westafrika oder gar ganz Afrika generalisieren. Andere Gesellschaften, so die Mende von Sierra Leone, ziehen einen freieren, kreativeren Umgang mit mündlich überlieferten Erzählstoffen vor. Von den Erzählern, bei den Mende oft Spezialisten der Wortkunst, wird erwartet, daß sie aus der „Tradition" bekannte Motive auf originelle Art zu einer neuen Geschichte zusammensetzen. Sie bemühen sich, bekannte Motive neu zu kombi-

4.3. Konfrontation des Mächtigen mit dem Marginalen

nieren, wobei sie einem komplexen Regelsystem der Textkreation folgen, das seinerseits kulturell gebunden ist (vgl. Cosentino 1982: 8).

Die Dilemma-Schlußsequenz der Geschichte vom „Mann, dem die Frauen folgen", in der es um die Opferung einer der drei Ehefrauen des Helden geht, bewegt sich wieder im vertrauten Rahmen frauenfeindlicher Ranküne. Obwohl (oder gerade weil) der jugendliche Held nur mit Hilfe der verräterischen Lieblingsfrau seines Vorgängers das Rätsel lösen konnte und ihm nun der Stuhl, d.h. das Amt, des getöteten Herrschers gebührt, findet die Geschichte kein glückliches Ende. Eine der hilfreichen Frauen muß auf dem sakralen Sitzplatz des Herrschers wie ein Opfertier auf einem Schrein (in Version LYE-E973) getötet werden. Bei der Diskussion im Publikum, welche seiner Frauen der Held opfern soll, um König zu werden – eine schwere Wahl angesichts der Opfer, die alle seine Frauen ihm auf dem Weg zur Macht gebracht haben – waren die meisten Lyela-Zuhörer der Meinung, die verräterische Ehefrau des alten Königs sei zu töten. Nur Männer ereiferten sich über das Dilemma des jungen Helden, und die geläufigste Begründung für die Tötung der Verräterin lautete: Eine Frau, die einmal die Geheimnisse ihres Ehemannes an einen Fremden verraten hat, wird dieses immer wieder tun. Wenn der nächste gutaussehende, junge und attraktive Fremde auftaucht, wird die Frau wieder ihren Ehemann bloßstellen und dem Fremden folgen.

Der Ausbruch aus dem Kerker des Vaters (LYE-E038) und die Flucht mit dem Liebhaber (LYE-E669) werden als eigentlich nicht erlaubt aber der menschlichen Natur entsprechend verziehen. Die Tochter des Königs ist geschlechtsreif, im heiratsfähigen Alter, und es ist nur natürlich, daß sie danach strebt, eine richtige Frau zu werden und Kinder zu bekommen. Dafür setzt sie sich über alle Hindernisse hinweg und tötet notfalls die eigene Mutter. Wenn der Vater sie einsperrt, ist es sein Schade, daß die Tochter mit einem Liebhaber davonläuft (vgl. Görög 1985: 349–369 für Varianten der Bambara und Malinké).

Das Motiv der untreuen Ehefrau, die die Spiele der Männer um Macht und Prestige durchkreuzt, findet sich in so zahlreichen Erzählungen, daß ich sie hier unmöglich alle anführen kann. Ich möchte nur noch auf einen Typus eingehen, der auch bei den Mosi belegt wurde (Tiendrebeogo 1963: 70–71). Sie liegt in fünf recht ähnlichen Versionen (LYE-E078, LYE-E610, LYE-E822, LYE-E853, LYE-E968) und einer stärker abgewandelten Variante (LYE-E305) vor, die alle von Männern über zwanzig erzählt wurden.

> Ein (junger) Mann rasiert sich den Kopf so, daß drei, in manchen Varianten vier Haarbüschel auf seinem kahlrasierten Schädel stehenbleiben. Jedes Haarbüschel symbolisiert eine Lebensweisheit, ausgedrückt in einem Sprichwort.
> In der Mosi-Variante (MOS-ETIE) ist dieser Mann ein enger Freund des Königs.
> Die Sprichwörter lauten:
> „Ein Freund ist besser als ein Bruder" (LYE-E078, LYE-E142, LYE-E853, LYE-E968).
> „Es ist die eigene Frau, mit der ein Mann seine Matte teilt, die ihn töten wird" (LYE-E078, LYE-E142, LYE-E610, LYE-E822, LYE-E968, MOS-ETIE).
> „Schlaf ist stärker als Todesangst" (LYE-E610, LYE-E822, LYE-E853).

„Auch ein König kann einen anderen Menschen nur mit Gottes Einwilligung töten" (LYE-E610, LYE-E968).
„Der Chef kennt nur seinen eigenen Willen" (MOS-ETIE).
„Ein Verräter trägt die Worte des einen zum anderen" (LYE-E610).
Der König versucht vergeblich, die Namen (*zāā yilə* – "*noms devises*") der Haarbüschel zu erraten. Der Reiche (anderer Versionen) muß dem Helden der Erzählung dafür jeweils zehn Rinder geben.
Der wütende König geht zur Ehefrau des Helden und besticht sie mit Reichtümern, wenn sie ihm die Geheimnisse ihres Ehemannes verrät (6 LYE-Versionen, MOS-ETIE). In der Erzählung LYE-E968 soll der Held ein Paar Ohrringe wiederbeschaffen, die eine Frau ihm abgenommen und in den Fluß geworfen hat.
Die Ehefrau erpreßt ihren Mann sexuell (LYE-E078, LYE-E523, LYE-E822) oder mit Nahrung (LYE-E853), bzw. Nahrungsentzug (LYE-E142), und sie erfährt so seine Geheimnisse.
Der Held wird zur Hinrichtung vorgeladen und gefesselt, seine Brüder nehmen ihm vor der Enthauptung die Kleider ab, womit sich das Sprichwort: „Ein guter Freund ist mehr wert als ein Bruder" bewahrheitet, denn es ist der Fulbe-Freund des Mannes, der dem Kameraden sein gutes Kleid gibt, damit er in Würde sterben kann.
In Version LYE-E968 ist es der Freund, der die Ohrringe im Bauch eines Fisches wieder aus dem Fluß fischt.
In Geschichte LYE-E610 wird das Motiv des plötzlich gestorbenen Königssohns angeschlossen. Der Fulbe-Freund besorgt das Medikament zur Wiedererweckung des Kindes und trägt so wie in LYE-E968 zur Begnadigung des Helden bei, was wie die Opferung der Kleider die Wahrheit des oben genannten Sprichwortes beweist.
In drei Versionen schläft der Held kaltblütig kurz vor der Hinrichtung (LYE-E610, LYE-E822, LYE-E853) ein, einmal sogar in dem Grab, das er sich selbst schaufeln mußte, „Beweis" eines weiteren Sprichwortes.
In vier Versionen muß die untreue Ehefrau bzw. eine alte Verräterin (LYE-E523, LYE-E610, LYE-E822, LYE-E968) sterben.
In den anderen Erzählungen (LYE-E078, LYE-E142, LYE-E853, MOS-ETIE) wird der Held begnadigt, nachdem der König die Wahrheit der Sprichwörter eingesehen hat.

Angesichts der zahlreichen Lyela-Varianten dieser von den Mosi übernommenen Erzählung, die noch dazu die Beziehung zu einem in einer akephalen Gesellschaft nicht vorhandenen „König" thematisiert, stellte sich mir die gleiche Frage, die Platiel bei der Analyse der Erzählung von den „Frevelhaften Zwillingen" bei den Samo irritierte: "*pourquoi tant de variantes autour d'une histoire qui semble avoir été empruntée?*" (1980: 174).

Die Geschichte von den „Drei Haarbüscheln" wurde an die besonderen sozialen Bedürfnisse und Gegebenheiten der Lyela angepaßt und erhielt einen eigenen Aussagewert für diese akephale Gesellschaft. Die für die Lyela merkwürdige Haartracht des Antagonisten des Königs war nach Tauxier (1917: 297) bei den Mosi früher allgemeiner Brauch. Die jungen, unverheirateten Männer trugen ihren Kopf rasiert, wobei sie drei Haarbüschel stehen ließen. Damit waren sie als Mitglieder einer jüngeren Altersklasse sofort auf einen Blick von den älteren, verheirateten Männern zu unterscheiden, die ihr Kopfhaar ganz abrasierten. Auch die vorliegende Erzählung kann also unter anderem als Thematisierung des Generationenkonfliktes verstanden werden. Der junge, besitzlose Mann provo-

4.3. Konfrontation des Mächtigen mit dem Marginalen

ziert mit seiner Haartracht den etablierten, Frauen, Rinder und einen großen Hof besitzenden Gehöftherrn. Der Ausdruck „König" überhöht die Figur des „Gehöftherrn" und akzentuiert die Gegensätze zwischen dem mächtigen Alten und seinem jugendlichen Herausforderer.

Wie in der Einleitung ausgeführt, waren auch bei den Lyela Satz- oder Preisnamen (*"noms devises"*) früher in aller Munde. Sie werden heute noch von Mitgliedern der Arbeitsgruppen getragen, auf Totenfesten rezitiert usw. Nicht alle zãã yilə sind Preisnamen, die den Eigenstolz des Trägers ansprechen. Es gibt auch ironische, bissige und sarkastische *"noms devises"*, in denen man Kritik an seinen Mitmenschen oder unliebsame Wahrheiten verschlüsselt, indirekt, in satirischer, bildlicher „Verpackung" präsentieren kann, ohne jemanden zu verletzen oder direkt anzugreifen. Auch dahinter steht der Grundsatz, daß der Zusammenhalt der Dorfgemeinschaft nicht durch offenen Streit gefährdet werden darf.

Die Bulsa in Nordghana erzählen sich eine Variante der vorliegenden Geschichte (BUL-E617), in der der Held seinen Hunden bedeutungsvolle Namen gibt, die in ähnlicher Weise wie bei den Mosi und Lyela den König ärgern. Bonvini beschreibt, wie die Kasena, nahe Verwandte der Lyela von Burkina Faso, die Benennung von Hunden zu einem subtilen Werkzeug zwischenmenschlicher Beziehungen machen:

„[... ein Hundebesitzer] kann den Namen seines Hundes als Instrument der Selbstabgrenzung gegenüber der Gruppe einsetzen. Er benutzt ihn, um sich zu verteidigen, um sich gegenüber der Gruppe darzustellen, um sein Verhalten und seinen Status zu rechtfertigen, um sein Recht auf Selbstdarstellung zu unterstreichen. Sie [Hundenamen] sind Kommentare zu den Verhaltensweisen der Mitmenschen, Warnungen, Ratschläge, Fragen, Ausdruck des Erstaunens u.a.m." (Bonvini 1988: 220)

Der Herausforderer in der vorliegenden Geschichte glaubt sich im Besitz von Wahrheiten, die der Herrscher nicht erkannt hat. In Version LYE-E822 heißt es in der Einleitung:

„Es handelt sich (in der folgenden Erzählung) um einen Mann, der zu sich selbst sagte: ‚Ein Chef, der nicht intelligent ist, sollte nicht die Macht (lyele *pyèlè*, frz. '*chefferie*') besitzen.' Dann rasierte er seinen Kopf [auf die beschriebene Art] und beschloß, [das Wissen] des Herrschers auf die Probe zu stellen."

Herrscher und Herausforderer rivalisieren um „Wissen" und „Weisheit". (Geheimes) Wissen scheint der Schlüssel und die Legitimation für die Einnahme einer Machtposition zu sein. Auch die Herrschaft der Alten wird ja in Afrika oft mit ihrem größeren Wissen und ihrer Lebenserfahrung begründet. In keiner Geschichte kann der etablierte Herrscher der Herausforderung des Antagonisten widerstehen, wenn dieser an seine Neugierde appelliert und ihm vorschlägt, den Inhalt eines verschnürten Fetischpaketes zu erraten, die Bedeutung der Haarbüschel u.a.m. Umgekehrt wird, wie gesagt, oft dem jungen Mann die Aufgabe gestellt, den unbekannten Namen eines Mädchens zu erraten, um sie zur Frau zu bekommen und „erwachsen" zu werden. In diesem Zusammenhang verweise ich auf Paulmes Schlußfolgerungen zur Bedeutung der Probe des unbekannten Namens:

„[...] Das Gewicht, mit dem der Name hier versehen wird, übersteigt bei weitem die Funktion, die wir [die westliche Kultur] ihm als einfaches Kommunikationsmittel zuschreiben. Benennen bedeutet in dieser anderen Perspektive nicht nur einfach ‚Wiedererkennen', sondern man bemächtigt sich einer Sache oder einer Person, man *besitzt* sie. Dem Namen wohnt eine magische Kraft inne." (Paulme 1976: 173, eigene Hervorhebung)

Im Motiv des Freundes, der einem Mann treu beisteht, während der eigene Bruder einem noch nicht einmal zu einem würdigen Tod verhilft, werden negative Gefühle gegen die Menschen, mit denen man das ganze Leben in engster Gemeinschaft verbringen muß, wenigstens im phantastischen Genre der Erzählungen verbalisiert (vgl. Kap. 6). In Wahrheit sind die Fulbe bei den Lyela überaus unbeliebt. Das Wort *fwele,* pl. *fwəlsɛ* bedeutet „Fulbe-Hirte", aber auch „Idiot, Dummkopf, Tölpel" (vgl. Nicolas 1953: 251). Die Lyela sind neidisch auf ihren großen Viehbesitz, und wie man in der Geschichte bemerkt, wenn man die Beziehungen zwischen Lyela-Bauern und Fulbe-Hirtennomaden in der Wirklichkeit beobachtet hat, sind sie auch neidisch auf ihre schönen Kleider und andere materielle Besitztümer.

In der Geschichte kommt es zu freundschaftlicher Verbindung zwischen zwei Fremden, um den negativen Gefühlen gegen den eigenen Bruder eine positive Beziehung entgegenzusetzen. Der König bringt den Helden in eine Gefahr, in der er Unterstützung braucht. Verschiedene andere Lyela-Erzählungen beschreiben, wie sich zwei Freunde zusammenschließen und gegenseitig aus einer Notlage helfen, in die sie sich durch einen Angriff auf den *pyɔ̃* gebracht haben. Ein beliebtes Motiv ist hierbei die Verführung einer der Ehefrauen des Königs (LYE-E394, LYE-E498) durch einen jungen Liebhaber. Der König will den dreisten Ehebrecher töten, doch dieser wird von seinem Freund aus der Gefahr gerettet.

Der Tiefschlaf des Provokateurs kurz vor der Hinrichtung ist als Demonstration der Kaltblütigkeit des jungen Helden zu verstehen. Er betont damit, daß er die Drohung des Häuptlings, ihn zu töten, nicht ernst nimmt. Da das Motiv bei den Mosi in Burkina Faso und den Bulsa in Nordghana, bei denen dieser Erzähltypus auch belegt ist, nicht vorkommt, könnte man noch weiter gehen und sagen: bei den Lyela nimmt der Held den „König" nicht ernst. Gegenüber einem Mosi-Naba wäre eine solche Respektlosigkeit nicht denkbar. Für die Mosi ist der Name des Haarbüschels: „Ein Chef denkt nur an sich selbst" bereits eine infame Beleidigung des Herrschers. Houis stellt in seiner Untersuchung von Mosi-Vornamen (1963: 92–95) 17 Namen vor, die Eltern ihren Kindern geben, um auf diese Weise den Herrscher zu ehren. Es handelt sich um Beinamen wie „Der Chef liebt uns alle", „Der Chef kann immer auf uns zählen", u.a.m. Im Vergleich dazu stellt der Verweis auf den Egoismus des Herrschers, der im Sprichwort unserer Erzählung angedeutet wird, einen empörenden Affront gegen den Machthaber dar.

Ich möchte nun den sozialen Rahmen enger stecken und Erzählungen wiedergeben, die den Antagonismus zwischen Macht und Marginalität im s e l b e n Dorf ausdrücken. Dazu gehört ein Erzähltypus, der mir aus der Literatur nur in entfernten Varianten der Samo bekannt ist (Platiel 1983) und den ich bei den Lyela in drei Versionen aufgenommen habe:

4.3. Konfrontation des Mächtigen mit dem Marginalen

Ein Knabe verliert seine Eltern. Er hat niemanden mehr, der für ihn kocht und ist deshalb gezwungen, die bei den Lyela als Hauptnahrung verzehrten Zerealien (weißer und roter Sorghum, Pennisetum, Mais, Sesam, Erdbohnen und Erdnüsse) roh zu essen, indem er sie etwas anfeuchtet und dann zerkaut (LYE-E049, LYE-E536, LYE-E725). Der Chef sieht den Knaben kauen und glaubt, er besitze ein zauberkräftiges „Medikament", das ihn dazu befähige, Getreide zu essen, ohne es vorher in einem langen und mühseligen Arbeitsprozeß stampfen, mahlen und kochen zu lassen (LYE-E536, LYE-E725). In einer Version wird ihm von einer alten Verräterin suggeriert, er müsse unbedingt das „Zaubermittel" des Jungen besitzen.

Der König verlangt vom Waisenknaben das „Zaubermittel". Der sagt, er solle einige Beutel mit Hirse, Mais, Sesam und Erdnüssen füllen und ihn in den Busch begleiten; dort sei das „Medikament" (*cɔ́m*, pl. *cɔ́mɔ́*) zu finden.

Tief im Busch läßt der Waisenknabe den König unter einem Baum sitzen und kehrt ins Dorf zurück. Der König wartet lange, wird hungrig, fängt an, einen Beutel Getreide nach dem anderen zu leeren.

Der König muß sich in eine Höhle (in LYE-E725) oder unter ein Schattendach ("*hangar*") zurückziehen, weil es regnet. Er begegnet einer Anzahl wilder Tiere, die beobachtet haben, daß der Mensch mit Pfeil und Bogen in der Lage ist, Tiere zu töten. Als der Mann mit seiner Hand an den Rücken greift, um ein Moskito zu erschlagen, fliehen alle Tiere voller Panik, weil sie glauben, daß der Mann auf sie schießen will. Zurück bleiben Katze (LYE-E049, LYE-E725), bzw. Affe (LYE-E546), die den Mann wieder nach Hause geleiten.

Dort erläutert der Waisenknabe dem König seine „Lektion" noch einmal, und in zwei Versionen gibt der König dem Waisenknaben seine Tochter zur Frau, damit er von nun an jemanden hat, der für ihn kocht, so daß er nicht mehr weiter rohe Getreidekörner zerkauen muß.

Die Geschichte ist ein Beispiel für die Vermittlung zwischen den sozialen Gegensätzen des „ganz Armen", der keine Verwandten hat, die für ihn sorgen, und des „ganz Reichen und Mächtigen" (dem König). Am Ende ist der soziale Friede wieder hergestellt, ohne daß es, wie im Erzähltypus vom „Starken Knaben" zu einer Elimination des Mächtigen kommt. Der Schwache (Waisenknabe) erteilt dem Starken durch eine List eine Lektion, so wie dies auch in einer unendlichen Anzahl westafrikanischer Tiergeschichten geschieht. Am Ende wird erwartungsgemäß der Mächtige belehrt. Schon Tauxier fand dieses häufig wiederkehrende Muster in den von ihm in der Provinz Yatenga gesammelten Erzählungen auffällig, und er erklärte es mit der „Abneigung der immer wieder von Invasoren und Eroberern heimgesuchten Bauern („Neger" wie Tauxier sich im Jargon seiner Zeit ausdrückt) gegen brutale Machtausübung:

"Le nègre, qui a eu tant de fois à souffrir de la force brutale, aime à y opposer la force faite de ruse et d'intelligence des petits." (1917: 411)

Im vorliegenden Fall geht der Konflikt, wie so häufig, um ein „Zaubermittel". Der Mächtige hat den Verdacht, daß eine marginale, schwache, äußerlich unbedeutende Person im Dorf übernatürliche Kräfte besitzen könnte, und diese will er sofort für sich haben. Die Geschichte nimmt den allerorts und in allen Handlungen der Lyela gegenwärtigen Glauben an „Fetische" und Zaubermittel einmal ironisch aufs Korn. Sie karikiert die Vorstellung, daß auch die profansten menschlichen Handlungen von übernatürlichen Mächten beeinflußt sein müßten.

Waisenknabe und König werden zu antagonistischen Polen des Statusspektrums innerhalb einer Dorfgemeinschaft stilisiert:

Waisenknabe	König
jung	alt
arm	reich
ohne Frau/Mutter	besitzt viele Frauen
rohe Nahrung	gekochte Nahrung
wandert im Busch herum	„regiert" in seinem Dorf zuhause
klug durch harte Lebenserfahrung	dumm durch bequemes Leben

Der Waisenknabe wird am Ende der Erzählung nicht für die Herabsetzung des Königs bestraft, sondern er bekommt von ihm eine Frau, so daß seine marginale Position am untersten Ende der Dorfhierarchie aufgehoben wird und er einen Platz in der Gesellschaft findet. Der König soll durch seine Erfahrung im Busch und in der Höhle der wilden Tiere von seiner Arroganz geheilt werden. Er wird zwar als reich und mächtig dargestellt, aber ihm mangelt es an Lebenserfahrung, an „Weisheit", die ein Mann nicht erwerben kann, wenn er sich nicht in die feindliche Welt der Natur (des Buschlandes) hinauswagt. Die Konkurrenz um „Weisheit, Wissen und Lebenserfahrung" zwischen einem König und seinem Antagonisten stellt also, wie gesagt, ein zentrales Thema in den Erzählungen der Lyela dar. „Weisheit" und „Intelligenz" sind es nämlich, die dem *pyɔ* das Recht geben, die Rolle des Richters für die Menschen in seinem Machtbereich zu spielen.

In der Geschichte von der „Medizin", mit der man Getreide roh verzehren kann, wird der „König" lächerlich gemacht. Bei der Beschreibung des dummen, verweichlichten Königs, der alleine im Busch unter einem Baum sitzt, sich in der Natur nicht auskennt und nicht mehr nach Hause findet, der in seinem Hunger einen Sack harter Körnerfrüchte nach dem anderen knabbert, hilflos auf die Rückkehr des jungen Mannes wartend, der ihm wieder ins Dorf zurückhelfen soll, schütteten die Zuhörer sich aus vor schadenfrohem Gelächter. Am Ende kehrt der König aber wieder an seinen Platz zurück. Seine Stellung wird nicht grundlegend in Zweifel gezogen.

Die Erzählungen verkünden keinesfalls, daß die Menschen, die zusammen ein Dorf bewohnen, alle gleich sind. Sie vermitteln jedoch die Botschaft, daß der Kontrast zwischen den Mächtigen („Könige" in den Erzählungen) und den Marginalen (Waisenknaben, Junggesellen, Jäger) nicht zu groß werden sollte. Der Mächtige sollte eine integrierende Rolle für die Dorfgemeinschaft spielen. Er sollte den Marginalen helfen, eine angemessene Rolle im sozialen System zu übernehmen.

4.3. Konfrontation des Mächtigen mit dem Marginalen

Die folgende Geschichte vom Unglücklichen (LYE-E023, LYE-E546, LYE-E653) zeigt aber, daß Unterschiede zwischen den Menschen bleiben und nicht durch die Anstrengungen des Einzelnen zu ändern sind. In ihr scheint die Idee des persönlichen Schicksals auf, die auch nach den Vorstellungen verschiedener anderer westafrikanischer Völker das Leben des Individuums determiniert (vgl. Fortes 1987: 149).

> Ein Mann ist in allem, was er tut, vom Pech verfolgt, er ist ein Unglücklicher (*meculucekẽ*, pl. *meculucena*).
> Er bestellt sein Feld wie jeder andere Bauer auch, aber er erntet nur Stroh (LYE-E653).
> Aus dem Stroh flicht er einen Bienenkorb, um wenigstens Honig zu gewinnen. In den Bienenkorb gehen jedoch keine Bienen sondern Vögel.
> Der Mann brät die Vögel, ißt sie und stellt den Rest der Mahlzeit aufs Dach für den kommenden Tag.
> Das Vogelfleisch verwandelt sich in die Ohren (LYE-E546), bzw. die Füße und den Kopf des Pferdes des Königs (LYE-E023, LYE-E653), was gerade zu dieser Zeit verlorengegangen ist und von den Soldaten des Königs gesucht wird.
> Der Mann verteidigt sich vor dem König, daß er das Pferd nicht geschlachtet habe, und er erklärt, wie er ständig vom Unglück verfolgt werde.
> Der König glaubt dem Mann und stellt ihn auf die Probe. Er darf alle roten (oder liegenden) Rinder aus der Herde des Königs für sich nehmen. Als der Unglückliche erscheint, findet er nur Rinder von anderer Farbe (oder solche, die gerade stehen).
> Der Unglückliche bekommt die Chance, mit Pfeil und Bogen auf eine Frau auf dem Markt zu zielen. Wenn er sie trifft, darf er sie heiraten (LYE-E023, LYE-E546), oder er bekommt sogar alle Frauen auf dem Markt (LYE-E653).
> Er trifft nur eine Kugel *nyãgõ* (wenig geschätzte Speise aus gedämpfter Hirse und Bohnenblättern, die auf dem Markt verkauft wird).

Der Unglückliche kann sich weder durch Arbeit oder Anstrengung selbst helfen, noch können andere Menschen sein Schicksal verändern. Er ist als Pechvogel, als vom Unglück Verfolgter auf die Welt gekommen. Das Prinzip des Glücks, des Glücksfalls, der das Leben der Menschen ausgehend von höheren Mächten steuert, hat im Denken der Lyela einen festen Platz. In der Wahrsagetechnik der *vura* (pl.), der in eine Geheimgesellschaft initiierten Wahrsager, wird „Glück" oft durch eine Kaurischnecke symbolisiert. Kaurischnecken waren auch das vorkoloniale Tauschmittel der Lyela. Sie stehen für wirtschaftliche Sicherheit oder gar „Reichtum", der die Menschen vor Armut, Entbehrung und Elend schützt. Kaurischnecken sind weiß, sie haben die Farbe der Kühle und des reinen Herzens. Sie werden mit Gesundheit und Fruchtbarkeit assoziiert.

Der Lyele-Begriff *shər* (frz.: *chance*) wird nach Nicolas stets zusammen mit seinem Gegenteil gedacht. *Shər* ist die Tatsache, daß man glücklicherweise ein Übel vermieden hat (vgl. Nicolas 1953: 400). Die Welt ist voller Übel und Leid, überall lauern Schaden und Verlust, denen derjenige zum Opfer fällt, der nicht das Glück auf seiner Seite hat.

Die Tallensi sagen, das persönliche Schicksal eines Menschen „hänge über seinem Kopf".

„[...] Das Schicksal gilt als ein Bestandteil der Person. Man geht davon aus, daß ein Mensch es sich ausgesucht hat, als er noch ‚im Himmel' war, und deshalb glaubt man, daß es von Geburt an wirksam ist. Ihr Schicksal unterscheidet die Individuen voneinander; eigentlich schafft das persönliche Schicksal das Individuum [erst], das [natürlich] in eine soziale Rolle eingebunden ist, aber dennoch eine persönliche Variante des ‚Karrieremusters' seines Status auslebt. Diese ist so individuell wie seine physische Erscheinung und seine Persönlichkeit, aber dabei auch so wie die jedes anderen Mannes und jeder anderen Frau in der Gesellschaft." (Fortes 1987: 149)

Der „König" zeichnet sich in dieser Geschichte durch Großzügigkeit und Gerechtigkeit aus und erfüllt seine Rolle als Fürsorger der Menschen in seinem Schutzbereich, wie es sich nach westafrikanischen Vorstellungen gehört. Der Pechvogel tritt dem Mächtigen mit demütigen Gesten gegenüber und unterwirft sich ihm, so daß der König seine Pficht erfüllt, als Versorger der Bedürfigen aktiv zu werden. Der König schöpft aus seinem Reservoir an heiratsfähigen Frauen und gibt dem Unglücklichen eine Ehefrau, wodurch er ihn zur Loyalität gegenüber dem Herrscher verpflichtet. Der Unglückliche ist das Gegenbild zum „Starken Knaben", der uns weiter unten noch beschäftigen wird. Er ist der Schwächling, der die übernatürlichen Mächte gegen sich hat und der es deshalb trotz aller Anstrengungen nie zu etwas bringen wird.

In acht Varianten der Geschichte von den „Magischen Gegenständen" (LYE-E805, LYE-E826, LYE-E863, LYE-E906, LYE-E983) treten erneut drei klassische Gestalten westafrikanischer Oratur miteinander auf: Waisenknabe, König und Alte Verräterin. Sie geraten durch den Fund magischer Töpfe, die selbsttätig und unerschöpflich Nahrung produzieren und damit den Existenzkampf der Menschen für immer erleichtern könnten, in Konflikt. Der König repräsentiert hier die soziale Ordnung, und die Geschichte von den „Zaubertöpfen und den magischen Peitschen" spricht ein zentrales Thema der Lyela-Kultur an: Mißtrauen und Unsicherheit gegenüber den Mitbewohnern des eigenen Dorfes, die stets drohende Gefahr, daß durch Intrige und üble Nachrede das Zusammenleben in einem Dorf vergiftet wird:

Ein junger Mann, meistens ein Waisenjunge, der niemanden hat, der für ihn sorgt, findet im Busch zwei Tontöpfe, die ihn auffordern, eine (Zauber-) Formel zu wiederholen. Daraufhin produzieren sie für ihn auf magische Weise Hirsebrei und Blättersauce (die tägliche Nahrung der Lyela).
Der Waisenknabe ißt sich satt und versteckt die beiden Töpfe hinter der Mühle. Er erhält Besuch von einer alten Frau, die auf der Mühle in seinem Gehöft ihre Hirse reibt. Der Junge läßt die Töpfe Nahrung produzieren und gibt ihr etwas ab.
Die Alte geht zum König und berichtet ihm, was sie gesehen hat. Der König konfisziert die beiden Töpfe.
Der Waisenjunge geht wieder in den Busch und findet dort magische Peitschen. Sie lassen ihn einen bestimmten Spruch wiederholen, und dann wird er von den Peitschen verprügelt.
Die Alte findet auch diese magischen Gegenstände im Haus des Jungen, geht wieder zum König, wird selbst verprügelt.
Der König konfisziert auch die Peitschen und wird gründlich verdroschen. Er läßt die alte Frau vorladen, die versucht, sich der Vorladung durch eine vorgetäuschte Schwangerschaft zu entziehen, die sie mit einem verschluckten Tontopf imitiert. Der König

4.3. Konfrontation des Mächtigen mit dem Marginalen

läßt sie auf ein Fahrrad binden und mit Gewalt herbeiholen. Er zwingt sie, die magische Formel der Peitschen zu wiederholen. Die Alte wird geprügelt, der Tontopf in ihrem Bauch zerschlagen und die Stücke ausgestoßen. Die alte Frau stirbt.

Calame-Griaule und Görög-Karady (1972) unterscheiden bei der Analyse der Geschichte von den „Magischen Gegenständen" drei Untertypen innerhalb Westafrikas. Sechs Erzählbeispiele von den Wolof (Senegal), den Dyiwat (Senegal), den Gurma (Burkina Faso), den Soninke (Mali), den Dogon (Mali), den Hausa (Nigeria) bilden einen charakteristischen Untertypus der Savannenzone Westafrikas. Er zeigt signifikante Unterschiede zum „politischen Untertypus" des Waldlandes sowie zu einem zweiten Untertypus mit parallel verlaufender Struktur (Guter und Schlechter Held), den die beiden Erzählforscherinnen als Initiationserzählung (*conte initiatique*) verstehen.

Das Grundmuster der Geschichte von den „Magischen Objekten", wie sie in der Savannenzone und so auch bei den Lyela, erzählt wird, ist folgendes:

Hungersnot.
Der Held findet ein magisches Objekt, das ihn mit Nahrung versorgt.
Er ernährt damit seine Familie.
Indiskretion (des Helden, seiner Frau, einer alten Frau).
Der Antagonist des Helden (normalerweise der Chef) konfisziert den magischen Gegenstand.
Der Held erhält einen unheilvollen Gegenstand (Peitschen).
Sein Antagonist nimmt sie ihm fort und wird geschlagen.
Held erhält sein Nahrung spendendes Objekt zurück (ibid. 1972: 23).

In allen acht Varianten der Lyela fehlt die letzte Sequenz. Damit wird aus einer Geschichte mit einem „guten Ende", in der dem Helden sein magischer Gegenstand wiedergegeben wird, ein negatives oder zumindest offenes Ende. Statt einer „aufsteigenden Handlung" (vgl. Paulme 1976: 19–50), bei der am Ende die Aufhebung der Mangelsituation des Helden steht, finden wir bei den Lyela eine zyklische Struktur der Erzählung von den selbsttätig Essen kochenden Töpfen und den magischen Peitschen. Von einem negativen Anfang, einer Situation des Mangels, entwickelt sich für den Waisenknaben die Handlung über eine zeitweilige Aufhebung des Mangels zurück zu einem endgültigen Verlust seiner ihn ernährenden Töpfe. Die alte Verräterin hat dafür gesorgt, daß das Nahrung spendende magische Objekt vom Mächtigen, der für sich die Rolle des Ernährers der Gemeinschaft in Anspruch nimmt, konfisziert wird.

In den Versionen der Lyela, die sie sich von den „Magischen Gegenständen" erzählen, konzentriert sich die Aufmerksamkeit der Zuhörer auf die alte Frau, die in den Erzählungen der genannten anderen westafrikanischen Gesellschaften nur eine Nebenrolle spielt. Dort teilt auch der notleidende Held die auf magische Weise gewonnene Nahrung mit den Mitgliedern seiner Familie. Diese Art des guten (weil mit anderen teilenden) Helden findet sich nur in einer Lyela-Variante (LYE-E826), in der ein armer Familienvater während einer Hungersnot eine Flöte findet, mit der man Kolbenhirse (herbei-)pfeifen kann. In sechs anderen Lyela-Versionen ist der „arme Held", der die Töpfe findet, elternlos, ein Waisenknabe.

Das Waisenkind, klassische Figur aus dem Rollenrepertoire afrikanischer Oratur, symbolisiert die Bedürftigkeit derjenigen, die keine Eltern mehr haben oder sich von ihnen nicht geliebt fühlen. Der Waisenknabe der vorliegenden Geschichte lebt in einer chronischen Notsituation, in dauerndem Mangel, weil er keine Familie hat, die für ihn sorgt. Er hat andererseits aber auch keine Verwandten, mit denen er seine Nahrung aus den Wundertöpfen teilen muß. Auch nach dem Erhalt der wunderbaren Töpfe bleibt er ein einsames, asoziales Wesen außerhalb der Gesellschaft.

Sein Kontakt zum König als dem Mittelpunkt und Schirmherrn der Gesellschaft wird durch die alte Frau hergestellt. Die Lyela haben verschiedene Ausdrücke, mit denen sie Personen bezeichnen, die böse Gerüchte verbreiten und hinter dem Rücken der anderen Unfrieden stiften, weil sie „mit zwei Mündern reden". Ein *yewalcɔbal* (pl. *yewalcína*) ist ein *"rapporteur"*, wie die französisch sprechenden Lyela sagen, ein Ausdruck, den man vielleicht als „Schnüffler" oder „Hinterbringer von Zwietracht säenden Verleumdungen" ins Deutsche übersetzen könnte. Die bedeutende Rolle dieser Figur wurde bisher bereits an mehreren Erzählbeispielen deutlich.

Yewal zɔma sind nach Nicolas *"paroles prononcées en temps inopportun"* (1953: 432), oft lügenhafte Behauptungen, die zwei Parteien gegeneinander aufbringen. Die destruktive Rolle der alten Frau in den sieben Lyela-Varianten der Erzählung von den „Magischen Gegenständen" steht im Gegensatz zu Calame-Griaules und Görög-Karadys Befunden zum gleichen Erzähltypus in sechs anderen Gesellschaften der westafrikanischen Savanne. Sie schreiben:

> „Alle diese Frauengestalten haben ein gemeinsames Merkmal: was auch immer ihre Fehler sein mögen, sie sind Ernährerinnen (*nourricières*), und sie geben ihren Kindern etwas von den Segnungen der zauberkräftigen Gegenstände ab. Das ist ja auch nur logisch, denn die magischen Töpfe sind ja nichts anderes als Muttersymbole. Die einzige Ausnahme: In einer Guro-Erzählung stiehlt eine alte Frau die Nahrung für sich selbst [...]. Wir finden hier die klassische Figur der Frau, die durch das Alter in ihrer Weiblichkeit frustriert wird, sie ist eine Last für die Gesellschaft geworden und verhält sich als Störenfried." (Calame-Griaule, Görög-Karady 1972: 54)

In Version LYE-E826 setzt der Erzähler, ein Mann von zweiunddreißig Jahren, ein ausdrucksvolles Stilmitel ein, um das Herumschnüffeln und Herumwirtschaften der Alten zu beschreiben, die sich unter einem fadenscheinigen Vorwand in ein fremdes Haus geschlichen hat, in der Absicht, dort versteckte Nahrung zu finden. Er sagte: „Sie [die alte Frau] stand auf, und 'wɛrrrhh'... sie huschte von Tür zu Tür, der Hunger hatte sie aus ihrem Hause getrieben".

Nachdem der Junge der alten Frau aus seinen Wundertöpfen zu essen gegeben hat, begibt sie sich sofort zum Chef, um ihm von den wunderbaren Töpfen zu berichten. Der Waisenjunge und die alte Frau könnten gemeinsam bis an ihr Ende von der Nahrung aus den Töpfen leben. Aber die alte Frau treibt es in kurzsichtiger Erwartung eines Vorteils, eines Geschenks an Tabak, Essen oder Geld, wie ein Lyela meinte, zum König. Ihr innerer Zwang, das Geheimnis der wunderbaren Töpfe auszuplaudern, wird als stärker dargestellt als ihr Bedürfnis nach Nahrung. Und das in einer Hungersnot! In einer Version heißt es, die Alte habe sich beim

4.3. Konfrontation des Mächtigen mit dem Marginalen

König mit den Worten einschmeicheln wollen: „König, der Waisenknabe besitzt Sachen, die sind zu ‚groß' für ihn. Sie sollten Dir gehören, sie sind nichts für einen Armen (LYE-E863)." Der König konfisziert umgehend die beiden Wundertöpfe und stärkt damit symbolisch seine Stellung als reiches und mächtiges Oberhaupt, Versorger der Bedürftigen seiner Gemeinschaft. Er konfisziert auch die magischen Peitschen, Instrumente der Unterwerfung, und stärkt damit seine Vormachtstellung. Der Waisenknabe verliert seinen Mutterersatz, die ständig Nahrung produzierenden Töpfe. Die Alte als Gegenbild der Mutter hat mit ihrer Bösartigkeit und Klatschsucht aktiv für den Verlust des „nährenden Objektes" gesorgt. In einer Version wird die Alte als Verkörperung des Bösen (*shetana*, vom arabischen *sheitan*) bezeichnet. Ihre Eliminierung wird somit zur Pflicht des Königs.

Paulme und Seydou heben in ihrer Analyse der Erzählung von den „Dankbaren Tieren", in denen ja gleichfalls der Verräter eine zentrale Rolle spielt, hervor, daß allgemein die Mitglieder akephaler Gesellschaften (die sie ziemlich undifferenziert "*sociétés villageoises*" nennen) empfindlich auf die Störung des Friedens innerhalb ihrer Gemeinschaften reagieren:

„Wir befinden uns hier in den '*sociétés villageoises*', wo das gute Verhältnis zwischen Nachbarn, gegenseitige Hilfeleistung und sozialer Friede grundlegende Tugenden darstellen. Dort aus schlichter Eifersucht Streit zu provozieren, ist ein schweres Vergehen, das die öffentliche Ordnung in Gefahr bringt und das dörfliche Leben bedroht. So wird niemand den Verräter in Schutz nehmen, wenn der Held seine Eliminierung verlangt; indem er die Gemeinschaft von einem gefährlichen Element befreit, konsolidiert der Held (in unserem Falle der Chef) seine Stellung in der Gemeinschaft." (Paulme und Seydou 1972: 85)

Diese Ansicht wird auch von Platiel über die Gesellschaft der Samo, der nördlichen Nachbarn der Lyela, geäußert:

„Bei den Samo existiert keine formale Initiation in das religiöse Leben (mehr?). In der politischen Struktur besteht das höchste Amt in der Stellung des Dorfchefs, der eigentlich keine wirkliche Macht besitzt. Die sozialen Institutionen, die gesamte Sozialstruktur, sind *nicht* hierarchisch organisiert und nicht in ein staatliches oder auch nur regional übergeordnetes politisches System eingebunden. Während man sich in stärker strukturierten und hierarchisierten Gesellschaften individualistischeres Auftreten leisten kann und individualistisches Verhalten sogar ermutigt wird, muß man feststellen, daß im Unterschied dazu in ‚anarchischen' Gesellschaften, wo der Dorfchef die höchste Autorität darstellt, Abweichler auf keinen Fall geduldet werden. Tatsächlich sind der Zusammenhalt und das Überleben der Gruppe davon abhängig, daß alle Mitglieder der Gesellschaft die gültigen Verhaltensnormen akzeptieren und respektieren." (1980: 172–173)

Die Rolle des bösen Verräters wird nach Paulme und Seydou vorzugsweise auf soziale Kategorien übertragen "*qui sont les plus chargés de signification défavorable dans son contexte sociologique*" (1972: 95). Die soziale Entwertung der alten Frau ist Folge des Verlustes ihrer Fruchtbarkeit und ihrer Arbeitskraft. Nicht nur, daß die Alte nicht mehr in der Lage ist, Nahrung anzubauen und zuzubereiten, sondern sie verschuldet auch noch den Verlust der wunderbaren Nahrungsquelle, an der der Waisenjunge sie teilhaben läßt. Zwar wird bei den Lyela wie in den

Varianten der Wolof, der Dyiwat und der Dogon der König von den magischen Peitschen verprügelt, nachdem er die Wundertöpfe konfisziert hat, aber dafür läßt er auch die alte Verräterin mit dem Tode bezahlen.

In sieben Versionen der „Magischen Objekte" wird die Bestrafung der alten Verräterin auf markante Weise ausgeschmückt. Die alte Frau ahnt Übles nach ihrem Streich mit den wundertätigen Peitschen, für die sie beim König Begierde geweckt hat. Als deshalb die Leute des Königs sie auffordern, zu ihm zu kommen, verschluckt sie einen Tontopf und behauptet, sie leide unter Schwangerschaftsbeschwerden. Die vorgetäuschte Schwangerschaft soll den König zu Gnade und Rücksicht gegenüber dem ungeborenen Leben bewegen. Die alte Frau versucht durch eine unbeholfene List, ihre Existenzberechtigung als fruchtbares Wesen wiederzuerlangen, ein grotesker Ausdruck für ihre Frustration über den altersbedingten Verlust ihrer Weiblichkeit, der zu ihrer *"dévalorisation sociale"* führt.

Wie immer wieder betont werden muß, hat die Figur des Bösen Königs, der sich das Eigentum der Armen seines Dorfes rücksichtslos aneignet, keine Entsprechung in der beobachtbaren Wirklichkeit. Trotzdem kommt diese Figur in den verschiedensten Erzähltypen auch akephaler Gesellschaften erstaunlich häufig vor. Der *pyɔ̃* ist die P e r s o n i f i k a t i o n weltlicher Macht, die auf dem Nährboden des „Reichtums" entsteht. Wenn ein einzelner Mensch zu viel Reichtum und Macht erwirbt, ist stets die Gefahr des Mißbrauchs gegeben, auf die die Erzählungen in zahlreichen Beispielen verweisen.

Auch ohne politische Zentralinstanz sind die sozialen Rollen der Lyela in ein hierarchisches System eingebunden: Priester, Wahrsager und Gehöftherren stehen oben, darunter die noch mittellosen Jungen, darunter die Frauen und Kinder und noch darunter die marginalen, kaum noch zur Gesellschaft gehörigen Waisen, Leprösen, Blinden und alten Frauen. In westafrikanischen Erzählungen werden – wie weltweit im Märchen – die Extreme betont, und die Protagonisten stammen häufiger aus der Gruppe der Hochstehenden und der Niedrigstehenden, als daß sie aus dem „Mittelfeld" gewählt werden.

Bei der Analyse der Dogon-Variante von den „Magischen Gegenständen" fiel auch Calame-Griaule und Görög-Karady (1972: 49) der schwer erklärbare Gegensatz zwischen der Darstellung des Hogon in den Erzählungen und seiner tatsächlichen Rolle in der Gesellschaft auf:

> „Die Person des Machtmißbrauch treibenden Königs ist in allen Erzählungen ähnlich und wird nur wenig nuanciert. Der Hogon, so wie er in den Dogon-Geschichten dargestellt wird, ähnelt der wirklichen Person, dem religiösen Oberhaupt, dem Ältesten seiner Gemeinde, dem Erdpriester und Hüter der spirituellen Macht der Zerealien, in keiner Weise. Fast nie wird er in den Geschichten unter diesem [religiösen] Aspekt dargestellt, sondern er erscheint eher wie ein temporärer Machthaber (eine Rolle, für die man eher den Terminus *amiru* erwartet, ein Lehnwort, das vermutlich erst in rezenter Zeit eingeführt wurde). Der Hogon der Erzählungen ist absichtlich ungerecht, zumindest toleriert er Ungerechtigkeiten, die andere verüben; er kann außerdem gierig sein, und oft wird der Akzent auf seinen Reichtum an Frauen und Hirse gesetzt [...].
> Es kann sein, daß dieser scheinbare Widerspruch historische Veränderungen in den Befugnissen des Hogon widerspiegelt. Er wird noch heute als symbolischer Besitzer der Reichtümer und des Wohlstandes seiner Gemeinschaft betrachtet, was [auch] ein

4.3. Konfrontation des Mächtigen mit dem Marginalen

Charakteristikum des ‚Königs' in anderen Kulturen darstellt. [Möglicherweise] hatte der Hogon früher wirtschaftliche und politische Macht, die ihm heute nicht mehr gewährt werden, aber an die die Erzählungen noch erinnern." (Calame-Griaule, Görög-Karady 1972: 49)

Dieser nicht allzu überzeugende Erklärungsversuch dürfte auf die gleichermaßen akephale Gesellschaftsstruktur der Lyela keinesfalls übertragbar sein. Ich würde bei den Lyela nicht eine größere Machtfülle einzelner Chefs in der ferneren Vergangenheit vermuten, über die wir ja leider, wie ausgeführt, sehr wenig wissen, sondern mir scheint die Machtakkumulation einzelner *pyă* eher durch die letzte Eindringungswelle der Mosi im 19. Jhdt. induziert. Das Vorbild der Mosi-Herrscher, die Vollkleidung, Pferde, Gewehre und Macht über mehrere Dörfer besaßen, wurde von vereinzelten Lyela-Herrschern imitiert. Sie versuchten, sich als politische Führer (*pyă*) über mehrere Dörfer emporzuschwingen, wobei wir leider nicht wissen, welche Rolle kriegerische Auseinandersetzungen in diesem (selten von wirklichem Erfolg gekrönten) Prozeß gespielt haben. Der Machtanspruch politischer Chefs ließ sich meines Wissens nirgendwo im Lyela-Gebiet so erfolgreich durchsetzen, daß es zu einem erblichen „Königstum" gekommen wäre. Wie ausgeführt, scheint es erst unter französischer Kolonialherrschaft mit der Einrichtung der "*Chefs de canton*" zur dauerhaften Etablierung einer überdörflichen politischen und rechtlichen Instanz gekommen zu sein.

Der Figur des Chefs in den Erzählungen der Lyela fehlen denn auch wichtige Attribute: Er wird nicht als Kriegsherr beschrieben, er übt k e i n e deutlich beschriebenen Rechtsfunktionen aus, der Chef wird selten selbst als Handelnder beschrieben. Er steht da als Personifikation selbsterworbener Macht.

In der folgenden Variante geht die Erzählerin sogar so weit, daß in Umkehrung der Wirklichkeit der Mächtige verprügelt und verjagt wird. Die Geschichte (LYE-E196) wurde von einer über sechzigjährigen, also alten Frau erzählt, und sie ist die einzige, in der das so markante Motiv des verschluckten Tontopfes fehlt:

Es war einmal ein Chef (*pyă*), der hatte Tiere geschlachtet (geopfert?). Er verteilte das Fleisch unter den Frauen des Hofes, aber einer alten Frau gab er nichts ab.
Nachdem er das Fleisch verteilt hat und ihr nichts abgegeben hat, stand sie auf und ging in den Busch. Sie grub wilde Kartoffeln (*som*, pl. *soma*) aus. Sie kehrte nach Hause zurück, um sie zu waschen, und sie gab allen Menschen im Hof etwas davon, nur den Chef überging sie. Und der Chef fragte die Alte: „Warum hast Du mir keine Kartoffeln gegeben?" Die alte Frau antwortete: „Ich wußte nicht, daß ein Chef *soma* (die wildwachsenden Knollen) ißt. So wie Du dachtest, daß eine alte Frau kein Fleisch ißt, so dachte ich, daß ein Chef keine wilden Kartoffeln ißt. Der Chef sagte: „So ist das also?" „Ja" sagte die alte Frau, „so ist das". Sie ging wieder in den Busch, und dort fand sie [zwei] Töpfe. Sie sagte [bei sich]: „Diese Töpfe sind gut". Und die Töpfe antworteten: „Du mußt sagen, daß wir gut sind und daß wir gut kochen können". Die Alte sagte... [es]. Einer der Töpfe produzierte Hirsebrei und der andere Sauce. Sie versteckte sie im Haus und „kochte" [von nun an] immer ihr Essen mit ihnen.
Dann kam eine Person [jemand], die die Töpfe fand. Sie [die Person] ging zum Chef. Der Chef schickte jemanden zu der alten Frau, um sie [an seinen Hof] vorzuladen, sie sollte die Töpfe mitbringen. Sie kam und sie setzte sich hin. Der Chef sagte: „Mach deine Sachen, wir wollen zusehen." Die Alte sagte: „Diese Sachen sind gut". Der eine

Topf produzierte Hirsebrei und der andere Sauce. Der Chef ließ die Alte ergreifen und nahm ihr die Töpfe weg. Die Alte stand auf und ging fort, ohne etwas zu sagen.
Sie ging in den Busch zurück. Jetzt würde sie dort etwas Gefährliches finden. Sie fand Peitschen und sagte: „Die Peitschen sind gut". Die Peitschen sagten: „Du mußt sagen, daß wir gut sind und daß wir schlagen können." Die Alte sagte: „Ihr seid gut und ihr könnt schlagen." Die Peitschen haben die Alte geschlagen und geschlagen und geschlagen. Sie zerbrach sie und legte sie hinter ihren Mahlstein. [Die] Verräter sind [wieder] gekommen. Einer sagte: „Die Sachen von unserer Mutter sind gut. Wo hast du sie gefunden?" Die Alte saß da und sie war wütend [lit: sie zeigte ihren langen Mund]. Die Peitschen sagten zu dem jungen Mann: „Du mußt sagen, daß wir gut sind und daß wir verstehen zu schlagen." Der junge Mann sagte es. Die Peitschen schlugen ihn und schlugen ihn. Er ging zum Chef, um ihm zu erzählen, was er gesehen hat.
Der Chef sandte seine *"boys"*[15] aus, die der Alten sagen sollten, ihre Sachen zu bringen. Der Chef dachte, daß das noch eine Sache sei, mit der man Nahrung bekommen könnte. Er [der Chef] sagte: „Ihr seid gut und ihr könnt gut schlagen". Die Peitschen haben den Chef geprügelt, geprügelt, bis er sich in sein Haus flüchtete.
Der Chef sagte: „Bringt die Alte her!" Er forderte sie auf: „Sag den Spruch für die Sachen!" Die Alte erwiderte: „Mein Sohn, Chef, habe ich den Spruch nicht schon einmal gesagt?" Der Chef sagte: „Aber du hast ihn noch nicht vor mir gesagt!" Er zwang die Alte Frau [lit.: er hat ihren Hals gewürgt]: „Komm, sag es!" Die Alte sagte: „Chef, mein Sohn, mir tut mein Knie weh!" Der Chef sagte: „Rede!" Die Alte sagte: „Die Sachen sind gut!" Der Chef sagte: „Du mußt den Spruch sagen, du mußt sagen, warum sie gut sind. „Sag: ‚Sie sind gut...'". Er wollte, daß die Alte den Satz zu Ende brächte. Die Alte sagte: „Chef, mein Sohn, die Sachen sind gut..." Der Chef wiederholte: „Du mußt sagen, daß sie gut sind und daß sie gut schlagen können!" Die Peitschen ergriffen den Chef und prügelten ihn, prügelten ihn, prügelten ihn bis ... bis er in sein Haus flüchtete. Das ist alles!... Gelächter der alten Erzählerin!

Juliette Kanzie, die mir die Geschichte *"entre nous"* unter Frauen erzählte, identifiziert sich ganz offensichtlich mit der alten Frau in der von ihr erzählten Geschichte. Dabei spielt ihr Alter eine entscheidende Rolle, denn eine junge Frau von achtzehn Jahren hatte in ihre Version ebenfalls das Motiv des verschluckten und während der Prügelstrafe ausgeschiedenen Tontopfes eingebaut. Das Publikum lachte wie besessen über diesen krönenden Abschluß der Geschichte von den Magischen Gegenständen. Die alte Erzählerin goutierte den Schlußakt jedoch nicht so sehr wie das junge Publikum, sonst hätte sie in ihrer eigenen Variante wohl nicht den Ausgang abgewandelt. Ihre Erzählung zeigt, welcher Ernst sich hinter der „humorvollen" Groteske der widerwillig zum Köngishof geschleppten Alten verbirgt, die einen Tontopf verschluckt, um mit Hilfe einer vorgetäuschten Schwangerschaft der Bestrafung durch den König zu entgehen.

Juliette Kanziés Variante ist von vornehrein darauf angelegt, den König als böse und ungerecht darzustellen. Die alte Frau selbst ist die Heldin der Geschichte. Sie wehrt sich gegen die Ungerechtigkeiten des Königs mit Witz und Verstand. Ihre Fruchtbarkeit kann sie in ihrem Alter nicht wiedererlangen, aber sie kann ihrer *"dévalorisation sociale"* durch Arbeit und durch Anstrengungen, ihre Rolle

---

15 Der Lyele-Ausdruck *sonər* (pl.) für die Gefolgsleute eines Chefs ist dem Moore entlehnt.

als Produzentin (*nourricière*) auch im Alter noch zu erfüllen, entgegentreten. Die alte Frau sammelt Knollen im Busch und verteilt sie an die Bewohner ihres Gehöftes. Sie hat etwas zu geben, und auf diese Art und Weise erhält sie sich den Respekt ihrer Umwelt.

Welch energische Durchsetzungskraft die Heldin der Geschichte besitzt (ganz wie die Erzählerin selbst), zeigt sich in dem Detail, daß sie die Peitschen oder Ruten, von denen sie verprügelt wurde, zerbricht, bevor sie sie hinter ihrer Mühle versteckt (ihre magischen Fähigkeiten scheinen die Peitschen dadurch jedoch nicht zu verlieren). Außerdem auch noch in der Episode, in der sie den König überlistet, die gefährliche Formel auszusprechen, mit der die Peitschen in Gang gebracht werden. Diese List ist ein beliebtes Motiv in zahlreichen Tiererzählungen der Lyela; meistens ist es hier der Hase, der auf diese Weise den anderen Tieren eine Falle stellt. Ich habe die Kreativität dieser alten Frau bewundert, die ihre persönliche Variante einer allgemein bekannten Erzählung so veränderte, daß die Hauptperson aus der sozialen Kategorie, aus der sie selbst stammt, von einer schlechten zu einer guten Heldin umfunktioniert wurde.

4.4. Der „König" als überhöhte Vaterfigur

Im letzten Abschnitt über Herrschergestalten in Erzählungen der Lyela fällt die Figur des Königs mit der des Vaters zusammen. Dabei erregen drei Erzähltypen besondere Aufmerksamkeit:

„Ödipus"
Die Geschichte vom „König, der alle alten Männer des Landes töten läßt"
Der „Schlaue Knabe, der gemeinsam mit der Mutter den Verfolgungen des bösen Vaters entkommt"

Die folgende Ödipus-Erzählung, die erstaunliche Übereinstimmungen mit klassisch griechischen und europäischen Varianten aufweist, habe ich am 9.1.1990 in Poa aufgenommen, einem Lyela-Dorf weitab von der nächsten größeren Straße, die auch in der Regenzeit zu befahren gewesen wäre. Calame-Griaule war gleichfalls frappiert, als sie auf einer Feldforschung im Jahre 1972 in Niger auf eine Ödipus-Variante stieß, die man zunächst wohl nicht in Afrika erwartet. AaTh 931 (Ödipus) hat sich aber als Volkserzählung auch weit in den indoeuropäischen Raum verbreitet.[16] Die „Kernepisode" des Ödipus-Mythos besteht nach Calame-Griaule (1994: 20) in der Prophezeiung, die dem Helden voraussagt, daß er seinen Vater töten und seine Mutter heiraten werde. Trotz aller Versuche, den Jungen räumlich von den Eltern zu trennen, läßt sich das Schicksal nicht aufhalten, sondern die Prophezeiung erfüllt sich mit tragischem Ausgang. In

---

16 AaTh 931 wurde in Finnland, Ungarn, Rumänien sowie in Litauen und Lappland dokumentiert.

4. Charaktersymbole westafrikanischer Erzählungen

der von Calame-Griaule dokumentierten Tuareg-Variante (1994: 17–39) geschieht in letzter Sekunde vor Vollzug des Inzestes zwischen Mutter und Sohn ein Wunder: aus den Brüsten der Mutter fließt Milch. Dieses göttliche Zeichen führt zur Entdeckung der Wahrheit. Die Ödipus-Variante der Lyela von Burkina Faso verlagert dagegen das Schwergewicht der dramatischen Verstrickung auf den Kampf zwischen Vater und Sohn.[17]

> Es war einmal ein Mann, der sehr mächtig geworden war [lit.: der die Macht gegessen hatte]. Er war ein wirklicher Häuptling [*pyɔ̌*]. Er hat einen Sohn gezeugt. Der Sohn kam in das Alter, in dem man sich eine Frau sucht. Er war der erste Sohn seines Vaters. In ihrem Dorf war es so, daß der älteste Sohn nach dem Tod des Vaters seine Macht [*pyɛ̀lɛ̀*] übernahm.
>
> Als der Sohn ins heiratsfähige Alter kam, ging er zum Wahrsager, der für ihn das Orakel befragen sollte. Er [der Wahrsager] sagte ihm: „Es ist nichts zu machen, du wirst Deine Mutter umbringen... Ah, nein... [Irrtum des Erzählers]. Du wirst Deinen Vater töten und Deine Mütter [die Frauen des Vaters] heiraten.[18] Man sieht nicht Deine eigene Frau, in der ganzen Welt nicht, weder rechts noch links. Du mußt Deinen Vater töten, und Du wirst Deine eigene Mutter, die Dich zur Welt gebracht hat, heiraten. Sie wird Deine Frau sein und Du wirst sie heiraten."
>
> Der Sohn sagte: „Wenn das so ist, niemals!" Ich werde mich nicht verheiraten [lit.: ich werde keine Frau nehmen, ich werde keinen Geschlechtsverkehr mit einer Frau haben]. Ich werde dieses Dorf verlassen und in ein anderes gehen. Und der junge Mann ging in ein anderes Dorf.
>
> Dort angekommen, traf er einen Mann, der [viele] Rinder hatte. Der Mann nahm ihn in seinem Hof auf, er [der Junge] hütete seine Rinder und vermehrte seine Herde.[19]
>
> Er ging noch zu einem anderen Wahrsager, um das Orakel zu befragen, aber es war nichts zu machen [es wurde immer die gleiche Weissagung wiederholt].
>
> [Dann] stand er auf mit den Leuten seines Dorfes, die einen Überfall (*nəgúli*, pl. *nəgúlsi*) auf das Dorf seines Vaters planten. Der junge Mann hatte nicht überlegt [lit.: er hat seine Gedanken verloren], und die Leute des Dorfes, in dem er lebte, rekrutierten ihn für den Krieg [lit.: *louer* (fr.)]. Er sollte seinen Vater aus dem Häuptlingsamt vertreiben und über das Dorf herrschen. [Im Dorf des Vaters] angekommen, zeigte er den anderen, wie sie seinen Vater töten könnten.
>
> Der junge Mann hatte sein [Herkunfts-] Dorf schon vor langen Jahren verlassen, er erkannte seine Mutter nicht wieder. Nachdem er seinen Vater getötet hatte, heiratete er seine Mutter, und er blieb dort, in diesem Dorf.[20]
>
> Der Mann, bei dem er in dem anderen Dorf gelebt hatte, [lit.: er richtete sich auf], sagte zu sich selbst: „Wahrhaftig, das sind Probleme! Dieser junge Mann ist vor langer Zeit weggegangen, kommt er mich denn gar nicht mehr besuchen, weil er nun Macht hat

---

17 Die Motivnummern in den Fußnoten stammen aus Aarne und Thompson (1964(2)): *The Types of the Folktales*. Ich habe sie angeführt, um zu zeigen, wie verblüffend diese Variante aus dem ländlichen Burkina Faso (LYE-E749) dem Grundmuster der klassisch griechischen Sage und den ihr nachempfundenen europäischen Volkserzählungen ähnelt.
18 Mot. M343 *Parricide prophecy*; Mot. M344 *Mother-incest prophecy*.
19 Mot. K512 *Compassionate executioner*; Mot. R131 *Exposed or abandoned child rescued*; Mot. S354 *Exposed infant reared at strange king's court*.
20 Mot.N323 *Parricide prophecy unwittingly fulfilled*.

4.4. Der „König" als überhöhte Vaterfigur

[lit.: die Macht gegessen hat]? Trotzdem, ich werde ihn besuchen und begrüßen, er hat doch für mich gearbeitet. Und ich werde ihm klar und deutlich den Namen seines Vaters sagen, vielleicht weiß dieser junge Mann nicht den Namen seines Vaters." Und er kam, um den neuen Häuptling zu begrüßen. Der Fremde nahm Platz, um ihn [seinen früheren Adoptivsohn] zu begrüßen. Der Mann [der neue Häuptling] nahm auch Platz, um die Grüße zu erwidern, und der Mann sagte: „Wahrhaftig, was hast du gemacht?" Seit Du Häuptling geworden bist, bist Du nicht mehr zu mir gekommen, um mich zu besuchen." Der Chef antwortete: „Aber ich erkundige mich immer nach Deinem Wohlbefinden." Der Mann fragte: „Ist das wahr?" Der Chef sagte ja.
Als der Mann nach Hause gehen wollte, sagte er zu dem Häuptling: „Steh auf und begleite mich ein Stück auf der Straße".[21] Der Häuptling stand auf und begleitete ihn [ein Stück]. Und der Mann sagte: „Weißt du, daß der Chef, den Du getötet hast, daß er es war, der Dich gezeugt hat?" Und die Frau, die Du geheiratet hast, sie hat Dich zur Welt gebracht". Der junge Mann fragte: „Diese Frau dort?" Der Mann sagte ja. „Sie hat mich geboren? Der andere antwortete noch zweimal mit Ja. Da bohrte der Häuptling zwei Finger in seine Augen, um sie zu zerstechen. Und er sagte: „Da ich meine Mutter geheiratet[22] habe, werde ich in Zukunft [lit.: morgen] nichts Gutes mehr [zu erwarten] haben. Meine Augen sollen meine Mutter nicht mehr sehen, die auch noch meine Frau geworden ist. Ihr versteht?

Aarne und Thompson haben in der Beschreibung ihres Typus AaTh931 das Motiv der ausgestochenen Augen nach der Entdeckung des Vatermordes weggelassen. Nach Rose (1955: 187) gehört es jedoch sehr wohl zu der „üblichen Erzählung" und ist in den meisten Versionen klassisch griechischer Sagen zu finden. Leider machte Balelma Bado, der neununddreißigjährige Lyela-Erzähler, keine Angaben darüber, wo er diese Geschichte gehört hatte. Er wußte es nicht mehr, er sagte nur, er habe alle Geschichten von seinem Vater gelernt. Das ist eine stereotype Antwort, die ich von vielen Lyela bekommen habe. Sie meinen damit wohl nicht nur den leiblichen Vater, da die Kinder in dieser Gesellschaft ja nicht in Kleinfamilien aufwachsen, sondern in der Gehöftgemeinschaft. Dort hören sie abends nicht nur Geschichten ihres Vaters, sondern auch die der Brüder, Onkel und Neffen (väterlicherseits), also aller Männer einer Patrilinie, die zusammen ein Gehöft bewohnen und die von einem Jungen „Vater" (*da*, pl. *daba*) genannt werden, wenn sie der aufsteigenden Generation angehören.

Ich weiß auch nicht, ob der Erzähler eine Zeitlang als Wandcrarbeiter an der Elfenbeinküste oder in Ghana verbracht hat. Im Jahre 1983 habe ich von Balelma Bado zum ersten Mal das ganze Erzählrepertoire aufgenommen, 1990 das zweite Mal. In der Zwischenzeit ist er Mitglied der Moslemgemeinde in Poa geworden und trägt nun den Zweitnamen Seydou. Er hat in den sieben Jahren zwischen meinen beiden Besuchen die Angewohnheit angenommen, seine Erzählungen mit „arabischen" Lobpreisungen Allahs zu verbinden, und seine Geschichten sind

---

21 Es ist eine höfliche Geste bei den Lyela, daß man einen Gast noch ein Stück des Wegs begleitet, bis zur nächsten Kreuzung, wenn dieser seinen Gastgeber verläßt.
22 Mot. T412 *Mother-Son incest*

stärker moralisierend geworden. Ödipus war 1983 noch nicht in seinem Erzählrepertoire, mit dem es ihm ohne weiteres gelingt, drei Stunden zu füllen.

Erzählungen, die nicht nur in einzelnen Motiven, sondern in ihrem ganzen Ablauf europäischen Erzähltypen stark ähneln, haben in der Oraturforschung schriftloser Völker immer wieder die Frage aufgeworfen, inwieweit afrikanische Varianten als „Nacherzählungen" europäischer Vorlagen angesehen werden können. Jones (mündliche Mitteilung) geht davon aus, daß es sich bei der von Balelma Bado erzählten Ödipus-Variante um ein *"feed back"* aus einer französischen, oder – weniger wahrscheinlich – einer arabischen Quelle handelt. Einen Beweis für diese Vermutung kann ich nicht finden; klassisch griechische Sagen und Legenden gehören eigentlich nicht zum Repertoire der Weißen Väter oder anderer Missionare.

In Kapitel 1.2. wurde auf Finnegans Beispiel vom biblischen Sündenfall verwiesen. Innerhalb von zwei Jahren wurde der Ethnologin die Geschichte von Adamu und Ifu in typischer Limba-Manier wiedererzählt, so daß Finnegan zu dem Schluß kam:

> „Trotz ihres fremdländischen Handlungskerns ist diese Geschichte [von Adam und Eva] ein Stück Limba-Literatur geworden, und sie stellt ein interessantes Beispiel dafür dar, wie eine ‚neue' Geschichte entsteht." (1967: 267)

In Schmidts Sammlung von Nama-Erzählungen aus Namibia überwiegt das, was früher „entlehntes Erzählgut" genannt wurde. Auch Schmidt bewertet den kreativen Anteil der Afrikaner bei der Umformung der von Europäern gehörten Geschichten hoch. Die Frage, ob eine Erzählung entlehnt ist oder einer indigenen Erzähltradition entstammt, spielt für die Frage der Bedeutung einer Erzählung in einer bestimmten Kultur keine wesentliche Rolle. Man könnte auch argumentieren, daß eine „fremde" Erzählung eine besondere Bedeutung für den Mann oder die Frau haben muß, die sie wiedererzählt, weil sich ihm oder ihr sonst gar nicht die Geschichte genügend eingeprägt hätte, um sie in das persönliche Erzählrepertoire zu übernehmen.

Im Unterschied zum klassisch griechischen und europäischen Ödipus ist der Held der Lyela-Variante schon im heiratsfähigen Alter, als der Wahrsager entdeckt, daß das Schicksal ihm beschieden hat, seinen Vater zu töten und seine Mutter zu heiraten. Die griechische Sage beginnt bekanntlich dagegen damit, daß dem König Laios v o r der Geburt seines ersten Kindes geweissagt wird, daß er von seinem Sohn erschlagen werde (Rose 1955: 185). In der Lyela-Erzählung kommen also die Inzestwünsche des Helden mit noch größerer Macht zum Tragen als in der griechischen Sage nach der Freud den von ihm entdeckten „Ödipus-Komplex" benannt hat. Ich möchte nicht zu weit gehen und schlußfolgern, daß in allen Kulturen, in denen die Geschichte von Ödipus erzählt wird, die Bewältigung der ödipalen Phase gestört ist. Ich möchte auch nicht die alte Debatte zwischen Jones und Malinowski (vgl. Parsons 1964) wieder aufnehmen, in der man zu klären versuchte, ob der Ödipus-Komplex eine Erfahrung ist, die Kleinkinder in allen menschlichen Kulturen durchmachen. Ich möchte lediglich zeigen, welche erstaunliche Parallelen selbst in Details zwischen der griechischen Sage und der Lyela-Erzählung vorliegen.

In beiden Erzählungen wird das O r a k e l z w e i m a l befragt. In beiden Versionen ist der Retter des Helden ein M a n n, d e r e t w a s m i t T i e r e n zu tun hat: ein Hirte in Griechenland und ein Gehöftherr, der viele Tiere besitzt, bei den Lyela. Das Motiv der a u s g e s t o c h e n e n A u g e n kommt in beiden Versionen vor. Unterschiede finden sich in der Art des Kampfes zwischen Vater und Sohn: Da der Sohn in der Lyela-Variante sein Geburtsdorf erst als erwachsener Mann verlassen hat, fällt es dem Erzähler schwer zu begründen, wieso er sich bei seiner Rückkehr nach einigen Jahren nicht mehr an seine Eltern erinnern kann. Trotzdem zieht der Held gegen den Vater in den Krieg und bringt ihn um. Wie in der griechischen Sage lebt er mit der Mutter zusammen, bis er von dem Mann, der ihn aufgezogen hat, über seine Herkunft aufgeklärt wird. Der Kampf gegen die Sphinx fehlt in Afrika. In der Lyela-Variante schickt der Sohn seine Kameraden gegen den Vater vor, nachdem er ihnen gezeigt hat, wie der Alte am leichtesten zu töten sei.

Der Lyela-Bursche zieht als Adoptivsohn eines anderen Mannes gegen seinen Vater in den Krieg, um seine Macht (*pyèlè*) zu übernehmen und seine Frauen, darunter die eigene Mutter, zu heiraten. Noch als erwachsener M a n n muß er vor seinen Inzestwünschen in ein fremdes Dorf fliehen, und auch dort verschwinden seine Wünsche, den Vater zu töten, keinesfalls.

Die Erzählung von Balelma Bado aus Poa, deren enge Parallelen zur Ödipus-Sage nicht zu übersehen sind, steht in starkem Widerspruch zu Beobachtungen, die die Schweizer Psychoanalytiker Parin und Morgenthaler bei den Dogon in Mali, die etwa dreihundert Kilometer nördlich von den Lyela leben, gemacht haben. Ich verstehe Erzählungen unter anderem auch als „projektives Material" sozialer Konflikte und frühkindlicher Krisen. Nach meiner Kenntnis der Erzählungen der Lyela, der Bambara, der Bulsa, der Fulbe und der Hausa (vgl. Steinbrich 1982: 58–62), der Mosi und anderer Völker gehören Vater-Sohn-Konflikte zu den zentralen Themen der westafrikanischen Erzähltradition. Eine ähnliche Auffassung wird von Calame-Griaule vertreten. Sie schreibt als Résumé ihrer Analyse der Erzählung von den „Verkauften Müttern":

"Ce qui nous paraît ressortir de façon évidente de notre analyse, c'est la permanence de la préoccupation oedipienne dans les cultures africaines, préoccupation qui se manifeste par une traduction symbolique, à la fois dans les mythes et dans les contes." (1987: 82)

Die Dogon, die durch das Volk der Mande sprechenden Samo von den Lyela getrennt werden, teilen die grundlegenden familiären und gesellschaftlichen Institutionen mit den Lyela: In beiden Gesellschaften ist die patrilineare Großfamilie, die zusammen ein Gehöft bewohnt, die wichtigste wirtschaftliche und soziale Einheit. Beide Gesellschaften besitzen keine politische Zentralgewalt, in beiden spielt der Erdkult und die Abhängigkeit der Menschen von den Ahnen und verschiedenen anderen übernatürlichen Mächten eine wichtige Rolle. Die alten Männer treffen die wichtigsten rechtlichen, politischen und wirtschaftlichen Entscheidungen, zusammen mit den Priestern.

Ich meine, daß Parin und Morgenthaler, die „während einiger Monate" psychoanalytische Untersuchungen bei den Dogon durchgeführt haben, in ihrer

Beschreibung der frühkindlichen Entwicklung der Dogon ein zu romantisches und harmonisierendes Bild entworfen haben (vgl. Kap. 6 über Geschwisterrivalitäten in Erzählungen). Ihre Auffassung zum Vater-Sohn-Verhältnis weicht sehr von dem ab, was Forscher in anderen westafrikanischen Gesellschaften beobachteten:

> „Die Dogon erleben den (frühkindlichen) Inzestwunsch nicht so wie wir (die Europäer) das tun mit dem anal bestimmten Wunsch, die Mutter zu besitzen und den Vater zu töten.[...] Die Dogon-Kinder wollen, daß die Mutter nicht weggeht, und sie verlangen weitere Erfüllung ihrer Triebwünsche von ihr. [...] Unter Europäern entwickelt sich ein stärker objektorientierter Inzestwunsch. Wir versuchen, durch den Besitz des begehrten Objektes Befriedigung zu gelangen. Jede andere Instinktbefriedigung ist durch zu frühe Reinigungserziehung unmöglich gemacht worden [...]. Zwar wird der Vater als Konkurrent für die Befriedigung phallisch-aggressiver Triebe erlebt, aber der sadistische Wunsch, den Vater zu töten, erscheint nicht wie beim Europäer. Eher taucht die Phantasie auf, sich den Vater einzuverleiben, ihn zu verschlingen, oder von ihm verschlungen zu werden." (Parin, Morgenthaler 1964: 200–201)

Besonders die letzte Interpretation scheint mir aus meiner Kenntnis der mündlich überlieferten Literatur der westafrikanischen Savannenzone verfehlt. Verschlingen, Verschlungenwerden und überhaupt die Beschäftigung mit Köperöffnungen und Körpergrenzen spielen eine bedeutende Rolle in Erzählungen,[23] aber kannibalistische Motive dieser Art sind keineswegs auf die Vater-Sohn-Beziehung konzentriert. Schon bei flüchtiger Lektüre der Erzählungen fällt einem viel mehr das immer wiederkehrende Motiv der verschlingenden Mutter auf. Es wäre interessant zu sehen, was die Erzählungen der Dogon zum Vater-Sohn-Verhältnis sagen. Es wäre außerdem interessant zu wissen, ob die in Erzählungen vorgebrachten Phantasien solchen ähneln, die in „freier Assoziation" hervorgebracht wurden, oder ob Geschichten und individuelle Phantasien wenig gemein haben.

Bei den Lyela scheinen Erzählungen das einzige Medium zu sein, in denen Vater-Sohn-Rivalitäten offenen oder metaphorischen Ausdruck finden. In manchmal verdeckter Symbolsprache und manchmal direkter, brutaler Ehrlichkeit oder Offenheit der Erzählungen, die man sich in der sozialen Realität nie erlauben könnte, kommt hier ein Ausmaß an Aggressionen zwischen Vater und Sohn hervor, das sonst sorgfältig unterdrückt wird. Im Unterschied etwa zu den Tallensi und den Mosi geben die Lyela nicht zu, daß sich in Eltern-Kind-Beziehungen notwendigerweise zeitweilig Feindseligkeiten und Rivalitäten entwickeln (vgl. Fortes 1987 [1974]: 225). Die Lyela, die ich kennengelernt habe, beharrten darauf, daß ein Sohn seinem Vater Gehorsam und Verehrung schuldig sei, daß ein Vater unbeschränkte Autorität über seine Söhne besitze und daß ein Sohn seinen Vater lieben müsse. Der wiederholte Verweis darauf, daß ein Vater seinen Sohn verfluchen könne, wenn dieser nicht tut, was der Vater von ihm verlangt, deutet jedoch

---

23 Weitere Ausführungen zu diesem Thema bei der Interpretation des Erzähltypus vom „Tierbräutigam" (vgl. Kap. 7.2.).

darauf hin, daß Söhne auch Angst vor ihren Vätern haben und daß ihr Gehorsam zum Teil durch diese Angst erzwungen ist. Anders als bei den Tallensi und den Mosi wird der Vater-Sohn-Antagonismus bei den Lyela nicht durch Meidungstabus abgemildert. Weder von Begräbnissen, noch von Totenfeiern oder aus dem Alltag sind mir bei den Lyela Rituale bekanntgeworden, in denen Spannungen zwischen Vater und Sohn symbolisch ausagiert werden (vgl. dagegen Fortes [1987 = 1974: 223–227] über die Tallensi, Skinner [1968: 237–245] über die Mosi).

Dafür kommen in Erzählungen der Lyela nicht nur Tötungswünsche des Sohnes gegenüber dem Vater zum Tragen, wie in der angeführten Ödipus-Variante, sondern, wie wir sehen werden, ist es noch häufiger der Vater, der einen seiner Söhne als Widersacher sieht und ihn zu töten trachtet. Wie wenig „Phantasie" im Sinne von persönlicher, individueller Erfindung, die Erzählungen zur Vater-Sohn-Beziehung enthalten, wird in einer Feststellung Skinners deutlich, die sich auf diesen Generationenkonflikt bei den Mosi bezieht:

> „Die Mosi-Väter reagieren so sensibel darauf, daß sie eventuell von ihren Söhnen [in ihrer Stellung] ersetzt werden, daß sie sich über das Heranwachsen und die [geistige] Entwicklung der Jungen ärgern. Der erste Sohn ist oft die Zielscheibe seiner [des Vaters] Furcht und Feindschaft, denn er ist es, der am meisten vom Tod des Vaters profitiert." (Skinner 1968: 241)

Skinner führt aus, daß die Rivalitäten der Väter und Söhne oft um Frauen kreisen. Die Söhne nehmen es den Vätern übel, daß diese ihnen nicht früher die Brautgaben zur Eheschließung und damit zum Übergang in den Erwachsenenstatus bezahlen als sie es in Wirklichkeit tun. Ein erwachsener, unverheirateter Sohn bewegt sich täglich in der Gegenwart der z.T. noch jungen Frauen seines Vaters. Diese Frauen, mit Ausnahme seiner leiblichen Mutter, wird der Sohn beim Tode seines Vaters erben. Zu Lebzeiten des Vaters muß der Sohn sich diesen klassifikatorischen „Müttern" gegenüber äußerst zurückhaltend benehmen. Er sollte sich nicht in ihrer Nähe aufhalten, und der Sohn sollte auch nicht dem Vater im Durchgang begegnen, der ins Innere des Gehöftes in den Frauenbereich führt.

In einigen Lyela-Geschichten wird der Vater als böse, mißgünstige Figur beschrieben. Er vergreift sich an der Frau des Sohnes, die dieser endlich durch die Intervention einer übernatürlichen Helferfigur erhalten hat, nachdem der Vater den Sohn über viele Jahre in der Schmach des Junggesellentums verharren ließ. Dabei dürfte es sich wohl um eine Projektion des Sohnes handeln: er schiebt seine eigenen Begierden nach den Frauen des Vaters auf diesen selbst. Im Erzähltypus vom „Schlauen Knaben" wird der Alte als lüsterner, mordgieriger Tyrann dargestellt, der dem unschuldigen Sohn die Frau wegnehmen will und ihm nach dem Leben trachtet.

Wenn Väter den Jungen ihre ökonomische Unterstützung vorenthalten, können sie sie auf diese Weise lange Jahre daran hindern, in sozialer Hinsicht erwachsen zu werden. Dadurch binden die Väter ihre erwachsenen Söhne stärker an ihre Mütter, die bis zur Verheiratung der Söhne für ihre Versorgung und Ernährung verantwortlich bleiben. Es ist wohl für jeden europäischen Beobachter auffällig, wie eng die Beziehung zwischen Mutter und Sohn in Westafrika Zeit ihres Lebens bleibt (vgl. dazu auch Steinbrich 1982: 58ff, 165ff). Wie in anderen patrilinearen

Gesellschaften müssen sich Frauen heranwachsende Söhne auf ihrer Seite halten, um als alte Frauen in der Klansektion des Ehemannes einen respektablen Status zu erringen. Inzestphantasien des Sohnes gegenüber der Mutter kommen vor, wie die Erzählung LYE-E749 belegt, aber sie sind nicht der dominierende Aspekt in der Mutter-Sohn-Beziehung. Der Wunsch, den Vater zu töten, entspringt nicht nur der frühkindlichen phallischen Begierde des Sohnes nach seiner Mutter, sondern auch dem Ressentiment des Sohnes gegen die Macht des Vaters. In der Konfrontation mit dem Vater rückt der Sohn näher zur Mutter. Bei den Lyela ist es heute sogar so, daß Mütter ihren Söhnen zunehmend dabei helfen, die für ihre Verheiratung notwendigen Güter zu akkumulieren. Zwar gibt es, wie gesagt, keinen Brautpreis in Vieh oder Geld, aber die verschiedenen rituellen Teilschritte der Brautwerbung und Eheschließung sind mit erheblichen materiellen Aufwendungen für die frauennehmende Familie verbunden (vgl. Steinbrich 1987: 156–57). Die Mütter fühlen sich bemüßigt, ihre Söhne bei der Beschaffung der inflationär steigenden Heiratsgaben zu unterstützen: Sie geben ihnen Schweine, die sie selbst mit dem Trester von Hirsebier füttern, und sie unterstützen die Jungen auch mit Geld aus ihren Handelsgeschäften, wenn sie welches haben. Auf diese Weise wird die wirtschaftliche Abhängigkeit vom Vater ein wenig gelockert.

Die Mutter eines Mannes verschafft sich mit der ökonomischen Unterstützung der Heirat ihres Sohnes Einfluß auf die Wahl der Schwiegertochter. Mit ihrem wirtschaftlichen Beitrag verschafft sie sich Geltung im häuslichen Bereich, die es ihr ermöglicht, dem Sohn die Wahl einer Ehefrau nahezulegen, die ihr selbst im fortschreitenden Alter besonders zu Diensten sein wird. Wir sehen also, daß die in der älteren ethnographischen Literatur beschriebenen Familienstrukturen heute einem bedeutenden Wandel unterworfen sind.

In seiner Vorlesung über *Ödipus und Hiob in westafrikanischen Religionen* aus dem Jahre 1959 deutete Fortes den Ahnenkult als Prolongation der Vater-Sohn-Beziehung über den Tod des Vaters hinaus. Er schreibt über die Tallensi in Nordghana:

„[Die Väter] werden mit zunehmendem Alter, wenn ihre körperlichen und sozialen Leistungen abnehmen und die ihrer Söhne zunehmen, immer unwilliger, ihren Platz an die Söhne abzutreten. Die Söhne akzeptieren ihre Abhängigkeit mit liebevollem Respekt und kindlicher Frömmigkeit. Aber mit jedem Schritt in Richtung Eigenständigkeit, besonders nachdem sie geheiratet und Kinder bekommen haben, reiben sie sich mehr an der Autorität des Vaters. Hinter der Solidarität, die aufgrund gemeinsamer Interessen und gegenseitiger Abhängigkeit notwendig ist, liegt die Rivalität und der Widerspruch zwischen aufeinanderfolgenden Generationen." (1959: 47)

Erst beim Tode des Vaters kehrt sich das Autoritätsverhältnis zwischen Vater und Sohn um. Als Ahnengeist wird der Vater von den Opferritualen und der kultischen Verehrung seines Sohnes abhängig. Andererseits muß der Sohn den verstorbenen Vater weiterhin mit Opfergaben zufriedenstellen, da dieser seinen Unmut immer noch in Form von Dürren, Heuschreckenplagen, Kindersterben oder anderen Kalamitäten zu äußern droht.

Ähnliches gilt für die Lyela und wahrscheinlich noch für viele andere gerontokratisch organisierte, patrilineare Gesellschaften Westafrikas. Ein Lyela muß

4.4. Der „König" als überhöhte Vaterfigur

seinem Vater unter allen Umständen Respekt erweisen. Selbst wenn der Vater sehr lange lebt, verbietet es die Etikette dem Sohn, offen gegen Weisungen des Vaters zu rebellieren, auch wenn der Älteste bereits senil und verkalkt ist. Mit Takt und Geschicklichkeit muß ein selbst bereits grauhaariger Sohn, der von seinem Vater immer noch herumgeschickt wird wie ein Hirtenjunge, die Anordnungen seines Vaters so auffangen, daß der Alte nicht sein Gesicht verliert. Die verbreiteteste Methode ist dabei, unbequeme Aufträge des Alten an jüngere Brüder oder eigene Söhne weiterzugeben.

Bei den Bambara wird nach Görög (1994: 53) extreme Unterwerfung von der jungen Generation gefordert. Ein Sohn soll in Gegenwart seines Vaters nur sprechen, wenn er gefragt wird. Ein Bambara-Sprichwort lautet: „Unser Vater ist unser größter Rivale". Und schließlich sei es eine für „normal" gehaltene Gewohnheit vieler Väter, die Leistungen ihrer Söhne im Ackerbau und bezüglich anderer Tätigkeiten öffentlich herabzuwürdigen. Entsprechend gewalttätige Szenen werden in Erzählungen zum Vater-Sohn-Verhältnis bei den Bambara imaginiert:

"Tout se passe comme si, pour le père, il serait inacceptable d'avoir des fils adultes, aptes à lui succéder. Ces contes où le père attente à la vie du fils et signe par son geste même sa propre mort, traduisent avec une force, une brutalité étonnante voire exceptionnelle, une face des tensions familiales sous-jacentes et habituellement soigneusement cachées." (Görög 1994: 58)

Von den Lyela stammen zwei Versionen vom „König, der alle alten Männer seines Landes töten läßt" (LYE-E076, LYE-E778), eine Geschichte, die den Wunsch der Söhne, ihre Väter zu eliminieren, nur wenig verhüllt zum Thema macht:

Der König eines Landes läßt überall den Befehl verkünden, daß alle jungen Männer ihre Väter töten sollen.
Alle gehorchen dem Tyrannen, bis auf einen einzigen jungen Mann, der seinen Vater unter einem großen Tontopf versteckt (LYE-E076).
Nachdem alle Alten umgebracht sind, stellt der König den jungen Männern eine unlösbare Aufgabe. Alle müssen sterben, wenn sie die unmögliche Aufgabe nicht erfüllen:
Er trägt ihnen auf, daß sie an einem einzigen Tage Hirsebier brauen sollen (LYE-E076).
Oder: Sie sollen ein Haus zwischen Himmel und Erde bauen (LYE-E778).
Alle zerbrechen sich vergeblich den Kopf darüber, wie man diese unmögliche Aufgabe lösen könnte.
Der junge Mann, der seinen Vater nicht getötet hat, fragt seinen Alten im Versteck nach einer Lösung; dieser schlägt vor, dem König mit einer unmöglichen Gegenaufgabe zu antworten:
Der König soll aus einem Kalebassensamen in einem Tag eine Kalebasse ziehen, aus der man das frischgebraute Bier trinken könne (LYE-E076).
Oder: Vor dem Bau des Hauses zwischen Himmel und Erde muß der König den Arbeitern erst den Bauplan aufzeichnen (LYE-E778).
Der Junge tut, was der Vater ihm geheißen hat und rettet seine Altersgenossen.

Denise Paule kommentierte diese „in Westafrika sehr verbreitete Erzählung" mit den Worten:

„Hierbei handelt es sich um eine Warnung, denn mehr als ein Sohn im Publikum hat [sicherlich] schon, ohne sich dieses einzugestehen, den Tod des Vaters herbeigewünscht, um selbst endlich richtig erwachsen zu werden." (1984: 205)

Der (nach eigenen Angaben) etwa siebzigjährige Erzähler der Version LYE-E778 fügte im letzten Satz hinzu: „Wer seine Eltern tötet, gehört zu den *lyibɛlwɛlɛ*, zu den schlechten und bösen Menschen". Jemanden als *lò-bɛlwɔlɔ* (sg.) zu bezeichnen, ist eine schwere Beleidigung. Dieses Schimpfwort impliziert übernatürliche Bosheit und Schlechtigkeit, es meint jemanden, der anderen auf magische Weise zu schaden sucht. Gleichzeitig habe ich auch von vielen Lyela die französische Übersetzung "*sauvage*" für *lò-bɛlwɔlɔ* erhalten. Es handelt sich dabei um einen Menschen, der die Regeln der Gesellschaft nicht anerkennt, der keine Rücksicht nimmt, sich nicht anpaßt und seinen schlechten Trieben freien Lauf läßt.

Der ebenfalls „alte" Erzähler Beyom Bayala, den ich auf etwa fünfundsechzig Jahre schätzen würde, schloß seine Variante (LYE-E076) mit einer weniger aggressiven Moral gegen die Jungen ab:

„Deshalb sagt man, daß es nicht gut ist, wenn die Jungen ohne die Alten in ihrer Mitte leben. Zwar haben die Jungen Kraft, aber sie haben nicht genug Intelligenz. Deshalb ist es das beste, wenn die Alten mit den Jungen zusammen [lit.: gemischt] leben. Die Alten ganz allein, das ist nicht gut. Wenn sie alle zusammen sind, dann wird die Arbeit vorangehen."

Der Gehöftherr brachte in diesen abschließenden Worten die herrschende Moral seiner Gesellschaft zum Ausdruck. In funktionalistischen Termini setzte er damit eine Geschichte ein, um die bestehende Sozialordnung durch ein moralisierendes Exempel zu unterstreichen. Man wird sicher im Erzählkorpus jeder ländlichen westafrikanischen Gesellschaft solche Erzählungen finden. Aus einer übergreifenden Betrachtung eines großen Korpus an Erzählungen, wie ich sie am Beispiel der Lyela in der vorliegenden Arbeit versuche, geht jedoch hervor, daß in anderen Geschichten, die von Mitgliedern untergeordneter oder gar unterdrückter sozialer Kategorien erzählt werden, die soziale Ordnung auch häufig genug in Frage gestellt wird.

"*Sous la carapace moralisante [on] en détecte [souvent] la valeur de subversion*" schreibt Izard über die Sprichwörter der Mosi, die von seiner Schülerin Doris Bonnet (1982) in der Provinz Yatenga gesammelt wurden. Izards Formulierung macht deutlich, daß die moralisierende Botschaft der Sprichwörter und auch der Erzählungen auf einer vordergründigen, oft recht aufdringlichen Sinnebene vorgebracht wird. Dagegen verstecken sich sozialkritische oder gar „subversive" Aussagen der Erzählungen oft in Details, Metaphern und Symbolen, die nur von Kennern der entsprechenden Kultur als solche erkannt werden können.

In der folgenden Geschichte vom „Starken oder Schlauen Knaben" wird ein Vater zum Bösen Häuptling stilisiert, der seinen schlauen Sohn mit unmöglichen Aufgaben und hinterhältigen Verfolgungen zu töten sucht. Melville und Frances

4.4. Der „König" als überhöhte Vaterfigur

Herskovits fanden die Figur des Bösen Königs als stilisiertes Negativbild des Vaters auch in zahlreichen dahomeischen Mythen und Erzählungen. Die auch dort immer wieder betonte „Eifersucht" des Vaters auf den Sohn nahm das amerikanische Forscherpaar zum Anlaß, die bis in die fünfziger Jahre dieses Jahrhunderts gängigen Hypothesen zum „Ödipuskomplex" um eine neue Variante zu bereichern. In ihrem Aufsatz *Sibling Rivalry, the Oedipus Complex, and Myth* (1958) argumentierten sie, es sei ethnozentrisch, in den Erzählungen über Vater-Sohn-Rivalität allein den Sohn zu betrachten, da doch die Handlung vieler solcher Geschichten vom Vater in Gang gesetzt werde. Die Herskovits führen den Neid des Vaters gegen den Sohn auf frühkindliche Rivalitäten mehrerer Geschwisterkinder um die Zuwendung und Aufmerksamkeit der Mutter zurück. Durch die Geburt des Stammhalters und seiner jüngeren Brüder würden im Vater die tiefsitzenden Neid- und Eifersuchtsgefühle der frühen Kindheit reaktiviert.

Mir liegen neun Lyela-Versionen vom „Schlauen oder Starken Knaben und dem König" vor.[24] Paulme untersuchte 19 Varianten der Geschichte vom *Enfant Malin et le mâle qui met bas* (1976: 187–241) aus West- und Zentralafrika.[25] Im folgenden nun ein Résumé der Lyela-Versionen:

Eine über lange Zeit unfruchtbare Frau, die in einigen Versionen Erniedrigungen durch die anderen Frauen des Gehöftes ertragen muß, wird schließlich doch schwanger (LYE-E112, LYE-E115, LYE-E161, LYE-E204, LYE-E946). Sie bringt ein übernatürliches und/oder besonders intelligentes Kind zur Welt.
Das Kind gibt sich selbst einen Namen und provoziert durch diese Handlung oder durch den Namen selbst den König (LYE-E112, LYE-E161, LYE-E204, LYE-E596, LYE-E597, LYE-E894, LYE-E946).
Oder: der König hat mehrere Söhne, einen davon liebt er nicht und gibt ihm deshalb keine Frau. Der Sohn sucht sich deshalb selbst eine (sehr schöne) Frau, die der Chef/Vater für sich begehrt (LYE-E596, LYE-E736).
Der Chef stellt dem Jungen und seiner Frau, meistens aber der Mutter des Jungen, eine unlösbare Aufgabe:
Die beiden sollen an einem Tag Hirsebier brauen, wofür man tatsächlich drei Tage braucht (LYE-E115, LYE-E204, LYE-E597, LYE-E894, LYE-E946).
Oder sie sollen eine riesige Menge Reis an einem Tage zubereiten (LYE-E204).
Sie sollen Fleisch oder Fisch trocknen, ohne daß die Menge der getrockneten Nahrungsmittel an Gewicht oder Volumen verliert (LYE-E115, LYE-E894, LYE-E946).
Sie sollen eine riesige Menge Baumwolle an einem einzigen Tag zu Stoff verarbeiten (LYE-E204).

---

24 LYE-E112, LYE-E161, LYE-E204, LYE-E596, LYE-E597, LYE-E736, LYE-E895, LYE-E946, LYE-E976
25 Die von ihr zusammengestellten Versionen wurden bei den Bambara (Mali), Fon (Bénin), den Moba (Nordtogo), Mosi (Burkina Faso), Dioula (in verschiedenen westafrikanischen Staaten), Fulbe (Senegal), Dan (Elfenbeinküste), Beti (Kamerun), in Nordkamerun, den Dagomba (Togo), Yansi (Zaire), Lari (Zentralafrikanische Republik), Gwerzé (Guinea Bissao) und den Guéré (Elfenbeinküste) erzählt. Schott dokumentierte zwei Bulsa-Versionen (Nordghana) vom Kniegeborenen Ayamkpiennab mit dem Beinamen „Intelligenz ist mächtiger als der Häuptling" (BUL-E044, BUL-E427).

Der König gibt dem Knaben ein männliches Tier zur Zucht und verlangt Nachkommen des Tieres (LYE-E161, LYE-E481).[26]
Der Knabe soll einen Gegenstand aus Alteisen schmieden, den der König sich nur ausgedacht hat (LYE-E894).
Der Knabe soll ein Schaf ohne Beine finden, das laufen kann (LYE-E597).
Oder er soll den unbekannten Namen eines Mädchens erraten, das er anschließend zur Frau bekommt (LYE-E736).
Der Knabe beantwortet die unmögliche Aufgabe mit einer schlauen Antwort: Er behauptet, daß sein Vater Hilfe bei der Geburt seines Kindes brauche (LYE-E161, LYE-E481), oder er verlangt die Erfüllung einer unmöglichen Gegenaufgabe.
Er erhält die Hilfe eines übernatürlichen Helfers: Mücke, Schlange, Frosch, Geist, Ehefrau mit übernatürlichen Fähigkeiten (LYE-E204, LYE-E596, LYE-E597, LYE-E736, LYE-E737, LYE-E897).
Der König versucht daraufhin, den Schlauen Knaben zu töten (in acht von neun Varianten).
Er läßt einen tiefen Schacht graben, dessen Öffnung mit einer Kuhhaut oder einer Decke verdeckt wird. Der Knabe soll sich darauf setzen, in das Loch fallen und sterben. Der Junge läßt einen unterirdischen Verbindungstunnel zum Haus seiner Mutter (LYE-E894, LYE-E946, LYE-E976) oder seiner Frau (LYE-E596) graben, rettet sich auf diese Weise und flüchtet sich ins Haus seiner Mutter oder Ehefrau.
Andere Tötungsversuche des Königs sind Verbrennen in riesigem Feuer (LYE-E596, LYE-E736, LYE-E737, LYE-E897) oder Ertränken im „Meer" (LYE-E115, LYE-E894), Vergiften (LYE-E112) oder Zerfleischen durch wilde Tiere (LYE-E204, LYE-E976).
Der Schlaue Knabe lockt ein naives Opfer an seinen Platz (Peul, Sohn des Chefs), oder er bringt den König dazu, mit ihm die Kleider zu tauschen und lockt ihn damit in seine eigene Falle (LYE-E112, LYE-E115, LYE-E161, LYE-E596, LYE-E736, LYE-E894, LYE-E946).
Der Schlaue Knabe heiratet die Frauen des Königs und nimmt seinen Platz ein (LYE-E115, LYE-E204, LYE-E596, LYE-E597, LYE-E894).

In sechs von zehn Versionen wird ausdrücklich gesagt, der Chef sei zugleich Vater des Schlauen Knaben. In einem Fall gibt der Erzähler dem Helden seinen eigenen Namen (LYE-E736), in drei Versionen wird nach dem Verfahren des *"split image"* der gute leibliche Vater dem bösen Chef gegenübergestellt, in einem Fall tötet der böse Chef statt des Schlauen Knabens seine acht leiblichen Söhne (LYE-E112).

Neben psychologischen Erklärungen für die Entschlüsselung des Charaktersymbols vom Bösen König arbeiteten die Herskovits in der Einleitung ihrer Erzählsammlung *Dahomean Narratives* (1958) wie Fortes mit dem Begriff des „persönlichen Schicksals" (*destiny*). Neben verdrängter Geschwisterrivalität, die bei der Geburt eines Sohnes im Vater wieder auflebe, sei es der Glaube an eine schicksalshafte Vorsehung, der die Eifersucht des Vaters nähre (1958: 8). Der mächtige König sieht schon im kleinen Kind eine Bedrohung, da er dieses vom

---

26 Diese Episode wird im Erzähltypus vom *Mâle qui met bas* (Paulme 1976:187–241) zu einer eigenen Geschichte ausgesponnen.

Schicksal auserwählt glaubt, ihn aus seiner Vormachtstellung zu verdrängen. Im Laufe der Erzählung laufen alle Tötungs- und Überlistungsabsichten gegen den „Starken Knaben" ins Leere. Des Sohnes Schicksal, die Stellung des Vaters einzunehmen, erfüllt sich.

Aus Paulmes Untersuchung geht hervor, daß die Geschichte oder Episode vom *Mâle qui met bas* in Gesellschaften mit ganz unterschiedlicher Sozialordnung erzählt wird. Aber stets verkündet diese Erzählung eine Botschaft, die die Mächtigen in die Schranken weist. Die Motive der von Paulme wiedergegebenen beiden Mosi-Varianten (Tauxier 1917: 494-496) vom „Schlauen Knaben" finden sich beinahe alle auch in den Lyela-Erzählungen, wenn auch nicht alle in einer Variante. Das Motiv der übernatürlichen Geburt eines Kindes nach langer Sterilität der Mutter drückt ganz offensichtlich den bei allen Lyela-Frauen, wenn nicht bei allen afrikanischen Bäuerinnen stark ausgeprägten Wunsch nach Kindern aus. Die übernatürliche Geburt unterstreicht aber auch die Opposition zwischen der Mutter-Kind-Dyade und dem Vater des Kindes. Sie sind durch einen Graben von Feindseligkeit und Fremdheit voneinander getrennt. Nachdem die Frau lange mit unerfülltem Kinderwunsch leben mußte und als sterile Frau von den anderen Frauen des Gehöftes verhöhnt wurde, wird sie endlich von Gott (LYE-E946, MOS-Pau199) oder einem Abgesandten Gottes (LYE-E204) durch die übernatürliche Geburt eines Knaben aus ihrem Knie oder ihrem Fuß entschädigt.

In der Mosi-Version ist die Mutter zunächst enttäuscht über das Kind, das mit einem Messer in der Hand und einem Lederbeutel über der Schulter geboren wird. Sie sagt Gott, daß sie so ein Kind nicht haben wolle. Das Messer ist nach Paulme ein Symbol der Aggressivität und Angriffslust; diese richtet sich aber auf keinen Fall gegen die Mutter, sondern (selbstverständlich) gegen den Vater. Es ist aber auch hier der Vater, der als „eifersüchtig" (LYE-E204) auf den übernatürlichen Sohn beschrieben wird, zu dessen Zeugung er nichts dazu getan hat. Der Alte fürchtet im Starken Knaben eine Konkurrenz und versucht, ihn loszuwerden, ehe der Junge erwachsen ist. Das Motiv der „übernatürlichen Geburt" schafft Distanz zwischen Vater und Sohn, so daß es möglich wird, Spannungen und Rivalitäten zu artikulieren, die bei einem „normalen" Vater-Sohn-Verhältnis nicht zulässig sind. Durch den Kunstgriff der ungeschlechtlichen, magischen Zeugung ist es möglich, die bösen, neidischen und rachsüchtigen Aspekte im Vater-Sohn-Verhältnis auszusprechen. Der Böse König ist ja gar nicht der „richtige" Vater des Knaben, so daß es ihm möglich wird, ein gewaltiges Eifersuchtsdrama gegen den Sohn zu inszenieren.

Der „Starke oder Schlaue" Knabe fördert in zahlreichen westafrikanischen Varianten die „Eifersucht" des Vaters durch Selbstbenennung mit einem provozierenden Namen: In der Mosi-Version nennt die Mutter den Sohn „Das Kind, das schlauer ist als der Chef", und sie versäumt keine Gelegenheit, den Knaben mit lauter Stimme bei diesem Namen zu rufen (zit. in Paulme 1976: 196). In der Geschichte LYE-E204 machen die anderen Frauen Witze über die verspätete Schwangerschaft der einst sterilen Frau und mutmaßen, daß dieses Kind „ja wohl von den ‚Geistern' gezeugt sei, jedenfalls nicht von ihrem Ehemann, mit dem sie bereits seit Jahren ‚erfolglosen' Geschlechtsverkehr unterhalte". Der Ärger des Vaters wird durch den Namen, den diese Frau ihrem Kind gibt, geschürt. Er heißt:

„Okɛlɛ, die Kraft kommt in die Welt zurück (*Okɛlɛ jàn jerh lũ*)". Dieser Name deutet an, daß der auf übernatürliche Weise geborene Knabe ein wiedergekehrter Ahne sein könnte, der alte verstorbene Okɛlɛ,[27] der noch einmal in anderer Gestalt auf die Welt kommt. Bei den Lyela werden vom Wahrsager identifizierte Wiedergeburten besonders großzügig behandelt. Man gestattet ihnen Freiheiten, die man „normalen" Kindern nicht gewährt (Dinslage 1986: 135–139). Wenn die Interpretation stimmt, dann wäre der Sohn in der Geschichte als wiedergeborener Ahne ja auch in gewisser Hinsicht dem Vater überzuordnen. Als wiedergekehrter Großvater steht er in der Altershierarchie über dem Vater und braucht sich dessen Autorität nicht zu unterwerfen.

Ein stark moralisierender Name, der den Chef auf subtile, aber möglicherweise noch wirksamere Weise angreift, lautet: „Wenn du Gutes tust, tust Du Dir selbst Gutes, wenn Du Schlechtes tust, fällt das Schlechte auf Dich selbst zurück". Dieser aus einem Sprichwort gebildete Name (*zãã yilə*) deutet an, daß sein Träger dem König Ungerechtigkeit und Willkür unterstellt. Am Ende der Erzählung (LYE-E212) bewahrheitet sich erwartungsgemäß die in dem Namen enthaltene Devise. Der Böse König hat versucht, den Schlauen Knaben zu vergiften, und dabei hat er seine acht eigenen Söhne umgebracht. Ein anderer, aus einem Sprichwort gebildeter Beiname, mit dem der Sohn dem Vater eine provozierende Lehre zu erteilen sucht, lautet: „Man tötet keinen Menschen ohne Gottes Einverständnis". Mit anderen Worten: Kein Mensch darf sich bei den Lyela Macht über Leben und Tod eines anderen Menschen anmaßen. Diese „Devise" ist uns bereits in der Erzählung begegnet, in der ein junger Mann drei oder vier (je nach Version) *zãã-yilə* für die stehengebliebenen Haarbüschel auf seinem Kopf erfand. Auch dort wurde den Zuhörern die Botschaft vermittelt, Gott allein habe das Recht und die Macht, Leben zu geben und zu nehmen.

In Geschichte LYE-E894 heißt es, in einem bestimmten Dorf sei es das Vorrecht des Königs gewesen, den Kindern Namen zu geben. Der schon als Säugling sprechende und mit seinen Eltern argumentierende Knabe sagt ihnen, er wolle sich selbst benennen, das Vorrecht des Königs also nicht respektieren. Dieses Motiv ist wohl aus Gesellschaften übernommen, in denen die Namensgebung dem Chef vorbehalten war. Fortes (1962: 56) bezeichnet Namensgebungsriten als "*obvious rites of incorporation*", so daß die Ablehnung des Schlauen Knaben, sich vom Chef den Namen geben zu lassen, als eine Weigerung verstanden werden kann, sich in den Machtbereich des Herrschers eingliedern zu lassen.

Als der Junge sich dann schließlich in Gegenwart des Chefs selbst benennt, wählt er den provozierenden Namen, den wir schon in einer Variante der Mosi kennengelernt haben: „Meine Intelligenz ist stärker als der Chef" (LYE-E894, LYE-E946). Der Chef (Vater) reagiert auf diese Herausforderung mit einer unlösbaren Aufgabe, die er dem Knaben oder seiner Mutter unter Androhung der Todesstrafe stellt.

---

27 *Kèlé*, pl. *kàlsɛ*: das Gehöft. *Okɛlɛ* wird ein Kind genannt, das im Gehöft geboren wurde.

4.4. Der „König" als überhöhte Vaterfigur

Bei den Lyela müssen sich kleine Jungen bereits ab sieben oder acht Jahren einem regelrechten Körpertraining in Feldarbeit unterziehen (vgl. Steinbrich 1987: 109–110). Wie Dinslage (1986) in ihrer Studie über die Kindheit bei den Lyela an zahlreichen Fallbeispielen belegt hat, ist auch die Zeit, die ein Knabe als Hirte arbeitet, und die als Initiation in die Arbeitswelt zu verstehen ist, hart und entbehrungsreich. Die Kinder müssen lange Stunden in Hitze und oft auch Einsamkeit draußen im Busch mit den Herden verbringen. Sie müssen dort lernen, Hunger, Durst und Erschöpfung zu ertragen, Verantwortung für den wertvollen Familienbesitz der Haustiere zu übernehmen und sich diszipliniert und umsichtig zu verhalten. Oft kommt es vor, daß Knaben, die ihre Pflichten als Hirten nicht gut erfüllt haben, vom Vater oder sogar von einer ganzen Gruppe erwachsener Männer, Nachbarn und klassifikatorischer Väter, zurechtgewiesen und mit Schlägen bedroht werden, wenn die Tiere Felder verwüstet haben. Von der Feldarbeit in der Kinderarbeitsgruppe (*bezɔna pyèlɛ*) werden die Jungen erst entlassen, wenn der sie beaufsichtigende Mann sieht, daß die körperliche Leistungsgrenze der Kinder wirklich erreicht ist.

Noch früher, im Alter von zwei bis drei Jahren, muß das Kind den drastischen Wechsel von Mutters Rücken in die Kindergruppe des Gehöfts bewältigen:

„Die wimmelnde Kinderschar muß die unerreichbar gewordene Mutter ersetzen. Das passive Mitschwingen mit dem großen bewegten Körper macht plötzlich einer aktiveren Leistung, der Einordnung in die Gruppe, Platz. Die immer fließende Quelle der Brüste ist versiegt. Die Nahrung kann erst nach einer sorgfältigen Verteilung, die auf alle Rücksicht nimmt, genossen werden." (Parin et al. 1963: 54)

In allen Phasen der Kindheit kommt es also immer wieder zu Situationen, in denen das Kind sich behaupten und im harten Existenzkampf seine Überlebensfähigkeit beweisen muß. Es muß sich in die Kleinkindergruppe eingliedern, als Hirtenknabe körperliche und seelische Robustheit entwickeln und auch im Akkerbau höchste Leistung erbringen. An diesen extremen Leistungen (unlösbaren Aufgaben) darf man aber nicht scheitern, scheinen die Geschichten zu sagen.

In den 13 Erzählbeispielen, in denen dem Knaben vom König oder vom Vater eine unlösbare Aufgabe gestellt wird, wehrt sich der Knabe sechsmal selbst mit einer listigen Gegenaufgabe. In sechs anderen Fällen gelingt es ihm mit der Unterstützung übernatürlicher Helfer, den Alten zu töten. Diese übernatürlichen Helfer sind ein „Geist" (LYE-E597), eine Schlange (LYE-E736), die Ehefrau des Schlauen Knaben (LYE-E596), schließlich eine Mücke und ein Frosch (LYE-E204). Die Mücke fungiert als Mittler zwischen dem Schlauen Knaben und übernatürlichen Helfern. In den Erzählungen LYE-E736 und LYE-E897 erhält der Junge Hilfe von seiner Ehefrau, die sich zwischendurch in einen Frosch verwandelt. Indirekt profitiert er auch von der magischen Unterstützung durch seine Schwiegermutter, die in Gestalt einer Hexe, bzw. der eines neunköpfigen Ungeheuers erscheint.

Die übernatürlichen Frauengestalten helfen dem Knaben, die vom Vater gestellte Aufgabe geradezu „überzuerfüllen". Der Knabe und seine Mutter brauen nicht nur an einem einzigen Tag Bier aus roter Hirse, was die „Aufhebung der Zeit" bedeutet (Paulme 1976: 204), sondern dank der Intervention der Helfergestalt füllen sich die großen, in den Boden eingelassenen Tonkübel der Mutter auch noch mit dem bei den Lyela überaus hochgeschätzten europäischen Flaschenbier, ein Beispiel für die Anpassung traditioneller Motive an die „modernen Zeiten". Der egoistische König schafft alles Bier in den Busch, um es dort allein auszutrinken, so wie Hyänenvater in verschiedenen Tiererzählungen, der einen ganzen Ochsen an einen einsamen Platz im Busch schafft, um ihn dort alleine zu verzehren und das Fleisch seinen hungernden Familienangehörigen vorzuenthalten.

Frösche und Kröten stehen in enger symbolischer Verbindung mit dem weiblichen Geschlecht. Eine Lyela-Erzählung erklärt, warum die Frauen und die Frösche die gleichen Genitalien haben (LYE-E555). Die Bulsa-Frauen in Nordghana dürfen keine Kröten aus dem Gehöftabteil hinauswerfen, wenn sie ihnen bei der Hausarbeit in den Weg kommen. Calame-Griaule fand Frösche als Metapher für Frauen in den Erzählungen der Tuareg (vgl. dazu auch Hirschberg 1988). Das Motiv leitet über zu einem besonderen Untertypus der Erzählung vom Starken Knaben: Hier kann der Sohn die böse Vaterfigur nur besiegen, indem er sich in Abhängigkeit von seiner Ehefrau und vor allem von deren zauberkräftiger Mutter begibt.

Nachdem es dem Bösen König in Version LYE-E204 nicht gelungen ist, die Mutter des übernatürlich geborenen Sohnes durch eine schwierige Aufgabe in Verlegenheit zu bringen, und als er mitansehen muß, daß es dem mißliebigen Okεlε sogar gelingt, ohne Hilfe des Vaters eine eigene Familie zu gründen, wird er immer zorniger. Das „Wunder", bzw. der magische Akt, durch den in der Geschichte aus einem Frosch eine Ehefrau für den schlauen Burschen geschaffen wird, enthält eine symbolische Anspielung auf das Heiratsritual der Lyela (*yívwi*). Auf Anraten der Mücke trägt der Held den Frosch nachts auf den *shyabol*, den Ort, an dem das Wasser am Fuß der Gehöftmauer nach außen tritt. Dort findet auch das Erdopfer für die Verheiratung junger Mädchen statt (vgl. Steinbrich 1987: 137–138). In dem Moment, wo der Junge in der Geschichte den Frosch auf dem *shyabol* niedersetzt, wird ihm in einem grellen Feuerschein eine Frau vom Himmel geschickt. Diese wunderbare Frau ist ein Wesen aus Feuer und Wasser, Himmel und Erde. Kaum hat der Starke Knabe sie geheiratet, versucht der Vater wieder, den Sohn umzubringen, um mit der Schwiegertochter inzestuösen Ehebruch zu begehen. Zweimal wird die haarsträubende Szene wiederholt, in der der Vater seine Schlafmatte ins Haus seines Sohnes bringt, um mit dessen Frau Gechlechtsverkehr zu haben. Beide Male tritt er dabei im Dunkeln beinahe auf seinen Sohn. Die Brüder aus demselben Gehöft hatten den Starken Knaben auf Befehl des Vaters umzubringen versucht, aber er war von seiner Ehefrau wieder zum Leben erweckt worden und in sein Haus zurückgekehrt.

Stephens (1991: 227) hörte die Geschichte vom Kampf zwischen Vater und Sohn um eine schöne, übernatürliche Frau bei den Hausa in Nordnigeria. Die Rivalitäten zwischen Vater und Sohn um das schöne Mädchen Labo, das eine Riesenschlange zur Mutter hat, sind in der Hausa-Variante nicht mehr als eine Episode in einer langen, komplizierten Erzählung. Aber wie in den Lyela-Varianten ist die Heroine Labo eine mehrdeutige Figur, gleichzeitig menschlich, tierisch und übernatürlich. In der Hausa-Erzählung verwandelt eine Pythonmutter ihr

Kind (die Heldin Labo) durch Verschlingen und Wiederausspucken abwechselnd in eine atemberaubende Schönheit und in einen schwärenbedeckten Krüppel. Auch während der Zeit, in der die Heldin Dienst- und Lehrjahre am Hof ihres zukünftigen Ehemannes verbringt, hält sie Kontakt mit der Mutter im Busch, die sie regelmäßig beim Holzsammeln besucht. Eben dieses Thema der Mediation zwischen Natur und Kultur findet sich auch in den Versionen der Lyela. Stephens betrachtet die übernatürlichen Kräfte der Frauen in den Hausa-Geschichten als eine metaphorische Steigerung ihrer engeren Bindung an die Natur (1991: 231). Auch in der Bildersprache der Lyela-Erzählungen wird die reproduktive Fähigkeit der Frauen zu zauberkräftiger, übernatürlicher Begabung stilisiert: etwa das Motiv der Wiedererweckung vom Tode oder die Rettung aus dem Feuer stellt eine solche Stilisierung der weiblichen Reproduktionsmacht, die den Tod besiegt, dar.

Nachdem es dem Helden mit Hilfe der zauberkräftigen Frauen gelungen ist, den bösen Alten zu eliminieren, heißt es im letzten Satz der Lyela-Geschichte: „Der junge Okɛlɛ, sein Sohn, kam nach Hause zurück und heiratete alle Frauen des Vaters". Das gleiche befriedigende Ende, den bösen Chef endlich losgeworden zu sein, so daß dessen Frauen für den jungen Helden der Erzählung „frei werden", findet sich in zehn von elf Lyela-Versionen. Zweimal wird der König ertränkt, zweimal verbrannt, viermal mit Gewehren erschossen, zweimal auf nicht näher beschriebene Art und Weise von seinen Untertanen getötet.

Die Lyela haben keine Angst vor einem drastischen Ende wie die benachbarten Mosi. In einer Mosi-Variante heißt es:

"*Depuis ce jour les* naabas, *loin de persécuter les enfants malins, les recherchent toujours pour leur service.*"

Eine andere Mosi-Variante endet mit den Worten:

"*Estomaqué de cette réponse, le chef le renvoya sans lui faire du mal.*" (Tauxier 1917: 495–496, zit. in Paulme 1976: 196)

Paulme findet dieses Ende der Geschichte "*peu vraisemblable*". Sie vermutet, daß der Erzähler aus Vorsicht, um nicht die Mächtigen zu brüskieren, ein „harmloses" Ende gewählt habe. In der bekanntlich stark geschichteten Gesellschaft der Mosi, in der den Bauern der unterste Platz zugewiesen wird, und wo die Vertreter der „adligen" *Lineages* (*nakomse*) ihre Machtpositionen mit Waffengewalt verteidigten, wagte man es eben nicht so leicht, die Herrscher anzugreifen. Bei den zentralisierten Mosi und den akephalen Lyela findet man also eine unterschiedliche Ausformung desselben Erzähltyps. Die Bauern im sakralen Königreich schwächen den Ausgang ihrer Erzählungen vom Starken Knaben so ab, daß sie nicht in offenen Widerspruch zu den Herrschenden geraten, während die Lyela sich in ihren Phantasien über die Elimination eines Machtmißbrauch treibenden Chefs ungehindert entfalten.

Görög betont die kathartische Wirkung solcher Erzählungen, die die im Alltagsleben unterdrückten feindlichen Gefühle zwischen Vater und Sohn „herauslassen":

„Wir können hier eine kathartische psycho-soziale Dimension phantastischer Erzählungen erkennen, die besonders in der oralen Literatur traditioneller Gesellschaften wichtig ist. Einige der verborgenen Antagonismen innerhalb der familialen Gruppen werden enthüllt und auf psychodramatischem Wege abreagiert. In patriarchalischen und patrilinearen Gesellschaften mit erweiterten Familien muß die dominante Rolle des Familienvaters einen tiefsitzenden Haß bei seiner Nachkommenschaft hervorrufen, der aber in der Öffentlichkeit unterdrückt wird. [Nur] die Erzählungen erlauben eine phantastische Ausschmückung von Themen, die sich mit dem strukturell determinierten Unrecht befassen, das der Familienordnung der Bambara-Malinké [und anderer westafrikanischer Gesellschaften] inhärent ist. Die von Gewalt durchmischte Wut zwischen Vater und Sohn, Teil der sozialen Wirklichkeit, darf auf keinen Fall zum Ausdruck gebracht werden. [Ihre Verbalisierung] ist allein auf die narrative Fiktion beschränkt. Die kathartische Funktion für die Erzähler, wie für das Publikum sollte nicht unterschätzt werden." (Görög-Karady 1995: 90)

Erklärungsansätze dieser Art scheinen durchaus plausibel, aber sie sind schwer zu beweisen oder zu widerlegen. Keinem Erzählforscher wird es gelingen, die Menschen, die sich nach einem Erzählabend schlaftrunken in ihre Hütten zurückziehen, darüber zu befragen, ob sie sich nach der Erzählrunde von innerfamilialen Spannungen befreit fühlen. Um eine solche psychologische Fragestellung hinreichend beantworten zu können, müßte man wieder auf subjektive Empfindungen zu sprechen kommen. Aber gerade dazu erhält man in traditionellen bäuerlichen Gesellschaften keine befriedigenden Informationen durch Befragungen. Es erscheint mir schwierig, wenn nicht unmöglich, unbewußte und verdrängte Konflikte, die in Erzählungen angedeutet werden oder auch massiv zum Ausdruck kommen, auf der bewußten und persönlichen Ebene mit den Erzählern oder dem Publikum zu diskutieren. Damit sind der Erforschung der psychologischen Funktionen derartiger Erzählinhalte enge Grenzen gesetzt.

Als Quintessenz der vorangegangenen Analyse werte ich die Erzählungen der Lyela als Beleg für die bewußte Entscheidung dieser Gesellschaft, ihre akephale Sozialstruktur zu erhalten. Die Erzählungen der Lyela, in denen man in jeder zehnten der Figur des „Chefs" begegnet, zeigen, wie sehr Menschen, die entschlossen scheinen, eine akephale, segmentäre Gesellschaftsform beizubehalten, sich mit den Problemen der Macht, ihrer Akkumulation, ihrer richtigen Verwendung und ihrem Mißbrauch, auseinandersetzen. Nach der Ideologie der Lyela ist es vor allem die individuell erworbene, wirtschaftliche und politische Macht des selbsternannten Chefs, die begrenzt werden muß. Die Autorität der alten Priester, die sie kraft ihrer verschiedenen religiösen Ämter verliehen bekommen haben, wird dagegen in den Erzählungen i.d.R. verstärkt.

Die Lyela-Chefs (*pyã*) übernehmen in den Geschichten keine besonders klar umrissenen politischen und juristischen Aufgaben. Die Herrscher werden auch kaum als kriegerische Eroberer dargestellt, die danach trachten, ihren Machtbereich zu vergrößern. Als Richter bei der Schlichtung von Konflikten innerhalb der Dorfgemeinschaft treten sie ebenfalls nur in einzelnen Fällen auf.

Wie gezeigt wurde, sind die „Könige" der Erzählungen symbolische Sündenböcke, die alle möglichen Spannungen innerhalb der Gemeinschaft auf sich ziehen: zwischen Reich und Arm, Alt und Jung, Familie und Waise, Männern und Frauen und besonders zwischen Vater und Sohn. Die Analyse der Beziehungen zwischen der politischen Struktur der Lyela und ihrer Darstellung in Erzählungen hat einmal mehr gezeigt, wie wenig die Erzählungen einer Gesellschaft ihre soziale Wirklichkeit „widerspiegeln" oder „abbilden". Stattdessen werden Erzählungen von anderen Völkern übernommen und in der Minderzahl auch selbst erfunden, in denen einzelne, bisher nach einem unbekannten Muster *ausgewählte* Problembereiche in kodierter Form angesprochen werden. Die „wirklichen" Machtkonflikte, die in den Geschichten artikuliert werden, erschließen sich erst nach genauer Analyse auch kleiner, zunächst unbedeutend erscheinender Details. Diese sind nur vor dem Hintergrund einer guten ethnographischen Kenntnis der Gesellschaft, in der die Erzählungen aufgenommen wurden, verständlich.

5. ARBEIT UND EXISTENZKAMPF, NOT UND ÜBERFLUSS

5.1. Ökonomische Situation

Nach der Innenschau der politischen Ordnung, wie sie sich in Gegenüberstellung zahlreicher Erzählungen mit den verfügbaren historischen Quellen präsentiert, ist nun zu zeigen, wie der tägliche Existenzkampf, die Arbeit, Mühe und Not des Alltagslebens, erzählerisch umgesetzt werden.

Die Entwicklungspolitik ist ein brisantes Thema unserer Zeit geworden, da sich die Reichtumsschere zwischen den Industrieländern und den Entwicklungsländern immer weiter öffnet. Selten stellen die mit Entwicklungspolitik befaßten „Experten" jedoch die Frage, wie die Bauern oder Hirten, die sich „entwickeln" sollen, überhaupt ihre eigene wirtschaftliche Lage empfinden. Oft sind es hintergründige, verdeckte, tiefsitzende Einstellungen, Werthaltungen und Denkweisen, die das Verhalten der Menschen bestimmen.

„Die [einheimischen] Maßstäbe für ein gutes Leben und speziell die dafür als erforderlich geltenden Güter und Leistungen sind der Motor aller Wirtschaftsprozesse und bedürfen deshalb der Klärung"

schreibt Jensen (1988: 108) aus wirtschaftsethnologischer Sicht. Eine Entwicklungspolitik, die es mit der „Akzeptanz" ihrer Maßnahmen durch die „betroffene" Bevölkerung ernst meint, kann es sich nicht leisten, die Wirtschaftsauffassungen außereuropäischer Kulturen nicht zur Kenntnis zu nehmen. Aber statt dessen werden in neokolonialer Manier immer noch die Errungenschaften der westlichen Welt verkauft, wobei sich häufig eine fatale Zusammenarbeit zwischen einheimischen Eliten und westlichen Entwicklungsexperten herausgebildet hat.

Ich werde nun darlegen, wie sich Bauern und Bäuerinnen der westafrikanischen Savanne mit Segnungen und Härten der Natur, des Klimas und der Umwelt auseinandersetzen. Schließlich leben in dieser Kulturregion noch mindestens 80% der Menschen auf dem Land, wo sie mit einfachster Technologie für ihr Überleben arbeiten müssen.

Burkina Faso wird von der Weltbank und zahlreichen Entwicklungshilfe-Organisationen als eines der zehn "Least Developed Countries" auf der ganzen Welt eingestuft. Rezente Umweltveränderungen wie die Ausbreitung der Wüste nach Süden und die sogenannte „Bevölkerungsexplosion", die mit Bodenerosion und damit mit abnehmender Bodenfruchtbarkeit einhergeht, führen zu einer Verschlechterung der wirtschaftlichen Lage der Landbevölkerung. Zur gleichen Zeit werden durch westliche Schulbildung, Wanderarbeit in den reicheren Küstenländern Ghana und Elfenbeinküste und auch durch Aufenthalt einzelner Lyela im europäischen Ausland neue, kostspielige Konsumwünsche geweckt, deren Befriedigung durch die traditionell angewandten Produktionsmethoden schwierig, wenn nicht unmöglich erscheint.

Die Lyela unternehmen eigene Entwicklungsanstrengungen, um ihre Versorgung zu verbessern, und sie streben eifrig danach, von europäischen und amerikanischen Entwicklungsprojekten für sich und ihren Klan so große Vorteile wie möglich abzubekommen. Ob und wieweit jedoch die nach westlichen Vorstellungen entworfenen Entwicklungsvorhaben ausländischer Unternehmen „vulgarisiert" werden können, wie es im Fachjargon der Entwicklungshilfe heißt, ist eine andere Frage. Die Lyela bemühen sich durch Mobilisierung aller verfügbaren Arbeitskräfte – vor allem der Arbeitskraft der Frauen auf den Hirsefeldern – ihre Wirtschaft so weit wie möglich zu intensivieren. Dem seit Urzeiten extensiv betriebenen Hirsefeldbau während der Regenzeit stellen sie heute einen intensiv betriebenen Gemüseanbau auf bewässerten Parzellen während der Trockenzeit zur Seite. Außerdem halten sie Rinder, Schafe, Ziegen, Schweine und Hunde. Die Groß- und Kleintierhaltung (Truthähne, Enten, Perlhühner und Hühner) dient der Fleischversorgung, und sie stellt eine Strategie zur Investition von Überschüssen zu zeitlich weiterreichender Sicherung der Nahrungsmittelvorräte dar. In Notzeiten können Tiere verkauft werden, aus deren Erlös dann das Grundnahrungsmittel Hirse gekauft wird. Neben verschiedenen Hirsearten, Mais, Reis, Erdnüssen und Erdbohnen bauen die Lyela eine Vielzahl traditioneller und neu eingeführter Gemüsearten an; besonders die Frauen bereichern das Nahrungsangebot durch das Sammeln wildwachsender Früchte, Knollen, Blätter und Nüsse (vgl. Dittmer 1979: 508–511, Steinbrich 1987: 445–456). Aus Erzählungen, die sich im weitesten Sinne auf das Wirtschaftsleben beziehen, lassen sich soziale Komponenten des wirtschaftlichen Verhaltens herausarbeiten. Dabei wird sich zeigen, daß nach allgemeiner Art der märchenhaften Fiktion traditionelle wirtschaftliche Aktivitäten in der oralen Literatur als Motive erhalten geblieben sind, die für das heutige Alltagsleben nicht mehr sehr relevant sind. Wie ausgeführt, ist etwa der Jäger auch bei der städtischen Jugend immer noch ein beliebter Protagonist ihrer Erzählungen. Er ist ein Symbol für Männlichkeit, Wagemut und Kühnheit, die vor Kontakten mit der Welt der wilden Tiere und der Geister nicht zurückschreckt. Die Jagd als Wirtschaftszweig ist dagegen wie der Fischfang nach jahrhundertelanger agrarischer Nutzung des Lyela-Gebietes ziemlich unbedeutend geworden. Trotz der zähen Beharrung einzelner Charaktersymbole werden aber dennoch stets neue Motive aufgenommen: so setzen sich die Lyela mit umwälzenden wirtschaftlichen Neuerungen wie der Einführung des Geldes auch in der Oratur auseinander.

August Nitschke veröffentlichte im Jahre 1977 eine Untersuchung über *Soziale Ordnungen im Spiegel der Märchen*. Nitschke interessiert sich aus verhaltenspsychologischer Sicht für Märchen, aus denen er „konstante Verhaltensformen der Völker" analysieren zu können meint. Der Verfasser geht aus der Sicht des historischen Verhaltensforschers der Frage nach, welche Voraussetzungen die in der oralen Literatur manifesten „Grundeinstellungen" verschiedener außereuropäischer Völker für den weiteren Entwicklungsprozeß bäuerlicher Kulturen haben. Stehen die in Erzählungen erkennbaren Einstellungen und Verhaltensweisen einer zukünftigen Industrialisierung entgegen, oder stellen sie leicht „nutzbare"

Voraussetzungen für die Umbildung der Gesellschaft nach westlichem Vorbild dar?

Trotz der an sich sinnvollen Frage nach den Verhaltensweisen der Protagonisten afrikanischer Erzählungen, die ja wohl wirtschaftliche Ambitionen, Wünsche und Hoffnungen der lebenden Menschen zum Ausdruck bringen, leidet Nitschkes Verfahren an schweren methodischen und theoretischen Mängeln. So zieht er aus der Analyse von insgesamt nur vierzehn Erzählungen weitreichende Schlußfolgerungen über charakteristische Verhaltensweisen „der Afrikaner". Sechs Erzählungen wurden aus Frobenius *Dichtkunst der Kassaiden* (1928) entnommen und sollen den „zentralafrikanischen Charakter" repräsentieren. Die Erzählsammlungen von Frobenius stellen nicht mehr als recht frei übersetzte Wiedergaben afrikanischer Erzählungen in sprachlich oft höchst eigenwilligen Formulierungen des Sammlers dar. Sie sind nicht als solide Quellen zu betrachten, ihnen fehlt der Urtext, es gibt keine Angaben über die Erzähler, und die Auswahl der Geschichten ist alles andere als repräsentativ.

Wie Jones (1990: 8) herausfand, bestach Frobenius die Einheimischen mit Kupferbarren (Geld), damit sie ihm Geschichten erzählten. Die Tiv in Nigeria bekamen z.B. eine große Kupferstange für eine „gute" Erzählung, eine kleine für eine „mittelmäßige" und nichts für eine „schlechte". Was dabei gut, mittelmäßig und schlecht war, wurde selbstverständlich vom Ethnographen bestimmt. Sechs der auf diese Weise „dokumentierten" Erzählungen der Songe und der Kanioka am Kasai in der heutigen Zentralafrikanischen Republik sollen in Nitschkes weltumfassender *tour de force* der Verhaltensforschung, kombiniert mit einer kruden Völkerpsychologie, zeigen, daß eine „heterodynamische Form des Verhaltens" in afrikanischen Kulturen dominiere. Die Ewe in Südtogo, „repräsentiert" durch nur zwei Geschichten aus Carl Meinhofs Sammlung *Afrikanische Märchen* (1921)[1] gelten als Vertreter Westafrikas, dazu gibt es weitere drei südafrikanische Erzählungen (ebenfalls aus der Sammlung Meinhof) und weitere drei aus Ostafrika. Das Ergebnis dieser „Analyse" lautet:

> „Alle von uns untersuchten Märchen beschreiben Personen mit einer heterodynamischen Verhaltensweise. Sie bemühen sich, andere zu Geschenken zu veranlassen und das eigene Verhalten so zu gestalten, daß die geschenkten Güter nicht verlorengehen. In den Gebieten, die früher einmal von der Megalithgesellschaft beeinflußt waren, werden die anderen um Unterstützung gebeten. In sehr vielen Stämmen West- und Südafrikas werden die anderen überredet und überlistet. In diesen Märchen wird mit spürbarer Freude berichtet, daß ein geschickter Ratgeber die anderen nicht nur dazu bringen kann, etwas zu seinem Vorteil zu tun, sondern daß er auch die anderen so bereden kann, daß sie sich selbst und ihren Freunden schaden [...]. Sie [die Märchen] erzählen immer wieder, wie der Mensch durch seine Taten und vor allem durch seine Worte andere veranlaßt, aktiv zu werden." (Nitschke 1977: 89)

---

[1] Hier sind zweiundachtzig Märchen aus ganz Afrika zusammengestellt, geordnet nach Kulturkreisen und mit Angaben zu den Quellen, aus denen der Herausgeber die Texte entnommen hat. Die Ethnien sind angegeben, ansonsten beschränkt sich die Edition auf die Texte in deutscher Übersetzung.

5.1. Ökonomische Situation

Das Verhalten der Afrikaner ist „heterodynamisch" im Unterschied zu dem der Europäer, die ein „autodynamisches" Verhalten auszeichnet. Statt sich gegen die Widerstände der Welt durchzusetzen und für sich selbst etwas zu erstreben und zu erarbeiten, versuchen „die Afrikaner", andere zum eigenen Vorteil zu beeinflussen. Nitschke schließt von dem, was er in den Erzählungen vorfindet, ohne zu zögern direkt auf die Psyche der Afrikaner selbst, etwa nach dem Motto: Die Streiche von Hase und Spinne in den Erzählungen spiegeln das Verhalten „der Afrikaner" selbst wider. Der Verdacht drängt sich auf, daß „Autodynamik", die den Märchenhelden Europas vorbehalten wird („sie werden von sich aus aktiv und gewinnen dank ihrer spontanen Aktivität am Ende des Märchens eine bessere soziale Position" [ibid.: 44]) als Begründung und Legitimation der wirtschaftlichen und politischen Dominanz der westlichen Kultur angesehen wird. Für den Übergang zur Industriegesellschaft, bei dem nicht weiter gefragt wird, wer ihn in welcher Form anstrebt, müssen die West- und Südafrikaner in ihrem heterodynamischen Verhalten „gelenkt" werden, wenn sie den wirtschaftlichen Umbruch schaffen sollen:

„Im Innern der [west- und südafrikanischen] Staaten wird [...] diese Variante des heterodynamischen Verhaltens Schwierigkeiten bringen. Sie sind vielleicht etwas einzuschränken, wenn die für das Verhalten typische Scheu, Tabus oder vom „Schenkenden" aufgestellte Gebote zu brechen, mit dazu benutzt würde, die Beschenkten zur Arbeit und zu einer Regelmäßigkeit in der Arbeit anzuhalten. Dies setzt jedoch voraus, daß Personen, die in der Umgebung der Afrikaner zugunsten der Afrikaner wirken, das können durchaus auch aktive eigene Landsleute sein, in einem persönlichen Kontakt mit ihren Mitarbeitern bei jeder ‚Gabe' und bei jeder Tätigkeit darauf achten, ob die von ihnen den Mitarbeitern auferlegten Gebote eingehalten oder gebrochen wurden. Ohne diesen unmittelbaren und beständigen Kontakt wird es bei der gegebenen Verhaltensweise nicht möglich sein, eine Industriegesellschaft aufzubauen." (Nitschke 1977: 182)

Die beiden Begriffe der „Autodynamik" westlicher Kulturen und der „Heterodynamik" afrikanischer Völker scheinen mir nicht mehr zu leisten, als alte Vorurteile vom faulen und nicht durchsetzungswilligen Afrikaner in neuem Gewande zu wiederholen. Er muß nach alten paternalistischen Auffassungen von „tüchtigen, autodynamischen" Persönlichkeiten gelenkt werden, um wirtschaftlichen Fortschritt zu erreichen. Die „konstante Verhaltensform", die auf der Basis von vierzehn Geschichten in zweifelhafter Übersetzung „erschlossen" wurde, ist wohl nichts weiter als ein altes, rassistisches Vorurteil in neuer Form.

Es ist hier zu betonen, daß die „Analyse" von Märchen oder Volkserzählungen allein nicht immer ein Zeichen für die profunde Kenntnis einer fremden Kultur – oder auch nur das Streben danach – sein muß. Im Gegenteil kann die Heranziehung einiger Märchen oder Geschichten als Vorwand für die gewagtesten mentalistischen oder psychologisierenden Projektionen dienen. Besonders problematisch ist die a l l e i n i g e Nutzung von Erzählungen als Quelle zur Erforschung fremder Kulturen ohne zusätzlichen Rekurs auf Daten aus Ethnographie und Geschichte.

Später formulierte Nitschke folgende Fragen für die Untersuchung afrikanischer Schulbuchtexte, in denen sich zahlreiche Motive der traditionellen Erzählkunst finden:

Entfalten Männer und Frauen Eigeninitiative oder suchen sie von anderen angeregt zu werden? Zeigen die Hauptfiguren der Erzählungen ein autodynamisches Verhalten, mit dem sie ihre Umwelt zu verändern suchen, oder sind ihre Verhaltensweisen heterodynamisch in der Weise, daß ihre Position durch überlegene Gestalten erhalten oder verbessert wird?

Wie stehen Männer und Frauen zu körperlicher Arbeit?

Sind sie bereit, in Gruppen zusammenzuarbeiten?

Wie wirkt sich ein überraschender Gewinn, eine finanzielle Verbesserung auf Männer und Frauen aus? (unveröffentlichtes Manuskript: 3)

Diese Fragen an ein breites, selbst aufgenommenes Erzählkorpus zu stellen, wie es mir in den Lyela-Erzählungen vorliegt, scheint mir trotz aller Kritik an Nitschkes weltweiter Untersuchung (1977) sinnvoll. Unbedingt notwendig für eine angemessene Analyse erscheint mir auch die Hinzuziehung anderer Quellen: ethnographische Beobachtung und Befragung sowie historische Quellen aus der vorkolonialen und Kolonialzeit.

Über diese vor allem die P r o d u k t i o n betreffenden Fragen hinaus werden in Erzählungen der Lyela Probleme der V e r t e i l u n g wirtschaftlicher Güter behandelt. Auch die richtige N u t z u n g v o n R e s s o u r c e n wird häufig erörtert. Daneben dominieren nach typischer Art des Märchens Phantasien der m a g i s c h e n W u n s c h e r f ü l l u n g und der m a t e r i e l l e n B e l o h n u n g m o r a l i s c h e n W o h l v e r h a l t e n s. Der Mensch wird in der Phantasiewelt der Geschichten aus der Mangelsituation des wirklichen Lebens, die das „Wirtschaften" erst notwendig macht, befreit. Das ist im europäischen Märchen auch nicht anders: Die Helden und Heldinnen werden mit Gold und Edelsteinen belohnt, bekommen magische Gegenstände usw. Von diesen Wunscherfüllungsphantasien der Märchen schließen zu wollen, daß die Afrikaner von „heterodynamischen Verhaltensweisen" dominiert seien (Nitschke 1977: 89) scheint mir, wie ausgeführt, nicht gerechtfertigt.

5.2. Ursprung des Mangels und der Arbeit

Die erste, stark mythologisch gefärbte Erzählung berichtet, wie es dazu kam, daß die Menschen gezwungen wurden „zu wirtschaften", das heißt, nunmehr knappe Güter so zu nutzen und einzusetzen, daß sie eine größtmögliche Befriedigung ihrer Bedürfnisse damit erzielen.

Die folgende Geschichte (LYE-E779) wurde am 22.12.1989 in einer Erzählrunde von vorwiegend alten Männern und einigen Kindern in einem Gehöft in Goundi erzählt. Die Alten waren auf meine Bitte zusammengekommen, um Geschichten zu erzählen.

Früher war Gott auf der Welt wie die Wolken heute. Und Gott sprach mit den Menschen. Wenn jemand essen wollte, nahm er ein Messer und schnitt ein Stück von Gott ab. Er kochte [das Stück von Gott], und er aß. Und so weiter, und so weiter. Also da war eine alte Frau, sie war da, sie war da, sie konnte nicht [mehr] aufstehen. Immer wenn die Leute Stücke von Gott gekocht hatten, gaben sie etwas davon der alten Frau, aber sie sagte immer, daß ihr das nicht reichte. Eines Tages brachte die Alte ein Messer im Feuer zum Glühen [lit.: sie tat es ins Feuer]. Damit schnitt sie ein Stück von Gott ab. Deshalb ist Gott geflohen, deshalb hat er uns verlassen. Man sieht ihn nicht mehr. Sonst, [vorher] hat Gott mit den Menschen gesprochen.

Aber der Tod war auch da. Wenn Gott jemanden wollte, schickte er [einen Boten], um ihn [denjenigen, dessen Leben beendet war] herbeizurufen. Der andere [der Bote Gottes] sagte dann: „Gott ruft dich, du sollst ihm dein Leben [lit.: deine Nase] bringen. Du wirst gehen, um ihm [Gott] deine Nase zu bringen, und das ist dann alles für dich". Es gab einen Mann, der hatte sechs Frauen geheiratet. Er hatte Kinder in die Welt gesetzt, einige waren schon groß, andere waren noch klein. Er hatte mehr als zehn Kinder. Gott schickte seinen Sohn, [der zu dem Mann mit den zehn Kinder gehen sollte], und sagte ihm: „Ruf den Mann herbei und sag ihm, er solle herkommen". Der Mann erschien vor Gott und sagte: „Schau mein Haus an und alle die Leute, die zu mir gehören. Soll ich die Erde verlassen und all dieses zurücklassen, für wen soll es sein?" Und Gott sagte dem Mann, er solle zum großen Regenzeitfluß gehen. Gott warf ein weißes Stoffband[2] ins Wasser; das gewobene Band zerteilte das Wasser und legte einen trockenen Grund frei. In der Mitte des Regenzeitflusses fand man einen weißen Stein, einen kleinen runden Stein in der Mitte des Wassers. Gott nahm diesen Stein, gab ihm dem Mann, und er sagte ihm: „Zerbrich diesen Stein und schau hinein". Der Mann zerbrach den Stein und fand darin [ein] frisches Kraut. Gott sagte [wieder] zu dem Mann: „Gib mir deine Nase, [du mußt sterben]. Wenn du gestorben [lit.: gegangen] bist, werden deine Kinder eine Zeitlang leiden. Sie werden an den Türen der Häuser kleben [um nach Almosen zu betteln]. Aber wenn sie herangewachsen sind, dann werden sie einen großen Hof erbauen, wie du das auch getan hast".

Deshalb versteckt sich der Tod jetzt um die Menschen zu fangen. Früher hat sich der Tod nicht versteckt.

In einem Aufsatz mit dem Titel *Der gegessene Gott* hat Schott zahlreiche afrikanische Varianten der Erzählung vom Himmelsgott, der den Menschen vor ihrem Sündenfall als Nahrung diente, zusammengestellt:

„Der Mythos [...] verdeutlicht [...] am eindrucksvollsten das unmittelbare Verhältnis, das die Menschen Afrikas zu Gott und dem von ihm erschaffenen Kosmos haben: Gott oder der Himmel selbst diente den Menschen als Nahrung – freilich nur so lange, wie sie die Gebote Gottes befolgten. Gott entfernte sich von den Menschen nach dem ‚Sündenfall' [...], und mit diesem kamen die Unordnung und der Tod in die Welt; nur mit Hilfe kosmischer Mächte und durch die Arbeit des Menschen kann dieser unheilvolle Zustand wenigstens vorübergehend und stellenweise wieder geheilt werden." (Schott 1982: 132)

2 Stoffstreifen von etwa 10 cm Breite, die nach der traditionellen Webtechnik der Mosi von den Männern gewoben und zu Hüfttüchern, Decken, Kitteln oder Roben zusammengenäht werden.

Der Vergleich mit den von Schott zusammengetragenen Varianten vom „Gegessenen Gott" läßt vermuten, daß die vorliegende Variante der Lyela stark von Erzählungen der benachbarten Mosi beeinflußt wurde, oder daß beide Erzähltraditionen zum gemeinsamen Bestand von Erzählungen der westafrikanischen Savannenzone gehören.

„Nach einer anderen Version dieser Mythe der Mosi [...] schuf Gott im Anfang das Firmament auf solche Weise, daß die Wolken der Erde nahe waren, und Gott sagte: ‚Für die Menschen habe ich so gehandelt, denn die Wolken werden zu Fleisch, und die Menschen werden davon essen können'. Ein Teil des Himmels, der aus Fett bestand, mußte jedoch vor Feuer bewahrt werden. Die Menschen verzehrten das meiste Fleisch am Himmel, und nur das Fett blieb in Reichweite der Menschen. Ein Lepröser konnte wegen seiner zerfressenen Hände nicht zu Fleisch kommen und zürnte deswegen seinen Mitmenschen, die ihm nichts abgaben. Er machte ein Feuer unter dem Teil des Himmels, der aus Fett bestand, um es zu schmelzen. Daraufhin hob das Firmament seine Wolken empor und zog sich in die Höhe zurück.
Das ist die Erklärung dafür, weshalb das Firmament so hoch ist und die Wolken dem Fett des Fleisches ähneln. Der Lepröse war es, der sich so an den Menschen rächte; andernfalls wären das Firmament und die Wolken noch nahe an der Erde." (Nicolas 1956: 578ff., zit. in Schott 1982: 130)

Auch in der Lyela-Erzählung durften sich die Menschen wohl Stücke des in der mythischen Urzeit eßbaren Gottes abschneiden, so daß sie im Überfluß leben und nicht zu arbeiten brauchten. Verboten war allerdings, ein Stück von Gott oder dem Himmel (*yi*) mit einem glühend erhitzten Messer abzuschnciden, wie es die alte Frau tat. Indirekt findet sich in diesem Motiv das Verbot der Feuerbenutzung, das in der Mosi-Version deutlicher ausgeführt wird.

Von der alten Frau in der Lyela-Variante wird gesagt, daß sie sich nicht mehr erheben konnte; sie ist ebenso behindert wie der Lepröse in der Erzählung der Mosi. Sie wird von den Menschen ihrer Gemeinschaft versorgt, aber sie ist nicht zufrieden und stiftet für alle Schaden, indem sie ein Verbot mißachtet. Wie im Kapitel 4.2. über die Figuren der Mächtigen und der Marginalen ausgeführt wurde, spielen Alte Frauen ebenso wie Leprösc immer wieder in westafrikanischen Erzählungen die Rolle der bösen Verräter oder der Sünder, die Mangel und Unheil heraufbeschwören. Sie gehören nach Douglas (1970: 77–92) zur Kategorie der „Ausgestoßenen". Nach Douglas' Typologisierung gehören sowohl die Lyela wie auch die Mosi zu den Gesellschaften mit „differenziertem Klassifikationssystem". Diese Gesellschaften zeichnen sich unter anderem dadurch aus, daß die Identität jedes „Stammesangehörigen" durch ein engmaschig geknüpftes System von Pflichten und Rechten vollständig festgelegt ist. Ein dichtes „Klassifikationsgitter", wie Douglas es nennt, und starker Gruppendruck, wie er in den Dorfgemeinschaften auf das Individuum ausgeübt wird, produzieren „eine Einstellung der routinemäßigen Pietät gegenüber der Autorität und ihren Symbolen, den Glauben an übernatürliche Strafen, eine moralische Weltordnung und eine Kategorie der Ausgestoßenen". (1970: 87)

Schott (1982: 126–132) trug Varianten des „Gegessenen Gottes" aus Alt-Calabar im Süden des heutigen Nigeria, von den Bambara in Mali, den Ewe in Togo, den Mosi in der Provinz Yatenga im Norden von Burkina Faso, den Dian in

5.2. Ursprung des Mangels und der Arbeit

Burkina Faso und den Bulsa in Nordghana zusammen. Immer sind es Frauen, wenn auch nicht immer die alten, ausgestoßenen Frauen, die die Schuld auf sich geladen haben, Gott aus der Nähe der Menschen zu vertreiben.

„Durch ihre Bosheit oder Unfolgsamkeit aber wurde der Himmel und damit Gott den Menschen entrückt, die auf diese Weise auch ihre Nahrungsquelle verloren. Dieser Grundgedanke taucht in zahlreichen Varianten in den Mythen und Erzählungen vieler afrikanischer Völker auf [...]. Bei den [...] Bewohnern von Akwapim (Südghana) stößt eine Frau den Himmelsgott mit ihrem Stößel in die Höhe. „Seitdem hört der Fischregen, die paradiesische Nahrung, auf." (Baumann 1936: 328, zit. in Schott 1983: 129)

Die patrilinearen Gesellschaften Westafrikas unterstellen den Frauen eine natürliche Neigung zum Bösen, zur mutwilligen Verletzung der Normen und Regeln. Ihre destruktive Triebhaftigkeit, die uns noch in zahlreichen Motiven verschiedenster Erzähltypen begegnen wird, ist eines der Argumente, die zur Legitimation der übergeordneten Stellung der Männer herangezogen werden.

Die zweite Hälfte der Lyela-Version vom „Gegessenen Gott" erklärt, warum die Menschen heute überraschenderweise, ohne Ankündigung sterben müssen. Der plötzliche Tod der Menschen steht auch im Zusammenhang mit dem „Urvergehen" der alten Frau, die als „Ausgestoßene" für zahlreiche Übel der Menschheit verantwortlich gemacht wird. Chaos und Tod kamen nach der Tabuverletzung zusammen mit Mangel und Not in die Welt. Aber die Erzählung LYE-E779 entmutigt die Menschen nicht völlig. Zwar müssen sie seit der Zeit, seit der sich Gott aus der direkten Nähe der Menschen zurückzog, selbst hart arbeiten, um sich zu ernähren und um es im Leben zu etwas zu bringen, aber Gott sorgt doch noch von ferne für „seine" Menschen. Zweimal wird erwähnt, daß Gott früher mit den Menschen gesprochen habe. Es scheint, als ob der Erzähler den Verlust des Zwiegesprächs mit Gott besonders bedauert. Trotzdem ist der Himmelsgott „nicht otios, sondern ständig wirkend als Sender des Regens, der Kinderseelen und des Schicksals". (Dittmer 1979: 530)

Nach der vorliegenden Erzählung dürfen die Menschen nicht ihr Vertrauen in den nun fernen Gott verlieren. Für jeden Menschen und besonders für die Waisen als Symbolfiguren des hilflosen, alleingelassenen Menschen, gilt es, harte Zeiten des Hungers und der Not zu überleben, aber mit Mut und Zähigkeit sind auch die schwersten Krisen zu meistern.

Interessant scheint mir der Verweis auf die erstrebenswerte Rolle des mächtigen Gehöftherren mit sechs Frauen und zahlreichen Kindern. Auch nachdem Gott sich von den Menschen zurückgezogen hat, streben die Lyela danach, sich eine vielköpfige Familie in einem großen Gehöft zu „erarbeiten". Der „Besitz" an Menschen und Reichtümern ist es, der dem Helden der Erzählung den Tod in zu jungen Jahren bitter erscheinen läßt. Der Gehöftherr sorgt sich darum, wer nach seinem Tod die Verantwortung für seine Frauen und Nachkommen übernehmen soll. Das Leben der Menschen ist in Gottes Hand, sagt aber die Erzählung, und dem menschlichen Streben sind dadurch Grenzen gesetzt.

Ich würde, wie bereits erwähnt, der Lyela-Version vom „Gegessenen Gott" keinen besonderen Platz als „Mythos" in der Erzählsammlung zuweisen. An dem Abend, an dem ich den Text aufgenommen habe, hatte ich die anwesenden Alten gebeten, mir *səwǎlsɛ*, von den Lyela selbst als Fiktion ausgewiesene Texte oraler Literatur, zu erzählen. Der Erzähler ist mit seiner Variante des „Gegessenen Gottes" dieser Bitte nachgekommen, ohne einen Kommentar über den besonderen Wahrheitsgehalt dieser Geschichte abzugeben. Allerdings leitete er seinen Text mit dem Wort „*Shyaangamo* – früher, zur Zeit unserer Väter" ein. Erzählungen werden dagegen üblicherweise mit der Formel „*Nyɔ̃* – es handelt sich um", eingeleitet. Wie in Kapitel 2.4. begründet, halte ich mich bei meiner Definition des „Mythos" an eine kontextgebundene Definition, die unter anderem von Bascom formuliert wurde:

> „Mythen sind Erzählungen, die in der Gesellschaft, in der sie erzählt werden, als wahre Berichte über etwas, das in der fernen Vergangenheit wirklich passiert ist, angesehen werden. Sie werden geglaubt, sie werden erzählt, damit man sie glaubt, und sie werden Unwissenden, Zweifelnden und Ungläubigen als verbindliche Antworten vorgehalten." (1965: 4, zit. in Finnegan 1970: 362)

Es ist nicht mit Bestimmtheit zu sagen, ob die Lyela wirklich glauben, daß die Menschen in grauer Vorzeit keinen Mangel zu leiden hatten. Dazu hätte es einer zusätzlichen Befragung bedurft. Mein Eindruck ist jedoch, daß es sich bei der Version LYE-E779 eher um eine Erzählung (*səwǎla*) handelt. Wie erinnerlich (vgl. Kap. 2.3.), sind die Lyela sehr genau mit ihren Vorstellungen über die „Wahrheit". Darum ist es unwahrscheinlich, daß in eine Reihe von Erzählungen (*səwǎlsɛ*) ohne besonderen Kommentar *zɔma*, für wahr gehaltene Überlieferungen, eingeflochten werden. Der Erzähler Bessana Bazie hat am gleichen Abend mehrere Geschichten erzählt, bei denen es leicht fiel, sie den *səwǎlsɛ* zuzuordnen, da von ihnen bereits andere Versionen vorlagen. Für das Verständnis der Lyela-Version vom „Gegessenen Gott" als Mythos spräche lediglich die Tatsache, daß der Text von einem alten Mann stammt. Die alten Männer sind die einzige soziale Kategorie, die bei den Lyela als befugt gilt, *zɔma* zu artikulieren. Trotzdem würde ich den „Gegessenen Gott" in der vorliegenden Version den ätiologischen Erzählungen zuordnen und nicht dem Mythos.

5.3. Hungersnot und die verzweifelte Suche nach Nahrung

Nach Art der Erzählungen soll nun im folgenden das Gegenteil des paradiesischen oder mythischen Versorgtseins der Menschen durch einen eßbaren Gott dargestellt werden. Erzählungen und Mythen beziehen ja ihre Spannung aus den Gegensätzen, die in ihnen verarbeitet werden. Und als Gegensatz einer sich immerfort von selbst regenerierenden Nahrungsquelle, die die Menschen ohne eigene Anstrengung versorgt, kann das Motiv der Hungersnot gelten.

Eine Hungersnot gefährdet die Existenz der Menschen, und so führt der Mangel an Nahrung notgedrungen zu H a n d l u n g e n, mit denen die Menschen oder Tiere als Protagonisten der Erzählungen nach einem Ausweg aus dieser lebensbedrohlichen Situation suchen. Handlung kommt in Gang, so daß sich dieses Motiv, textmorphologisch betrachtet, besonders für den Beginn einer Geschichte oder eines Märchens eignet. Deshalb ist wohl das Motiv der Hungers-

5.3. Hungersnot und die verzweifelte Suche nach Nahrung

not zur Einleitung einer Erzählung weltweit bekannt. In afrikanischen Kulturen handelt es sich aber hierbei um ein besonders „dichtes" Bild mit einer Vielfalt von Bedeutungen, die auf verschiedenen Sinnebenen zu entschlüsseln sind.

Im armen Westafrika, wo bis in rezenter Zeit die Menschen ihre Subsistenz mit einfacher Technologie zu sichern suchen, ist die Bedrohung durch Naturkatastrophen allgegenwärtig, und den Bauern ist stets bewußt, daß zu wenig und zu späte Regenfälle oder eine Heuschreckenplage ihre gesamte Ernte vernichten können. Die Wirtschaftsweise des extensiven Hackbaus setzt der Vorratshaltung enge Grenzen. Es scheint heute nur noch in einzelnen Gesellschaften der westafrikanischen Savannenzone möglich zu sein, Hirsevorräte für mehrere Jahre einzulagern. So beschreibt Platiel (1984: 17) die ausgeklügelten Speicheranlagen der Samo im Norden des Lyela-Gebietes, in denen sie Hirsevorräte über vier bis fünf Jahre einlagerten. Die Lyela bemühten sich nach Aussagen älterer Informanten „früher" genauso darum, Notvorräte an Hirse in den Speichern zu bewahren, so daß der Ausfall einer Ernte sie nicht im folgenden Jahr in eine Hungersnot stürzte. Mit dem Eindringen der Geldwirtschaft ist die Vorratshaltung heute jedoch so weit zurückgegangen, daß noch nicht einmal e i n e Mißernte mit gespeicherter Hirse überbrückt werden kann, geschweige denn zwei oder gar drei. Neben Vorratshaltung an Zerealien und Sammelprodukten besteht, wie bereits erwähnt, in der Viehhaltung eine Allokation von „Überschüssen", auf die die Bauern in Zeiten der Dürre oder anderer Kalamitäten zurückgreifen können. Aber auch diesen Sicherungsstrategien sind enge Grenzen gesetzt; den Bauern gelingt es unter den sich zur Zeit stetig verschlechternden Umweltbedingungen immer schwerer, sich durch Vorratshaltung gegen unvorhergesehene Not zu schützen.

Vor diesem Hintergrund ist die häufige Variation der Themen „Hunger", „Hungersnot", „Hunger nach bestimmten Nahrungsmitteln", „unstillbarer Hunger", „gieriges, hungriges Fressen" usw. verständlich. Erzählungen über hungrige Menschen und Tiere sind also durchaus in der Realität „verankert", wie Roulon (1988: 103) in einem Aufsatz über kulinarische Motive in Erzählungen der zentralafrikanischen Gbáyá hervorhebt.

Auf einer höheren, symbolischen Ebene ist das Motiv des Hungers in afrikanischen Erzählungen von Calame-Griaule verstanden worden. Hunger und Durst zu ertragen, gehört zu den „Proben", denen die Heranwachsenden bei ihrer Initiation unterworfen werden.

> „Diese Proben müssen nicht nur auf einer realen Ebene bestanden werden, sondern sie symbolisieren den Wissensdurst und den „Hunger nach Wissen" des Initianden, die im Initiationslager durch die traditionellen Einweihungsriten gestillt werden." (Calame-Griaule 1987: 158)

Im Lyela-Korpus fiel auf, daß Verschlinge-Motive in der Tat vor allem in Geschichten zu finden sind, die die Zeit des Übergangs vom Kind zum Erwachsenen behandeln. Verschlingen und Verschlungen-Werden sowie das lebensbedrohende Verschließen der Körperöffnungen (Mund, Nase, Vagina und Anus) sind körperbezogene Metaphern für die Beschäftigung mit sozialen Schwellen und Übergängen (vgl. Kap. 7.3.).

Das Verschlingen von Nahrung, von Gegenständen und Tieren, schließlich sogar von Menschen, wurde auf einer noch archaischeren „mythischen" Ebene von Paulme in ihrem berühmten Aufsatz *La mère dévorante, ou le mythe de la calebasse et du bélier en Afrique sud-saharienne* (1976) interpretiert. Auf diesem Interpretationsniveau bekommt das undifferenzierte und unmäßige Verschlingen auch eine sexuelle Konnotation. Der Kampf zwischen dem männlichen und weiblichen Prinzip kommt ins Spiel, thematisiert in einem Weltuntergangsmythos, der in ganz Afrika verbreitet ist.

In den oft trivialeren Tiererzählungen sucht der Hungrige auf listige Art Nahrung zu bekommen. Er versucht andere, die Nahrung haben, zu bestehlen oder zu eliminieren. In den *contes de ruse*, die häufig im Tierreich spielen, kommt eine kathartische Wirkung zum Tragen, wie Paulme hervorhob. In der lustvollen Beschreibung etwa von Hyänes Gefräßigkeit, seiner maßlosen Gier nach Fleisch, das in den Alltagsspeisen der westafrikanischen Savanne nur selten enthalten ist, können die Erzähler wenigstens einmal ihre ungestillten Begierden a u s s p r e - c h e n.

> „Wie sollte man jemals die Mangelhaftigkeit einer Ernährung vergessen, die Fleisch und Fisch nur an Feiertagen enthält, und dann auch nur als ‚Sauce' zur Grundnahrung, dem aus Mehl gekochten Hirsebrei? Wenn man sich über die unstillbare Gefräßigkeit von Hyäne lustig macht, kann man so den stets quälenden Hunger wenigstens ansprechen, wenn man natürlich die Mittel, die zu seiner Befriedigung eingesetzt werden [seitens der Hyäne] auch verurteilt." (Paulme 1975: 621)

Tag für Tag müssen sich auch die Lyela mit einer oder höchstens zwei Mahlzeiten aus Hirsebrei mit Blätter- oder Gemüsesaucen zufriedengeben. Daneben verzehren sie kleine Snacks, z.B. in Fett gebackene Bohnenküchlein, frittierte Hirsefladen (*wamsɛ*), eine Handvoll Erdnüsse, wildwachsende oder angepflanzte Früchte, die gerade reifen, in Wasser aufgelöstes Hirsemehl (*mun-nẽ*) oder gedämpfte Gemüsekugeln (*nyãgɔ̃*). Nur der dicke, in seiner Konsistenz an die italienische Polenta erinnernde Hirsebrei, der mit scharf gewürzter oder schleimiger Gemüsesauce serviert wird, gilt jedoch, wie gesagt, im Verständnis der Lyela als „richtige" Mahlzeit. Selbstdisziplin im Essen und Trinken ist eine notwendige Tugend, die bereits kleine Kinder erlernen müssen. Auch Erzählungen enthalten häufig eine Moral, die zur Mäßigung aufruft, eine Botschaft, die nach der Schilderung gefräßiger Exzesse und ihrer bösen Folgen explizit formuliert oder implizit angedeutet wird.

In der westafrikanischen Savanne fallen die Regenfälle von Jahr zu Jahr und von einem Ort zum anderen sehr unterschiedlich aus. Austauschbeziehungen zwischen affinalen Verwandten aus verschiedenen Dörfern sollen dabei helfen, Unterschiede in den Erntemengen auszugleichen. So haben verheiratete Lyela-Frauen bis heute das Recht, sich in schlechten Zeiten an ihre Herkunftsfamilie zu wenden und dort um Hilfe zu bitten. Verweigern die Brüder und Väter einer verheirateten Frau ihr in Notzeiten die Wirtschaftshilfe, kann sie sie verfluchen. Verwünschungen dieser Art werden bis heute sehr gefürchtet. Man glaubt, daß sie Tod und Unglück im ganzen Klan nach sich ziehen. In der folgenden Erzählung wendet sich eine der drei Ehefrauen des Helden an ihre Herkunftsfamilie. Die

5.3. Hungersnot und die verzweifelte Suche nach Nahrung

Hilfe der ebenfalls vom Hunger betroffenen Familie der Frau ist nur geringfügig. Sie gibt aber der Handlung eine entscheidende Wende. Die Erzählungen zeigen immer wieder, wie sich in Zeiten des Hungers die menschlichen Beziehungen innerhalb und außerhalb der Familie verändern. Soziale Bindungen geraten unter Stress, die Bedrohung durch eine Hungersnot bringt Bewegung in das soziale Gefüge. Die Geschichte vom Mann und seinen drei Ehefrauen (LYE-E262) wird in extenso wiedergegeben, weil sie sich in ihrem ganzen Ablauf mit dem Problem des Hungers beschäftigt:

> Ein Mann hatte drei Frauen geheiratet, und jede hatte ein Kind zur Welt gebracht. Alle drei waren Jungen. Eine Hungersnot kam [über das Land]. Sie [die Mitglieder der genannten Familie] hatten sogar schon die Blätter im Busch abgerissen, es gab nichts mehr zu essen. Eines Tages rief die erste Frau ihren Mann und sagte zu ihm: „Geh hinaus in die Welt [um dort Nahrung für die Familie zu suchen]. Die Welt ist groß, es ist nicht deine Schuld, es ist nicht unsere Schuld [der Frauen], daß wir hungern müssen. Es gibt nichts zu essen. Das ganze [Dorf-] Viertel hat nichts zu essen. Die Welt ist groß; wenn du hinausgehst und an einen anderen Ort kommst, vielleicht wird dir Gott dort helfen. Alle Blätter sind bereits verzehrt, es gibt nichts mehr zu essen, wir sitzen nur herum. Das ist nicht gut." Am Abend erklärte der Mann der zweiten Frau, was die erste gesagt hatte. Daß es keine Nahrung mehr gebe, daß selbst die Blätter im Walde bereits verzehrt seien und daß Erwachsene und Kinder hungern müßten. [Sie sagte]: „Ich soll in die Welt hinausgehen, und Gott werde mir an einem anderen Ort helfen." Die zweite Frau sagte, daß die erste wohl recht habe. Sie selbst sei gestern zu ihren Eltern gegangen, und dort habe man ihr zehn Francs CFA gegeben. Der Ehemann wußte nicht, daß die Frau bei ihren Eltern gewesen war. Sie gab dem Ehemann die zehn Francs, damit er sich unterwegs etwas zu essen kaufen konnte [wörtl.: damit er auf seinem Weg Wasser trinken konnte]. Der Mann erklärte auch seiner dritten [wörtlich.: seiner kleinen] Frau die Lage. Sie sagte, daß die anderen Frauen recht hätten. Sie alle hätten daran gedacht [daß es das Beste sei, wenn der Mann in die Welt hinaus ginge]. Der Mann sagte auch, daß die zweite Frau ihm zehn Francs CFA gegeben hätte, um unterwegs Nahrung zu kaufen. Die jüngste Frau sagte: „Vorgestern haben wir [Frauen] überlegt, daß es vielleicht in einem anderen Teil der Welt Nahrung geben könnte. Gib mir die zehn Francs, ich werde für dich Wegzehrung suchen." Sie fand kleine Hirse, die hat sie [gestampft und] gemahlen und tat sie zusammen mit einer kleinen Kalebassenkelle in seinen Sack.
>
> Der Mann ging los, er wanderte, wanderte, wanderte, und er fand noch nicht einmal Blätter zu essen. Er hatte nur das Mehl in seinem Beutel. Er hatte auch Durst. Er wanderte, wanderte, wanderte und dann kam er zu dem großem Wasser [wörtl.: das Meer], das die ganze Welt umschließt. Er schob den Schmutz zur Seite und schöpfte mit seiner Kalebassenkelle Wasser zum Trinken. Er löste ein wenig Mehl in Wasser auf und trank. Auf dem Boden der Kelle blieb Mehl zurück. Als der Mann gerade zweimal den Finger in das Mehl gesteckt hatte, um den letzten Rest auszuwischen, war er plötzlich von einer Menschenmenge umringt. Alle sagten: „Gib mir ein wenig, gib mir auch etwas usw." Und der Mann sagte: „Aye! Seht ihr, mich hat der Hunger von zu Hause fortgetrieben, deshalb bin ich hierher gekommen. In meinem Dorf gibt es nichts mehr zu essen." Einer der Leute sagte: „Dir geht es noch besser als uns. Wir haben das letzte Mal vor drei Jahren Mehl gegessen, und wir wissen nicht, was du dort in deiner Hand hast." Der Mann steckte noch zweimal seinen Finger in das mit Wasser vermischte Mehl [um die Kalebasse zu säubern], dann gab er ihnen den Rest, all seine Hirse in seinem Beutel, und sie verschwanden vor seinen Augen. Sie [die Leute oder

Geister, denen er zu essen gegeben hatte] füllten seinen Sack mit Geld und sagten: „Nimm dieses Geld, davon kannst du dir zu essen kaufen, dieses Geld wird nie alle." Du kannst davon essen bis du alt bist, und deine Kinder werden auch alt werden, ohne daß das Geld alle wird. Und die Geister [wörtl.: Leute] sagten ihm auch: „Du hast drei Frauen, aber eine von ihnen darf nicht von diesem Geld essen. Sie darf nicht einmal von der Nahrung, die du von diesem Geld kaufst, kosten."
Aye! Der Mann konnte [doch] nicht seine erste Frau fortjagen, aber er konnte auch nicht die fortjagen, die ihm das Geld gegeben hatte. Sie würde doch sagen, daß er den Reichtum ihr zu verdanken habe. Wenn der Mann mit den zehn Francs losgegangen wäre [ihm seine dritte Frau nicht das Hirsemehl besorgt hätte]... Es war seine dritte Frau, die ihm das Hirsemehl verschafft hatte [das die Geister ihm mit dem wunderbaren Geld vergolten hatten].
Welche der drei Frauen sollte nun Hungers sterben?

Der „Lösungsvorschlag" eines jungen Mannes aus dem Publikum lautete:

„Alle Frauen waren doch gut zu mir(!)[3]. Ich würde den Geistern sagen, daß sie ihr Geld zurücknehmen sollten. Ich würde zu meinen Frauen zurückkehren und mit ihnen zusammen die Leiden ertragen. Eine Frau sollte nicht leiden, weil ein Mann sie aus dem Gehöft jagt. Der Sohn dieser Frau wird damit nicht einverstanden sein. Wenn er erwachsen ist, wird er sich an seinem Vater rächen."

Interessant an dieser Dilemma-Erzählung, die sich mit dem seit jeher bedrohlichen Problem der Hungersnot befaßt, ist die Verbindung von alten und neuen Motiven. Wie in zahlreichen anderen Lyela-Geschichten spielt Geld eine wichtige Rolle. In der oralen Literatur, wie im Symbolrepertoire der verschiedenen Arten von Wahrsagern der Lyela, finden sich Kaurimuscheln, die koloniale Währung der französischen Francs und die heute gültige Währung der Francs CFA (*Communauté Financière Africaine*) in bunter Mischung nebeneinander.[4] Die Wirtschaftsweise der Lyela ist immer noch zu einem bedeutenden Teil vom Streben nach Eigenversorgung geprägt, aber die Bauern wissen zugleich, daß sie ohne Geld nicht mehr auskommen: Zur Verheiratung der Söhne, für Reisen, medizinische, rituelle und steuerliche Zwecke brauchen die Lyela Geld. Kleidung, Fahrräder, der Schulbesuch der Kinder usw. sind keine Luxuserrungenschaften mehr, die einer Minderheit vorbehalten sind, sondern allgemein verbreitete Konsumgüter, nach denen alle streben. Die meisten Bauern klagen über Geldmangel, obwohl die relativ innovationsfreudigen Lyela im Vergleich mit ihren Nachbarn als „wohlhabend" gelten können.

---

3   Der Gebrauch der Ich-Form in der Diskussion deutet auf die starke Identifikation des Zuhörers mit dem Helden der Erzählung hin.
4   Lacoste-Dujardin machte eine ähnliche Beobachtung bei kabylischen Märchen: Eine Vielzahl von Währungen aus verschiedenen historischen Epochen bestehen auch dort nebeneinander. In der Veranschlagung von Kosten und Wertrelationen kommt es oft zu Phantasiesummen. Nach Art des Märchens werden auch hier die Extreme betont: entweder ist die Rede von ganz geringen Geldsummen oder von einem unendlich wertvollen Schatz, einem Beutel voller Gold, der nie leer wird, u.a.m. (1982: 192).

In der Geschichte LYE-E262 wird beschrieben, daß der Besitz von Geld die Menschen vor dem Hungertod retten kann. Nach europäischem Verständnis äußerst bescheidene Summen können das Schicksal einer ganzen Familie umkehren. Man kann dafür wie im vorliegenden Falle rettende Nahrung kaufen oder lebensnotwendige Medizin u.a. Dem Geld wird eine (beinahe) magische Wirkung zugeschrieben. Gleichzeitig finden sich in der Geschichte sehr archaische Motive. So gelangt der hungrige Wanderer zum Rand der Welt, die nach den Vorstellungen der Lyela eine runde Scheibe ist, ringsherum von Meer umgeben. Das Meer selbst und die Welt an seinem anderen Ufer sind von (Toten-?) Geistern bewohnt. Die Hungersnot (Dürre) ist so verheerend, daß der Familienvater in der ganzen weiten Welt der Menschen keine Nahrung und kein Wasser finden kann. Als er endlich am großen Wasser, der Grenze zur Welt des Übernatürlichen, ankommt und trinken kann, wird er auf eine harte Probe gestellt. Die Geister verlangen von ihm, daß er die wenige Nahrung, die er besitzt, mit ihnen teile. Der Held besteht die Probe und gibt den Geistern sein letztes Hirsemehl. Für seinen Heroismus und seine Bereitschaft zu teilen wird er reich entschädigt. Dennoch werden die Zuhörer nicht mit einem glücklichen Ausgang belohnt, sondern sie müssen sich den Kopf über ein Dilemma zerbrechen: Sie sollen sagen, welche der drei treuen Ehefrauen des Mannes n i c h t mit dem unbegrenzten Geldschatz vor dem Hungertode errettet werden soll.[5]

Das Geld rettet die Familie nicht wirklich aus der Not; Geld ist nicht nur hilfreich, sondern auch bedrohlich. Sowohl die Beschaffung der kleinen Geldsumme, aber erst recht der wunderbare Erwerb der unendlichen Geldmenge bedrohen den Zusammenhalt der Familie. Einer der Diskutanden des abschließenden Dilemmas begründete die von ihm vorgeschlagene Opferung der zweiten Ehefrau damit, daß sie zu ihrer Herkunftsfamilie gegangen sei, um dort um Geld zu bitten, ohne den Ehemann um Erlaubnis zu fragen. Ihre eigenmächtige Handlung wird ihr als Mangel an Solidarität mit der Prokreationsfamilie ausgelegt. Wirklich in Frage gestellt wird der Zusammenhalt der Gehöftgemeinschaft aber erst in dem Moment als die unendliche Geldmenge auftaucht.

Lacoste-Dujardin (1982: 178) stellt in ihrer ethnologischen Analyse kabylischer Märchen eine vergleichbare Geschichte vor. Dort ist eine Familie von Hungersnot bedroht, aus der sie gerettet werden kann, wenn sie einen ihrer Söhne an einen reichen Mann ohne eigene männliche Nachkommen „verkauft". Der Reiche will den Sohn, der für ihn bereits einige Zeit Lohnarbeit verrichtete, adoptieren und dafür seiner Familie viel Geld geben. Die Mutter lehnt dieses „Angebot" ab, eine Weigerung, die mit der des Lyela-Zuhörers vergleichbar ist,

---

5   Das Motiv der Probe durch die Toten, bzw. die Wassergeister, findet sich noch in anderen Varianten: In der Geschichte LYE-E105 überquert einer von zwei Brüdern in einer Hungersnot ebenfalls einen Fluß und findet Nahrung auf der anderen Seite. Er veranlaßt seinen Bruder, mit den neun gemeinsamen Kindern nachzukommen. Der Bruder steckt alle Kinder in einen großen Korb und watet durch den Fluß. Unterwegs hält ihn ein unbekanntes Wesen am Bein fest und läßt ihn erst weitergehen, wenn er die Hälfte der Kinder im Korb geopfert hat. Dilemma: wessen Kinder soll der Mann opfern? (vgl. Kap. 8.6).

der es ja ablehnt, eine seiner Frauen zu opfern. In beiden Fällen steht der Zusammenhalt der Familie auf dem Spiel. Wenn man erst einmal anfängt, einzelne Mitglieder des Klans für Geld zu „opfern", kann das grundlegende Prinzip der Klansolidarität nicht mehr gewahrt werden. Allgemeiner ausgedrückt heißt das: Das Eindringen der Geldwirtschaft bedroht die fundamentalen Werte traditioneller Bauerngesellschaften, ihre Familiensolidarität, gegenseitige Hilfeleistung auf reziproker Basis und die Verpflichtung zu teilen.

Es wurde bereits erörtert, daß die Verpflichtung zu teilen nicht immer „freiwillig" erfüllt wird. Je mehr die ganze Gemeinschaft Hunger leidet, desto widerwilliger teilen diejenigen, die noch Nahrung besitzen. Der Druck der Gemeinschaft auf die wenigen Glücklichen, die noch zu essen haben, nimmt jedoch zur gleichen Zeit zu, wie ein von Nicolas aufgezeichnetes Sprichwort anschaulich belegt: *„Norh nemũ cəl sosono* – In einer Hungersnot flüstert die Mühle nicht."

> „Wenn man in einer Hungersnot noch etwas Hirse besitzt, legt man keinen Wert darauf, daß die Nachbarn dieses erfahren, denn dann muß man mit ihnen teilen. Aber man kann sich [dem Teilzwang] nur schwer entziehen, weil sich das Mahlgeräusch des Korns auf dem Reibstein nicht unterdrücken läßt, zudem achten [in einer Hungerperiode] die hungrigen Nachbarn besonders [auf dieses Geräusch]." (Nicolas 1950: 110)

Mit den eigenen Kindern, Eltern und Ehepartnern sollte man nach den Normen der Lyela-Gesellschaft auch die allerletzte Nahrung teilen. Dieses Gebot stellt sich jedoch in einem polygynen Haushalt als schwer durchführbar dar. In der vorgestellten Geschichte ist die Loyalität der drei Ehefrauen zu ihrem Mann über jeden Zweifel erhaben. Der Mann wird dagegen „gezwungen", eine seiner drei Frauen verhungern zu lassen. Diese Frauen gehören zwar in ihrer Rolle als Mütter – in der Geschichte haben alle drei Frauen einen Sohn – zur *lineage* ihrer Ehemänner, aber in anderer Hinsicht gelten sie doch als Fremde (vgl. Kap.7.6.). Hier genügt es festzuhalten, daß die Erzählung (LYE-E262) erneut zeigt, wie schwer es für einen Mann ist, alle seine Ehefrauen wirklich gleich zu behandeln. Der traditionelle Sitten- und Verhaltenskodex verlangt die gerechte Gleichbehandlung aller Ehefrauen, eine Forderung, deren unmögliche Verwirklichung in den Erzählungen immer wieder problematisiert wird.

Im letzten Satz seiner Stellungnahme zu dem peinvollen Dilemma erklärte einer der beiden Diskutanden, der Familienvater habe mit der späteren Rache des Sohnes der Frau zu rechnen, wenn er sie zum Wohl der übrigen Familie „opfere". Die Furcht vor den Söhnen stellt in der Tat ein wichtiges Regulativ in der Machtausübung der Ehemänner über ihre Frauen dar. Mehrere Lyela erklärten in Gesprächen, daß eine Frau im Alter das Recht habe, zu ihren erwachsenen Söhnen zurückzukehren. Frauen, die ihrem ersten Ehemann wegen eines anderen Mannes davongelaufen wären, könnten auch gegen dessen Willen im Alter in sein Gehöft zurückkehren. Selbst wenn der Mann noch böse auf sie wäre, hätte er nicht das Recht, ihre Wiederaufnahme in seinem Gehöft zu verweigern, wenn ein Sohn erklärte, daß er für seine alte Mutter sorgen würde. In der Geschichte vom „Starken Knaben" wurde die enge Bindung zwischen Mutter und Sohn im antagonistischen Verhältnis der beiden zum polygynen Ehemann und Vater hervorgehoben. Diese Familienstruktur ist im vorliegenden Beispiel erneut angesprochen. Es sagt, daß es einem Familienvater bei den Lyela unmöglich ist, eine seiner Frauen aus der schützenden Gemeinschaft des Gehöftes auszustoßen und verhungern zu lassen.

Das Recht auf Unterstützung in Notzeiten gibt einer Frau jedoch nicht die Berechtigung, die Verpflichtungen ihrer Herkunftsfamilie auszunutzen. Die Lyela bestehen darauf, daß die Loyalität einer Frau zu ihrer Prokreationsfamilie stärker sein muß als ihre Bindungen an das Herkunftsgehöft. Besuche einer verheirateten Frau zu Hause sind bei den Lyela im Vergleich zu anderen westafrikanischen Gesellschaften, so auch zu den benachbarten Mosi, nur in eingeschränkterem Maße erlaubt.

Eine Erzählung (LYE-E223; LYE-E694) kritisiert eine Frau, die zu Weihnachten – ein Fest, das nach über siebzig Jahren christlicher Missionierung inzwischen auch bei den Lyela etabliert ist – zum Vater zurückkehrt, weil der reicher ist als ihr Ehemann. Sie hofft, zu Hause ein besseres Festessen zu bekommen als im Gehöft des Mannes. Tatsächlich ist der Vater aber inzwischen so arm geworden, daß er selbst Mäuse fangen muß, um zum Weihnachtsessen wenigstens etwas Fleisch zu haben. Die Tochter kommt gerade an, als der Vater mit der Mäusejagd beschäftigt ist. Verärgert über die Störung schlägt der Vater die Tochter. Sie kehrt zum Ehemann zurück, um wenigstens noch ein Stück von dem Huhn zu bekommen, das dort für die Familie geschlachtet wurde. Sie kommt zu spät und muß die Reste des Hirsebreis aus dem Kochtopf kratzen.

Roulon (1988:75–78) beschreibt den hohen symbolischen Wert, der dem Luxus-Nahrungsmittel Fleisch in der Küche der zentralafrikanischen Gbáyá zugesprochen wird. Fleisch wird nicht nur außerordentlich hochgeschätzt, sondern sein Verzehr ist auch mit einer Anzahl von Regeln und Verboten verknüpft. In den Erzählungen wird Fleisch als potentiell gefährliche Nahrung dargestellt. Von besonderen Nahrungstabus, die mit dem Genuß von Fleisch verbunden sein sollen, ist mir bei den Lyela nichts bekannt geworden. Allerdings bringt die unbezähmbare Gier nach Fleisch auch hier den (Anti-) Helden häufig in Schwierigkeiten.

Neben der Warnung an verheiratete Frauen, ihre Beziehungen zur Herkunftsfamilie nicht opportunistisch auszunutzen, enthält die genannte Erzählung in den Versionen LYE-E223 und LYE-E694 Hinweise auf den modernen Wandel von Konsumgewohnheiten. Traditionsgemäß war es nicht üblich, Tiere zu schlachten, um auf diese Weise die Nahrung zu verbessern. Geflügel, Hunde, Schafe, Ziegen und Rinder wurden nur zu Opferzwecken geschlachtet, wobei die Menschen das Fleisch der geopferten Tiere anschließend verzehrten. Das Blut und die spirituelle Substanz der Opfertiere wurde den Ahnen und anderen übernatürlichen Mächten als Gabe dargebracht. Heute verzehren die Lyela auch bei Mahlzeiten, die zur Bewirtung von Arbeitsgruppen bereitet werden, Fleisch. Allerdings handelt es sich dabei häufig um Schweinefleisch. Die Schweinehaltung wurde von christlichen Missionaren eingeführt, eine Innovation, die besonders von den Frauen angenommen wurde. Der Verzehr von Schweinefleisch unterliegt nicht den traditionellen Beschränkungen: Schweine, Truthennen und Enten werden nicht auf den heiligen Stätten der traditionellen Religion geopfert.

Einzelne junge Männer im „semiurbanen" Milieu des Verwaltungszentrums Réo beginnen heutzutage damit, sich während der Trockenzeit auf den Beruf des „Schlachters" zu spezialisieren. Sie kaufen den Frauen Schweine ab und backen sie in Lehmöfen; das verzehrfertige Fleisch wird als Snack auf dem alle drei Tage stattfindenden Markt oder neben einer Bar portionsweise verkauft. Dieses moderne Gewerbe verbreitet sich vom Verwaltungszentrum Réo ausgehend über die größeren Dörfer der Umgebung. Ein alter, magerer Bauer aus dem weiter entfernten Buschdorf Poa, der sich sein Leben lang mit einer oder höchstens zwei Mahlzeiten (meistens ohne Fleisch) pro Tag begnügen mußte, äußerte sich einmal über die Bewohner von Réo:

> „Sie suchen nur das Geld. Der übermäßige Genuß von Schweinefleisch hat ihren Verstand geschädigt."

Für diesen alten Erdpriester war Schweinefleisch, das sich jeder selbst von seinem eigenen Geld kauft, ohne es nach den traditionellen Regeln mit der Familie zu teilen, zum Symbol für den Verfall der Sitten und Gebräuche geworden. Die Vorstellung, daß exzessiver Fleisch- und vor allem Fettgenuß die geistige Klarheit (Nüchternheit) der Menschen beeinträchtige, findet sich auch in Erzählungen der Gbáyá:

> „[...] Fleisch ist eine hochgeschätzte Nahrung, weil es Fett enthält. Fett weckt jedoch lüsterne Begierde und verursacht [in der Folge übermäßigen Genusses] schreckliche Völlegefühle. Fleisch ist also eine gefährliche Nahrung, Gegenstand verschiedener Taburegeln." (Roulon 1988: 78)

Ein weiteres beliebtes Motiv im Zusammenhang mit einer Hungersnot ist die Weigerung des Familienvorstandes, seinen Angehörigen eine von ihm selbst entdeckte Nahrungsquelle preiszugeben. Bei der Analyse der Erzählungen vom „Schatzbaum", vom „Rind des Königs" und vom „Geisterhaus" wird noch viel von Hyäne als der Karikatur eines triebhaften Egoisten die Rede sein. Auch die nun folgende Geschichte vom „Wundervogel" zeigt einen männlichen Protagonisten, der anstatt mit den Angehörigen zu teilen, nur an sich selbst denkt:[6]

> Es herrscht Hungersnot, und die Kinder sterben.
> Hyänenfrau geht in den Busch, um Blätter zu sammeln, die sie als Notnahrung kocht (LYE-E708). Hyäne (LYE-E891), (bzw. ein Mann in LYE-E708, LYE-E1008) geht in den Busch, um dort mit letzter Kraft das Feld zu bestellen. Nachdem er einige wenige Saatlöcher gehackt hat, verlassen ihn die Kräfte. Er schleppt sich zur nahegelegenen Wasserstelle, um dort zu trinken und sich zu erfrischen.
> Er sagt mit lauter Stimme zu sich selbst: „Ich werde Wasser trinken und mich erfrischen". Ein Vogel, der über ihm im Baum sitzt, wiederholt spöttisch seine Worte. Hyäne (der Mann) erwidert: „Ich bin zornig vor Hunger, hör auf, mich zu imitieren, sonst werfe ich mit der Hacke nach dir!"

---

6   In einer Version (LYE-E708), die ich von einem siebenundzwanzigjährigen Mann aus Poa aufgenommen habe, finden wir einen Mann in der Hauptrolle. In der sehr ähnlichen Version LYE-E891, erzählt von einem vierundsechzigjährigen Mann aus Goundi, spielt Hyäne die Rolle des gefräßigen Familienvaters.

5.3. Hungersnot und die verzweifelte Suche nach Nahrung 131

Der Vogel sagt, das solle er nur versuchen, dann werde er ihm ein *gul-bĭ* (ein rundes Stück Hirsebrei)⁷ auf den Kopf werfen. Der Mann wirft seine Hacke, und der Vogel schleudert ihm „aus Rache" ein Stück Brei auf den Kopf.
Hyäne (bzw. der Mann) ißt und kommt wieder zu Kräften, so daß er seine Arbeit fortsetzen kann.
Tägliche Wiederholung der Begegnung mit dem Vogel, von dem der Mann seiner Frau nichts erzählt. Die Frau bemerkt, daß ihr Mann dicker wird, während die Familie hungert (LYE-E708).
Hyänenfrau schöpft Verdacht, weil ihr Mann die von ihr gekochte Notnahrung aus Blättern verschmäht (LYE-E891, LYE-E1008).
Sie folgt dem Mann heimlich in den Wald und entdeckt den Wundervogel. In Version LYE-E891 fängt sie ihn, nachdem sie ihn zum Beischlaf verführt hat, in Version LYE-E708 steigt sie auf den Baum und fängt ihn dort.
Die Frau versteckt den Vogel zu Hause unter einem Tontopf. In Version LYE-E891 scheidet er dort Kolbenhirse aus, und sie kocht davon Essen für die Familie. In Version LYE-E708 fangen die Kinder der Frau den Vogel und braten ihn.

Die Geschichte LYE-E708 schließt mit der expliziten Moral: „So hart sind manche Männer, die Frauen denken weiter als sie".

Version LYE-E891: „Ich (der Erzähler), weiß, daß es auf der Welt wirklich solche Menschen (wie die gefräßige Hyäne) gibt".⁸

Selbstverständlich wird die egoistische Handlungsweise des Familienvaters, der sich selbst fett frißt, während Frau und Kinder Hunger leiden, verurteilt. Aber auch nachdem die Frau dem Mann den Wundervogel weggenommen hat, endet in einer der beiden Versionen die Erzählung schlecht. Die Kinder der Frau braten (unwissentlich) den Wundervogel und zerstören auf diese Weise ihre Nahrungsquelle. Hätte der Familienvorstand seiner Frau und den Kindern die Eigenart der wunderbaren Nahrungsquelle erklärt, hätten alle gemeinsam davon leben können. Heimlichkeit und Intrige resultieren dagegen im Verlust der wunderbaren Nahrungsquelle, und alle müssen darunter leiden.

In der nächsten Erzählung ist die Mangelsituation einer Familie nicht naturbedingt, sondern Frau und Kinder müssen hungern, weil der Familienvater versucht, seinen Angehörigen die Ernte vorzuenthalten. Erstaunlicherweise spielt in einer Version (LYE-E312) Hase die Rolle des gefräßigen Familienvaters, auf eine Weise, die in der Mehrzahl der Versionen für Hyäne charakteristisch ist:

---

7   Bei der Zubereitung des Hirsebreis werden aus dem noch heißen, zähflüssigen Brei runde Fladen gegossen, die dann zu steifen Kuchen erstarren. Die Konsistenz gleicht schließlich, wie gesagt, der italienischen Polenta, die in ähnlicher Technik aus Maismehl gekocht wird. Ein *gul-bĭ* (*gul* – Brei, *bĭ* – Kind) ist eine Portion des erstarrten Breis, der sich aus der Gesamtmenge abteilen läßt.
8   Roulon (1988: 90) erwähnt eine ähnliche Erzählung der Gbáyá, in der Wanto, der zentralafrikanische Trickster, der abwechselnd in Gestalt der Spinne und der des Menschen auftritt, vom Hunger gereizt, einen Stein nach einem Vogel wirft. Der Vogel antwortet mit einem Geschoß aus getrocknetem Fleisch, das Wanto verzehrt. So geht es mehrere Tage lang, bis Wantos Sohn die Heimlichkeiten des Vaters entdeckt und den Vogel tötet.

Hase hat sein Bohnenfeld bestellt. Kurz vor der Ernte verkündet er seiner Frau, er sei krank, und sie solle einen Wahrsager für ihn aufsuchen, um die Krankheitsursache herauszufinden.
Hase selbst verkleidet sich als Wahrsager und hält hinter einem Hügel verborgen seine Konsultationen ab. Er weissagt der Frau, daß ihr Mann sterben müsse. Nach seinem Tode solle sie ihn zusammen mit einem Kochtopf, Mörser und Stampfer in seinem Feld begraben.
Dort erwacht Hase „wieder zum Leben" und frißt die Bohnen.
Hasenmutter beauftragt ihre Söhne, nachzuschauen wie die Feldfrüchte gedeihen. Die Söhne werden von einer unheimlichen Stimme, die ein Lied singt, erschreckt und flüchten angstvoll nach Hause zur Mutter.
Hasenfrau geht selbst aufs Feld, entdeckt den Betrug ihres Mannes und erschlägt ihn. Dann sagt sie den Kindern, sie sollten den Rest der Bohnen ernten.

Die Geschichte von der gestohlenen Nahrung wird häufiger mit Hyäne in der Hauptrolle erzählt (LYE-E001, LYE-E364, LYE-E492, LYE-E615, LYE-E834, LYE-E950). Hyäne verkleidet sich in den genannten Versionen als Wahrsager, um einen fetten Ziegenbock der Familie als „Medikament" gegen seine Krankheit alleine auffressen zu können. Hyänes Ehefrau Okulpo wird als dumme, treusorgende Mutter dargestellt, als einfältige Ernährerin der Familie (vgl. Kap.7.5.). Sie wird durch den betrügerischen „Wahrsager" eingeschüchtert, der Hyänes Tod weissagt, „wenn er nicht den dicken Ziegenbock an einer Stelle im Busch auffressen kann, wo sich keine Fliegen auf sein Fleisch setzen".

Der Wahrsager als Hyäne wirft ein bezeichnendes Licht auf diesen Berufsstand. Trotz der hohen wirtschaftlichen und sozialen Stellung der religiösen Spezialisten (besonders der *vura*[9]), verdächtigen die Lyela manche ihrer Wahrsager als „Scharlatane", die durch hohe Forderungen an Opfergaben ihre Klienten zu schröpfen suchen. Der Ausdruck „Scharlatan" ist ein abwertender kolonialsprachlicher Ausdruck, mit dem die Missionare ihr Ressentiment gegenüber den afrikanischen Religionen zum Ausdruck brachten. Wie die Geschichte zeigt, schließen aber auch die Lyela selbst nicht immer Mißbrauch dieses prestigeträchtigen Amtes aus.

Opfer des „Wahrsagers" ist in der Geschichte eine Frau. Sie ist wegen ihrer Geschlechtszugehörigkeit aus dem Bereich der Religion ausgeschlossen und deshalb leicht mit „faulem Zauber" der Männer hinters Licht zu führen. So kocht sie für den egoistischen und gefräßigen Ehemann sogar noch Hirsebrei zum Ziegenbraten, den er ganz allein verschlingen will. Das Motiv des abgelegenen Platzes im Busch, an dem es keine Fliegen mehr gibt, dient wieder der karikatur-

---

9 Der *vur* ist eine übernatürliche Macht aus dem Busch. Sie verfolgt manche Menschen so lange mit Krankheit und Unglück, bis sich die meisten der auf diese schmerzhafte Weise „erwählten" Menschen in den Geheimbund der *vura* initiieren lassen. Die Vorbereitungszeit bis zur Initiation beläuft sich auf mehrere Jahre, und die Einweihungsriten sind außerordentlich kostspielig. Nach seiner Aufnahme in den Geheimbund und seiner Ausbildung als Wahrsager kann der *vurbal* (lit. Mann des *vur*) mit seiner Spezialistentätigkeit viel Geld verdienen und zu geachteter sozialer Stellung aufsteigen (vgl. Kap 8.3.).

haften Überzeichnung von Hyänes unersättlicher Gier nach Fleisch. Er zerschlägt unterwegs (faule) Eier, die die Fliegen anlocken, bevor er seinen Ziegenbock schlachtet. Er will sein Fleisch mit absolut niemandem teilen, noch nicht einmal mit den Fliegen. Damit nicht genug; als der Ziegenbock im Kessel kocht, findet Hyäne, daß sein Fleisch ihn kaum sattmachen könne. Er beschließt, die Garzeit zu nutzen und sich noch ein paar Frösche als Vorspeise zu fangen. Als er die Steine umdreht, um dort nach Fröschen zu suchen, findet er eine „Sache" (*ka* – LYE-E492, LYE-E834), bzw. ein „Ungeheuer" (*necēculu* – LYE-E001, LYE-E364, LYE-E615, LYE-E950), das die Macht besitzt, mit einer magischen Formel zu töten und wieder zum Leben zu erwecken. Das Ungeheuer zwingt Hyäne, ihm alles Fleisch zu geben, und verschlingt es. Dann zwingt es Hyäne, es mit zu sich nach Hause zu nehmen, wo es die gesamte Nahrung auffrißt, bis Hyäne und die Familie völlig verstört beschließen, ihr Gehöft zu verlassen.[10]

In einigen Versionen bringt sich die Hyänenfamilie im Streit wegen des Ungeheuers gegenseitig um; in anderen wird das verschlingende, tötende und wieder zum Leben erweckende Ungetüm am Ende verbrannt. In jedem Falle aber bleibt Hyänes Gier nach Fleisch unbefriedigt. Er wird für den schäbigen Versuch, seiner Frau und den Kindern ihren Anteil am Ziegenbock vorzuenthalten, der schließlich von der ganzen Familie gemeinsam aufgezogen wurde, bestraft.

Eine wichtige Botschaft dieser Art von Erzählungen lautet, daß Familien, deren Mitglieder nicht solidarisch handeln, nicht überleben können. Ihnen droht Tod, Chaos und Untergang.

5.4. Erlösung aus der Mangelsituation durch ein Zaubermittel

Die nächste Erzählung zeigt die Dummheit und Undankbarkeit derjenigen, denen kurz vorher auf übernatürliche Art und Weise aus der Not geholfen wurde:

Ein Sohn will reich werden und fragt seinen Vater, wie er das anstellen solle. Der Vater sagt ihm, er müsse viel Hirse anpflanzen und viele Haustiere züchten, dann könne es ihm eines Tages gelingen (LYE-E174).
In Version LYE-E621 herrscht eine Hungersnot, und zwei von drei Ehefrauen eines Mannes verlassen ihn. Nur die letzte der drei Frauen wird vergeblich von ihrer Mutter beredet, den Mann ebenfalls zu verlassen.

---

10 Nicolas bezeichnet ein *necēculu* als eine „„Gottheit' (*divinité*) deren ganzer Körper mit Augen bedeckt ist. Es ist ein Zwerg mit umgekehrten Füßen, deren Zehen nach hinten gerichtet sind, und [dort] wo er sein Unwesen treibt, wird die Erde unfruchtbar. Das Aussehen dieses Fabelwesens ist wahrhaft abschreckend: Es hat wie ein Lepröser die Gliedmaßen verstümmelt, und der ganze Körper ist von oben bis unten voller Augen. Das *necēculu* braucht nur 'taam' zu sagen, und schon fällt sein Gegenüber tot zu Boden. Aber wenn es dem seltsamen Geistwesen gefällt, kann es das Opfer durch ein anderes Wort wieder zum Leben erwecken. Dieses Wesen existiert auch in der Kosmologie der Bambara, wo es eine Rolle in den Initiationsriten spielt." (1956: 559)

Ein „Mann Gottes" (*yílo*) verwandelt sich in einen Freund des Mannes und bittet ihn um Saatgut, das die Familie trotz der Hungersnot aufbewahrt hat. Der Mann gibt es ihm und behält selbst nur ein einziges Samenkorn (LYE-E621).
Oder: Der Sohn befolgt die Anweisungen seines Vaters (LYE-E174), und die Hirse auf seinem Feld gedeiht. Bei der Ernte stellt er jedoch fest, daß nur eine einzige Hirsepflanze Frucht trägt.
Der arme Mann mit den drei Frauen hütet und pflegt die Pflanze aus dem letzten Samenkorn bis zur Reifung (LYE-E621).
Als der Mann die Rispe der einzelnen Pflanze aberntet, wächst an gleicher Stelle sofort ein neuer Fruchtstand nach (LYE-E174, LYE-E621). Er erntet und erntet haufenweise.
Seine Frau hilft ihm bei der Arbeit, und sie ernten tagelang.
Die Mutter der Frau kommt zu Besuch. Trotz Aufforderung ihres Schwiegersohnes, im Gehöft zu bleiben und sich auszuruhen, kommt sie auf das Feld und hilft mit bei der nicht enden wollenden Ernte.
Die Schwiegermutter wird müde und böse, sie hackt die magische Hirsepflanze ab (LYE-E174), bzw. sie verletzt ein Tabu (LYE-E621), und die ganze Hirse verschwindet.
Der Schwiegersohn verliert die Beherrschung, er ohrfeigt die Schwiegermutter, und plötzlich entstehen Reichtümer: Geldscheine fallen aus ihrer Wange in Version LYE-E174, bzw. es entsteht ein großes Gehöft mit Frauen, Kindern und Viehherden genau an der Stelle, wo der Schwiegersohn die Schwiegermutter zu Boden geworfen hat. Die Schwiegermutter stirbt (LYE-E621).
Soll er sie weiter schlagen? (LYE-E174)

Die Version mit der Hungersnot (LYE-E621) wurde von einer alten Frau erzählt. Das Motiv der Suche nach Reichtum eröffnet dagegen die Version eines etwas zwanzig Jahre jüngeren Mannes aus Kion. Dieser Bauer gehört zu den innovationsfreudigen, fleißigen und strebsamen Gemüsebauern dieses Dorfes, das sich besonders auf Zwiebelanbau in bewässerten Gartenparzellen während der Trockenzeit spezialisiert hat. Die Zwiebeln werden mit dem Fahrrad zur etwa zwanzig Kilometer weit entfernten Stadt Koudougou gebracht und verkauft. Mit dem Zug werden sie weiter in die Hauptstadt Ouagadougou oder Richtung Süden an die Elfenbeinküste transportiert. Der Gemüseanbau und dabei besonders Kohl und Zwiebeln haben den Bauern von Kion zu einem bescheidenen Wohlstand verholfen. Der hilft ihnen, die dringendsten Bedürfnisse nach Importgütern zu befriedigen. Gleichzeitig hat dieser erste Schritt zur Integration in die Marktwirtschaft aber zur Folge, daß immer mehr und stärkere Konsumwünsche geweckt werden. Jedenfalls beginnt die Geschichte des genannten Gemüsebauers mit den Worten: „Es handelt sich um einen Jungen, der wollte reich werden."
Nebila Kangoro aus Goundi dagegen, ein altes Mütterchen, das eine bescheidene, mit einheimischen Materialien erbaute Hütte im Winkel eines großen Gehöftes bewohnt, besitzt kaum etwas. Sie hat zwei oder drei alte Hüfttücher und gönnt sich als einzigen Luxus gerne etwas unfermentierten Tabak, den sie kaut. Für das Streben nach Reichtümern ist sie zu alt. Viele Jahre hat sie in einem abgelegenen Buschdorf westlich der Schwarzen Volta gelebt und ist erst nach der Entführung durch ihren zweiten Ehemann, der selbst ein sehr guter Erzähler ist, nach Goundi gekommen. Dieses Dorf liegt nur eine Stunde zu Fuß von Koudougou, der drittgrößten Stadt Burkinas, entfernt. Ihre Version der gleichen Geschichte be-

ginnt mit einer Hungersnot, die zum Bruch in den ohnehin schon latent gespannten Beziehungen zwischen einem Mann und seinen drei Frauen führt. Die Erzählerin identifiziert sich offenbar mit der dritten, der „guten" Frau, die die Verpflichtung zur Loyalität mit der Prokreationsfamilie ernst nimmt. Gibt es einen Bezug zwischen dieser Art von Identifikation und der Tatsache, daß sie sich als verheiratete Frau von ihrem jetzigen Ehemann entführen ließ? Man könnte spekulieren, daß sie die Forderung nach Loyalität zur Familie des Ehemannes besonders betont, weil es ihr selbst nicht gelungen ist, dieses Gebot der traditionellen Kultur in ihrem eigenen Leben zu erfüllen.

Obwohl die alte Erzählerin selbst verheiratete Töchter hat, also ebenfalls eine „Schwiegermutter" ist, hindert sie diese Tatsache nicht daran, eine der zahlreichen Schwiegermuttergeschichten zu erzählen, die bei den Lyela außerordentlich beliebt sind. In den Geschichten über die "*beaux*", wie die französisch sprechenden Lyela sagen, reagieren meistens junge Männer einen Teil ihrer Aggressionen gegen die Familie ihrer (zukünftigen) Frau ab, von der sie erniedrigt und wirtschaftlich ausgepreßt werden. Wie die beiden vorgestellten Versionen belegen, sind Schwiegermuttererzählungen jedoch nicht strikt auf den Kreis der Schwiegersöhne beschränkt.

Die Schwiegermütter sind Fremde im Gehöft der Ehemänner ihrer Töchter. Sie sind Respektspersonen, für die man bei jedem Besuch Mahlzeiten zubereiten und Geschenke bereitstellen muß. Diese Frauen mußten ihre Töchter an einen Mann abgeben, den sie sich nur in eher seltenen Fällen selbst aussuchen konnten. Mütter und Tanten (*FZ*) haben gewisse Manipulationsmöglichkeiten bei der Verheiratung geschlechtsreifer Mädchen; aber wenn es in Heiratsfragen zu Meinungsverschiedenheiten mit den alten Männern des Gehöftes kommt, müssen die Frauen nachgeben und die Entscheidungen der alten Männer akzeptieren. Dafür, daß sie ihre Töchter hergeben mußten, versuchen die Schwiegermütter so viel wie möglich an Arbeitshilfe, Essen, Geld und Geschenken von ihren Schwiegersöhnen „zurückzubekommen". In Konflikten zwischen ihren Töchtern und deren Ehemännern sagt man den Schwiegermüttern nach, daß sie ihre Töchter gegen den Mann aufhetzen (so auch im ersten Absatz von Nebila Kangoros Erzählung über die wunderbare Hirsepflanze in Version LYE-E621).

Die Schwiegermutter ermöglicht dem Klan ihres Schwiegersohnes durch das „Geschenk" ihrer Tochter den Fortbestand, und unter günstigen Bedingungen erwächst der Prokreationsfamilie durch die Fruchtbarkeit der Frauen Prosperität oder gar „Reichtum". Dafür kann die Schwiegermutter lebenslang Gegengaben einfordern. Der Schwiegersohn muß bei vielen Gelegenheiten etwas geben: auf dem Markt, auf dem Feld, während eines Totenfestes, zur 50-Jahr-Feier einer Taufe u.a.m. Der Besuch einer Schwiegermutter provoziert in den Erzählungen stets Unbehagen. Ihr wird eine unmäßige orale Gier zugesprochen, die den Schwiegersohn ärgert und reizt. Auch die Besuche des Schwiegersohnes in der Herkunftsfamilie seiner Frau enden für ihn häufig in peinlichen Kalamitäten oder in einem Dilemma.

Häufig sind es Frauen, die, gemäß der misogynen Tendenz afrikanischer Oratur, die Zaubergegenstände der Männer zerstören. Frauen handeln impulsiv und unüberlegt: in der Geschichte LYE-E174 kreischt die Schwiegermutter laut auf vor Schreck über die stetig nachwachsende Hirserispe. Damit verletzt sie ein Tabu, und die gesamte Ernte geht verloren. In Version LYE-E621 schneidet die Schwiegermutter die wunderbare Hirserispe sogar ab. Sie ist „müde" vom Ernten, handelt schlechtgelaunt und mutwillig böse. Nachdem der Schwiegersohn die Frau seiner Mutter in einem zornigen Schlag zu Boden gestreckt hat, offenbart sich wieder ihre gute Seite. Das Schlagen der Schwiegermutter ist nicht nur eine ungeheure Befreiung, Rache für die lebenslange Unterwerfungshaltung, die der Schwiegersohn gegenüber seinen *"beaux"* an den Tag legen muß. Der Schlag ins Gesicht der Schwiegermutter zahlt sich ganz direkt aus; die moderne Version spricht von Geldscheinen, die der Schwiegermutter aus der Wange purzeln. In der mehr von traditionellen Reichtumsvorstellungen geprägten Version (LYE-E621) entsteht dort, wo der Schwiegersohn die Schwiegermutter voller Wut zu Boden streckte, ein großes Gehöft mit Frauen, Kindern und Viehherden. Letztlich bringt die nervende Schwiegermutter dem Schwiegersohn doch Gutes.

In Version LYE-E786 ist der Held, der die wunderbare Hirsepflanze aussät, wieder ein Waisenknabe, Charaktersymbol für einen einsamen Überlebenskampf aus eigener Kraft:

> Ein Junge wird nach dem Tode seiner Mutter von einer Vatersschwester aufgenommen, die ihn schlecht versorgt.
> Als er die Tante (*FZ*) im Alter von fünfzehn Jahren bittet, ihm Saatgut zu geben, so daß er sich ein eigenes Feld anlegen kann, kocht sie die Hirsekörner und läßt sie wieder in der Sonne trocknen. Aber unter dem Saatgut des Waisenknaben befindet sich ein ungekochtes Korn, das eine phantastische Hirsepflanze hervorbringt und den Waisenknaben „reich" macht.
> Eines Tages erwischt der Junge die Tante auf seinem Feld, wo sie die wunderbare Pflanze abhackt. Voller Zorn wirft er sie zu Boden; die Pflanze richtet sich wieder auf, während sich alle seine Speicher mit Hirse füllen.
> Die Tante läuft zu ihrem Mann und sagt, daß derjenige, der sie heftig zu Boden werfe, dadurch reich werde. Als der Ehemann es versucht, bricht sie sich die Knochen, so daß sie nicht mehr arbeiten kann und verelendet.
> Der reich gewordene Waisenknabe verteilt seine Hirse an alle Welt, er ernährt sein ganzes Gehöft bis auf die alte Tante.

Hunger und Not sind nicht nur Folge von Naturgewalten. Es sind die boshaften Menschen selbst, die einander durch Frevel gegen die moralische Weltordnung in Not bringen. Beinahe zwanghaft übertreten sie auch leicht zu befolgende Tabus (LYE-E174, LYE-E621). Besonders den Frauen wird ein tiefsitzender, innerer Zerstörungstrieb zugesprochen. Sie können mit Zaubermitteln nicht umgehen und verrichten damit nur Unheil. In Version LYE-E786 wird die alte Frau (*FZ* des Helden) für eine überspitzte und absurde Gemeinheit bestraft: Durch Kochen hat sie das Saatgut des armen Waisenjungen zerstört, der sein Bestes versucht, um wirtschaftlich unabhängig zu werden. Am Ende dieser Erzählung werden – wie so häufig in afrikanischen Erzählungen – die Rollen getauscht. Der arme Waisenknabe endet als Reicher, und die böse Tante muß Hunger und Not leiden.

Reichtum ist nach Vorstellungen der Lyela – nicht nur in der vorliegenden Erzählung – in erster Linie Reichtum an Hirse und Vieh. Der Reiche (*necembal*) versorgt mit seinen Überschüssen nicht nur die Leute seines Gehöftes, sondern auch noch möglichst alle anderen, die zu ihm kommen und ihn um Hirse bitten. Großzügige Hilfe und Nahrungsverteilung an Bedürftige sind die wichtigsten Grundlagen seines Prestiges.

In Version (LYE-E551) und in einer Variante der Dogon (Lifchitz 1940: 243ff.) wird das eindrucksvolle Motiv der stetig nachwachsenden Hirserispe nicht mit affinalen Verwandten – die in gewisser Hinsicht auch als „Fremde" anzusehen sind – sondern mit wirklich „Fremden" anderer Ethnien in Zusammenhang gebracht. In der Dogon-Geschichte stehen sich eine geizige Frau des *Hogon* (Ältester und spirituelles Oberhaupt eines Dogon-Dorfes) und eine großzügige Nachbarin gegenüber.

> Gott verwandelt sich in einen Alten, der bei beiden Frauen als fremder Besucher auftritt. Nur von der einen Frau wird er angemessen bewirtet.
> Er hinterläßt einen Kalebassensamen und drei Hirsekörner als Dank für die genossene Gastfreundschaft. Aus den Hirsekörnern wächst eine Hirsepflanze, deren Rispe immer wieder nachwächst. Aus dem Kalebassensamen wächst eine Pflanze, deren Früchte mit Kaurischnecken gefüllt sind.
> Der Ehemann der gastfreundlichen Frau trägt eine Kalebasse zum *Hogon*, der sie seiner Frau weitergibt. Als sie den Kürbis öffnet, kommt eine Schlange heraus, so daß sie sie schnell wieder schließt. In der Hand ihres Ehemannes produziert der Kürbis eine Hälfte voller Hirse, die andere Hälfte voller Geld.
> Von diesem Tage an gibt man jedem Fremden, der vorbeikommt, zu essen.

Die gleiche Moral wird von Version LYE-E551 verkündet. Hier gibt der Held der Geschichte seine gesamten Hirsevorräte an „Fremde" fort, so daß für ihn selbst und seine Familie keine Nahrung mehr übrig bleibt. Die Gäste, die der Mann mit seinen letzten Hirsevorräten bewirtet, gehören noch nicht einmal zur ethnischen Gruppe der Lyela. Trotzdem erfüllt der Mann die Pflicht der Gastfreundschaft übergenau. Er gibt fremden, durchreisenden Yarse das Saatgut zu essen, das er unbedingt zurückhalten muß, wenn er für das Überleben seiner Familie Vorsorge treffen will. Die am Ende der Erzählung vorgebrachte Moral betont die Verpflichtung zur Gastfreundschaft. Mit anderen Worten: Man gewinnt mehr durch Geben als durch Nehmen, mehr durch Teilen als durch Sparen und Zurückhalten.

Die wichtigste „Funktion" vieler westafrikanischer Erzählungen ist die Zerstreuung und Unterhaltung des Publikums. Spaß und Witz spielen dabei nach eigenem Bekunden der Erzähler natürlich eine besondere Rolle. Lästige Tatbestände und ernste Probleme der Alltagswirklichkeit werden humorvoll überzeichnet, so daß man über das, was einem Schwierigkeiten macht, lachen kann. In witziger Verfremdung wird aus bitterernstem Hunger lachhafte Gefräßigkeit.

Der Kunstgriff der überspitzten Karikatur, die das Ernste harmlos und damit erträglich macht, erreicht im Erzählzyklus von Hase und Hyäne besondere Höhepunkte. Ich kann nicht auf alle Erzählungen mit diesem beliebten westafrikanischen Gegensatzpaar eingehen. Ich möchte nur anhand einiger Beispiele die wichtigsten symbolischen Repräsentationen herausarbeiten, die diese beiden Figuren in der Vorstellungswelt der Zuhörer evozieren.

Das nächste, in zwei Versionen vorliegende Erzählbeispiel stammt von zwei Jungen im Alter von zehn und dreizehn Jahren (LYE-E576, LYE-E609). Es verdankt seinen Charme der Kombination mythischer Elemente und phantasievoll augeschmückter oraler Begierden:

> Hase und Hyäne machen sich auf in ein Dorf, „in dem man so viel zu essen bekommt, daß man anschließend nicht mehr laufen kann". In Version LYE-E609 gelangen die beiden Helden durch die offene Spitze eines hohen Baobab-Baumes in den Himmel, wo sich dieses Land befindet.
> Dort bauen die Menschen ihre Häuser und ihre Speicher aus gekochten Bohnen mit Karitébutter als „Mörtel". Hyäne bietet sich für die Bauarbeiten an und sagt, daß man ihm immer zwei Kugeln auf einmal zuwerfen solle.[11] Er taucht eine Bohnenmuskugel in flüssige Karitébutter und verschlingt sie, während er die andere zum Bauen benutzt. Es muß noch neuer „Baustoff" vorbereitet werden (LYE-E609), von dem sich Hyäne noch einen guten Teil als Reiseproviant für den Rückweg in den Beutel füllt.
> Gott gibt den beiden eine Trommel und läßt sie an einem Baumwollband zur Erde hinab. Unten angekommen, sollen sie die Trommel schlagen, so daß Gott die Verbindung zum Himmel wieder kappt.
> Hyäne trifft in der Luft auf einen Papagei mit einer grünen Karitéfrucht im Schnabel. Er verlangt die Frucht, Papagei wirft sie ihm zu, sie fällt auf die Trommel und verursacht ein Geräusch. Gott schneidet das Band ab, Hyäne fällt auf die Erde, zerschmettert.
> Hase wickelt nach seiner Landung erst einmal einen großen Haufen von dem kostbaren Baumwollband ab, dann schlägt er die Trommel, und Gott schneidet das Himmelsseil durch (LYE-E576).

Das in anderen Kulturen „mythische" Motiv des Himmelsseils, an dem die ersten Menschen von Gott zur Erde heruntergelassen wurden, ist in dieser Erzählung zu einem lustigen Motiv transformiert. Labouret (1931) schreibt über die Lobi (Burkina Faso): „Im Himmel, den man sich als solide auf der Erde ruhende Kuppel vorstellt, wohnen Menschen, die fliegend oder sich an Eisenketten bzw. Stricken herablassend, die Irdischen besuchen können" (zit. in Baumann 1936: 149). Auch in den religiösen Vorstellungen der Mosi spielt das Himmelsseil eine wichtige Rolle. Dagegen verarbeiten die Bulsa in Nordghana (wie die Lyela) das Motiv des Himmelsseiles lediglich als apartes und kurioses Detail in ihren (Tier-) Geschichten. So erklärt man sich z.B. bei den Bulsa den „zerbrochenen" Panzer der Schildkröte, damit, daß das Tier einen Sturz vom Himmel wegen eines defekten Himmelsseiles erlitt.

---

11 Zum Häuserbau wird Lehm mit Wasser weich gemacht und mit Stroh gemagert. Aus dem *banco*, wie dieser Baustoff kolonialsprachlich nach einem Bambara-Text genannt wird, formt ein Helfer Kugeln, die er dem Bauenden anreicht (vgl. Pequet 1996: 41). In der traditionellen Bautechnik setzt der Mauernde die Lehmbatzen aufeinander und verstreicht den Lehm an den Übergängen. Nach etwa fünfzig Höhenzentimetern wird die Arbeit für einige Tage unterbrochen, um das Mauerwerk trocknen zu lassen. Danach baut man weiter. Bei übermannshohen Konstruktionen steht der Arbeitende auf einem Gerüst, und der Helfer wirft ihm die Lehmbatzen zu. Diese Situation bildet den Hintergrund der Erzählung.

5.5. Konflikte zwischen Menschen und Geistern

Es ist nicht überraschend, daß in den Erzählungen der Lyela ein starkes Abhängigkeitsgefühl gegenüber der Natur zum Ausdruck kommt. Alle wirtschaftlichen Bemühungen der Bauern schlagen fehl, wenn der zum Wachstum der Pflanzen notwendige Regen ausbleibt. Aber die Menschen können sich nach den Vorstellungen der Lyela das Wohlwollen der höheren Mächte in gewisser Weise durch moralisches Wohlverhalten sichern (Douglas' „moralische Weltordnung" 1986 [1970]: 91). Negativ ausgedrückt bedeutet das, daß Verstöße gegen die Autorität der Alten und gegen die Verstorbenen empfindliche Strafen von seiten übernatürlicher Mächte nach sich ziehen. So gerät in der folgenden Erzählung ein junger Mann in eine für ihn schmerzhafte Auseinandersetzung mit den Geistern des Busches, weil er die Verbote seines Vaters nicht ernst nimmt.

Der vorwitzige, zu ständigem Widerspruch neigende Sohn, wagt es, in einem heiligen Hain (sɔlɔ), einem Heiligtum der Erde, ein Feld zu roden. In einem anderen Erzählbeispiel mit ähnlicher Struktur wird die Heldin für unerlaubtes Fischen zur Nachtzeit bestraft. Sie betritt den Fluß (bŭ) ohne Erlaubnis des zuständigen Priesters (bwĭcɔ̀bal).

> Ein junger Mann trägt den Beinamen Yirhyénebezhezwe (Was meine Augen nicht sehen, glauben meine Ohren auch nicht) (LYE-E258). Er fängt an, einen heiligen Hain zu roden, um sich dort ein Maisfeld anzulegen (LYE-E480, LYE-E535)
> Der Älteste der Geister (nɔ̀cílsé da) bemerkt den Eindringling und sagt seinen Kindern, sie sollten ihm bei seiner Arbeit helfen: beim Roden, beim Verbrennen der Bäume, beim Säen und beim Ernten. Diese Aufforderung zur Hilfeleistung wird vom Alten bei jedem Arbeitsgang wiederholt.
> Bei der Ernte brechen die Geister alle Maiskolben ab, auch die, die noch nicht reif sind, und sie nehmen die Ernte für sich selbst. Enttäuscht schlägt sich der junge Mann auf die Schenkel. Da befiehlt der Besitzer des heiligen Haines seinen Kindern, dem jungen Mann auch bei dieser „Arbeit" (Tätigkeit) zu helfen, und die Geister schlagen ihm so lange auf die Beine, bis sie gebrochen sind.
> Der Vater des Jungen sucht ihn im Busch, und die Geister geben ihm den Leichnam seines Sohnes zurück (LYE-E258, LYE-E535).

Förster (1985: 143) beobachtete auch bei den Kafibele-Senufo im Norden der Elfenbeinküste, daß nicht selten ein Feld als Austragungsort für Konflikte zwischen verschiedenen sozialen Kategorien gewählt wird. Die unterschiedlichen Feldarten, von den intensiv bestellten Gärten, die in unmittelbarer Nähe der Gehöfte angelegt werden, bis zu den extensiv bearbeiteten Feldern weit draußen im Busch, zwischen denen große Areale unbebauten Landes liegen, stellen eine Zone des Übergangs von der (im wörtlichen Sinne) kultivierten, zivilisierten Welt zum Herrschaftsbereich der Geister dar.

Förster beschreibt den Ort der Felder als „mehrdeutig":

> „Felder sind eingepflanzt in die Wildnis und umgeben von ihr, eher Lichtungen [...]. Bei ihrer Anlage können ungewollt Tiere gestört oder die Bäume von túgúbèlé [Buschgeistern] gefällt werden. Bevor neue Felder angelegt werden, versichert man sich durch Opfer ihres Wohlwollens." (1985: 29)

In einer Geschichte der Mosi trifft ein Bauer an einer Weggabelung auf einige Buschgeister (*kinkirsi*), die ihn fragen, wo er hingehe, und die sich ihm anschließen. Sie helfen ihm dabei, im Busch ein Feld anzulegen usw. Schließlich kommt der Tag, an dem die Hirse auf dem Feld gedroschen werden soll. Der Bauer hat sich für diese Arbeit eine Keule, einen Besen und eine Kalebasse mitgebracht sowie einen Lederbeutel aus Ziegenhaut. Mitten in der Drescharbeit bespritzt er die Buschgeister mit Wasser. Als Schutz vor dem „Regen" treibt er dann die *kinkirsi* in den Ledersack. Er verschließt ihn ordentlich mit Schnüren aus Pflanzenfasern und prügelt so lange auf den Sack ein, bis kein Laut mehr herausdringt. Ein einziger Buschgeist ist dennoch am Leben und entkommt. Nach diesem Zwischenfall schlachtet der Bauer ein Huhn, um sich mit dieser Opfergabe das Feld zur Nutzung anzueignen (Nicolas 1956: 588).

Der junge Mann in der Lyela-Version findet die rituelle Vorbereitung der Aussaat entbehrlich. Er meint, ohne die sorgfältige Auswahl des Feldes durch einen Alten auskommen zu können. Er glaubt, die Anlage eines neuen Feldes sei überall, an jedem beliebigen Ort, möglich. In einer Version wird die ungebührliche Hast des Jungen bei der „Standortwahl" seines Feldes hervorgehoben. Er rodet den Busch ohne weitere Überlegungen und ohne die Meinung der Alten (seines Vaters) zu berücksichtigen. Die jungen Lyela dürfen sich wohl ein eigenes Feld anlegen, über dessen Ertrag sie selbst verfügen. In der Alltagsrealität sieht es aber dann oft so aus, daß sie ihre gesamte Zeit und Energie für die Gruppenarbeit auf den Gemeinschaftsfeldern einzusetzen haben. Sie sind mindestens bis zur Heirat verpflichtet, für den Vater zu arbeiten. Für wirtschaftliche Eigeninitiative, wie sie in der Geschichte überzeichnet dargestellt wird, bleibt einem jungen Mann wenig Gelegenheit.

Es fällt auf, daß in allen Lyela-Versionen von der Aussaat von Mais die Rede ist. Mais ist eine eher nebenrangige Feldfrucht; sie wird nur in kleinen Parzellen ausgesät und nach der Ernte sofort verzehrt. Mais wird im „Hungermonat" August reif, noch bevor die frühesten Hirsesorten geerntet werden können. Nur ein geringer Teil der Maiskörner wird getrocknet, von den Frauen gestampft und zu Mehl gerieben, das man dann weiter als Brei, der einzigen Form „richtiger", zivilisierter Nahrung zubereitet. Der größte Teil der Maisernte wird leicht geröstet direkt vom Kolben verzehrt. Besonders Kinder halten sich an diese Feldfrucht, die sie auch immer wieder auf den nahegelegenen Hausfeldern stehlen, wenn sie im August vom Hunger geplagt werden, weil es nur noch eine gekochte Mahlzeit pro Tag gibt.

Der junge Mann in der Geschichte legt sich also in einem Heiligtum der Erde, das wie ein Stückchen sakraler Wildnis innerhalb des Dorfes nicht bepflanzt werden darf, sondern als Kommunikationsort mit den Höheren Mächten dienen soll, ein Maisfeld an. Er will die unerlaubt angebauten Feldfrüchte ungekocht, in „wildem" oder „rohem" Zustand allein verzehren. Der junge Mann arbeitet allein im Busch, er verhält sich hastig und trifft seine wirtschaftliche Entscheidung, ohne die Gehöftgemeinschaft zu informieren. Er baut eine Frucht an, die er roh verzehren kann. Für ihren Genuß braucht er nicht die Zusammenarbeit mit den Frauen seines Hofes; er kann, wenn er will, die gesamte Ernte allein verzehren, ohne den anderen Familienmitgliedern etwas abzugeben.

5.5. Konflikte zwischen Menschen und Geistern 141

Der Verzehr von Hirse, der wichtigsten Kulturpflanze der Lyela, wäre nicht so einfach möglich (vgl. die Geschichte vom „König, der rohe Körner kauen muß" in Kap. 4.2.). Die Umwandlung der Hirse vom Korn zum Brei ist Frauenarbeit. Wenn jemand die Frauen seines Hofes für sich diese Arbeit verrichten läßt, ist er dadurch gezwungen, etwas von der Hirse abzugeben. Der Egoismus des Helden manifestiert sich also auf mehreren Ebenen und wird schließlich von übernatürlichen Mächten bestraft. Die Moral der Erzählung stützt die Zusammenarbeit im Gehöft, die Unterordung der wichtigsten Arbeitskräfte unter die Gesamtbedürfnisse einer Gehöftgemeinschaft, in der die wirtschaftlichen Entscheidungen von den Alten getroffen werden. Gemeinschaftsarbeit, Austausch und Gegenseitigkeit werden als positive Werte herausgestellt, während unkontrollierte Eigeninitiative und selbstsüchtiger Konsum böse Folgen nach sich ziehen.

Wie verschiedene Baumarten gilt das im Lyele *sɔlɔ* genannte Dickicht als eines der Naturheiligtümer, die von übernatürlichen Mächten bewohnt werden. Aus dem Dickicht kommen auch Kinderseelen (*ywəlse*): Die Abkömmlinge des *sɔlɔ* werden auf den Namen Ossole (männl.), bzw. Essole (weibl.) getauft. Bei der Namengebung hat der für dieses Heiligtum zuständige Priester ein Opfer an Hirsewasser und ein Hühnchen darzubringen. Darüber hinaus galt früher das *sɔlɔ*-Dickicht als Versammlungsort der Masken-Geheimgesellschaft, die heute nicht mehr existiert (Nicolas 1953: 390). Man sagt auch, die heiligen Haine seien Aufenthaltsort der Ahnengeister, Orte, an denen man mit den Verstorbenen spricht und ihnen Opfer darbringt. Wenn die Wahrsager sehen, daß ein Opfer an einem heiligen Hain gegen dieses oder jenes Übel, das die Gemeinschaft befallen hat oder zu befallen droht, helfen kann, beauftragen sie die Erdherrn, dieses Opfer durchzuführen.

Der Glaube, daß den Menschen die Erde nicht unbegrenzt zur Verfügung steht, sondern daß sie sich in ihrer Nutzung beschränken müssen, existiert natürlich nicht nur bei den Lyela (vgl. Zwernemann 1968). Aus der Vielzahl afrikanischer Völker, die Bäume an bestimmten Plätzen stehenlassen, um dort in Kontakt mit der Welt des Übernatürlichen zu treten, möchte ich nur die Kabyé in Nordtogo erwähnen. Sie leben in einem Rückzugsgebiet auf Bergen und sind wegen der Knappheit des ihnen zur Verfügung stehenden Ackerlandes zu sehr intensiver Wirtschaftsweise gezwungen. Dennoch stehen auf den Kuppen der Hügel Bäume in einem Dickicht, das nicht gerodet werden darf. Die heiligen Haine sind wie bei den Lyela Gebets- und Opferplätze, und die wichtigsten Rituale des Jahres werden dort vom Erdherrn durchgeführt.

Bei den Lyela verliert der Glaube an die heilige Macht der Erde durch die nun in der dritten Generation fortschreitende Christianisierung an Macht. Im Zuge dieses religiösen Wandels gehen notwendigerweise auch Vorstellungen wie die, daß die Bäume die „Kinder der Erde" seien, verloren. Während Missionierung und Christianisierung dabei mitwirken, den traditionellen Respekt vor der Natur zu zerstören, versucht man heute gleichzeitig, die Bauern zu mehr Umweltbewußtsein zu „erziehen". Die burkinische Regierung ist bemüht, in besonderen „pädagogischen Programmen", den Bauern und Bäuerinnen anhand von Schaubildern das besorgniserregende Tempo der Abholzung in ihrem Siedlungsgebiet deutlich zu machen (vgl. Steinbrich 1987: 412). Die pädagogischen Programme zur „Sensibilisierung" der zum großen Teil noch analphabetischen Bauern werden unter Einsatz erheblicher *"manpower"* weißer und schwarzer „Experten", wie es im Enwicklungshilfejargon heißt, durchgeführt. Der Kontakt mit der westlichen Kultur und Religion hat also auf der einen Seite gewachsenes lokales Wissen zerstört, das nun auf der anderen Seite mit aufwendigen entwicklungspolitischen Maßnahmen in nur wenig veränderter Form wieder aufgebaut wird.

Die *swaalɛ* (heiligen Haine) – kleine Flecken gehegter Wildnis im kultivierten Areal der menschlichen Gemeinschaft – bringen zum Ausdruck, daß dem Menschen in der Nutzung und Aneignung der Natur Grenzen gesetzt sind. Nach lokalen Glaubensvorstellungen dürfen die Menschen nicht überall alles roden, sondern müssen den Lebensraum übernatürlicher Mächte respektieren und dort die Bäume, Wohnsitz der (Ahnen-) Geister und der noch ungeborenen Kinderseelen, stehenlassen. Die überlieferten Beschränkungen im Umgang mit der Natur können heute aufgrund des steigendenden Bevölkerungsdrucks vielerorts leider nicht mehr aufrechterhalten werden. Abholzung und Desertifikation des Landes schreiten dagegen in entmutigendem Tempo voran.

In der nächsten Geschichte (LYE-E588) mit einer Frau in der Hauptrolle hat die Protagonistin die Z e i t ihrer wirtschaftlichen Aktivität falsch gewählt:

> Eine alte Frau geht immer nachts in den Busch, um dort in einem Fluß Fische zu fangen. Ihr Sohn ermahnt sie und sagt, das solle sie nicht tun, sondern am Tag zum Fischfang gehen.
> Sie gehorcht nicht. Wieder wartet sie, bis alle Leute eingeschlafen sind, dann geht sie zum Fluß. Die Geister töten sie und rufen die Vögel des Waldes herbei, von denen einer ausgewählt wird, um dem Sohn den Tod der Mutter zu verkünden.
> Der Sohn geht in den Wald zum Fluß, er findet den Geist, der seine Mutter getötet hat und erschießt ihn mit zwei Pfeilen auf einmal.

Das Motiv der widerrechtlich genutzten Ressourcen wird in dieser Geschichte mit einer anderen „klassischen" Episode der westafrikanischen Oratur verknüpft: mit der des Sohnes, der auszieht, um den Tod seiner Mutter zu rächen. Dieses Motiv findet sich in den unterschiedlichsten Genres bei den verschiedensten Ethnien und besitzt einen festen Platz in der Mande-Erzähltradition (vgl. Görög-Karady 1983: 155; Labouret 1952: 227; Seydou 1976: 20).

Da die alte Mutter selbst trotz Warnung ein Tabu verletzt hat, wird sie in der Lyela-Version von den Geistern getötet. Die alte Frau wird von den Wassergeistern bestraft, weil sie sich nicht an die Regeln gehalten hat, die bei den Lyela für den Fischfang gelten. Fischen ist bei den Lyela traditionsgemäß eine Gemeinschaftsunternehmung. Der Opferpriester (*bwĭcòbal*) für die heilige Macht des Flusses, der ebenfalls als „Naturheiligtum" gilt, gibt auf den Märkten verschiedener Dörfer ein Datum bekannt, an dem ein bestimmter Fluß oder Teich befischt werden soll. Dann versammeln sich je nach Größe des Gewässers bis zu mehreren hundert Männer, Frauen und Kinder mit ihrem geschlechtsspezifischen Fischgerät. Die Frauen benutzen Körbe, die sie über die Fische stülpen, und die Männer fischen mit Netzen. Alle Teilnehmer des Fischzuges müssen auf das Startzeichen des *bwĭcòbal* warten, bevor sie gleichzeitig ins Wasser eilen und die Fische in einer Art Treibjagd fangen. Der rituelle „Besitzer" des Flusses pflegt vor der

5.5. Konflikte zwischen Menschen und Geistern

Eröffnung des Fischfangs eine Ansprache an die Wassergeister zu richten, in der er um die Erlaubnis für den Fischzug bittet. In einer solchen Ansprache sprach der Priester auch die „Diebe" an, die außerhalb des kommunalen Fischzuges einzeln und heimlich an den Fluß gehen und dort Fische stehlen. Er sagte, daß die Wassergeister die Diebe mit dem Tod bestrafen sollten. Dieses Schicksal ereilt auch die alte Frau in der Geschichte, die nur deshalb nachts allein im Busch herumgeht, weil sie Fische stehlen will.

Fisch ist in der eiweißarmen Kost der Lyela eine hochgeschätzte Speise, nach der heutzutage eine sehr große „Nachfrage" besteht. In den heutigen ökologischen Verhältnissen bei einer schnell anwachsenden Bevölkerung sind Wild und Fisch rar geworden. Die mit dem Fischfang verbundenen Regeln können nicht verhindern, daß die letzten, noch vorhandenen Ressourcen, von den Menschen heute hoffnungslos übernutzt werden. Nach einem Fischzug, an dem mehrere hundert Menschen teilnahmen, war ein Nebenarm der Schwarzen Volta vollkommen leergefischt worden. Das Wasser war für einige Stunden schwarz von fischenden Menschen, und danach war bis zur letzten Krabbe und bis zum kleinsten Fisch alles ausgefischt. Es muß mehrere Jahre dauern, bis sich der Bestand dieses Gewässers wieder regeneriert hat. Dort, wo in Burkina Regenzeitflüsse zu Seen angestaut wurden, bemüht man sich, diesen Mangel zu beheben und die neuen Wasserreservoirs für die Fischzucht zu nutzen.

In den beiden folgenden Geschichten „Der Mensch, der einen Geist (nàcílú) überlistet, indem er eine unlösbare Aufgabe mit einer unlösbaren Gegenaufgabe erwidert" (LYE-E473), und der vom „Geist, der zur Mittagsstunde alle Menschen vom Feld jagt" (LYE-E639, LYE-E861) gewinnt einmal der Mensch über den Geist und das andere Mal der Geist über den Menschen. Die beiden Gruppen leben in einem prekären Gleichgewicht miteinander, in dem es immer wieder zu Konflikten um die Nutzung natürlicher Ressourcen kommt. Die Felder liegen, wie gesagt, in einer Übergangszone zwischen der Wildnis und der Welt der Menschen. So ist es zu erklären, daß abwechselnd die eine oder die andere Seite dominiert:

Ein Mann hat sein Feld gerodet, er sät und die Hirse wächst. Er beginnt, das Unkraut zu jäten.
Eines Tages kommt ein Geist und sagt, daß dieses Feld ihm gehöre. Der Mann solle seine Sachen (seine Pflanzen) zusammensuchen und verschwinden.
Der Mann grübelt, was er tun könne, da kommt ein Freund vorbei, der ihm rät, dem Geist zu sagen, daß er sein Feld nur dann zurückbekomme, wenn er alle seine Fußabdrücke vom Boden eingesammelt und entfernt hätte.
Der Geist bemüht sich dreimal vergeblich, flüchtet dann in den Busch und überläßt das Feld dem Bauern.

Das Motiv der eingesammelten Fußabdrücke erscheint auch in verschiedenen anderen Zusammenhängen. Oft wird dieser Ratschlag zur Lösung der unmöglichen Aufgabe einem Sohn von seinem Vater erteilt. Der Alte hilft dem unbelehrbaren Sohn mit der genannten List aus der Notsituation. Der Sohn wird auf diese Weise ein weiteres Mal davon überzeugt, daß er die Überlegenheit und Autorität des Alten anerkennen muß. Die Geister werden als besiegbar dargestellt und vom

Menschen verjagt, der sich danach das Buschland durch seiner Hände Arbeit aneignet.

Endgültig ist die Gefahr der Geister aber auch nach langer Zeit der Bewirtschaftung eines Landstückes wohl nicht gebannt. Eine sehr populäre Erzählung der Lyela berichtet, wie zur Mittagsstunde die Geister wiederkehren. In verschiedenen Versionen dieses Erzähltyps ist abwechselnd von Geistern und von Vögeln die Rede. Bestimmte Vogelarten mit seltsamem Gesang sind den Lyela suspekt. Man sieht diese Vögel in enger symbolischer Verbindung zu den Geistern. So wie in der europäischen Volkstradition die Eule oder das Käuzchen als „Totenvogel" bekannt ist, sagen manche Lyela, die Vögel seien die „Hühner" der Waldgeister, eine Vorstellung, die auch bei den Mosi zu finden ist:

> Ein Mann geht in den Busch, um sich dort ein Feld zu roden. Er sät Hirse, die Hirse wächst, und er beginnt, das Unkraut auszuhacken (LYE-E629).
> Dann ist es Zeit zu ernten, aber ein Geist verlangt das Feld für sich. Der Mann schickt seine jüngeren Brüder aus, die sollen dort die Vögel verjagen.
> Da stimmt der Geist im Feld ein furchterregendes Lied an, so daß die Brüder voller Angst nach Hause zurücklaufen.
> Wiederholung mit anderen Familienmitgliedern: kleine Schwester, kleiner Bruder, großer Bruder, Mutter, Vater, alle gehen auf das Feld, um den Geist zu vertreiben, werden aber erschreckt und verjagt.
> Der Feldbesitzer geht selbst hinaus und attackiert den Geist mit einem Messer. In Version LYE-E048 wird der junge Mann getötet, in LYE-E629 (von derselben Erzählerin) hat die Geschichte ein offenes Ende. In Version LYE-E639 besiegt der verkrüppelte Bruder den Geist.

In Version LYE-E047 dieser Geschichte steht zu Beginn eine andere Tabuverletzung. Sie besteht darin, daß sich ein junger Mann nachts zu lange mit seiner „Verlobten" unterhält, so daß sie auf dem Heimweg auf einer Kreuzung von den Totengeistern ergriffen wird. Der Geist des Mädchens läßt sich auf dem Feld des Verlobten in einem Baum nieder, und der weitere Verlauf der Erzählung ähnelt der vorgestellten Version.

Die Geschichten von den Geistern im Hirsefeld gehören der Gattung der *esonúr* an, Erzählungen mit Liedern im Refrain, die nicht nur vom Erzähler, sondern auch vom Publikum gesungen werden. Diese Form legt Wiederholungen nahe; so finden wir in der vorliegenden Geschichte fünf- bis siebenmal das gleiche Lied, das der Geist auf seinem Baum anstimmt, um die Familienangehörigen des Helden von seinem Feld zu vertreiben.

In den verschiedenen Versionen dieses Erzähltyps kann man ein ähnliches Grundmuster erkennen. Meistens wird ein unbedeutendes Familienmitglied, die kleine Schwester oder der kleine Bruder, als erstes losgeschickt, um die „Vögel" oder „Geister" aus dem Feld zu vertreiben. Dann folgt oft die Mutter, die wie alle übrigen erschreckt fortläuft und ihren Korb, Symbol der Weiblichkeit, verliert. Schließlich läuft sogar der Vater als Familienoberhaupt voller Panik davon. Er verliert Pfeil und Bogen (LYE-E639, LYE-E861); in Geschichte LYE-E047 wird sogar geschildert, wie sich der Familienvorstand in Angst und Schrecken auf dem Boden wälzt. In einem Erzählbeispiel (LYE-E861) wird, wie so oft, der Vater zum

5.5. Konflikte zwischen Menschen und Geistern

„König" (*pyɔ̃*) stilisiert, der auf einem Pferd zum Feld reitet. Er flieht nach Hause, obwohl in dieser Version der unheimliche Gesang nur von einer harmlosen Gottesanbeterin hervorgebracht wird. Dagegen bringt eine marginale Person, etwa der Behinderte in Version LYE-E639, den Mut auf, dem Erzeuger des unheimlichen Gesanges entgegenzutreten. Der Behinderte schießt den Vogel ab, vor dem alle so große Angst hatten. Er soll zur Belohnung wieder in die Gehöftgemeinschaft integriert werden. Gekränkt von der früheren schlechten Behandlung lehnt er jedoch das gute Essen, das ihm die Schwester serviert, ab.

In der Erzählung von den „Geistern im Hirsefeld" wird die Rangfolge innerhalb der Bewohner eines Gehöftes neu ausgehandelt: das Oberhaupt erweist sich in einer Krisensituation als unfähig und hat nach seiner lächerlichen Panikreaktion einen Prestigeverlust hinzunehmen. Der Behinderte, der bisher nicht als vollwertiges Mitglied der Gehöftgemeinschaft angesehen wurde, bekommt die Chance zu Integration.

Im folgenden Erzählbeispiel wird gezeigt, daß zur Gehöftgemeinschaft nicht nur die Menschen, sondern auch die Haustiere, vor allem die Hunde, als treueste Begleiter des Menschen, gehören:

Während einer Hungersnot stiehlt eine schwangere Frau bittere Auberginen (*cemyo*) vom Feld eines Geistes. Der Geist kommt heraus und fragt in einem Lied:
„Meine Freundin, mit wem bist Du gekommen?"
Sie antwortet, sie sei mit ihrem Hund unterwegs. Als der Geist den Hund sieht, läßt er sie in Ruhe (LYE-E082, LYE-E482).
Zu Hause kocht die Frau die Auberginen, aber sie gibt dem Hund nur ein wenig von der Mahlzeit in einer abgebrochenen Kalebassenscherbe ab (LYE-E082); in LYE-E482 bekommt der Hund gar nichts.
Wiederholung des Besuches bei dem Geist, gleiche Wiederholung der Mahlzeit.
Beim nächsten Mal begleitet der Hund die Frau nicht mehr bis aufs Feld des *nacili*. Der Geist erscheint wieder, fragt nach ihrem Begleiter, sieht, daß der Hund nicht da ist und erschlägt die Frau (LYE-E482).
Ihr Kind wird geboren und fällt unter einen Busch.
Das Kind wird gefunden und wächst heran. Seine Kameraden erzählen ihm vom Tod der Mutter (LYE-E482).
Der Sohn legt sich auf der „Straße der Geister" auf die Lauer, er findet den Geist, der seine Mutter getötet hatte, erschießt ihn und steigt danach bedeutend in der Achtung seiner Altersgenossen.

In einer Gurma-Version der Erzählung (Zwernemann 1985: 47–49) finden sich zwei Frauen, eine gute und eine schlechte. Die schlechte Frau versorgt ihren Hund ungenügend und wird darum nicht von ihm vor dem *sampol* geschützt. Die gute Frau teilt die Nahrung mit dem Haustier und gibt auch der mißgünstigen Mitfrau etwas von den Auberginen des Geistwesens ab. Bei den Gurma fehlt die Rächung der verstorbenen Mutter durch den Sohn, der sich mit dieser heroischen Tat Anerkennung in der "*peer group*" verschafft, ein Motiv, das besonders in der Erzähltradition der Mande beliebt ist. Es ist wohl über die Samo, die nördlichen Nachbarn der Lyela, die eine Mande-Sprache sprechen, zu den Lyela gelangt.

Zusammenfassend könnte man sagen, daß die Bearbeitung der Felder im äußeren Kreis um die kultivierte Landschaft des Dorfes ($c\jmath$) oder die Sammlung von Früchten im gleichen „dubiosen" Bereich, häufig zu einer Begegnung mit den Geistern führt. Abwechselnd siegen Menschen über Geister und umgekehrt; in jedem Fall ist die Übergangsregion zwischen kultiviertem Ackerland und wildem Buschland aber eine Region, in der die Menschen von übernatürlichen Mächten belehrt werden. An den Konflikten, die die Menschen unter sich austragen, der Außenbereich des Dorfes scheint auch hierfür eher prädestiniert zu sein als das „Innere" des Dorfes oder des Gehöftes, nehmen die Geister nicht selten Anteil.

Die von Zwernemann publizierte Variante der Gurma, in der zwei verfeindete Mitfrauen desselben Mannes auftreten, leitet über zum Thema der „Unmöglichen Wiedergutmachung" (*restitution impossible*) im nächsten Abschnitt. Dort werden wir uns mit der Pflicht zur Reziprozität beschäftigen, der wichtigsten Distributionsform segmentärer Gesellschaften, die darauf angewiesen sind, durch Austausch von Gaben und Gegengaben solidarische Beziehungen zu schaffen.

Ausgehend von wirtschaftlichen Fragestellungen finden wir uns dennoch wieder mitten in der Diskussion sozialer Konflikte. In afrikanischen Erzählungen sind die im europäischen Denken voneinander unterscheidbaren Bereiche der „Wirtschaft" und der „Sozialstruktur" untrennbar miteinander verwoben. Die Wirtschaft ist ein Aspekt der Sozialstruktur und wird als solcher auch in den Erzählungen dargestellt.

5.6. Die unmögliche Wiedergutmachung

Die Geschichte von der „Unmöglichen Wiedergutmachung" wurde bisher von Paulme und Bremond (1968) vergleichend interpretiert. Anhand von Erzählbeispielen der Bété (Elfenbeinküste), der Dogon (Mali) und der Kikuyu (Kenya) erörtert Paulme Gemeinsamkeiten und Unterschiede in den Erzählungen zum Thema. Bremond stellt sich die Aufgabe, verschiedene afrikanische Versionen des genannten Typus vergleichbaren europäischen Erzählungen entgegenzuhalten.

Ich habe bei den Lyela neun Versionen dieser Geschichte aufgenommen, in denen sich eine Person von einer anderen einen Gegenstand ausleiht. Der Verlust, bzw. die Beschädigung des Objektes, führt dann zu gravierenden Konflikten zwischen der Person, die den Gegenstand ausgeliehen hat und dem Partner, der ihn sich ausgeborgt hat. In allen Lyela-Versionen spielt die Geschichte zwischen zwei Ehefrauen eines Mannes. Möglicherweise wäre dies ein Grund dafür gewesen, die Erzählung von der unmöglichen Wiedergutmachung bei den Lyela im Kapitel über die polygyne Ehe zu behandeln. Das Thema der "*restitution impossible*" berührt jedoch weiterreichende Fragen des wirtschaftlichen Austausches und der innerfamilialen Kooperation, so daß ich sie an dieser Stelle wiedergeben möchte. Die folgende Zusammenfassung ist das Résumé von neun Versionen:

Zu Anfang der Erzählung steht ein Todesfall (mit Ausnahme von LYE-E169):
Eine Frau verunglückt auf dem Rückweg nach Hause von einem Besuch bei ihrem Schwiegersohn (LYE-E015).

Oder: Die Frau eines Jägers verlangt das Fleisch einer bestimmten Schlangenart, und in dem Bemühen, seiner Frau diesen kapriziösen Wunsch zu erfüllen, kommt der Mann um (LYE-E291, LYE-E553, LYE-E583).
Oder: Die Tochter einer Frau stirbt, als man ihr in einem anderen Dorf die Zähne spitzfeilt (LYE-E316).
Oder: Der Sohn einer Frau kommt bei seinen Handelsgeschäften um (LYE-E366).
Oder: Die Tochter einer Frau läuft mit einem Ehemann ihrer eigenen Wahl bis ans Ende der Welt davon, und zu Hause stirbt ihre Mutter (LYE-E440).
Als die Ehefrau (LYE-E291, LYE-E553, LYE-E583) vom Tode ihres Mannes erfährt, die Mutter vom Tode ihrer Tochter (LYE-E316, LYE-E372, LYE-E440), oder ihres Sohnes (LYE-E366), bzw. die Tochter vom Tode ihrer Mutter (LYE-E440), wirft sie voller Schmerz den Stampfer zu Boden, mit dem sie gerade Hirse stampft. Der Stampfer zerbricht.
Nach Beerdigung der Leiche verlangt die Mitfrau der Frau, die sich den Stampfer von ihr ausgeliehen hatte, dessen Rückgabe (LYE-E015, LYE-E169, LYE-E316, LYE-E291, LYE-E366, LYE-E372, LYE-E440, LYE-E553, LYE-E583).
Die Mitfrau kauft einen oder mehrere neue Stampfer, die sie ihrer „Rivalin", wie sie in verschiedenen Versionen genannt wird, anbietet. Aber diese besteht auf der Wiederherstellung ihres Stampfers und lehnt jeden Ersatz ab.
Die Mitfrau geht in den Busch, wo sie Gott oder einen Gesandten Gottes trifft (in LYE-E169 eine Fledermaus), die ihr den Stampfer auf magische Weise reparieren und der Frau zeigen, wie sie sich an der Mitfrau rächen kann.
Die Frau gibt der Mitfrau den reparierten Stampfer zurück.
Dann leert sie einen Tontopf voller Kaurischnecken aus, um sie zu zählen. Das kleine Kind der Mitfrau, das gerade laufen lernt, verschluckt eine Kaurischnecke, und ihre Rivalin verlangt, daß sie diese Kaurischnecke zurückhaben wolle.
Die Frau lehnt jedes Ersatzangebot (große Mengen Kaurischnecken) ab, der Mitfrau bleibt nichts anderes übrig, als ihrem Kind den Bauch aufzuschlitzen und die verlangte Kaurischnecke hervorzuholen.
Versionen LYE-E169, LYE-E366, LYE-E583 enden mit einer expliziten Moral und warnen vor einer zu starren Auffassung zum Eigentum. LYE-E015 und LYE-E553 enden mit einem Dilemma, in dem gefragt wird, welche der beiden Frauen wohl schlimmer sei (lit.: mehr Unrecht hätte) als die andere.

Die meisten Lyela-Varianten von der *"restitution impossible"* wurden von Frauen erzählt. Die Geschichte spielt im häuslichen Bereich, und sie verharrt auch dort im Unterschied zu den Varianten anderer afrikanischer Völker (zu Varianten der Bété, Dogon, Kikuyu, Mongo und Ashanti vgl. Bremond 1968: 201). In den von Paulme und Bremond zitierten Erzählbeispielen bekommt die gute Heldin, bzw. der gute Held, von Gott oder von anderen übernatürlichen Helfern nicht nur den versehentlich beschädigten, ausgeliehenen Gegenstand auf magischem Wege repariert, sondern dem guten Helden (der guten Heldin) wird zudem noch ein wertvoller Gegenstand als Geschenk mitgegeben.
Bremond (1968: 204) unterstreicht nach einem Vergleich von AaTh480 in europäischen Varianten und den Erzählungen der oben genannten afrikanischen Ethnien, daß in Afrika der Schatz, der vom guten Helden aus der Welt des Übernatürlichen mitgebracht wird, der Allgemeinheit zur Verfügung gestellt wird. So bringt in einer Bété-Erzählung „Rechter Arm" als guter Held nicht nur eine magisch reparierte Lanze nach Hause, die er sich von seinem Bruder ausgeliehen

hatte, sondern auch eine „leuchtende Kugel", mit der auf einem Fest Ball gespielt wird (vgl. Paulme 1968: 191). Die leuchtende Kugel steigt am Ende der Erzählung zum Himmel und wird zum Mond. Auch in den Varianten der Dogon und der Kikuyu teilt der gute Held (die gute Heldin) das wertvolle Geschenk mit den Kameraden der Altersklasse oder mit der ganzen Gemeinschaft.

Die Lyela-Frauen bringen nur den reparierten Stampfer zurück, und das wertvolle Geschenk fehlt. Die positive Heldin erhält von Gott Hinweise, wie sie sich an der bösen Mitfrau rächen kann. Die Rivalität zwischen den beiden Partnern, die sich gegenseitig in die unmögliche Wiedergutmachung verstricken, ist bei den Lyela besonders zugespitzt. Der strukturelle Widerspruch in der Beziehung zwischen Mitfrauen desselben Mannes wird hier deutlich, ohne daß man auf der symbolischen Bedeutung des Holzstampfers als Phallussymbol zu insistieren braucht (vgl. Calame-Griaule 1987: 181). Frauen desselben Mannes leben unter dem Gebot, untereinander Frieden zu halten und zusammenzuarbeiten. Nur in etwa der Hälfte der Fälle wählen die Frauen bei den Lyela die jüngeren Mitfrauen unter ihren klassifikatorischen Schwestern aus demselben Herkunftsklan selbst aus. Ansonsten müssen sie in engster Nähe mit einer oder mehreren anderen Frauen zusammenleben, auf die sie sexuell und wirtschaftlich eifersüchtig sind. Offener Ausdruck dieser Eifersucht ist ihnen nicht gestattet. Dagegen gibt es die verschiedensten Arbeitsgänge im Haus und auf den Feldern zu verrichten, bei denen sie mit diesen Frauen zusammenarbeiten müssen. Wie die Geschichte zeigt, borgen sich Mitfrauen desselben Mannes gelegentlich Haushaltsgegenstände aus. Trotz ihrer Verpflichtung zur Zusammenarbeit und zur Unterdrückung ihrer Eifersucht kommt es auch in Wirklichkeit gelegentlich zu Streit über ein ausgeborgtes Messer, einen Korb oder eine Handvoll getrockneter Saucenzutaten. Die Beziehungen zwischen den Mitfrauen eines Mannes sind von Gehöft zu Gehöft sehr unterschiedlich (vgl. Kap. 7.7.).

Die Antiheldin setzt sich auf zweierlei Art ins Unrecht: Sie besteht nicht nur starrsinnig auf der unmöglichen Reparatur ihres zerbrochenen Holzstampfers, sondern sie zeigt auch kein Verständnis für den Kummer ihrer Mitfrau. Diese hat ja den Stampfer zu Boden geworfen, als sie die Botschaft vom Tod ihres Mannes, ihrer Tochter oder ihrer Mutter bekam (je nach Version). Sie hat den hölzernen Hirsestampfer in einer spontanen Geste fallenlassen, um die Hände über dem Kopf in die Luft zu reißen und in Klageschreie auszubrechen. Das läßt die hartherzige Mitfrau völlig kalt. Obwohl sie selbst keinen Vorteil davon hat, verlangt sie die Rückgabe ihres Stampfers und lehnt jeden Ersatz ab:

„Indem er *dieselbe* Lanze oder Kalebasse (oder *denselben Stampfer*) zurückverlangt, besteht der Antiheld (*prêteur*) darauf, daß Eigentum unveräußerbar ist (*inaliénable*), und mit einer solchen Haltung würde man das gesamte Sozialleben lahmlegen. Wenn man diese Einstellung auf die Spitze triebe, bekäme jedes Objekt eine mythische Bindung an seinen Besitzer, und es gäbe keine Gleichwertigkeit (zwischen verschiedenen Gütern) mehr." (Bremond 1968: 203)

Dem starrsinnigen, asozialen Helden setzen die von Paulme und Bremond zusammengetragenen Versionen einen guten Helden entgegen, der sein von Gott oder anderen übernatürlichen Mächten erhaltenes Geschenk großzügig der Öffentlichkeit übergibt. Statt des guten Gegenbeispiels geht es bei den Lyela mehr um Rache und Vergeltung, und in zwei Versionen (LYE-E015, LYE-E553) fragt die Erzählerin / der Erzähler am Schluß das Publikum: „Welche der beiden Frauen ist böser?" Dagegen heißt es in LYE-E366 am Ende: „Wenn jemand eine deiner Sachen beschädigt, soll man ihn nicht zwingen, sie zu ersetzen. Wenn die Person sich bemüht, dir den Gegenstand zu ersetzen, soll man ihm (oder ihr) sagen, das sei nicht nötig. Denn dir kann morgen das gleiche Problem passieren."

Wenn man erst einmal beginnt, sich in einer unterschwellig feindseligen Beziehung aus nichtigem Anlaß offen feindselig zu verhalten, wird der Streit schnell eskalieren und die Solidarität der Gemeinschaft gerät in Gefahr.

„Die Geschichte erinnert die Menschen daran, daß sie es hinnehmen müssen, etwas, was sie vergeben haben, nicht in genau der gleichen Form zurückzubekommen. Einen unter Umständen notwendigen Kompromiß abzulehnen ist (beinahe) damit gleichzusetzen, daß man jeglichen Handel (und reziproken Austausch) mit seinen Mitmenschen ablehnt. Ein Leben in Gemeinschaft wäre dann nicht mehr möglich". (Paulme 1968: 198)

5.7. Einige Geschichten aus dem Hase-und-Hyäne-Zyklus

Die zwei bisher zur Sprache gekommenen Themen der vorsichtigen Nutzung natürlicher Ressourcen einerseits und der Bereitschaft zum Ausleihen, bzw. zum (reziproken) Austauschen wirtschaftlicher Güter andererseits, werden uns weiterhin begleiten. Sie klingen als Haupt-, Unter- oder Nebenthemen verschiedener Erzähltypen an; ein immer wieder hervorgehobenes Charakteristikum afrikanischer Erzählungen liegt ja gerade darin, daß sie mehrere Botschaften gleichzeitig verkünden, deren Sinngehalt oft in metaphorischer oder symbolischer Form präsentiert wird.

Eines der immer wiederkehrenden Symbole in der erzählerischen Phantasie westafrikanischer Bauern und Hirten ist der B a u m. Die wirtschaftlichen, religiösen und psychologischen Bedeutungen verschiedener Baumarten in Phantasie und Wirklichkeit afrikanischer Kulturen sind von französischen Forschern erarbeitet worden. Im folgenden sollen nun die eng miteinander verwandten Erzähltypen des „Schatzbaumes", des „Nahrung spendenden Baumes", von „Hase und Hyäne im Leib der Kuh", und von der „Frau im Berg der Geister" vorgestellt werden. Die Geschichten sind in ganz Westafrika und in afro-amerikanischen Varianten bekannt. Zu ihnen liegen Untersuchungen von Calame-Griaule (1969), Bremond (1977) und Krüger-Kahloula (1983) vor. Ich werde 14 Versionen der Lyela und 35 Versionen anderer westafrikanischer Ethnien vorstellen, um weitere Aspekte des Wirtschaftsverständnisses westafrikanischer Bauernkulturen herauszuarbeiten.

Calame-Griaule stellt in ihrem Aufsatz aus dem Jahre 1969 zwei Interpretationsebenen der Geschichte vom „Schatzbaum" in den Vordergrund: Sie begreift den Erzähltypus als *conte initiatique*, in dem zwei gegensätzliche Helden in einer Situation des Mangels in die Wildnis aufbrechen. Sie versteht die

„Armut oder (den) Hunger als Symbol der Unzufriedenheit der Menschen, die sie auf die Suche nach der Wahrheit treiben. Dort haben sie Proben zu bestehen [...], sie treffen auf Mittlerpersonen (Hirten, alte Frauen, sprechende Objekte), dann werden sie in einen Dialog mit dem sprechenden Schatzbaum verwickelt, schließlich finden sie den Schatz der Erkenntnis. Sie erfahren gleichzeitig eine Unterweisung in den sozialen Wertvorstellungen. Der positive Held kehrt ins Dorf zurück, um dort zu heiraten. Alle Elemente dieser Erzählungen finden sich auch in den Initiationsriten vieler afrikanischer Gesellschaften." (Calame-Griaule 1969: 54)

Des weiteren interpretiert Calame-Griaule den Schatzbaum, darunter besonders den Baobab als den Charakterbaum der westafrikanischen Savanne (bot. *Adansonia Digitata),* als Muttersymbol. Die mächtigen Affenbrotbäume sind oft innen hohl, sie haben Vertiefungen und Spalten, durch die die Protagonisten der Erzählungen ins Innere des Baumes gelangen, als wollten sie in den Mutterleib zurückkriechen. Mittelpunkt von Calame-Griaules Untersuchung bildet eine Version der Dogon in Mali, die es für sie zuläßt, den Baum als eines der herausragenden Symbole im Repertoire westafrikanischer Bauernkulturen tiefenpsychologisch zu interpretieren:

„In dieser Geschichte zeigt sich die Prägung durch die frühkindliche Beziehung (der Helden) zur Mutter: Der ödipal (fixierte) Anti-Held scheitert bei seiner Initiation, der Voraussetzung für seine Verheiratung. Dagegen bringt der positive Held von seiner Suche sowohl „Wissen" (connaissance), als auch Fruchtbarkeit mit [...]." (Calame-Griaule 1969: 56)

Interessanterweise fehlen in den Schatzbaumgeschichten der Lyela die Merkmale, die den Baum als Muttersymbol erscheinen lassen. Ich habe nur eine einzige Version aufgenommen, wo im „Bauch" des Baumes, wie die Lyela sagen, Kleidungsstücke (von den Lyela sehr geschätzte „Prestigegüter") wachsen. Alle anderen Varianten haben einen Baum zum Mittelpunkt, an dessen Ästen (also außen) Nahrung hängt. In die folgende, besonders lustige Version (LYE-E948), hat der dreißigjährige Erzähler Nebila Bazie aus Goundi ein kulturspezifisches Erdopfer „eingebaut", so daß sie hier in extenso wiedergegeben werden soll (LYE-E948):

Die Tiere des Waldes wollten ein Fest feiern. Hase ging zum Wahrsager, und der sagte ihm: „Geh auf die große Lichtung [und setze dich] unter einen Gumu-Baum[12]. Dort mußt Du sagen: Gumu, öffne Deinen Bauch, ich möchte sehen [was darin ist]." Hase ging los und fand den Baum. Er sagte zu dem Baum: „Mach Deinen Bauch auf, ich will sehen [was darin ist]". Der Baum öffnete seinen Bauch. Es gab viele Dinge [im Inneren des Baumes). Hase nahm einen Anzug[13] und Schuhe aus dem Baum heraus, mit denen er seine Frau und seine Kinder einkleidete. Sie gingen auf das Fest, und die Leute sagten, daß ihre Kleider schön seien. Hyäne ging [ebenfalls] los, um im Busch Knochen zu sammeln. Er band sie mit Pflanzenfasern zusammen, um daraus Kleider

---

12 *Gumu*, pl. *gumdi*: frz. *fromager* ou *faux kapokier* (bot.: Ceiba Thonningii).
13 Frz. "*complet*": Hemd mit kurzen Ärmeln und passender weiter Hose aus handgewebtem Baumwollstoff im gleichen Muster.

5.7. Einige Geschichten aus dem Hase-und-Hyäne-Zyklus 151

zu machen. Er zog sie an, er selbst, seine Frau und die Kinder. Die Leute auf dem Fest sahen sie und machten sich über sie lustig. Nach dem Fest gingen sie wieder nach Hause. Hyäne steckte sich eine Kugel Karitébutter in den Mund. Er schickte seinen Sohn Olɛlma los, er solle Hase rufen, denn er [Hyäne] habe Zahnschmerzen. Hase kam, er wollte die geschwollene Backe [den Abszeß darin] von außen durchbohren. Aber Hyäne sagte: „Nein, steck Deine Hand in meinen Mund". [Hase tat es, und] Hyäne schluckte die Butterkugel herunter und ergriff Hases Hand mit den Zähnen, er biß fest zu. Er sagte zu Hase, er solle ihm die Stelle zeigen, wo er die Sachen gefunden habe. Hase sagte: „Geh mitten auf die Lichtung, und dort findest Du einen Gumu-Baum, und dem sagst Du: 'Baum, mach Deinen Bauch auf, ich möchte sehen [was darin ist].' Wenn der Baum seinen Bauch geöffnet hat, wirst Du sehen, was darin ist." Er [Hyäne] ließ Hases Hand los und ging auf die Lichtung; dort fand er den Baum. Er sagte: „Baum, mach Deinen Bauch auf, ich möchte sehen [was darin ist]. Der Baum öffnete seinen Bauch, und er [Hyäne] fand alle möglichen Sachen darin. Er wollte nicht [nur] die Hälfte [er wollte alles]. Er sagte: „Baum, steig auf meinen Kopf." Der Baum stieg auf Hyänes Kopf. Hyäne wanderte und wanderte und wanderte [...] und dann sagte er: „Baum, steig runter!" [Aber] der Baum sagte: „Ich werde [hier] nicht heruntersteig en. Du wirst mich nur an meinem Platz herunterbekommen. Er [Hyäne] wanderte und wanderte und wanderte, und dann traf er Chamäleon [auf dem Weg]. Der Baum sagte zu Hyäne: „Geh zum Chamäleon und such ein weißes Huhn, das muß an der Stelle, wo ich vorher gestanden habe, geschlachtet werden. Sonst werde ich nicht heruntersteigen. Hyäne ging zu Chamäleon, und Chamäleon gab ihm ein weißes Huhn. Chamäleon setzte sich vor Hyäne und kroch langsam, langsam los. Hyäne sagte: „Wenn Du nicht schneller gehst, werde ich Dich zerquetschen!" Chamäleon drehte sich um und fragte: „Was hast Du gesagt?" Hyäne sagte: „[Ach nichts] ich habe gesagt, du wanderst sehr gut." Sie wanderten und wanderten, und schließlich kamen sie an dem Platz des Baumes an. Nachdem Chamäleon das Huhn geschlachtet hatte, stieg der Baum herunter [auf seinen Platz]. Und Hyäne rannte fort, er rannte und rannte und schiss [vor Angst]. Er hielt hinter seinem Hof an, dort riß er die lose Haut von seinem Kopf herunter und verschlang sie. Sein Sohn Olɛlbwɛ stieg auf die Dachterrasse und sagte zu seinen Brüdern: „Kommt her, schaut mal Papa Hyäne an, er ist in den Busch gegangen, um dort Wild zu jagen und es dann alleine zu verzehren. Sein Kopf ist [noch] rot vom Fleisch, das er darauf getragen hat." Hyäne fing an, seinen Sohn zu beschimpfen: „Dicker Fettbauch, ich werde Dich heute noch umbringen." Das ist das Ende der Geschichte.

Der falsche Kapokbaum hat Schoten, die in der Form denen des Affenbrotbaumes ähneln. Im Innern dieser Schoten befindet sich eine weiße, flusige Watte, mit denen die Bauern ihre Kopfkissen ausstopfen. Das wattige Innere der Kapok-Schoten erinnert an Baumwolle, aus der bekanntlich Kleider hergestellt werden. Möglicherweise wählte deshalb der Erzähler den falschen Kapokbaum als „Kleiderbaum" für den positiven Helden. Offensichtlich handelt es sich bei dem „Kapokbaum mit weißen Blüten" in Geschichte LYE-E948 (eine Art, die in weiteren Varianten wieder auftauchen wird), aber auch um einen „heiligen Baum". Nach den Vorstellungen der Lyela kommen ja die Seelen zahlreicher Kinder aus Bäumen, so auch aus den *gumdi* (pl.). Ein Neugeborenes, von dem der Wahrsager „sieht", daß seine Seele aus diesem Baum kommt, erhält den Namen Begumi (männlich) oder Egumi (weiblich) (Nicolas 1953: 270).

Hyäne respektiert nicht die Heiligkeit des Baumes, die diesem direkt von der heiligen Macht der Erde, auf der er wächst, übertragen wird. Hyäne sagt dem

Schatzbaum in seiner Gier, daß er auf seinen Kopf steigen solle, ein Motiv, das sich auch in einer Variante der Gurma findet, die von Equilbecq aufgenommen wurde (cf. Calame-Griaule 1969: 38). Hyäne will den Baum zu sich nach Hause tragen, um ihn nicht nur einmal, sondern immer wieder zu nutzen. Er sagt dem Baum aber nach einer Weile beschwerlichen Marsches, er solle doch wieder von seinem Kopf heruntersteigen. Wie in der Gurma-Version weigert sich der Baum herunterzukommen. Er verlangt, auf seinen angestammten Platz zurückgebracht zu werden. Der richtige Platz des Baumes ist von Bedeutung. Um dort wieder wachsen zu können, muß ein Opfer gegeben werden „um die Erde (und den Baum?) um Verzeihung zu bitten", wie die Lyela sagen. Das Opfertier, ein weißes Huhn, symbolisiert die demütige Bitte um Vergebung. Nur wenn es auf den Rücken fällt, hat die Erde das Opfer angenommen und dem Frevler verziehen. In der vorliegenden Geschichte soll Chamäleon das Opfer darbringen. Wie aus der Geschichte vom „Chamäleon, das den Regen zurückhielt", deutlich wurde, steht dieses Tier in enger Beziehung zur heiligen Macht der Erde. Der Baum auf Hyänes Kopf besteht darauf, daß Chamäleon als Opferpriester das weiße Huhn zu schlachten habe. Ohne dieses Sühneopfer ist der Baum nicht bereit, von Hyänes Kopf herunterzusteigen. Dahinter steht eine in der gesamten Volta-Region verbreitete Idee, daß durch das Entfernen des Baumes von seiner angestammten Stelle „die Haut der Erde verletzt wurde" (vgl. Dittmer 1979: 530).

Interessant ist die Vermischung von religiösen Vorstellungen mit witzigen Motiven, die für das Genre der Erzählungen (səwǎlsɛ) zumindest bei den Lyela charakteristisch ist. Wo magische Glaubensvorstellungen oder auch religiöse Instanzen im engeren Sinne symbolhaft verschlüsselt angedeutet werden, schließt dieses keinesfalls einen humorvollen Erzählton aus.

So muß Hyäne in der vorliegenden Erzählung sehr langsam dem Chamäleon zurück zum Standort des Baumes folgen. Dabei hat er den Kapokbaum die ganze Zeit auf dem Kopf zu tragen, und er verwünscht Chamäleon mit unterdrückter Stimme wegen seines langsamen Gangs. Hyäne ist aber von Chamäleons Opferritual abhängig, denn sonst bekäme er den Baum nicht von seinem Kopf herunter. Diese Mischung aus witzigen und religiösen Motiven bestätigt die Auffassung von Verdier, der über die Kabyé in Nordtogo sagt, daß es bei ihnen keine Trennung zwischen der profanen und der heiligen Welt gibt.

> „[...] wenn man [unsere] Terminologie benutzt, stellt man willkürlich zwei Bereiche einander gegenüber, die in ihrem Denken eine einzige Realität bilden." (Verdier 1982: 5)

Daß für die Lyela witzige Reden, lautes Lachen und fröhliche Späße nicht wie bei uns im Gegensatz zu einer ernsthaften Frömmigkeit stehen, ist auch bei verschiedenen Ritualen auffällig. So benehmen sich beispielsweise die hoch angesehenen *vura*, Wahrsager, die sich zu Geheimgesellschaften zusammenschließen, während der Vorbereitungsrituale für die Aufnahme eines neuen Mitgliedes durchaus nicht so ernsthaft, wie man das bei ihrem zum Teil biblischen Alter erwarten könnte. Die meisten Rituale der Wahrsager finden hinter verschlossenen Türen statt. Vor Nichtinitiierten, besonders vor Frauen, halten die *vura* ihre Riten streng geheim. In ihrer abgeschlossenen Gemeinschaft benehmen sich dann die

5.7. Einige Geschichten aus dem Hase-und-Hyäne-Zyklus 153

alten Herren aber recht zwanglos; sie trinken viel Hirsebier, kauen Kola und Tabak, und die Atmosphäre der Opferhandlungen ist locker und fröhlich.

Die beiden folgenden Varianten (LYE-E463, LYE-E640) vereinen wieder prosaische Details des harten Alltagslebens mit bizarren Wunderdingen: Sie stammen von einem jungen Mädchen aus Dassa (Elie Kanbin, 17 Jahre) und einem Jungen aus Sanguie' (André Bassonon, 13 Jahre):

> Im August, zur Zeit des zweiten Unkrautjätens, arbeiten Hase und Hyäne auf benachbarten Feldern im Busch. Immer wenn es regnet, geht Hyäne nach Hause, aber Hase sucht Unterschlupf in der Höhle des Leguans, was Hyäne nicht weiß. Hase ruft eine bestimmte Formel, und dann gewährt ihm Leguan Schutz vor dem Regen in seiner Höhle.
>
> Hyäne kommt hinter Hases Geheimnis, er geht auch in Leguans Höhle, frißt dort eines der Kinder. Hyäne wiederholt seine Besuche so oft, bis die ganze Leguanfamilie ausgerottet ist.
>
> Übrig bleibt ein verkrüppelter kleiner Leguan, der sich in einem Haufen leerer Schoten (LYE-E643) versteckt. Als Hase das nächste Mal die Höhle betritt, sagt der kleine Leguan, Hase solle ihn schlachten und sein Fleisch essen, aber seine Knochen in der Erde vergraben.
>
> Hase vergräbt die Leguanknochen auf dem *shyabol*, an der Stelle wo das Wasser am Fuß der großen Gehöftmauer nach außen austritt (LYE-E463). Aus den Knochen wächst nacheinander ein rotes, ein blaues, ein schwarzes und ein rotes Gewächs, von dem der kleine Leguan vorher gesagt hatte, Hase solle es abhacken. Dann wächst etwas Weißes aus dem Boden, es wächst zu einem großen Baum heran.
>
> Es ist ein Kapokbaum mit weißen Blüten (LYE-E463 *gumu*, pl. *gumdi*), auf dem wachsen Schüsseln mit Hirsebrei, Töpfe mit Sauce, Körbe mit Fleisch, Tonkrüge mit Bier und Hirsewasser.
>
> Hase bewirtet seine Arbeitsgruppe (darunter auch Hyäne) mit den Speisen vom Wunderbaum, der alle Speisen „auf Kommando" zur Erde schickt.
>
> Hyäne lädt ebenfalls das ganze Dorf zur Arbeit auf seinem Feld ein, aber als er für seine Arbeiter Essen „ordert", kommt nichts. Er ruft und ruft in den Baum hinauf ohne Ergebnis, dann wird er wütend und breitet seinen Magen auf dem Boden aus. Er klettert in den Baum, um das Essen herunterzuschütteln. Sein Magen soll die Speisen aufnehmen.
>
> Der Magen „gehorcht nicht" und macht Hyäne noch wütender. Er steigt wieder vom Baum und fängt an, seinen Magen zu verprügeln, traktiert ihn mit Fußtritten. Schließlich wirft er ihn wieder nach oben, die Nahrung einzufangen, die sich, jedesmal wenn Hyäne den Boden betritt, in den Baum zurückzieht.
>
> Sperber kommt vorbeigeflogen und nimmt den Magen mit. Hyäne geht ohne Magen nach Hause, das Wasser, das er trinkt, kommt gleich wieder aus seinem Anus herausgeflossen, und Hyäne stirbt bald darauf.

Die Erzählung beginnt mit einer naturgetreuen Beschreibung des Arbeitslebens. Hase und Hyäne treffen sich auf benachbarten Feldern im Busch, wo sie im Schweiße ihres Angesichtes die Hirsefelder bestellen. In einer Version wird spezifiziert, daß es sich um den Arbeitsgang des *bɔrɔ*, pl. *bwaarɛ*, des zweiten Unkrautjätens, handelt. Etwa im August, wenn die Hirsepflanzen ungefähr zwanzig Zentimeter hoch stehen, sollte ein Hirsefeld zum zweiten Mal von Unkraut befreit werden, um einen optimalen Ertrag zu erbringen. Dieser Arbeitsgang wird in

Einzelarbeit, häufiger aber noch in Gruppenarbeit, mit den Mitgliedern des eigenen Hofes oder in außerfamilialen Arbeitsgruppen durchgeführt. Bei den Arbeitsgruppen werden verschiedene Formen der Zusammenarbeit zwischen gleichgeschlechtlichen und gegengeschlechtlichen Arbeitskameraden unterschieden (vgl. Steinbrich 1987: 265-274). Ich möchte an dieser Stelle nicht auf das komplexe System der verschiedenen Formen der Gruppen- und Bittarbeit auf monetärer Basis oder auf der Grundlage der Reziprozität eingehen. Es reicht hier aus zu zeigen, daß in der Geschichte eine bestimmte Form der Gruppenarbeit angesprochen wird. Beim *gololo* geht der Feldbesitzer des Abends durch die Gehöfte und fragt die Leute seines Dorfviertels, wer in, sagen wir, zehn Tagen bereit ist, zum ersten oder zweiten Jäten auf eines seiner Felder zu kommen. In einer anderen Variante vom Wunderbaum (LYE-E411) wird hinzugefügt, daß Feldbesitzer Hase am Vorabend der „Arbeitseinladung", wie die Lyela sagen, die Arbeiter nochmals an den Termin erinnert.

Der August ist ja, wie gesagt, bei den Lyela der Hungermonat. In den letzten Wochen vor der neuen Ernte (ab Oktober) gehen in vielen Gehöften die Vorräte zur Neige. Nicht viele Bauern können es sich leisten, große Arbeitseinladungen zu organisieren, weil sie nicht mehr genug Vorräte haben, um alle Arbeiter angemessen für ihre Arbeitshilfe mit Speisen und Getränken zu entschädigen. Das heißt, daß nur der Bauer, der Überschüsse besitzt, in größerem Umfange auf fremde Arbeitshilfe zurückgreifen und auf diese Weise erneut nennenswerte Überschüsse erwirtschaften kann.

Die großzügige Bewirtung der Helferinnen und Helfer mit Speisen und Getränken ist bei allen Formen der Gruppenarbeit, außer im engsten Familienkreis, Pflicht (für die Mosi vgl. Saul 1983). Auch wird erwartet, daß der Feldeigner die von anderen genossene Arbeitshilfe später erwidert. In Erzählung LYE-E411 heißt es:

„Am nächsten Tag gingen sie auf die Felder. Die Stunde, zu der die Arbeiter ihr Hirsewasser (in Wasser aufgelöstes, mit Zucker oder Honig gesüßtes Hirsemehl) trinken, war gekommen. (Das ist etwa gegen zehn oder halb elf am Morgen). Hase rief in den Baum hinein: ‚Schick einen Tonkrug mit Hirsewasser hinunter'."

Diese Textstelle zeigt, wie genau Zeitpunkt und Art des Essens für die Arbeitenden festgelegt sind. Es gilt als Schande, wenn ein Feldeigner zu wenig oder zu schlechtes Essen serviert. Diese Schande zieht Hyäne in besonders krasser Form auf sich. In Version LYE-E463 hat er das ganze Dorf zur Arbeitshilfe eingeladen, hat gleich hunderte von Mädchen kommen lassen, die das Essen servieren sollen. Und dann kommt gar nichts vom Wunderbaum, die Dörfler gehen nach Hause und lassen Hyäne in Schmach und Schande zurück.

Interessant ist die Art, wie der positive Protagonist der Erzählung die Früchte des Wunderbaumes nutzt. Statt sich zur Ruhe zu setzen und von den Früchten seines Wunderbaumes im Überfluß zu leben, benutzt Hase die Speisen und Getränke, um damit eine große Arbeitsgruppe auf seinem Hirsefeld zu bewirten. Damit mag eine demonstrative Absicht verbunden sein. „Richtig" genossener Reichtum ist immer demonstrativ genossener und vor allen Dingen mit anderen Menschen geteilter Reichtum. Auch drückt sich in diesem Motiv die fundamenta-

5.7. Einige Geschichten aus dem Hase-und-Hyäne-Zyklus

le Bedeutung des Hirseanbaus als „naturgegebene" Lebensgrundlage der Lyela aus. Die auf wunderbare Weise erworbene Nahrung führt beim „guten Helden" nicht zur Vernachlässigung oder zur Zerstörung der Lebensgrundlage. Das „Wunder" hilft dem Helden aus einer Mangelsituation, es führt aber nicht zur Umwälzung oder grundlegenden Änderung der wirtschaftlichen Ordnung. Außerdem ist das Wunder in vielen Erzählungen nur von kurzer Dauer, und der Überfluss ist oft genauso schnell wieder fort, wie er gekommen ist. Besser ist es, auf die eigenen Kräfte zu bauen und fleißig den Acker zu bestellen.

In diesem Kapitel über die Darstellung wirtschaftlicher Wertvorstellungen in den Erzählungen der Lyela ist viel von magisch erworbenem Reichtum und von Zaubermitteln, die nach typischer Art des Märchens unermeßliche Schätze produzieren, die Rede. Das Selbstverständliche, die Routine, wird nach typischer Art des Märchens nur selten angesprochen, und wie im vorliegenden Falle oft nur *"en passant"* gestreift. Darin sind sich europäisches Märchen und afrikanische Erzählung sehr ähnlich. In den beiden zitierten Versionen LYE-E463 und LYE-E640 äußern die Ehefrauen der Helden Erstaunen, daß ihre Ehemänner Arbeitseinladungen aussprechen, ohne ihnen Lebensmittel für die Mahlzeiten der Arbeitenden zuzuteilen. Die Frauen eines Gehöftes sind bei größeren Arbeitseinladungen schon Tage vorher mit der Verarbeitung der Hirse, der Saucenpflanzen und des Fleischs für die Beköstigung der Arbeitsgruppe beschäftigt. Sie müssen sich ihrerseits zu Gruppen zusammenschließen, um die Arbeiten des Stampfens, Reibens, Mahlens, Wasserholens, des Kochens und des Transportes, die die Bewirtung einer großen Arbeitsgruppe mit sich bringt, gemeinsam zu bewältigen. So ist Hases Frau in Erzählung LYE-E411 sehr erfreut, als ihr der Ehemann nicht nur die Arbeit der Essenszubereitung für die Arbeitsgruppe erspart, sondern auch noch Essen für die Familie vom Felde nach Hause zurückbringt.[14] Auch hier zeichnet sich der „gute Held" dadurch aus, daß er seine Familie versorgt, materielle Güter mit seinen Angehörigen teilt usw. In Version LYE-E851, der Geschichte vom Hirsekuchenbaum, heißt es:

> „Es [die Geschichte] handelt von Hase und Hyäne. Es herrschte Hunger. Eines Tages ging Hase in den Busch, wo er einen Tamarindenbaum [mit Hirsekuchen bewachsen] fand. Er stellte sich unter den Baum und sagte: ‚Ich nehme für zehn Francs.' Viele Hirsekuchen fielen herunter. Hase steckte einige in seinen Sack, um seine Familie damit zu ernähren. Jeden Tag war das so. Er sagte: ‚Ich nehme für fünfzehn Francs.'

---

[14] Darreichung und Verteilung der Nahrung an die Arbeitsgruppe sind ritualisiert: Wenn die Frauen und jungen Mädchen mit dem Essen auf den bis zu zehn Kilometer vom Gehöft entfernten Feldern eintreffen, begrüßen sie die Arbeitenden mit Trillern, Rufen und Händeklatschen. Die älteste Frau, die die Zubereitung der Speisen koordiniert hat, tritt hervor und ruft immer wieder: „*Aliaarɛ*" (lit.: „Eure Müdigkeit"), der übliche Gruß, der an arbeitende Menschen gerichtet wird. Sie fügt hinzu: „Gott helfe euch, usw." [...] Die Nahrung wird der Arbeitsgruppe übergeben, für ihre Verteilung ist der Anführer der Arbeitsgruppe (*pyɔ̃*) zuständig. In der Geschichte LYE-E411 wird geschildert, daß die Gruppe nicht die gesamte Nahrung verzehren konnte. Die Reste wurden vom Anführer aufgeteilt, und auch Hase als Feldeigner bekam einen Teil zurück für seine Familie.

Viele Hirsekuchen fielen zur Erde, er aß davon für fünf Francs, und er nahm für zehn Francs mit nach Hause.
[...]
Hyäne sagte [...]: ‚Ich kaufe für fünfhundert Francs.' Die Hirsekuchen fielen vom Baum. Hyäne sammelte so viele ein, daß alle seine Beutel gefüllt waren, aber er wollte immer noch mehr. Er machte so weiter bis die Hirsekuchen alle waren. Ein einziger Kuchen war übriggeblieben, den Hyäne absolut haben wollte. Er sagte: ‚Ich kaufe für tausende und tausende von Francs.' Der Hirsekuchen fiel nicht herunter [Lachen im Publikum]."

In Fett gebackene Hirsekuchen werden auf Festen und Märkten von den Frauen angeboten. Eine Portion, etwa drei Stück von denen man leicht satt wird, kosten fünf Francs. Diese „Einheit" wurde von der sechsundzwanzigjährigen Erzählerin (Martine Kancono aus Sanje) auch in der Geschichte verwendet, um Hases Bescheidenheit und Hyänes Gier einander gegenüberzustellen.

In einem Aufsatz aus dem Jahre 1975 macht sich Beidelman Gedanken darüber, warum zur Behandlung zwischenmenschlicher Probleme in afrikanischen Erzählungen so häufig Tiere eingesetzt werden. Hase und Hyäne als falsches Feundespaar sind dabei wohl nicht nur in Ost- und Zentralafrika, sondern auch im Savannengürtel Westafrikas die beliebtesten Protagonisten. Beidelman nennt einige Merkmale der Hyäne, die als Metaphern für besonders verachtenswerte Eigenschaften des Menschen herangezogen werden:

„Hyänen haben vielleicht die mächtigsten Zähne und Kiefer von allen Tieren. Sie fressen verwestes Aas, töten aber auch lebende Tiere. Sie sehen schmutzig und schmierig aus, weil sie oft in wassergefüllten Erdlöchern liegen [...]. Ihre Gangart ist unbeholfen und taumelnd. Sie stoßen menschenähnliche, gleichzeitig ‚dämonische' Schreie aus. Die Kaguru sagen, daß Hyänen stinken, weil sie Aas fressen; zusätzlich haben sie auch eine besondere Geruchsdrüse zwischen Schwanz und Anus. Manchmal fressen sie tags, aber sie sind hauptsächlich in der Nacht unterwegs, wann man dann auch ihr unheimliches Gelächter hören kann. [...] Die Kaguru glauben, daß sie nachts Leichen ausgraben und daß sie mit den Hexen in Verbindung stehen. Die Kaguru glauben, daß Hyänen zwittergeschlechtlich sind, was allgemein in Afrika angenommen wird, weil Hyänen ausgeprägte gegengeschlechtliche, sekundäre Geschlechtsmerkmale haben [...]. Alle diese dubiosen Eigenschaften machen Hyänen zu Hexen der Tierwelt." (Beidelman 1975: 190)

Hase besitzt die Sympathie der afrikanischen Zuhörerschaft für Eigenschaften, die denen der Hyäne diametral entgegengesetzt sind. Er ist Pflanzenfresser, darum harmlos und sauber und ohne die maßlose Gier der Hyäne, er ist flink und schlau im Gegensatz zu Hyänes plumper Dummheit. Er ist klein und schwach, in den Erzählungen besitzt er dafür die Begabung einer unwiderstehlichen Beredsamkeit:

„Die Kaguru-Hasen besitzen *ubala* (Schlauheit), *usungu* (Wissen), *mboto* (Glück) oder *ugosi* (Weisheit, Respekt); das sind alles Eigenschaften, die man bei Chefs und Ältesten bewundert [...]. Die physische und geistige und sogar moralische Gewandtheit der Hasen ermöglicht es ihnen, die meisten ihrer Ziele zu erreichen, denn sie setzen Worte und Dinge und Handlungen mit viel Geschick ein, das heißt in genauer Kenntnis ihrer wirklichen Bedeutung und ihres Stellenwertes. Im Gegensatz dazu steht

Hyänes ungeschicktes Herumfummeln und sein angeberisches Getue. Dieselben Eigenschaften, die Hase so geschickt erscheinen lassen, machen aus ihm auch ein moralisches Wesen, denn sie lassen ihn den richtigen Zusammenhang und die richtige Bedeutung von Ereignissen und Dingen verstehen." (Beidelman 1975: 191)

Auf die enge Beziehung zwischen Intelligenz (lyele: *sura*) und Macht im Denken der Lyela wurde im ersten Kapitel dieser Arbeit hingewiesen. Die enge Verbindung zwischen Intelligenz und richtigem moralischen Verhalten weist in die gleiche Richtung: Der Dumme, Ungeschickte, der sich in den Mitteln vergreift, verliert und hat auch noch den Spott auf seiner Seite. Der Schlaue, Intelligente, gewinnt und verbessert seine soziale Position. Sein Triumph wird moralisch von der Gemeinschaft gebilligt. In dieser Hinsicht unterscheiden sich die Erzählungen der Lyela nicht von denen der Kaguru und anderer afrikanischer Völker.

Die Lyela-Version vom Hirsekuchenbaum entspricht in beinahe allen Details einer Version, die Platiel im Ort Toma im Samo-Gebiet aufgenommen hat, und die in Zusammenfassung von Calame-Griaule (1969: 41) wiedergegeben wird. Von den Samo haben die Lyela möglicherweise auch das Motiv des „Kosmischen Baumes" (LYE-E851) übernommen, der in den Himmel steigt und die beiden Helden vor Gott bringt:

Hyäne und Hase steigen auf den Baum, um den letzten Hirsekuchen, der nicht herunterfallen will, abzupflücken. Der Baum erhebt sich und fliegt mit ihnen in den Himmel. Gott fragt sie, was sie wollen, und sie erzählen ihr Erlebnis mit dem Hirsekuchenbaum.
Gott läßt sie an einem breiten Baumwollband wieder zur Erde hinab. Er gibt jedem von ihnen eine Trommel, die sie schlagen sollen zum Zeichen, daß sie auf der Erde angekommen sind.
Der listige Hase wickelt große Mengen von dem kostbaren Baumwollband ab, bevor er die Trommel schlägt. Hyänes Trommel erklingt durch seine eigene Schuld bereits in der Mitte zwischen Himmel und Erde, Gott schneidet das Band entzwei, Hyäne fällt zu Boden und wird zerschmettert.
Hase nimmt etwas von Hyänes Fleisch (seine Hoden in LYE-E974) und bringt es seiner Frau. Die brät es und gibt auch den Kindern davon. Nach langem Warten auf ihren Ehemann erfährt sie von Hase, daß sie Hyänes Fleisch verzehrt hat. In LYE-E879 bricht Hyänes Frau in bittere Tränen aus. In einer Version (LYE-E851) bringt sie sich und die Kinder sogar um.

Einige Motifeme der Erzählungen LYE-E463 und LYE-E640 finden sich in transformierter Form in der Geschichte vom „Rind des Königs" wieder. So entdeckt Hase die Höhle eines Leguans, in der er Unterschlupf vor dem Regen sucht. Wie im „Schatzbaum" erhält Hase Einlaß durch ein bestimmtes Paßwort, bis Hyäne sein Geheimnis entdeckt. Nach Dittmer besitzen Schlangen, Lurche und Echsen bei allen voltaischen Völkern eine symbolische Bedeutung als Fruchtbarkeitsbringer. Sie erhalten bei manchen Ethnien Nahrung und Unterschlupf im Hause, und man findet sie häufig in bildlicher Darstellung als Lehmreliefs auf Vorratsbehältern (Dittmer 1979: 531). Auch in Erzählungen spielen diese Tiere, die in und unter der Erde und machmal auch im Wasser leben, eine wichtige Rolle. Hyäne frißt die Leguane einen nach dem anderen auf, ohne davor zurückzuscheuen, die ganze Familie auszurotten. Auch im „Rind des Königs" macht sich Hyäne schuldig, eine Nahrungsquelle, die sich selbst regeneriert, zu zerstören.

Nur ein kleiner, verkrüppelter Leguan schafft es, sich vor Hyäne zu verstecken. Er beschreibt dem positiven Helden ein magisches Fruchtbarkeitsritual. Auch dieses Ritual soll auf dem *shyabol* durchgeführt werden, an der immer wieder in Erzählungen erwähnten Stelle nahe der Gehöftmauer, wo sich das Wasser im Gehöftinnern sammelt, bevor es durch ein Loch am Fuße der Mauer nach außen tritt. Hase soll die letzten Leguanknochen an der feuchten Stelle nahe der Gehöftmauer vergraben, aus denen dann ein nicht näher bezeichnetes „Gewächs" entsteht wie aus einer Knolle oder Wurzel. Diese „Sache" wächst in den Farben rot, blau oder grün (*nampùlí),* schwarz und schließlich weiß. Weiß ist die Farbe des „reinen Herzens", des Guten, und Leguan sagt Hase, in dieser Farbe solle er das Gewächs aus Leguans Knochen heranwachsen lassen. In Version LYE-E640 wird spezifiziert, daß der Baum aus den Leguanknochen wieder ein Kapokbaum mit weißen Blüten sei. Auf ihm wachsen die genannten Speisen und Getränke in Tontöpfen und Körben, die dem guten Helden aus der Mangelsituation helfen. Hase hat sich gegenüber der Leguan-Familie höflich und korrekt verhalten und wird belohnt. Aber „Hyäne ist gestorben, weil er die Familie des Leguans ausgerottet hat" (LYE-E463). Auf das Motiv der Ausrottung einer Tierart, die vom letzten Überlebenden verhindert wurde, indem das Tier einem guten Helden einen zauberkräftigen Gegenstand zum Geschenk machte, wurde bereits bei der Interpretation von Geschichte LYE-E893 im ersten Kapitel verwiesen.

Die Episode der mit Hilfe eines Paßwortes zu betretenden Höhle ist ja auch in der orientalisch-islamischen Erzähltradition bekannt (Ali Baba und die vierzig Räuber).[15] Beidelman dokumentierte sie in Hase-und-Hyäne-Geschichten der Kaguru in Tansania. In einer ostafrikanischen Variante ist die mit Fleisch gefüllte Höhle der Wohnort von Löwenjungen, die dort ihre Tage verbringen, während die Eltern auf der Jagd sind.

> „Hase als Entdecker der Höhle nimmt bescheidene Mengen vom Fleisch der Löwen und versteckt einen Teil der Beute außerhalb der Höhle im Gebüsch. Hyäne frißt sich auf der Stelle voll. Entgegen Hases Weisung verrät er das Geheimnis der Höhle an die anderen Hyänen. Sie quälen die Löwenkinder, deren Geschrei die Eltern herbeilockt. Alle Hyänen werden von den Löwen eingesperrt und getötet. Nur Hases Familie bleibt am Leben." (Beidelman 1975: 184-89)

Die Geschichten LYE-E210, LYE-E463, LYE-E640 frappieren den Zuhörer durch das Motiv des herausgenommenen Magens, der außerhalb der Körpergrenzen des Anti-Helden ein unkontrollierbares Eigenleben führt. Calame-Griaule fand ein ähnliches Motiv in folgender Geschichte der Gurma in Burkina Faso, die etwa dreihundertfünfzig Kilometer östlich der Lyela leben:

---

15 Auf eine große Anzahl afrikanischer, asiatischer und europäischer Versionen und Varianten mit entsprechenden Nummern aus Aarne und Thompsons Index der Erzähltypen verweist Calame-Griaule (1987: 125-154).

5.7. Einige Geschichten aus dem Hase-und-Hyäne-Zyklus

In einer Hungersnot erbittet Hase höflich drei Hirsekuchen von einem Baum. Er teilt sie mit seiner Familie und mit Hyäne, der unbedingt auch wissen will, wo der Baum steht. Hase verspricht Hyäne, ihm am nächsten Morgen den Wunderbaum zu zeigen. Hyäne verbrennt seinen Speicher und Hühnerstall, um den Sonnenaufgang vorzutäuschen, dann zieht er mit Körben versehen in den Busch und klettert auf einen Baum, von dem er nur fünf Kuchen erhält. Die restlichen Kuchen fallen herunter und steigen wieder nach oben.
Hyäne nimmt seinen Dickdarm raus (der die Kuchen alleine fangen soll), aber er wird von einem Sperber fortgetragen. Hyäne schreit und verliert die Stimme. Er ersetzt den Dickdarm durch geflochtene Gräser.
Zu Hause zieht ein Sohn an den Gräsern, und Hyänes Exkremente fließen zu Boden. Es genügt eine heftige Bewegung (auch heute noch), und Hyäne verliert seine Exkremente.

Calame-Griaule betrachtet Hyänes mangelhafte Kontrolle über seine Darmtätigkeit ebenso wie seine unbezwingliche Gefräßigkeit und seine allgemeine Undiszipliniertheit als Merkmale einer infantilen Persönlichkeit (1969: 42). Die Lyela-Varianten nehmen nicht offen auf Hyänes peinliches Handicap Bezug. Die Erzählerin von LYE-E463 sagt diskret „alles ‚Wasser', das Hyäne nach dem Einsatz des künstlichen Dickdarms trinkt, läuft gleich wieder hinten heraus".

Der tiefere Sinn dieses Motivs scheint jedoch klar zu sein. Skatologische Motive sind in den Erzählungen der Lyela keine Seltenheit, und sie rufen oft laute Heiterkeit im Publikum hervor. Der gefräßige Antiheld zeichnet sich oft durch mangelnde Darmkontrolle aus, wie auch in der Geschichte vom „Hahn und Calao-Vogel, die gemeinsam ein Totenfest besuchen". Die „Gefräßigkeit" des Anti-Helden ist hier von sexueller Natur (LYE-E185):

Hahn und Calao-Vogel (LYE-E308: Hyäne) gehen auf ein Fest, obwohl Calao nichts Vernünftiges zum Anziehen hat und außerdem unter Diarrhöe leidet. Hahn gibt dem Freund seine Kleider, und dem lästigen Leiden wird dadurch abgeholfen, daß Hahn dem Calao den Anus mit einem Stück Kalebasse vernäht.
Auf dem Fest bei den Schwiegereltern erregt Calao die Bewunderung der Mädchen, Hahn wird fortgejagt und in den Regen geschickt.
Hahn fängt von draußen an zu singen, daß er seine Kleider wiederhaben will (jedes Kleidungsstück wird in einem eigenen Lied angemahnt).
Calao, der sich im Haus mit den Mädchen befindet, *"en train de causer"*, wirft ein Kleidungsstück nach dem anderen über die Mauer in der Hoffnung, die peinliche Störung bei seiner Werbung um die Mädchen auf diese Weise abzustellen.
Hahn fährt unerbittlich in seinem Gesang fort, auch als Calao bereits nackt ist. Er verlangt sein Kalebassenstück zurück, Calao gibt es ihm, „und das ganze Haus ist mit seinen Exkrementen gefüllt". Die Mädchen ergreifen die Flucht, Hahn nimmt seine Sachen und geht nach Hause.

Douglas (1975) zieht zum Verständnis der in Afrika beliebten skatologischen Witze Hypothesen von Bergson, Freud und Ehrenzweig heran. Nach einer Synthese der Ansichten der genannten drei Verfasser sagt sie:

„Ich gebe zu, daß ich Freuds Auffassung zum Witz sehr befriedigend finde. Der Witz ist [danach] ein Bild für das Aufgeben (relaxation) der bewußten Kontrolle zugunsten des Unbewußten." (1975: 96)

Für einen kurzen Moment dürfen normalerweise verdrängte Dinge aufscheinen; sie werden im geregelten und allgemein anerkannten „Kontext" des Geschichtenerzählens ausgesprochen, was nach Freud Energien des Unbewußten freisetzt:

> „Das Vergnügen über einen Witz liegt in einer Art emotionaler Ökonomie begründet. Wir benötigen fortlaufend Energie zur Überwachung unseres Unbewußten [...]. Der Witz durchbricht diese Kontrolle für einen Moment und gibt dem Überwachungssystem eine Pause. Oder wie Freud sagt: ‚Weil Überwachung Energie kostet, spart man [durch den Witz] etwas von seiner psychischen Verausgabung. Für einen Moment darf das Unbewußte ungehindert hervorquellen, daher das Vergnügen und das Gefühl der Befreiung.'" (Douglas 1975: 94)

Die Lyela legen großen Wert auf Kontrolle der Körperfunktionen. Man ißt zu festgelegten Zeiten in geregelten Gemeinschaften; ungezügelte Gier nach Nahrung wird im Alltagsleben wie in den Erzählungen immer wieder verurteilt und lächerlich gemacht. Das Individuum hat nach seinem sozialen Status festgelegte Ansprüche auf bestimmte Anteile der kommunalen Mahlzeiten. Niemand soll etwas für sich allein essen, ohne mit der Familie zu teilen. Heimlicher Verzehr von Nahrung gilt als ungehörig, oder wie Goody sich auszudrücken beliebte: "[...] *public input, private output. Eating alone is the equivalent of shitting publicly.*" (1982: 206)

Waschen und Defäkieren wird in diskreter Zurückgezogenheit verrichtet; die Lyela haben in den Gehöftecken Waschplätze eingerichtet, deren Lehmmauern bis zur Schulter reichen. Jemand, der sich gerade wäscht, wirft ein Tuch über die Mauer, das anzeigt, daß die Waschecke „besetzt" ist. Niemand wird sich dann diesem Platz nähern. Zum Defäkieren zieht man sich ins Gebüsch und Gesträuch nahe der Gehöfte zurück; schon die kleinen Kinder, die nach dem Abstillen nicht mehr in Mutters Rückentuch sitzen, verziehen sich diskret dorthin.

Sexuelle Kontakte finden ebenfalls in aller Heimlichkeit und Verschwiegenheit statt; es ist Pflicht der Erwachsenen, darauf zu achten, daß durch ihre sexuelle Betätigung nicht die Kinder im Schlaf gestört werden, von denen in jeder Hütte immer einige auch nachts zu finden sind.

In den Erzählungen erlaubt man sich dagegen Phantasien, die in schreiendem Kontrast zur Wirklichkeit stehen. Dabei bilden in den Hase-und-Hyäne-Geschichten Zügellosigkeit im Essen, mangelnde Kontrolle über Körperausscheidungen und sexuelle Skandalmotive (Beidelman verweist hier vor allem auf Inzest) ein Syndrom. Ich zitiere Motive aus Varianten der Geschichten vom „Wunderbaum" und dem „Rind des Königs":

Nach Hyänes List eines vorgetäuschten Zahnschmerzes, bei der er Hase in die Hand beißt, sagt Hase zu Hyäne, er werde ihn am nächsten Morgen zu dem Platz mitnehmen, von wo er seine Nahrung bekomme.
Hyäne kann vor lauter Ungeduld nicht einschlafen; in seiner Hast, zur wunderbaren Nahrungsquelle aufzubrechen, versucht er, den Tagesanbruch zu simulieren:
Er stochert mit einem Stock im Hühnerstall herum, damit die Hähne krähen (LYE-E002, LYE-E449, LYE-E851, LYE-E951).

5.7. Einige Geschichten aus dem Hase-und-Hyäne-Zyklus

Er streut Pfeffer aus, damit die alten Frauen husten oder niesen zum Zeichen, daß sie erwacht sind (LYE-E449, LYE-E951).

Hyäne befiehlt seiner Frau Okulpo, das rote Innere ihres Geschlechtsteils über das Loch im Dach, das als Rauchabzug dient, zu hängen (LYE-E851, LYE-E951, LYE-E974). Es soll so aussehen, als habe sich bei Tagesanbruch der Himmel bereits rot gefärbt.

Hase sticht mit einem langen Stock in Okulpos Vulva, so daß sie sich vor Schmerz auf den Rücken wirft.

Das Motiv der mit den Zähnen geschnappten Hand kommt in ganz Afrika in den Geschichten des genannten Typs vor. Calame-Griaule (1969=1987: 152) interpretiert es als symbolische Anspielung auf die Beschneidung als Teilschritt des Initiationsritus. In der von ihr bei den Dogon aufgenommenen Version hat sich Hyäne zwei Eier in die Wangen gesteckt, um eitrige Zahnabszesse zu simulieren:

„Die beiden runden Objekte in Hyänes Wangen und Hases Finger in Hyänes Maul stellen symbolisch das männliche Geschlecht dar; der schmerzhafte Biß ist eine Anspielung an die Beschneidung, und die Drohung, die Hand abzubeißen, ist eine Kastrationsdrohung." (Calame-Griaule 1987: 152)

Beidelman meint zur Symbolik der Zähne bei den Kaguru:

„Schlechte Menschen werden nicht nur mit schlechten Zähnen assoziiert, sondern mit Wildheit und mit ‚wilder' Nahrung [...]. In diesem Sinne sind Hyänes unglaublich starke Zähne eine Manifestation des wilden Chaos. Hyänen haben keinerlei Zurückhaltung, sie mögen lieber Knochen als Fleisch und sind gierig [...]. Kulturell gemäßigte Bezahnung wird mit sozial reguliertem Verhalten assoziiert, wohingegen übermäßig kräftige Zähne mit Hexerei in Verbindung gebracht werden. Zähne sollten durch Feilen verändert werden, um sie weniger als Tierzähne erscheinen zu lassen. Das stimmt auch mit der Abscheu der Kaguru vor Kindern mit unregelmäßigen Zähnen überein." (1975: 192)

Diese beiden Interpretationen schließen einander nicht aus; die pubertären Übergangsriten in den Erwachsenenstatus haben ja die Funktion, aus dem zum Teil noch kindischen, triebhaften Menschen einen den kulturellen Normen angepaßten Erwachsenen zu machen. Auch bei den Lyela wurden früher die Zähne der Jugendlichen während der Pubertät gefeilt, so daß sie als Erwachsene ein weiteres Merkmal des voll sozialisierten Menschen aufzuweisen hatten.

Das Motiv der geöffneten Vulva ist in den Versionen anderer Ethnien nicht zu finden. Es ist in den Gesamtzusammenhang der Beziehungen der gegensätzlichen Helden zu ihren Ehefrauen einzuordnen. Zu Hyänes kraß überzeichneten negativen Charakteristika gehört vor allem, daß er keine Verantwortung für die Versorgung seiner Familie übernimmt. Die vernachlässigte Frau verliert darum ihren Respekt vor dem Ehemann, der sie und die Kinder nicht so versorgt, wie es es seine Pflicht wäre. In Erzählung LYE-E002 kommt der Ehemann mit einem großen Bündel Knochen (von Calame-Griaule als "*anti-nourriture*" bezeichnet), aus dem Busch zurück. Anstatt dem Mann zu helfen, die Kopflast abzuladen, die übrigens ein Symbol für Weiblichkeit und Frauenarbeit darstellt und die Männlichkeit von Hyäne in Frage stellt, gibt sie ihm eine freche Antwort. Sie sagt: „Wenn dir die Last zu schwer ist und du sie nicht mehr halten kannst, laß sie einfach fallen." Das gleiche Motiv begegnet uns in transformierter Form in der Geschichte über das „Haus der Geister" wieder, in der ein ähnlicher Ehekonflikt zwischen „wirklichen Menschen" dargestellt wird (vgl. LYE-E267, LYE-E801).

Als Hyänenfrau von Hasenfrau in LYE-E951 etwas von dem fetten Fleisch aus dem Inneren des Rindes vom König bekommt, macht Okulpo ihrem Mann Hyäne Vorwürfe:

„‚Siehst du, du sammelst nur Knochen, und dein Freund ernährt seine Kinder mit Fleisch [...]. Seine Kinder sind sehr dick, und du, du sammelst nur Knochen'. Hyäne verschlang das [einzige] Stück Fleisch [das seine Frau mitgebracht hatte]".

Hyäne kümmert sich nicht um die Vorhaltungen seiner Frau, so daß diese es ihm bei passender Gelegenheit heimzahlt. Sie verhält sich als schlechte Ehefrau, symbolisiert durch wiederholtes, absichtliches Löschen des Feuers. Hyänes scham- und würdelose Aufforderung an seine Frau, öffentlich das Innere ihres Geschlechtsteils zu zeigen, gehört also in eine ganze Serie von Feindseligkeiten und Angriffen zwischen Hyäne, der als Familienvater versagt, und seiner Frau, die ihn deshalb nicht respektiert. Hyäne wird in dem simulierten Sonnenaufgang als so gierig dargestellt, daß er auch auf sexuellem Gebiet jede Scham fallen läßt. Die Entblößung der Frau auf Befehl des Mannes erinnert sogar ein wenig an Prostitution, denn sie dient ja dazu, die Gefräßigkeit des Mannes zu befriedigen mit Nahrung, die die Frau durch ihre Entblößung heranschaffen soll.

In zahlreichen anderen Geschichten werden Hyänes Kinder nicht nur als mager und schlecht ernährt, sondern in der Folge davon als debil verhöhnt. Aufträge, die der Hyänenvater seinen Söhnen erteilt, werden gar nicht oder falsch ausgeführt, die Boten fressen die zu transportierende Nahrung auf etc. Der Zustand der Kinder wird in den Lyela-Erzählungen von „Hase und Hyäne im Leib des Rindes" als Prestigesache dargestellt. In fünf von sieben Versionen steht abweichend von Bremonds Schema[16] bei den Lyela ein Wettkampf zwischen Hase und Hyäne am Anfang der Erzählung. Während in anderen westafrikanischen Ethnien der Hunger die Helden auf Nahrungssuche treibt, heißt es bei den Lyela:

„[In dieser Geschichte] handelt es sich um Hase und Hyäne, die sehen wollten, wer seine Kinder besser großziehen könnte und wessen Kinder dicker würden."

Wettkampf und Kräftemessen, Vergleichen und Konkurrenz kommen häufig in Erzählungen der Lyela vor. Zwar ist die Einfügung des Einzelnen an seinen Platz

---

16 "*The Clandestine Ox. Twelve versions from the Wolof, Bambara, Malinké, Mosi, Dogon, Mbai, Sékyani:
Positive hero finds the ox – Access through the mouth or anus – Restrained use of flesh and fat – Under the pretext of seeking embers, the negative hero's wife obtains meat – Revelation obtained through the faked toothache – Hasty departure by the trick of a false sunrise, etc. – The negative and the positive hero enter into the ox – Both in danger due to the negative hero's excess, which kills the ox – The positive hero saves himself thanks to an astute and modest choice – The negative hero remains trapped thanks to an immodest choice – The negative hero is beaten to death.*" (Bremond 1977: 404)

5.7. Einige Geschichten aus dem Hase-und-Hyäne-Zyklus

in der Sozialordnung hier ebenso Pflicht wie bei anderen gerontokratischen Ethnien Westafrikas, trotzdem scheinen die Lyela unterschwellig häufig von Rivalitätsdenken beherrscht zu sein.

Version LYE-E974 beginnt ebenfalls mit der Rivalität zwischen Hase und Hyäne um die Aufzucht ihrer Kinder. Jedem Hörer ist von Anfang an klar, daß Hyäne als *"personnage anti-social et anti-familial"* (Calame-Griaule 1972: 194) den Wettkampf um die Aufzucht der Kinder verlieren wird.

> Hase und Hyäne rivalisieren in der Aufzucht ihrer Kinder (LYE-E002, LYE-E236, LYE-E290, LYE-E879, LYE-E951, LYE-E974).
> Hase findet auf seiner Nahrungssuche einen Esel (LYE-E879) oder ein Rind des Chefs (LYE-E002, LYE-E236, LYE-E290, LYE-E449, LYE-E951, LYE-E974). Er klettert durch den Anus des Tieres in seinen Leib, schneidet im Innern Fleisch ab und geht damit nach Hause zu seiner Familie.
> Hyäne bringt nur Knochen nach Hause, aus denen die Frau „Suppe" für die Kinder kochen soll.
> Hyänes Frau, (sein Kind in LYE-E290) geht in Hases Hof, um Feuer zu holen. Sie sehen, daß die Nachbarn Fleisch kochen und bekommen ein Stück ab. Wiederholtes Löschen des Feuers auf dem Weg, um erneut Fleisch zu erbetteln.
> Hyänenfrau bringt ein Stück Fleisch mit nach Hause und läßt es absichtlich an exponierten Stellen liegen: auf dem Wasserkrug, auf der Sitzbank aus Lehm, um den aus dem Busch heimkehrenden Ehemann zu provozieren (LYE-E002, LYE-E236, LYE-E879, LYE-E951).
> Hyäne simuliert Zahnschmerz, läßt Hase sein Geschwür „operieren", hält Hases Hand fest und zwingt ihn so, ihm die geheime Nahrungsquelle zu zeigen.
> Ungeduld der Hyäne, simulierter Sonnenaufgang (s.o.).
> Hase und Hyäne im Leib des Rindes. Hase warnt Hyäne, nicht die Leber (LYE-E002), das Herz (LYE-E449, LYE-E874) oder „diese Sache da" (LYE-E974) zu berühren oder gar hineinzuschneiden. Hyäne beachtet diese Warnung nicht, das Rind stirbt, und die beiden sind gefangen.
> Hase versteckt sich in der Gallenblase, Hyäne im Magen. Leute des Chefs zerlegen das Rind und geben die (wertlose) Gallenblase einem Blinden, der sie fortwirft. Hase läuft weg, rät in seiner Rolle als „Tierarzt" (LYE-E951) den Leuten des Chefs, mit Stöcken auf den Magen einzuschlagen.
> Hyäne wird erschlagen, Hase gibt Hyänes Frau etwas von seinem Fleisch (LYE-E879), bzw. die Hoden ihres Mannes (LYE-E974) zu essen.

Hyäne, der als Familienvater versagt hat, wird am Ende von seiner Frau und seinen Kindern verzehrt, ein verheerender Schluß der Erzählung, der auch einer Fulbe-Version aus Mali (cf. Calame-Griaule 1972: 194) angehängt wurde. Dieses kannibalistische Mahl ist eine Parodie auf Hyänes Eigensucht, eine abstruse Umkehrung der Ernährerrolle des Familienvaters. Statt den Personen, für die er verantwortlich ist, zu essen zu bringen, dient er ihnen selbst als Nahrung.

Krüger-Kahloula versteht das Eindringen von Hase und Hyäne in den Leib der Kuh als phantasierte Rückkehr in den Mutterleib, als Regression zu einer Periode im Leben, während der die Mutter das Kleinkind noch vollständig ernährte. Auch Bremond schließt sich dieser tiefenpsychologischen Interpretation an:

„Nachdem er den Weg zurück zu dieser ursprünglichen Art der Ernährung gefunden hat, während alle anderen vor Hunger sterben müssen, demonstriert der positive Held seine persönliche Reife durch die disziplinierte Nutzung seines kindlichen Privilegs. Seine Nahrungsquelle hat drei Vorteile: erstens versorgt sie ihn mit Eiweißnahrung, so wie die Nahrung, die der Embryo im Mutterleib erhält; zweitens sitzt der Esser im Innern des Gegessenen und genießt so den Schutz seines Körpers; und drittens lebt das Nahrung spendende Tier weiter, während es sein Fleisch abgibt und steht so zu dauerhaften Ernährung (des Eindringlings) zur Verfügung." (Bremond 1977: 408)

Hyäne zerstört in seinem charakteristischen, kindischen Widerspruchsgeist, in seiner Gier und Dummheit, die Nahrungsquelle. Der Gegensatz zwischen Hase und Hyäne verkündet eine

„banale und trotzdem mächtige Moral, die in den verschiedensten Zusammenhängen Anwendung finden kann: man muß seinen Gebrauch [...] der Nahrungsquellen, oder allgemeiner aller limitierten Ressourcen maßvoll gestalten." (ebd.: 409)

Von der nun folgenden Geschichte vom „Geisterhaus" habe ich zwei Versionen aufgenommen (LYE-E267, LYE-E801), deren symbolische und strukturelle Parallelen zum „Nahrungsbaum" und zum „Schatzbaum" deutlich zu erkennen sind. Das Thema der Konkurrenz zwischen Ehepartnern um die Ernährung der Familie wird mit umgekehrtem Vorzeichen wiederaufgenommen und stärker in den Vordergrund gestellt als in den bisher vorgestellten Tiererzählungen.

In einer schweren Hungersnot, in der alle Menschen schon so entkräftet sind, daß sie ihre Häuser nicht mehr verlassen können, geht eine Frau immer noch in den Busch, um Blätter für ihre Kinder zu sammeln (LYE-E267, LYE-E801).
Sie erfährt dafür keine Anerkennung von ihrem Mann (LYE-E267), bzw. von ihrem Sohn (LYE-E801), die über die Blätter als dauernde Nahrung klagen, sie aber dann doch essen.
Eines Tages sieht die Frau, daß die Geister (nəcílsé) von der Ernte ihrer Felder zurückkehren, schwer beladen mit Kopflasten voller Hirserispen. Sie gehen zu einem Berg und sprechen eine magische Formel aus; der Berg öffnet sich, innen befindet sich das Haus der Geister, in dem alle Sorten wertvollster Nahrungsmittel bevorratet sind. Die Frau versteckt sich auf einem Baum, schaut den Geistern beim Essen zu und wartet ab, bis sie wieder auf ihre Felder zurückkehren. Dann öffnet sie selbst mit der magischen Formel den Berg und füllt ihren Korb mit Speisen.
Bei ihrer Rückkehr nach Hause weigert sich der Ehemann (LYE-E267), bzw. der Sohn (LYE-E801), ihr die Kopflast abzunehmen in der Erwartung, daß sie nur wieder Blätter mitgebracht habe. Die Frau wirft eine Handvoll Getreide in den Hof, dann hilft ihr der Mann (bzw. der Sohn), die Kopflast abzustellen, und die Familie ißt sich satt.
Beim nächsten Mal besteht der Ehemann (Sohn) der Frau darauf, die Frau zum Geisterhaus zu begleiten. Beide füllen ihre Behältnisse; in LYE-E267 warnt die Frau ihren Mann davor, eine große Fleischkeule, die im Innern des Geisterhauses an der Decke aufgehängt ist, zu berühren. Der Ehemann hält sich nicht an die Warnung, und ein Teil der Geisterhöhle stürzt ein.
In Version LYE-E801 werden Mutter und Sohn von den heimkehrenden Geistern überrascht, sie verbergen sich in einem Winkel. Dort werden sie von den Geistern, die ihre Mahlzeit einnehmen, versehentlich mit Knochen beworfen. In beiden Varianten schreit der männliche Partner auf und verrät ihre Anwesenheit. Die Geister, die die

Anwesenheit von menschlichen Wesen vorher „gewittert" hatten, fangen die Eindringlinge.

In Version LYE-E267 sagt die Frau, die Geister sollten vor der Tötung der Menschen noch ein wichtiges Ritual durchführen: sie sollten vor dem Chef der Geister einen (Abschieds-) tanz aufführen. In LYE-E801 sind es die Geister selbst, die diesen Tanz vorschlagen. Die Frau ergreift im Tanz die Hacke ihres männlichen Partners, doch statt sie, wie es der Tanz fordert, vor den Füßen des Geisterhäuptlings in den Boden zu rammen, schlägt sie ihm mit der Hacke den Kopf ab.

Die anderen Geister fliehen in den Busch, wo sie seit dieser Zeit leben (LYE-E801). In LYE-E267 zieht das Ehepaar in das reichlich mit Vorräten gefüllte Geisterhaus um.

Die ausführlichere Version vom Geisterhaus (LYE-E267) wurde von einer Frau erzählt, die kürzere (LYE-E801) von einem Mann. In beiden Versionen wird jedoch eindeutig der Frau die Rolle der *"femme nourricière"*, der Ernährerin der Familie, zugeschrieben. Trotz aller Schwäche und Verzweiflung während der schweren Hungersnot geht sie weiterhin im Busch die letzten kargen Blätter sammeln, mit denen sie die Familie am Leben erhält. Ihr Ehemann in der Erzählung LYE-E267 wird wie Hyäne in den oben wiedergegebenen Beispielen als Versager dargestellt. Dazu würdigt er auch noch seine Frau herab. Er kann sich nicht mehr erheben vor Schwäche, aber er nörgelt immer noch über die Nahrung, die die Frau aus dem Busch heimbringt, obwohl er sie in seinem Hunger dann doch verzehrt (LYE-E267): „Der Ehemann ertrug den Hunger nicht; er hat auch die Blätter gegessen, genau wie die Kinder."

Obwohl seine Frau ihn vor dem Hungertod rettet, weigert er sich, ihr den schweren Korb vom Kopf zu heben, als sie erschöpft und halb verhungert aus dem Busch zurückkehrt. Er besteht dann gegen den Willen der Frau darauf, sie zu ihrer wunderbaren Nahrungsquelle zu begleiten, und in LYE-E801 verhält er sich wie Hyäne im Bauch des Rindes: Er füllt voller Gier seinen Beutel mit Nahrung, und er nimmt die Warnung seiner Frau nicht ernst, die fette Fleischkeule, die in der Mitte des Geisterhauses unter der Decke aufgehängt ist, nicht zu berühren.

In der von einem männlichen Erzähler wiedergegebenen Version (LYE-E801) finden sich eine Mutter und ihr ältester Sohn in den Hauptrollen. Der infantile Charakter des männlichen Parts ist in dieser Konstellation verständlicher. In beiden Versionen ist es der Mann, der sich nicht den Schmerz verkneifen kann, als die beiden Eindringlinge versehentlich von den Geistern mit Knochen beworfen werden. In beiden Versionen ist es der stärkere weibliche Teil, der eine List erfindet, um sie beide vor den Buschgeistern zu erretten. In der ausführlicheren Version LYE-E267 ergeht sich die Erzählerin in einer genußreichen Schilderung der Schwächen des Ehemannes, so daß es schwerfällt, sich eine feministische Interpretation dieser Erzählung zu versagen. Die Version der weiblichen Erzählerin ist beinahe dreimal so lang wie die des männlichen Erzählers, ein Zeichen dafür, daß die Erzählung vom Geisterhaus eine Frau mehr anspricht als einen Mann. Wie wir im Kapitel 7 sehen werden, finden sich dort eine Unzahl misogyner Stereotype. Das vorliegende Erzählbeispiel erscheint vor dem Hintergrund der allgemeinen Tendenz zur Frauenfeindlichkeit schon beinahe als Ausnahme.

Auch in der Erzähltradition der Samo (Platiel 1984: 23) werden Männer gelegentlich als egoistisch, faul, feige und untätig dargestellt. In abschreckenden

Karikaturen werden die Männer davor gewarnt, ihre Pflichten zu vernachlässigen. In den psychologisch subtileren Erzählungen wählt man eher Tierfiguren, um Botschaften dieser Art an das Publikum zu bringen:

> „Wir verlieren viel, wenn wir aus Menschen Karikaturen machen, aber wir können die Katharsis der Karikatur haben ohne die Forderung nach idealem menschlichen Verhalten aufzugeben, wenn wir die Charaktere der Erzählungen ihrer Menschlichkeit berauben und sie in Tiere verwandeln. [...] Sie dienen dann als Modelle von bestimmten Persönlichkeiten, so wie organische oder mechanische Modelle den Soziologen helfen, die Gesellschaft zu verstehen." (Beidelman 1975: 195)

Die Heldin von Version LYE-E267 bringt keine offene Kritik an ihrem Ehemann vor, aber die ganze Erzählung zielt dennoch darauf ab, den Mann lächerlich zu machen. Ebenso wie in Wirklichkeit wird die bedeutende wirtschaftliche Rolle der Frauen nicht von den Männern anerkannt. Aber am Ende ist es die Frau, die die Buschgeister besiegt und die für die Aufhebung des Mangels sorgt. Der Frau werden alle guten Eigenschaften zugeschrieben: Sie ist stark, zäh, mutig, listig und trotzdem bescheiden und einsichtig genug, Tabus zu respektieren. Und ihr Ehemann? *"C'est même pas la peine d'en parler"*, wie die französischsprechenden Lyela sagen würden.

5.8. Arbeit und Faulheit

Wir haben gesehen, daß sich die traditionell gläubigen Lyela von den Mächten der Natur in ihren ökonomischen Aktivitäten eingegrenzt fühlen. Für das wirtschaftliche Handeln gelten ebenso wie für alle anderen sozialen Verhaltensweisen Regeln, deren Übertretung von den Busch-, Wasser- oder Ahnengeistern bestraft wird. Aber die Menschen wissen auch, daß harte Arbeit und eigene Anstrengungen notwendig sind, um das Ziel allen wirtschaftlichen und sozialen Handelns, das Überleben der Klan-Sektion, zu erreichen.

Die folgende Geschichte, aufgenommen in vier Versionen (LYE-E152, LYE-E324, LYE-E402, LYE-E1004), nimmt den fatalistischen Glauben an hilfreiche übernatürliche Mächte, die in anderen Erzählungen noch häufig genug auftreten werden, satirisch aufs Korn. Held und Antiheld werden wieder durch das beliebte metaphorische Freundespaar Hase und Hyäne dargestellt:

> Hase und Hyäne haben nebeneinander ihre Buschfelder angelegt. Nach der Aussaat überzeugt Hase Hyäne davon, daß es nicht notwendig sei, auf den Feldern Unkraut zu jäten. Man solle sich zur Ruhe legen und die Arbeit den Ahnengeistern überlassen.
> Hyäne legt sich in seiner Hütte zum Schlafen nieder; Hase stellt einen Pottaschefilter in seinem Haus auf, dessen tropfendes Wasser nach Meinung der Lyela wie menschliches Schnarchen klingt. Heimlich macht sich Hase auf sein Feld zur Arbeit.
> Zur Zeit der Ernte gehen die falschen Freunde auf ihre Felder um nachzuschauen, ob die Hirse und die Bohnen (die immer zusammen ausgesät werden,) gute Früchte tragen.
> Beim Anblick seines bis auf einen kümmerlichen Hirsestengel leeren Feldes behauptet Hyäne, Hases Feld sei von seinen (Hyänes) Ahnen bestellt worden. Er vertreibt Hase

5.8. Arbeit und Faulheit

mit brutaler Gewalt und macht sich gleich an Ort und Stelle daran, auf dem Feld die Bohnen zu kochen, um sie zu fressen.

Je nach Version denkt sich Hase einen etwas anderen Trick aus, um die Ahnengeister zu imitieren und Hyäne auf diese Weise Angst zu machen:

In Version LYE-E324 rollt er sich in einem verschlossenen tönernen Wassertopf über das Feld und macht von innen schauerliche Geräusche.

In LYE-E152 versteckt sich Hase mit einem Messer in einer Soumbara[17]-Kugel, läßt sich von Hyäne verschlucken und schneidet ihm von innen an den Eingeweiden herum.

In Version LYE-E402 bindet Hase seinem Esel eine Autohupe um und erschreckt Hyäne mit dem Geräusch zu Tode.

In Version LYE-E1004 versteckt er sich in einer mit Hühnerfedern und klimpernden Eisenteilen präparierten Kalebasse.

Hyäne holt je nach Version Panther, Löwe und/oder Elefant zu Hilfe. Die erstgenannten Tiere fliehen vor dem schauerlichen Gegenstand; Elefant schläft auf dem Feld ein und läßt sich nicht einmal durch Stockschläge wecken. Hyäne flieht ebenfalls voller Panik und überläßt Hase das Terrain. Der vertreibt auch den schlafenden Elefanten, indem er ihm heißes Wasser ins Ohr gießt.

Als Hyäne auch den Elefanten als das stärkste Tier des Waldes vor Hases „Ahnengeistern" davonrennen sieht, gibt er das zu Unrecht besetzte Feld wieder frei.

Version LYE-E402 endet damit, daß Hase der hungernden Hyänenfamilie jeden Tag etwas von seiner Mahlzeit abgibt.

Version LYE-E152 endet auf groteske Weise: Hyäne versucht den Trick mit der Soumbara-Kugel zu imitieren und versucht den kleinen Hasen zu überreden, eine riesige Gewürzkugel, in der er sich selbst verborgen hält, herunterzuschlucken.

In Version LYE-E1004 wird Hyäne vom rasenden Elefanten in den Boden gestampft.

Meine Hypothesen zur Interpretation der Geschichten, die sich mit dem Thema der Arbeit in westafrikanischen Bauernkulturen befassen, lassen sich folgendermaßen fassen:

Die harte und monotone Arbeit auf den steinigen oder lehmigen Böden fordert die körperliche Leistungsfähigkeit der Menschen bis aufs äußerste. In den langen Stunden härtester Anspannung unter glühender Sonne denken die Bauern über die Notwendigkeit dieser Anstrengungen nach. Ihre Phantasie entwickelt sich in drei Richtungen:

Es werden verstärkende Rationalisierungen gesucht, die den bestehenden Zwang rechtfertigen. So wird in der vorliegenden Erzählung ausgemalt, wie Hyäne und seine Familie hungern müssen, weil der verantwortliche Arbeiter das Feld verunkrauten ließ.

Der Held oder die Heldin weicht der Arbeitsverpflichtung aus und versucht, sich die Früchte der Arbeit seiner Mitmenschen anzueignen. Beispiele dafür sollen im folgenden vorgestellt werden.

Die Arbeit der Menschen (oder Tiere) wird durch übernatürliche Hilfsmittel erleichtert. Arbeit allgemein heißt im Lyele *tum*, pl. *tuma*. Unter diesen Begriff

---

17 *Soumbara* – in ganz Westafrika verbreitetes Gewürz aus gegorenen Kernen der *Parkia biglobosa,* das zu Kugeln gerollt wird.

fallen die verschiedensten Tätigkeiten, die einen sehr unterschiedlichen Grad körperlicher oder geistiger Anstrengung erfordern. Darunter verstehen die Lyela zielgerichtete Tätigkeiten, von denen sie sich eine beabsichtigte Wirkung, einen bestimmten Nutzen, erhoffen. Auch die religiösen Pflichten der Opferpriester werden als *tum* bezeichnet. Sie sind ebenso wie verschiedene „magische" Verrichtungen notwendig dafür, daß eine bestimmte Handlung Nutzen bringt und Früchte trägt. Auch die finsteren Machenschaften der Hexen und Zauberer werden als *tum* bezeichnet.

Die grundlegende wirtschaftliche Tätigkeit der Lyela, die Bestellung ihrer Felder, wird in einem genaueren Wort ausgedrückt: *vwal*, das die französischsprechenden mit "*cultiver (la terre)*" übersetzen, zu deutsch etwa „den Acker bestellen". Zur noch genaueren Bezeichnung der einzelnen Arbeitsschritte innerhalb der Ackerbausaison von Mai bis Oktober gibt es dann noch eine Vielzahl von Einzelverben, die differenziert die verschiedenen Arbeitsschritte beschreiben, die notwendig sind, um aus dem ausgesäten Korn eine Getreidemenge zu erwirtschaften, die die Familie satt macht.

Jeder arbeitsfähige Mensch ist bei den Lyela traditionsgemäß moralisch verpflichtet, in der Pflanzzeit seine Kräfte auf den Feldern einzusetzen.[18] Die Kinder erhalten ein regelrechtes Körpertraining im Ackerbau, und das Netz der sozialen Kontrolle in den Dörfern ist so eng gespannt, daß es sich kaum ein Mann leisten kann, nicht in den nach Altersklassen gestaffelten Arbeitsgruppen mitzuarbeiten (vgl. Steinbrich 1987: 264–273). Dennoch gibt es vereinzelt Außenseiter, marginale Persönlichkeiten, die trotz des auf ihnen lastenden Gruppendrucks nicht den vollen Einsatz auf den Hirsefeldern erbringen können. Sie leben mit ihren Familien im Elend und geraten darum immer wieder in Konflikt mit den bei den Lyela gültigen Verhaltensnormen. Sie bitten andere, reichere Gehöftherren um Nahrung, sie leben von der Hand in den Mund und fristen ein kümmerliches Dasein. Meistens sind oder werden sie von einer chronischen Krankheit befallen; sie bilden eine kleine Gruppe von Außenseitern, die den harten Leistungsnormen der der Lyela-Gesellschaft nicht gewachsen sind.

Interessanterweise spielen einige dieser „exzentrischen" Personen oft die Figur der „Hyäne" (*yùlú*) innerhalb der Arbeitsgruppen. Sie kleiden sich in Lumpen, behängen sich mit rasselnden Knochenstücken, die alle die Tiere symbolisieren sollen, die „Hyäne" schon gefressen hat. Die Hyänenmänner sind groteske Spaßmacher, die die Arbeitenden mit Witzen und Späßen bei Laune halten. Ihre wichtigste Aufgabe ist es, auf der Flöte *zãã yilə* (Preisnamen) zu spielen und mit der Schmeichelei des Selbstgefühls der Arbeitenden ihre Anstrengungen zu erhöhen (vgl. Kap. 2.4.).

---

18 Diese traditionelle Regel leidet heute unter den Folgen modernen Wandels. Ich habe an anderer Stelle (1987: 196ff, 275) beschrieben, daß sich immer mehr junge Männer den Anforderungen der Feldarbeit durch Abwanderung in die Küstenländer entziehen. Durch Monetarisierung der Ackerbautätigkeiten ergeben sich außerdem heute für „reiche" Arbeitsmigranten Ausbeutungsmöglichkeiten gegenüber ihren Angehörigen, die die überlieferten Werte der gegenseitigen Hilfeleistung und des reziproken Austauschs untergraben.

Nach Auffassung der Lyela wird bei der harten Feldarbeit das Blut der Arbeitenden oft „zu heiß". Die körperliche Anstrengung führt zu Gereiztheit und Empfindlichkeit, die ständige, enge Zusammenarbeit der Arbeitsgruppenmitglieder nicht selten zu Spannungen und Konflikten untereinander. Meinungsverschiedenheiten über den Arbeitseinsatz, über Termine und die Verteilung des Essens können in der angespannten Atmosphäre leicht eskalieren. Deshalb gelten für die Mitglieder der Arbeitsgruppen eigene, besondere Regeln, die vom „Chef" der Arbeitsgruppe (*pyɔ̃*) und seinen „Sekretären" (*shyernabe*) überwacht und durchgesetzt werden.

Der „Hyänenmann" hat die Aufgabe, durch seine Possen und Witze für Unterhaltung und seelische Entspannung zu sorgen. Er soll die Arbeiter ablenken, Verkniffenheit und Übelnehmerei verhindern, bevor es zu wirklichen Auseinandersetzungen kommt. Auf diese Weise wird auch marginalen Mitgliedern der Dorfgemeinschaft noch eine „nützliche" Aufgabe übertragen. Der metaphorische Gehalt der Witzfigur Hyäne wird also nicht nur in Erzählungen eingesetzt, sondern auch in der Alltagswirklichkeit.

In zwei Versionen der vorliegenden Geschichte wird beschrieben, wie Hyäne nachschaut (bzw. nachschauen läßt), ob Hase auch wirklich nicht auf die Felder geht und wahrhaftig die Pflanzzeit schlafend in der Hütte verbringt. Hyäne kann nicht glauben, daß es richtig sein soll, in der Zeit des Unkrautjätens, dem schlimmsten Engpaß im Arbeitskräfteeinsatz beim Hirseanbau, untätig zu Hause zu bleiben. Im Kampf gegen das schnellwachsende Unkraut, das die kleinen Hirsepflanzen zu ersticken droht, wird jeder Arbeitskraft ein maximaler Einsatz abverlangt. Denn davon, ob der Kampf gegen das Unkraut gewonnen wird oder nicht, hängt die gesamte Ernte, d.h. die Versorgung der ganzen Familie über ein volles Jahr, ab. Wie es Zahan in seiner Untersuchung der Preislieder des *tyiwara*-Bundes der Bambara in Mali ausdrückte, leben die Menschen der westafrikanischen Savanne unter einem Gebot, das in ihrer Arbeitslyrik immer wieder zur Sprache gebracht wird: "*Travailler ou mourir*" (1980: 39).

Die Lieder der *tyiwara*-Arbeitsgemeinschaften der Bambara lassen sich in ihrer dichterischen Eleganz vielleicht nicht mit den einfachen Tiererzählungen der Lyela vergleichen; die Botschaft, die sie verkünden, ist jedoch ähnlich. Die Menschen müssen ihre volle Kraft in der Pflanzzeit mobilisieren, um das (Über-) Leben der Gemeinschaft zu sichern. In den Erzählungen malt man sich aus, welche Folgen es haben würde, wenn man im Kampf um die Existenz nachließe. Wider besseres Wissen gibt Hyäne in unserer Geschichte seiner Faulheit nach und verschläft die Zeit des Jätens. Damit verschuldet er Not und Mangel seiner Familie, eine Situation, die er dann weiter mit brutaler Gewalt und dem Übergriff auf das Eigentum anderer abzuwenden sucht.

Die vorliegende Erzählung beschreibt die Einzelarbeit auf dem eigenen Hirsefeld. Ein nicht unerheblicher Anteil der Gesamtarbeit wird in dieser Form verrichtet. Auch bei den Lyela gilt der Grundsatz: „Jeder ist sich selbst der Nächste", und der Einzelne ist letztendlich darum bemüht, seine eigene wirtschaftliche Situation so gut wie möglich zu gestalten. Wie im vorangegangenen Abschnitt an verschiedenen Beispielen gezeigt wurde, gibt es für wirtschaftliche Eigeninitiative selbstverständlich Grenzen. Sie scheinen nicht ganz so eng gezogen zu sein wie etwa bei den benachbarten Mosi oder bei den Bulsa in Nordghana. Aber diese Grenzen müssen immer wieder verteidigt werden. Die Erzählungen wirken dabei mit, den Einzelnen zur Arbeit für das „Gemeinwohl" zu verpflichten.

Auch die folgende Geschichte verurteilt Hyänes asoziales Verhalten auf drastische Weise. Sie zeugt von ziemlich gemeinem Humor und weist gleichzeitig auf die Angst der Lyela vor Hexerei und Zauberei hin:

> Die Tiere des Waldes bestellen gemeinsam ein Feld, nur Hyäne besteht darauf, sich abseits ein eigenes Feld anzulegen. Hase arbeitet überhaupt nicht, denn er besitzt viele mächtige Fetische.
> Am Morgen nach dem Tage, an dem Hyäne mit seinen Rodungsarbeiten begonnen hatte, geht Hase auf Hyänes Feld und richtet mit seinen Zaubermitteln alles ausgehackte Unkraut wieder auf: Büsche, Sträucher und Gräser.
> Hyäne ist fassungslos, macht sich am folgenden Tag aber wieder neu an die Arbeit. Hase wiederholt seine Zauberei.
> Hyäne konsultiert einen Wahrsager, der ihm sagt, Hase verübe Zauberei gegen ihn. Hyäne will es nicht glauben, denn Hase und er seien doch so gute Freunde, daß sie sogar zusammen äßen.
> Hyäne rodet erneut sein Feld. Hase wiederholt seine Zauberei, Hyäne schafft es nicht, Hase zu fangen.

Das Vergehen, das Hyäne in der vorliegenden Erzählung angelastet und weswegen er bestraft wird, ist die Tatsache, daß er sich nicht an der Gemeinschaftsarbeit der Tiere beteiligt. Besonders für junge Menschen bestehen bei den Lyela bis heute zahlreiche Arbeitsverpflichtungen in verschiedenen Formen von Arbeitsgruppen: Vor der Verheiratung haben weder Männer noch Frauen Möglichkeiten, für sich selbst zu wirtschaften, und auch für die nach Lyela-Verhältnissen „erwachsenen" Menschen bestehen zahlreiche Verpflichtungen zu den verschiedensten Formen von Gruppenarbeit. Obwohl Hyänes Eigeninitiative eine verurteilenswürdige, egoistische Handlung darstellt, ist doch Hases perfide Zauberei eine böse Gemeinheit, und die Erzählerin hütet sich, am Ende offen für Hase Partei zu ergreifen.

Es scheint in der menschlichen Natur zu liegen, daß der Einzelne bei der Gruppenarbeit den eigenen Einsatz zu minimieren und den persönlichen Gewinn zu maximieren sucht. Jedenfalls beschäftigen sich acht verschiedene Lyela-Erzählungen, von denen auch einige in anderen afrikanischen Gesellschaften bekannt sind, mit dem Problem der Gruppenarbeit und der Verteilung des gemeinsam erarbeiteten Produktes. Ein Mitglied, das seine Arbeitsverpflichtungen womöglich gar nicht oder nur mangelhaft erfüllt hat, versucht die anderen (oft fleißigeren) Mitglieder um die Früchte der Arbeit zu prellen.

Geschichte LYE-E859 zeigt einen Vogel, der sich weigert, bei einer Brunnenbohrung mitzuarbeiten, dann aber später Wasser stiehlt. Das Graben von Brunnen in der harten Lateriterde ist eine sehr schwere Arbeit, die aber natürlich unabdingbar ist und ebenso wie das Ausschachten der Gräber als Arbeitsverpflichtung der jungen Männer gilt. Wasser ist kein Privatbesitz, so daß „Stehlen" von Wasser kaum sanktioniert werden kann. Gleichzeitig ist Wasser zur Lebenserhaltung ebenso notwendig wie Nahrung. In den Erzählungen werden deshalb diejenigen,

5.8. Arbeit und Faulheit

die bei diesen notwendigen kommunalen Arbeiten nicht angemessen mithelfen, als Bösewichte herausgestellt, die ihre gerechte Strafe erhalten.

Geschichte LYE-E745 beschreibt, wie eine „Arbeitseinladung" (*gololo*) im Chaos endet, weil die Arbeiter (Tiere des Waldes) zu viel Hirsebier getrunken haben und sich im Rausch gegenseitig zerfleischen. Die Botschaft dieser Erzählung lautet, daß derjenige, der verschiedene Verwandte, Freunde und Nachbarn zu sich aufs Feld einlädt, auch die persönlichen Beziehungen der Arbeitenden untereinander zu berücksichtigen hat. Er sollte keine Leute zusammen einladen, die schon seit längerem Streit untereinander haben, der dann in der „erhitzten" Atmosphäre der Feldarbeit ausbricht.

Eine witzige Geschichte, die zeigt, wie es Hase gelingt, die Mitglieder seiner Arbeitsgruppe zu betrügen, indem er sein Vergehen Hyäne oder Affe anlastet, liegt in drei Versionen vor (LYE-E423, LYE-E485, LYE-E802), die nun in Zusammenfassung wiedergegeben werden sollen. Diese Erzählung spricht wichtige Probleme der wirtschaftlichen Zusammenarbeit an, die auch für die Entwicklungshilfe relevant sind, wie bei der nachfolgenden Analyse gezeigt wird:

> Die Tiere des Waldes haben zusammen ein Feld angelegt. Die Ernte wird in einen Speicher eingelagert, dann beschließen die Tiere, daß jeder für die Trockenzeit in sein eigenes Dorf zurückkehren solle.
> Zu Beginn der nächsten Regenzeit soll der Speicher geöffnet und die Hirse verteilt werden.
> Hase beauftragt Hyäne, den Speicher zu verschließen, und alle Tiere kehren in ihre Dörfer zurück.
> Hase engagiert das Gräbereichhörnchen, das ihm einen unterirdischen Tunnel gräbt; er stiehlt nach und nach die gesamte Hirse, die er zusammen mit seiner Frau und den Kindern verzehrt.
> Zu Beginn der nächsten Regenzeit treffen sich die Tiere an ihrem Speicher wieder, unter ihnen auch Hase, der sich im Staub gewälzt hat und einen abgekämpften Eindruck macht.
> Er berichtet von den Wanderungen, die er in der Trockenzeit unternommen hat. Er habe die Dörfer Nevur (*vur:* herausnehmen), Nemà (*mà:* schlagen, dreschen), Necolo (*colo:* worfeln), Nepapa (*papa:* Schmutz herauslesen), Nezo (*zo:* stampfen), Neyom (*yom:* mahlen, zerreiben), Neswal (*swal:* Hirsebrei rühren), Neju (*ji:* essen), Neto (*to:* defäkieren) besucht.
> Er sei gerade eben zurück aus Neto. Die Tiere zeigen zufrieden ihre Zustimmung.
> Hyäne als derjenige, der den Speicher verschlossen hat, wird aufgefordert, ihn wieder zu öffnen. Er tut es, und die Tiere des Waldes finden nur ein paar Hasenkürtel.
> Voller Wut stürzen sich die Tiere des Waldes auf Hyäne und bringen ihn um. Danach wird die Versammlung aufgelöst und jeder geht seiner Wege.
> In Versionen LYE-E423 und LYE-E485 wird ein Orakel mit heißer Hirsesuppe durchgeführt. Wer sich den Mund mit der heißen Grütze verbrennt, gilt als Dieb. Hase gewinnt Zeit mit der erneuten Rezitation der „Dorfnamen" und entkommt unversehrt. Affe verbrennt sich den Mund und wird getötet.

Nach der Analyse zahlreicher fehlgeschlagener, ausländischer Entwicklungsprojekte zeigt es sich heute, daß es häufig die von Europäern und Amerikanern vertretenen „genossenschaftlichen" Entwicklungskonzepte waren, mit denen es in der praktischen Umsetzung Schwierigkeiten gab. Gruppenarbeit funktioniert in der westafrikanischen Savanne i.d.R. innerhalb der Klan-Sektion und des Dorfviertels am besten. Die Versuche ausländischer Träger verschiedener Entwicklungsprojekte, die Bauern über die eigene Klan-Sektion hinaus zur Genossenschaftsbildung anzuregen, erwiesen sich in den meisten Fällen als unmöglich, es sei denn, das angestrebte, gemeinsame Ziel war so überzeugend, daß es in seinem Interesse gelang, die traditionellen Gegnerschaften zwischen verschiedenen Klanen zu überwinden.

In der vorliegenden Geschichte kommen die Protagonisten, die sich zu „genossenschaftlicher Arbeit" entschlossen haben, sogar aus verschiedenen Dörfern. Im ersten Kapitel dieser Arbeit über die traditionelle politische Struktur der Lyela-Gesellschaft wurde ausgeführt, in welcher Form sich die Antagonismen zwischen den einzelnen Dörfern Bahn brechen: Frauen- und Viehraub, Vendettas und Überfälle scheinen in vorkolonialer Zeit auch bei den Lyela üblich gewesen zu sein. Sie kommen auch heute noch gelegentlich vor, obwohl der Staat mit großer Härte gegen diese Art der Räuberei vorgeht. Ein Zusammenschluß mehrerer Klane *desselben* Dorfes zu einer gemeinschaftlichen wirtschaftlichen Anstrengung ist bis heute schwierig zu erreichen. Der Zusammenschluß von Arbeitern *verschiedener* Dörfer ist nach den Vorstellungen der Lyela eine groteske Utopie, die in den Bereich der Märchen gehört.

Auch in Wirklichkeit war immer wieder zu beobachten, daß Gemeinschaftskassen moderner *"groupements de travail"* leergeklaut waren. Die „Schatzmeister" waren an die Elfenbeinküste verschwunden, dubiose „Kreditvergaben" und mysteriöser Geldschwund gaben in den modernen Genossenschaften Stoff für endlose Diskussionen und Auseinandersetzungen ab. Es zeigt sich also, daß auch diese, auf den ersten Blick naive Tiererzählung, die nach europäischem Verständnis allenfalls zur Unterhaltung der Kinder geeignet scheint, Sinn erhält, wenn man sie vor dem Hintergrund der Wirtschafts- und Sozialstruktur der Lyela analysiert.

Wie auch Beidelman (1975) bei der Untersuchung von Tiererzählungen der Kaguru in Tanzania herausfand, gelingt es Hase trotz seiner unverschämten Streiche doch immer noch, sich die Sympathie der Zuhörer zu erhalten. Die Aufzählung der „Dorfnamen" in der Erzählung, deren Hintersinn für die anderen Tiere des Waldes offenbar unverständlich bleibt, ist eine freche Dreistigkeit. Äußerlich steht Hase aber dennoch als positiver Charakter da. Bei den Lyela gilt es als gutes und richtiges Verhalten, in der Trockenzeit auf ausgedehnte „Spaziergänge" (*jílə́*, pl. *jílse*) zu gehen.

In der Zeit nach der Ernte besucht man als kontaktfreudiger, sozialer Mensch möglichst viele Totenfeste in verschiedenen Dörfern. Männer suchen Wahrsager in weit entfernten Weilern auf, um sich zum gesundheitlichen und spirituellen Wohl ihrer Familien beraten zu lassen. Man besucht affinale Verwandte in weiter entfernt gelegenen Regionen des Lyela-Gebietes, wozu man in der Pflanzzeit keine Gelegenheit hat. Man knüpft oder pflegt sozialen Kontakt mit Menschen, die nicht zum eigenen Klan gehören. Die „Spaziergänge" der Trockenzeit erfüllen in der akephalen Gesellschaft der Lyela eine wichtige soziale Funktion: die Menschen pflegen ein Netz formeller und informeller Beziehungen, und es wird verhindert, daß sich die einzelnen Klan-Sektionen zu stark auf sich selbst zurück-

5.8. Arbeit und Faulheit

ziehen. Das „Herumspazieren" während der Trockenzeit ist nicht als eitler Müßiggang zu werten, sondern es dient der Pflege von Heirats- und Austauschbeziehungen, die für die Bauern lebensnotwendig sind.

Mir ist selbstverständlich bewußt, daß täglich, stündlich neue Geschichten erfunden werden und daß man „eine Erzähltradition" nie umfassend behandeln kann. Dennoch sind Erzählungen keine isolierten Einheiten. Sie sind Teil eines komplexen Erzählkorpus. Verschiedene Erzähltypen haben dieselben Themen und behandeln dieselben Fragen in abgewandelter Form. Die Erzählungen als besondere Gattung der oralen Literatur stellen eine relativ eigenständige Domäne der Imagination dar, mit eigenen Regeln und Konventionen, an die sich Erzähler und auch Zuhörer halten. Ich möchte nicht in den in der Erzählforschung häufig gemachten Fehler verfallen, nur die nach europäischen Standards „besten" Einzelbeispiele auszuwählen und sie anschließend einer Analyse zu unterziehen, die ziemlich isoliert im luftleeren Raum stehenbleibt. Der Nachteil eines solchen, auf ein großes Korpus bezogenen Ansatzes besteht darin, daß man auf eine verwirrende Fülle von Erzählungen und Varianten verweisen muß.

Die überaus beliebten Trickster-Erzählungen[19], zu denen die letzte Geschichte vom geplünderten Hirsespeicher gehört, besitzen nicht nur deshalb eine solche Popularität beim afrikanischen Publikum, weil die Zuhörer sich hemmungslos ihrer Schadenfreude über das Mißgeschick des Antihelden hingeben dürfen. Auch die Ideen, die der Trickster entwickelt, um sein Ziel zu erreichen, faszinieren durch ihren Phantasiereichtum. Dabei fällt auf, daß Hase als positiver Held die (zum Teil übernatürlichen) Hilfsmittel richtig, geschickt und – wie im Wunderbaum aus dem vorangegangenen Kapitel – maßvoll einsetzt, während bei Hyäne der wunderbare Gegenstand außer Kontrolle gerät oder Hyäne selbst Mißbrauch damit treibt.

In Geschichte LYE-E635 besitzt Hase eine wunderbare Trommel. Wenn man die schlägt, kann man damit Jagdwild töten. Hyäne leiht sich die Trommel aus, weigert sich aber, sie zurückzugeben. Hase holt sie sich durch einen von Buschratte gegrabenen Tunnel zurück, versteckt sie unter seinem weiten „Bubu" und tötet zur Vergeltung die gesamte Hyänenfamilie.

Das folgende Beispiel stammt wieder aus dem Bereich der Feldarbeit (LYE-E064, LYE-E815):

Hase besitzt eine wunderbare Hacke. Man muß nur *kucaca* sagen, und schon hackt sie selbständig los. Beim Stichwort *kukalege* hört die Hacke auf zu hacken und fällt zu Boden.
Hyäne kommt bei Hase vorbei und sagt, er möchte sich die Wunderhacke ausleihen. Hase sagt, das gehe nicht, denn die Hacke werde sich in Hyänes Hand bestimmt als sehr schwierig *(zum)* erweisen.

---

19 In rund einem Viertel aller Lyela-Erzählungen (250 aus 1005), deren Nummern ich hier nicht alle anführen kann, kommt mindestens eine List vor. Oft führt die List zu einer Gegenlist, usw.

Hyäne erwidert, wenn der kleine Hase mit der Hacke umgehen könne, werde es ihm, der starken Hyäne, bestimmt keine Schwierigkeiten bereiten. Hase verrät Hyäne die Formel, und Hyäne geht mit der Hacke aufs Buschfeld.
Hyäne hackt und hackt, er bearbeitet sein ganzes Feld. Sein Rücken wird so steif, daß er sich kaum noch aufrichten kann. Er will die Hacke abstellen und sagt nochmal *kucaca*. Die Hacke zieht ihn mit aller Macht ins Gebüsch außerhalb des Feldes und hackt dort weiter.
Hyäne schickt seinen Sohn zu Hase, der sich von ihm noch einmal das Stichwort zum Abstellen der Hacke sagen lassen soll.
Der Sohn tut, was der Vater gesagt hat, fällt aber in seiner Hast auf dem Rückweg von Hases Haus hin, vergißt wieder das Wort und sagt *kucaca*.
Wiederholung des unglückseligen Botenganges mit dem zweiten Sohn.
Schließlich erhebt sich Hase um nachzuschauen. Ganz weit im Busch am Ende einer riesengroßen Lichtung findet er etwas, was sich bewegt und dabei stöhnt. Hase sagt *kukalege,* die Hacke steht still.
Seit dieser Zeit haben die Hyänen einen gekrümmten Rücken und so einen seltsamen Gang.

Ich habe leider vergessen nachzufragen, ob einer der Erzähler sich für diese Geschichte von der modernen Technik inspirieren ließ, etwa von einem dieselgetriebenen Rasenmäher, wie sie die Reichen in Abidjan oder Ouagadougou vereinzelt besitzen. Einige Arbeitsmigranten gaben als Beruf Gärtner bei den Weißen an. Bei dieser Arbeit haben sie Umgang mit modernen Sprenganlagen, maschinell betriebenen Handpflügen u.a.m.

Die beiden Versionen stammen aus Dörfern, die etwa zwanzig Kilometer voneinander entfernt liegen. Obwohl ich sie im Abstand von sieben Jahren aufgenommen habe, sind sie sehr ähnlich erzählt, was bei dem einfachen Handlungsablauf aber auch nicht verwunderlich ist. Bisher kenne ich keine Versionen anderer Ethnien. Ich war von dieser Erzählung beeindruckt, weil sie, wie ich finde, zeigt, daß die Bauern, denen nachgesagt wird, sie seien rückständig und der Tradition verhaftet, sehr wohl Ideen zur Erleichterung ihrer Arbeit entwickeln. Dabei sind es nicht immer nur phantastische Motive wie Schatzbäume und zauberkräftige Kuhschwänze.

Bis die Feldarbeit von wunderbaren Hacken dieser Art durchgeführt wird, müssen sich die Menschen jedoch selbst plagen. In den moralisierenden Erzählungen werden deshalb die faulen Menschen lächerlich gemacht und die fleißigen und starken Menschen gelobt und bewundert. Kurze Rätselerzählungen, in denen sich eine Erzählrunde fragt, welcher von (meistens drei) Faulpelzen, Freßsäcken und Schlafmützen am faulsten, gefräßigsten und verschlafensten ist, sind besonders unter jungen Männern, die in ihren Arbeitsgruppen den größen Anteil an der Feldarbeit verrichten, sehr beliebt.[20] Wie die Hyänengeschichten stellen sie das Unzulässige in extremer Form dar und wirken mittels eines kraß überzeichneten

---

20 LYE-E017, LYE-E019, LYE-E035, LYE-E036, LYE-E062, LYE-E072, LYE-E111, LYE-E159, LYE-E220, LYE-E298, LYE-E299, LYE-E497, LYE-E522, LYE-E628, LYE-E838, LYE-E963, LYE-E969, LYE-E988

Negativbeispiels abschreckend. Ich beschränke mich hier auf ein Beispiel (LYE-E628):

> Drei Faule wollten Karitéfrüchte essen. Sie erhoben sich und wanderten, wanderten, wanderten, bis sie an einen Karitébaum mit reifen Früchten kamen. [Sie setzten sich unter den Baum]. Dem einen fiel eine reife Frucht aufs Bein, aber er war zu faul, sie aufzuheben und in den Mund zu stecken. Dem anderen fiel sogar eine Frucht in die Hand, aber er schaffte es vor lauter Faulheit nicht einmal, sie in den Mund zu stecken. Dem Dritten fiel die Frucht gleich bis in den Mund, aber er war zu faul, sie zu kauen. Wer war der Faulste?

Der Erzähler erklärte später auch, warum diese Menschen so faul seien: Ihr Vater und ihre Mutter hätten sie mit der „Faulheit im Blut" zur Welt gebracht. Manche Menschen würden eben faul geboren, und es gebe keine Medizin, um sie davon zu heilen. Sie seien selbst zu faul, um sich zu waschen. Trotzdem werden Faulheit und Trägheit immer wieder verurteilt, aber vor allem werden faule, dumme und gefräßige Menschen bei den Lyela verspottet. Spott ist auch ein wichtiges pädagogisches Mittel, das in der Erziehung der Kinder eingesetzt wird. Möglicherweise erklärt sich daraus, warum Scham (*tizhil*) eine so wichtige Rolle im Gefühlsleben der Lyela spielt. Die Kinder, die ausgelacht werden, wenn sie etwas kaputtmachen, wenn sie weinen oder im Gehöftabteil ihre Notdurft verrichten, reagieren darauf mit Scham. Sie bekommen das Gefühl, sich mit Schande bedeckt zu haben.

Erzählungen wirken dagegen als indirektes und möglicherweise deshalb wirksameres Erziehungsmittel: niemand wird persönlich angegriffen oder verletzt. Witz und Spaß machen die moralisierenden Botschaften für die Kinder leichter „verdaulich". Sie werden so über Normen und Werte ihrer Gesellschaft instruiert, ohne daß es sie langweilt oder demütigt und sie dieser Demütigung auszuweichen versuchen.

6. LIEBE UND HASS, EIFERSUCHT UND SOLIDARITÄT BRÜDER IN WESTAFRIKANISCHEN ERZÄHLUNGEN

6.1. Geschwisterrivalität

Es sei an dieser Stelle erneut daran erinnert, daß in Geschichten, sei es in lustigen, makabren, wunderlichen, traurigen oder erstaunlichen Erzählungen, immer das Besondere, das vom normalen Alltagsleben Abweichende thematisiert wird. Die dramatische Verwicklung ist konstituierendes Element jeder Erzählung. Ein Bericht über einfache Arbeitsvorgänge, eine Schilderung des normalen, routinemäßigen Alltagslebens, ist keine Geschichte. Das Normale ist kein Gegenstand erzählerischer Fiktion.

So ist es nicht erstaunlich, daß immer wieder *Konflikte* zwischen Menschen oder entsprechenden metaphorischen Tieren geschildert werden. Zwischenmenschliche Konflikte stellen neben Wunscherfüllungsphantasien und dem „Experimentieren mit sozialen Konventionen" (Oosten 1985: 6) den wichtigsten Stoff dar, aus dem in Afrika – wenn nicht in der ganzen Welt – die Märchen sind (vgl. auch Röhrich 1974: 233).

In patrilinearen, segmentären Gesellschaften wie der der Lyela bestehen naturgemäß die dauerhaftesten und wichtigsten Formen der Zusammenarbeit und Gruppenarbeit zwischen „Brüdern" sowie zwischen „Vätern und Söhnen". Die Bewohner eines Gehöftes, d.h. die Gemeinschaft von Brüdern und ihren eingeheirateten Frauen unter der Autorität ihres leiblichen oder klassifikatorischen Vaters, stellt die wichtigste Sozial- und Wirtschaftseinheit in den patrilinearen Gesellschaften der westafrikanischen Savanne dar.

G e h ö f t o b e r h a u p t bei den Lyela ist, wie gesagt, immer der älteste Mann der ältesten Generation. Erst wenn die Generation der „Väter" gestorben ist, wird der älteste Bruder der folgenden Generation *kèlécɔbal*, rituelles und wirtschaftliches Oberhaupt des Gehöftes. In einer polygynen Gesellschaft, in der ein Mann, sagen wir vom 25. bis zum 70. Lebensjahr, von verschiedenen Frauen Kinder bekommen kann, ist nicht selten ein klassifikatorischer „Sohn" (*bĭ*, pl. *byă*) bedeutend älter als ein „Bruder". Die Lyela haben sich häufig einen großen Spaß daraus gemacht, vor der verwirrten Ethnographin einen kleinen Jungen herbeizurufen und zu erklären, er sei der (klassifikatorische) „Vater" eines gestandenen Mannes im mittleren Alter aus derselben Gehöftgemeinschaft. Der genealogische „Platz" des Individuums ist den Lyela selbst natürlich zweifelsfrei bekannt.

Fortes beschreibt eine Szene zwischen einem 23–25 jährigen Tallensi, der in der genealogischen Ordnung seiner *lineage* als klassifikatorischer „Sohn" eines zwölf- bis dreizehnjährigen „Vaters" steht. In einer gemeinsamen Arbeit hat wohl der Ältere das Recht, den Jüngeren zu korrigieren und ihn auf technische Mängel in seiner Tätigkeit hinzuweisen. Aber es ist dem Jüngeren in der Genealogie verboten, den Älteren persönlich zu kritisieren oder gar zu schlagen.

„Von der Autorität der Eltern über die Kinder ist die der älteren Kinder über die jüngeren abgeleitet. Sie ist ebenfalls absolut. Ein junger Bursche oder ein Mädchen hat keine Hemmungen, einem jüngeren Bruder oder einer jüngeren Schwester einen Schlag zu versetzen, der den (die) Jüngeren mit lautestem Geheul davonschickt. Die generelle Autorität der Älteren über die Jüngeren ist im allgemeinen Sittenkodex verankert, z.B. unter den Hirtenknaben, wo sie jedoch nicht immer bedingungslos [von den Jüngeren] hingenommen wird. Sie wird oft mit Gewalt oder aufgrund besserer Fähigkeiten durchgesetzt." (Fortes 1970: 45).

Zur groben Orientierung ist es wohl nützlich, drei Arten von „Brüdern"[1] zu unterscheiden, die in verschiedenen sozio-ökonomischen Beziehungen zueinander stehen:

Am engsten verbunden sind einander die *nábyǎ:* Brüder und Schwestern derselben Mutter, die zusammen ihre frühe Kindheit in einem eigenen Gehöftabteil *(jì)* verlebten. Während die Mädchen entweder zwischen fünf und acht Jahren von einer Vatersschwester in Pflegschaft genommen werden oder bei ihrer Verheiratung im Alter zwischen 16 und 18 Jahren die Gruppe der *nábyǎ* verlassen, bleiben die Brüder derselben Mutter in der Regel bis an ihr Lebensende zusammen im selben Gehöft wohnen. Adoptionen und Pflegschaften von Jungen kommen erheblich seltener vor als die der Mädchen.[2] Da Ehen bei den Lyela nicht geschieden werden und auch die Anzahl der fruchtbaren Frauen, die ihrem Manne illegitimerweise davonlaufen, relativ niedrig ist, sind die meisten *nábyǎ* (Kinder derselben Mutter) auch gleichzeitig *dábyǎ,* Geschwister vom selben Vater.

Der Terminus *dábyǎ* umfaßt eine weitere Kategorie von Geschwistern: damit sind alle Kinder gemeint, die ein Mann von seinen verschiedenen Frauen bekommt. Die polygyne Ehe ist auch bei den Lyela eher ein kulturelles Ideal als eine normale Eheform. Männer mit mehr als zwei Ehefrauen sind in der Minderheit. Dennoch reicht das Spektrum der Männer in Sanje beispielsweise, einem Dorf von etwa 2.000 Einwohnern, von 0 bis 17 Ehefrauen. Es gelingt jedoch nur den „reichen" Bauern, viele Frauen zu heiraten.

Wie wir auch in Erzählungen sehen werden, ist der Unterschied zwischen *nábǐ* und *dábǐ* für die Lyela ein entscheidender. Von Vollbrüdern wird auch heute noch erwartet, daß sie nach dem Tod des gemeinsamen Vaters zusammen in einem Hof bleiben. Dagegen löst sich die Gruppe der *dábyǎ,* die zusammen mit den jungen

---

[1] Es gibt im Lyele keinen allgemeinen Terminus für „Bruder": sprachlich wird zwischen *zhèmbal* (pl. *zhèma*), dem älteren Bruder, und *nyɛ́* (pl. *nyáná*), dem jüngeren Bruder unterschieden. Durch den Verwandtschaftsterminus wird von vornherein klar, in welchem Verhältnis der Über- oder Unterordnung der Sprecher zu den genannten Geschwistern steht.

[2] Die einzige „Ausweichmöglichkeit" für einen jüngeren Bruder, der mit einem älteren Bruder oder seinem Vater Autoritätsprobleme hat, besteht darin, das Geburtsgehöft ganz zu verlassen. Er kann sich als *nə̀kóbǐ*, als Schwestersohn, bei einem Bruder seiner Mutter niederlassen, ein Arrangement, das bei den Lyela recht häufig gewählt wird.

Männern der benachbarten Höfe derselben Klan-Sektion das Gemeinschaftsfeld des Gehöftes bestellt, oft nach dem Tode des Vaters auf. *Nábyǎ,* Vollgeschwister, spalten sich in eigene Untergruppen ab, lagern die gemeinsam erwirtschaftete Hirse in einem eigenen Speicher, dessen Schlüssel – Symbol für die Verfügungsgewalt über den Speicherinhalt – vom ältesten Bruder verwaltet wird.

Alle männlichen Mitglieder einer Klan-Sektion, die von einem gemeinsamen Vorfahren abstammen und denselben Klan-Namen tragen, sind nach dem Verständnis der Lyela in bestimmten Situationen „Brüder", bzw. „Söhne und Väter". Ihre gemeinsame Blutsverwandtschaft wird meistens im Kontakt mit den Mitgliedern anderer Klane relevant. So schließen sich alle jungen Männer sämtlicher Höfe einer Sektion bei Brautdienst auf den Feldern einer zukünftigen Schwiegerfamilie zusammen. Sie ziehen in einer „großen Arbeitsgruppe" von dreißig bis fünfzig Arbeitern los, um eine Frau für einen der „Brüder" zu gewinnen. Nach dem bekannten Prinzip der Spaltung (engl. *fission*) und der Verschmelzung (*fusion*), wie es segmentären Gesellschaften eigen ist, tritt die Einheit einer Familie (*dwi*) im normalen Alltags- und Arbeitsleben zurück, wenn nicht die Konfrontation mit einem „fremden" Klan gemeinsames Auftreten und Handeln verlangt.

Melville und Frances Herskovits, die mit ihrem Buch *Dahomean Narratives* und zahlreichen weiteren Veröffentlichungen zur afrikanischen und afroamerikanischen Oralliteratur wichtige Beiträge zur ethnologischen Erzählforschung leisteten (vgl. Kap. 4.3.), wiesen, wie bereits erwähnt, in den fünfziger Jahren auf die auffällige Häufung von Motiven zur Geschwisterrivalität in ihrem dahomeischen Korpus hin (Herskovits 1958). Auch N'Da (1978), der eine Dissertation über die Rolle des Kindes in der schwarzafrikanischen Oratur vorlegte, bestätigte das häufige Vorkommen von Rivalitäten zwischen Brüdern in afrikanischen Erzählungen.

In den Worten von Oosten

„[...] vertragen die komplizierten Emotionen, die das Familienleben im Menschen hervorruft, die Konventionen des familiären Zusammenlebens oft schlecht. Das Alltagsleben läßt das Experimentieren mit radikalen Lösungen nicht zu. Die Mythologie[3] läßt sie zu. Allerdings unterstreicht die Mythologie dennoch meistens die verheerenden Folgen der Abweichung [von den gültigen sozialen Normen]." (Oosten 1985: 6)

Die Herskovits nahmen die massive Geschwisterrivalität in dahomeischen Mythen und Erzählungen zum Anlaß, bis dahin gültige Auffassungen zur Rolle des Ödipuskomplexes in der Mythologie kritisch in Frage zu stellen. Als Ethnologen nicht nur mit Mythen und Erzählungen, sondern auch mit dem alltäglichen, realen Familienleben der Dahomeer vertraut, zeigten sie vielfältige Entsprechungen zwischen der Familienstruktur und verschiedenen Motiven zur Brüderrivalität in der dahomeischen „Folklore" auf. Ihre Hypothese von der frühkindlichen

---

3   Wie erinnerlich, verwendet Oosten den sehr weit gefaßten Mythos-Begriff nach Lévi-Strauss, der auf eine Unterscheidung zwischen Mythos und Erzählung verzichtet.

Geschwisterrivalität als *"basic force in molding patterns of interaction"* (Herskovits 1958: 1) bauten sie weiter aus zu einem theoretischen Ansatz, der auch die Rivalitäten zwischen Vater und Sohn, einem weiteren Lieblingstopos afrikanischer Erzählungen (vgl. Kap. 4.3.), zu erklären suchte. Die Herskovits vertraten die Ansicht, daß in der Betrachtung ödipaler Konflikte die Rolle des Sohnes (des Helden in den Erzählungen und Mythen) auf ethnozentrische Weise zu einseitig betont worden sei. Sehr häufig gingen die Angriffe und Eifersüchteleien in den Geschichten aber vom *Vater* aus und nicht vom Sohn. Ihre Erklärung dazu lautet:

„[...] Feindseligkeiten zwischen Eltern und Kindern im Mythos[4] sind ein Ausdruck von Spannungen zwischen den Generationen; sie beginnen in der Kindheit als Geschwisterrivalitäten um ein einziges Ziel, die Aufmerksamkeit der Mutter. Aus dieser Hypothese ergibt sich weiter, daß die Bedrohung, die der Vater oder der Vaterersatz durch den Sohn empfindet, als eine Projektion frühkindlicher Erfahrung von Geschwisterrivalität auf den Sohn verstanden wird. Darin werden frühe Verhaltensweisen gegenüber der Mutter unter dem Stimulus des Wettbewerbs um die Aufmerksamkeit der Frau [vom erwachsenen Mann] reaktiviert." (Herskovits 1958: 1)

N'Da (1978) stellte ein Korpus von einhundert afrikanischen Erzählungen aus geographisch weit voneinander entfernten Gesellschaften zusammen. Neben dem „Bösen König" als einer stilisierten Vaterfigur und der „Häßlichen Stiefmutter" als dem negativen *"split image"* der guten Mutter fand er in 16 der 100 Erzählungen einen Bruder oder eine Schwester als Partner des kindlichen Helden. Geschwister standen in dieser Untersuchung in der Rangfolge der „wichtigsten Nebenrollen" an dritter Stelle. N'Da schreibt über sie:

„Es ist sehr verblüffend festzustellen, daß die Beziehungen des Kindes zu seinen Brüdern in den Erzählungen ziemlich negativ dargestellt werden. In der Tat finden wir dort (in den Geschichten) keine Beweise brüderlicher Liebe und Solidarität. Weder brüderliche Treue, noch Fürsorge, noch Beschützung des Jüngeren durch den Älteren werden herausgearbeitet, sondern am allerhäufigsten die *Spannungen* [zwischen Brüdern]. Die Erzähler betonen Aggressivität, Rivalität, Haß und Eifersucht zwischen den Geschwistern." (N'Da 1978: 96, unveröffentlichtes Manuskript)

Mit den Erzählungen der Lyela verhält es sich ähnlich. Ohne einem psychologischen Reduktionismus verfallen zu wollen, möchte ich doch ein paar Schilderungen ethnologischer und psychologischer Beobachter zur Lebenssituation der Kleinkinder in verschiedenen westafrikanischen Gesellschaften wiedergeben.

---

4   Auch diese beiden Ethnologen arbeiten mit einem sehr weitgefaßten Mythos-Begriff, der „jede Erzählung (*narrative*) umfaßt, die mit den ‚letzten Dingen' (*ultimates*) in der menschlichen Erfahrung zu tun hat." (Herskovits 1958: 2)

6.2. Die frühkindliche Lebensphase

Die Herskovits beobachteten in Dahomey einen abrupten Bruch zwischen der Säuglingsphase und der Lebenssituation des Kindes nach der Entwöhnung.

„In dem Maße, wie es ihre wirtschaftlichen Verpflichtungen erlauben, hat der Säugling ständigen Kontakt mit der Mutter. Er wird gestillt, wenn er weint, die Mutter trägt ihn auf dem Rücken, wenn sie zum Markt geht, wenn sie Getreide stampft oder andere Arbeiten im Gehöft verrichtet, sogar wenn sie tanzt. Nachts liegt er [der Säugling] nahe bei ihr auf der Schlafmatte. Nach der Geburt des nächsten Kindes ist diese Intimität nicht mehr möglich. Während der ersten, schwierigen Phase [nach der Geburt des nachfolgenden Geschwisterkindes], wird das Kind möglicherweise von einer Großmutter gehütet, besonders wenn die Mutter der Mutter in der Nähe wohnt, aber meistens bleibt das Kleinkind bei [im Gehöftabteil] der Mutter. Wenn keine ältere Schwester da ist, wird ein Kind von nicht mehr als sieben oder acht Jahren in den Hof der Mutter geholt, um [beim Kinderhüten] zu helfen. Es ist nicht schwer zu erkennen, daß ein Gefühl von Ablehnung und Vernachlässigung im Kind entsteht, so gut sich seine Anpassung an diese neue Situation auch [äußerlich] vollziehen mag." (Herskovits 1958: 3)

Die etwas vage Formulierung „in dem Maße, wie es ihre wirtschaftlichen Verpflichtungen erlauben" wird von Fortes in der Beschreibung der frühen Kindheit der Tallensi in Nordghana etwas genauer gefaßt:

„Ein Tale-Kind muß von frühester Kindheit an lernen zu kooperieren; es muß sich völlig den Erfordernissen der praktischen Notwendigkeiten anpassen. Es muß lernen, sich an die Tatsachen der Realität, d.h. an die wirtschaftlichen Tätigkeiten der Mutter anzupassen. Ich habe oft Kinder im Alter von 12 bis 18 Monaten gesehen, die für eine halbe Stunde oder länger alleine irgendwo im Schatten saßen, während die Mütter mit irgendeiner Hausarbeit beschäftigt waren. Ein gesundes Kind sitzt dann da, beinahe bewegungslos, es spielt mit einem Stück Kalebasse, einem Stöckchen oder mit Sand. Wenn das Kind aber andererseits um Aufmerksamkeit jammert, dann ist immer jemand aus der Verwandtschaft da, der sie ihm gewährt." (Fortes 1970: 35)

Fortes berichtet auch von der Phase des Abstillens im dritten Lebensjahr, daß diese bei den Tallensi „mild und vorsichtig" verlaufe, wenn das Kind bereits laufen kann und reif genug ist, um in die Kindergruppe des Gehöftes aufgenommen zu werden (Fortes 1970: 46). Erst nach dem Abstillen des Säuglings nahmen die Frauen bei den Tallensi wieder geschlechtliche Beziehungen zum Ehemann auf (in den dreißiger Jahren dieses Jahrhunderts).

Die Schilderung frühkindlicher Erfahrungen aus Dahomey, in der stärker als bei den Dogon und den Tallensi ein traumatischer Bruch zwischen Säuglingszeit und Aufnahme in der *peer group* zu bemerken ist, läßt sich meiner Beobachtung nach auf die Lyela übertragen.

Die Still- und Abstillgewohnheiten verschiedener westafrikanischer Kulturen sind also durchaus unterschiedlich. In dieser Hinsicht dürfte auch der moderne Kulturwandel eine wichtige Rolle spielen. Christlicher Einfluß mit dem entsprechenden Niedergang der traditionellen Religion führt zur Verkürzung des Postpartumtabus, die Anzahl der Geburten erhöht sich, und damit vermindert sich die

Fürsorge, die die Mutter dem einzelnen Kind geben kann. Mit dem wirtschaftlichen Wandel, der in weiten Teilen Westafrikas mit einer wachsenden Belastung der Frauen einhergeht, verschlechtert sich auch die Lebenssituation der Säuglinge und Kleinkinder.

Noch unterschiedlicher als die Beschreibung der frühkindlichen Lebensphase selbst sind die Schlüsse, die verschiedene Beobachter und Psychologen aus den afrikanischen Sitten der Kindererziehung ziehen. Parin und Morgenthaler (1963: 53) halten die zwei bis drei Jahre, die der Säugling in engem Körperkontakt mit der Mutter verbringt, für ausreichend lange, daß sich bei dem Dogon-Kind ein grundlegendes Gefühl der Sicherheit entwickele. Den anschließenden Übergang in die "*peer-group*" könne das Kind dann ohne traumatischen Bruch verkraften. Mir steht es als Ethnologin ohne psychologische Ausbildung nicht zu, diese gegensätzlichen Schlußfolgerungen zu bewerten.

Ich kann für die Lyela nur bestätigen, was Herskovits für Dahomey und N'Da in gesamtafrikanischer Überschau herausfanden: Rivalität zwischen Brüdern sowie zwischen Vater und Sohn sind *zentrale Themen* der Erzähltradition bei den Lyela. Die Erzählungen *könnten* die kindlichen Erfahrungen der Lyela reflektieren, die nicht so harmonisch, reibungslos, konfliktfrei und ungetrübt verlaufen, wie sie von Parin und Morgenthaler bei den Dogon beschrieben werden.

Bei den Lyela haben viele Frauen nicht nur bis zu einem Dutzend Geburten zu überstehen, sondern sie haben heutzutage eine produktive Rolle im Hirseanbau zu erfüllen. Sie müssen die schweren und zeitraubenden Arbeiten des Holz- und Wassserholens verrichten und möglicherweise noch „nebenbei" ein Handwerk oder Gewerbe betreiben, um etwas Geld zu verdienen (Töpferei, Bierbrauen, Markthandel). Der Übergang vom Körper der Mutter in die "*peer group*" wird von Parin als zu reibungslos und übergangslos dargestellt. Bei den Lyela, deren Gebräuche von denen der Dogon abweichen mögen – ich kenne die Dogon aus eigener Anschauung nicht – werden jedenfalls schon Säuglinge vor Beendigung des ersten Lebensjahres ihren sechs- bis achtjährigen Schwestern anvertraut, die es manchmal sehr schwer haben, die Säuglinge zufriedenzustellen, die überfordert sind und notgedrungen unbeholfen mit den kleinen Geschwistern umgehen. Wenn die Mutter keine Zeit hat, kommt es im Unterschied zu Parins Darstellung der Dogon-Kindheit (1963: 56) bei den Lyela sehr wohl vor, daß Säuglinge greinen oder schreien. Zwar versuchen die Mütter ihr Bestes (v.a. die schnellstmögliche Bereitstellung der Brust), um ein weinendes Kind so schnell wie möglich zufriedenzustellen, aber manchmal sind sie eben doch so weit weg oder so beschäftigt, daß sie die Bedürfnisse der Säuglinge nicht befriedigen können. Die Kinder werden auch gelegentlich bei einer Großmutter im Gehöftabteil abgelegt. Wirklich hart wird das Leben für Lyela-Kinder etwa ab zwei bis drei Jahren, wenn die Mutter wieder schwanger wird und deshalb das Kind abstillt.

Die zahlreichen W a i s e n k i n d e r z ä h l u n g e n der Lyela könnten ein Indiz dafür sein, daß die Kinder offenbar durch diese Art der Entwöhnung erhebliche Frustration empfinden, was sich in einem lebenslangen tiefsitzenden Verlassenheitsgefühl niederschlägt. Es gibt kaum einen Ersatz für die Mutterbrust außer gelegentlich einer alten Frau, die gutmütig ein quengeliges Kind auf den

Schoß nimmt und es als eine Art Schnullerersatz an ihrer Brust nuckeln läßt. Manche Mütter geben auch wieder in ihrem Entschluß nach, das Kind abzustillen. Andere Frauen reiben sich die Brustwarzen mit scharfem Pfeffer ein, um den lästigen Säugling endlich loszuwerden (vgl. Dinslage 1986: 66). Zwar werden vor allem die Mädchen in den Kindergruppen schon in frühem Alter dazu erzogen, sich um die Kleinen zu kümmern, aber die *"peer group"* nimmt die kleinen, kaum entwöhnten Säuglinge keinesfalls so übergangslos und in der konfliktfreien Art und Weise auf wie von Parin geschildert. Die sechs- bis achtjährigen Mädchen, die deshalb als Pflegekinder bei erwachsenen Lyela-Frauen außerordentlich begehrt sind, betätigen sich so gut es geht als Vermittler zwischen der Mutter und dem Kleinkind. Sie beaufsichtigen die Säuglinge in den Kindergruppen und tragen sie der Mutter hinterher, wenn die Babies trinken wollen oder aus anderem Grund so laut weinen, daß die kleinen Pflegeschwestern sie nicht mehr still bekommen.

Die nachfolgende Schilderung von Parin erscheint mir deshalb zu romantisch:

> "*The primary omnipotence on the part of the child is obviously not surrendered, as among Europeans, to the mother. The child acquires the mastery of inner and outer stimuli in unison with her: it shares its omnipotence with her. Later in life self-esteem does not depend so much on the independence of the individual, or on the harmony of the ego with internalized demands in the superego. Close integration with a group, communal rhythmic movements, and communal eating and drinking reconstitute self-esteem, should it be shaken.*" (Parin 1964: 199)

6.3. Kinder über drei Jahre bis zur Pubertät

Über drei Jahren werden Kinder bei den Lyela gänzlich den wechselnden Gruppen der Kinder des Gehöftes und der Nachbarschaft überlassen. Dort werden die Kleinen von den Älteren „erzogen" und haben von diesen auch häufig recht grobe Behandlungen hinzunehmen (gemessen an westlichen Erziehungsidealen des 20. Jahrhunderts). Gleichzeitig ist die Imitation der Älteren für die Jüngeren ein wichtiger „Stimulus" (Fortes 1970: 36); die Kleinen haben bei ihren Versuchen, die Spiele und technischen Fertigkeiten der Älteren nachzuahmen, ein „greifbares Nahziel" (Dinslage 1986: 82). Auch nach der Phase der Entwöhnung und der Loslösung von der Mutter fühlen sich nach Dinslages Beobachtungen die Lyela-Kinder in der „Kindergemeinschaft und in der [...] 'extended family' geborgen". Gleichzeitig ist klar, daß sich die neu eintretenden Kleinsten den Älteren unterordnen müssen:

> „Die Überlegenheit der Älteren wird selbstverständlich akzeptiert, und die jüngeren Geschwister müssen ihnen gehorchen. Auch hier zeigt sich wieder das für die Sozialstruktur der Lyela allgemein gültige Grundprinzip: der Ältere besitzt das absolute Vorrecht." (Dinslage 1986: 82)

Dinslage beobachtete, daß der bei Psychologen beliebte Begriff der *"peer group"* eigentlich nicht auf die Spiel- und Arbeitsgemeinschaften westafrikanischer Kinder zutrifft. Die Kinder bilden keine feste Gruppe im soziologischen

Sinne, sondern je nach Situation und Umständen wechselnde Gemeinschaften. Als „Gruppe" sind jedoch die Voll- und Halbgeschwister einer polygynen Ehe aufeinander bezogen. Fortes fand bei den Tallensi, daß vor allem der Älteste einer Geschwistergruppe wegen seiner Vorrechte aber auch gewissen Rivalitäten und Anfeindungen von seiten der Jüngeren ausgesetzt ist.

„Als Bruder und Oberhaupt der Geschwistergruppe ist er [der älteste Bruder] Zielscheibe ambivalenter Einstellungen gegenüber der Seniorität: Unterwürfigkeit mischt sich mit konkurrierenden Ansprüchen auf geschwisterliche Gleichheit und familiäre Vertrautheit. Geschwisterrivalität wird als normal angesehen, sie konzentriert sich vor allem auf Geschwister, die direkt hintereinander geboren werden und bei denen jeder weiß, daß sie sich hassen." (Fortes 1970: 227)

Goody schreibt über die LoDagaa in Nordghana und Burkina Faso, daß in den Beziehungen zwischen Brüdern, die traditionsgemäß ein Leben lang eng zusammenleben, die um Frauen, Wirtschaftsgüter und Ämter konkurrieren, deren Zusammenhalt aber für die Gemeinschaft lebensnotwendig ist, auch ein feindschaftlicher Anteil zu finden ist:

„Wie alle engen Beziehungen enthält die Geschwisterbeziehung eine mehr oder weniger ausgeprägte, feindliche Komponente. In patrilinearen Gesellschaften ist sie am stärksten zwischen Brüdern, weniger ausgeprägt zwischen Brüdern und Schwestern und am schwächsten zwischen Schwestern. Der normale Entwicklungszyklus der Hausgemeinschaft stützt sich auf die Solidarität zwischen Brüdern, die zu Lebzeiten des Vaters am stärksten ist und bei seinem Tod abnimmt. Der Grund für die größere Solidarität in den jüngeren Jahren liegt zum Teil darin, daß der Vater als Leiter der agnatischen Gruppe fungiert und zwar sowohl für externe als auch für interne Belange, zum anderen Teil führt aber auch die gemeinsame Opposition gegen ihr Oberhaupt zu einer Festigung ihrer (der Brüder) Beziehungen untereinander. Wenn ihr wichtigster Bezugspunkt beim Tod des Vaters verschwindet, brechen sich die Spannungen unter den Brüdern Bahn." (Goody 1962: 97)

6.4. Geschwister in Erzählungen

Goody wurde ausführlich zitiert, weil sich die von ihm beschriebene Entwicklung der innerfamilialen Beziehungen der LoDagaa in zahlreichen westafrikanischen Erzählungen wiederfinden läßt. Erzählungen bringen die Antagonismen zwischen Brüdern ebenso deutlich zum Ausdruck wie die Rituale der Totenfeiern, die von Goody als Quellenmaterial zur Analyse innerfamilialer Beziehungen bei den LoDagaa herangezogen wurden.

Es ist vorauszuschicken, daß Geschwisterbeziehungen erst in späterer Kindheit oder bei einsetzender Pubertät thematisiert werden. Zahlreiche Erzählungen handeln von Waisenkindern, von Zwillingen, von frühreifen und verdächtig schlauen Kindern, von *Enfants Terribles* und „Kniegeborenen". Auch hier gilt wieder der Grundsatz, daß man sich in der erzählerischen Fiktion wenig mit dem „Normalen" abgibt. Wenn „normale" Kinder miteinander in Erzählungen auftreten, dann erst in einem Alter, in dem sie beinahe voll sozialisiert sind und die wichtigsten Eigenschaften und Fähigkeiten der Erwachsenen besitzen.

In der Entwicklung der Geschwisterbeziehungen spielen zwei Ereignisse eine wichtige Rolle: erstens die Suche der Brüder nach Ehefrauen und zweitens der Tod der Eltern, wobei der Tod des Vaters besonders thematisiert wird. Vor dem Tod der Eltern sind die Geschwister – gelegentlich werden auch die Mädchen erwähnt – unter der elterlichen Autorität vereint. Dazu folgende kurze Dilemma-Erzählung in vier Versionen:

> Ein [alter] Vater geht mit seinen drei Kindern, zwei Jungen und einem Mädchen, während der Regenzeit in den Busch (LYE-E073, LYE-E099, LYE-E839, LYE-E965), um auf dem Feld zu arbeiten. Der alte Vater darf nicht naß werden, sonst stirbt er (LYE-E839).
> Während der Arbeit auf dem Feld sehen die Kinder, daß ein Sturm heranzieht, aber sie haben keinen Unterstand. In Windeseile errichtet der älteste Sohn einen *"hangar"* aus Holzpfosten und Gräsern, unter dem sich der Alte vor dem Regen schützen kann.
> Nach dem Wolkenbruch kehren die vier nach Hause zurück. Der Weg ist schlammig und glatt, und der Vater droht hinzufallen. Im Moment des Sturzes schneidet ihm der zweite Sohn einen Wanderstab von einem Baum, mit dem sich der alte Vater abstützen kann (LYE-E965), bzw. er flicht eine Strohmatte (*sekko*), die er dem alten Vater unter den Körper schiebt, bevor dieser auf dem Boden aufschlägt.
> Sie kehren in ihr Gehöft zurück, und dort gießt die Schwester Wasser aus einem Brunnen wie aus einer Flasche in eine Kalebasse, um den Brüdern und dem alten Vater zu trinken zu reichen. Welches der drei Kinder dieses Mannes ist das stärkste?

In Version LYE-E073 finden wir einen dritten Bruder anstelle der Schwester, ansonsten enthält das Dilemma dieselben Motive. In allen Versionen ist die Aufmerksamkeit der Kinder völlig in den Dienst des Vaters gestellt. Nach der moralischen Weltordnung der Lyela haben Kinder dem Vater bedingungslos zu dienen. Um ihn vor Unbilden des Wetters und Unfällen zu beschützen, entwickeln die Kinder in der Geschichte sogar übermenschliche Fähigkeiten. Sorge um den Vater und Zärtlichkeit der Kinder im Umgang mit ihrem „Alten" sind auch in der Realität zu beobachten. Die Vernachlässigung der alten Eltern von Kindern, die für eine Lohnarbeit in die Küstenländer ausgewandert waren, wurde wiederholt von den zu Hause Gebliebenen scharf kritisiert.

Bedeutsam ist jedoch auch, daß Kinder in ihren Diensten für den Vater rivalisieren. In Version LYE-E073 heißt es zu Anfang, daß jeder der drei Brüder von sich selbst sagte, er sei der Stärkste. Es geht also nicht nur darum, den Vater gut zu umsorgen, sondern in dem, was es für den Vater tut, will jedes Kind sich selbst als „bestes Kind" erweisen und vor den anderen Geschwistern einen Triumph gewinnen. Wie wir in anderen Zusammenhängen wiederholt gesehen haben, spielen Konkurrenz und Rivalität in den Erzählungen der Lyela immer wieder eine Rolle. An der vorliegenden Dilemma-Erzählung wird deutlich, daß dieses Rivalitätsdenken bis in die Kindheit zurückreicht.

Nach jeder Version entbrannte unter den Zuhörern eine leidenschaftliche Diskussion. Besonders die jugendlichen Teilnehmer der Erzählrunden identifizierten sich stark mit den Vorgängen in der Dilemma-Erzählung und diskutierten erregt darüber, welchem der Geschwister die Ehre gebühre, der (die) „Stärkste" zu sein. Im Wertekanon der Erzählungen, der hier und da hinter der gelebten Wirklichkeit zurückbleibt, in dem Sinne, daß der kulturelle Wandel die beobachtbare Realität schneller erfaßt als das sekundäre Symbolsystem der Oralliteratur, steht der Respekt vor den Alten auch heute noch weit oben. Freilich hat dieser Respekt vor der älteren Generation auch eine verdrängte, dunkle Seite, wie bei der Analyse der Charaktersymbole des „Bösen Königs" und der „Verräterischen Alten" gezeigt wurde (vgl. Kapitel 4.2).

Die nächste Erzählung, die keinem der in Westafrika bekannten Typen zuzuordnen war, setzt sich mit den Folgen des modernen Wandels auseinander. Noch siegen traditionelle Werte, aber die Versorgung eines alten Vaters durch seine drei Söhne, die moderne Reichtümer erlangt haben, wird hier zum Konfliktfall. Die Geschichte LYE-E259 wurde von einem etwa achtzehnjährigen jungen Mann in Réo erzählt, Mitglied einer Gehöftgemeinschaft, in der eigener Anbau und moderne, geldwirtschaftliche Aktivitäten von verschiedenen Mitgliedern des Hofes nebeneinander betrieben wurden.

> Ein Mann hat drei Kinder: Beine, Arme und Bauch. Die Mutter seiner Söhne stirbt, und der Vater bleibt alleine mit ihnen zurück.
> Die Jungen wachsen heran, und jedes Jahr erwirtschaften sie mehr Hirse, schließlich haben sie 20 Speicher voll.
> Der Vater gibt jedem der Söhne 100 Francs CFA und sagt, sie sollten in die Welt hinausgehen, um dort einen „Handel" zu finden.
> Die Brüder wandern los, und nach langem gemeinsamem Marsch trennen sie sich an einer Wegkreuzung, wo „Füße" zurückbleibt, um ein Gehöft zu gründen.
> Die beiden anderen gehen weiter; „Bauch" als der jüngste Sohn wandert am weitesten in die Welt hinaus, und alle drei Brüder werden reich.
> Die Zeit vergeht, und der alte Vater hat schließlich all die Hirse aus den Speichern verbraucht. Er füllt den letzten Rest in seinen Beutel und macht sich auf in die Welt, um seine Söhne zu suchen.
> Er erreicht das Gehöft des ältesten Sohnes, inzwischen ein angesehener „Chef", wird aber von dessen „Militärs" verjagt. Der Alte setzt seinen Weg zum Dorf des zweiten Sohnes fort, wo ihm das gleiche Schicksal widerfährt.
> Erst der jüngste Sohn nimmt seinen Vater auf und bewirtet ihn anständig. Alle drei Brüder werden zusammengerufen, und der Vater verurteilt seine beiden älteren Söhne wegen ihrer Hartherzigkeit.

Von nun an sei es der jüngste Bruder „Bauch", Sitz der Gedanken und Überlegungen, der in Ruhe in der Mitte sitzen dürfe, während „Füße" und „Arme", seine älteren Brüder, ihm zu Diensten zu sein hätten.

Das Drei-Brüder-Motiv ist bekanntermaßen auch in der europäischen Märchentradition überaus beliebt. Auch hier ist es oft der jüngste Bruder, der „Dummling, der „Däumeling", eine Randfigur, die am Anfang der Erzählung von niemandem ernst genommen wird, aber am Ende der Geschichte nach dem *reversal of fortune* als Sieger aus den dramatischen Verwicklungen hervorgeht. Verschiedene Forscher haben dennoch auf Besonderheiten der Figur des siegreichen jüngsten Bruders in afrikanischen Erzählungen hingewiesen.

Die Herskovits berichteten aus Dahomey, daß dort der jüngste Bruder als besonders intelligent angesehen wurde. Man glaubte, daß die Menschen mit zunehmendem Alter immer weiser werden und daß die Kinder, die von einem Mann im fortgeschrittenen Alter gezeugt werden, von seiner Weisheit „erben" (Herskovits 1958: 25). Die älteren Kinder, die ein Vater als jüngerer Mann zeugte, sollen nicht so viel von seiner Intelligenz mitbekommen, wie die spätergeborenen, jüngeren.

Görög-Karady hebt die Sonderrolle des jüngsten Bruders in der Erzähltradition der Bambara-Malinke hervor. Die älteren Nachkommen des Vaters seien danach dem sozialen Status eines Erwachsenen näher, sie seien der Machtposition der Väter[generation] näher, und von ihnen werde angenommen, daß sie das Normensystem der Gesellschaft bereits mehr verinnerlicht hätten [als die jüngeren, bzw. der jüngste Bruder]. Somit hält man sie [die Älteren] für weniger geneigt, die gesellschaftliche Ordnung in Frage zu stellen oder gar gegen sie zu rebellieren. (N'Da 1978: 8)

Besonders den ältesten Bruder wird man kaum in der Rolle des Rebellen erwarten, denn er ist es ja, der nach dem Tod des Vaters das Oberhaupt der Brüdergemeinschaft sein wird. Bei den Lyela war zu beobachten, daß den jüngeren Brüdern, wenn nötig, der Respekt vor den älteren mit Gewalt beigebracht wird. An sich schlagen die Lyela ihre Kinder nicht häufig; die Achtung vor den Älteren wird jedoch mit physischer Gewalt erzwungen, wenn andere Erziehungsmittel keine Wirkung zeigen. So habe ich gesehen, daß „Beschimpfungen" eines älteren Bruders durch seinen jüngeren vom Vater mit Stockschlägen geahndet wurden. Den Älteren läßt man dagegen wie bei den Tallensi erhebliche Freiheiten gegenüber den jüngeren Brüdern und Schwestern. Der Ältere kann den Jüngeren losschicken, für ihn Botengänge und Besorgungen zu verrichten, Wasser zu holen, einen Stuhl, Feuer zum Anzünden einer Zigarette. Sitzt ein Jüngerer auf einem Platz, den ein Älterer für sich möchte, darf er den Jüngeren ohne Umschweife mit einem Wort oder einer Geste vertreiben.

Über den jüngsten Sohn sagen jedoch manche Lyela, daß sie oft die besondere Gunst der Väter besitzen. Wenn der Vater schon ein Reihe heranwachsender Söhne hat, die auf dem Feld mitarbeiten und die ihm helfen, so viel zu erwirtschaften, daß die Familie „aus dem Gröbsten heraus ist" und (für Lyela-Verhältnisse) eine gewisse Prosperität erlangt hat, geht er mit den kleineren Söhnen nachsichtiger und weniger streng um als mit den Älteren. Der Letztgeborene soll nach Valentin dabei oft einen Vorzugsplatz auf Vaters Knien erhalten und als sein Lieblingskind besonders verhätschelt werden. In der folgenden Geschichte ist der jüngste Sohn der Intelligenteste. Bemerkenswert erscheint mir die als Rätsel (*esoceme*)gestaltete Aufgabe, die der Vater den drei Söhnen erteilt:

> Ein Mann hat drei Söhne: Der erste läuft hinter den Mädchen her, der zweite ist stets bei seinen Kameraden zu finden, und der dritte sitzt immmer mit den Alten zusammen. Eines Tages beschließt der Vater, die drei Söhne auf die Probe zu stellen, um herauszufinden, welcher von ihnen der Intelligenteste sei. Sie sollen einen Schafsbock zum Markt bringen, sein Fleisch verkaufen, Geld aus dem Verkauf des Fleisches nach

Hause bringen, aber auch den lebenden Schafsbock selbst wieder zurückbringen, und dazu noch sein Fleisch.
Die beiden älteren Brüder kehren ratlos mit dem Tier zum Vater zurück, nur der Jüngste, der immer bei den Alten sitzt und von ihnen lernt, kann die Aufgabe lösen: er schneidet dem Schafsbock die Hoden ab, verkauft einen, bringt sein Geld dem Vater, sowie den anderen Hoden (Fleisch) und das lebende Tier.

Hier sind Charakterschwächen der älteren Brüder impliziert, die auch in anderen Erzählungen genannt werden. So erscheint der ältere Bruder auch in Geschichte LYE-E181 als Schürzenjäger und ist nicht in der Lage, die vom Vater gestellte Aufgabe zu erfüllen. Der zweite Bruder verschwendet das vom Vater erhaltene Geld für Essen (LYE-E670) und vertut damit die Chance des wirtschaftlichen Aufstiegs. Schon kleine Geldsummen sollten nach dem Verständnis der westafrikanischen Bauern dazu genutzt werden, daß man sie durch Handel oder Viehzucht vermehrt. Das Geld ist in diesen Gesellschaften so knapp, daß es als töricht und gierig gilt, Geld für Essen auszugeben, das man – wenn auch mühsamer und unter Einsatz von mehr Selbstbeherrschung – auch auf anderem Wege erhalten kann.

Die Aufgaben, die ein Vater seinen Söhnen erteilt, bringen die charakterlichen Unterschiede seiner Nachkommen zum Vorschein. Obwohl ein Vater alle Söhne unter seiner Autorität vereint, schürt er – nach den Erzählungen zu urteilen – gleichzeitig Rivalität unter ihnen. Ob Väter bei den Lyela „in Wirklichkeit" Rivalitäten unter den Söhnen schüren, ist kaum allgemein zu beantworten; die Erzählungen zeigen jedoch, daß Söhne sich einer Rivalitäts- und Konkurrenzsituation ausgesetzt *fühlen*.

Vor dem Tod der Eltern wird die unterschwellige Konkurrenz unter den Geschwistern vor allem durch den Vater in Grenzen gehalten. Der Vater erhält den Zusammenhalt der Geschwister als Wirtschafts- und Solidargemeinschaft aufrecht, wie in der Erzählung LYE-E034 vom „Verlorenen Sohn":

Nachdem einer seiner Söhne für mehrere Jahre fort ist, ohne der Familie eine Nachricht zukommen zu lassen, fordert ein Vater seine sieben anderen Söhne auf, den verlorenen Bruder zu suchen.
Jeder Bruder besitzt andere übernatürliche Fähigkeiten: einer hat einen besonders feinen Geruchssinn, mit dessen Hilfe er den Weg verfolgen kann, den der verschollene Bruder genommen hat.
Der zweite ist „Knocheneinsammler", der alle Knochen des Leichnams seines Bruders wieder richtig zusammensetzt.
Der dritte befestigt die Blutgefäße auf seinem Knochengerüst. Der vierte polstert den Körper mit Fleisch aus, der fünfte „glättet" den soweit wiederhergestellten Körper. Der sechste füllt den Körper mit Blut, der siebte erweckt ihn wieder zum Leben.
Die Brüder kehren mit dem verlorenen Sohn nach Hause zurück. Dort tötet der Vater zur Feier der Wiederkehr des verlorenen Sohnes ein weißes Rind. Den Schwanz des Rindes schmückt er mit weißen Kaurischnecken.
Welcher der Söhne, die ausgezogen waren, den verlorenen Bruder zu retten, sollte den geschmückten Kuhschwanz zum Lohn für seine Arbeit erhalten?
Nach langen ergebnislosen Debatten wirft der Vater den Kuhschwanz in die Höhe, wo er sich in dem Mond verwandelt. Die Kaurischnecken werden zu Sternen.

Röhrich führt für den universal verbreiteten Motivkomplex „Wiederbelebung aus den Knochen" zahlreiche Belege aus Sagen, Erzählungen und Mythen verschiedener Völker aus unterschiedlichen historischen Epochen an. Auch die Erzähltypen, in denen sich das Motiv der verstreuten und wieder eingesammelten Knochen finden, sind ganz unterschiedlicher Art. Zu der gemeinsamen, „archaischen" Glaubensvorstellung, die sich aus dem sehr reichhaltigen Material herauslösen läßt, schreibt Röhrich:

„Die Knochen gelten [bei der magischen Wiederherstellung] offenbar als wichtigste Körperteile: sie sind es ja auch, die selbst beim verzehrten Tier noch übrig bleiben und sich am längsten von allen Körperteilen vor der Verwesung erhalten. So können sie wohl, selbst nach dem Tod ihres Trägers, als Sitz einer fortdauernden und erneuerungsfähigen Lebenkraft erscheinen. Das Skelett war demnach nicht immer schon ein Todessymbol, sondern eher ein Lebenssymbol. Es handelt sich hierbei um eine Vorstellung des jägerischen Lebens, die wir über die ganze Erde hin bei Jägervölkern finden. Dort hat das Motiv z.T. noch heute eine Funktion im Volksglauben." (Röhrich 1974: 69)

Das mythische Motiv des in den Himmel geworfenen Kuhschwanzes ist auch bei anderen westafrikanischen Völkern bekannt und wird uns im nächsten Kapitel im Erzähltyp des „Ungehorsamen Mädchens, das einen Schlangenmann heiratet" wiederbegegnen. Bei den Lyela ist der Kuhschwanz, den die alten Männer als Fliegenwedel benutzen, das klassische Symbol für die Autorität der Alten. Ein junger Mann, dem der Bart noch nicht weiß geworden ist, würde es bei den Lyela nie wagen, sich in der Öffentlichkeit mit einem solchen Abzeichen der Würde des Alters sehen zu lassen.

Eine andere Sorte von Kuhschwänzen (*nəbyíl*, pl. *nəbyíli*) besitzt nach den Glaubensvorstellungen der Lyela magische Kräfte. Diese Schwänze werden in einem eigenen Haus aufbewahrt und beopfert. Sie sind käuflich von mehr oder weniger berühmten "*féticheurs*" zu erwerben, und sie sollen ihrem Besitzer die wichtigsten Wünsche im Leben erfüllen: Gesundheit, viele Kinder, ein langes Leben und heute auch zunehmend „Reichtum".

Wie die Erzählung LYE-E259 zeigt das vorliegende Beispiel eine symbolische Assoziation zwischen der Gemeinschaft mehrerer Brüder und einem „Körper". Sieben mit übernatürlichen Begabungen ausgestatteten Brüdern gelingt es gemeinsam, unter Kombination verschiedener Fähigkeiten, aus dem Knochenhaufen des verlorenen Bruders wieder einen lebenden Menschen zu machen. Der Zusammenhalt einer Familie wird in Analogie zu einem lebenden Organismus gebracht. Der einzelne ist ein (Körper-) Teil des Familienorganismus; in der Zusammenarbeit verschiedener, komplementär funktionierender (Mit-)Glieder gedeiht die Familie. Das Individuum wird in eine Familie hineingeboren, Vater und Mutter verdankt es sein Leben, und eine gute, funktionierende Familiengemeinschaft beschützt das Leben des Individuums vor verschiedenen natürlichen und übernatürlichen Bedrohungen.

Der Vater unterdrückt in der vorliegenden Erzählung seine Inklination, einen seiner Söhne durch die Verleihung eines Herrschaftssymbols (des mit Kaurischnecken verzierten weißen Kuhschwanzes) über die anderen zu erheben. Die

6.4. Geschwister in Erzählungen

Diskussionen im Familienkreis nach der Rettung des verlorenen Sohnes haben gezeigt, daß zur Wiedererweckung des achten Bruders die (magischen) Fähigkeiten aller Brüder in ihrem Zusammenwirken notwendig waren. Im offenen, mythischen Schluß der Erzählung wird nicht nur die Erhebung eines Bruders über die anderen vermieden, sondern auch die Herabsetzung der anderen. Der Erzähler wählt ein transzendierendes Ende, das Zusammenhalt und Frieden in der Familie nicht gefährdet.

In Erzählungen, in denen mehrere Brüder miteinander auftreten, geht es oft explizit oder implizit um die Frage, wem der Vorrang gebührt: dem Ältesten, wie es die Tradition verlangt, oder dem Stärksten, der durch seine besonderen Fähigkeiten ein Anrecht auf eine Führerposition besitzt. „Stärke" kann nach den Vorstellungen westafrikanischer Bauern verschiedene Formen annehmen, sie kann geistiger Natur sein (lyele: *sura*), magischer oder körperlicher (*jàn*). Viele Erzählungen erinnern daran, daß dem äußerlich Schwachen unsichtbare Kräfte innewohnen können. Das Charaktersymbol des „Jüngsten Sohnes" wird im folgenden Erzählbeispiel mit einem weiteren, „besonderen" Merkmal ausgestattet: Der Jüngste ist nicht nur dadurch benachteiligt, daß er in der Statushierarchie der Brüder den letzten Platz einnimmt, sondern er ist auch noch körperlich behindert. Die Geschichte vom „Mädchen ohne Brüste" liegt in zwei Versionen der Lyela vor (LYE-E276, LYE-E439). Eine entfernte Variante wurde von Ferry bei den Tenda im östlichen Senegal dokumentiert (1983: 91–93).

> Drei Brüder haben eine Schwester. Das Mädchen bekommt keine Brüste, aber eines Tages sagt man ihr den Namen eines Dorfes, in dem man Brüste kaufen könne.
> Sie macht sich mit ihrem ältesten Bruder auf den Weg in dieses Dorf, dort bekommt sie Brüste am Körper befestigt, und die Geschwister treten den Heimweg an.
> Auf dem Rückweg werden sie von einem singenden Vogel aufgehalten, der sie fragt, wo sie herkämen.
> Das Mädchen – glücklich über die Brüste – antwortet mit einem Gegenlied und tanzt dabei.[5]
> Der Vogel reißt dem Mädchen die Brüste wieder ab, und die Geschwister kehren unverrichteter Dinge nach Hause zurück.
> Wiederholung mit dem zweiten Bruder.
> Das Mädchen geht schließlich mit dem behinderten jüngsten Bruder in das Dorf, in dem man Brüste bekommen kann. Der jüngste Bruder schleudert seinen Hirtenknüppel auf den bösartigen Vogel, der von seinem Baum fällt und sich in einen Felshügel verwandelt.

---

5 Die Version LYE-E276 ist eines der zahlreichen Beispiele dafür, wie durch eine dürre Übersetzung in eine europäische Sprache, verschlimmert durch die Knappheit der Zusammenfassung, der „Geschmack" der Erzählung verlorengeht, um einen Ausdruck von Calame-Griaule zu benutzen.
Das Lied des Mädchens als Antwort auf das Lied des Vogels, lautet etwa: „*Ayetele...* [mit meinen neuen Brüsten] kann ich gut tanzen, *ayetele*. [Sie machen] *ezatyilili, ezatyipapa, ezatyilili* [lautmalerischer Ausdruck für das Hüpfen der Brüste im Tanz]. Siehst du mich nicht, Vogel, *teleyeé*?"

Auch hier wird den Brüdern einer Familie eine Aufgabe gestellt, an der sie sich zu beweisen haben. Sie müssen der Schwester helfen, Brüste zu bekommen, denn sonst kann sie nicht heiraten. In Version LYE-E439 wird gesagt, das Mädchen brauche die Brüste, damit ihr Kind später Milch trinken könne. Selbstverständlich ist als erstes der ältere Bruder aufgerufen, seine Schwester zu begleiten, um für sie in einem anderen Dorf Hilfe zu suchen. Er löst die Aufgabe nicht, ebensowenig wie der zweite, und ganz gegen alle Erwartungen geschieht die Rettung durch den Jüngsten, der zudem auch noch behindert ist.[6] Dasselbe Muster prägt die Erzählung LYE-E155, in der das Mädchen Ezhilu von einer Riesenraupe verschlungen wird, weil sie den Riesenwurm in ihrer vorwitzigen Art an der Nase gekitzelt hatte. N'Da fand „die Figur des ungehorsamen Kindes in afrikanischen Erzählungen sehr verbreitet". Der Autor zitiert ein Beispiel der Nzima (Südghana), wo ein vorwitziges kleines Mädchen ein heiliges Krokodil ärgert, indem es das Tier als „häßlich" beschimpft. „Das ungehorsame, unhöfliche und spöttische Kind (*enfant moqueur*) gerät ins Unglück, so lautet die Botschaft dieses Erzähltypus." (N'Da 1978: 15)

Über die symbolische Analogie von „Verschlingen" und Geschlechtsverkehr steht mehr im nächsten Kapitel. Hier ist zunächst festzuhalten, daß Brüder Verantwortung für ihre Schwestern tragen und ihnen in gewisser Weise in der Phase des Heranwachsens zur Seite stehen. Die Brüder bewahren die Schwestern in den Erzählungen vor den Geist- und Tiermännern einer noch unreifen Sexualität. Sie bieten der Schwester Hilfe und Unterstützung im Reifeprozess und bei der Auswahl, wie auch beim Übergang in ihre zukünftige Prokreationsfamilie. Die Brüder üben dabei Kontrolle über die Schwestern aus und sorgen dafür, daß die Mädchen mit „guten" Ehemännnern (nach Ansicht der Alten) verheiratet werden.

> In Erzählung LYE-E814 lassen drei Brüder ihre Schwester allein zu Hause zurück, während sie selbst in den Busch gehen, um dort auf dem Feld zu arbeiten. Das Mädchen ist damit beschäftigt, für die Brüder eine Mahlzeit zuzubereiten, die sie ihnen später auf die Felder hinaus bringt.
> Ein Fremder kommt ins Gehöft, um das Mädchen zu entführen. Sie läßt zu, daß er sie wie ein Paket verschnürt und auf dem Kopf davonträgt. Trotz Warnung schlägt der Fremde den Weg ein, der auf das Feld ihrer Brüder führt.
> Der dritte, jüngste Bruder wird durch die merkwürdigen Reden des Hundes, der dem Fremden folgt, mißtrauisch. Er zwingt ihn, das Paket zu öffnen. Die Brüder beschimpfen ihre Schwester, die in dem Paket sitzt, und „treiben" sie wieder nach Hause.

Wieder ist es der geistesgegenwärtige jüngste Bruder, der die Situation rettet. Der Älteste, dem nach dem Tod des Vaters die Verantwortung für die noch unverheiratete Schwester übertragen wurde, zeigt nicht die erforderliche Wachsamkeit. Beinahe wäre es dem Fremden gelungen, die Schwester zu „stehlen",

---

6   Die gleiche Umkehrung der Statushierarchie unter den Bewohnern eines Gehöftes fand sich auch in Erzählungen, die „Konflikte zwischen den Menschen und den Geistern um die Nutzung natürlicher Ressourcen" behandelten (vgl. Kap. 5.4.).

6.4. Geschwister in Erzählungen

ohne als Gegenleistung Brautdienst auf den Feldern ihrer Familie zu verrichten. Die dumme Schwester läßt sich entführen und wehrt sich nicht einmal. Sie zeigt die ihrem Geschlecht eigene Passivität und kindische Verantwortungslosigkeit, Charaktereigenschaften, die nach dem Verständnis der Lyela die Unmündigkeit der Frauen begründen. Wie wir in der Geschichte über den „Tierbräutigam" (Kap. 7.2.) sehen werden, sind Frauen, die ihre Brüder „abschütteln", indem sie mit fremden Männern davonlaufen, ihrem Entführer später in der Ehe schutzlos ausgeliefert.

In verschiedenen Erzählungen gelingt die Rettung nur durch gemeinsames Handeln aller Brüder, oder es ist gar der Letzte, der Behinderte, der Unscheinbare, dem gelingt, was die anderen nicht vermochten. Manchmal versucht die gerettete Schwester, sich in der Weise beim jüngsten Bruder zu bedanken, daß sie ihm, dem Krüppel, dem das Essen bisher immer in einer schmutzigen Kalebassenscherbe serviert wurde, nun gutes, reichhaltiges Essen in sauberem Geschirr reicht. Aber der geschmähte kleine Bruder ist zu gekränkt, um diese Veränderung nun anzunehmen. Er besteht darauf, genauso schlecht behandelt zu werden wie zuvor.

Den Behinderten, besonders den Leprösen, wohnen geheime, oft finstere Mächte inne. Weil ihr Herz durch zu viel erfahrenes Leid „bitter" geworden ist, rächen sie sich an ihrer Umgebung.[7] Man hüte sich davor, Kranke und Behinderte schlecht zu behandeln, sagen die Erzählungen: nicht nur aus Nächstenliebe, sondern zum Teil auch aus Angst vor ihrer übernatürlichen Rache. Die Figur des „Jüngsten Bruders" ist jedoch in jedem Falle, ob überreichlich mit Symbolen der Krankheit und Schwäche versehen oder nicht, eine dubiose Gestalt. Der Jüngste unterhält oft besondere Beziehungen zu den Tieren und Geistern, er erhält Unterstützung von übernatürlichen Mächten, die ihn für sein unterlegenes Schicksal als letztes Glied in der Statushierachie entschädigen, so auch in Erzählung LYE-E701:

Ein Mann hat vier Söhne von zwei Frauen: der einzige Sohn der einen Frau ist verheiratet, ebenso wie der älteste Bruder der drei Söhne der anderen Frau.
Die Mutter der drei Söhne beklagt sich bei ihren Kindern, daß der Gehöftherr der Ehefrau ihres ältesten Sohnes, die für die drei Brüder und die Schwiegermutter kocht, die gleiche Menge Hirse austeile wie der Frau des Sohnes ihrer Mitfrau, die nur für ihre Schwiegermutter und ihren Ehemann kocht.
Die Mutter redet ihren drei erwachsenen Söhnen ein, sie sollten sich ein eigenes Feld anlegen und den Halbbruder aus ihrer Arbeitsgruppe ausschließen; nach der Ernte sollten sie ihre Hirse in einen eigenen Speicher füllen.

---

[7] In Erzählung LYE-E757 tötet der lepröse jüngste Bruder seine älteren Brüder, weil diese ihm verboten haben, seine von der Krankheit zerfressenen Hände in die gemeinsamen Schüsseln einer Arbeitsgruppe zu stecken und mit den anderen zu essen. Verbittert und beleidigt vergiftet der Lepröse seine Brüder. Danach hat er niemanden mehr, der ihn beschützt und für ihn sorgt, überall wo er auftaucht, wird er verjagt und geschlagen, endet weinend im Elend.

Die drei Brüder legen ein eigenes Feld an, ohne dem Halbbruder davon etwas zu sagen. Er erfährt von fremden Leuten, daß seine drei Halbbrüder nicht mehr mit ihm zusammenarbeiten wollen.
Am nächsten Tag wandert er weit in den Busch und kommt an eine Stelle mit drei Hügeln, wo viel Gras wächst. Er macht sich an die Arbeit und rodet dort ein Feld. Am Abend sieht er, daß die Parzelle, die er gerodet hat, sehr viel größer ist als das Areal, das ein einzelner Mann normalerweise an einem Tag roden kann.
Als die abgehackten Büsche und Bäume getrocknet sind, legen die drei Brüder Feuer. Sie müssen zusehen, wie die Parzelle des Halbbruders viel gründlicher vom Feuer „gereinigt" wird, als ihr eigenes Areal.
Der Halbbruder kann früher aussäen als die drei Brüder, der Regen fällt ausreichend, und seine Saat geht besser auf als die der Brüder.
Beim Unkrauthacken merkt der Bruder, daß ihm jemand hilft; es ist eine Antilope[8], die jeden Tag auf seinem Feld erscheint, um mit ihm zu arbeiten.
Die drei Büder intrigieren bei der Ehefrau des Halbbruders und reden ihr ein, sie habe das Recht, von ihm das Fleisch der Antilope zu verlangen, statt daß sie sich selbst immer um Zutaten für die Sauce bemühen müsse.
Die Frau setzt den Mann mit der Drohung unter Druck, sie werde zu ihren Eltern zurückkehren, wenn er nicht das Antilopenfleisch herbeischaffe.
Der Mann versucht nach mehrtägigem Zögern, der Antilope die Beine mit einer Axt abzuschlagen. Anstelle des neben ihm arbeitenden Tieres trifft er seine eigenen Knie.
Er wird nach Hause getragen, wo er stirbt, weil ihn seine Frau nicht pflegt, sondern zu ihren Eltern zurückkehrt. Auch sie stirbt dort nach wenigen Tagen.

Die hilfreiche Antilope, die dem gedemütigten Jüngsten Bruder bei der Feldarbeit hilft, erinnert an die Antilopen der Tyiwara-Bünde der Bambara. Zahan zeigte, daß Antilopen (zumeist *Hippotragus Equinus* und *Oryx beisa*) nicht nur die Masken der Bambara schmücken, wo sie zu der bekannten künstlerischen Perfektion gelangt sind. Auch bei den Dogon, Kurumba und Gurunsi werden Antilopen als Aufsätze für Tanzmasken geschnitzt (vgl. Zahan 1980: 111). Die Tiere stehen in besonderer Beziehung zur Sonne; sie werden oft zusammen mit dem Schuppentier und dem Erdferkel (*Orycteropus afer*) gezeigt, zwei Tieren, die unter der Erde lange Gänge graben. Außerdem soll die Antilope den Bambara in mythischer Vorzeit das Saatgut gebracht haben. Der Tyiwara-Kult soll Wachstum und Gedeihen der Feldfrüchte fördern. Er verleiht dem Feldbau einen sakralen Nimbus und sorgt für die Einordnung der wichtigsten Tätigkeit der Bambara in die kosmische Ordnung.

In der vorliegenden Geschichte sind derlei mythisch-religiöse Bezüge bestimmt nicht bewußt hergestellt worden. Es ist aber dennoch möglich, daß es sich dabei um ein „abgesunkenes" mythisches Motiv handelt, um einen Ausdruck von Eliade zu gebrauchen (1988: 193). Jedenfalls ist die Antilope, die dem Jüngsten Bruder beim Hirseanbau hilft, indem sie die Wachstumskräfte der Hirse entfaltet,

---

8 *Neme*, pl. *namse: Antilope de petite taille* (ourebia nigricandata?) (Nicolas 1950: 90).

kein gewöhnliches Tier. Der frevelhafte Versuch, es zu töten, damit die erpresserische Ehefrau Antilopenfleisch essen kann, führt zum Tod des Helden.

Die Lyela reden ungern über innerfamiliale Zerwürfnisse, vor allem, wenn es sich um Konflikte über Wirtschaftsgüter handelt. Familiärer Zusammenhalt ist ein hochstehendes Ideal ihrer moralischen Weltordnung, und es ist mir zum Beispiel nie gelungen, genauere Gründe dafür zu erfahren, warum sich eine Wirtschaftseinheit mehrerer Brüder zu einer bestimmten Zeit aufgespalten hat. Innerfamiliale Konflikte wurden nie eingestanden, sondern die Lyela sagten immer nur, daß das Areal für die Anlage von Hausfeldern zu knapp geworden sei.

Alte Leute beschworen stets, früher sei alles ganz anders und viel besser gewesen: Alle Bewohner einer Gehöftgemeinschaft hätten gemeinsame Felder bestellt und die Ernte zusammen verbraucht. Die Feldfrüchte seien vom Gehöftherrn verteilt worden. Heute ist es schon beinahe eine Seltenheit, zwei Vollbrüder in einem Gehöft zu finden, die gemeinsam mit ihren unverheirateten Söhnen ein Feld bestellen und dessen Ernte in einem gemeinsamen Speicher lagern. Halbbrüder verschiedener Frauen lösen spätestens beim Tod des gemeinsamen Vaters ihre Wirtschaftseinheit auf. Immer häufiger geschieht es sogar, daß ein einzelner Mann bei seiner Verheiratung ein eigenes Feld rodet und in seinem Gehöft mit seiner Familie eine eigene wirtschaftliche Untereinheit bildet. Zwar gibt es heute noch in jedem Lyela-Gehöft ein *kélé,* ein Gemeinschaftsfeld, aber die Erträge dieser Felder gehen zurück, weil viele junge Männer an die Elfenbeinküste auswandern und weil die Verheirateten immer mehr die Tendenz entwickeln, „auf eigene Rechnung" Ackerbau zu betreiben.

Die Erzählung LYE-E701 spricht das heikle Problem der Nahrungsverteilung aus einem Gemeinschaftsspeicher an. Im Alltagsleben handelt es sich dabei um ein Tabuthema, über das man nicht leichtfertig spricht. In den Lyela-Gehöften, die ich kennengelernt habe, besaß der Gehöftherr die unangefochtene Verfügungsgewalt über den Inhalt der Gemeinschaftsspeicher. Zwar hat die Menge der gemeinschaftlich erwirtschafteten Hirse in den letzten Jahren aus den oben ausgeführten Gründen erheblich abgenommen, aber niemand würde es bis heute wagen, dem Gehöftherrn bei der Verteilung der Hirse aus den Gemeinschaftsspeichern hereinzureden.

Die Verteilung der Hirse aus den Gemeinschaftsspeichern, von der unter Umständen das Überleben der ganzen Gehöftgemeinschaft abhängt, ist nicht nur bei den Lyela ein Thema, das Emotionen weckt. Bemerkenswert ist die Methode der Bobo im westlichen Burkina Faso, die Verteilung der lebenswichtigen Ressourcen zu reglementieren. Hier wird vom Wahrsager eine „neutrale", umsichtige Person ausgewählt, die das Amt des *wato* übertragen bekommt. Auch eine Frau kann mit diesem Amt betraut werden. Der *wato* darf weder in den Speicher schauen, noch jemals Hirse berühren. Er oder sie arbeitet mit einem „Hirse-Herausnehmer" zusammen und verteilt jeden Donnerstag Hirse an die versammelten Frauen des Hofes. Zwischen dem Gehöftherrn und den beiden „Hirse-Herausnehmern" entwickelt sich ein subtiles Zusammenspiel gegenseitiger Kontrolle, das Mißbrauch der Hirsereserven verhindern soll (Le Moal 1980: 51).

Die Klage der Mutter in der Geschichte, daß ihre Wirtschaftseinheit in Relation zu ihrer produktiven Leistung zu wenig von der Ernte erhalte, gilt als äußerst schäbig. Intrigante Beschwerden dieser Art gelten als „gefährliche" Worte, die übernatürliche Strafen nach sich ziehen. Kein Wunder, daß die „schlechten Worte" auch hier wieder einem klassischen „Sündenbock" der westafrikanischen Oratur zugeschrieben werden: einer mißgünstigen alten Frau (vgl. Kap. 4.2.). Die Reaktion der Söhne auf die Intrige der Mutter ist nach den Verhaltensnormen der Lyela ebenso schandbar. Sie kündigen dem Halbbruder nicht einmal an, daß sie ein eigenes Feld anlegen wollen, sondern er erfährt es von den Nachbarn. Innerfamiliale Meinungsverschiedenheiten an die Öffentlichkeit gelangen zu lassen, ist eine Schande (*tizhil*), und das Verhalten der Halbbrüder stellt eine Demütigung für den Ausgeschlossenen dar.

Das Schicksal des schlecht behandelten Bruders scheint sich dann zu wenden. Die übernatürlichen Mächte sind ihm gewogen, und die Zeichen für eine besonders gute Ernte mehren sich. Aber eine andere Frau des Gehöftes bringt ihm diesmal Unheil: seine eigene Ehefrau, aufgehetzt von den Halbbrüdern. Wir kennen dieses Stereotyp der erpresserischen, starrsinnigen Ehefrau, die stur eine verbotene Speise verlangt oder die hartnäckig auf die Übertretung eines Verbotes hinarbeitet, inzwischen aus den verschiedensten Erzähltypen.

Der Held der von LYE-E701 fällt am Ende seiner Frau, seinen Halbbrüdern und der Mutter seiner Halbbrüder zum Opfer; als er versucht, seinen übernatürlichen Helfer anzugreifen, wird er von ihm getötet. Die drei Halbbrüder werden nicht bestraft. Kommt darin zum Ausdruck, daß sie doch in gewisser Weise das Recht auf ihrer Seite hatten, weil der Gehöftherr ihnen regelmäßig zu wenig Hirse ausgeteilt hat? Es scheint nur soviel klar zu sein, daß diese Erzählung schwere innerfamiliale Spannungen anspricht, die böse Folgen nach sich ziehen und von den Lyela gefürchtet werden.

In Erzählung LYE-E680 wird der Hirse selbst eine übernatürliche Macht zugesprochen. Ein geiziger älterer Bruder, der seine Ernte zurückhält und seinen jüngeren Bruder ebenso wie die anderen Menschen seines Dorfes hungern läßt, wird nur dadurch in letzter Minute gerettet, daß er sich von seinem jüngeren Bruder belehren läßt, auf die Zeichen der Natur zu achten. Der reiche „Große Bruder" geht mit dem armen „Kleinen Bruder" nachts in den Busch, wo sie den Stimmen der Hirsegeister lauschen. Der ältere Bruder erfährt, daß die Geister schon geplant hatten, ihn zu töten. Durch die Verteilung der zurückgehaltenen Hirsevorräte an seine hungernden Mitmenschen kann sich der Geizige eben noch retten. Die Erzählerin schloß mit den Worten: „Bei uns ist es die Hirse, die uns ernährt, aber sie kann uns auch töten [wenn sie nicht gerecht verteilt wird]."

In der nächsten Erzählung ziehen Streitigkeiten zwischen Brüdern gleichfalls Unheil nach sich. Es geht aber nicht mehr um das Grundnahrungsmittel Hirse, das nach Meinung der traditionalistisch eingestellten Lyela nicht verkauft werden darf und mit dem nach den Vorstellungen der Alten kein Handel betrieben werden sollte, an dem sich ein Individuum auf Kosten der Gemeinschaft bereichert. Es geht um die Aufzucht von Perlhühnern, mit dem sich die Bauern ein „Taschengeld" für die Befriedigung privater Bedürfnisse wie Kolanüsse, Kautabak und

6.4. Geschwister in Erzählungen

Hirsebier verdienen können. Noch wichtiger aber sind diese Tiere im Werbungsprozeß um eine zukünftige Ehefrau:

> Drei Brüder derselben Mutter und vom selben Vater züchten Perlhühner, die etwa zur gleichen Zeit anfangen, Eier zu legen.
> Der jüngste Bruder schlägt vor, daß der älteste Bruder in gleicher Weise verfahren solle wie ihr verstorbener Vater. Er solle alle Perlhühner mit Eiern und Nachkommen „verwalten", und wenn einer von den jüngeren Brüdern „ein Problem habe", solle er sich an den Ältesten damit wenden.
> Der mittlere Bruder ist nicht einverstanden: er sagt, er habe extra bei einem anderen Bauern auf dem Feld gearbeitet, um sich Perlhuhneier für die Zucht zu verdienen.
> Nach längeren Diskussionen werden die Perlhühner und die Gelege „privatisiert", aber es kommt weiter zu Spannungen, weil die Perlhühner nicht an einem Platz brüten, sondern ständig untereinander die Eier vermischen und dauernd ihre Nistplätze wechseln.
> Unter den Kindern der drei Brüder entwickeln sich dann sogar Schlägereien wegen der Perlhuhnzucht.
> Moral: „Wenn die Brüder eines Gehöft nicht in der Lage sind, ihre Perlhuhnzucht friedlich zu gestalten, wird eines Tages jeder sagen, daß er ganz und gar sein eigener Herr sein wolle."

Bei dieser Geschichte, die von Valentin Bazie in seinem Dorfviertel in Goundie aufgenommen wurde, kann man sich fragen, ob es sich hierbei wirklich noch um eine „Erzählung" handelt. Der Text ist so nah an der Alltagsrealität wie nur möglich, die einzige dramatische Verstrickung, die er enthält, ergibt sich aus der Schwierigkeit der Perlhuhnzucht und ist ein banales Problem, mit dem die Bauern täglich zu kämpfen haben. Für die Lyela selbst war dieser Text, der am 31.12.1989 in einer abendlichen Geschichtenrunde erzählt wurde, aber doch ein *səswalá*. Aufgrund dieser emischen Zuordnung konnte er als „fiktiv" und damit als harmlos eingestuft werden. Auf diese Weise wurde der Sachverhalt, der in der Geschichte behandelt wurde, aus der Ebene der Alltagsrealität herausgehoben, und man konnte das Dilemma unbefangen diskutieren.

Die Assoziation von Perlhühnern mit „wilder", schwer domestizierbarer Weiblichkeit findet auch ihren Ausdruck im Ritual. Perlhühnern wird im Unterschied zu Haushühnern, den Opfergaben *par excellence,* nie die Kehle durchgeschnitten. Haushühner werden mit durchschnittener Gurgel während des Ausblutens zu Boden geworfen, so daß sie noch eine Weile herumzappeln und dann entweder auf dem Rücken oder auf dem Bauch liegend verenden. An der Lage des Huhnes im Augenblick seines Todes kann der Opferpriester ablesen, ob die übernatürliche Macht das Opfer „annimmt" oder nicht. Perlhühner sind nicht zu Orakelzwecken zu gebrauchen: Ihnen wird im Opferritual das Genick gebrochen, und sie werden unter den Medizintopf, übliches Requisit bei den meisten religiösen Ritualen der Lyela, gestopft, wo sie verenden. Die im rituellen Kontext mit „Männlichkeit" assoziierten Haushühner sagen die „Wahrheit". Das erwartet man von Perlhühnern, die mit dem weiblichen Geschlecht assoziiert werden, nicht.

Perlhühner lassen sich nach Erklärungen der Lyela nie richtig domestizieren; sie sind scheue Tiere, die fortfliegen, wenn sie sich irritiert fühlen. Im Unterschied zu Haushühnern suchen sie nachts nicht von alleine ihren Stall auf. Aber vor allem verstecken sie ihre Eier und halten ihre Züchter mit häufigem Wechsel ihrer Brutstellen zum Narren. Junge Männer brauchen Perlhühner, wenn sie ein Mädchen „suchen" wollen. Gebratene Perlhühner sind ein klassisches Verführungsgeschenk bei den Lyela und auch bei den Bulsa; sie werden der Umworbenen direkt geschenkt, aber auch in vorgegebenen Stückzahlen zu festgelegten Zeitabständen der Familie des Mädchens als Brautgaben dargebracht.

Wenn es um die „Suche" nach einer Frau geht, wie die Lyela sagen, gerät die Solidarität unter Brüdern leicht in Gefahr, vor allem wenn der gemeinsame Vater nicht mehr lebt. Konkurrenz zwischen Brüdern um Frauen wird ebenfalls in Befragungen und Gesprächen nicht zugegeben, möglicherweise ist sie den jungen Männern gar nicht voll bewußt. Denn die gesellschaftliche Norm besagt: alle Mitglieder nicht nur des Gehöftes, sondern sogar der ganzen Klan-Sektion, sollten dabei mithelfen, für die Familie eine neue Frau zu gewinnen. Forderungen dieser Art werden etwa vorgebracht, wenn es darum geht, Arbeitsgruppen auf den Feldern der Schwiegerverwandten zu rekrutieren, oder wenn die Frauen mehrerer Höfe gleichzeitig Bier brauen, um eine große *kẽjú*-Feier, die dritte und aufwendigste Heiratszeremonie, auszurichten (vgl. Steinbrich 1987: 270–273).

In Erzählungen ist die Konkurrenz mehrer Brüder um Frauen dagegen durchaus Thema, wie wir am folgenden Beispiel sehen (LYE-E054, LYE-E435, LYE-E928, BUL-E1445, BUl-E0426):

Drei Brüder vom selben Vater und derselben Mutter verlieren die Eltern und bleiben allein im Gehöft zurück. In Version LYE-E435 ist der Jüngste von Polio verkrüppelt. Weil sie keine Frau im Gehöft haben, muß meistens der Jüngste zu Hause bleiben und für die älteren Brüder, die im Busch auf den Feldern arbeiten, die Nahrung zubereiten. Eines Tages sieht plötzlich einer der Brüder (in Version LYE-E054 der Mittlere, in LYE-E928 der Älteste) ein (drei) Mädchen von einem Karitébaum heruntersteigen.
Die jungen Männer erhalten von dem (den) Mädchen Essen:
In Version LYE-E928 serviert sie das Essen auf dem Feld, in LYE-E054 bereiten die Mädchen im Gehöft der jungen Männer Nahrung zu, in LYE-E435 werden die Mädchen als „Gottes Töchter" bezeichnet, und sie kommen an einem Seil vom Himmel herunter.
Das Mädchen ißt mit dem Bruder, den sie im Gehöft angetroffen hat, dann schlägt sie einen Ringkampf vor. Wenn es dem Mann gelänge, sie auf den Rücken zu werfen, würde das Mädchen mit ihren Schwestern im Gehöft der Brüder bleiben.
Der (mittlere, bzw. älteste) Bruder verliert den Ringkampf. Die Mädchen gehen wieder fort (auf den Baum, über das Himmelsseil in den Himmel, in LYE-E928 verschwindet das Mädchen im Fluß).
Der Bruder erzählt den anderen Brüdern, was passiert ist, und wird von ihnen beschimpft, weil es ihm nicht gelungen sei, das (die) Mädchen festzuhalten.
Als letzter versucht es der jüngste Bruder, dem wie üblich niemand eine Chance gibt. In Version LYE-E435 wird gesagt, er habe als einziger der Brüder den Ringkampf gegen das Mädchen angetreten, ohne vorher zu essen. Im Unterschied dazu hatten sich die älteren Brüder vorher den Bauch an dem guten Essen der Mädchen vollgeschlagen.
Der jüngste Bruder gewinnt den Ringkampf, und das ganze Gehöft füllt sich mit Mädchen (LYE-E054), die die Brüder untereinander aufteilen.

6.4. Geschwister in Erzählungen

In Version LYE-E054 wird gesagt, daß die älteren Brüder mit den Frauen, die der Jüngste „festgehalten" hatte, Streit anfangen. Die Frauen verlassen das Gehöft, und der Jüngste macht sich zum Dorf der Schwiegereltern auf (um dort um Verzeihung zu bitten?).

In Erzählung LYE-E435 kehren Gottes Töchter zu Besuch zu ihrem Vater zurück; der älteste Bruder begleitet sie, um um ihre Hand anzuhalten.

Unterwegs sind Proben und Gefahren zu bestehen.

In LYE-E054 tötet der Jüngste Bruder unterwegs einen Löwen.

In LYE-E435 und BUL-E426 müssen gefährliche Bienen, eine Riesenschlange und ein gefährlicher Hund vor Gottes Haustür überwunden werden. Hier sind es auch wieder die beiden älteren Brüder, die an den Proben scheitern, während der Jüngste sie besteht. In Version LYE-E928 mit nur zwei Brüdern müssen diese ihren Frauen in die Welt der Wassergeister folgen.

Die Freier werden von der Schwiegerfamilie bewirtet, und es wird ihnen gesagt, sie könnten ihre Frauen am kommenden Tag heimführen, wenn es ihnen gelänge, sie aus einer sehr großen Anzahl gleichaussehender Frauen herauszufinden.

Der gute, jüngste Bruder kann die schwierige Aufgabe dank der Unterstützung eines „hilfreichen Tieres" lösen, mit dem er am Vorabend sein Essen geteilt hat. In BUL-E426 ist dieses hilfreiche Tier eine Katze, mit der der jüngste Bruder sein Fleisch teilte. Kleiner Bruder bekommt die Frauen und teilt sie mit Großem Bruder (LYE-E928). In Version LYE-E435 bekommt er drei Frauen von Gott (Sonne) und drei Frauen von Mond, die er mit seinen beiden Brüdern teilt. Die Mondfrauen bringen Hexen (Menschen der Nacht) auf die Welt, Gottes Töchter gebären normale Menschen.

In Version LYE-E954 errichtet der Jüngste mit seinen Frauen ein eigenes Gehöft, weil er die Feindseligkeiten der Älteren leid ist.

Die bedrängte, unerfreuliche Lebenssituation von Junggesellen in ländlichen Gesellschaften Westafrikas ist allgemein bekannt. In der vorliegenden Erzählung versuchen die drei Brüder, ihr Problem des Frauenmangels dadurch zu lösen, daß sie dem Jüngsten die schweren und zeitraubenden Frauenarbeiten aufbürden. Er muß zu Hause bleiben, Korn mahlen, Wasser holen, Essen auf die Felder bringen, usw. Dieses Motiv, daß eine Autoritätsperson einem jüngeren Verwandten (sei es einem Sohn oder einem jüngeren Bruder) die Frauenrolle aufzwingt, findet sich auch in einigen Versionen des Erzähltypus vom „Schlauen Knaben", der von einem tyrannischen, mißgünstigen Vater mißhandelt wird. Die Behandlung als Frau durch einen Höhergestellten bedeutet für den „feminisierten", untergeordneten Partner eine Demütigung. In der vorliegenden Geschichte wird die Frauenrolle des Jüngsten durch die Not der drei Brüder gerechtfertigt; in den Geschichten vom „Schlauen Knaben" will der „König" oder der „Vater" den Knaben auf diese Weise bewußt herabsetzen.

Eine Verbesserung des Schicksals der drei Junggesellen scheint in Sicht, als aus dem Reich der Wassergeister oder aus dem Himmel die drei Mädchen erscheinen. Es muß nun einem der Männer gelingen, die langersehnten Köchinnen „festzuhalten". Die jahrelange Ungewißheit der Werbung, die ein Mann durchstehen muß, bis er die „gesuchte" Frau wirklich sicher hat und nicht an einen Konkurrenten verliert, könnte den realen Hintergrund für das Motiv der „flüchtigen" Himmelstöchter und Wassergeister sein.

Außerdem kommt ein Element sexueller Unterwerfung im Ringkampf zwischen den Brüdern und den Frauen aus der jenseitigen Welt zum Ausdruck. Ringkämpfe sind zwar eine beliebte Sportart unter Heranwachsenden, und sie spielen eine wichtige Rolle in der Etablierung des Statussystems unter jungen Männern, aber Männer ringen in Wirklichkeit nicht mit Frauen. Jedenfalls nicht in der Öffentlichkeit. In Geschichte LYE-E054, erzählt von einem jungen Mann von etwa 25 Jahren, wird genau geschildert, wie die junge Frau sich aus ihrem Hüfttuch (*pagne*) eine Art Unterhose knüpft, um den Ringkampf gegen den Mann anzutreten. Sie entblößt ihre Schenkel, die in Afrika eine ähnlich erotische Wirkung haben wie die weibliche Brust in westlichen Kulturen. Die Tatsache, daß es den Mädchen aus dem Himmel, aus dem Baum oder aus dem Wasser gelingt, die Männer im Ringkampf zu Boden zu werfen, zeigt an, daß sie Wesen mit übermenschlichen, übernatürlichen Kräften sind.

Der jüngste Bruder erbittet deshalb den Segen des verstorbenen Vaters mit der Opferung eines weißen Huhns auf dem Ahnenschrein (*dáyi*). Als das Huhn auf den Rücken fällt, gilt das Opfer als „angenommen", und der jüngere Bruder weiß, daß der verstorbene Vater die Heiratspläne der Söhne gutheißt. Der junge Mann erlangt so die spirituelle Kraft, die er braucht, um die Geistfrauen in die Rolle echter Frauen zu bringen.

In Version LYE-E435 wird der Sieg des Jüngsten mit einem prosaischeren Motiv begründet. Der Jüngste besitzt als einziger genug Selbstdisziplin, um sich nicht von dem langentbehrten, guten Essen, das die Töchter Gottes für die Junggesellen zubereitet hatten, den Magen so vollzuschlagen, daß er dadurch in seiner Kampfleistung beeinträchtigt wird. Die symbolische Assoziation von „Frau" und „Nahrung" legt auch den Gang der Handlungen nahe, wie er vom Jüngsten gewählt wurde: erst muß die Frau metaphorisch unterworfen und „festgehalten" werden, dann darf man ihre Nahrung essen und sie selbst. Das Lyelewort *ji* ‚Schlucken, Essen von weichen Speisen' wird, wie bereits erwähnt, auch für Frauen benutzt. *Ji kẽ* bedeutet „eine Frau *heiraten*", und auch „mit einer Frau *Geschlechtsverkehr* haben".

Nach dem erfolgreichen Ringkampf gegen die Frauen sind die Proben für die Brüder noch nicht zu Ende. Sie müssen die Eltern der Frauen „in der anderen Welt" aufsuchen und zu diesem Zwecke eine initiatorische Reise in den Himmel, bzw. die Welt der Wassergeister antreten. Vor der endgültigen Heirat mit den überirdischen, bzw. unterirdischen Frauen müssen die Brüder von zu Hause fort. Sie müssen sich in eine unbekannte Welt hinauswagen, worin wir vermutlich eine symbolische Anspielung auf die im Initiationsritual vieler afrikanischer Völker übliche *Trennung* von der Herkunftsfamilie sehen dürfen.

Calame-Griaules These (1987: 16) nach der sich in vielen afrikanischen Erzählungen das Schema des Initiationsrituals in seinen drei Schritten der T r e n n u n g von der Familie, der zurückgezogenen A b g e s c h i e d e n h e i t im Busch und der R ü c k k e h r in die Gemeinschaft mit einem abschließenden Fest wiederfinden läßt, erscheint durchaus plausibel. Dennoch sollte man nicht vergessen, daß auch im europäischen (Zauber-) Märchen der Held oder die Heldin durch eine Mangelsituation, einen inneren oder äußeren Konflikt, eine Grausamkeit der Umwelt, aus der häuslichen Routine in die „Erlebniswelt" (Röhrich) hinausgestoßen werden muß, damit Handlung in Gang kommt. Bettelheim (1988 [1975]) und Eliade betrachten die Märchen weltweit als „imaginäre Wiederholung des Initiationsszenariums":

> „Das Märchen wiederholt und verlängert die ‚Initiation auf der Ebene des Imaginären' [...]. Ohne sein Wissen und im Glauben, sich zu unterhalten oder zu entfliehen, profitiert der Mensch der modernen Gesellschaften noch immer von der imaginären Initiation, die die Märchen berichten. Man könnte sich daher fragen, ob nicht das Märchen schon frühzeitig zu einer ‚bequemen Doublette' des Mythos und des Initiationsritus geworden ist, ob ihm nicht die Rolle zukam, auf der Ebene der Imagination und des Traums die ‚Initiationsprüfungen' zu reaktualisieren [...]. Heute wird man sich langsam darüber klar, daß das, was man ‚Initiation' nennt, zur menschlichen Natur gehört, daß jede Existenz eine ununterbrochene Reihe von ‚Prüfungen', Toden und Auferstehungen ist." (Eliade [1963] 1988: 196)

Nicht nur im afrikanischen Märchen kehren die Helden nach Bestehen verschiedener Proben und Abenteuer nach Hause zurück. Allerdings ist die Übernahme eines neuen Status in vielen afrikanischen Gesellschaften deutlicher markiert als in westlichen Kulturen. Wie gesagt, gibt es bei den Lyela heute keine Initiationsrituale mehr, in denen der Übergang eines Menschen von der Rolle des Kindes zu der des Erwachsenen zeremoniell gefeiert wird. Früher wurden jedoch auf jeden Fall die Kinder des *shú*, eines Maskenbundes, eine Zeitlang in Initationslager im Busch gebracht, wo sie unter der Führung eines *shú cɔbal* (Meister des *shú*) Unterweisung in einer Geheimsprache erhielten und in verschiedener Hinsicht auf ihr nun folgendes Leben als Erwachsene vorbereitet wurden.

In den Erzählungen von den drei Brüdern und den Himmelstöchtern wird der rituelle Tod der drei Brüder als weiterer Teilschritt des Initiationsrituals symbolhaft angedeutet: In Version LYE-E435 werden die Brüder nach einer Attacke durch gefährliche wilde Bienen, die auch in einer der Bulsa-Varianten vorkommen, dreimal von einer Riesenschlange verschlungen. Hinter einem ganzen Vorhang gefährlicher wilder Bienen ist auch der Tod in einer dahomeischen Initiationserzählung versteckt, der von zwei gegensätzlichen Brüdern besucht werden muß (Herskovits 1958: 9). Unversehrt ausgespuckt, kann der jüngste Bruder danach sofort die nächste Probe bestehen, die Begegnung mit dem gefährlichen bösen Hund, der wie ein Zerberus der Unterwelt Gottes Gehöft bewacht.

Gott selbst, den die Lyela auch mit der Sonne (*yí*) gleichsetzen, erscheint in westafrikanischen Erzählungen sehr häufig personifiziert (vgl. Lifchitz 1940: 42, Schott 1989). Im vorliegenden Erzählbeispiel bewirtet er als zukünftiger Schwiegervater die Bewerber um seine Töchter. Den einzigen, wirklich religiösen Anteil des Charaktersymboles „Gott" finden wir in der ätiologischen Schlußsequenz, in der Gott zu seinem Freund Mond geht, der dem irdischen Freier noch drei seiner eigenen Töchter dazugibt. Der Schluß nimmt in der Weise eine „mythische" Wendung, daß in ihm erklärt wird, warum es unter den Menschen Hexer (*caalɛ*) gibt und einfache Menschen, die nicht die Fähigkeiten der "*double vue*" besitzen, wie die französischsprechenden Lyela sagen.

Dieses Ende scheint mir für die Lyela besonders bedeutungsvoll zu sein, denn Hexereivorstellungen spielen hier in moderner Zeit eine wachsende Rolle. Auch in anderen Gesellschaften des gleichen Kulturraumes scheinen Hexereivorstellungen im Zuge des allgemeinen sozialen und religiösen Wandels zuzunehmen. Eine Anspielung auf ein Hexenmahl findet sich auch in der Bulsa-Version (BUL-E0426). Hier stellen die Geistmädchen ihre menschlichen Ehemänner nicht nur der Herkunftsfamilie vor, sondern sie machen auch einen Besuch bei ihren mütterlichen Verwandten (im Haus der Sonne). Dort bekommen die Gäste Menschenfleisch angeboten und verzehren es. Dabei ist nicht ganz klar, ob sie dieses wissentlich oder unwissentlich tun. Jedenfalls liefert diese Episode eine ätiologische Erklärung dafür, wie die Seelenfresserei in die Welt kam.

Bei den Lyela ist ein *cɔlɔ* ein Mensch, der mit der Fähigkeit geboren wird, die Seelen anderer Menschen in der Dunkelheit zu sehen. Wenn er ein schlechter Mensch ist, läßt er sich von den anderen Hexen dazu verführen, mit ihnen zusammen Mahlzeiten aus „Menschenfleisch", der spirituellen Substanz einzelner Körperteile seiner Mitmenschen, zu verzehren. Auf diese Weise gerät der *cɔlɔ* in Schuldabhängigkeit von anderen Hexen. Er hat etwas von dem „Fleisch" ihrer Angehörigen verzehrt, also muß er sich mit einer gleichwertigen Mahlzeit revanchieren und den anderen Hexen das „Fleisch" der eigenen Verwandten vorsetzen. Manche Lyela sagen auch, das „Menschenfleisch" würde erst in Tierfleisch verwandelt und dann von den Hexen verzehrt. Es scheint jedoch ziemlich sicher so zu sein, daß ein *cɔlɔ* nur Fleisch seiner eigenen Blutsverwandten abschneiden kann (auf spirituellem Wege). Nur einem Bruder, einer Schwester, einem Vater oder einer Mutter kann er nachts den Arm oder das Bein abschneiden, immer mehr Teile ihres Körpers „fressen", bis die angegriffene Person immer kränker und schwächer wird und nach dem Verzehr der Leber, dem Sitz der Lebenskraft, schließlich stirbt.

Geschichte LYE-E435 erklärt, wie es kommt, daß „Nachtmenschen", ein Euphemismus für „Hexen", und normale Menschen zusammen in einem Gehöft, bzw. in einer Klan-Sektion, leben. Die Geschichte erklärt auch, warum Hexerei erblich ist. Charakterfeste *caalɛ*, die mit der Fähigkeit „klar zu sehen" geboren wurden, müssen nicht notwendigerweise zu Seelenfressern werden. Es muß ihnen nur gelingen, sich in ihrer Gier nach „Fleisch" zu disziplinieren. Das Ende von LYE-E435 ist deshalb bedeutungsvoll, weil Hexereiverdächtigungen zwischen Brüdern (Voll-, Halbbrüdern und Parallelkousins) bei den Lyela die wichtigste Diskursform darstellen, in der Spannungen zwischen Blutsverwandten zum Ausdruck gebracht werden. Über Hexereifällen kommt es zu Umsiedlungen und Spaltungen von Gehöftgemeinschaften und sogar zur Elimination einzelner, als Hexe stigmatisierter „Sündenböcke", auf die die unterdrückten Aggressionen der Gehöftgemeinschaften schließlich gelenkt werden. Sogenannte "féticheurs" spielen in der Gestaltung der Hexereikrisen bei den Lyela eine zunehmend wichtigere Rolle.

Ich muß mich hier auf die Feststellung beschränken, gewonnen aus eigener ethnographischer Beobachtung und verstärkt durch die dadurch sensibilisierte Lektüre von Erzählungen der Lyela, daß Aggressionen, Spannungen und Konkurrenz zwischen Brüdern, die im Alltagsleben weitestgehend unterdrückt werden müssen, um den lebensnotwendigen Zusammenhalt der Gehöftgemeinschaft nicht zu gefährden, in Erzählungen zum Ausdruck kommen und dort auch artikuliert werden *dürfen*. Inwieweit auf diese Art und Weise eine „Abfuhr" dieser Spannungen möglich ist, ist schwer zu beurteilen.

Auf einer „wirklicheren" Realitätsebene entladen sich unterdrückte Haß- und Eifersuchtsgefühle zwischen Brüdern in komplexen Vorstellungen über Seelenfresserei und auch Zauberei. Dabei bleibt es nicht immer beim Reden und Diskutieren, sondern es kommt zu aggressiven Akten, zu Hexenverfolgung und Antihexerei-Ritualen, in denen gruppeninterne Spannungen ausagiert werden. Trotz des festen Glaubens an Seelenfresserei sind sich die Lyela der destruktiven Auswirkungen von Hexerei- und Zaubereiverdächtigungen bewußt: *"Be ka ce caalε ca n do ni ne ye – Ne porte pas méchamment l'accusation d'être mangeur de double"* lautet ein Sprichwort, das von Nicolas aufgezeichnet wurde (1953: 271). Eine ähnliche Botschaft wird von der folgenden kurzen Parabel (LYE-E077) verkündet:

> Ein Sohn verdächtigt (laut) seinen Vater, ihn töten zu wollen.
> Der Vater zeigt dem Sohn im Busch eine tote Ratte. Der Sohn verdächtigt den Vater, die Ratte mit seiner „schwarzen Medizin" getötet zu haben.
> „Wenn du etwas siehst, und du weißt nicht genau, um was es sich handelt, darfst du deshalb nicht deinen Nebenmann beschuldigen."
> Aber der Vater zeigt ihm, daß die Ratte umgekommen war, weil Verdächtigungen und „bittere Gedanken" ihren Bauch „verdorben" hatten.

Hier ist „Zauberei" angesprochen, derer Vater und Sohn sich gegenseitig verdächtigen. Auch bei den Lyela werden Zauberei und Hexerei nicht klar voneinander getrennt. Der entscheidende Unterschied zwischen diesen beiden geheimen und bösen Arten, seinen Mitmenschen zu schaden, liegt wohl darin, daß Seelenfresserei auf die eigene Blutsverwandtschaft beschränkt bleibt, während man mit Zauberei auch fremde Menschen krank machen und töten kann.

Das nächste Erzählbeispiel nimmt die bereits angesprochenen Themen der Initiation in den Erwachsenenstatus, der Brautschau und der Lösung schwieriger Aufgaben in anderer Form wieder auf. Erneut ist die Rede von verwandelten Frauen. Sie kommen aus dem Wasser, wo sie als Fische lebten. Auf dem Lande nehmen sie die äußere Erscheinung schöner junger Mädchen an (LYE-E170, LYE-E803, LYE-E857):

> Fische verwandeln sich in junge Mädchen und machen sich auf den Weg, um die jungen Männer eines Dorfes zu besuchen. Zwei von ihnen rollen sich unterwegs in Asche, um heller auszusehen.
> Drei Brüder, zwei Söhne von einer Mutter, einer von einer anderen, „teilen" sich die Mädchen, wobei die zwei Vollbrüder sich die helleren und [deshalb] hübscheren nehmen.
> Eines Tages bitten die hellen Mädchen darum, zu ihren Verwandten zurückzukehren. Am Flußufer legen sie ihren Männern nahe umzukehren, denn sie seien keine normalen Menschen, sondern Wassergeister (*bwǐlyi*).

Voller Scham, weil sie ihre Mädchen verloren haben, kehren die beiden Brüder nach Hause zurück. Sie werden „eifersüchtig" auf den Halbbruder Oli, dessen schwarze Frauen noch im Gehöft sind und wollen ihn töten.

Eines Tages wollen auch die schwarzen Mädchen ihre Verwandten besuchen: Sie singen ein Lied am Flußufer und springen dann ins Wasser. Der jüngste Bruder springt auch ins Wasser und wird von den „Sachen" unter Wasser verschlungen.

Olis Mutter setzt sich neun Tage an den Fluß und weint, bis der Älteste der Flußgeister die Fleischstücke des verschluckten Jungen wieder zusammentragen läßt. Frosch, der die Leber gefressen hat, wird geschlachtet; die Leber als Sitz des Lebens wird aus seinem Bauch geholt, und der Junge wird wieder zum Leben erweckt. Er bekommt drei schöne Mädchen, Rinder, Schafe und Reichtümer.

Nach Olis Rückkehr ins Gehöft werden die Halbbrüder noch eifersüchtiger. Sie haben aber Angst, in den Fluß zu springen und werden von ihrer Mutter hineingestoßen. Neun Tage lang bleibt die Mutter am Fluß sitzen und weint. Am neunten Tag fragt sie der Älteste, was sie wolle.

Aber sie bekommt ihre Söhne nicht zurück, weil sie tot sind, wie der Älteste der Flußgeister sagt.

„Eine große Anzahl von Erzählungen aus den verschiedensten Kulturen entwickeln sich nach Strukturen, die das Szenario [des dreistufigen Übergangs vom Kind zum Erwachsenenstatus] reproduzieren. Man kann von einer Art ‚kanonischer Form' sprechen, nach der die Erzählungen aus zwei entgegengesetzten Teilen zusammengesetzt werden: im ersten Teil ist der Held positiv und hat Erfolg in seiner Suche, der zweite Held ist negativ und scheitert" schreibt Calame-Griaule (1987: 16).

Ich werde es wegen der großen Anzahl von Erzählungen mit dem „Guten und Schlechten Helden" nicht unternehmen, auf Versionen und Varianten dieser Geschichte aus anderen afrikanischen Kulturen zu verweisen. Die Doppelhaftigkeit der beiden entgegengesetzten Charaktere kann auf psychologischer, auf epischer, wie auch auf soziologischer Ebene interpretiert werden:

Bettelheim (1988: 81) sieht gegensatzhafte Charaktersymbole wie Guter Bruder – Schlechter Bruder; Gute Mutter – Böse Stiefmutter; Gehorsames, bescheidenes Mädchen – Eitles, faules Mädchen als *"split image"* einer einzigen Persönlichkeit. Vor allem im „geteilten" Mutterbild habe der Zuhörer die Möglichkeit, das Mutterideal von allen bösen und störenden Eigenschaften zu „reinigen", die auf das böse Gegenbild projiziert werden. Kinder verschafften sich auf diese Weise emotionale Sicherheit in ihren Elternbeziehungen.

Das Märchen habe aus epischen Gründen die Tendenz, Charaktere zu polarisieren, und arbeite vor allem mit reinen, einfachen Formen, argumentiert Röhrich:

„Die polaren Gegensätze der Personen und ihrer Eigenschaften geben den Märchen die Durchsichtigkeit, die seine innere Wirklichkeit erst so recht deutlich werden läßt: Es gibt keine gemischten Charaktere, und jede Gestalt vertritt nur eine Eigenschaft. Es gibt nur gut und böse, schön und häßlich, arm und reich, recht und unrecht, treu und treulos; und auch bei den Tiermärchen ist es nicht anders: Katze und Maus [...], Wolf und Ziege, [...], Adler und Zaunkönig [...] stehen mit ihren gegensätzlichen Eigenschaften einander gegenüber." (Röhrich 1974: 236)

6.4. Geschwister in Erzählungen

Für die westafrikanischen Tiererzählungen der Savanne sind hier natürlich noch Hase und Hyäne zu nennen.

„Eines der wichtigsten Spannungsfelder liegt [...] auf *sozialem* Gebiet. Der arme Held oder die arme Heldin machen eine reiche Heirat [...]. Die Letzten werden die Ersten, und der jüngste, bei der Erbteilung benachteiligte Sohn kommt am Schluß zum größten Vermögen. Reich wird arm und arm wird reich. Darin besteht oft genug die soziale Gerechtigkeit des Märchens." (ebda.)

Als soziologischer Interpretationsansatz wäre hinzuzufügen, daß in westafrikanischen Erzählungen die Verhaltensweisen der Brüder gegensätzlich akzentuiert werden. Falsches und schlechtes Verhalten des Antihelden wird zum abschreckenden Warnbeispiel stilisiert, während die richtigen und guten Taten und Entscheidungen des Helden als Vorbild ausgemalt werden.

In afrikanischen Initiationserzählungen bekommen die Helden durch *Proben* die Chance, ihr Schicksal zu verbessern und Gerechtigkeit zu erlangen. Oft sind diese Proben sehr subtil angedeutet und nur für jemanden erkennbar, der mit der Kultur, aus der die Erzählung stammt, vertraut ist. In Version LYE-E170 von der Geschichte mit den Fischmädchen wälzen sich einige von ihnen in weißer Asche, um heller und damit nach westafrikanischen Vorstellungen schöner auszusehen. In Version LYE-E803 haben sich einige der Mädchen versehentlich auf einem frischabgebrannten Feld beschmutzt und sind schwarz und häßlich geworden. In beiden Fällen ist die Hautfarbe der Mädchen nicht „echt". Es handelt sich hierbei um ein in Initiationserzählungen verbreitetes Motiv, das vor übereilten Urteilen allein aufgrund äußerlicher Erscheinungen warnt. Die Jugendlichen müssen lernen, innere, verborgene, hintergründige Werte wahrzunehmen. Das Sich-blenden-lassen durch die äußere Erscheinung gilt in Afrika als Zeichen kindischer Unreife und zeigt, daß ein Mensch, dem dieses widerfährt, noch nicht reif genug für den Erwachsenenstatus ist.

Die „häßlichen", schwarzen Mädchen aus Version LYE-E803 waren von der Mutter des Helden „gesucht" worden, mit der sie sich sofort gut verstanden. Der Sohn machte der Mutter zunächst Vorhaltungen:

„Warum hast du diese ‚Sachen' [gemeint sind die beiden schwarzen Mädchen aus dem Fluß] für mich aufgesammelt? Wenn es keine anderen Mädchen gab, dann wäre es besser gewesen, gar keine Frauen für mich zu suchen. Der Junge war wütend [lit.: seine Galle schwoll an], denn er sah, daß seine Kameraden [seine Brüder und Halbbrüder] alle schönere, hellere Mädchen bekommen hatten [als er]."

Als die Mädchen jedoch naßglänzend aus der Duschecke hervorkommen, gefallen sie ihm dann doch, und er folgt ihnen in den Fluß, um bei ihrem Ältesten seinen Heiratsantrag zu stellen. In dieser Geschichte von den Fischmädchen spielen die Mütter der Helden und Antihelden die entscheidende Rolle für das Schicksal ihrer Söhne. In Version LYE-E803 wird die Mutter des Helden, der den Mut hatte, den Geistmädchen in die Unterwasserwelt zu folgen, vom Ältesten aufgefordert, „alle möglichen Sorten Nahrung" zuzubereiten. Vielleicht handelt es sich um ein Hochzeitsmahl, das die Mutter für die frauengebende Familie kochen soll. Der Frau wird gesagt, sie solle alle möglichen Fleischsorten zubereiten, aber sie solle keine *Fischsauce* kochen. Die Mutter tut, wie ihr geheißen und stellt die Schüsseln am Flußufer ab. Zur Belohnung wird ihr Sohn wieder zusammengesetzt und zum Leben erweckt (Wiedererweckung nach dem rituellen Tod der Initiation). Mit Reichtümern und sogar einem Pferd beschenkt, kehrt der Held zu seiner Mutter heim.

Der Antiheld wird bestraft und verfehlt seine Initiation, weil er selbst nicht den Mut hatte, ins Wasser zu springen, sondern sich von seiner Mutter hineinstoßen ließ. Zudem begeht die eifersüchtige Mutter des Antihelden noch den taktlosen Fehler, für das Hochzeitsmahl ihres Sohnes mit der Fischfrau Hirsebrei mit Fischsauce zu kochen. Zur Strafe taucht ihr Sohn nur mit einem halben Körper aus dem Wasser empor.

Der Name des Helden in Version LYE-E857 und in der bruchstückhaften Version LYE-E825 ist Oli, abgeleitet vom Lyele-Wort *lăli* – Schmiedeamboß. Der Name zeigt, daß die Seele dieses Jungen aus dem Heiligtum der Schmiede stammt, die nach den Vorstellungen der Lyela als heiliger Ort (*cŏ*) gilt und den noch ungeborenen Kinderseelen als Aufenthaltsort dient. Die Schmiede der Lyela stehen in besonderer Beziehung zu den Wassergeistern. Wenn etwa ein Kind in einem Fluß ertrunken ist, nimmt der Schmiedepriester (*lălicòbal*) mit zwei Eisenstücken in der Hand am Ufer Platz und ruft mit dem klingenden Geräusch der Eisenteile die Wassergeister herbei. Er bittet sie um Vergebung und Verzeihung; sie sollen den Leichnam des ertrunkenen Menschen an die Wasseroberfläche steigen lassen, damit man ihn begraben kann und seine Seele Ruhe findet (Erklärung von Grégoire Bagoro).

Oli, der seine Seele und damit sein Leben der heiligen Macht der Schmiede verdankt, ist der Held von Version LYE-E857. Er ist der jüngste der drei Brüder und der einzige, dem es gelingt, die Fischmädchen zu richtigen Ehefrauen zu machen. Seine älteren Brüder haben nicht den Mut, in den Fluß zu springen, sie sind nicht Manns genug, für ihre Frauen zu kämpfen und verlieren sie darum wieder.

Kosack (1991: 88) schreibt über die Mafa in Nordkamerun, daß nach den kosmologischen Vorstellungen dieser Kultur der Himmel und die Unterwasserwelt miteinander in Verbindung stehen. Sowohl aus dem Himmel als auch aus dem Wasser kommt Reichtum. In den uns vorliegenden Erzählbeispielen der westafrikanischen Savanne besteht Reichtum vor allem in Frauen. Auch bei den Mafa ist der Fluß die Grenze zwischen verschiedenen Daseinsformen. In den Erzählungen der Lyela beginnt auf der anderen Seite des Flusses ein unbekanntes Land. Um als Erwachsener gelten zu wollen, müssen sich die jungen Männer in dieses Geisterland oder – wie im vorliegenden Erzählbeispiel – in die Unterwasserwelt wagen.

Die Geschichten von den Fischmädchen vertreten jedoch nicht ganz dieselbe Botschaft wie die zahlreichen Erzählungen über den "*Conjoint Animal*", die im folgenden Kapitel behandelt werden. Sie warnen nicht grundsätzlich vor einer Heirat mit einem „zu weit entfernten" Ehepartner aus der Geisterwelt. Sie machen hingegen den glücklichen Ausgang der Ehe mit den transformierten Geistmädchen vom W o h l v e r h a l t e n der Menschen während der Initiationsperiode abhängig. Der junge Mann, dessen Initiation nach der Charakterprobe und dem rituellen Tod erfolgreich abgeschlossen ist, ist auch stark genug für die Ehe mit einer Frau, die früher einmal ein Geist war.

In der von Kosack wiedergegebenen Mafa-Erzählung über einen jungen Mann, der von seinen Eltern nicht geliebt wird und darum eine kümmerliche Existenz im Busch führt, wendet sich das Schicksal des Helden durch die zauberkräftige Unterstützung der Tochter eines Wassergeistes und Gottes Tochter. Sie heiraten den Helden, aber er verliert seine Reichtümer, ebenso wie seine Frauen, durch Geiz und Hybris (vgl. Kosack 1991: 90).

Wir bleiben noch ein wenig bei der Rolle der Mutter in den Beziehungen zwischen Halbgeschwistern vom selben Vater. In den Geschichten von den Fischmädchen wurde gezeigt, daß die Mutter des Helden aktiven Anteil an seiner Initiation und Verheiratung nahm. In Version LYE-E803 wird detailliert beschrieben, wie sich nicht nur die Beziehungen zwischen den „Verlobten", sondern auch zwischen den zukünftigen Schwiegertöchtern und der Schwiegermutter entwickeln. Die Mädchen mögen die Mutter ihres Zukünftigen und sagen höflich zur Schwiegermutter, die sie in ihrem Gehöftabteil aufnimmt: „Gib uns etwas Hirse zu reiben, um unseren Körper zu erwärmen." Die Mädchen bieten sich für Arbeiten im Haushalt an, sie erweisen der älteren Frau Achtung und Respekt.

Es wurde bereits mehrfach auf die wichtige Bedeutung eigener Söhne für die Stellung der Frauen hingewiesen. Eine Frau, die keinen Sohn hat, bekommt auch keine Schwiegertöchter, die ihr die Arbeit im Alter erleichtern und ihren Status erhöhen. In ihrem Gehöftabteil wachsen keine Enkelkinder heran, die eine der größten Freuden des Alters sind. Sie kann „nur noch am Rande des Grabes sitzen und auf den Tod warten", wie sich eine alte Lyela-Frau ausdrückte.

6.5. Das Verhältnis zwischen Halbbrüdern nach dem Tod des Vaters

Der Tod eines Familienvaters stellt ein wichtiges Ereignis im "*developmental cycle*" (Goody 1958) einer Gehöftgemeinschaft dar. Wie ausgeführt, endet die wirtschaftliche Einheit von Halbgeschwistern verschiedener Mütter oft beim Tod des Vaters, der zu Lebzeiten alle Kinder unter seiner Autorität zusammenhielt. Die Frauen eines verstorbenen Patriarchen werden auch bei den Lyela an seine jüngeren Brüder und Söhne verheiratet, wobei sich jede Frau innerhalb des genannten Personenkreises den Partner selbst wählen kann. Danach bilden sich neue wirtschaftliche Einheiten aus kooperierenden Vollbrüdern. Frauen jenseits der Menopause, die keine Kinder mehr bekommen können, werden normalerweise nicht wieder verheiratet. Sie sind in sozialer und wirtschaftlicher Hinsicht ganz von ihren Söhnen abhängig.

Die folgende Geschichte beschreibt das schwere Schicksal einer Witwe, deren einziger Sohn in Gefahr ist, weil die Söhne ihrer Mitfrau ihn umzubringen versuchen. Die Erzählung thematisiert das Machtvakuum, das nach dem Tod des Patriarchen entsteht, und beschreibt Konflikte, die zu einer Neuordnung der Rangfolge unter Brüdern führen. Wieder ist der jüngste Bruder der Gute, der Zauberkräftige und Gerechte. In den Erzählungen wird das in Wirklichkeit gültige

Prinzip der Seniorität einfach ins Gegenteil verkehrt (LYE-E619, LYE-E670, LYE-E727, LYE-E970):

> Ein Mann hat zwei Frauen und drei Söhne. Als er seinen Tod nahen spürt, gibt er jedem Sohn 50 FCFA (bzw. 30 Kaurischnecken) als ihr Erbteil und erinnert sie daran, daß er bald sterben werde und sie für ihn das Totenfest auszurichten hätten (LYE-E670, LYE-E727). In Version LYE-E970 erhalten die Jungen 500 FCFA und eine große Viehherde.
> Die älteren Brüder „essen" ihr Erbteil; in LYE-E670 und LYE-E727 gibt der Älteste sein Geld für Frauen aus und der Zweite für Essen.
> Der jüngste Bruder verwendet sein Geld für ein Zaubermittel. Ein Jahr nach dem Tod des Vaters muß sein Totenfest ausgerichtet werden.
> Der Jüngste erklärt, mit seiner „Medizin" könne er sich in ein Pferd verwandeln. Die Brüder sollten das Pferd verkaufen und von dem Geld die Güter und Opfertiere kaufen, die für das Totenfest des Vaters notwendig seien. Der Jüngste schärft den Brüdern ein, sie dürften ihn aber auf keinen Fall an einen Fulbe verkaufen (LYE-E619), an einen Dioula (LYE-E670), an einen einäugigen islamischen Schriftgelehrten (LYE-E727), oder an einen Dagari (LYE-E970).
> Nach mehrmaligen „Pferdeverkäufen" sind die Brüder reich, „ihr Hof ist mit Viehherden gefüllt". Die beiden älteren Brüder verkaufen den Halbbruder an die „verbotene" Person und teilen die Reichtümer untereinander auf.
> Das „Pferd" wird jahrelang von dem Fremden in einem fensterlosen Raum gefangengehalten. Die beiden Brüder quartieren die alte Mutter des Halbbruders aus ihrem Hof aus; sie lebt als Viehhirtin unter einem kümmerlichen Schattendach.
> Die Söhne des Fremden, der ein mächtiger Zauberer ist, befreien eines Tages aus Übermut das Pferd, um damit zu einem Fest auszureiten. Der Magier entdeckt das entlaufene Pferd, und zwischen den beiden entspinnt sich ein Zauberwettstreit: Das Pferd verwandelt sich in einen Sperber, der Zauberer in einen Adler, der Junge in einen Ring, der in die Tasche des Häuptlings schlüpft. Der fremde Zauberer verwandelt sich in einen „griot", der für den Häuptling Preislieder singt. Er verlangt als Lohn den Ring, den er auch bekommt und in seinen Beutel steckt. Der Ring verwandelt sich in eine Maus, die die Tasche von innen zerknabbert, dann zu Hirsekörnern, die aus dem Sack rieseln. Der fremde Zauberer wird zum Huhn, das die Körner aufpickt. Das letzte Korn verwandelt sich in eine Katze, die dem Huhn den Kopf abbeißt.
> Nach seinem siegreichen magischen Kampf kehrt der jüngste Bruder nach langer Zeit in der Fremde nach Hause zurück. Auf dem Hügel vor dem Gehöft sieht er ein Feuer, beim Näherkommen ein *"hangar"*. Darunter findet er seine alte Mutter, die ihm weinend in die Arme fällt und davon berichtet, wie die Söhne ihrer Rivalin jeden Morgen mit Peitschen bei ihr erscheinen, um sie brutal aufzuwecken. Sie werde mit den Viehherden auf die Weide getrieben, gequält und mißhandelt.
> Der Junge verbringt die Nacht bei der Mutter und stellt am nächsten Morgen seine Brüder zur Rede. Zur Strafe für die grausame Behandlung seiner Mutter verwandelt er sie in Affen (LYE-E619), in Raben (LYE-E670, LYE-E727) oder in Sperber (LYE-E970).
> „Der Sohn und die Mutter genossen alleine ihre Reichtümer." (LYE-E619).

Das Motiv des Magierwettstreites – zwei Zauberer, die in immer neuen Verwandlungen gegeneinander kämpfen – ist in ganz Westafrika bekannt und beliebt. Der darin erwähnte Barde, der vor einem König Preislieder singt und dafür mit allem beschenkt wird, was er sich nur wünscht, weist auf den Ursprung dieses Motivs aus dem Mande-Kulturkreis hin. Bei den Bambara-Malinké ist es ebenso bekannt wie bei den Fulbe und zahlreichen anderen Ethnien.

Die älteren Brüder in der Geschichte erhalten ihre gerechte Strafe für verschiedene Vergehen. Auf die „Verschwendung" von Geld für die Befriedigung triebhafter Wünsche wurde schon hingewiesen. In LYE-E970 verzehren die beiden Brüder gar die ganze Viehherde, die nicht für individuellen Konsum, sondern für die Krisensicherung einer ganzen Gehöftgemeinschaft gehalten wird. Der älteste Bruder ist nur „Verwalter" der Viehherde, die eine Brüdergemeinschaft vom verstorbenen Vater oder Gehöftherrn erbt, nicht ihr Besitzer oder gar Eigentümer.

N'Da (1978: 170) hat eine Variante der Erzählung von den Söhnen, die größte Anstrengungen für die Veranstaltung einer Totenfeier auf sich nehmen, bei den Nzima aufgenommen, einer Akan-sprechenden ethnischen Gruppe in Südghana. Auch hier unternimmt jeder Sohn eigene Kraftaufwendungen nach seinen persönlichen Fähigkeiten. Die Nachkommen des Mannes scheuen keine Gefahren in ihren Anstrengungen, dem Vater einen würdevollen Übergang ins Totenreich zu verschaffen. Die Ausrichtung des Totenfestes stellt in Afrika den wichtigsten Beweis der Liebe und Verehrung eines Sohnes für seinen Vater dar, meint N'Da (1978: 170). Diese Werthaltung wird bei den Lyela bis heute auch von den Jugendlichen noch ohne Einschränkung geteilt.

Die Brüder in der Geschichte haben ihre Pflicht versäumt, das Totenfest für den Vater abzuhalten. Valentin Bazie und Ossora N'Do erklärten mir, daß der verstorbene Vater seinen Söhnen immer wieder im Traum erscheinen werde, solange die Nachkommen nicht sein Totenfest (*lú*, pl. *lwísi*) ausgerichtet hätten. Erst durch das Totenfest wird die Seele (*ywə́lə́*) des Verstorbenen ins Totenreich (*cuulu*) geleitet, vorher hält sie sich weiter im Gehöft unter den Lebenden auf. Der Vater hat noch keinen festen Platz in der Gemeinschaft der Ahnen einnehmen können. Das macht seine Seele unruhig und reizbar. Die Lyela sagen, der Vater bedrohe seine Söhne und ihre Familien mit Krankheit, Unfruchtbarkeit und Tod, solange sein Übergang ins Totenreich noch nicht vollzogen sei. Dittmer benutzt sogar die Ausdrücke „Totengespenst" und „lebender Leichnam" (1979: 532) für die Verstorbenen, die noch nicht mit einem Totenfest für ihre Reise ins Totenreich verabschiedet wurden.

Die folgende Geschichte LYE-E179 wurde von einem jungen Mann aus Réo-Toucon, einem Stadtviertel des Verwaltungsortes Réo, erzählt. Dieses Viertel wird wegen seines hohen Anteils an Gastarbeitern in den Küstenländern und wegen der zahlreichen monetären Unternehmungen, die die Bauern dieses Viertels betreiben, *"Petit Paris"* genannt. Es ist das „fortschrittlichste" und „modernste" Milieu im ganzen Lyela-Gebiet. Georges Bacono, der selbst Erfahrungen als Gastarbeiter an der Elfenbeinküste gesammelt hat, erzählte nun die Geschichte von drei Brüdern, die beide von ihrem Vater 5.000 FCFA bekommen, mit der Auflage, für diese bedeutende Geldsumme etwas Gescheites auf dem Markt zu kaufen. Die beiden ersten Brüder kehren unverrichteter Dinge wieder mit dem

Geld nach Hause zurück. Der dritte hat ein ganzes "*cabaret*"[9] Hirsebier aufgekauft und an die Marktbesucher verteilt. Der Sohn sagt zum Vater, er habe das Geld auf diese Weise ausgegeben, „um den Namen des Vaters zu vergrößern" und dafür zu sorgen, daß alle zum Bier eingeladenen Marktbesucher zum Totenfest des Vaters erschienen.

Um noch einmal auf das vergangene Kapitel über die Wirtschaftsauffassungen der westafrikanischen Bauern zurückzukommen, sei hier auf die „verschwenderische Konsumtion" während der Totenfeste der Lyela verwiesen. Die Allokation von Überschüssen für eine anständige Totenfeier der Verstorbenen ist ein wichtiges „Sparziel" der Hausgemeinschaften. Neben der religiösen Bedeutung der Totenfeste als Übergangsrituale für die Verstorbenen ist der Prestigegewinn der Familie, die eine üppige Totenfeier ausrichtet, nicht zu übersehen. Die Lyela betonen durch die demonstrative Verteilung (*conspicuous consumption*) großer Mengen von Fleisch, Gemüse, Hirsebrei, Hirsebier, Salz, Tabak und Kolanüssen die wirtschaftliche Potenz ihrer Klan-Sektion. Zu einem großen Totenfest in einem Gehöft von 50 bis 100 Bewohnern finden sich mehrere hundert Besucher aus verschwägerten Familien ein. Frauennehmende Klane des Gastgebergehöftes müssen so üppig wie möglich bewirtet werden. Dafür müssen sie aber auch teure Gastgeschenke an Salz, Geld und Kolanüssen machen.[10] Nicht nur die Frauen und Männer des Gastgebergehöftes sind bereits Tage und Wochen vor dem Fest mit Vorbereitungsarbeiten wie Bierbrauen, Schlachten, Hirsestampfen usw. beschäftigt, sondern alle Gehöfte der gesamten Klan-Sektion müssen ihren Beitrag leisten.

Die „verschwenderische Konsumtion" auf großen Festen steht natürlich nicht nur bei den Lyela in Gegensatz zum alltäglichen wirtschaftlichen Verhalten. Sperber (1974: 45–50) zeigte an der Sitte der Dorze in Südäthiopien, nach der die Würdenträger großer Feierlichkeiten den ganzen Kopf mit einer dicken Schicht Butter (kalorienreiches Luxusnahrungsmittel) bedeckt tragen, auf welch vielfältigen Sinnebenen symbolische Gegensätze zwischen wirtschaftlichem Verhalten im Alltag und auf Zeremonialfesten hergestellt werden. Dementsprechend wird bei den Lyela Salz, das früher noch viel kostbarer war als heute, in der normalen Alltagskost nur sparsam verbraucht. Auch Fleisch ist in der täglichen Abendmahlzeit selten enthalten. Auf dem Höhepunkt der Totenfeste bei einbrechender Dunkelheit werden dagegen ganze Hände voll Salzbrocken, heute gelegentlich

---

9 Ein "*cabaret*" ist eine unter einem Schattendach improvisierte Schankstube. Dort verkauft eine Frau die Menge Hirsebier, die sie in einem Brauvorgang gekocht hat. Das Bier wird in großen Plastikkanistern von 50 bis 80 Litern zum Markt gebracht und dort kalebassenweise an die Konsumenten verkauft.

10 Ein Trend des modernen Kulturwandels geht dahin, daß im Gastgebergehöft alle Gaben, die die Festbesucher aus frauennehmenden Klanen an die Festveranstalter entrichten müssen, in einem Heft notiert werden. Ein Schreibkundiger des Gastgeberklanes notiert den Preis des Salzsackes, den die Männer aus dem Dorf X oder Y in ihrer Rolle als Schwiegersöhne als Gastgeschenk mitzubringen hatten. Säumige affinale Verwandte werden nach dem Fest an ihre Pflichten erinnert.

auch Geldmünzen, vom Flachdach des Hauses in die Menge der Festbesucher geworfen (in der sich auch die „Schwiegersöhne" befinden, die das Salz als Geschenk mitbringen mußten). Vom frühen Morgen an werden Rinder geschlachtet – je größer der „Name" des Verstorbenen war, desto mehr Tiere werden geschächtet –, die während des ganzen Tages mit aufgeblähten Bäuchen unter der heißen Sonne vor dem Gehöft liegen bleiben, in dem das Totenfest stattfindet. Am Abend ziehen die Schwestersöhne der Festveranstalter mit großen Fleischstücken beschenkt in ihre Dörfer zurück.

Ein Totenfest ist ein komplexes soziales Phänomen im Sinne von Mauss' *"fait social total"*.[11] Darum wäre das Verbot der Totenfeiern, wie es im Jahre 1983 von der Regierung Thomas Sankaras aus wirtschaftlichen Gründen erlassen wurde, für die kulturelle Identität der Bauern von Burkina Faso ein schwerer Schlag gewesen, wenn die damalige Regierung es hätte durchsetzen können. Die autonomen Entwicklungsanstrengungen des armen Landes ließen nach Ansicht des damaligen Staatspräsidenten die verschwenderischen traditionellen Sitten nicht mehr zu. Den Bauern wurde vorgeworfen, sich wirtschaftlich mit diesen Festen zu ruinieren und Hunger und Elend ihrer Familien zu verschulden. Meiner Beobachtung nach fielen die Totenfeste der Trockenzeit von 1989/90 aber nicht anders aus als in der Zeit vor 1983; die Bauern verzichteten lediglich darauf, die Geldscheine, die die Trommler für ihre Dienste bekamen, an langen Hirsestengeln öffentlich zur Schau zu stellen. Der tatsächliche materielle Aufwand für die Totenfeiern hatte sich jedoch nicht verändert. Auch ist es traditionsgemäß immer so gewesen, daß in Jahren mit schlechter Ernte keine Totenfeste ausgerichtet wurden. Der Gehöftherr legt mit den anderen Alten seiner Klan-Sektion das Datum für eine solche Feier fest; dabei wird genau mit den gesamten Ressourcen der Familie kalkuliert.

Wenn allerdings ausreichende Mittel da sind, wie in Erzählung LYE-E970, wo der Vater den Söhnen eine große Viehherde hinterlassen hat, dann ist es die *Pflicht* der Nachkommen, für den Vater das Übergangsritual ins Totenreich zu gestalten. In der folgenden Erzählung LYE-E142 ist die Rede vom *Begräbnis* des alten Vaters. Zur Beerdigung sehr alter und sehr angesehener Männer werden auch Tiere geopfert und die Trommeln geschlagen. Die „eigentliche" Verabschiedung des Verstorbenen findet jedoch während der Totenfeiern in der folgenden Trockenzeit statt. In der folgenden Erzählung wird stark übertrieben:

---

11 „In diesen [...] ‚totalen' sozialen Phänomenen kommen alle Arten von Institutionen gleichzeitig und mit einem Schlag zum Ausdruck: religiöse, rechtliche und moralische – Politik und Familie fallen hier zusammen; ökonomische – diese setzen besondere Formen der Produktion und Konsumtion oder vielmehr der Leistung und Verteilung voraus – ganz zu schweigen von den ästhetischen Phänomenen, in welche jene Tatsachen münden, und den morphologischen Phänomenen, die sich in diesen Institutionen offenbaren." (Mauss 1975 [1925]: 129)

Ein alter Mann spürt, daß er nicht mehr lange zu leben hat. Er versammelt alle Söhne um sich und sagt, er müsse nun bald sterben. Was werde jeder einzelne an seinem Todestag unternehmen?

Der älteste Sohn sagt, er werde den ganzen Tag lang von morgens bis abends Rinder schlachten. Der zweite Sohn will von Sonnenaufgang bis Sonnenuntergang Schafe schlachten. Der dritte will Ziegen töten, der fünfte verspricht, den ganzen Tag lang Kaurischnecken unter die Menschen zu werfen. Der sechste will am Todestag des Alten Pferde töten, der siebte Esel, der achte will Geldmünzen in die Menge werfen, der neunte verspricht, dem Alten ein Grab auf dem höchsten Cailcédrat-Baum des Dorfes auszuhöhlen, und der zehnte verspricht gar, für den verstorbenen Vater einen Menschen zu opfern.

Drei Tage später tut der Alte so, als sei er gestorben. Alle Brüder führen aus, was sie dem Vater versprochen haben. Der Alte hatte angeordnet, daß man seinen Leichnam nicht in die Erde legen sollte, bevor nicht jeder Sohn sein Versprechen eingelöst hätte. Der jüngste Sohn irrt auf der Suche nach einem Menschen, den er anläßlich des Todes seines Vaters töten könnte, im Busch herum. Er trifft auf ein Mädchen, das er zu seinem Opfer machen will.

Sie singt immer wieder dasselbe Lied, in dem sie ihn vergeblich von seinem Plan abzubringen sucht.

Der Junge führt sie in sein Gehöft, neben die Leiche des Vaters, wo schon die Opfergaben der anderen Brüder aufgebaut sind. Gerade als er das Messer am Hals des Mädchens ansetzen will, fällt ihm der Vater, der sich nur totgestellt hatte, in den Arm. Er sagt, man soll keine Menschen opfern. Er, der Vater, habe sich totgestellt, um zu sehen, ob die Söhne tatsächlich ihre Pflichten erfüllten.

Die Bulsa in Nordghana erzählen sich ebenfalls Geschichten, in denen das Motiv der Opferung eines Mädchens auf einem Erdschrein (*tanggbain*) zu finden ist. Schott (1990: 15) nahm eine entsprechende Erzählung in acht Versionen auf. Auch dort wird das Menschenopfer nicht tatsächlich vollzogen, sondern im letzten Moment verhindert. Der zehnte Bruder in unseren Lyela-Versionen weiß die anderen Brüder nur noch dadurch zu überbieten, daß er zur Beerdigung des Vaters ein Menschenopfer darbringen will. Ein anderer Bruder hatte ja schon angekündigt, er wolle dem Vater zu Ehren den ganzen Tag Pferde schlachten. Die Tötung so edler und im Lyela-Gebiet äußerst seltener Tiere, die mit der militärischen Überlegenheit und kriegerischen Macht (*naam*) der benachbarten Mosi assoziiert werden, ist nur noch durch ein Menschenopfer zu übertreffen.

Auch in dieser Geschichte ist der bereits angesprochene *Wettbewerb* zwischen mehreren Söhnen eines Vaters enthalten. Die Söhne überbieten sich gegenseitig in der phantastischen, übersteigerten Aufzählung der Prestigegüter, die sie beim Tod ihres Vaters dahinmetzeln und verschleudern wollen. Bezeichnenderweise bietet jeder etwas *anderes* an. Dadurch sind die Handlungen der Brüder wieder von der Spannung zwischen Gleichheit und Verschiedenheit charakterisiert. Der jüngste Sohn vergreift sich in dem Bemühen, die Gaben der älteren Brüder zu überbieten, in den Mitteln. Er „übertreibt" auf eine unzulässige Weise, aber der alte Vater zeigt ihm im letzten Moment die Grenzen. Wir werden an weiteren, „übertriebenen" Erzählbeispielen sehen, daß die Figur des schlauen Jüngsten Bruders oft auch dämonische Züge übertragen bekommt und daß seine „Stärke", mit der er über die älteren Brüder gewinnt, nicht immer nur positive Züge trägt.

6.5. Das Verhältnis zwischen Halbbrüdern nach dem Tod des Vaters

Auch bei den Lyela ist ein westafrikanischer Erzähltypus bekannt, der von Paulme (1976: 242–276) und N'Da (1978: 34–52) analysiert wurde. Als Jüngste(r) einer großen Anzahl von Geschwistern folgt „Däumeling" (*Petit Poucet*) den älteren Geschwistern gegen den Willen in ein anderes Dorf (LYE-E943):

Eine Mutter hat sieben heranwachsende Söhne, und sie ist erneut schwanger. Die sieben Söhne beschließen, in zwei Tagen in ein anderes Dorf zu gehen, um dort „Mädchen zu suchen".
Das Baby im Bauch der Mutter beginnt zu reden und verkündet, daß es sofort geboren werden wolle. Als die Mutter nicht reagiert, verschafft es sich „mit Gewalt" einen Ausgang aus Mutters Leib.
Das eben geborene Kind folgt den Brüdern, die es fortjagen. Das Kind verwandelt sich in einen runden, glatten Stein, den einer der Brüder in die Tasche steckt. Davon wird sein Körper „ganz heiß"; der Junge wirft den Stein fort, und der erweist sich als der verwandelte „Däumeling".
Die Brüder verjagen ihn und setzen ihren Weg fort. Weiter im Busch finden sie eine rote *melyeme*-Frucht, die ein anderer Bruder in die Tasche steckt. Wieder zeigt sich, daß es der verwandelte Däumeling war, ebenso wie ein zu Boden gefallenes 5-Francs-Stück, das ein dritter Bruder aufhebt.
Schließlich jagen die älteren Brüder den Jüngsten nicht mehr fort. Weiter im Busch treffen sie eine alte Frau, der sie den Zweck ihres Ausfluges erklären. Die Alte lädt sie zu sich nach Hause ein, denn sie habe gerade sieben Töchter im heiratsfähigen Alter. Voller Freude machen sich die Brüder daran, ihren Acker zu bestellen.
Am Abend gibt die alte Frau den Jungen sieben schwarze Hüfttücher zum Zudecken, den Mädchen sieben weiße.
Däumeling will keinen normalen *pagne*, sondern nur einen, den die Alte noch am gleichen Abend aus einer Handvoll Baumwollsamen herstellt. Die Alte erfüllt die unmögliche Aufgabe, und der Däumeling sieht daran, daß sie ein *lujusu*[12] ist.
In der Nacht vertauschen die Jungen auf Anraten des Kleinen ihre Hüfttücher mit denen der Mädchen. Der Kleine schläft in der Hütte der Alten und fragt sie, warum sie mitten in der Nacht ihr Messer wetze (zweimal).
Die Alte bringt alle Menschen um, die unter einem schwarzen Tuch liegen (ihre Töchter), der Kleine weckt seine Brüder früh am Morgen und sagt, sie müßten fliehen.
Unterwegs werden sie von einem Wirbelsturm (der verwandelten Hexe, die die List des Kleinen entdeckt hat) verfolgt. Der Kleine „bannt" den Sturm. Dann verfolgt sie ein weißes Pferd, das der Kleinste ebenfalls zum Halten zwingt.
Zu Hause im Gehöft finden sie eine Tamarinde vor, die vorher nicht da war. Der Kleine schärft einen ganzen Tag lang seine Axt mit einem besonderes Wetzstein, der fünf Jahre lang in der Erde gelegen hat. Dann schlägt er den Baum um, und sie entdecken, daß es die alte Hexe war.
Deshalb sagt man: „Wenn die jungen Leute ausgehen, und der kleine Bruder will sie begleiten, dann soll man ihn nicht fortjagen. Aus manchen Ecken kann man sich vielleicht nicht selbst ohne die Hilfe eines Kindes befreien."

---

12 Synonym zu *jijuru*, pl. *jijuri*, abgel. von *jir:* „Jemand, der sich in einen Löwen, eine Hyäne oder einen Leoparden verwandeln kann" (Nicolas 1953: 261).

Sieben Lyela-Versionen von *"Petit Poucet"*[13] sind von ihren Erzählern in erstaunlicher Weise an die besonderen Gegebenheiten der Lyela-Kultur angepaßt worden. Sie dramatisieren das Verhältnis zwischen Tante (FZ) und Nichte (BD), die ja bei den Lyela in einer besonderen Pflegschaftsbeziehung zueinander stehen (vgl. Steinbrich 1988: 139–149). Nur in einer Lyela-Version ist „Däumeling" männlichen Geschlechts, wie in den Versionen anderer westafrikanischer Völker,[14] wo er seine Brüder vor der Hexe im Wald oder in einem fremden Dorf beschützt.

Paulme hebt die Rolle des Kleinen als „Schutzengel" der Älteren hervor (1976: 265). Der (die) Kleine ist zwar äußerlich noch ein Baby, aber er besitzt bei den Lyela und den Dogon die schon angesprochene Fähigkeit des Hellsehens (*"double vue"*). „Däumeling" kann Hexen erkennen und sich und seine Angehörigen mit entsprechenden Verwandlungen vor den Seelenfressern schützen. Interessant ist die letzte Sequenz, in der der Kleine einen Tamarindenbaum, die letzte Metamorphose der Hexe, abhackt. Um die gefährliche Kraft der Hexe, die sich jetzt in der Tamarinde befindet, auslöschen zu können, muß der „Däumeling" sein Haumesser auf eine besondere Weise präparieren. Er benutzt einen Wetzstein, der *fünf Jahre* lang *in der Erde gelegen hat*. Auf diese Weise ist offensichtlich die Kraft der Erde in den Stein eingegangen. Einen ganzen Tag lang muß „Däumeling" die Machete wetzen,[15] damit sie die Kraft der Erde, vermittelt über den Stein, aufnimmt. Dann schlägt er die Tamarinde ab. Die Hexe ist tot, endgültig besiegt.

Dieses Motiv findet sich in keiner der anderen Versionen bei Paulme (1976) oder N'Da (1978). Es ist zu vermuten, daß sich dahinter der Glaube der Lyela verbirgt, die heilige Macht der Erde werde menschenfressende Hexen richten. So führen die Lyela auch in extremen Fällen das in Westafrika verbreitete Ordal mit in Wasser aufgelöster Erde durch, wenn eine Person eine andere der Hexerei verdächtigt. Die mutmaßliche Hexe muß auf Anordnung des Erdpriester „Erde trinken", und wenn sie (oder er) andere Menschen wirklich durch Hexerei krank gemacht oder gar getötet hat, wird die Hexe nach dem „Erde trinken" in kurzer Zeit selbst sterben.

Wir finden im „Däumeling" wieder die enge Verquickung von „Intelligenz" und übernatürlichen, zauberischen Fähigkeiten, die auch den verwandten Charakter des „Schlauen Knaben" auszeichnet. Diese beiden Konzepte scheinen nach afrikanischem Denken kaum zu trennen zu sein. Version LYE-E943 gibt uns einen Hinweis darauf, woher der kleine Junge „der sich selbst mit Gewalt aus dem Mutterleib befreit hat", seine besondere (spirituelle) Kraft hat. Nach den norma-

---

13 LYE-E040, LYE-E151, LYE-E297, LYE-E307, LYE-E514, LYE-E848, LYE-E987
14 N'Da (1978) führt ein Erzählbeispiel der Dioula (Elfenbeinküste) an und eines der Ashanti (Ghana), die mit einer ähnlichen Moral enden wie die Lyela-Version. Paulme analysierte Versionen der Dogon aus Bandiagara (Mali), der Somono, eine aus dem Senegal (Ethnie nicht angegeben), der Bambara (Mali), der Soninke (Senegal), zwei der Ashanti (Ghana), der Bachama und eine aus Nordtogo (1976: 262).
15 Spiegelbildliche Wiederholung des Motivs der Hexe, die eine ganze Nacht lang ihr Messer wetzt, weil sie vorhat, die sieben Brüder damit zu schlachten.

len Entstehungsbedingungen des Menschen während einer neunmonatigen Schwangerschaft wäre der Gnom aus Geschichte LYE-E943 noch gar nicht ausgereift. Seine Stärke stammt aus der besonderen Kraft seiner Seele (*ywə́lə́*), die ja nach den Vorstellungen der Lyela aus einem „Naturheiligtum" (*cǒ*, pl. *cème*) in den Leib einer Frau schlüpft, um sich zusammen mit dem Atem oder der „Lebenskraft" (*myə́l*) zu einem neuen Menschen zu verbinden. Däumelings starke Seele hat es offenbar nicht lange genug im Mutterleib ausgehalten, und auch mit dem Heranwachsen hält sich dieses Kind weniger lange auf als die „normalen" Kinder.

Nicht nur die Lyela sprechen Kindern in Erzählungen übernatürliche Fähigkeiten zu. N'Da belegte das gleiche Motiv in Geschichten anderer afrikanischer Gesellschaften. Er folgerte nach der Analyse zahlreicher Erzählungen von besonders schlauen, starken und – wie wir sehen werden – oft auch besonders schrecklichen Kindern (*Enfants Terribles*), daß sich Kinder im afrikanischen Denken noch in enger Verbindung zum Übernatürlichen befinden, aus der sie sich erst allmählich im Prozess der Erziehung zu einem sozialen Menschen lösen. N'Da benutzt den von Lévi-Strauss geprägten Begriff des Vermittlers (*médiateur*) für die Rolle des Kindes in afrikanischen Erzählungen:

„Der kleine Mensch ist eine ‚relationales' Wesen (*un être en relation*): er spielt die Rolle des Vermittlers zwischen Mann und Frau, dem Paar und der Gesellschaft, zwischen Himmel und Erde, dies tut er durch seine Verbindung zum Göttlichen. In der rätselhaften Figur [des Kindes] kommt man dem Wunder der menschlichen Existenz am nächsten." (N'Da 1978: 181)

Die „mysteriöse" Seite des Kindes wird in Erzählungen übersteigert und hervorgehoben. Die Geschichten machen darin ein Denken symbolisch faßbar, das latent die Beziehungen der Afrikaner zu Kindern auch „in Wirklichkeit" beherrscht.

„Das Kind erscheint als ein Wesen aus dem Jenseits [...]. Unter seiner zarten und zerbrechlichen Erscheinung kann man ein Wesen erahnen, das seine Verbindungen zur jenseitigen Welt noch nicht gelöst hat. Von dort entfernt es sich nur allmählich; in dem Maße wie es heranwächst, nähert es sich der menschlichen Existenz und integriert sich in die Welt der Menschen. Solange es noch mit der übernatürlichen Welt verhaftet bleibt, hat es vielleicht noch all die Eigenschaften, die man ihm in den verschiedenen Erzähltypen zuschreibt: die magische Macht des '*Enfant Terrible*', die seltsame Art und die Zauberkraft des Aussätzigen, das Hellsehen und die Impulsivität der [frevelhaften] Zwillinge, die intuitive Sensibilität, die Kraft der geistigen Durchdringung und die gewitzte Intelligenz des Schlauen Kindes [*Enfant Malin*]. Seine Beziehungen zu übernatürlichen Wesen und seine Überlegenheit gegenüber den Erwachsenen [in den Erzählungen], alles das wird nur verständlich, wenn man das Kind im Kontext seines Ursprungs betrachtet: es ist in der Welt des Menschen, aber es hat an der Welt der Geister noch Anteil." (N'Da 1978: 117)

Der Glaube daran, daß Kinder bis zur Entwöhnung noch keine „richtigen" Menschen sind, findet in verschiedenen Kulturen der westafrikanischen Savanne unterschiedlichen Ausdruck. Goody (1962: 149) beschreibt, daß bei den LoDagaa verstorbene Säuglinge nicht begraben werden, um die heilige Macht der Erde nicht zu beschmutzen. Sie werden unter einem Erd- und Steinhaufen an einer Wegkreuzung begraben. Der Hügel wird mit Dorngebüsch bedeckt, um die Leiche zu schützen. Die „Seele" des Kindes soll nicht entweichen, dazu wird ein Pfahl durch die aus Weiden geflochtene Wiege des Kindes gebohrt.

> „Ein noch nicht entwöhntes Kind ist erst ein potentieller Mensch, es hat noch keine soziale Persönlichkeit. Eine neue Person entsteht nicht [schon] im Moment der Geburt. Erst wenn ein neuer Säugling [als Geschwisterkind] geboren wird, geht man davon aus, daß das erste Kind nicht nur vorübergehend zu Besuch da ist." (Goody 1962: 149)

Ähnlich wie in der europäischen Erzähltradition scheint die Figur des siegreichen Jüngsten vor allem die Menschen anzusprechen, die in Wirklichkeit unter einer dominanten oder schikanösen Autoritätsperson zu leiden haben. Die Erzählungen zeigen a u s g l e i c h e n d e G e r e c h t i g k e i t, die dem Schwachen widerfährt, besonders wenn er sich nach den herrschenden Normen gut und richtig verhält. Das Prinzip der Seniorität, das die soziale Stellung der einzelnen Menschen weitestgehend bestimmt, wird in der Phantasiewelt der Erzählungen relativiert. Die soziale Ordnung der westafrikanischen Bauern ist flexibel genug, um neben dem relativen Alter individuelle Qualitäten wie Schläue, Klugheit, Umsicht und besondere magische Fähigkeiten zuzulassen und anzuerkennen.

So schließt Erzählung LYE-E577, in der ein jüngerer Bruder für ein verdurstendes Dorf eine Wasserquelle erschließt, während der ältere Bruder versagt, mit den Worten: „Deshalb sagt man, wenn der kleine Bruder Macht (pyέlè) gefunden hat, dann muß man ihn nicht fragen, wo er die her hat. Man soll ihn in Ruhe lassen, denn Gott hat ihm die Macht gegeben."

Die Herskovits äußerten sich in ähnlichem Sinne über das Senioritätsprinzip im alten Königreich Dahomée, einer weitaus stärker geschichteten Gesellschaft mit einer elaborierten Statushierarchie:

> „Obwohl auf institutioneller Ebene das Prinzip der Seniorität ganz wichtig ist, wird es nie so rigide angewandt, daß es keine Ausnahmen zuläßt. Die Aussage eines Wahrsagers kann Senioritätsrechte ungültig machen. Außerdem ist Seniorität ein sehr formbares Prinzip. Im dahomeischen Statussystem ist jeder ein ‚Älterer' (senior), oder jedenfalls ist er es potentiell, gegenüber einem anderen [Jüngeren]. Es gibt eine ganze Anzahl sozial sanktionierter Kompensationen [für die ‚juniors'...]; in diesem Zusammenhang ist auch die in ganz Westafrika geläufige Glaubensvorstellung zu sehen, daß das jüngste Kind das Klügste ist." (Herskovits 1958: 6)

In Mythen und Erzählungen aus Dahomée ist die Figur des Legba als der jüngste Sohn der obersten Himmelsgöttin Mawu bekannt geworden. Er ist eine Tricksterfigur; im Unterschied zu seinen älteren Brüdern hat ihm seine Mutter nichts vererbt, aber er ist der einzige, der alle Sprachen versteht, die seine Brüder sprechen. Um die Geschwisterrivalität zwischen ihren Söhnen abzumildern, hatte Mawu nämlich jedem Sohn eine andere Sprache gegeben, bevor sie ihnen einen Platz im Pantheon zuwies. Legba bekam als einziger kein Amt, er ist im Auftrag der Mutter unterwegs, die Kommunikation zwischen den anderen Brüdern aufrechtzuerhalten.

6.5. Das Verhältnis zwischen Halbbrüdern nach dem Tod des Vaters

Der besondere Schutz und die enge Beziehung zwischen Eltern und ihrem letztgeborenen Sohn führen nach Auffassung der Lyela und anderer afrikanischer Kulturen häufig dazu, daß das letzte Kind „verdorben" wird. Das geht auch aus den folgenden drei Varianten vom *"Enfant Terrible"* (LYE-E344, LYE-E358, LYE-E379) hervor:

Ein Mann hat drei Söhne, er ist alt und merkt, daß er bald sterben wird. Er hinterläßt seinen Kindern drei wunderbare Gegenstände als Erbe: ein Baumwollfeld, auf dem fertige Hüfttücher wachsen, einen Hahn oder ein Huhn, das Geld (Kaurischnecken) ausscheidet, einen Ziegenbock, der Hirse defäkiert (LYE-E344, LYE-E379). In Version LYE-E358 vererbt der Vater den Söhnen viele Speicher voll mit Hirse.
Vor seinem Tode sagt er den Söhnen, daß sie auf keinen Fall den Kleinsten ärgern dürften (LYE-E358), oder er sagt, die drei Brüder dürften keine Meinungsverschiedenheiten untereinander zulassen (LYE-E344, LYE-E379), dann stirbt er.
Der älteste Sohn nutzt die Erbschaft, um sich zu verheiraten: mit den Baumwolltüchern des wunderbaren Feldes und dem Geld des Ziegenbockes „sucht" er sich ein Mädchen, mit der Hirse bereitet er das Hochzeitsessen für die Schwiegerfamilie.
Auch der zweite Bruder heiratet auf die gleiche Weise, schließlich der Jüngste. Seine Schwiegermutter kommt zu Besuch und verlangt Pottasche, die sie in ihren Tabak mischen will. Es ist gerade keine da, deshalb setzt der kleine Bruder die Hirsespeicher in Brand. In Versionen LYE-E344 und LYE-E379 verbrennt er die wunderbare Baumwolle. Hier endet die Variante LYE-E358.
Die Schwiegermutter (in LYE-E358 die Mutter des Häuptlings) verlangt als nächstes, das Wunderhuhn zu essen, schließlich den Ziegenbock. Als die drei Brüder alle Ressourcen verloren haben, überredet die Schwiegermutter ihre Tochter, das Gehöft der drei Brüder, in dem man Hunger leiden muß, zu verlassen.
Auch die anderen Frauen gehen fort, schließlich machen sich die Brüder auf in den Busch, um dort zu sterben. *"Enfant Terrible"* folgt ihnen gegen ihren Willen.
Die Brüder finden in einem Dickicht bei einer Löwenmutter Aufnahme, die dort mit ihren Kindern wohnt. Die Löwenmutter geht auf die Jagd, während die Brüder auf die Jungen aufpassen.
Obwohl die Löwin die Brüder mit Fleisch versorgt, tötet *"Enfant Terrible"* ihre Jungen. Alle müssen fliehen. In Version LYE-E344 fängt der jüngste Bruder die vor Wut rasende Löwin in einem Sack aus Antilopenhaut, den er vor den einzigen Eingang des Dickichts hält.
Er gibt die Löwin im Sack „als Jagdhund" an einen Mosi und bekommt dafür einen Esel. Die Löwin tötet den Mosi.
Die Löwin verfolgt die Brüder, die von einem Sperber in die Luft gehoben werden (in LYE-E379 nachdem der älteste Bruder den verstorbenen Vater in einem Gebet angerufen hat).
"Enfant Terrible" sticht den rettenden Vogel in den Anus. Die Brüder und der Vogel fallen auf den Boden und zerschmettern (LYE-E379).

In Version LYE-E344 ist der Absturz nicht tödlich, sondern die beiden Brüder landen in einem großen Gehöft. Dort bekommt der Ältere eine Frau, der Jüngere nicht. Bakuli Bado, der Erzähler der Geschichte LYE-E358, formulierte am Ende die folgende Moral: „Deshalb sagt man, daß nicht alle Worte des Vaters gut für die Söhne sind. Es kommt sogar vor, daß Worte des Vaters die Söhne töten können."
Diese bemerkenswert kühne Ketzerei gegen die soziale Ordnung verweist gleich-

zeitig darauf, daß die jüngere Generation vor den „Worten" (zɔma) der Alten Angst hat. Denn damit können durchaus auch Verwünschungen oder Flüche gemeint sein. Zu Version LYE-E358 entwickelte sich zwischen zwei jungen Männern, die bei der Übersetzung der Kassetten zuhörten, eine angeregte Diskussion über die Figur des *"Enfant Terrible"* und die Beziehung zu seinem Vater. Der eine Zuhörer interpretierte das Verdikt des Vaters, nie die Wünsche des Kleinsten zu mißachten, als eine Schutzmaßnahme für den Letztgeborenen:

> „Viele Alte lieben ihre kleinsten Söhne. Der Alte weiß, daß nach seinem Tod die älteren Söhne über den Kleinsten herfallen und sich an dem ‚verrotteten' Jüngsten (*enfant pourri*) rächen werden. Deshalb hat er vor seinem Tod gesagt, daß man dem Kleinsten nichts Böses antun darf."
>
> „Nein", meinte ein anderer junger Mann, „der jüngste Sohn ist ein Ahne, der noch einmal geboren worden ist. Der Vater sagt, man dürfe den Jungen nicht hart behandeln, weil er ein Wiedergeborener ist. In Wirklichkeit ist es der Ahne, der alle Reichtümer und den ganzen Hof zerstört hat."

Diese Diskussion wurde von den beiden jungen Männern in ähnlich erregter Art geführt, wie die verschiedenen Möglichkeiten einer Dilemma-Erzählungen lustvoll „ausgeschlachtet" werden. Jeder beharrt auf seiner Interpretation und wiederholt seinen Standpunkt mehrfach. An anderer Stelle wurde bereits auf den e x p e r i m e n t e l l e n C h a r a k t e r der Erzählungen und ihrer „Exegese" hingewiesen. In der oralen Literatur und ü b e r die orale Literatur verständigen sich die Menschen über die soziale Ordnung, ihre Möglichkeiten und Grenzen. Die inkohärenten, widersprüchlichen Deutungen zeigen aber auch, daß die Eigeninterpretation nicht zu eng auf einen bestimmten Text bezogen werden sollte, wie dies z.B. von Kosack (1991) anhand einer einzigen Erzählung der Mafa getan wurde. Der einzelne Text sollte immer vor dem Hintergrund der gesamten Erzähltradition einer Kultur gesehen werden. Mit Hilfe eines größeren Korpus wird schnell deutlich, daß viele Erzählungen mit ähnlichem Ablauf ein „Gegenstück" mit einem gegenteiligen Ausgang und einer konträren Moral haben.

Die Diskussion der beiden Zuhörer zeigte wieder einmal die Vielschichtigkeit und „Polyvalenz" afrikanischer Erzählungen. Nicht anders als im europäischen Märchen zieht jeder Zuhörer „seine" persönliche Botschaft aus den Geschichten. Deshalb ist es notwendig, die Auslegung mehrerer Zuhörer zu berücksichtigen.

In jedem Fall wird in der Geschichte vom *"Enfant Terrible"* der Jüngste durch das Verdikt des Vaters mit einem Status und einer Machtfülle ausgestattet, die den geltenden Normen und Werten der Gesellschaft völlig konträrlaufen. Dasselbe Motiv findet sich in einer eng verwandten Samo-Version (vgl. Platiel 1980: 147). Als „typisch Lyela" würde ich dagegen die Verquickung der Geschichte vom *"Enfant Terrible"* mit dem Motiv der bösen und gierigen Schwiegermutter ansehen. Wieder einmal entzündet sich der Konflikt zwischen Brüdern in der Phase der Verheiratung. Die beiden Ältesten nutzen das wunderbare Erbe des Vaters maßvoll. In der richtigen Reihenfolge zunächst des ältesten, dann des mittleren Bruders „suchen" sich die beiden ihre Frauen und machen die entsprechenden Werbungsgeschenke. Die Geschenke des Jüngsten sind dagegen als satirische Perversion zu verstehen. Um den Kautabak mit einer Prise Pottasche zu würzen,

6.5. Das Verhältnis zwischen Halbbrüdern nach dem Tod des Vaters

genügt eine winzige Menge. Pottasche wird außerdem aus Hirsestroh gewonnen, das man ansonsten nur noch als Viehfutter oder zum Feuermachen gebrauchen kann. Deshalb mehrere Speicher voller Hirse – dem Grundnahrungsmittel der auf Subsistenzniveau wirtschaftenden Bauern – abzubrennen, ist eine völlig absurde Tat.

In den zerstörerischen Handlungen des Jüngsten wird das Gebot des Vaters an die Brüder, sich nach seinem Tod nicht zu streiten und nicht einmal Meinungsverschiedenheiten aufkommen zu lassen, ad absurdum geführt. In Version LYE-E379 sagt der Vater:

> „Ich werde in diesem Jahr sterben. Es darf nicht sein, daß einer von euch sagt, man soll in diese Richtung gehen und der andere sagt, man solle in eine andere gehen. Man kann nicht allen Menschen gleichzeitig beim Reden zuhören [und das was sie sagen, berücksichtigen]."

Der Vater verbietet also quasi, daß die Söhne ihre Konflikte untereinander ausdiskutieren, etwas was im Alltagsleben der Lyela und erst recht bei Streitfällen vor den traditionellen Rechtsinstanzen (Klanchefs und Erdherren) sehr wichtig ist. Die Geschichte verkündet eine weise psychologische Botschaft: Wenn man die normalen Auseinandersetzungen zwischen Menschen, die eng zusammenleben und gemeinsam wirtschaften, unterdrückt und zu verbieten versucht, wie das der sterbende Vater in der Erzählung tut, dann brechen sich diese Konflikte später in destruktiver Weise Bahn.

Manche Versionen dieses Subtyps der *"Enfants Terribles"* enden nach dem Chaos trotzdem gut. In einer Variante der Malinké, dokumentiert von Camara und interpretiert von Görög, sowie in einer weiteren aus Burkina Faso, wird der ältere Bruder nicht nur Herr über ein großes Gehöft wie in Version LYE-E344, sondern gar „König" (Görög 1980: 23, 35). In der letzten Sequenz finden wir wieder eine *"acceptation des valeurs familiales – fondements même de toutes les autres valeurs sociales"*.

Das *"Enfant Terrible"* bekommt im Hof des älteren Bruders keine Frau. Er stirbt zwar nicht direkt, aber er muß ohne eigene Nachkommen bleiben. Nach seinem Tode wird sein Name „ausgelöscht sein", weil er keinen Sohn hat, der ihn als Ahnen im religiösen Sinne lebendig erhält. Wie von verschiedenen Ethnologen und Erzählforschern wiederholt festgestellt wurde, steht Kinderlosigkeit in Afrika symbolisch sehr nahe beim Tod.

Die folgende Erzählung LYE-E432 zeigt den „verrotteten" Kleinen Bruder, wie die Lyela sagen, als denjenigen, der den Älteren Frauen und Reichtum verschafft:

> Ein Mann und eine Frau haben neun Kinder, von denen die acht älteren Söhne zusammen mit dem Vater auf den Feldern arbeiten. Nur der letzte Sohn will trotz aller Bemühungen der Familie nicht mithelfen.
> Er sitzt den ganzen Tag im Schatten und begrüßt nicht einmal die älteren Brüder, wenn sie des abends erschöpft von den Feldern zurückkehren. Im Gegenteil, er „beschimpft" (verhöhnt) sie sogar.

Die Eltern sterben und hinterlassen als einziges Erbe ein „nacktes Huhn ohne Flügel". Als die Brüder eines Tages bei der Arbeit im Busch sind, schlachtet der Jüngste dieses Huhn.
Er brät es, legt es in eine Schüssel und geht damit von Haus zu Haus. Er ruft: „Ich habe ein gebratenes Huhn zu verkaufen, ich tausche es gegen eine Frau." Alle Leute lachen ihn aus, schließlich kommt er zum Gehöft des Häuptlings. Der Sohn des Häuptlings bricht im Scherz einen Flügel des gebratenen Huhns ab und verzehrt ihn. Der Kleine Bruder bietet ihm auch den Rest an und verlangt „seine Frau". Der Häuplingssohn fängt mit dem Kleinen Bruder Streit an, sie schlagen sich.
Der Fall kommt vor den Häuptling, der seinen Sohn zwingt, dem „Hühnerverkäufer" die eigene Frau abzutreten.
Die Brüder haben jetzt eine Frau, die ihnen das Essen kocht. Eines Tages, als die Älteren wieder bei der Arbeit sind, tauscht Kleiner Bruder die Frau gegen das weiße Pferd eines vorbeiziehenden Fulbe-Nomaden. Die Brüder werden sehr böse über diesen Tausch und beschimpfen den Jüngsten.
Nach zwei Tagen stirbt der Chef; vor seinem Tode hatte er verlangt, daß bei seiner Grablegung ein weißes Pferd geschlachtet und als Opfergabe „an seinen Türpfosten" gelegt werden müsse. Ohne dieses Opfer dürfe man seinen Leichnam nicht begraben. Die Söhne des Chefs suchen im ganzen Land vergeblich nach einem weißen Pferd. Schließlich finden sie das weiße Pferd im Hof der Brüder. Kleiner Bruder ist nur bereit, das Pferd gegen den Leichnam des Häuptlings abzugeben. Nach längeren Verhandlungen gehen die Söhne des Chefs auf diesen Tausch ein.
Als die älteren Brüder vom Feld nach Hause kommen, sind sie entsetzt über diesen neuen Tausch des Jüngsten und verjagen ihn mit groben Schimpfworten. Der Jüngste nimmt „seinen" Leichnam über die Schulter, verläßt weinend das Gehöft und kriecht in einem Dickicht unter.
Am nächsten Tag wird der älteste Sohn des Chefs krank. Keines der in aller Eile „gesuchten" Medikamente hilft, er stirbt noch am selben Tag. Am übernächsten Tag erkrankt der folgende Sohn, das gleiche wiederholt sich am dritten Tag mit dem dritten Sohn. Der Wahrsager findet heraus, daß der Totengeist des noch nicht bestatteten Vaters die Söhne tötet.
Die Söhne des Häuptlings gehen zum Kleinen Bruder in seinem Dickicht und bitten ihn, den Leichnam des Vaters herauszugeben. Er bekomme alles dafür, was er nur verlange.
Kleiner Bruder verlangt, daß die verheirateten Söhne mit ihren Frauen das Gehöft verlassen. Alle anderen Bewohner des Hofes sollten darinbleiben (vor allem die unverheirateten Mädchen). Der Kleine Bruder zieht mit seinen älteren Brüdern in den Hof ein, sie teilen sich die Frauen und die Kinder. Die Viehherden und alle Reichtümer des alten Häuptlings gehören von nun an dem listigen „Kleinen Bruder".

Die Geschichte erinnert ein wenig an den Erzähltypus AaTh1536C *"Corpse handed around"*. Das Motiv des mittels einer Leiche erpreßten Reichtums ist ja auch aus der westlichen Erzähltradition bekannt. Das vorliegende afrikanische Erzählbeispiel bewegt sich jedoch näher an der geglaubten Wirklichkeit als die schwankhaften europäischen Erzählungen, in denen das Entsetzen vor der Leiche, der Horror vor dem Kontakt mit einem toten Körper, im Mittelpunkt stehen. In unserer Version steht dagegen die Angst vor dem unheilbringenden *Totengeist* im Vordergrund. Der Geist des Vaters rächt sich für die unwürdige Behandlung seiner sterblichen Hülle.

6.5. Das Verhältnis zwischen Halbbrüdern nach dem Tod des Vaters

Wie ausgeführt, werden für hochstehende Personen nicht nur am Tag ihres Totenfestes, sondern bereits bei der Grablegung Opfergaben zusammengetragen. Unter den Zeremonialgaben vor der Hütte des (der) Verstorbenen befinden sich auch die geschlechtsgebundenen Arbeitsgeräte und Gebrauchsgegenstände, die er oder sie zeit seines (ihres) Lebens täglich benutzten. Für Frauen werden etwa der große hölzerne Rührlöffel für Hirsebrei, das Tragegestell für die Kopflasten an Holz, ihre Hacke, ihr Messer und ihr Korb, ein Tontopf oder eine Kalebasse am Fuße des rechten Türpfostens ihrer Hütte aufgestellt, dazu eine Anzahl von Feldfrüchten, die bevorzugt von Frauen angebaut werden: Erdbohnen, Erdnüsse, Gombo, „Soumbara-Kugeln", aber auch Hirse, eine geschlachtete Ziege u.a.m.

Fortes hat für die Tallensi berichtet, daß Kleidungsstücke und Gegenstände des täglichen Gebrauchs nach den Vorstellungen seiner Gewährsleute besonders mit der Seele (*sii*) ihres Benutzers (ihrer Benutzerin) „getränkt" seien (1987: 267). Diese Idee könnte auch dem Ritual der Lyela zugrundeliegen, in dem die Opfertiere „auf dem Pfeil und Bogen" eines Mannes, bzw. „auf dem Holztragegestell" einer Frau geschlachtet werden. Im abschließenden Ritual der Totenfeier werden bei Anbruch der Dunkelheit am letzten Tag der Feiern die genannten Gegenstände ein Stück des Weges zum „Busch" getragen. An einer Wegkreuzung werden sie schließlich zerbrochen und die Teile fortgeworfen als eine letzte symbolische Verabschiedung von dem Geist des Toten.

Die geschmacklosen Tricks des betrügerischen Kleinen Bruders der vorliegenden Erzählung verfangen nur, weil die Söhne des Häuptlings undiszipliniert und naiv genug sind. Der Älteste läßt sich dazu hinreißen, von dem Brathuhn ein Stück abzureißen, ohne die angekündigten Folgen dieser Tat ernstzunehmen. Der Richterspruch des Vaters (Häuptlings), Kleinem Bruder die verlangte Frau wirklich zu geben, erinnert an die von Paulme dokumentierten Varianten der Erzählung von den "*échanges successifs*". Hier erhält der Held für einen Gegenstand, der ihm gehört und der von einem (Tausch-) Partner zerstört oder verbraucht wird, eine wertvollere Gabe als Entschädigung (vgl. Paulme 1969: 6). In einer Serie von Tauschakten gelangt der Held schließlich zu Reichtum. In einer Version der Bété treibt Spinne (der Held) ebenfalls Mißbrauch mit einer Leiche, wird aber im Unterschied zur Lyela-Geschichte dafür bestraft.

Bedeutsam an der Geschichte ist auch noch, daß das merkwürdige nackte Huhn, das als Ausgangspunkt der "*échanges successifs*" dient, wieder einmal ein vom V a t e r e r e r b t e s Tier ist. Die wunderbare Flöte und der Zauberknüppel (vgl. Kap. 4.3.) waren ebenfalls das zunächst unscheinbar wirkende E r b e des Vaters, das dann aber im Verlaufe der Erzählung große Bedeutung gewann. Ich gebe kurz die Hausa-Erzählung vom glücklichen Jüngsten Bruder wieder, eine Kettenerzählung, die ähnliche Motive wie die Variante der Lyela aufweist:

> Der dritte Sohn erbt von seinem Vater nur die Sandalen und einen Holzknüppel. Er geht in den Busch, trifft dort einen Jäger, der sich den Knüppel ausleiht und mit dem Stock als Wurfgeschoß einen Vogel tötet.
> Der Knüppel ist nicht mehr zu finden, und der Jäger gibt dem Jüngsten Sohn den Vogel als Ersatz. Der Junge gibt jemandem den Vogel zu braten, der verbrennt, der Junge erhält die Asche.

Die Asche wird gegen Hirsesuppe und ein Stück einer Kalebasse getauscht, die Suppe gegen eine Hacke, die Hacke gegen ein Messer, das Messer gegen ein Stück Stoff, der (weiße) Stoff gegen den Leichnam eines Mädchens.
Der Jüngste kommt mit der Leiche zu einer Stadt an einem Fluß. Er pflanzt den Leichnam aufrecht irgendwohin. Als die Frauen des Königs kommen, bittet er sie um Wasser für seine Frau. Sie stoßen den Leichnam um, der Jüngste bezichtigt sie des Mordes, und er bekommt zwei Frauen vom König als Ersatz (Tremearne 1913: 380ff., zit. in Paulme 1969: 8).

Auch hier sind die beiden „Erbstücke", die der Jüngste bekommt, Gegenstände, die besonders gründlich mit der „Seele" des verstorbenen Vaters getränkt sind. Wie bei den Dogon ist es dem ältesten Sohn bei den Tallensi verboten, in den Speicher des Vaters zu schauen oder seine Kleidung zu tragen, bzw. seine Waffen und Gebrauchsgegenstände zu berühren (Fortes 1949: Kap. 8, 1987: 267). Die Tallensi glauben, daß die Seele des Vaters und die des ältesten Sohnes, seines Erben, nicht in zu engen Kontakt miteinander kommen sollten, um Konflikte zwischen beiden zu vermeiden.

In den Erzählungen verschiedener westafrikanischer Ethnien finden wir dagegen oft eine besonders enge symbolische Assoziation zwischen einem Vater und seinem letztgeborenen Sohn. Der Jüngste ist dabei nicht selten der aufsässige, rebellische Sohn, der nicht arbeitet, keinen Respekt vor den Älteren zeigt, der seine Existenz mit dubiosen Tricks und Betrügereien bestreitet, der die Normen und Regeln der Gemeinschaft systematisch verletzt. Im Erzähltypus vom *Enfant Terrible* finden wir die destruktiven, zerstörerischen Merkmale des Jüngsten in besonders reiner Form. Aber auch hier gibt es eine Minderzahl von Versionen, in denen das *Enfant Terrible* durch die Tötung eines Ungeheuers, das die Gesellschaft als Ganze bedroht, nach dem Chaos der Zerstörung die Gemeinschaft der Menschen verläßt und auf einer übergeordneten, kosmischen Ebene dann doch wieder Gutes tut. Er gibt den Menschen das Wasser zurück oder das Licht, und auch der Donner, in den das *Enfant Terrible* sich gerne verwandelt, besitzt ja als Vorbote des Regens positive, lebenserhaltende Konnotationen neben seinen primären symbolischen Assoziationen von Gewalt, Schrecken und Bedrohung (vgl. Kap. 8.7.).

Ich möchte dieses Kapitel, in dem so viel von Konflikten zwischen den Generationen und zwischen Brüdern die Rede war, mit einer Geschichte abschließen, die die Solidarität und die Einigkeit mehrerer Brüder untereinander betont (LYE-E376). Gegen wen vereinigen sich die Brüder in afrikanischen Erzählungen genauso oft, wie sie sich um sie streiten? Gegen die Frauen.

Eine Frau hat vier Söhne, die alle einen besonderen Beinamen (*zãã yil*) besitzen. Noch bevor einer der vier jungen Männer eine Frau finden kann, sterben die Eltern.
Eines Tages finden sie ein Mädchen, das bereit ist, den Ältesten zu heiraten. Sie bringen sie in den Hof.
Sie verbringt dort ein Jahr, aber am Ende des Jahres kennt sie immer noch nicht die Namen der Brüder. Wenn das Mädchen etwas will, muß sie immer sagen: „Eh, du!"
Eines Tages sind die Brüder auf den Feldern und das Mädchen allein zu Hause, damit beschäftigt, Hirse zu stampfen und zu worfeln. Ein Vogel sitzt im Karitébaum vor dem

Gehöft und singt. In seinem Lied verrät er dem Mädchen die geheimen Namen der Brüder.

Nach einer Wiederholung versteht das Mädchen den Text des Liedes, sie gibt dem Vogel Hirse ab, und als die Brüder von der Arbeit kommen, reicht sie ihnen das heiße Duschwasser, indem sie nacheinander jeden einzelnen mit seinem Vornamen anredet. Dasselbe wiederholt sich beim Servieren des Essens. Die Brüder überlegen, wer dem Mädchen die Namen hat nennen können. Sie legen sich nacheinander im Gehöft auf die Lauer, um herauszufinden, wer der Frau die Namen verraten konnte.

Die drei älteren Brüder schlafen auf ihren Wachposten ein, nur der behinderte Jüngste schafft es, den Vogel zu fangen, als er gerade aus der Hand des Mädchens Hirse frißt. Er tötet das Tier, weil es „einen heißen Mund hatte" und nicht die Geheimnisse der Familie bewahrte.

Das Motiv der geheimgehaltenen Namen in der vorgestellten Erzählung ist auf zwei Ebenen zu interpretieren: erstens als Symbol für das geheime Wissen einer *lineage*, das vor den einheiratenden Frauen geheimgehalten werden muß, und zweitens im Zusammenhang der Meidung zwischen Ehepartnern während der „Verlobungsphase". Die Kenntnis und das Aussprechen eines geheimgehaltenen Namens verleiht M a c h t über die Person, deren Name genannt wird. Diese Vorstellung kommt in zahlreichen Erzählungen zum Tragen (vgl. Paulme 1971). In der wiedergegebenen Geschichte handelt es sich um die Bei- oder Zweitnamen der vier Brüder. Diese Namen werden erst nach der Pubertät vergeben, wenn die persönliche Entwicklung des Individuums als ziemlich abgeschlossen gelten kann und der Mensch eine produktive Rolle für die Gemeinschaft spielt (vgl. Kap. 2.4.). Dagegen wird der erste Vorname des Kleinkindes einige Monate nach der Geburt vom Wahrsager herausgefunden. Dieser „sakrale Name" hat unmittelbare Bedeutung für die Gesundheit des Kleinkindes. In seiner Wurzel findet sich der Name des Heiligtums (*cŏ*), dem das Neugeborene seine Lebenskraft verdankt.

Auch in der europäischen Märchentradition „steht der Name in Verbindung mit der Existenz seines Trägers; er ist ein Teil von dessen Vitalkraft" (Röhrich 1974: 76). Diese „Vitalkraft" erhält in der ersten Zeit der Beziehungen zwischen zukünftigen Ehepartnern sexuelle Anteile, die in vielen afrikanischen Gesellschaften zu Namentabus zwischen Verlobten führen. Die geheimgehaltenen Namen in der Geschichte nehmen auf persönliche Eigenarten der Träger Bezug, und die Brüder wollen nicht, daß die Frau, die erst für eine Weile in ihrem Gehöft lebt, bevor sie „richtig" an einen der Brüder – vermutlich den Ältesten – verheiratet wird, diese Namen erfährt und ausspricht. Verlobte und jung verheiratete Eheleute sollten sich bei den Hausa und vielen anderen afrikanischen Gesellschaften nicht mit Namen anreden. Bei den Lyela sollten verlobte Mädchen, die nur einen zeitlich begrenzten Aufenthalt in ihrer zukünftigen Prokreationsfamilie absolvieren, bevor sie wieder für einige Zeit zu den Eltern zurückkehren, überhaupt ganz wenig sprechen. Von ihnen wird schüchternes, „dezentes" und bescheidenes Auftreten verlangt. Die Frauen der aufsteigenden Generation sollten mit „meine Mutter" (*à ná*), die Männer mit „mein Vater" (*à dá*) angeredet werden.

Wenn eine Frau ihren Mann mit Vornamen anredet, dann bedeutet das, daß die eheliche Beziehung bereits gefestigt ist, was auf jeden Fall erst nach der Geburt von Kindern und nach Durchführung sämtlicher Heiratsriten der Fall ist, die sich über mehrere Jahre erstrecken. Bei der jungen Frau in der Geschichte ist jedoch noch nicht klar, ob sie im Gehöft der Brüder bleibt und ob sie Kinder haben wird, die sie an die *lineage* ihres Ehemannes binden werden. Überhaupt wird nicht gesagt, welchen der vier Brüder sie zum Mann bekommen wird. In dieser Situation ist das Aussprechen ihrer Namen noch nicht schicklich. Deshalb wird der vorwitzige Vogel, der die Namen der Brüder verraten hat, getötet. Es soll auch verhindert werden, daß die junge Frau durch ihn noch mehr Interna der Familie erfährt, bevor ihre Bindung an diesen Klan durch die Heirat besiegelt wurde. Auch gegenüber verheirateten Frauen bleibt stets ein mißtrauischer Rest, wie wir bereits an verschiedenen Erzählbeispielen gesehen haben, und wie das folgende Kapitel in einer weiteren Vielfalt von Imaginationen zum ewigen Thema des Geschlechterkrieges zeigen wird.

7. GESCHLECHTERVERHÄLTNISSE, HEIRAT, EHE UND FAMILIE

7.1. Frauen in Erzählungen der Lyela

Bei der Erforschung der Geschlechterbeziehungen und der Stellung der Frauen in fremden Gesellschaften sind den ethnographischen Methoden der Beobachtung und Befragung besonders enge Grenzen gesetzt. Gerade auf diesem Gebiet ist das Problem der ethnozentrischen Verzerrung, der unbewußten Übertragung eigener Werthaltungen des Forschers (*male bias*) und auch der Forscherin (Übertragung westlicher Emanzipationsvorstellungen) auf die zu untersuchende Problematik sehr groß. Die ethnologische Analyse fremdkultureller Geschlechterrollen verlangt jedoch die vorurteilsfreie Untersuchung des Verhältnisses zwischen Männern und Frauen, auch wenn die Geschlechtskonzeptionen (*gender concepts*) stark von westlichen Vorbildern abweichen.

Es ist erneut zu betonen, daß in ländlichen afrikanischen Gesellschaften, in denen soziale Beziehungen stark formalisiert und kategorisch reglementiert sind, schwer zu erkennen ist, wie die Menschen selbst ihre Rollen in der Gesellschaft erleben. In meiner eigenen ethnographischen Arbeit bei den Lyela habe ich von Anfang an der Stellung der Frauen besondere Beachtung geschenkt. Aufschluß über die Frage, wie die Frauen selbst ihre Rolle wahrnehmen, war jedoch in Befragungen nur in sehr langsamen Schritten und bis zum Schluß der Forschungen nur lückenhaft zu erhalten.

In einer ersten Phase wurden Rechte und Pflichten der Geschlechter zunächst häufig idealtypisch dargestellt. Man präsentierte ein reibungslos funktionierendes "set" komplementärer Geschlechterrollen; später erfuhr ich dann über insgesamt zweieinhalb Jahre teilnehmender Beobachtung einiges über alltägliche Konflikte zwischen Männern und Frauen. An dieser Stelle sollen nun auch (unbewußte?) Einstellungen von Männern und von Frauen über das Mann- und Frausein bei den Lyela und in anderen westafrikanischen Gesellschaften aus Erzählungen herausgearbeitet werden.

Von den rund eintausend Erzählungen des Lyela-Korpus beschäftigen sich 392 mit Frauen in Hauptrollen oder in wichtigen Nebenrollen. Die folgende Auszählung ist problematisch, da in ihr nur jeweils ein Hauptthema jeder Erzählung berücksichtigt werden konnte. In Wirklichkeit ist jedoch, wie in dieser Arbeit immer wieder betont werden muß, jede Erzählung ein polyvalentes Sinngebilde. Je nach Altersstufe, Geschlechtszugehörigkeit und sozialem Status können die Zuhörer verschiedene Themen und Episoden für sich selbst als die wichtigsten ausmachen. Die zahlenmäßige Aufschlüsselung der „Frauenerzählungen" in verschiedene Unterthemen gibt dennoch einen Eindruck über die Bedeutung der einzelnen Themen für die Lyela selbst.

In der Periode des Lebenszyklus einer Frau vor der Ehe spielen insgesamt 112 Erzählungen. Sie gliedern sich auf in die Themen: Gutes und Schlechtes Mädchen (3), Pubertät und Beschneidung (2), Bruder und Schwester (12). Brautschau und Brautwerbung werden in insgesamt 79 Erzählungen thematisiert, die sich weiter untergliedern lassen in: Rivalitäten der Männer um Frauen (34), Freierproben (24), Rache des abgewiesenen Freiers (11) und schwankhafte Geschichten zur Schwierigkeit der richtigen Partnerwahl (10).

Einer der populärsten Erzähltypen Westafrikas mit sehr komplexer Inhaltsstruktur ist die Geschichte vom „Mädchen, das einen Geist- oder Tiermann heiratet" (*Le conjoint animal*). Von diesem Typus habe ich allein bei den Lyela 26 Versionen aufgenommen. Die Variabilität innerhalb dieses Erzähltyps, bei dem sich drei „Subtypen" unterscheiden lassen, ist groß. Diese Geschichte verkündet offene und verschlüsselte Botschaften auf einer Vielzahl von Ebenen; außerdem lassen sich in ihrem Lyela-Oikotypus „männliche" und „weibliche" Subtypen unterscheiden, so daß ich dieser Erzählung besondere Beachtung durch eine morphologische und symbolische Analyse schenken werde.

Die nächste, wichtige Rolle im Lebenszyklus der westafrikanischen Bäuerinnen ist die der Ehefrau. Der Übergang vom Mädchen, das trotz aller Arbeit noch relativ unbeschwert lebt, in die Rolle der Ehefrau und Mutter, wird in afrikanischen Erzählungen weitaus häufiger thematisiert als das Heranreifen eines Jungen zum Mann. Die Mädchen sträuben sich dagegen, ihre Herkunftsfamilie zu verlassen und werden damit zu „Störfaktoren" in einer virilokalen und patrilinearen Gesellschaft. Die Auflehnung eines jungen Mädchens gegen die Heirat mit einem von der Familie ausgesuchten Ehemann spielt in Erzählungen oft eine Rolle, wie wir sehen werden.

Für den Mann bringt die Ehe dagegen Erlösung aus dem Zustand der sozialen Unmündigkeit und der „Armut", die mit Junggesellentum gleichgesetzt wird. Die Lyela selbst äußern sich höchst drastisch zum Schicksal eines unverheirateten Mannes: "*Lo n'gə be kɛ̃ zhe yé, kur zhe yé – Celui qui n'a pas de femme n'a pas de raison d'être*", lautet ein von Nicolas aufgenommenes Sprichwort (Bon, Nicolas 1953: 308). Die Heirat mit einer Frau – im von Wunscherfüllungsphantasien geprägten Genre der Märchen gar sofort mit mehreren Frauen – wird dagegen mit „Reichtum" assoziiert. Dieses belegen acht Erzählungen.

Konflikte zwischen den Ehepartnern einer monogamen Ehe[1] machen das Hauptthema von insgesamt 61 Erzählungen aus. Dabei steht das Stereotyp der „Untreuen Ehefrau" mit 39 Erzählungen klar im Vordergrund. Die neugierige, erpresserische Ehefrau, die einen Zaubergegenstand ihres Mannes mutwillig zerstört, bildet das zentrale Motiv von zwölf Geschichten. Rivalitäten zwischen

---

1 In den Geschichten wird nicht audrücklich gesagt, daß der Mann nur eine Ehefrau habe. Der Kern der Handlung bezieht sich aber auf „einen Mann und seine Frau". Mögliche weitere Frauen des Mannes sind ausgeblendet.

Ehepartnern um Nahrung, sexuelle Themen und die Pflichtvergessenheit der Frau werden in weiteren zehn Erzählungen behandelt.

Eifersüchtige Frauen einer polygynen Ehe, die aus Haß auf ihre Rivalinnen schreckliche Verbrechen begehen, sind in schwarzafrikanischen Erzählungen Legion. Weniger bekannt sind Erzählungen, in denen sich mehrere Frauen gleichzeitig in eine polygyne Ehe mit demselben Mann drängen. Sechs Lyela-Erzählungen handeln von einem *Mann, dem die Frauen folgen* (vgl. Kapitel 4.2.). In 23 Geschichten kommt es später in der Ehe zu heftigen Spannungen zwischen den Mitfrauen. Diese Spannungen müssen im Alltagsleben unterdrückt werden. Eine Frau hat bei den Lyela nicht das Recht, Eifersucht auf ihre Mitfrau zu zeigen. Sie darf sich nicht offen feindselig gegen die Frauen des gleichen Gehöftes benehmen, mit denen sie enge Kooperations- und Austauschbeziehungen unterhalten muß. Deshalb kann man vielleicht sogar sagen, daß die Erzählungen über Haß und Feindschaft zwischen Mitfrauen eine kathartische Funktion besitzen; jedenfalls sind sie das einzige, kulturell allgemein anerkannte Ausdrucksmittel für die Artikulation von Wut und Aggression in den Beziehungen zwischen Frauen desselben Mannes, die sonst nicht gezeigt werden dürfen. „Neutral" wird die polygyne Ehe in weiteren sechs Geschichten betrachtet, während in fünf Beispielen der Mann seine Frauen gegeneinander ausspielt.

Nach afrikanischen Vorstellungen kann sich eine Frau nur in der Rolle der Mutter verwirklichen. Diese Tatsache wird in den sechs Erzählungen besonders deutlich, in denen die Protagonistin steril ist. Ihr tristes Schicksal wird durch eine übernatürliche Geburt verbessert, oft jedoch nicht auf Dauer. Die Protagonistinnen der Lyela-Erzählungen sind häufig Mütter; nur in 33 Beispielen ist die Mutterschaft jedoch Hauptthema und wird problematisiert. Eine helfende Mutter tritt in elf Geschichten zusammen mit dem Sohn gegen den Vater auf, eine verschlingende Mutter in sechs, eine rivalisierende Mutter in drei Erzählungen; eine schwer lösbare emotionale Bindung an die Mutter über den Tod hinaus finden wir in neun Beispielen. Zwei Geschichten sprechen offen von Inzest zwischen Mutter und Sohn, in zwei weiteren werden andere Mutter-Kind Probleme behandelt. Die Abspaltung der negativen Gefühle zur Mutter in eine böse Stiefmutter wird in vier Geschichten deutlich.

Die besondere Institution der sororalen Polygynie, in der Tante (*FZ*) und Nichte (*BD*) an denselben Ehemann verheiratet werden, ist der Hintergrund für zehn Lyela-Erzählungen. Die beiden klassifikatorischen „Schwestern" werden in Macht- und Konkurrenzkämpfen gezeigt, die Tante erscheint dort als verschlingendes Ungeheuer (Oger) usw. (vgl. Steinbrich 1988). Die Vatersschwester spielt für viele Lyela-Mädchen etwa ab dem fünften Lebensjahr die Rolle einer besonders strengen „Ziehmutter", und die Nichte wird nach der Pubertät häufig die Mitfrau des Ehemannes ihrer Tante (vgl. Steinbrich 1987: 57–106).

In 19 Erzählungen wird das Stereotyp der bösen Schwiegermutter besonders herausgearbeitet. Ein stark verschlüsselter Untertypus der Geschichte vom „Ungehorsamen Mädchen, das einen Hyänenmann heiratet", beschäftigt sich mit der sonderbaren Mischung aus Scham, Meidung und unterdrückter Triebhaftigkeit im Verhältnis zwischen Schwiegersohn und Schwiegermutter.

Schwankhafte Begebenheiten, die von Scham und Schande des Schwiegersohnes in Gegenwart der Schwiegermutter berichten, machen ein weiteres Dutzend Erzählungen aus. Das Genre der Schwiegermuttergeschichten hat jedoch nicht nur mit der stereotypen Darstellung von Frauenrollen zu tun, sondern stellt darüber hinaus auch eine Thematisierung der sehr schwierigen Beziehungen zwischen affinalen Verwandten dar.

Auch die „Alte Frau" als Initiationsfigur (fünf Erzählungen) ist mehr ein Symbol als die Abbildung einer real existierenden Frauenrolle. Dieses Symbol ist auf verschiedenen Ebenen: der Religion, der Initiation und der Pädagogik zu deuten. Die „Arme Alte", die von ihrer Umwelt auf oft grotesk grausame Art malträtiert wird, verkündet währenddessen eine stärker soziale Botschaft. Dagegen bekommt die „Alte Verräterin", die zwei Parteien zu aller Beteiligten Schade gegeneinander aufwiegelt, die Rolle des Sündenbockes übertragen. Sie wird für alle Arten von Konflikten zwischen verschiedenen sozialen Kategorien verantwortlich gemacht und findet sich in acht Geschichten, ergänzt von der „Listigen Alten" einer lustig schwankhaften Satire.

Weit entfernt von der Ebene der Alltagsrealität thematisieren 14 Erzählungen die Beziehungen der Frauen zur Geisterwelt. Als Hexe, Geist-, Tier- und Baumfrau übernehmen in 21 Geschichten Frauen selbst die Rolle übernatürlicher Wesen. Sie stellen eine Bedrohung für die Männer dar, die oft im Gewande sexueller Verführung einherkommt.

Sechs schwer klassifizierbare Erzählungen verbreiten misogyne Stereotype wie Eitelkeit und Verführbarkeit der Frauen, oder sie erklären, warum man Frauen nicht als Opfertiere schlachten darf und warum die Frauen die gleichen Geschlechtsteile wie die Frösche haben.

Die Erzählungen zu den Geschlechterbeziehungen stellen weniger ein Abbild als ein Gegenbild zur Wirklichkeit dar. Wie gesagt ist die Alltagswirklichkeit, beispielsweise im Bereich der Wirtschaft, von einer strengen Arbeitsteilung gekennzeichnet. Männer und Frauen werden traditionsgemäß in komplementäre Rollen hineinerzogen: die Frau macht die Hausarbeit, gebiert und erzieht die Kinder, holt Wasser und Feuerholz, sammelt Pflanzen, Knollen und Wurzeln im Busch, hackt, jätet und erntet auf den nahegelegenen Feldern usw. Der Mann bestellt die extensiv bewirtschafteten Hirsefelder weiter draußen im Busch, geht auf die Jagd, verteidigt die Familie mit Waffengewalt, betreibt Viehzucht und Gartenbau, heute zunehmend Handel und Wanderarbeit. Die Arbeitsbereiche sind weitestgehend komplementär, Männer- und Frauenbereich bleiben voneinander getrennt.

Einmal fragte ich eine alte Frau in Sanguié, die zusammen mit ihrem Ehemann ein sehr kleines Gehöft bewohnte, aus dem die jungen Leute ausgewandert oder gestorben waren: „Warum bestellst du ein eigenes Feld und dein Mann sein eigenes, wo ihr doch nur noch zu zweit seid und die Hirse gemeinsam verbraucht?" Die Alte antwortete: „Aye! Ich soll mit ihm zusammen auf einem Feld arbeiten? Glaubst du, ich will die Läuse von seinem Kopf?"

Trotz der Geschlechtertrennung im täglichen Leben dokumentieren die Erzählungen jedoch massive unterschwellige Spannungen und Konflikte zwischen Mann und Frau.

7.2. Freierproben, schwere und unlösbare Aufgaben

In der Zeit vor der Eheschließung erscheinen die Frauen als schwer erreichbare Objekte der männlichen Begierde. In einer polygynen Gesellschaft, in der ein Mann bis zu dreißig Frauen heiraten kann, besteht trotz eines mindestens zehnjährigen Abstandes im Heiratsalter der Geschlechter ein ständiger Frauenmangel. Männer rivalisieren um Frauen (Hauptthema von 34 Erzählungen); jede Frau wird in den Geschichten von einer Unzahl von Freiern umworben. In einer polygynen Gesellschaft bleibt keine Frau lange allein, selbst ein häßliches und unattraktives Mädchen steht wenigstens für eine kurze Zeit im Mittelpunkt männlicher Werbung. In den Geschichten nutzen nicht nur die Mädchen, sondern oft auch die Brautväter die Begehrtheit der Töchter aus, um ihren Bewerbern Bedingungen zu stellen und schwere oder unmögliche Aufgaben zu erteilen.

Manche Väter wollen ihre Töchter überhaupt nicht fortgeben und sperren sie in Türmen oder Häusern ohne Fenster und Türen ein. Die Erzählung vom „Eingemauerten Mädchen" erfreut sich in der Mande-Erzähltradition besonderer Beliebtheit (vgl. Görög 1994: 41–60) und auch in der der Fulbe. In islamisierten Gesellschaften wurden Versionen mit einer rigiden, unerbittlichen Schlußsequenz dokumentiert. Das eingemauerte Mädchen, das sich trotz aller Bemühungen des Vaters, seine Tochter jungfräulich zu erhalten, einen Liebhaber nimmt und schwanger wird, wird am Ende dieser Versionen getötet, ebenso wie der Liebhaber und sogar das Kind (Seydou 1990: 506).

Die Lyela-Versionen LYE-E011, LYE-E059, LYE-E090 und eine sehr ähnliche Variante der Mosi (Frobenius 1922: 263) vertreten dagegen eine Botschaft, nach der Kinder stets willkommen sind. Ein „Bewerber" um die Hand einer Frau erhält die soziale Vaterschaft über das von ihm gezeugte Kind aber erst, wenn er die erforderlichen Brautgaben entrichtet und in einer oder mehreren Freierproben seine soziale Reife zur Übernahme der Vaterrolle bewiesen hat:

> Die Leute diskutieren, ob ein Mädchen schwanger werden kann, ohne Geschlechtsverkehr mit einem Mann gehabt zu haben. Ein Mädchen wird in ein Haus ohne Fenster und Türen eingemauert und wächst in Seklusion heran.
> Hase läßt sich von seinem Freund Eichhörnchen einen Tunnel graben, findet Zugang zur Hütte des Mädchens und schwängert sie.
> Eines Tages dringt das Weinen eines Kindes aus der Hütte. Man zerschlägt das Haus, und das Kind wächst heran.
> Alle Tiere des Waldes versammeln sich an einem bestimmten Tag, zu dem Hirsebier gebraut wurde. Das Kind bekommt eine Kalebasse mit Bier in die Hand und soll seinen Vater suchen. Es geht immer wieder auf Hase zu, der dem Kleinen auszuweichen versucht, bis Panther ihn festhält.

Das Kind sagt, es wolle Hase zum Vater, die Tiere des Waldes applaudieren, und man stellt dem jungen Vater die Aufgabe, die folgenden Dinge herbeizuschaffen: ein Pantherfell, das dem Kleinen als Schlafmatte diene, die Hufe einer Hirschkuh, aus der man ein Purgativum für das Kind herstellen werde, den Stoßzahn eines Elefanten als Brennstoff für das Feuer, auf dem die Medizin gekocht werde, schließlich den Panzer einer Schildkröte, aus dem man einen Kochtopf zur Bereitung der Medizin machen wolle.

Hase besorgt sich die verlangten Dinge mittels verschiedener Listen:

Er veranlaßt die Tiere des Waldes, einer auf den anderen zu klettern und eine Pyramide zu bilden, die bis in den Himmel reicht. Elefant als Ältester der Tiere soll ganz nach oben steigen und Gott eines seiner „Eier" zurückgeben, das dieser versehentlich auf die Erde fallen ließ. Die Tiere des Waldes befolgen Hases Vorschlag, und als Elefant gerade dabei ist, am Himmel „anzuklopfen", um Gott sein Ei zurückzugeben, sticht Hase der Schildkröte, die ganz zuunterst als „Fundament" liegt, mit einer glühenden Nadel in den Anus. Schildkröte zuckt vor Schmerz, die Tierpyramide fällt um, Elefant stürzt von ganz oben und bricht seinen Stoßzahn ab. Im allgemeinen Tumult schafft Hase den Stoßzahn und den Kadaver der toten Schildkröte zur Seite und hat damit zwei der verlangten Artikel in seinen Besitz gebracht.

Das Fell des Panthers verschafft er sich dadurch, daß er ihn zu einem Tauchwettbewerb auffordert. Panther zieht sein Fell aus und legt es am Ufer ab. Während Panther taucht und Hase zählt, versteckt er das Fell hinter einem Busch. Als Panther wieder aus dem Wasser steigt, behauptet Hase, ein Wirbelsturm habe ihre Felle fortgeweht. Er selbst findet sein Fell „zufällig" an einem Dornbusch, aber Panthers ist nicht zu finden, und er muß nach Einbruch der Dunkelheit ohne Fell nach Hause gehen.

Hirschkuh und/oder Affe (je nach Version) werden in einem „Kochwettbewerb" hereingelegt und in einem Kessel siedenden Wassers getötet.

Nachdem Hase alle geforderten Brautgaben dem Schwiegervater überreicht hat, kann er seine Frau und seinen Sohn heimführen.

Die Listen des Hasen stehen in dieser Geschichte im Vordergrund. Das „Eingemauerte Mädchen" liefert willkommenen Anlaß für Hases Streiche. Dagegen wirft ein vom Zorn überwältigter Vater in einer Variante der Fulbe (vgl. Seydou 1984: 189) seine sündhafte Tochter, den „Bastard", den sie ihm als Enkel geboren hat und den Liebhaber, der in den sorgsam abgeschirmten Wohnbereich seiner Tochter eindrang, in einen tiefen Schacht, in dem ein Feuer entzündet wurde. Dieses drastische, lebensfeindliche Ende stellt aber auch unter den Versionen der Fulbe einen ins Extrem getriebenen Ausnahmefall dar. Meistens siegt die jüngere Generation über die ältere, und die implizite oder explizite Moral einer Erzählung, in der anfangs der Vater seine Tochter nicht hergeben wollte, verurteilt seinen unangemessenen Besitzanspruch gegenüber der Tochter.

Auch wenn der Brautvater den Bewerbern seiner Tochter eine sehr schwere, wenn nicht gar unmöglich zu erfüllende Aufgabe stellt, wie im folgenden Erzählbeispiel, gerät er in Verdacht, daß er seine Tochter gar nicht hergeben *will*. Aber am Ende der Geschichte steht dann doch meistens die Verheiratung der Tochter, denn einer unter ihren zahlreichen Bewerbern besitzt bestimmt ein Zaubermittel oder die Protektion eines übernatürlichen Helfers, die ihn das Ziel seiner Bemühungen erreichen lassen.

7.2. Freierproben, schwere und unlösbare Aufgaben 229

Nach Auffassung der Bulsa in Nordghana (mündliche Mitteilung von Franz Kröger) liegt eine wichtige Ursache für den Frauenhaß der Männer, der sich in so vielen misogynen Erzählungen niederschlägt, in der Konkurrenz der Männer um Frauen begründet. Die Männer müssen sich so sehr bemühen, eine Ehefrau zu finden, und sie müssen sich in der Konkurrenz um Frauen so viel Schmach bieten lassen, daß sie einen tiefsitzenden Groll gegen alle Frauen entwickeln. Diese Erklärung ist gewiß nicht vollständig, aber sie besitzt den Vorteil, daß sie von den Betroffenen selbst stammt.

Die folgende Zusammenfassung eines in mehreren westafrikanischen Gesellschaften bekannten Erzähltypus ist die Grundstruktur von insgesamt acht Versionen. Sieben stammen von den Lyela, eine von den Dogon aus Mali (Calame-Griaule 1980;[2] Chevrier 1986: 32–36).

Der Vater eines Mädchens stellt den Bewerbern seiner Tochter die Aufgabe, einen sehr tiefen Brunnen voller Fäkalien zu reinigen (LYE-E357, LYE-E422, LYE-E607, LYE-E707, LYE-E829).
Oder: das von einem jungen Mann umworbene Mädchen sagt, sie heirate ihn nur, wenn er am Markttag vor aller Leute Augen seine Notdurft verrichte (DOG-ECAL).
Der Freier erfüllt die Aufgabe. In den Lyela-Versionen kommt er als Leproser aus dem Brunnenschacht hervor; in der Dogon-Version wird die außerordentliche Schande betont, mit der der Bewerber sich bedeckt habe. Das Mädchen verkündet, sie werde den Mann nun erst recht nicht heiraten. In einer Version weigert sie sich sogar, dem Mann Wasser zum Waschen zu bringen.
Der Freier geht in den Busch, in die Fremde, oder zu seinen Verwandten, je nach Version. Er erhält „Medizin" von einem Wahrsager, dem Mann, bei dem er drei Jahre lang Dienste verrichtete (DOG-ECAL), oder einer anderen Helferfigur. Eine Medizin heilt die Lepra (LYE-E607), die andere soll die Frau zurückbringen.
Zu Beginn der Regenzeit steigt der abgewiesene Freier auf einen Karitébaum, bzw. auf einen Weintraubenbaum (bot. Lannea acida) in der Dogon-Version. Er wartet, bis das Mädchen kommt, um Karitéfrüchte zu pflücken, dann wirft er ihr ein Blatt auf den Rücken, bzw. er präpariert eine reife Frucht mit seiner Zaubermedizin, und das Mädchen ißt sie.
Die Vagina des Mädchens fällt von ihrem Körper auf den Boden. Als das Mädchen sich danach bückt, springt ihr Geschlechtsteil fort und hält sich außer Reichweite. Das Mädchen fängt an, die wie ein Frosch durchs Gebüsch springende Vagina zu verfolgen (LYE-E357, LYE-E422, LYE-E607, LYE-E660, LYE-E707, LYE-E829, DOG-ECAL).
Sie begegnet einem Fulbe-Hirten mit seiner Rinderherde, der sich nach anfänglichem Zögern bereiterklärt, ihr zu helfen. Sein Penis macht sich gleichfalls selbständig, er gesellt sich zur Vagina des Mädchens, und sie setzen ihre Jagd gemeinsam fort. Die Verwandten des Mädchens stoßen auf die beiden Geschlechtsteil-Jäger, ihnen passiert

---

2 Calame-Griaule (1980) zitiert in ihrem Aufsatz *L'arbre et l'Imaginaire,* dem die von ihr aufgenommene Dogon-Version entnommen wurde, entferntere Varianten von den Gurma (aus Equilbecq 1913–1916 = 1972: 373) und den Tyokossi (Rey-Hulman, unveröffentlichtes Manuskript)

das gleiche Malheur. Einige Versionen betonen, wie sich die Helfer sofort auf die Jagd nach dem eigenen Geschlechtsteil machen, in dem Moment, wo ihnen dieses abfällt. Der Geschlechtspartner, dem sie wenig vorher noch zu Hilfe kommen wollten, wird im eigenen Interesse im Stich gelassen, was beim Publikum größte Heiterkeit hervorruft. Nach dem Muster einer Kettenerzählung fällt einer ganzen Arbeitsgruppe der Penis ab, und der abgewiesene Freier lacht sich – immer noch im Baum sitzend – zusammen mit dem Publikum ins Fäustchen.

Schließlich wendet der betrogene Freier für einige unschuldig Bestrafte eine Gegenmedizin an und zaubert ihre Geschlechtsteile wieder an, in manchen Versionen nicht, ohne sich Kühe oder andere Reichtümer dafür geben zu lassen.

Vor Zeugen und Vermittlern berichtet der Mann, welche Schmach ihm die versprochene Braut zugefügt habe. Alle bekommen ihre Sexualorgane zurück bis auf die Braut.

Sie wird erst wieder instandgesetzt, als sie dem Mann verspricht, ihn bestimmt zu heiraten. In einer Version (LYE-E357) liegt die Braut am Ende der Geschichte auf der Schlafmatte des Bewerbers, die Vagina sitzt wartend am Kopfende, und der Mann fragt, ob sie ihn nun auch wirklich heiraten werde. Sie sagt ja, und der junge Mann zaubert ihr das schmerzlich entbehrte Organ wieder an.

In der Dogon-Version und in LYE-E607 jagt der Mann die Frau mit Fußtritten davon. Die abschließende Moral der Dogon lautet, daß kein Mann heutzutage Macht über eine Frau besäße wenn der Held der Erzählung nicht entsprechend gehandelt hätte. Die Erzählerin von LYE-E607 erklärt, daß auf diese Weise die Unfruchtbarkeit in die Welt kam.

In einer Variante der Bedik und Beliyan im Senegal (die unter dem Namen Bassari bekannt sind), löst sich die Brust eines Mädchens von ihrem Körper (Ferry 1983: 92). Die Erzählung beginnt mit einer Verfehlung der Heldin, die nie mit ihren Freundinnen zur Wasserstelle geht, sondern stets allein, wenn es schon sehr heiß ist (wahrscheinlich also zur Mittags- oder Geisterstunde). Das Mädchen nimmt sich die Brüste vom Körper und wäscht sie im Fluß wie ein Kleidungsstück. Dieser sonderbare Akt scheint mir zum Ausdruck zu bringen, daß sich das Mädchen durch ihre eigene, sich entwickelnde Sexualität beschmutzt fühlt. Nach dem Waschen ölt das Mädchen die Brüste ein und legt sie auf ein weißes Tuch in die Sonne zum Trocknen. Sie macht das so jeden Tag, und als man ihr sagt, es sei nun Zeit für sie zu heiraten, sträubt sie sich. Da kommt eines Tages ein mächtiger Raubvogel und trägt die Brüste fort. Sie bekommt sie erst zurück, als sie einwilligt, mit ihrem Ehemann zu schlafen. Am nächsten Morgen feuert der sein Gewehr ab zum Zeichen dafür, daß er mit seiner Frau die Ehe vollzogen und daß er sie jungfräulich vorgefunden habe.

Bassari, Bulsa, Dogon, Fulbe, Hausa, Lyela, Mosi und vermutlich viele andere westafrikanische Ethnien sind sich in der Auffassung einig, daß ein Mann einer Frau nicht zeigen darf, wieviel ihm an ihr liegt, denn sonst „steige die Frau dem Manne auf den Kopf", wie sich ein Dogon (zit. in Calame-Griaule 1980: 318) ausdrückte. Wenn auch die meisten Lyela-Versionen mit einem „glücklichen" Ausgang enden und der Held die Heldin heiratet statt sie fortzujagen, müssen doch bei Aufnahme der Ehe die Machtpositionen eindeutig zugunsten des Mannes geklärt sein. Die ihrer Sexualität und Fruchtbarkeit beraubte Frau verliert ihre Macht über den Mann. In zwei Versionen wird detailliert beschrieben, wie die

7.2. Freierproben, schwere und unlösbare Aufgaben   231

zunächst so kapriziöse Braut, die den Freier nach Erfüllung der Aufgabe zu unrecht abwies, am Ende hinter ihm herläuft und um Gnade fleht.

Eine achte Version (LYE-E921) beginnt gleichfalls mit dem Motiv der Fäkaliengrube, in die der Freier hinabtauchen muß, bevor das kapriziöse Mädchen ihm in Aussicht stellt, ihn zu heiraten. Es ist kaum notwendig zu betonen, daß diese Art von Latrinen in Wirklichkeit keine Verwendung findet. Das mit Exkrementen gefüllte Erdloch wird extra auf Wunsch des kapriziösen Mädchens von ihrem Vater (!) angelegt. Es versteht sich, daß dieser damit ebenfalls die geltenden Normen des üblichen Verhaltens gegenüber den Bewerbern seiner Tochter verletzt hat. In Version LYE-E921 rächt sich der trotz bestandener Probe abgewiesene Freier auf seine Art. Er erhält zwar auch eine zauberkräftige „Medizin" – von einer Fledermaus, dem Symbol der Ahnengeister – aber diese entfaltet eine andere Wirkung als die zauberkräftige Substanz der bisher genannten Versionen. Der abgewiesene Freier sucht die Braut im Gehöft ihres Liebhabers auf. Er wartet ab, bis das verliebte Paar am Abend gemeinsam ein Bad nimmt (ein äußerst schamloses Treiben nach Auffassung der Lyela). Dann berührt er die beiden mit einem Besen, der in „Medizin" getränkt wurde. Eine Fledermaus schlüpft in den „Bauch" des Mädchens und hält beim Geschlechtsverkehr den Penis des Liebhabers fest. Mann und Frau können sich nicht mehr voneinander lösen. Der abgewiesene Freier erklärt sich erst bereit, das Paar mit einem Gegenzauber zu befreien, nachdem es auf einer aus Holz gefertigten Trage über den gutbesuchten Sonntagsmarkt getragen wurde. Der abgewiesene Freier zum Mädchen: „Du hast mir große Schande bereitet, ich werde Dir noch größere Schande bereiten." Am Ende wird das Mädchen mit der (angedeuteten) Vagina Dentata von beiden Freiern verlassen. Das Motiv der Vagina einer „schamlosen" Frau, die den Penis der mit ihr verkehrenden Männer während des Geschlechtsverkehrs schnappt und nicht wieder freigibt, findet sich noch in einem anderen Erzähltypus der Lyela, so wie es überhaupt in westafrikanischen Erzählungen gelegentlich vorkommt.

Bei den Dogon und den Lyela ist in allen Versionen in der Eingansepisode von Fäkalien die Rede: „Exkremente stehen auf der Seite von Fäulnis und Tod, sie werden mit Sterilität assoziiert" schreibt Calame-Griaule (1980: 319) in der Interpretation der von ihr aufgenommenen Dogon-Version. In den Lyela-Versionen verliert der Held seine Hände und Zehen, es wird anschaulich beschrieben, wie sehr sich die Freier davor ekeln, in den mit Fäkalien angefüllten Schacht hinabzusteigen. Chevrier (1986: 32) betont, daß nicht allein das kapriziöse Mädchen gegen die Normen angemessenen weiblichen Verhaltens verstoßen habe, sondern auch der junge Mann habe die Regeln männlichen Auftretens verletzt. Er hätte sich niemals dazu hinreißen lassen dürfen, öffentlich auf dem Marktplatz seine Notdurft zu verrichten, wie in der Dogon-Version, oder in eine ganze Grube menschlicher Fäkalien hinabzutauchen. Mit dieser Tat hat er sich vor der umworbenen Frau so sehr erniedrigt, daß sie jede Achtung vor ihm verlieren mußte. Exkremente machen krank, sie sind nach Auffassung der Lyela gefährlich, ebenso wie die „Dämpfe", die aus alten Gräbern aufsteigen, und vor denen sich die Totengräber mit Medizin schützen müssen, bevor sie ein Familiengrab öffnen, um dort eine weitere Leiche zu bestatten.

Den Symbolen von Krankheit, Fäulnis, Schmutz und Sterilität wird im weiteren Verlauf der Erzählung ein Gegenbild entgegengesetzt: der Held, der auf dem Karitébaum mit seinem Zauber versehen auf die kapriziöse Braut wartet. Das wichtigste Produkt, das aus den Kernen der Karitéfrüchte gewonnen wird, ist die Karitébutter. Sie ist das einzige, ständig verfügbare vegetabile Fett, das in der Savannenzone täglich in der Küche Verwendung findet. Es wird auch als Kosmetikum verwendet, um die Haut glänzend und geschmeidig zu machen, ebenso wie Öl aus den Kernen der Lannea acida (des „Weintraubenbaums" aus der Dogon-Version), das zur Körper- und Intimpflege verwendet wird. Sein Gebrauch am Ende der Menstruation nach einem rituellen Bad, das den Aufenthalt in der Menstruationshütte abschließt, hat eine deutlich erotische Komponente.

Karitébutter wird nach Calame-Griaule (1977: 2) mit männlicher Fruchtbarkeit assoziiert. Die Erzählung vom „Kind aus Fett", die auch bei den Lyela bekannt ist (LYE-E719, LYE-E985), belegt die Gleichsetzung von Karitébutter mit Sperma. Eine unfruchtbare Frau produziert auf magischem Wege ein Kind, indem sie Karitéfettkugeln in einen Tontopf legt. In einer Fulbe-Version legt die Frau sieben Kugeln in einen Topf. Sieben ist die Summe von drei (der Zahl, die in den meisten westafrikanischen Kulturen Männlichkeit symbolisiert) und vier (die Zahl der Weiblichkeit). Der Topf repräsentiert den Uterus und funktioniert als Behältnis, in dem ein Fötus aus der lebensspendenden Kraft des Spermas heranreift (Seydou 1978: 58, Calame-Griaule 1980: 12). In einer Dioula-Version (Sapir 1976: 158) vom künstlich hergestellten Baby wird der unfruchtbaren Frau vom übernatürlichen Helfer geraten, einen Stock (Phallussymbol) und einige Reiskörner (symbolisches Sperma) in einen Bienenkorb zu legen. Nach einer Wartezeit von sieben Tagen wird aus dem Bienenkorb ein Kind geboren. Die symbolische Äquivalenz der Allomotive Karitéfett und Stock/Reiskörner als Varianten desselben Grundmotivs (lebensspendende Substanz reift in Uterusersatz zu einem Kind heran) belegt die Deutung des Karitébaumes als Symbol männlicher Fruchtbarkeit (vgl. Dundes 1985). Nach Vorstellungen der Fulbe-Hirtennomaden soll sogar das Sperma allein lebenserzeugende Kraft besitzen. Der weibliche Uterus, in unserer Erzählung durch das eminent weibliche Symbol des Tontopfes repräsentiert, bildet nur das Behältnis zur Metamorphose des männlichen Samens in ein Kind (Seydou 1976: 205).

Die Frucht des Karitébaumes ist sehr süß, und in Geschichte LYE-E829 benutzt der Held diese Frucht als Köder, mit dem er der kapriziösen Schönen oral sein Zaubermittel verabreicht. In dem der vorliegenden Erzählung eng verwandten Typus des „Festgeklebten Honigtopfes" zaubert der Held der kapriziösen Braut einen Tontopf voll süßen Honigs an den Mund, weil sie sich weigert, ihn zu heiraten. Erst als sie endlich einwilligt, ihn zum Manne zu nehmen, zaubert er den lästigen Honigtopf wieder ab. Die Erzählung vom „Mädchen, das seine Sache verliert" und die Geschichte vom „Festgeklebten Honigtopf" verhalten sich komplementär zueinander. In zweiten Fall wird ein hinderlicher Gegenstand an den Mund gezaubert, während im ersten die Vagina, ein lebenswichtiges Organ, das die Identität der Frau ausmacht (Sexualität und Fruchtbarkeit) abgezaubert wird. In beiden Fällen werden Körperöffnungen blockiert. In beiden Fällen wird die Arroganz des Mädchens und seiner Familie bestraft, und durch die zeitweilige Blockade von Mund, bzw. Vagina wird das Mädchen gezwungen, die Erwachsenenrolle zu akzeptieren und den Mann zu heiraten, den die Familie ihr ausgesucht hat.

„Man muß bemerken, daß die Verwandten des jungen Mädchens ebenso bestraft werden wie sie selbst. In der Tat macht man sie verantwortlich für ihre schlechte Erziehung, besonders die Mutter. Sie hätten ihr beibringen müssen, wie man sich den Männern gegenüber richtig verhält ohne zu ‚übertreiben', wie die Dogon sagen. Dieser Terminus hat im Dogon eine sehr pejorative Bedeutung und wird häufig im Zusammenhang mit Frauen verwendet." (Calame-Griaule 1980: 318)

7.3. Blockierte Körperöffnungen und der Übergang in den Erwachsenenstatus

Auch in der Geschichte vom „Festgeklebten Honigtopf" versuchen die Verwandten, ihrer Tochter zu helfen. Aber Vater, Mutter, Bruder, Schwiegervater, Bruder des Ehemannes und alle anderen scheitern an einer Aufgabe, die nur der Ehemann zu lösen vermag. Das folgende Résumé ist eine Zusammenfassung von fünf Versionen der Lyela und einer der Dogon (Calame-Griaule 1987: 277–280):

Ein Mann hat mit Geschenken um ein Mädchen geworben, seit dieses als kleines Kind von einer Tante (FZ) in Pflegschaft genommen wurde (LYE-E190, LYE-E415, LYE-E319).
Als das Mädchen in die Pubertät kommt, sagt es dem Mann, daß es ihn nicht heiraten wolle (LYE-E354, LYE-E167).
In der Dogon-Version ist das Mädchen schon mit dem Mann verheiratet, allerdings ohne daß es zu sexuellen Beziehungen gekommen wäre.
Auf Anraten einer Helferin (LYE-E415) stellt der abgewiesene Freier einen Tontopf voller Honig, je nach Version mit oder ohne „Medikament", auf den Weg, auf dem die Mädchen immer zur Holzsuche oder zum Wasserholen gehen (alle 6 Versionen).
Die Mädchen kosten den Honig mit dem Finger und gehen weiter. Das Mädchen, das der junge Mann zur Frau will, läßt seine Hacke neben dem Honigtopf fallen. Nach einer Weile sagt sie den Freundinnen, sie habe ihre Hacke verloren und müsse umkehren. In einer Version (LYE-E190) wird sie von den Freundinnen verwarnt, nicht den Honig zu trinken.
In der Dogon-Version geht sie zweimal zurück, einmal um angeblich ein Kopfpolster zu holen, ein anderes Mal eine Hacke.
Das Mädchen nimmt mehr von dem Honig und setzt schließlich den Topf an den Mund, um daraus zu trinken. Der Topf klebt an ihrem Mund (Dogon: auf ihrem Kopf) fest und läßt sich nicht wieder entfernen.
Das Mädchen singt ein Lied, in dem es vergeblich die Verwandten bittet, ihr den Honigtopf wieder abzuzaubern. Das Lied wird je nach Version zwei bis neunmal wiederholt und richtet sich an: die Freundinnen, den Vater, die Mutter, den Bruder, den Schwiegervater, die Schwiegermutter, den jüngeren Bruder des Mannes, an den Mann selbst, wobei er beim erstenmal als „Bruder" (Dogon: Kind) angesprochen wird und beim zweitenmal als Ehemann (LYE-E354).

Der Mann nimmt dem Mädchen das Heiratsversprechen ab, dann zaubert er ihr den Honigtopf mit einem Stöckchen oder mit einem Strohhalm aus einem Besen wieder ab. Bei den Dogon nimmt er dazu eine fetthaltige Nuß (bot. Combretum aculeatum).

Nach Calame-Griaules Interpretation hat der abgewiesene Freier beim Niedersetzen des Honigtopfes auf dem Weg einen Zauberspruch ausgesprochen, um sicher zu sein, daß der Honigtopf am richtigen Mädchen festkleben würde. Mit dem Honig, Symbol sexueller Verführung nicht nur in Afrika (vgl. vor allem Lévi-Strauss 1966), will der Bewerber der widerspenstigen Braut die ehelichen Beziehungen schmackhaft machen. Das Mädchen verhält sich widersprüchlich: einerseits ist sie maßlos und viel gieriger als die Freundinnen, die nur bescheiden den Honig kosten und dann den Weg zur Arbeit fortsetzen. Andererseits hat sie einen Widerstand gegen die Aufnahme sexueller Beziehungen mit ihrem Ehemann. Hier spiegelt sich die gleiche ambivalente Einstellung junger Mädchen zur Sexualität wie etwa in den Erzählungen vom „Schlangenmann", auf die ich später zu sprechen kommen werde. Calame-Griaule interpretiert den am Kopf – bei den Lyela am Mund – festgeklebten Tontopf als Symbol der Jungfräulichkeit des Mädchens. In einem Lied bittet sie um die Entfernung dieses „Hindernisses".

„Es ist klar, daß die Mitglieder ihrer Familie, die sie aufsucht und die den Topf zerschlagen sollen – wobei jeder das Gerät benutzt, das seine soziale Rolle symbolisiert (die Mutter als Hausfrau, der Vater als Bauer) – nichts für sie tun können. Nur der Ehemann kann den Topf zerschlagen, aber das tut er erst, nachdem sie ihn mit dem Terminus ‚Ehemann' angeredet hat und damit die Beziehung anerkennt, die zwischen ihnen besteht." (Calame-Griaule 1987: 279)

In der Dogon-Version schlägt der Ehemann den Topf mit einer fetthaltigen Nuß vom Kopf des Mädchens. Öl als fruchtbarkeitsbringende Substanz wird mit Honig als verführende, die Fruchtbarkeit steigernde Substanz zusammengebracht. Unverdünnter Honig, in größeren Mengen genossen, wird dagegen von den Dogon mit Sterilität und Tod in Verbindung gebracht. Der gemäßigte Verzehr von Honig zusammen mit anderen Substanzen wie Öl, Wasser oder Hirsemehl, ist gut und nahrhaft, er wird mit Fruchtbarkeit und Lebenskraft assoziiert. Bei den Bwa in Burkina Faso (Capron 1976: 13) wird Honig gleichfalls mit Trockenheit, Sterilität und Hungersnot in Verbindung gebracht, wohingegen saure Früchte, wie die der Tamarinde, die Fruchtbarkeit der Frauen fördern sollen, denn sie stehen auf der Seite des „Feuchten und des Überflusses".[3]

Eine Erzählung begründet, warum schwangere Frauen bei den Bwa keinen Honig essen sollen: Eine Frau hatte den Honig ihres Mannes gestohlen und zu viel davon unverdünnt verzehrt, so daß sie ihr Kind verlor. Auch bei den Lyela und den Dogon sollen schwangere Frauen keinen Honig essen. Die Begründung der

---

3 vgl. auch Gessain und Kinzler (1975: 267), die herausfanden, daß bei den Tenda und den Malinké im Senegal den Frauen der Genuß des Honigs ganz verboten ist. Eine Altersklasse der Männer darf keinen Honig während der Regenzeit essen, genauer gesagt in der Zeit, in der die Hirsepflanzen Rispen bilden.

7.3. Blockierte Köperöffnungen und der Übergang in den Erwachsenenstatus

Dogon dafür lautet, daß Frauen während der Schwangerschaft keinen Geschlechtsverkehr zu ihrem Vergnügen unterhalten sollen, sondern nur, um das Kind in ihrem Bauch zu ernähren (vgl. Calame-Griaule 1987: 277).

In den vorliegenden Lyela-Versionen entfernt der Ehemann den Honigtopf mit einem Strohhalm vom Mund der Frau. Strohhalme werden in Beschneidungsritualen der Mädchen und zur Verabschiedung von Toten benutzt. Sie sollen böse Geister und schlechte Einflüsse vertreiben:

> „Eine alte Frau [...] bestätigte das und fügte noch hinzu, daß es sich bei diesen Geistern um böse, herumirrende ‚Seelen' der Toten handele, die den im Augenblick sehr verwundbaren Beschnittenen gefährlich werden könnten. Bei den Lyela gilt allgemein ein Strohstengel als Schutz gegen solche Geister. In kleinster Form wird er auch hinter das Ohr geklemmt, um den Hals gehängt, nachts neben die Matte gelegt oder in die Milch getan, wenn Kinder damit vom Markt kommen, damit die Geister nicht davon trinken." (Dinslage 1986: 183)

In den Totenzeremonien für Frauen sind es Nichten und/oder klassifikatorische jüngere „Schwestern" (*nyáná*), die mit Strohhalmen und weißen Aschekreuzen „geschützt" mehrfach rückwärts die Matte der Verstorbenen umrunden. Sie nehmen auf diese Weise Abschied von der Person, der sie zeit ihres Lebens am nächsten standen. Der rituelle Schutz durch Strohhalme und Aschekreuze soll die Überlebende davor bewahren, daß die Verstorbene sie mit sich ins Totenreich zieht. Diese Hypothese stützt sich neben meiner Beobachtung dieser Riten auf verschiedene Erzählungen, in denen eine Person sterben muß und eine(n) geliebte(n) Verwandte(n), von der sie (er) sich nicht trennen mag, mitnimmt.

Die Strohhalme haben jedenfalls übernatürliche Kraft, sie sind mit dem Übergang eines Mädchens in den Erwachsenenstatus verbunden und mit sexueller Reifung. Wie wir sehen, wird die Problematik des Übergangs von einem sozialen Status zum nächsten in den Erzählungen häufig in Körpersymbolik ausgedrückt. So werden in den Geschichten von der „Abgefallenen Vagina" und dem „Festgeklebten Honigtopf" Körperöffnungen des widerspenstigen Mädchens, das sich weigert, die Rolle der Ehefrau zu übernehmen, verschlossen. Im ersten Fall wird durch Abfallen der Vagina der Uterus verschlossen, im zweiten Fall verschließt ihr der Honigtopf den Mund. Die Entfernung des Hindernisses durch den Ehemann symbolisiert die Überwindung des Widerstandes der Braut; ihr Übergang in die Rolle der Erwachsenen ist vollzogen. Das Ende der Geschichte vom Honigtopf ähnelt der von der abgefallenen Vagina: der Ehemann hat sich das rebellische Mädchen gefügig gemacht und seine dominante Rolle gefestigt. In Version LYE-E415 wird der Geschlechtsverkehr ziemlich unverhüllt angedeutet; danach kocht die Frau dem Mann frischen Hirsebrei, denn sie hat nun ihre Rolle als Ehefrau akzeptiert.

Wie bereits angesprochen, ist der Übergang eines Menschen vom Status des Kindes in den des Erwachsenen Thema unzähliger westafrikanischer Erzählungen.⁴ Calame-Griaule betont, daß es sich bei der „Initiation" nicht nur um einen Ritus handelt; nicht in allen afrikanischen Gesellschaften finden wir ein elaboriertes Initiationsritual. Es handelt sich vielmehr um den Übergang von einem Zustand in einen anderen oder von einem Status in einen anderen.

> „Das Kind wird erwachsen, das junge Mädchen muß die Rolle der erwachsenen Frau übernehmen, der Lebende transformiert sich in einen Toten, das marginale Wesen wird in die Gemeinschaft aufgenommen [...]. Zur gleichen Zeit wie der Status verändert sich die Persönlichkeit. Die Riten haben dort, wo sie existieren, die Aufgabe, den Übergangsprozeß zu erleichtern, emotionale Konflikte zu lösen und die entscheidenden Etappen zu markieren, deren einfaches und universales Schema sich folgendermaßen zusammenfassen läßt: Tod des alten Zustandes > Schaffung des neuen Individuums > Wiedergeburt und Integration." (Calame-Griaule 1980: 15)

Die Erzählungen, die uns in diesem Abschnitt interessieren, beschäftigen sich mit der notwendigen Übernahme der Rolle der Frau und Mutter. Zwar gibt es auch Geschichten, in denen männliche Helden beim Übergang zum Status eines Erwachsenen scheitern – ich denke vor allem an den spiegelbildlichen Typus vom „Guten und Schlechten Helden" – aber im Unterschied zu den Mädchen wehren sich die Jungen nicht dagegen, zu Männern zu werden. Das männliche Geschlecht kann im Prozeß des Erwachsenwerdens eigentlich nur gewinnen. Männer brauchen Stärke, Reife, Vernunft und Selbstdisziplin, um während der Initiationsreise die „geheimen Zeichen" übernatürlicher Mächte zu entziffern. Aus Mangel an Reife kann ihnen die Initiation verwehrt werden. Aber in der Regel sind sie bereit und begierig, den höheren und angeseheneren Status des Erwachsenen zu erlangen.

7.4. Der Erzählzyklus vom Schwierigen Mädchen

Im Unterschied dazu werden die Mädchen nicht nur als kindisch und unreif dargestellt, sondern vor allem als trotzig und widerspenstig. Ihr Widerstand richtet sich entweder gegen den Mann, den die Familie ihnen zugedacht hat, wie beim „Mädchen das seine Sache verliert" und in der Erzählung vom „Festgeklebten Honigtopf", oder er richtet sich überhaupt gegen die Ehe, weil sie nicht aus ihrer Herkunftsfamilie fort möchte.

Die folgende Geschichte spielt wieder auf dem Weg in den Busch, dort wo auch der abgewiesene Freier den Honigtopf als Köder für das kapriziöse Mädchen hingestellt hatte. Dieser Ort verweist symbolisch auf die Initiationsreise der Mädchen, die sich – um den Status einer erwachsenen Frau zu erlangen – von zu

---

4 vgl. dazu Calame-Griaule, die sagt: „Im Laufe meiner zufälligen Sammlungen haben sich immer wieder bestimmte Themen herauskristallisiert, die mein Interesse fesselten: das (Motiv des) Verschlingen(s), der Baum, Schicksale von Frauen, Fruchtbarkeit und Sexualität. Das alles wird von einem Thema dominiert, das uns den Schlüssel zur Analyse zahlreicher afrikanischer Erzählungen liefert: das Thema der Initiation" (1980: 15).

7.4. Der Erzählzyklus vom Schwierigen Mädchen

Hause entfernen müssen und Proben zu bestehen haben. Ewula, die Heldin der folgenden Geschichte, versagt dabei (LYE-E056, LYE-E451, LYE-E984):

Eine Gruppe Mädchen geht in den Busch, um dort Feuerholz zu suchen. Unterwegs treffen sie einen Leprösen (LYE-E451, LYE-E984), bzw. eine „Sache", die mit Federn und männlichen Geschlechtsteilen bedeckt ist (LYE-E056).
In Version LYE-E984 zeigt der Lepröse seinen Anus, was die Mädchen zum Lachen bringt. In Erzählung LYE-E056 lacht das Mädchen Ewula als Einzige maßlos über „die Sache". Sie wälzt sich am Boden, während die anderen Mädchen keine Miene verziehen.
Ewula wirft ihre Hacke, ihr Messer oder ihr Holztragegestell neben dem Leprösen nieder, folgt zunächst ihren Freundinnen, kehrt dann aber nach einer Weile um unter dem Vorwand, ihr Arbeitsgerät holen zu müssen.
Trotz Warnung (LYE-E451) lacht sie erneut über den Leprösen; in LYE-E984 sticht sie ihm sogar mit einem Stöckchen in den Anus.
Ewula wird verschlungen, und die anderen Mädchen erwarten vergeblich ihre Rückkehr. Das Monster teilt ihnen in einem gruseligen Lied mit, was passiert ist.
Sie rennen nach Hause. Ewulas Verwandte machen sich nacheinander zu ihrer Rettung auf: Vater, Mutter, älterer Bruder. Sie alle kehren unverrichteter Dinge wieder zurück, erschreckt durch das Lied (LYE-E451, LYE-E984), oder durch den magischen Gesang des Ungeheuers zwanghaft zum Tanzen verführt (LYE-E056).
Schließlich gelingt es dem verkrüppelten jüngsten Bruder, das Monster zu töten und die Schwester aus seinem Bauch zu befreien.
Er wäscht sie ab (alle drei Versionen) und kehrt mit ihr zur Familie zurück.
Die Schwester serviert dem verkrüppelten Bruder nach ihrer Rettung das Essen aus einer neuen Kalebasse und einem neuen Teller, aber er besteht darauf, es weiterhin aus seiner alten Kalebassenscherbe (bzw. Baumrinde) zu verzehren.
Ewula weint, in Version LYE-E984 sogar so sehr, daß sie stirbt.

Wie im „Festgeklebten Honigtopf" tappt das undisziplinierte Mädchen in eine Falle. Lautes, maßloses Lachen ist Ausdruck kindischer Unreife. Nicht nur während der Initiation, aber da besonders, wird Selbstbeherrschung im Ausdruck der Emotionen und triebhaften Impulse verlangt. Die Szenen, mit denen die Initianden konfrontiert werden, um ihre Reife zu prüfen, sind häufig sexueller Art, komisch, absurd und unverständlich.[5] Die Initianden sollen die kindliche Gewohnheit, über sexuelle Themen zu kichern, zu lachen und herumzualbern, überwinden, und einen „reifen", zurückhaltenden Umgang mit der Sexualität erlernen.

Die „Sache" (ku), die mit „Federn und männlichen Genitalien" behängt ist, repräsentiert wohl eine Maske der Lyela. Die Kleider der Masken werden aus

---

5 So treffen Hase und Hyäne in der Initiationserzählung LYE-E269 in der „Unterwelt", die sie durch ein Loch betreten, auf Klitoris (mobyəl), die dabei ist, Korn zu Mehl zu reiben. Hase verbirgt seine Überraschung, aber Hyäne, der Hase folgt, um die gleichen Reichtümer wie sein falscher Freund zu erhalten, lacht beim Anblick des personifizierten weiblichen Geschlechtsteiles laut los. Auch alle anderen Proben, die den beiden gegensätzlichen Helden auferlegt werden, werden von Hase bestanden, während Hyäne scheitert.

Pflanzenfasern gefertigt, die in dichten Fransen übereinanderliegen. Beim Tanz der Maske fliegen und schwingen die Fasern, was aus der Ferne an ein Federkleid erinnert. Masken haben früher eine wichtige Rolle im Initiationsritual der Lyela gespielt. Es gab Initiationsbünde (*shú*), die Masken besaßen. Kinder beiderlei Geschlechts wurden in Initationslager im Busch geführt, dort vom *shúcəbal* unterrichtet und nach einer Zeit der Seklusion als Erwachsene in die Gemeinschaft reintegriert.

Die Kinder, die die besondere Unterweisung durch das *shú* erhalten sollten, wurden nach Darstellung von Vurma Basshɛ aus Dassa vom Wahrsager ausgewählt. Jungen und Mädchen lebten gemeinsam in Initiationslagern im Busch, die von niemandem außer dem Initiationsleiter betreten werden durften. Sexuelle Beziehungen waren streng verboten, die Kinder durften kein Blut verlieren u.a.m. Bei ihrer Rückkehr ins Dorf wurden die Mädchen von den für sie vorgesehenen Ehemännern neu eingekleidet; die Jungen bekamen eine Hose und ein Hemd von der Familie. Die in den Bund des *shú* Initiierten lernten eine Geheimsprache, die sie später z.B. auf Totenfesten miteinander sprachen, wenn sie sich trafen, um von einem Mitglied Abschied zu nehmen (Interview vom 14.4.1990, vgl. auch Dinslage 1986: 146–160).

Nicht nur das unbändige Lachen der Heldin und ihre kindische Lust, „der Sache" in den Anus zu stechen, sind unreife Verhaltensweisen, die sie an der Initiationsprobe scheitern lassen. Auch das neben dem Gegenstand der Verlockung (Honigtopf) zu Boden geworfene Arbeitsgerät verweist auf die Unfähigkeit der Heldin, die Rolle einer erwachsenen Frau einzunehmen. Statt sich zu disziplinieren und zu arbeiten, gibt sie ihren triebhaften Impulsen nach und nascht am Honig, bzw. sie quält einen kranken Menschen mit gemeinen Späßen.

Der Lepröse in den beiden anderen Versionen (LYE-E451, LYE-E984), der ebenso wie die gefiederte und penisbehängte „Sache" das Mädchen verschlingt, ist kein „normaler Mensch". Stark von ihrer Krankheit verstümmelte Lepröse werden oft abschätzig *necẽculu* genannt. Das ist ein „mythisches Wesen ohne Arme und Beine. Sein ganzer Körper ist mit Augen bedeckt. Es soll die geheimen und verborgenen Gedanken der Menschen, denen es begegnet, erraten können" (Nicolas 1953: 353).

In Erzählungen werden die Figuren des *necẽculu* und des Leprösen gleichgesetzt. Diese monströsen Wesen lösen ein Gefühl des Schauders und Ekels aus; in vielen Versionen ergehen sich die Erzähler in lustvoller Schilderung der gräßlichen Wunden und Verstümmelungen, die die Lepra verursacht. Gleichzeitig wird davor gewarnt, lepröse Menschen zu verspotten und zu drangsalieren. Das Schicksal der Heldin und der Schluß von Version LYE-E100 verkünden die Moral: „Man darf sich nicht über die Leprösen lustigmachen". Auf einer hintergründigen Ebene wird die Lepra aber doch als Strafe Gottes für Vergehen des Erkrankten angesehen. Viele Erzählungen, darunter auch drei Versionen des im folgenden vorgestellten Erzähltypus, berichten davon, daß von der Lepra geheilte Menschen auch nach Erlösung von ihrer Krankheit „undankbar" sind. Undankbarkeit, Boshaftigkeit und Bitterkeit werden diesen Menschen unterstellt, Eigenschaften, die sie dazu prädestinieren, anderen Menschen auf magische Weise zu

7.4. Der Erzählzyklus vom Schwierigen Mädchen

schaden. So mischt sich in das Gefühl der Abneigung gegen Leprose auch immer Furcht.

Das Motiv der absurden Probe findet sich auch in der folgenden Erzählung, vom „Mädchen, das nicht sprechen will und einen Leprösen heiraten muß" (LYE-E100, LYE-E374, LYE-E385, LYE-E426, LYE-E454, LYE-E457, NUN-EYAG):[6]

> Ein Mädchen spricht von seiner Geburt an kein Wort (LYE-E454, LYE-E457), oder es spricht nur in der Pubertät kein Wort (LYE-E426), oder es sagt, es werde von nun an kein Wort mehr sprechen. Der erste Mann, der sie zum Reden bringen könne, bekomme sie zur Ehefrau (LYE-E374, LYE-E385). In einer Version ist es der Vater, der den Bewerbern der Tochter die Aufgabe stellt, seine Tochter zum Reden zu bringen (LYE-E100).
> Viele junge Männer legen ihre schönsten Kleider an und versuchen ihr Glück ohne Erfolg. Ein Lepröser geht zum Wahrsager (LYE-E100, 426, 457), der ihm rät, den jungen Hunden des Mädchens Nahrung in den Anus zu applizieren.
> In den Versionen LYE-E373, LYE-E426 und NUN-EYAG erschlägt der Lepröse die Hundebabies mit einem glühenden Holzscheit.
> In Version LYE-E385 versucht der Lepröse ungeschickt, einen Wassertopf auf zwei Steine zu stellen.
> Mit der wortlos durchgeführten, absurden Tat des Leprösen konfrontiert, stößt das Mädchen einen Schrei aus. Der Lepröse beginnt vor Freude zu tanzen. Er singt ein Freudenlied, daß er eine Frau gefunden habe, das Lied richtet sich an Vater, Mutter und Brüder des Mädchens.
> Das Mädchen Eco wird gezwungen, dem Ehemann zu folgen (LYE-E100).
> In Version NUN-EYAG wird sie vom jüngsten Bruder gerettet, der den Leprösen zu Brei schlägt (Ursprung der Bohnenblätter-Sauce).
> In Version LYE-E426 treffen der Lepröse und die verzweifelte Braut auf dem Weg ins Gehöft des Ehemannes einen der abgewiesenen Freier. Er macht sich über das gestrafte Mädchen lustig und wird in einen Leprösen verwandelt. Der Lepröse selbst wird gesund.
> In LYE-E374, LYE-E454 und LYE-E457 verwandelt die Frau den Baum, unter dem der Lepröse lebt, den Hühnerstall oder seinen schäbigen Unterstand in einen prächtigen Hof voller Frauen, Kinder und Reichtümer.
> Verräter hetzen den reichen Mann, den einstigen Leprösen, gegen seine Ehefrau auf. Sie arbeite nicht und sei eine schlechte Frau. Der Ehemann stellt der ersten Frau, der er alles verdankt, unlösbare Aufgaben. Die Frau löst sie dank der Unterstützung übernatürlicher Helfer. Schließlich verwandelt sie den undankbaren Ehemann wieder in einen Leprösen zurück, als dieser die Hand gegen sie erhebt und sie schlägt.

Das auch außerhalb Afrikas bekannte Motiv der stummen oder verstummten Braut (oder Prinzessin), die der Freier zum Reden bringen muß, um sie ehelichen zu dürfen, ist eines jener in den Erzählungen so häufig vorkommenden symbolhaften Bilder, deren Bedeutungen auf verschiedenen Ebenen zu entschlüsseln sind.

---

6 Eine Version der Nuna wurde im Dorfe Sisili von Amidou Yago aufgenommen. Ihre französische Übersetzung findet sich in Chevrier (1986: 99–100).

Zunächst deutet sich in diesem Bild die universale Gegenüberstellung des aktiv werbenden Mannes und der sich passiv umwerben lassenden Frau an. Die Frau bleibt auf ihrem Platz; die Männer müssen „sich erheben" (*balabe ne re zè*), wie es immer wieder in Lyela-Erzählungen gesagt wird, um die Frau „zu suchen". Die Frau soll sich stumm, still und bescheiden benehmen und ihre Empfindungen und Wünsche auch während des Werbungsprozesses nur zaghaft und diskret in wenigen, kulturell stereotypisierten Zeichen und Gesten zum Ausdruck bringen. Der Mann muß sie umwerben, seine Energie einsetzen, um den Widerstand der Frau zu überwinden, er muß für die Frau arbeiten, Kraft aufbringen, um sie zu „gewinnen".

Auf sexuellem Gebiet wird die verbale Anstrengung, die der Mann auf sich nehmen muß, um eine Frau zu gewinnen, in einer besonders lustigen westafrikanischen Erzählung illustriert (LYE-E253, LYE-E509, LYE-E614, BUL-E435):

> Mund ist gestorben, und man sucht jemanden, der seine Beerdigungsriten durchführen und ihn begraben würde.
> Auge wird gefragt und sagt nein, er werde den Mund bestimmt nicht begraben. Immer wenn er etwas Schönes sehe, komme Mund ihm zuvor und eigne sich die Sache an.
> Ohr kritisiert, daß alles was er zu hören bekomme, gleich vom Mund ausgeplaudert werde.
> Die Hände beklagen sich, daß sie sich immer mit heißen Speisen verletzen müßten, die Mund sich einverleibe.
> Der Kopf klagt über die schweren Lasten, die Mund ihm aufbürde und ihn ohne jedes Verständnis zwinge, stundenlang zu tragen.
> Die Füße klagen über lange, steinige, dornige Wegstrecken, die der Mund ihnen zurückzulegen befehle. [...] usw. mit anderen Körperteilen.
> Als die Reihe an Penis ist, stimmt er freudig zu. Ja, er werde seinen guten Freund Mund begraben, denn sie hätten immer gut zusammengearbeitet: „Wenn ich etwas sehe, eine schöne Frau, die mir gefällt, arbeitet Mund für mich. Er sagt ihr, daß er sie liebt, daß er sie will usw. Dann trifft die Frau mit ihm eine Verabredung. Mund bringt die Frau für mich in ein Haus. Wenn sie darin ist, geht Mund zur Seite, und dann bin ich (Penis) an der Reihe. Ich fresse, was Mund für mich besorgt hat. Ja, ich werde meinen Freund begraben".

In der Geschichte vom „Mädchen, das nicht sprechen will und einen Leprösen heiraten muß", hat die Umworbene ihre passive Rolle überzogen. Aus Bescheidenheit und Demut werden passiver Widerstand, Starrsinn, der sich weigert, am Sozialleben der Familie teilzunehmen. Sie grenzt sich selbst durch ihr Schweigen aus, in einer Version so sehr, daß sie nicht mehr als menschliches Wesen dargestellt wird. Das Mädchen hat im Bauch der Mutter gesprochen, nach der Geburt dagegen kein Wort mehr. Sie ist vermutlich kein normaler Mensch, sondern ein Geistwesen.

Das Bild des stummen Mädchens verweist auf einer anderen Interpretationsebene auf die Launenhaftigkeit der Heranwachsenden, ihre pubertäre Verstocktheit, die die emotionalen Konflikte dieser Lebensperiode andeutet. Sie will nicht heiraten, aber sie zeigt deutlich ihren Mutterinstinkt, der sie für die Ehe reif macht. Sie versorgt die Hundebabies im Hof ihres Vaters, hätschelt die Hündchen anstatt

7.4. Der Erzählzyklus vom Schwierigen Mädchen

selbst Kinder zu gebären, wie es nun schon lange an der Zeit wäre, deutlich ausgeführt in Version LYE-E100, wo gesagt wird, daß sie das Heiratsalter schon überschritten habe. Der Lepröse signalisiert dem stummen Mädchen, wie falsch ihr Verhalten ist. Er füllt den geliebten Hündchen Hirsebrei in den Anus und pervertiert so das Mutterspiel auf groteske Weise. Mit dieser List entlockt er dem Mädchen die von allen lang erwartete Reaktion. Er zwingt sie, den entscheidenden Schritt zum Übergang in den Erwachsenenstatus zu tun.

Der in drei Versionen angehängte Teil, in dem der Lepröse von seiner Frau in einen Reichen verwandelt wird, entlehnt Motive aus der Geschichte vom „Starken Knaben und dem Bösen König", auf die hier nicht mehr eingegangen werden soll. Entscheidend ist, daß sich mit der Heirat das Schicksal des unheilbar Kranken wendet. Die Heirat mit dem Mädchen ist die große Chance des Leprösen, dem in Wirklichkeit ein kümmerliches Dasein als Junggeselle am Rande der Gesellschaft beschieden ist. Heirat mit einer, oder wie in der folgenden Geschichte gar mit mehreren Frauen, ist das entscheidende Moment zur Statusverbesserung. Nach phantastischer Art des Märchens wird dieser Gewinn stark ausgeschmückt. Auf wunderbare Weise wird der Lepröse, der vorher unter einem geflochtenen Schattendach hauste und sich von Blättern ernährte, der einsam vor sich hin vegetierte, nun zum angesehenen Oberhaupt eines reichen Gehöftes. Sein Übergang in die Welt der normalen Menschen ist jedoch nicht von Dauer; die mit einer List erzwungene Ehe mit dem schönen Mädchen hält nicht. Der Lepröse erweist sich als ungerechter und untreuer Ehemann, der das Gute, das seine Frau ihm verschafft hat, nicht zu würdigen weiß. So verhält es sich auch in den Erzählungen LYE-E000 und LYE-E740, wo es dem Mann sogar gelingt, gleich drei Frauen zu heiraten:

> Ein Vater hat eine Tochter; er legt ihre Nabelschnur in einen kleinen Tontopf, den er in die Astgabelung eines schnellwachsenden Baumes (Akazienart) stellt. Als das Mädchen in die Pubertät kommt, ist der Baum hoch gewachsen. Von seinem sehr flexiblen Stamm hat der Vater alle Äste entfernt.[7]
> Der Vater verspricht demjenigen unter ihren zahlreichen Bewerbern das Mädchen zur Frau, dem es gelingt, den Tontopf vom Baum zu holen.
> Siebzehn Tage lang bemühen sich Bewerber aus allen Gegenden vergeblich. Schließlich tritt ein Lepröser auf den Plan und bietet sich an, die unmögliche Aufgabe zu erfüllen. Er holt den Topf herunter und bekommt nicht nur die frühere Besitzerin der Nabelschnur, sondern auch noch zwei ihrer Schwestern.
> Die drei Frauen ernähren sich und den Ehemann, der ja wegen seiner Krankheit nicht auf dem Feld arbeiten kann, mit Bierverkauf auf dem Markt. Da ihr Ehemann in betrunkenem Zustand unerträglich wird und seine Ehefrauen beschimpft, bekommt er bald kein echtes Bier mehr, sondern nur noch unfermentiertes Hirsebier ohne Alkohol.

---

7 Dieses Motiv hat eine besondere Verbreitung im Erzählrepertoire der Bambara und der Malinké. In ihrem Aufsatz *La loi du père* (1994) analysierte Görög diese und andere unmögliche Freierproben, die ein eifersüchtiger Brautvater den Bewerbern um die Hand seiner Tochter auferlegt, als Teil des Generationenkonfliktes zwischen Jungen und Alten.

Auch servieren die Frauen ihm schleimige Saucen, die er ohne Hände gar nicht richtig essen kann.
Eines nachts legt sich der Lepröse zwischen die Gräber seines Vaters und seiner Mutter. Sie geben ihm einen mächtigen Fetisch, der ihn gesund macht und ihm ein weißes Pferd herbeizaubert.
Nun ein charmanter Prinz, besucht der Ehemann seine Frauen auf dem Markt. Sie überschlagen sich vor Liebenswürdigkeit und geben ihm umsonst Bier.
Bei der Rückverwandlung in einen Lepröse wird der Mann von einer alten Frau beobachtet, die den Ehefrauen vom Fetisch ihres Mannes wie von seinen Verwandlungen berichtet.
Eine der drei Frauen klettert über die Mauer des Hofes, versteckt sich und beobachtet den Mann. Als sein Zaubergegenstand gerade dabei ist, sich in den Erdboden zu bohren, erschlägt sie den Fetisch mit ihrem Stampfer. Der Prinz wird an der Rückverwandlung gehindert.
Moral: Seit dieser Zeit weiß man, daß es die Frauen sind, die den Reichtum und das Wohlergehen des Mannes ausmachen. Von nun an wurde es den Frauen verboten, über eine Gehöftmauer zu steigen. Frauen, die über eine Gehöftmauer steigen, auch wenn sie niedrig ist, werden krank und sterben.

Obwohl sich der Lepröse seinen Frauen gegenüber abscheulich verhält und auch die Frauen ihren kranken Mann mit ungeeigneten Speisen quälen, kommt die Geschichte dann doch zu einem guten Ende. Beinahe ein wenig wie im europäischen „Froschkönig" befreit eine der drei Frauen den Leprösen durch einen heftigen Gewaltakt. Sie erschlägt seinen sonderbaren „Fetisch" mit dem Holzstampfer. Unter der abstoßenden äußeren Erscheinung des Leprösen verbirgt sich der schöne Prinz. In Bildern von Verwandlung, Verkleidung und Verzauberung drücken die Erzählungen den Prozeß des „Sich Kennenlernens" von Mann und Frau in der Ehe aus. Hinter dem häßlichen Monster entdeckt die Frau bei näherem Kontakt einen schönen Mann, ein unwiderstehlicher *beau* entpuppt sich als garstiges Untier. In letzterem Fall nimmt die Handlung meist ein böses Ende; Frauen, denen es gelingt, hinter der häßlichen Fassade den guten Mann zu finden, werden dagegen belohnt.

Die bedeutende wirtschaftliche Rolle der Frauen, ihre produktiven und reproduktiven Leistungen, werden in der vorliegenden Geschichte zum Ausdruck gebracht und anerkannt. In patrilinearen Gesellschaften müssen sich jedoch bekanntermaßen die Familien, die die so wertvollen Frauen hervorgebracht haben, bei der Verheiratung von ihnen trennen. Obwohl es sich bei der virilokalen Wohnfolge und dem Gebot der Klan-Exogamie um absolut selbstverständliche Grundregeln der Gesellschaft handelt, stellt doch auf individueller Ebene der Fortgang der Schwestern und Töchter aus ihrem Herkunftsgehöft eine Umbruchsituation dar, die der Verarbeitung bedarf. Und obwohl die Männer der Herkunftsfamilie ebenso selbstverständlich dazu verpflichtet sind, die Mädchen fortzugeben, tun auch sie das nicht gern, wie die wohl beliebteste Erzählung der Lyela überhaupt, nämlich die Geschichte vom „Ungehorsamen Mädchen, das einen Tiermann heiratet", zum Ausdruck bringt.

Die Übergabe der Töchter, bzw. Schwestern erfolgt in afrikanischen Gesellschaften nach allseits anerkannten Regeln, die in den meisten Fällen Brautpreis,

7.4. Der Erzählzyklus vom Schwierigen Mädchen

Brautgabe und Brautdienste beinhalten. Oft findet man bestimmte Präferenzehen, oder die Heiraten werden auf der Grundlage generalisierten Frauentausches zwischen zwei Klanen geregelt. Wenn aber die Mädchen selbst die Heiratsregeln ihrer Gesellschaft nicht respektieren wollen, dann geht ihrer Herkunftsfamilie möglicherweise die Entschädigung (in Gütern oder Dienstleistungen) für den „Verlust" ihrer Tochter auch noch verloren. Das ist ein wichtiges Thema, das der in ganz Westafrika so überaus beliebten Geschichte vom Tiermann zugrunde liegt (vgl. Paulme 1967: 51, 1984, Calame-Griaule 1972: 180; Steinbrich 1982: 20; 116–117). Diese Erzählung spricht neben dem genannten eine Anzahl weiterer Themen an: Es geht um Trennungs- und Schwellenangst, Sexualität, den Gegensatz zwischen dem zivilisierten heimischen Dorf und der Wildnis, die zum „Dorf" des Ehemannes zu durchqueren ist, es geht um Faszination durch das Fremde, die mit Abscheu durchsetzt ist, um Körperkontrolle, das Wechselspiel zwischen Meidung und Anziehung u.v.m.

Ich werde den Geschichtentypus vom „Ungehorsamen Mädchen, das einen Tiermann heiratet", in seinen 26 Lyela-Versionen und Varianten als Modellfall nehmen, um daran den offenen und flexiblen Charakter des westafrikanischen Erzählstils zu demonstrieren. An diesem Erzähltyp ist zu zeigen, wie eine relativ einfache Erzählstruktur, ein simples morphologisches Grundgerüst mit einer ähnlichen Abfolge bestimmer Funktionen (im Proppschen Sinne), eine sehr variationsreiche Ausschmückung mit den verschiedensten Symbolen erfahren kann. Die Einfachheit des Handlungsgerüstes ist wohl ein wesentlicher Grund für die Verbreitung der Geschichte in ganz Afrika über sprachliche und kulturelle Grenzen hinweg. Die Geschichte ist auch einem Zuhörer mit mangelnder Beherrschung der Sprache des Erzählers verständlich; feinere Details und subtilere Symbolik werden von einer Kultur zur nächsten unterschiedlich ausgearbeitet.

Das folgende Résumé des ersten von mir unterschiedenen Subtypus basiert auf einer Zusammenfassung von zehn Lyela-Versionen:[8]

> Ein Mann will seiner Schwester eine Tochter in Pflege geben, und das Kind soll später als Zweitfrau an den Ehemann der Tante (FZ) verheiratet werden (LYE-E091). Aber das Mädchen weigert sich, mit der Tante zu gehen, denn es möchte sich selbst einen Mann suchen statt die übliche Präferenzehe zu schließen.
> Viele junge Männer kommen und werben um das Mädchen, aber sie schickt sie alle fort (LYE-E163, LYE-E347, LYE-E429, LYE-E547, LYE-E722, LYE-E996). Sie will einen besonders schönen jungen Mann ohne einen einzigen Kratzer auf seinem makellos glatten Körper (LYE-E091, LYE-E193, LYE-E478, LYE-E791, LYE-E979). ÜBERMÄSSIGE ANSPRÜCHE DES ZU VERHEIRATENDEN MÄDCHENS[9]

---

8   LYE-E091, LYE-E163, LYE-E347, LYE-E547, LYE-E429, LYE-E979, LYE-E996, LYE-E722, LYE-E270, LYE-E458.
9   Jeder Episode ist in Großbuchstaben mindestens ein Schlüsselwort für die entsprechende „Funktion" oder Handlung angefügt.

Ein wildes Tier, meistens eine Schlange[10] oder ein Löwe[11] verwandelt sich in einen schönen jungen Mann mit makelloser Haut. Er erscheint in Begleitung seiner Brüder. Sie legen ihre schönsten Kleider an, die oft detailliert beschrieben werden, und sprechen im Gehöft des Mädchens vor.
VERWANDLUNG
Das Mädchen fliegt auf den verwandelten Bewerber und sucht sofort Geschirr zusammen, um den Fremden frisches Wasser zu reichen und um Essen zu kochen, mit dem die Bewerber willkommen geheißen werden. Voller Aufregung macht sie sich daran, Wasser zu schöpfen und Hirse zu mahlen, wobei sie von den Haushaltsgeräten ihrer Mutter davor gewarnt wird, dem Mann zu folgen, denn der sei kein richtiger Mann. In einigen Versionen sind es die Eltern selbst, die das Mädchen vor den Fremden warnen, doch meistens sind es die Haushaltsgeräte der Mutter (die Kalebasse der Mutter), die ihr von der Heirat abraten. Das Mädchen zerschmettert sie deshalb ärgerlich auf dem Boden.
WARNUNG
Die Kalebasse, der Teller oder der Reibstein der Mitfrau der Mutter (FW) bestärken dagegen die impulsiv und unüberlegt getroffene Entscheidung des Mädchens, dem schönen Fremden in sein Heimatdorf zu folgen.
VERSUCHUNG
Der Fremde besteht darauf, nur Hundefleisch als Gastmahl zu essen. Der Hausherr schlachtet seine treuen Hunde, die außerordentliche Fähigkeiten besitzen, verwahrt aber ihre Knochen (LYE-E091, LYE-E547, LYE-E791).
GEFAHR
Der Brautvater versorgt seine Tochter mit einer üppigen Mitgift an Schafen, Ziegen, Rindern, sogar in manchen Versionen an Pferden und an „Dienerinnen", d.h. den klassifikatorischen „kleinen Schwestern" der Braut. Dann bricht sie mit ihrem Mann, oft in Begleitung einiger seiner Brüder, in sein Dorf auf.
AUFBRUCH
Unterwegs im Busch verliert der Mann seine Kleider (LYE-E165), und er fragt (meistens dreimal) in wachsender Entfernung vom Heimatdorf des Mädchens, ob sie den Ort, an dem sie sich gerade befänden, wohl kenne. Mehrfach antwortet sie bejahend, hier habe sie doch früher gespielt, hier sei doch das Erdnußfeld ihrer Mutter, und hier seien doch die brachliegenden Buschfelder ihrer Vorfahren. Als sie sagt, nein, an dieser Stelle sei sie noch nie gewesen, verwandelt sich der Schlangen- oder Löwenmann in seine wirkliche Gestalt zurück.
In zwei Versionen (LYE-E091, LYE-E347) schickt der fremde Ehemann das Mädchen auf einen hohen Baum und sagt ihr, sie solle ihm das allerhöchste Blatt aus der Baumspitze abpflücken. Als sie die Hand danach ausstreckt, verwandelt er sich in ein Tier zurück, bereit, sie zu verschlingen.
STEIGERUNG DER GEFAHR
In ihrer höchsten Not ruft das Mädchen nach den Hunden ihres Vaters. Der benetzt die in einem Tonkrug aufbewahrten Hundeknochen mit Wasser, und die Hunde erwachen

---

10 LYE-E091, LYE-E165, LYE-E193, LYE-E270, LYE-E284, LYE-E398, LYE-E547, LYE-E581.
11 LYE-E102, LYE-E163, LYE-E461, LYE-E478, LYE-E622, LYE-E699, LYE-E722, LYE-E791, LYE-E856, LYE-E881, LYE-979, LYE-E996.

7.4. Der Erzählzyklus vom Schwierigen Mädchen

wieder zum Leben (LYE-E091, LYE-E547, LYE-E791). Oder: Der Vater schickt nach längerer Zeit, in der er nichts von seiner Tochter gehört hat, ihre Brüder aus (LYE-E163, LYE-E722, LYE-E979), von denen jeder eine übernatürliche Kunstfertigkeit besitzt (Spurenleser, Wassertrinker, Wiedererwecker u.ä.). Gemeinsam retten die Hunde, bzw. Brüder das Mädchen, setzen sie wieder zusammen und erwecken sie wieder zum Leben.
RETTUNG
Auf dem Rückweg müssen sie einen Fluß überqueren, wo das Mädchen beim Wasserschöpfen oder beim Überqueren des Flusses von einem Kaiman verschlungen wird. Sie wird erneut von den Hunden, bzw. Brüdern befreit, wieder zum Leben erweckt und nach Hause zurückgebracht.
RÜCKKEHR
Moralisierender Schluß: Deshalb müssen die Mädchen auf ihre Eltern hören und dürfen nicht selbst darauf bestehen, sich einen Mann auszuchen.
MORALISIERENDE SCHLUSSMARKIERUNG
Oder: Der Vater schlachtet für die Brüder eine Kuh als Dank für die Rettung der Schwester. Derjenige, der die bedeutendste Leistung bei der Rettung erbracht hat, soll die Kuhhaut als Sitzleder und/oder den mit Kaurischnecken geschmückten Kuhschwanz bekommen (LYE-E429, LYE-E722, LYE-E979). Weil es unmöglich ist, bei der Zusammenarbeit der Brüder einen Beitrag als den wichtigsten auszumachen, wirft der Vater den Schwanz in die Höhe. Dort verwandelt sich der Kuhschwanz in den Mond und die Kaurischnecken in Sterne.
ÄTIOLOGISCHER SCHLUSS

In Version LYE-E193 macht die Erzählerin, eine etwa dreißigjährige Frau, besonders deutlich, warum das kapriziöse Mädchen alle Bewerber ablehnt:

„Als die Bewerber kamen, zog sie ihnen die Kleider aus, um zu sehen, ob sie auch wirklich keinen Makel (wörtl. keine Narbe) am Körper hatten. Sie bestand darauf, nur einen Mann zu heiraten, der einen ganz glatten Körper hatte".

Wie ausgeführt, sind besonders die in Pflegschaft bei einer Tante aufwachsenden „Kleinen Schwestern" (*nyáná*) dazu verurteilt, einen sehr viel älteren Ehemann, nämlich den der Tante (*zhenkẽ*), zu heiraten. Ganz anders als in Wirklichkeit resigniert der Vater in der Geschichte vor dem Starrsinn seiner Tochter und stellt ihr frei, nach eigenem Willen zu handeln. Der Alte weiß, daß nur die von ihm gebilligte Partnerwahl für seine Tochter die „richtige" ist. Er braucht seine Autoritätsstellung über das unmündige und unvernünftige Kind nicht mit Gewalt zu erzwingen. Die Tochter wird von höheren Mächten zur Raison gebracht werden.

Darin spiegelt sich eine moralische Grundhaltung der Lyela wider. Sie glauben, daß die Menschen für alle Vergehen gegen die religiösen Mächte Gott, die Erde, die Ahnen, gegen die Autorität der Eltern und gegen eine große Anzahl von Verboten (*súsúlú*) auf übernatürliche Weise bestraft werden. Krankheit und Tod werden in den allermeisten Fällen als Folge von Verstößen gegen die soziale und religiöse Ordnung aufgefaßt.

Dem 20 bis 30 Jahre älteren Ehemann, den die „Kleine Schwester" schon seit ihrer Kinderzeit kennt, wird der geheimnisvolle junge Fremde mit dem makellosen Körper gegenübergestellt. Von einem der Schlangenmänner in Version LYE-E478 gibt eine sechzehnjährige Erzählerin die folgende Beschreibung: „Schlange hatte sich in einen schönen Jungen verwandelt, er war lang und schwarz und hatte einen ganz glatten Körper".

Die *makellose Haut* des (Schlangen-) Mannes spielt für die Mädchen eine wichtige Rolle. In manchen Versionen wird gesagt, daß sich der junge Mann die glatte, seidige Haut des Affenbrotbaumes ausgeliehen habe, um damit das Mädchen zu verführen. Das attraktivste Merkmal des Löwen ist seine übermenschliche Körperkraft. Der Löwe erscheint auch bei den Lyela oft als König der Tiere des Waldes, weil er „der Stärkste" unter ihnen ist. Die Tatsache, daß das Mädchen nur diesen besonders starken Mann mit übermenschlichen Kräften akzeptiert, erregt nach Ansicht von Calame-Griaule die „Eifersucht" der normal sterblichen Männer. Sie nehmen es dem Mädchen übel, daß sie nicht mit dem zufrieden ist, was ihr jeder normale Mann bieten kann.

Die vordergründigste Funktion der schön-schrecklichen Tiermann-Erzählungen besteht darin, den jungen Mädchen einer gerontokratischen und polygynen Gesellschaft ihre natürlichen Instinkte auszutreiben. Der schöne, junge Fremde wird als verschlingendes Ungeheuer dargestellt. Den Mädchen wird Angst gemacht, damit sie sich den geltenden Regeln unterwerfen und einen viel älteren Mann als Ehemann akzeptieren. Die sexuellen „Zuwendungen" des Patriarchen mit den anderen Frauen zu teilen, dürfte ihnen dann auch nicht mehr schwerfallen.

In Version LYE-E284 verbringt der schöne Fremde bereits die Nacht des Tages, an dem er zum ersten Mal in den Hof des jungen Mädchens kommt, mit ihr auf dem Dach des Hauses. Die folgende Schilderung stammt von einer dreiunddreißigjährigen Frau aus dem Dorf Dassa und wurde in einer rein weiblichen Erzählrunde vorgetragen:

„Das Mädchen breitete ihre Matte auf dem Dach aus. Sie unterhielten sich, wobei der Schlangenmann die Brüste des Mädchens berührte. Das Mädchen schlief ein. Mitten in der Nacht verwandelte sich der Liebhaber in eine (große Riesen-) Schlange und verschlang das Mädchen. Er hat sie verschlungen, verschlungen, bis (auch) ihr Kopf in seinem Bauch verschwunden war. Sie konnte nicht mehr mit den Leuten sprechen. So sang sie aus dem Bauch der Schlange heraus:
Mutter, Mutter, man hat mich verschlungen!
Die Schlange antwortete:
Schwiegermutter, Schwiegermutter, das ist nicht wahr. Ich wollte nur ihre Brüste (streicheln).
Ich wollte nur ihr Schamhaar (berühren).
Aber die Schlange hatte das Mädchen wirklich verschlungen".

Die sexuelle Dimension des „Verschlingens" wird in dieser Schilderung wohl klar.[12] Die wiedergegebene Geschichte ist keine „Eigenkreation" der Lyela,

---

12 Die Gleichsetzung von „Fressen" oder „Verschlingen" mit dem Geschlechtsakt ist aus zahlreichen anderen afrikanischen Gesellschaften belegt. Ich begrenze mich in meinen

7.4. Der Erzählzyklus vom Schwierigen Mädchen

sondern sie ist z.B. auch bei den Bulsa in Nordghana bekannt.[13] Das deutet darauf hin, daß auch diese Geschichte zum allgemein verbreiteten Erzählrepertoire der westafrikanischen Savanne gehört.

Die Lyela sind „in Wirklichkeit" in sexuellen Dingen äußerst zurückhaltend, so weit dieses aus einem begrenzten ethnographischen Einblick zu beurteilen ist. Besonders der Umgang zwischen affinalen Verwandten ist, wie in Westafrika üblich, von extremer Meidung geprägt. In der Geschichte soll der intime Kontakt zwischen dem Fremden und dem Mädchen stattgefunden haben, *bevor* der Bewerber die Familie der Frau noch begrüßt hatte. Zudem spricht er in seinem Lied, in dem von Brüsten und Schamhaaren die Rede ist, seine Schwiegermutter an. Die Beziehung zwischen Schwiegersohn und Schwiegermutter ist von allerstrengsten Meidungstabus belastet, so daß der Gesang des Schlangenmannes als widernatürliche Verzerrung der vorgeschriebenen Umgangsformen zwischen Schwiegersohn und Schwiegermutter zu werten ist. Wir werden sehen, wie in weiteren Varianten die Schwiegermutter und der monströse Schwiegersohn noch in anderen, sonderbaren Begegnungen zusammentreffen.

Die zitierte Version LYE-E284 fällt ein wenig aus dem Rahmen des üblichen Erzählschemas, weil in ihr das Mädchen schon gleich im Gehöft der Eltern „verschlungen" wird. Üblicherweise spricht der Tiermann allein oder zusammen mit seinen Brüdern im Gehöft des Mädchens vor, und die Bewerber machen mit ihrer Schönheit und ihren eleganten Kleidern Eindruck. Die Erregung des Mädchens beim Anblick des schönen Fremden drückt sich in Formulierungen aus, wie: „Sie lief, um frisches Wasser zu schöpfen", oder „Sie hatte es eilig, eine Mahlzeit für die Fremden zu kochen". Frauen haben, wie gesagt, bei den Lyela weniger Möglichkeiten als Männer, sich in Worten auszudrücken. Kunstvolle, verführende Rede ist auch im Werbungsprozeß zwischen Mann und Frau eher eine Stärke des Mannes. Aber den Frauen stehen, wenn auch subtilere, körpersprachliche Ausdrucksformen zur Verfügung.

Es ist ein unverzichtbares Gebot der guten Sitten, einem Fremden Wasser zu reichen, wenn er nach mehr oder weniger langer Wanderung ein Gehöft betritt. Meistens ist es ein junges Mädchen des Gehöftes, das den Begrüßungstrunk reicht. In Version LYE-E268 sagt das widerspenstige Mädchen zur Einleitung:

„Ich selbst werde den Leuten [meines Gehöftes] zeigen, welchen Ehemann ich mir [unter den Bewerbern] ausgesucht habe. Wenn jemand kommt und ich gebe ihm nichts zu trinken, wenn er an die Tür meines Vaters klopft, dann will ich ihn nicht heiraten [...]. [Als dann der verwandelte Hyänenmann kam] lief sie in das Haus der Mutter, um eine Kalebasse zu suchen und für ihn Wasser zu schöpfen".

Verweisen auf Beidelmans Arbeiten über die Kaguru:
"Kaguru associate eating with the expression of dominance [...] Men make frequent allusions to sexual relations as eating or devouring, while voracious and domineering women are sometimes described as wild man-eaters (makala) *and the vagina is sometimes described as a toothed wild animal."* (Beidelman 1975: 191)

13 unveröffentlichte Erzählsammlung Schott

Die Mädchen entwickeln beim einfachen Niederstellen einer Kalebasse mit Wasser und beim Servieren einer Begrüßungsmahlzeit für einen jungen Fremden eine beeindruckende Subtilität der Gebärden. Die Größe der Kalebasse, die Klarheit des Wassers, die Bewegung beim in die Knie gehen und sich Niederbeugen, um die Kalebasse auf einem Strohring abzusetzen, das Augenniederschlagen, selbst die Art, wie straff der "pagne" um die Hüften gezogen ist, all das sind nuancierte Gesten, mit denen die Mädchen ihr Interesse an dem Besuch zum Ausdruck bringen können. Wenn in der Erzählung in ein oder zwei Sätzen gesagt wird, daß das widerspenstige Mädchen dem Tiermann Wasser bringt, ist das die Evokation eines ausdrucksstarken Bildes, das jedem Zuhörer aus dem Alltagsleben geläufig ist, eine symbolische Handlung, die zu ihrer Aktualisierung in der Phantasie des Publikums nur eine Andeutung braucht.

Ferry stellte in ihrer Einleitung zu einer Sammlung senegalesischer Erzählungen diese Besonderheit des Sprachstils afrikanischer Erzählungen in den Vordergrund.

„Die Erzählungen der Tenda [...] weisen eine besondere Eigenschaft auf: die Verbindung [*association*] und Evokation mehrerer Ideen [gleichzeitig]. In dieser Fähigkeit, vielfältige Themen miteinander zu verbinden, zeigt sich die Feinheit [*souplesse*] der Bedeutungen, die mit jedem Thema hervorgerufen werden. Was mir an einer Erzählung besonders wichtig erscheint, ist nicht so sehr die Geschichte selbst, die jeder Tenda kennt, sondern das was sie [in der Vorstellung der Zuhörer] evoziert." (Ferry 1983: 17)

Es versteht sich von selbst, daß für die angemessene Analyse der "*évocations*", der Vorstellungen, die mit einer bestimmten Episode oder einem bestimmten Motiv verknüpft werden, eine gute Kenntnis der Kultur, in der die Geschichten erzählt wurde, Voraussetzung ist. Wie Calame-Griaule (1976) in der Analyse einer Dogon-Erzählung herausstellte, sind es neben Gebärden und Gesten auch oft Gegenstände, die im „evozierenden" Stil afrikanischer Erzählungen zu Bedeutungsträgern gemacht werden. Berühmt geworden ist die Kalebasse, die überall in Afrika als Trinkgefäß benutzte Kürbisschale, deren Symbolwert in den verschiedensten Zusammenhängen nachgewiesen wurde (vgl. Calame-Griaule und Görög 1972: 57, Calame-Griaule 1976 = 1987: 177–206, Paulme 1976: 277–313).

In der vorliegenden Lyela-Geschichte wird die Mutter des Mädchens durch ihre Kalebasse repräsentiert. Sie warnt die Tochter davor, sich mit dem schönen Fremden einzulassen, denn die Mutter als lebenserfahrene, reife Frau läßt sich nicht mehr durch den äußeren Glanz der Bewerber täuschen. Aber offensichtlich spielt bei der Mutter des Mädchens auch Eifersucht auf die Tochter eine Rolle, denn auch die Mutter will von dem wilden Tiermann verschlungen werden, wie noch zu sehen sein wird. Zum gegenwärtigen Stand der Erzählung zeigt sich die Mutter jedoch nur besorgt um ihre Tochter und will sie nicht mit dem schönen jungen Mann in ein unbekanntes Dorf fortgehen lassen. In manchen Versionen wird die Warnung der Mutter mehrfach wiederholt: ihre Kalebasse sagt der Tochter „geh nicht", wird aber von dem Mädchen zerschmettert, ihr Reibstein sagt der Tochter beim Mehlmahlen „Wi, wi, wi, er ist kein richtiger Mann" und wird von der Tochter fortgeworfen. Die Warnung der Mutter macht die Tochter, die sich in den schönen Fremden verguckt hat, aggressiv. Wütend zerschlägt sie die Kalebasse oder Eßschüssel der Mutter und versucht, damit gewaltsam die Beziehung zur Mutter zu beenden, die sie am stärksten an ihr Herkunftsgehöft bindet (in den Fällen, wo es einem Mädchen erlaubt wird, bis zu Pubertät bei den Eltern zu leben).

Das Zerschlagen eines Topfes ist auch im wirklichen Leben ein symbolhafter Akt, der die gewaltsame Beendigung einer Beziehung ausdrückt. Ein Ehemann, der seine Frau verstoßen will, weil sie über längere Zeit nicht ihren Arbeitsverpflichtungen nachgekommen ist, sich ihm dauernd widersetzt oder Schadenszauber gegen ihn verübt, wirft ihren tönernen Kochtopf aus dem Gehöft heraus, so daß er zerbricht.

Die Tochter, getrieben von der Versuchung durch den schönen Fremden, wird in ihrem Verlangen von der mißgünstigen Mitfrau der Mutter bestärkt. Die Mitfrau schickt die Tochter der Rivalin absichtsvoll aus dem Schutz der eigenen Familie in die Wildnis. Calame-Griaule wies in ihrer Analyse der Dogon-Erzählung "*Le plat du père et la calebasse brisée*" darauf hin, daß die leibliche, „gute" Mutter und die Mitfrau als „schlechte" Mutter nur die zwei Seiten ein und derselben Figur sind:

„[Die Mitfrau der Mutter ist das] Negativbild der [leiblichen] Mutter, Sündenbock für alle [möglichen] Konflikte in der Mutter-Kind Beziehung (in einigen Erzählungen spielt die wirkliche Mutter unverkleidet diese Rolle). Aber die klassifikatorische Mutter ist auch diejenige, ‚die weiß'. Sie weiß von der Notwendigkeit, das junge Mädchen [...] in den rituellen Tod der Initiation zu schicken. Sie ist eine unerbittliche Figur, die das Mädchen aus ihrer Herkunftsfamilie fortjagt." (Calame-Griaule 1987: 186)

Diese Interpretation wird durch die Lyela-Erzählungen bestätigt. Besonders der später zu analysierende Untertypus vom „Hyänenmann" wird zeigen, daß auch die leibliche Mutter der widerspenstigen Heldin unverzeihliche Schwächen besitzt.

In den meisten Versionen verlassen das Mädchen und der Fremde die Familie der Braut mit einer ansehnlichen Mitgift an Schafen, Ziegen, Rindern, manchmal sogar Pferden und „Dienerinnen" versehen. D.h. der Fremde „verschlingt" nicht nur die Braut, ohne etwas dafür zu geben, sondern er bekommt auch noch zusätzlich viele Reichtümer, mit denen er in die unbekannte Wildnis entschwindet. Auch dieses Motiv steht natürlich in einem gewissen Widerspruch zur Wirklichkeit. Wie in anderen afrikanischen Gesellschaften ist die Zeit der Werbung um eine Frau für einen Mann eine Zeit harter Arbeiten und Prüfungen. Er muß bei den Lyela die Felder der Schwiegerfamilie bestellen; alle jungen Männer einer Klan-Sektion (zwischen dreißig und achtzig Mann) haben tagelang schwerste Arbeit im frauengebenden Klan zu verrichten (vgl. Steinbrich 1987: 170–174). Dazu kommen zahlreiche kostspielige Heiratsriten, die über mehrere Jahre verteilt werden und jedesmal große Aufwendungen an Bier, Nahrung, Kolanüssen usw. für die frauenerhaltende Gruppe nach sich ziehen. Dagegen macht sich der Tiermann in den Erzählungen einfach mit der Braut in eine unbekannte Wildnis davon, wo er sich nicht nur anschickt, je nach Version eine oder mehrere Frauen eines Klans zu „fressen", sondern auch noch die halbe Viehherde.

Nach Paulme zeichnet sich die eheliche Beziehung in staatenlosen, segmentären Gesellschaften Westafrikas dadurch aus, daß auch nach der Eheschließung die Ehepartner ihre emotionale und soziale Bindung an den Herkunfts-Klan beibehalten. Die afrikanischen Frauen lebten – etwa im Unterschied zu den orientalischen Frauen islamischer Länder – in dem Bewußtsein, daß sie der Gewalt ihres Ehemannes und seiner Familie nicht schutzlos ausgeliefert seien, sondern daß sie sich jederzeit in ihren Herkunfts-Klan flüchten könnten, etwa wenn der Ehemann sie verprügelt (vgl. Paulme 1984: 230). Die Angst der Frau vor einem verschlingenden Tiermann, wie sie in den Geschichten verbildlicht wird, verweist nach Paulme auf die Angst vor dem Verschlungenwerden durch seine Familie. Diese Gefahr ist besonders groß, wenn das Mädchen, allein seinen sexuellen Begierden folgend, sich zu weit von der Herkunftsfamilie weg verheiratet. Die Entfernung zwischen dem Wohnort des Mannes und dem der Frau sollte nicht so weit sein, daß die Frauen keinen regelmäßigen Kontakt mehr zur Herkunftsfamilie unterhalten können.

„Das ganze Problem für sie [die afrikanische Frau], die [bei der Heirat] in ein neues soziales Milieu verpflanzt wird, besteht darin, sich eine gewisse Unabhängigkeit zu bewahren sowie die Kontakte mit ihren Verwandten, ohne die sie nicht überleben kann." (Paulme 1984: 211)

An anderer Stelle (Steinbrich 1987: 174–179) wurde ausgeführt, daß die Beziehungen verheirateter Lyela-Frauen zu ihrer Herkunftsfamilie weniger eng sind als bspw. die der Bulsa-Frauen oder die Klan-Bindungen der Frauen anderer westafrikanischer Gesellschaften. Dieser Tatbestand spiegelt sich meiner Ansicht nach vor allem in den Geschichten über den „Hyänenmann", dem zweiten Subtypus vom „Ungehorsamen Mädchen".

In beinahe allen Lyela-Versionen wird der Übergang vom Dorf des Mädchens in die Wildnis in einer eigenen Episode ausgearbeitet. Nur das eigene Dorf ist eine von zivilisierten Menschen bewohnte Stätte (cɔ). Alles andere, auch andere Dörfer und sogar Städte, gehören nach der Raumkonzeption der Lyela zur Wildnis. Sogar die Millionenstadt Abidjan mit ihren gläsernen Wolkenkratzern und ihrem internationalen Flair, Anziehungspunkt für zahlreiche Lyela-Arbeitsmigranten, ist in ihrer Terminologie gɔ, der Busch, die Wildnis.

Zwischen Dorf und Wildnis befindet sich eine Zone des Übergangs, die von innen nach außen einen abnehmenden Grad an Kultiviertheit durch die menschliche Ackerbautätigkeit besitzt. Je weniger bearbeitet ein Stück Land ist, desto weniger Sicherheit bietet es den Menschen. Der Schlangen- oder Löwenmann wandert und wandert und wandert mit dem Mädchen, wie die Lyela sagen, sie wandern tagelang, und zwischendurch fragt der Mann das Mädchen: „Kennst du diesen Ort hier?" Diese Frage wird normalerweise dreimal wiederholt. Beim ersten Mal sagt das Mädchen: „Ja, hier ist doch das Erdnuß- (Gombo-) oder Bohnenfeld meiner Mutter." Sie befinden sich also in der Zone der Hausfelder, auf einem intensiv bearbeiteten, ungefähr kreisförmigen Areal um das Dorf herum. Beim zweiten Mal sagt sie: „Ja hier sind die Felder meiner Väter." Nun befinden sich Tiermann und Mädchen in einem extensiv bewirtschafteten Areal in einem weiteren Kreis um das Dorf herum, in einer Gegend, in der Felder und Sekundärbusch einander abwechseln. Schließlich, bei der dritten Frage, antwortet das Mädchen: „Ja, hier sind die früheren Felder meiner Großväter." Dieses Areal wird zur Zeit also nicht mehr von den Menschen bearbeitet, der „Busch" erobert es nach den Vorstellungen der Lyela wieder zurück, und es muß durch Abbrennen und Roden erneut vom Menschen bearbeitet werden, wenn es wieder „nützlich" werden soll.

In afrikanischen Erzählungen finden sich Motive – nicht anders als in allen anderen Märchentraditionen –, die mit der heute gelebten Wirklichkeit nicht mehr viel zu tun haben, sondern aus vergangenen Epochen tradiert wurden.[14] So reflektieren auch die in den Erzählungen zum Ausdruck kommenden Raumvorstellungen traditionelle Anschauungen. Denn heutzutage gibt es, wie gesagt, in Burkina Faso kein unberührtes Buschland mehr. Nach überlieferten Vorstellungen von der Gestalt der Welt kommen die meisten Wanderer, wenn sie lange genug den Busch durchquert hatten, an einen Fluß, der die bekannte, hiesige Welt von einer anderen Welt der Geister und übernatürlichen Wesen trennt.

In einer Version verliert der Geistmann während der Wanderung durch die geschilderte Übergangszone ins wilde Buschland Stück für Stück seine Kleider (LYE-E165). Seine „zivilisierte Verkleidung" fällt von ihm ab, und seine „wilde" Natur bricht sich Bahn, während sie eine Landschaft durchschreiten, die ebenfalls immer weniger kultivierte Merkmale aufweist. Als das Mädchen dann schließlich bei der vierten Frage des Mannes zugeben muß, daß ihr die Stelle, an der sie sich nun befinden, völlig unbekannt ist, kommt in den meisten Versionen der Moment der Offenbarung. Der Ehemann tritt hinter einen Busch oder in ein Erdloch, und dort verwandelt er sich in ein wildes Tier.

In fünf Versionen schickt der Ehemann seine Braut auf einen hohen Baum, meistens einen Khaya Senegalensis, und trägt ihr auf, ihm das allerhöchste Blatt abzupflücken. Görög (1970: 31) erklärt den Wechsel der räumlichen Dimension im Moment der Wahrheit folgendermaßen:

„Man kann daraus schließen, daß der Geistmann (der verschiedene Gestalten annehmen kann, sei es die eines Tieres, sei es die eines schönen jungen Mannes) auf der Erde nicht in seinem Element ist, weil er kein (wirkliches) irdisches Wesen ist. Um seine Macht auszuüben, muß er sein Opfer von der Erde entfernen. Außerdem wissen wir, daß ‚oben', besonders der Gipfel eines hohen Baumes als Symbol des Himmels, oft mit dem Tode assoziiert wird. [...] Indem der Antiheld sein Opfer auf einen Baum schickt, schickt er es in den Tod, sein ureigenstes Element." (Görög 1970: 31)

Im Moment der höchsten Gefahr, als sich der Löwe oder die Riesenschlange anschicken, den Stamm heraufzuklettern, ruft das Mädchen um Hilfe (oft in einem Lied). Da stellt sich heraus, daß ihre Bindung an die Herkunftsfamilie doch noch nicht ganz tot ist. Vater oder Mutter begießen die Hundeknochen, die sie unter einer Schicht Asche in einem großen Tontopf aufbewahrt haben, mit Wasser.

---

14 Das heißt nicht, daß die afrikanischen Erzählungen grundsätzlich ein konservatives, innovationsfeindliches Genre darstellen (Kap.1.2.).

Dadurch werden die Hunde wieder zum Leben erweckt. Hunde werden bei den Lyela zwar gegessen, sind aber doch die wichtigsten Gefährten des Menschen, etwa bei der Jagd oder beim Sammeln im Busch. Die treuen Haustiere beschützen die Menschen; in Erzählungen können sie häufig sprechen und zeigen menschliche Gefühle. Als Haustiere stehen Hunde und Pferde im Gegensatz zu Löwen und Riesenschlangen. In anderen Versionen sind es die Brüder des ungehorsamen Mädchens, die die Schwester aus der Gefahr retten. Die Rettung aus der Wildnis erfolgt meistens in einer Gemeinschaftsarbeit, in der alle Beteiligten ihre Kräfte vereinen. Jeder setzt seine besondere Begabung in Kooperation mit den anderen Mitgliedern ein; die gemeinschaftliche Rettungsaktion erfordert den arbeitsteiligen Zusammenschluß mehrerer Mitglieder.

So trägt zum Beispiel in Version LYE-E347 einer den Hunde den Namen "Otakurh", schlecht und recht ins Deutsche als „Knocheneinsammler" zu übersetzen. Wie der Beiname ausdrückt, ist es seine Aufgabe, alle Knochen der verschlungenen Schwester im Leib der Schlange, den ein anderer Hund aufgeschlitzt hat, wieder zusammenzusuchen. Ein dritter Hund ist "Ofwɛrmùa", der „Flußaustrinker", und, wie wir oben gesehen haben, braucht es Knochen *und* Wasser, um einen Körper wieder zum Leben zu erwecken. Nur wenn die Mitglieder einer Familie ihre individuell verschiedenen Fähigkeiten vereinen, können sie gemeinsam eine Aufgabe lösen (vgl. Kap. 6.3.).

In der Konfrontation mit dem verschlingenden Ehemann der Schwester (*cə̂mbal*, pl. *cə̂mmá*) ist Solidarität geboten. Darin reflektiert die Erzählung sehr anschaulich das (z.T. unbewußte) Verhalten der leiblichen und klassifikatorischen Brüder einer *lineage* im Kontakt mit ihren Schwiegerverwandten. Wenn zwei Blutsverwandte mit einem oder mehreren affinalen Verwandten zusammentreffen, ist oft zu beobachten, daß sich z.B. in ihrer Sitzordnung eine (unabsichtliche) Polarität zwischen den Familien herausbildet.

Als Variante des „Solidaritätsmotives", wie ich es hier nennen möchte, findet sich auch gelegentlich eine kleine Schwester (LYE-E604, LYE-E856) oder ein jüngerer Bruder in der Rolle des Retters. Die „Kleine Schwester" als Retterin der Älteren kommt besonders häufig in Bambara-Varianten der Geschichten vom Tierehemann[15] vor. Die Kleine verwandelt sich in eine Mücke oder in ein anderes unscheinbares Tier und folgt so der „Großen Schwester", um sie zu beschützen und verborgene Dinge für sie zu erkunden. So ist es in einer Version die Mücke,

---

15 In Version LYE-E604, erzählt von einem „Gastarbeiter", der im Hafen von Abidjan als Docker arbeitete, singt der Schlangenmann beim Fischfang ein magisches Lied in Dioula. Dieses Detail deutet darauf hin, daß der Lyela-Erzähler seine sehr originelle Version, in der die Kleine Schwester die Große vor dem Tiermann dadurch rettet, daß sie die Ältere samt Koffer auf den Rücken nimmt und sich in ein Flugzeug verwandelt, möglicherweise in Dioula von Angehörigen einer anderen Ethnie gehört hat. In Bali Bayalas Version versucht die Große Schwester die Kleine zunächst abzuschütteln, als sie ihrem verwandelten Schlangenmann folgt. Aber die Eltern reden der Tochter zu, daß es gut sei, nach der Heirat eine „Kleine Schwester" bei sich zu haben. Und später ist es ja auch wirklich die Kleine, die den Weg zurück ins Heimatdorf findet und die der Großen die Magische Flucht ermöglicht.

die unter die Kleider des verwandelten Bewerbers schlüpft, um zu untersuchen, ob der wirklich am ganzen Körper keine Narbe habe, wie es die Große Schwester als "*suitor test*" forderte (Görög mündliche Mitteilung).

Die auf den ersten Blick unscheinbaren und schwachen Mitglieder einer Familie können genauso hilfreich oder noch viel hilfreicher sein als die anderen. Diese Botschaft ist uns aus den Erzählungen in Kapitel 5.4., in denen die Rangordnung eines Gehöftes nach der Lösung einer schweren Aufgabe umgekehrt wurde, inzwischen bekannt. Es kommt auf die Solidarität an, auf den wirklichen Zusammenschluß aller Mitglieder einer Familie, und außerdem sind die Fähigkeiten und Begabungen, die im Kampf gegen das schwesternfressende Ungeheuer eingesetzt werden, oft sowieso von übernatürlicher Art. Auch kleine, unscheinbare Menschen und Tiere können übernatürliche Kräfte besitzen und sie zum Vorteil der Familie einsetzen, sagen die afrikanischen Geschichten, eine Botschaft, die in den verschiedensten Erzähltypen verkündet wird.

In weiteren acht Lyela-Versionen wird beschrieben, wie sich das Zusammenleben von "*Conjoint Animal*" und Menschenfrau gestaltet, wenn das widerspenstige Mädchen weder von seinen Angehörigen, noch von den Hunden des Vaters vor dem wilden Mann gerettet wird. Eine neunte, sehr ähnliche Version, "*Le mariage de Poko*", wurde von Bruyer (1987: 328–339) bei den Mosi, etwa 100 km östlich von Ouagadougou aufgenommen. Hier leiht sich ein *buninda*, ein im Busch lebender Menschenfresser, die seidige, glatte Haut eines Affenbrotbaumes und schmückt sich mit dem glänzenden Gefieder eines Vogels. Unter seiner geliehenen Oberfläche hat er nur einen halben Körper mit einem Bein, einem Arm, einem Nasenloch, einem Auge usw. Das kapriziöse Mädchen, das vorher überall verkündete, es werde sich den Ehemann selbst suchen und alle früheren Bewerber fortgeschickt hatte, folgt dem *buninda* trotz Warnung der Mutter.

Das Mädchen und der Freier befinden sich mitten in der Wildnis, und der Mann verwandelt sich in eine Schlange zurück (LYE-E193, LYE-E268, LYE-E284, LYE-E398, LYE-E581) oder in eine Hyäne (LYE-E301, LYE-E368, LYE-E450). In Version MOS-EBRU gibt er die Baumhaut und die Vogelfedern zurück, so daß sein gräßlicher halber Körper sichtbar wird.
OFFENBARUNG DER WAHREN NATUR DES EHEMANNES
Der Tier- oder Geistmann wirft sie in ein Loch in der Erde oder unter den Wurzeln eines Baumes, wo die Frau leben muß. Der Tiermann geht jeden Tag auf die Jagd, von wo er nur Fleisch oder Fisch mitbringt. Die *bunindaramba* (pl.) bringen Menschenfleisch von ihrer Jagd zurück, das die Frau durch Trocknen haltbar machen soll (MOS-EBRU). Hirse als Grundnahrungsmittel der Menschen gibt es nicht. Die Frau gebiert kleine Schlangen oder kleine Hyänen (je nach Version), oder sie bleibt kinderlos.
ZUSAMMENLEBEN VON TIERMANN UND MENSCHENFRAU
Eines Tages macht sich die Mitfrau der Mutter mit einem Geschenk an Karitébutter und Soumbara[16] auf in den Busch, um die klassifikatorische Tochter im Haushalt ihres

---

16 Würzmittel für die Sauce und klassische Frauengabe, die die Frauen sich gegenseitig zum Geschenk machen.

Ehemannes zu besuchen. Die „Tochter" erwidert das mitgebrachte Geschenk mit einem Gegengeschenk an Fleisch und rät der klassifikatorischen „Mutter", schnell wieder nach Hause zu gehen, denn sie habe einen schrecklichen Ehemann. Dabei zeigt sie ihr den Weg, den sie nehmen soll, um dem monströsen Schwiegersohn auszuweichen.

BESUCH DER MITFRAU DES VATERS
Als die Mitfrau mit dem Fleisch zu Hause erscheint, wird die leibliche Mutter des Mädchens neidisch. Von Eifersucht getrieben, macht sie sich in einigen Lyela-Versionen mit Ziegenmist als Ersatz für „echtes" Soumbara auf den Weg, um ebenfalls die Tochter zu besuchen.
Im Unterschied zur Mitfrau geht sie aber (trotz Warnung durch die Tochter) mit den Schlangen-, bzw. Hyänenkindern der Tochter sehr grob um, schlägt sie und wirft sie von ihrem Schoß. Sie läßt sich nicht einmal mit einer ganzen Ziege als Geschenk zufriedenstellen, sondern besteht darauf, so lange zu bleiben, bis sie den monströsen Schwiergersohn mit eigenen Augen gesehen hat.

BESUCH DER MUTTER DES MÄDCHENS
Die Tochter bittet den Ehemann in einem mehrfach wiederholten Lied, zu kommen und die Schwiegermutter zu begrüßen. Schließlich fordert der Ehemann, der in einem Flußbett lebt, seine Menschenfrau auf, zwei große Kübel mit Wasser und schleimiger Gemüsesauce zu füllen. Er verschlingt die Schwiegermutter und spuckt sie (am nächsten Tag) wieder aus (LYE-E193, LYE-E284, LYE-E398, LYE-581).

VERSCHLINGEN UND WIEDERAUSSPUCKEN DER SCHWIEGERMUTTER
In Versionen LYE-E268, LYE-E301, LYE-E368, LYE-E450 und MOS-EBRU fängt und schlachtet der Geist- oder Tiermann die Schwiegermutter und setzt seiner Frau das Fleisch ihrer Mutter zu essen vor. Sie erkennt die Gliedmaßen der Mutter und flieht nach Hause (LYE-301, LYE-450), bis auf Version LYE-E861, in der die Tochter das Fleisch ihrer Mutter verzehrt.

VERZEHR DER SCHWIEGERMUTTER IN KANNIBALISTISCHEM MAHL
In zwei Versionen erweckt die Tochter die Mutter mit Hilfe ihrer Knochen wieder zum Leben, und die beiden Frauen fliehen in ihr Dorf (LYE-E268, MOS-EBRU).
In vier Versionen flieht die Mutter ins Dorf, und die Tochter bleibt mit den Kindern beim Schlangenmann (LYE-E193, LYE-E284, LYE-E398, LYE-581).

Dieser Untertypus ist auch bei den Bulsa in Nordghana bekannt, wo ihn Schott in sechs Versionen aufnahm. Sein Vorkommen in neun, sehr reichhaltig ausgeschmückten Versionen bei den Lyela und den Mosi weist auf eine besondere Bedeutung der Geschichte für diese beiden Kulturen hin. Sieben der neun Versionen wurden von Frauen erzählt, und auch ihre Symbolik bewegt sich vor allem im weiblichen Bereich dieser Kultur.

Der Besuch der Mutter im Gehöft der verheirateten Tochter ist ein beliebtes Thema in Erzählungen der Lyela (vgl. die Geschichte vom „Wunderbaren Hirsekorn" in Kap.5.3.). Dagegen gibt es keine erzählerische Imagination zu den in Wirklichkeit auch, aber seltener stattfindenden Besuchen der verheirateten Tochter in ihrer Herkunftsfamilie. Nach ihrer Verheiratung ist bei den Lyela eine Frau in gewissem Sinne für die Männer ihrer Herkunftslineage „verloren" (vgl. Steinbrich 1987: 170–174). Die für afrikanische Verhältnisse schwache Beziehung zwischen einer verheirateten Frau und ihrer Herkunftsfamilie erklärt möglicherweise die besondere Beliebtheit der sonderbaren Varianten vom Schlangen- und Hyänenmann.

Die Heldinnen müssen sich in peinvoller Weise an ihre Tier- und Geistermänner anpassen. In Version LYE-E699 bringt der Löwenmann immer nur Fisch nach Hause, an sich eine sehr geschätzte Nahrung, aber ohne die Grundnahrung Hirsebrei für Menschen auf Dauer nicht genießbar. So bemüht sich die Heldin vergeblich, auf dem Reibstein Fische zu Mehl zu mahlen. Eine andere Frau (LYE-E268) lebt mit ihrem Hyänenmann unter einem dürftigen Schattendach im Busch, das über und über mit Fleisch beladen ist, der Jagdbeute ihres Ehemannes. In einigen Versionen wird gesagt, daß die Frau traurig ist und über ihr Schicksal weint. In der Mosi-Version ist die Fleischladung, die die *bunindaramba* von ihren Jagdzügen mitbringen, eine Mischung aus Tier- und Menschenfleisch. Von Poko wird die ekelhafte Arbeit verlangt, Menschenfleisch durch Trocknen für die Vorratshaltung haltbar zu machen.

Calame-Griaule zitiert in ihrem Aufsatz *Une affaire de famille. Réflexions sur quelques thèmes de 'cannibalisme' dans les contes africains* (1972), eine sehr ähnliche Version unserer Erzählung, die Ferry bei den Tenda (oder Bassari) im Senegal aufgenommen hatte. Auch hier geht der Mann nach seiner Rückverwandlung in ein wildes Tier für seine Frau auf die Jagd; er verschlingt die Jagdbeute, spuckt sie wieder aus, und seine Frau versucht (vergeblich), sie durch Stampfen im Mörser in eine für Menschen genießbare Speise zu verwandeln.

In der Geschichte wird nicht erklärt, warum die Menschenfrau den Tier- und Geistmännern nicht fortläuft; den Weg zurück nach Hause kennt sie, wie sich anläßlich des Besuches der klassifikatorischen Mutter (Mitfrau der Mutter) zeigt. Die Tochter erklärt ihr einen kurzen und einen langen Weg zurück ins Dorf. Dabei ist der kurze Weg zu vermeiden, denn dort lauert unterwegs irgendwo der Tiermann.

Ich führe das Ausharren der Menschenfrau in der feindlichen Wildnis darauf zurück, daß sie nicht auf Unterstützung durch ihre Herkunftsfamilie vertrauen kann. Sie selbst hat sich den Tiermann gegen den Rat der Familie ausgesucht, also muß sie jetzt auch bei ihm bleiben. In den Lyela-Versionen gebiert sie seine Kinder, die einerseits einzeln auf die Welt kommen wie die Menschen, aber Tiergestalt besitzen. Von Lyela-Frauen wird lebenslange Loyalität mit dem rechtmäßigen Ehemann verlangt. Es gibt weder bei den Mosi noch bei den Lyela Ehescheidung; nur in extremen Fällen von Unrecht auf seiten des Mannes oder der Frau kann eine Ehe aufgehoben werden (Steinbrich 1987: 180–196). Zu Besuch in die Herkunftsfamilie dürfen Lyela-Frauen nur selten gehen. Sie dürfen sich dort keinesfalls so lange aufhalten wie die Mosi-Frauen oder gar „Ferien" im Heimatdorf machen, wie Paulme (1984: 208) es beschreibt. Dagegen sind Besuche der Mutter bei der Tochter keine Seltenheit. Großmütter (MM) genießen es besonders, die Kinder der Tochter um sich zu haben. In unserer Geschichte stößt dagegen die Großmutter ihre kleinen Enkelschlangen angeekelt vom Schoß. Sie kann diesen Kreaturen der Wildnis, die ihre Tochter geboren hat, keine gute Großmutter sein.

In völliger Umkehrung zum ersten Teil der Erzählung, wo die „gute Mutter" ihre Tochter davor warnt, dem fremden Verführer zu folgen, wandelt sie sich im zweiten Teil derselben Geschichte in einen negativen Chararakter. Die Mutter schlägt die Warnung ihrer Tochter vor dem Tiermann in den Wind und wählt absichtlich den falschen Weg, um ihm zu begegnen. In Version LYE-E268 wird höchst anschaulich beschrieben, in welch gierige Hast eine Mutter gerät, als sie die großen Fleischgeschenke sieht, die die Mitfrau aus dem Haushalt des tierischen Ehemannes ihrer Tochter mitbekam.

> Sie beschließt auf der Stelle, ebenfalls die Tochter zu besuchen, wo sie sicher noch viel mehr Fleisch als die Mitfrau bekommen wird, denn sie hat das Mädchen ja schließlich zur Welt gebracht.[17] Weil sie gerade keine Néré-Kerne hat, die sie als Gastgeschenk zu Soumbara verarbeiten könnte, füllt sie einfach Ziegenmist in ihren Korb. Sie nimmt sich nicht die Zeit, Pottasche für die Tochter herzustellen, sondern läuft mit einem qualmenden Holzscheit in ihrer Kopflast fort. Rauch steigt aus dem Korb auf, als sie durch den Busch eilt.

Die Zuhörer waren begeistert über diese kleine Ausschmückung, die genau ihren Sinn für Schwiegermutterwitze traf. Im bei den Lyela äußerst fruchtbaren Genre der schwankhaften Schwiegermuttererzählungen stoßen wir immer wieder auf dieselben Stereotype. Die Schwiegermutter wird als gierig beschrieben, und wie wir sehen werden, ist sie nicht nur „gierig" auf Nahrung. Auch der Schwiegersohn ist sehr oft hungrig, wenn er bei der Schwiegermutter zu Besuch ist, aber er bemüht sich, seinen Hunger zu unterdrücken, was häufig zu äußerst peinlichen *"faux pax"* in seinem Benehmen gegenüber der Schwiegerfamilie führt. Essen, Essen verschütten, Essen stehlen, auf Essensgeschenke lauern, sind immer wiederkehrende Themen, die die Schwiegermuttergeschichten der Lyela durchziehen. Calame-Griaule bestätigt:

> „Unter den Verboten, die die Beziehungen zwischen Schwiegersohn und Schwiegermutter in der Mehrzahl der traditionellen afrikanischen Gesellschaften reglementieren, sind die Nahrungstabus die strengsten, da Nahrung symbolisch mit Fruchtbarkeit assoziiert wird." (Calame-Griaule 1972: 182)

In Version LYE-E368 kommt es zu folgender Episode, nachdem die Tochter der Mutter gestand, sie sei mit einem Hyänenmann verheiratet, und die Mutter solle sich ja davor hüten, diesen schrecklichen Mann anzuschauen:

> „Die Schwiegermutter stieß auf den Hyänenmann [nach der absichtsvollen Wahl des falschen Wegs], der sie fragte: ‚Kehrst du nach Hause zurück?' Die Schwiegermutter

---

17 In manchen Versionen deutet sich eine Rivalität zwischen der „Mutter", die das Mädchen aufgezogen hat und der Mutter, die sie geboren hat, an. Solche Konflikte kommen auch in Wirklichkeit nicht selten auf. Wie in anderen westafrikanischen Gesellschaften werden Kinder nach den wirtschaftlichen und erzieherischen Kapazitäten der Frauen und auch ihrer Ehemänner verteilt. Eine Frau, die viele Kinder hat, gibt einer anderen mit weniger Nachkommen ein oder zwei Kinder ab, die von der Mitfrau oder der Frau eines Onkels (HB) aufgezogen werden. Gelegentlich kommt es bei solchen Arrangements zu Spannungen und Loyalitätskrisen. Die Menschen sind als Erwachsene sowohl ihren biologischen, als auch ihren sozialen Eltern verpflichtet.

7.4. Der Erzählzyklus vom Schwierigen Mädchen

sagte ja. Hyäne sagte: ‚Laß mich in Deinen Korb [mit den Geschenken an Nahrungsmitteln] schauen.' Er nahm ihr den Korb vom Kopf und stellte ihn auf den Boden. Dort waren sie [allein], im Busch, die beiden waren dabei, sich zu unterhalten. Hyäne fragte die Schwiegermutter: ‚Ehe, was ist das da Schwarzes in deinem Fuß?' Die Schwiegermutter sagte: ‚Ich weiß nicht.' Hyäne sagte: ‚Komm her, laß mich nachschauen.' Er ergriff den Fuß der Schwiegermutter und bohrte einen Stachel hinein. Dann riß er ein Stück Fleisch aus dem Fuß der Schwiegermutter heraus. Sie fing an zu schreien: ‚He, Schwiegersohn, du bringst mich noch um!' Hyäne sagte: ‚Laß, ich will nur diese schwarze Sache wegmachen.' Er ergriff das ganze Bein der Schwiegermutter, und er warf sie zu Boden, dabei schlug er sie. Die Frau schrie, und Hyäne sagte: ‚Ich werde dich töten, und ich werde dich zu Hause auffressen, zusammen mit [einem ordentlichen Stück] Hirsebrei'".

Das Motiv des Dornausziehens aus dem Fuß ist aus anderen Erzähltypen im Zusammenhang mit sexueller Verführung bekannt. Dort ist es die Frau, die einen Mann (mehr oder weniger arglistig) sexuell zu verführen trachtet. Sie setzt sich nieder auf den Boden – bekanntlich tragen die Frauen im ländlichen Westafrika keine Unterwäsche unter den Hüfttüchern – und bittet den Mann nachzuschauen, ob er nicht den Stachel in ihrem Fuß finden könne. Danach kommt es zum Geschlechtsverkehr des Paares im Busch, der in vielen Gesellschaften verboten ist. Im vorliegenden Fall kommt es zur Tötung und Verspeisung der Schwiegermutter durch den Schwiegersohn, eine weitere Analogie zwischen „essen" und „geschlechtlich mit einer Frau verkehren", eine Entsprechung, die in dieser Arbeit mehrfach angesprochen wurde.

Zur Interpretation der Episoden, die auf die sehr komplizierte Beziehung zwischen Schwiegersohn und Schwiegermutter Bezug nehmen, sagt Calame-Griaule, daß die angemessene Analyse dieser Sozialbeziehung eine eigene Untersuchung erfordere. Auch im Erzählbeispiel der Bassari kommt es zu dem

> „unerwarteten Ausgang der Erzählung von der Heirat zwischen einem Monster und einem jungen Mädchen, daß der Schwiegersohn die Schwiegermutter verschlingt. Dazu kommt es, als die Schwiegermutter die sehr strikten Regeln überschreitet, die in den meisten afrikanischen Gesellschaften ihre Beziehungen zu dem Schwiegersohn beschränken. Sie treibt ihre Kühnheit so weit, daß sie nicht nur während des Besuchs bei der Tochter seine Nahrung verspeist [die der Schwiegersohn in der Bassari-Version vorher bereits selbst verschlungen und wieder herausgebracht hatte], sondern daß sie auch das Geheimnis seiner übernatürlichen Existenz lüften möchte, ein Verlangen, das mit sexuellen Avancen gleichzusetzen ist." (Calame-Griaule 1972: 180)

Schon Radcliffe-Brown wies in seiner Einleitung zu *African Systems of Kinship and Marriage* (1950) auf das spannungsreiche Verhältnis zwischen dem Schwiegersohn und der Mutter seiner Frau, das durch eine Vielzahl hemmender Verhaltenstabus kompliziert wird, hin:

> *"The point of maximum tension seems to be between the wife's mother, who is the person most closely connected with the daughter before marriage, and the son-in-law to whom have been transferred control and sexual rights over her daughter."* (1950: 58)

Diese Spannungen lösen sich durch befreiendes Gelächter in den in Afrika so beliebten Schwiegermutterwitzen (vgl. dazu auch Douglas 1975: 93); die dunkleren, unheilvollen Aspekte kommen in kannibalistischen Oger-Phantasien zum Ausdruck, wie wir sie im vorliegenden Erzähltypus finden.

Den beiden Frauen, Mutter und Tochter, ist gemeinsam, daß sie sich von dem wilden Tiermann nicht nur bedroht, sondern auch angezogen fühlen. Die Tochter ließ sich durch seine anfängliche Verkleidung und Verwandlung blenden, ist aber in manchen Versionen auch später in der Ehe dem Schlangenmann noch zugeneigt (LYE-E193, LYE-E284, LYE-E398, LYE-598). Die Schwiegermutter, der ja selbst Eigenschaften wie Gier und Unbeherrschtheit zugesprochen werden, fühlt sich auf eine sehr unterschwellige Art vom Hyänenmann ihrer Tochter angelockt. Die Hyäne ist seit den Arbeiten von Beidelman (1972, 1974, 1975, 1976) als Verkörperung niederer, schmutziger Instinkte wie Gier, inzestuöser Begierde, kannibalistischer Gelüste und Hexerei bekannt geworden.

Das irrationale sich Angezogenfühlen der Frauen von einem „tierischen" Mann ist nach Görög und Calame-Griaule Ausdruck des Ressentiments der Männer, die die Frauen auf die Seite der Natur stellen und ihnen mangelnde „Kultiviertheit" vorwerfen:

"Le ressentiment à l'égard des femmes choisissant un mari-nature s'explique peut-être par le symbolisme phallique du serpent et d'autres animaux ou êtres qui lui sont assimilables. Ce rappel des femmes inassouvies qui désirent des partenaires plus puissants que ceux qu'elles trouvent parmi les hommes, renforce la croyance qu'on trouve en maintes sociétés africaines et selon laquelle les femmes ont plus d'attache que les hommes avec le règne naturel [...]. Une des raisons peut être que les fonctions féminines telle la fécondité, échappent au contrôle de la société, calquées qu'elles sont sur des fonctions biologiques a-sociales. La fertilité de la femme et la fertilité de la nature (règne vital et animal) étant souvent mises en rapport, la relation intime entre femme et nature peut sembler logique." (1980: 61)

In Version LYE-E581 zermürbt die Mutter ihre Tochter mit dem Verlangen, den Schlangenmann mit eigenen Augen anschauen zu dürfen. In der Realität war immer wieder zu beobachten, daß Schwiegersohn und Schwiegermutter sich während des zwischen ihnen obligatorischen, langandauernden Austauschs von Grußformeln nicht ins Gesicht schauen. Sie stehen sich halb schräg seitlich gegenüber und schauen aneinander vorbei, während sie Grußformeln rezitieren. Gerade in dieser komplizierten Sozialbeziehung ist Blickkontakt keine harmlose Geste.

Schließlich geht die Tochter zum Fluß hinunter und ruft den Schlangenmann in einem Lied: „Mein glänzender Schlangenmann, meine Mutter sagt, daß sie jetzt nach Hause gehen will".

Das heißt, Schlange soll rauskommen und sich von der Schwiegermutter verabschieden. Der Schlangenmann seinerseits redet seine Frau mit *"Ewula kankẽ byà"* an, „Ewula, die Stärkste aller Frauen". Er nennt sie auch *"Ewula kẽ shya"*, „Ewula, die Schönste aller Frauen". Schlangenmann und Menschenfrau führen eine für Lyela-Verhältnisse ungewöhnlich liebevolle Ehe (in vier Versionen). Aber ein guter Liebhaber ist nicht unbedingt ein guter Vater und Ehemann. Über die

7.4. Der Erzählzyklus vom Schwierigen Mädchen

Kinder, die der Tiermann zeugt, ist die Frau weniger glücklich, ebenso wie über die Nahrung, mit der er sie versorgt. In der Hyänengeschichte LYE-E268 und der Mosi-Version vom *buninda* wird eine grausige Szene beschrieben:

> „Nachdem der Hyänenmann die Schwiegermutter aufgefressen hat, hat die Tochter ihre Knochen aufbewahrt. Nach drei [bzw. sieben] Tagen war sie wieder in ein lebendes Wesen zurückverwandelt, und sie kam aus dem Topf heraus. [...] Die beiden Frauen zündeten das Schattendach [Hyänes Behausung] an, und sie machten sich auf zur Flucht [in ihr Dorf]. Hyäne und seine Frau hatten zwei Kinder. Die Frauen warfen ein Kind ins Feuer. Sie zogen ihre Kleider an. Das andere Kind klammerte sich an den Rücken der Mutter, es war unmöglich, es ins Feuer zu werfen. Sie sind (also) mit dem Kind losgerannt".

Es folgt die „Magische Flucht" bis Kind, Mutter und Großmutter durch einen Fluß von Hyänenmann getrennt werden. Die Frau schlägt Hyäne listig vor, ihn an einem Seil über den Fluß zu ziehen, damit er sein Kind abholen könne. Hyäne wird von den Kaimanen im Fluß gefressen. Mutter und Tochter vereinen ihre Kräfte darin, gewaltsam das Kind vom Rücken der Mutter zu reißen, und dann werfen sie es ebenfalls den Kaimanen zum Fraß hin.

Diese makabre Geschichte – erzählt von einer Frau – weist auf die bitteren Konsequenzen einer Ehe hin, die eine Frau mit einem Mann aus einem zu weit entfernten Dorf schließt. Je weiter das Dorf des Ehemannes vom Herkunftsdorf der Frau entfernt ist, desto weniger kann sie in Krisenzeiten auf die Unterstützung ihrer männlichen Blutsverwandten hoffen. Wenn sie es gar nicht mehr aushält und den Mann verlassen muß, dann verliert sie ihre Kinder. Etwas Schlimmeres kann es für eine Lyela-Frau kaum geben. Auch in einer anderen Version (LYE-E301) wird die Flucht der Frau aus dem „Haushalt" des Hyänenmannes auf dramatische Weise ausgeschmückt:

> „Nachdem Hyäne seiner Frau die eigene Mutter zu essen vorgesetzt hatte, ging Ewula Wasser schöpfen, das sie in einen großen Tonkübel füllte. Sie ergriff eines ihrer Kinder an den Füßen und hielt es mit dem Kopf unter Wasser. Sie fragte: ‚Wirst du deinem Vater folgen oder deiner Mutter?' Das Kind sagte: ‚Meiner Mutter'. (Sie ließ es frei). Sie wiederholte dieselbe Sache mit allen anderen neun Kindern. Das zehnte war ein Hexer (!), sie nahm es an den Füßen und fragte: ‚Wirst du deinem Vater folgen oder deiner Mutter?' Das Kind sagte: ‚Ich muß meinem Vater folgen und meine Mutter verlassen.' Die Frau ertränkte das Kind, und sie floh mit den anderen neun Kindern."

Wir finden hier die Assoziation von Hyänen mit Hexerei, die von Beidelman bei den Kaguru hervorgehoben wurde (1975: 190). Darin sieht die Heldin der Geschichte eine Begründung für die Tötung ihres Kindes. Wenn sie es nicht umbringt, wird sie womöglich selbst von ihrem Kind, das vom Vater die Hexerei geerbt hat, gefressen.

In einer anderen Version wird mit der Idee gespielt, daß die Mutter, statt ihr Kind auf so grausame Weise umzubringen, mit ihm in ihre Herkunftsfamilie zurückkehrt:

> In Version LYE-E791 heiratet das widerspenstige Mädchen einen Löwenmann, mit dem sie zusammen in der Grotte eines Steinhügels haust. Sie bekommt ein Kind, und

der Junge beklagt sich darüber, daß sie so isoliert in der Wildnis leben. Er wächst heran und verspricht der Mutter, ihr bei der Flucht zurück in ihr Dorf zu helfen. Sie müßten nur vermeiden, den Weg zu nehmen, den der Vater immer nehme. Mutter und Sohn flüchten zurück in die Herkunftsfamilie der Mutter. Dort fällt der Junge dadurch auf, daß er stärkere Körperkraft hat als die normalen Jungen, und bald will keiner mehr mit ihm ringen, weil er immer alle besiegt. Eines Tages kommt der Löwenvater aus dem Busch, um sein Kind zu sich zu holen, aber als er die Pranke hebt, um den Jungen an der Schulter zu nehmen, rutscht er aus und fährt ihm den Rücken entlang.

Diese Geschichte erinnert stark an eine Version der Mosi (Guillot 1933: 5–37). Der Löwenmann versucht dort vergeblich, seine Frau zu packen, und verletzt ihr mit einer Kralle seiner Pranke den Rücken. Deshalb haben bis heute die Menschen einen langen Strich auf dem Rücken (ihre Wirbelsäule). Bis auf diese eine Version und zwei andere Geschichten, in denen die Frau mit den kleinen Kindern flieht und impliziert wird, daß diese später zum Vater zurückkehren, wird die Idee der Aufnahme von Kindern in die mütterliche Familie nicht weiter ausgebaut. Die Kinder gehören bei den Lyela zur *lineage* des Vaters, und an dieser festen Regel hat bis heute auch der moderne Einfluß nichts ändern können.

In Calame-Griaules Worten stellt die Rückkehr der Heldin in den Schoß der Familie einen „Sieg über eine Form der ungeregelten und gefährlichen Sexualität dar" (1972: 181). In zahlreichen Versionen gelingt die Rückkehr ins Dorf erst nach einer halsbrecherischen „Magischen Flucht":[18]

Als der schöne junge Mann sich in eine Riesenschlange oder einen Löwen rückverwandelt hat, bereit, das widerspenstige junge Mädchen zu verschlingen, ergreift sie auf dem Pferd, bzw. Esel ihres Vaters (einem Teil ihrer Mitgift) die Flucht.
FLUCHT
Sie wird vom wilden Tiermann in rasendem Lauf verfolgt, und der Verfolger kommt immer näher.
GEFAHR
Aus dem Ohr, dem Anus oder dem Maul des Pferdes entnimmt das Mädchen (meistens drei) zauberkräftige Gegenstände: i.d.R. einen Stein, ein Stück Holz und ein Ei, manchmal eine Rasierklinge, ein Sandkorn, Pottasche oder ein Stückchen Schnur.
Auf Anraten des sprechenden Pferdes oder einer alten Frau, die am Wegrand hockt und der das Mädchen einen Dienst erweisen muß (MOS-EBRU), wirft das Mädchen die zauberkräftigen Gegenstände sukzessive hinter sich.
EINSATZ VON ZAUBERGEGENSTÄNDEN
Der Stein verwandelt sich in einen Berg (*pyɔ*), ein Hindernis, das der Tiermann überwinden muß, bevor er seine Verfolgung wieder aufnehmen kann. Das Stück Holz verwandelt sich in ein torniges Dickicht (*sɔlɔ*), durch das der Tiermann sich durchschlagen muß, bevor er weiterlaufen kann. Das Ei schließlich verwandelt sich in einen Fluß, der eine unüberwindliche Grenze zwischen dem Mädchen und dem wilden Verfolger darstellt.

---

18 LYE-E102, LYE-E165, LYE-E461, LYE-E478, LYE-E586, LYE-E622, LYE-E661, LYE-E699, LYE-E856, LYE-E881.

In Versionen LYE-E102, LYE-268, LYE-E461, LYE-E586 entkommt das Mädchen dem wilden Verfolger dadurch, daß es auf Befehl des Pferdes das Tier anzündet und sich unter der Asche versteckt. Unter der Asche schläft das Mädchen ein.
MAGISCHE RETTUNG
Sie erwacht im Gehöftabteil ihrer Mutter, das (einst magische) Pferd steht an einem Pfosten angebunden vor dem Gehöft.
RÜCKKEHR
Die Mutter fordert die Tochter auf, dem Tier zu saufen oder zu fressen zu geben, aber die Tochter weigert sich mit einer patzigen Antwort. Das Pferd wiehert, und seit dieser Zeit haben die Pferde die Sprache der Menschen verloren.
ÄTIOLOGISCHES ENDE

In noch reicher ausgeschmückten Versionen gelangen das Mädchen und das Zauberpferd des Vaters in den Himmel (LYE-E881) oder in ein nicht näher beschriebenes Land (LYE-E461, LYE-E622), das keine Frau betreten darf. Das Pferd warnt das Mädchen vor den feindlichen Bewohnern dieses Landes, da sie alle Frauen, die sich in ihren Bereich wagen, sofort töten. So vermeidet es das Mädchen, sich abends beim Waschen zu entkleiden, und am nächsten Morgen setzt sie die magische Flucht auf ihrem Pferd fort.

Auf die sexuelle und die soziologische Dimension des Verschlingemotives bin ich bereits eingegangen. Des weiteren möchte ich nun versuchen, einige symboltheoretische Hypothesen von Douglas (1970) auf die Geschichte vom „Ungehorsamen Mädchen, das einen Tier- oder Geistmann heiratet", anzuwenden. Wie oben bereits in anderen Zusammenhängen angesprochen, stellt Douglas in ihrem Buch *Natural Symbols* (1970) die Tallensi in Nordghana, wie sie von Fortes während der britischen Kolonialzeit beschrieben wurden, als eine Gesellschaft mit „hohem Klassifikationsgrad" dar:

„Ein für die Ethnographie klassisches Beispiel einer Gesellschaft mit hochgradig differenziertem Klassifikationssystem dürften die Tallensi im Voltagebiet in Ghana sein [...]. Bei den Tallensi wird die Identität jedes Stammesangehörigen durch ein allgemeines System von Pflichten und Rechten vollständig festgelegt; [...]. Die meisten Tallensi – vermutlich alle – sind dem Druck der übrigen Stammesangehörigen ausgesetzt, und nicht einmal die Häuptlinge und Priester bilden hier ein Ausnahme. Wer in irgendeiner Form revoltiert, wird als krankhaft und besessen betrachtet und einem speziellen Heilungsritual unterzogen [...]. Bei jedem Sozialsystem mit einem derart hochgradig differenzierten Klassifikationssystem [dürften] ähnliche weltanschauliche Tendenzen zu erwarten sein: Ein dichtes Klassifikationsgitter und starker Gruppendruck produzieren eine Einstellung der routinemäßigen Pietät gegenüber der Autorität und ihren Symbolen, den Glauben an übernatürliche Strafen, eine moralische Weltordnung und eine Kategorie der Ausgestoßenen." (Douglas 1970, dtsch. 1974: 91)

Die Kulturen der Tallensi und der Lyela ähneln sich in ihren zentralen Institutionen der Wirtschaft, der Politik, der Sozialorganisation und der Religion. Seit den dreißiger Jahren, in denen Fortes seine Untersuchungen bei den Tallensi durchführte, haben sich viele Kulturen der westafrikanischen Savannenzone in nicht unerheblichem Maße gewandelt, Veränderungen, die ich besonders im Bereich der Religion noch beschreiben werde, denn die Lyela gehören zu den innovationsfreudigen Gesellschaften dieses Kulturraumes. Aber dennoch ist in der Sozialstruktur der Lyela ein relativ differenziertes Klassifikationsgitter, wie Douglas es nennt, erhalten geblieben, und auch hier steht das Individuum nach wie vor unter erheblichem Konformitätsdruck, der von der Gruppe ausgeht.

Douglas führt dann bekanntlich weiter aus, wie die rigide Abgrenzung einzelner sozialer Kategorien voneinander ihren Niederschlag in der expressiven Kultur findet.

„[Ich] behaupte im Anschluß an Marcel Mauss, daß der menschliche Körper immer und in jedem Fall als Abbild der Gesellschaft aufgefaßt wird, daß es überhaupt keine ‚natürliche‘, von der Dimension des Sozialen freie Wahrnehmung und Betrachtung des Körpers geben kann. Das Interesse an den Körperöffnungen ist eng mit dem Interesse an sozialen Ein- und Austrittsvorkehrungen, Flucht- und Zugangswegen gekoppelt. Wo es nicht darauf ankommt, soziale Schranken intakt zu halten, dürfte eine besonders intensive Beschäftigung mit den dem Körper gesetzten Schranken kaum zu erwarten sein. Das Verhältnis zwischen Kopf und Füßen, zwischen Gehirn und Sexualorganen, zwischen Mund und After wird meist so behandelt, daß in ihm die relevanten Abstufungen der sozialen Hierarchie zum Ausdruck kommen. Deshalb möchte ich jetzt die Hypothese vertreten, daß es sich bei der Körperkontrolle um einen Ausdruck der sozialen Kontrolle handelt und daß das Aufgeben der Körperkontrolle in gewissen Ritualen den Erfordernissen der in ihnen zum Ausdruck kommenden sozialen Erfahrung entspricht." (1970, dtsch. 1974: 106)

Douglas' Theorie von den „zwei Körpern" erscheint mir hilfreich für die Interpretation der großzügig eingestreuten Körpersymbolik in der Geschichte vom „Ungehorsamen Mädchen". So war ja zu Beginn der Geschichte die Rede davon, daß der Körper des ersehnten Freiers keinerlei Narben oder "*boutons*" aufweisen durfte. Paulme erwähnt in ihrem Aufsatz *Qui mangera l'autre?* (1984), der sich im ersten Teil ebenfalls mit Tiermannerzählungen befaßt, eine Dioula-Version aus dem Senegal. Dort soll der Traummann des widerspenstigen Mädchens keinen Anus haben, eine hypertrophe Variante des Motivs vom makellosen Körper. Diesem Mann fehlt eine entscheidende Körperöffnung, er läßt sich keiner normalen sozialen Kategorie zuordnen, kann also nur ein Geistmann sein. In einer von Skinner aufgenommenen Hausa-Erzählung verlangt das Mädchen einen Mann, der beim Defäkieren keine Geräusche macht. Keiner außer Spinne, dem listigen Tier, das für seine Verwandlungen und Betrügereien bekannt ist, kann die Bedingung erfüllen. In der von Bruyer aufgenommenen Mosi-Variante (1987: 328–335) verkleidet sich ein *buninda,* ein menschenfressendes Ungeheuer, mit der glatten, seidigen Haut des Baobabs und schmückt sich zusätzlich mit dem glänzenden Gefieder eines Vogels. Sein gutes Aussehen ist jedoch nicht echt: Hinter der geborgten, glatten Haut verbirgt sich ein häßlicher *halber* Körper mit nur einem Arm, einem Bein, einem Nasenloch, einem Auge usw.

In der Öffentlichkeit steht der Tiermann, bzw. der *buninda* als glanzvoller, idealer Freier da, aber sobald er mit der Braut allein ist, zeigt er seine häßliche, wahre Natur. Dieser starke Gegensatz zwischen dem öffentlichen und dem *privaten* Bereich sei für Gesellschaften mit „hochgradig differenziertem Klassifikationssystem" charakteristisch, meint Douglas. Gestik und Mimik sind bei den

7.4. Der Erzählzyklus vom Schwierigen Mädchen

Lyela im *öffentlichen* Bereich in der Tat formalisiert und kontrolliert. Lockerung der Körperkontrolle wird gefürchtet und mit Argwohn betrachtet, Besessenheitskulte gibt es nicht.

Der Grundannahme einer Kultur, daß die zwischenmenschlichen Beziehungen dem öffentlichen Rollenmuster unterworfen werden müssen, entspricht nach Douglas eine besondere Beschäftigung mit dem Gegensatz zwischen innen und außen auf der symbolischen Ebene (vgl. Douglas 1970: 103). Verschlingermotive, die in der Geschichte vom „Ungehorsamen Mädchen" in allen Versionen und Varianten der Lyela vorkommen, stellen eine symbolische Beschäftigung mit dem Gegensatz zwischen innen und außen dar, wobei nach phantastischer Art des Märchens das Äußere ins Körperinnere gelangt und das Innere nach außen. Verschlingen und damit Tod des/der Verschlungenen wird nicht selten von Ausspucken und Wieder-zum-Leben-Erwecken gefolgt. Diese symbolische Umkehrung von Innen und Außen findet oft während der pubertären Krise der Helden statt, durch die sie von der Rolle des Kindes in die der Erwachsenen aufsteigen sollen. Ich sagte bereits, daß in patrilinearen und virilokalen Gesellschaften diese Pubertätskrisen für Mädchen stärker ausfallen als für Jungen. Besonders die Zeit der Pubertät ist eine Zeit der „Unreinheit und Gefährdung", Vorstellungen, die sich bei den Lyela im weit von der Alltagswirklichkeit entrückten Genre der Erzählungen Bahn brechen.

In der Geschichte vom „Schwierigen Mädchen" verläßt dieses auf eigenen Wunsch, bestärkt von der klassifikatorischen Mutter, die Gehöftgemeinschaft (Bewegung von innen nach außen). Dann wird es von einem Schlangen- oder Löwenmann oder von einem Kaiman verschlungen (außen-innen); schließlich wird es wieder vom Ungeheuer ausgespuckt (LYE-E270) oder von den Brüdern (bzw. Hunden) aus dem Bauch des Ungeheuers befreit (innen-außen). Es handelt sich bei diesen Motiven um eine symbolische Übertragung einer sozialen Übergangskrise in einen körpersprachlichen Code. Bei der Verheiratung eines Mädchens werden zwei Familien für eine Weile aus dem Gleichgewicht gebracht. Auch die Aufnahme einer neuen Frau in den „sozialen Körper" der Gehöftgemeinschaft ihres Ehemannes sorgt auf dieser Seite zunächst für gewisse Erschütterungen, bis sich vor allem die Frauengruppe der Prokreationsfamilie in einer neuen Hierarchie reformiert hat.

Während der magischen Flucht des Mädchens auf dem rettenden Pferd des Vaters spielen Körperöffnungen (die Grenzen zwischen innen und außen) ebenfalls eine besondere Rolle. Das Mädchen holt drei Eier aus dem Anus des Tiers (LYE-E165). Sie findet einen Stein, eine Klinge, Pottasche und ein Ei im Ohr des Tieres (LYE-E881), oder die magischen Gegenstände kommen aus seinem Maul (LYE-E461). Diese Gegenstände besitzen ihrerseits natürlich auch einen Symbolwert. Ihre Bedeutung erschließt sich auf einer religiös-ontologischen Ebene, worauf ich hier nur kurz eingehen kann. Objekte der Art, wie sie in der Geschichte vorkommen, werden von Wahrsagern der Lyela für ihre verschiedenen Orakeltechniken zusammengestellt. So gilt z.B. der Hügel oder Berg (*pyɔ*), eine Besonderheit in der eintönig flachen Landschaft der westafrikanischen Savannne, als „heiliger Ort". Die Wahrsager haben einen kleinen, runden Stein in ihrem Symbolrepertoire, der dieses Heiligtum repräsentiert, aus dem auch die Seelen kleiner Kinder ins Leben treten. Je nachdem, wie der Stein (*pyɔ̀*) in der Konsultation eines Klienten in der Gesamtheit der 50 bis 100 Symbole zu liegen kommt, „sieht" der Wahrsager, daß sein Kunde dem heiligen Hügel ein Opfer darbringen sollte.

Die Klinge (*fɔnə*) verweist symbolisch auf die pubertäre Haarrasur des Mädchens und auf die Beschneidung ihrer Klitoris als Teil des Übergangsritus ins Erwachsenenalter. Der heilige Fluß (*bŭ*, pl. *bwĭ*) wird im Symbolrepertoire eines Wahrsagers natürlich nicht als Ei dargestellt, sondern als flaches Holzstück mit einer Rille in der Mitte. Das Ei ist einerseits Fruchtbarkeitssymbol, andererseits ist hier aber auch das Zerplatzen und sich Ergießen der Flüssigkeit aus dem Inneren von Bedeutung. Aus der Flüssigkeit des Eis bildet sich das große Gewässer, das eine Barriere zwischen Wildnis und Zivilisation schafft und die Rettung des Mädchens auf der sicheren Seite ermöglicht.

Für das europäische Verständnis ist auch ein anderes, immer wiederkehrendes Symbol dieses Erzähltyps sonderbar: häufig sitzt eine alte Frau am Wegesrand, die das vor dem Geistmann fliehende Mädchen aufhält und es bittet, ihr den „Rücken zu waschen". In der von Bruyer aufgenommenen Version sagt Poko, sie sei auf der Flucht vor dem Geistmann, der sie verschlingen werde, wenn es ihr nicht gelänge zu fliehen. Die alte Frau überzeugt das Mädchen aber davon, anzuhalten und ihr Wasser auf den Rücken zu gießen. Bruyer sieht darin eine Analogie zu einem Trankopfer an die heilige Macht der Erde (1987: 113). Jedenfalls öffnet sich der Rücken dieser mysteriösen alten Frau häufig in den Erzählungen, und in seinem Inneren finden sich zauberkräftige Gegenstände, die die Alte dem jungen Mädchen zum Geschenk macht. In anderen Varianten ist von „Beulen" der Alten die Rede, die sich öffnen, und aus denen der (die) Initiand(in) Zaubergegenstände entnehmen kann. Die Heldin erhält etwa einen Busch, einen Stein und ein Ei, die sich in einen heiligen Hain, einen hohen Berg und einen Fluß verwandeln. Nicht nur, daß der Fluß ein unüberwindliches physisches Hindernis für den Geistmann darstellt, das ihn zwingt, von der Verfolgung des Mädchens abzulassen. Bruyer unterstreicht darüber hinaus die spirituelle Kraft, die die drei Naturheiligtümer (Lyele: *sɔ̀lɔ́*, *pyɔ̀*, und *bwĭ*) dem Dorf des Mädchens nach ihrer Rückkehr verleihen.

Drei neue Schreine sind geschaffen, die von nun an regelmäßig Opfergaben erhalten müssen, um das Leben der Menschen im Dorf zu beschützen. Unter anderem gehört es sich, bei der Verheiratung eines jungen Mädchens der Erde und den ihr zugehörigen Heiligtümern entsprechende Opfergaben darzubringen, damit der Braut nicht dasselbe traurige Schicksal widerfahre wie der armen Poko. In Bruyers Lesart wird die Geschichte vom „Schwierigen Mädchen" zum Mythos, zu einem religiösen Text, der das Vorhandensein bestimmter Heiligtümer im Dorf erklärt.

Das Motiv des Verschlungenwerdens durch ein Ungeheuer erinnert auch an den rituellen Tod als Teilschritt der pubertären Übergangsriten. Es kommt nicht in allen Versionen vor; in den Geschichten LYE-E163 und LYE-E429 verschlingt der "*Conjoint Animal*" das Mädchen nicht, sondern er verläßt sie einfach in der Wildnis. Sie findet nicht mehr nach Hause und muß sterben, wird aber später wieder zum Leben erweckt. Als weitere Metapher für den rituellen Tod haben wir das seltsame Motiv des sprechenden Pferdes, das der Heldin rät, es zu verbrennen und sich unter der Asche zum Schlafen zu legen. Dieses auch bei den Hausa bekannte Motiv ist deshalb interessant, weil es die phantastischen Erlebnisse des Träumens und die Phantasievorstellungen der Erzählungen zusammenbringt. Tatsächlich hat ja die Geschichte vom Tiermann spätestens in der Episode der Rückverwandlung des Mannes in ein wildes Raubtier Alptraumcharakter. So liegt es nahe, die weitere Handlung auf die Ebene des Traumes zu verschieben. In den tiefen Schlaf (symbolischer Tod) verfällt das Mädchen unter einem großen Haufen Asche (des verbrannten Pferdes), wo sie sich vor dem Raubtier (ihrem Ehemann) versteckt hält.

Asche ist das Endergebnis eines durch Verbrennung hervorgerufenen Transformationsvorganges. Asche spielt auch in den Geschichten LYE-E268 und LYE-E547 eine Rolle, wo die Hundeknochen der vom Löwenmann verzehrten Haustiere unter einer Schicht Asche in einem Tonkrug aufbewahrt wurden. Asche ist Accessoire bei Gebeten und Opferriten, wo man weiße Asche in einem Halbkreis auf dem Boden verreibt, wenn man mit den Ahnen, Gott und der Erde kommuniziert. Asche symbolisiert Reinigung und Verwandlung durch das Feuer, den Übergang in eine andere Form der Existenz. Die Analogie zur pubertären Reifung liegt darin, daß ja auch hier ein Zustand, das Leben in der Rolle des Kindes, aufgegeben und ein anderer, die Rolle der erwachsenen Frau, eingenommen wird.

Der dritte Subtypus der Geschichte vom *"Conjoint Animal"*, der in einer magischen Flucht endet, beschreibt eine gescheiterte Initiation. Das Mädchen kehrt in die eigene Familie zurück. Statt selbst Mutter zu werden und eigene Kinder großzuziehen, läßt sie sich weiter von ihrer Mutter versorgen. Sie ist am Ende ebenso kindisch, unreif und aufsässig wie am Anfang. Nach der Traumreise zurückgekehrt in Mutters Gehöftabteil, weigert sich das Mädchen sogar, das Pferd, bzw. dem Esel, zu fressen oder zu saufen zu geben. Die Aufforderung der Mutter erwidert sie mit einer patzigen Antwort.

Andere Versionen (LYE-E091, LYE-E604, LYE-E996) enden mit einer Warnung an alle jungen Mädchen im Publikum. Auf demselben moralisierenden Niveau bewegt sich auch die Geschichte LYE-E270, in der die Heldin reumütig am Ende einlenkt und sagt: „Von nun an werde ich den erstbesten Heiratskandidaten als meinen Ehemann akzeptieren, selbst wenn es sich um einen Ziegenbock handelt (!)". Diese Version wurde von einer Frau erzählt. Spiegelt sich in ihr womöglich leise Ironie gegen die traditionellen Heiratsregeln?

Ich möchte meine Analyse der Erzählung vom „Ungehorsamen Mädchen, das einen Geist- oder Tiermann heiratet", mit Paulmes Worten beschließen:

> „Heiratsprobleme gehören mit zu den schwierigsten, denen sich die Gesellschaft und das Individuum gleichermaßen ausgesetzt fühlen. Das Thema ist unerschöpflich, jedermann fühlt sich aus dem einen oder anderen Grunde beteiligt. Die afrikanischen Erzählungen behandeln das Problem unter den verschiedensten Aspekten und schlagen dem Publikum die unterschiedlichsten Lösungen vor, von denen aber keine voll befriedigend sein kann [...]. Die Heirat ist in der afrikanischen Ideologie kein Ziel, das

die beiden Partner sich besonders brennend wünschen. Aber sie sehen keine Möglichkeit, sich den Entscheidungen ihrer Familien zu entziehen, und sie fügen sich; auf diese Weise akzeptieren sie das einzige Mittel, das sie zur Verfügung haben, sich selbst ein würdiges Leben im Alter vorzubereiten und auch ein anständiges Leben nach dem Tod: Ihre Nachkommen werden dann den Toten die notwendigen Nahrungsmittel opfern, und die Ahnen werden eifersüchtig alle Taten und Gesten der Lebenden überwachen. Mit anderen Worten, die Heirat ist unumgänglich [...]." (Paulme 1984: 206)

7.5. Ehemann und Ehefrau: Ehepartner zwischen Loyalität zur eigenen Herkunftsfamilie, Wettstreit und Zusammenarbeit

Aus der vorangegangenen Analyse der Erzählungen über Heiratsprobleme, Brautwerbung, Konkurrenz unter mehreren Bewerbern und unlösbare Aufgaben des Brautvaters sollte deutlich geworden sein, daß der Übergang der Eheschließung zu den zentralen Themen gehört, mit denen sich die afrikanische Oratur immer wieder beschäftigt. Deshalb ist aber die Heirat eines Mannes mit einer Frau nicht unbedingt als glückliche Aufhebung jeglichen Mangels zu verstehen wie im europäischen Märchen:

„Und sei es nur wegen der Polygamie, so bleibt doch der Begriff des Paares, der Gattenfamilie [*famille conjugale*], die mit den Ehegatten geboren wird und wieder stirbt, dem afrikanischen Denken fremd. Die Wirklichkeit, das ist die *lignage*, aus der in patrilinearen Gesellschaften die Mädchen in jeder Generation ausgestoßen werden, um dann in der Schwiegerfamilie das Leben einer Verbannten zu führen" (1984: 208)

schreibt Denise Paulme über die Beziehung zwischen Ehemann und Ehefrau in ländlichen Gesellschaften Afrikas. Die eheliche Beziehung, sei es einer (temporär) monogamen oder auch einer polygynen Ehe muß also auf jeden Fall in ihrer Einbettung in die Patrilinie des Ehemannes betrachtet werden.

Oberflächlich betrachtet, ähneln viele der westafrikanischen Erzählungen über Mann und Frau dem, was in der westlichen Erzähltradition als „Schwank" bezeichnet wird. Bei genauerer symbolischer Analyse enthüllen sich jedoch auch hier tiefsinnigere soziale, psychologische oder kosmologische Bedeutungen.

Schwankhafte Geschichten über die sexuelle Untreue der Frauen werden wohl in allen patriarchalischen Gesellschaften erzählt. So amüsieren sich auch die Bulsa, Fulbe, Hausa, Lyela, Mosi und viele andere patrilineare Gesellschaften der westafrikanischen Savannenzone mit Geschichten, in denen ein Geschlecht seine Stereotype über das andere zum besten gibt und in denen in der Regel die Frauen besonders unvorteilhaft dargestellt werden. Auf einer banalen Bedeutungsebene verkünden auch diese Geschichten oft die herrschende Moral, die die Unterordnung der Frauen unter die Vorherrschaft der Männer verlangt. Das geschieht entweder in einem eigenen Appell, der am Ende der Erzählung an die Frauen im Publikum gerichtet wird, oder eine implizite Moral wird vom Negativbeispiel der Heldin in einem Umkehrschluß abgeleitet. Wie wir sehen werden, bringen die

Erzählungen über die großen und kleinen Konflikte des Ehelebens erhebliche Spannungen zwischen den Geschlechtern zum Ausdruck.

Geschichten zum Thema Eheleben wirken nicht nur durch ihre explizite Moral am Ende, sondern vor allem durch die Art des Humors, den die dramatische Verstrickung im Publikum auslöst. Im Gelächter, mit dem Ehebruchschilderungen und andere Vertrauenskrisen zwischen Ehepartnern in den Erzählungen geschildert werden, entladen sich Spannungen, die als Folge der Geschlechtertrennung, der Polygynie, der Loyalität der Ehepartner zu ihrer eigenen Herkunftslinie usw. zwischen Ehepartnern aufkommen. Gleichzeitig versuchen die Männer, durch spaßhafte Wiederholung misogyner Stereotype ihre „Dominanz" über die Frauen zu festigen. Die männliche Überlegenheit wird vor allem durch ihre sexistisch determinierte Superiorität im Bereich der Magie, der Religion und der Politik begründet. Die Erzählungen zeigen darum, warum Frauen aufgrund ihrer angeborenen Schwäche und mangelhaften Selbstbeherrschung von allen magischen und religiösen Dingen ferngehalten werden müssen. Im Bereich der Wirtschaft, des Haushaltes und der Kindererziehung haben dagegen die Männer den Frauen nichts hereinzureden. Die wirtschaftliche Selbständigkeit der Frauen in Westafrika ist allgemein bekannt und schlägt sich auch in Erzählungen nieder.

7.6. Das Stereotyp der treulosen Frau und die Notwendigkeit der Geschlechtertrennung

Die Sozialstruktur patrilinearer Gesellschaften fordert Geschlechtertrennung im Alltag; Sexualität und Liebe schaffen jedoch auch hier Bindungen zwischen Männern und Frauen. Ganz im Unterschied zur heutigen westlichen Gesellschaft, in der das Ideal der romantischen Liebe in oft übersteigerter und – wie ich finde – oft auch mißbräuchlicher Form, wie etwa in der Werbung, ausgeschlachtet wird, wird die Idee der romantischen Liebe in afrikanischen Erzählungen in Frage gestellt, lächerlich gemacht und herabgesetzt. Die folgende Geschichte (LYE-E032), erzählt von Ossora N'Dɔ aus Sanje (28 Jahre), liefert ein deutliches Beispiel:

Ein junger Mann hat sich mit einem Mädchen verlobt, das er sehr liebt. Er verspricht ihr sogar, mit ihr zu sterben, wenn sie früher sterben sollte als er selbst. Das Mädchen gibt ihm dasselbe Versprechen.
Gott stellt sie auf die Probe und läßt das Mädchen sterben. Der Junge folgt ihr gegen erbitterten Widerstand der Eltern ins Grab.
Drei Tage später ersteht das Paar wieder zum Leben auf. Sie machen sich auf zur Familie des jungen Mannes, aber sein Vater weigert sich, etwas mit „den Toten" zu tun zu haben und schickt die beiden fort. Ebenso ergeht es ihnen in der Familie der Frau.
Das Paar gründet ein eigenes Gehöft im Busch und lebt dort ganz allein.
Eines Tages beschließt ein anderer Mann, die Frau zu verführen, und geht darüber mit einem Freund eine Wette ein.

Er wartet bis der Ehemann einmal fort ist und geht an einem Tag, an dem es sehr stark regnet, zum Gehöft des einsamen Paares. Er bittet um Schutz vor dem Regen, die Frau läßt ihn eintreten und entzündet ein Feuer, an dem er sich wärmen kann.
Als sie gerade nicht zu ihm schaut, wirft der Mann Kauris in das erlöschende Feuer. Als die Frau neues Holz nachlegt, entdeckt sie die Kaurischnecken und fragt den Fremden, warum er sie ins Feuer geworfen habe. Er wirft eine weitere Hand Schneckengeld hin ein und sagt, das sei in seinem Land, in dem an Kaurischnecken großer Überfluß herrsche, so üblich.
Auf diese Weise verführt er die Frau dazu, ihren Ehemann zu verlassen und zu ihm zu kommen. Unterwegs treffen sie den Ehemann der Frau, und zwischen den beiden Männern kommt es zum Kampf. Der Verführer wirft den Ehemann zu Boden und ruft der Frau zu, sie solle ihm einen großen Stein geben, damit er den Gegner töten könne. Die Frau reicht dem Verführer den Stein an, der läßt den Ehemann los und sagt ihm, er habe die Frau nur wegen einer Wette verführt. Der Ehemann könne sie zurückhaben.
Der Ehemann will seine Frau nicht mehr, er schließt Freundschaft mit dem Verführer seiner Frau, die beiden leben zusammen, und die Frau bleibt allein im Busch zurück, wo sie vor Schande stirbt.
Bei den Termitenhaufen im Busch handelt es sich [seitdem] um Frauen, die für ihre Untreue sterben mußten.

Die zu enge Paarbindung gefährdet die Loyalität der Partner zu ihrer Herkunftsfamilie. Das wird in der vorliegenden Erzählung in einer Szene ausgedrückt, die sich am Grab des Mädchens abspielt:

Das Mädchen starb, und der junge Mann wollte ihr ins Grab folgen, um sich mit ihr begraben zu lassen, so wie er es ihr versprochen hatte. Nach langem Widerstand ließen ihn die Leute [seines Gehöftes] gehen. Wütend machten sie sich auf den Weg zurück ins Gehöft. Die Eltern der beiden resignierten und gingen mit ihren Kindern nach Hause.

Eine zu innige Beziehung zwischen Mann und Frau gefährdet aber auch die Solidarität unter Männern, wie am Ende der Erzählung deutlich wird. Der Ehemann wird vom Verführer seiner Frau aus der Isolation im Busch gerettet, wo das Paar eine Zeitlang eine widernatürliche, asoziale Existenz führte. In Wirklichkeit ist eine Kernfamilie aus Mann, Frau und Kindern kaum lebensfähig. Ohne wirtschaftliche Kooperations- und Austauschbeziehungen mit einer größeren Verwandtschaftsgruppe kann eine Kleinfamilie allein nicht überleben.

Nach Auffassung der westafrikanischen Bauern besteht der wichtigste Grund für eine Eheschließung darin, der Nachkommenschaft legitime Eltern zu sichern. In der vorliegenden Geschichte führt die übertriebene Liebe des jungen Mannes jedoch dazu, daß er seiner Geliebten freiwillig in den Tod folgt. Selbstmord ist nach Auffassung der Lyela ein schweres Vergehen gegen die heilige Macht der Erde. Die übertriebene Gattenliebe führt statt zu Fruchtbarkeit und Fortpflanzung zu Tod und Verderben.

Zudem sollte ein Mann sich nie auf eine Frau verlassen, lehrt nicht nur die vorliegende Erzählung. Ein Mann sollte nie den Gefühlen für eine Frau in der extremen Weise nachgeben wie in der Geschichte. Diese Gefühle sind nicht von Dauer, sie bilden keine ausreichende Basis für ein isoliertes Leben in einer

7.6. Das Stereotyp der treulosen Frau

Paarbeziehung. Die Frau wird die „Schwäche" des Mannes ausnutzen, sie wird ihn verlassen und/oder hintergehen, und der Mann hat den Schaden.

Eine andere Geschichte, die nicht nur bei den Lyela erzählt wird, zeigt ebenfalls einen Mann, der seine Frau sehr liebt. Er wird offenbar als tragikkomische, bemitleidenswerte Figur aufgefaßt, denn die unangebrachten Gefühle für seine Frau machen ihn abhängig und verwundbar. Geschichte LYE-E125 und Version LYE-E729 wurden von Balelma Bado aus Pwa (etwa 40 Jahre alt) erzählt:

> Ein Mann hat eine Frau geheiratet, die er sehr liebt. Nach der Geburt zweier Kinder stirbt die Frau und läßt ihn allein zurück. Voller Gram irrt der Mann mit den beiden Kindern im Busch umher.
> Dort fragt ihn Gott nach dem Grund seiner Verzweiflung, und der Mann sagt, für ihn sei es besser, von den wilden Tieren des Waldes in Stücke gerissen zu werden, als ohne seine Frau zu leben.
> Gott sagt dem Mann, daß er für ihn selbst 60 Lebensjahre vorgesehen habe und für die Frau 30. Aber er könne die verbleibenden 30 Lebensjahre des Mannes auf ihn und seine Frau aufteilen, so daß jeder noch 15 Jahre zu leben habe. Der Mann ist einverstanden, und die Frau wird wieder zum Leben erweckt.
> Das Paar lebt zwei Jahre zusammen, dann verläßt die Frau den Mann wegen eines anderen. Wieder irrt er gramvoll im Busch umher. Ein Abgesandter Gottes fragt ihn erneut nach dem Grund seines Kummers. Der Mann erklärt, wie sehr er seine Frau liebte, daß er sogar die Hälfte seines Lebens für sie gegeben habe, aber daß sie ihn trotzdem verlassen habe. Nun aber habe er genug von dieser Frau, und er wolle gerne seine Lebensjahre zurück.
> Der Gesandte Gottes sucht die Frau auf, und sie stirbt auf der Stelle. Der Mann erhält seine Lebensjahre zurück.
> Seit dieser Zeit wissen die Männer, daß sie ihre Kameraden, die ihren Frauen zu viel Vertrauen schenken, warnen müssen.

Die Geschichten fordern die Männer auf, die Geschlechtertrennung zu wahren. Es ist dumm und unverantwortlich vom Helden der Erzählung, mit zwei kleinen Kindern im Busch herumzuirren. Seine Aufgabe ist es, eine andere Frau zu finden, die die Kinder im Schutz und der Geborgenheit des Gehöftes aufzieht, statt sie in die Wildnis mitzunehmen und den dort lauernden Gefahren der Geister und wilden Tiere auszusetzen.

Als abschreckende Charaktereigenschaften der Frauen, die die Männer zu mißtrauischer Distanz zwingen, nennen die Erzählungen immer wieder Bestechlichkeit, notorische sexuelle Untreue und einen schockierenden Mangel an Loyalität gegenüber der Prokreationsfamilie. Diese drei Fehler finden sich oft alle zusammen in einer einzigen Geschichte.

Bei den meisten Klanen der Lyela wird den Frauen die Klitoris beschnitten, ein Eingriff, der die Sexualität der Frauen in psychischer und organischer Hinsicht beeinträchtigen dürfte, wenn wir auch nicht genau wissen, in welcher Weise (vgl. Dinslage 1986: 167–185). Dennoch werden die Frauen in den Erzählungen als sexuell leichtlebig und untreu dargestellt. Nach den Stereotypen westafrikanischer Erzählungen verpassen Frauen keine Gelegenheit, ihren Mann zu betrügen und sich für ein Geschenk an Essen, Schmuck, Kleidung oder Geld einem hergelaufenen Liebhaber hinzugeben. In Wirklichkeit sind für Lyela-Frauen die Möglichkeiten zum Ehebruch äußerst eingeschränkt. Von einer verheirateten Lyela-Frau wird – verglichen mit Frauen anderer westafrikanischer Gesellschaften – ein hohes Maß an Loyalität zur Prokreationsfamilie verlangt. Ein offenbar nicht zu überwindendes Mißtrauen der *byala* (der Männer des Klans, in den eine Frau verheiratet wurde) drückt sich dennoch nicht selten darin aus, daß sie den Frauen verbieten, ihre Herkunftsfamilie zu besuchen.

Ich habe wiederholt von Frauen gehört, daß sie ihr Herkunftsdorf nicht mehr betreten dürften. Ihr Ehemann habe vom Wahrsager erfahren, daß ihnen oder den Kindern zu Hause Gefahr drohe. Das soll heißen, daß jemand aus der Herkunftsfamilie verdächtigt wird, Schadenszauber oder Hexerei gegen seine verheiratete *ejìkɔ́* (klassifikatorische Schwester aus demselben Klan) zu verüben. Die Frauen werden davor gewarnt, ihr eigenes Dorf zu betreten; dort seien sie vor übernatürlichen Angriffen nicht mehr sicher. Wenn eine so vorgewarnte Frau beim Tode eines nahen Verwandten ihr Herkunftsdorf doch einmal besuchen muß, trägt sie bei dieser Gelegenheit ein Messer oder einen anderen Gegenstand aus Eisen, den sie sich eigens zu diesem Zwecke bei einem Schmied beschafft hat, in der Hand. Eisen ist mit der Heiligen Kraft der Erde versehen, aus der es herausgeholt wurde. Die symbolische Bewaffnung soll die Frau in ihrer eigenen Herkunftsfamilie vor Hexerei und Zauberei schützen.

In bestimmten anderen Zusammenhängen erscheinen dann aber auch die Frauen den Männern ihrer Prokreationsfamilie wieder als Fremde, ein Thema, das auch in Erzählungen bearbeitet wird. Eine Frau wird nie gänzlich in den Klan ihres Ehemannes integriert, was symbolisch darin ausgedrückt wird, daß sie ihren eigenen Klan-Namen lebenslang behält. Auch bei den Lyela bleibt für eine verheiratete Frau eine Bindung an ihre Herkunftsfamilie bestehen, eine Beziehung, die allerdings eher im Krisenfall relevant wird. Wenn die Ehe harmonisch verläuft, die Frau Kinder bekommt und vom Ehemann angemessen versorgt wird, besucht sie ihre Herkunftsfamilie nur zu eher seltenen rituellen Anlässen.

Allgemein sollten die Frauen der Lyela nicht lange von ihrer Prokreationsfamilie fortbleiben, und selbst wenn der Gehöftherr einmal aus dringenden Gründen verreist ist, beauftragt er einen anderen Mann, für die Frauen und Kinder des Hofes in seiner Abwesenheit die Verantwortung zu übernehmen und über ihren Lebenswandel zu wachen. Die zwei Meter hohen, mit Dornenreisig oder spitzen Glasscherben versehenen Gehöftmauern verhindern ein unkontrolliertes Ein- und Ausgehen im Gehöft bei Nacht. Der mit schweren Holzbalken verrammelte Eingang wird zusätzlich von Hunden bewacht, die in lautes Gebell ausbrechen, wenn sich ein Fremder im Dunkeln dem Gehöft nähert.

Die Frauen anderer westafrikanischer Gesellschaften, etwa die der Bulsa oder der Mosi, haben, wie bereits erwähnt, mehr Bewegungsfreiheit. Sie dürfen ungehindert und über längere Zeiträume ihre Familien besuchen und stehen unter weniger strenger Kontrolle der Männer als die Ehefrauen der Lyela. Solche Unterschiede im tatsächlichen Status der Frauen spielen für die Entwicklung erzählerischer Imaginationen jedoch keine besondere Rolle. Die Geschichten über die „Natur der Frauen" scheinen im wesentlichen von ähnlichen Stereotypen beherrscht zu sein.

Besonderes Interesse finden die verschiedenen Listen, mit denen Frauen und ihre fiktiven Liebhaber trotz oder gerade wegen der eifersüchtigen Überwachung der Frau durch den Ehemann zu ihrem Ziel gelangen. In der Hinsicht könnte man Ehebruchserzählungen als *"contes de ruses"* (vgl. Bremond 1975: 601–618) verstehen. Ehemann und Ehefrau begeben sich in einen Wettkampf von List und Gegenlist, aus dem jeder als Sieger hervorzugehen sucht. Dabei entfalten die Frauen ebensoviel Witz und Verstand wie ihre nimmermüden Liebhaber. Ehebruch einer Frau mit einem durchreisenden Fremden oder mit einem Mann aus einem fremden Dorf ist *kein* Vergehen gegen die Erde. Wenn die Männer nicht in der Lage sind, ihre Frauen vor den sexuellen Angriffen fremder Männer zu verteidigen, dann ist es ihr eigener Schade. Dem Ehemann werden bei der Heirat die sexuellen Rechte über seine Frau übertragen, verteidigen muß er sie jedoch selbst. Früher kam es wegen solcher Konflikte zu Schlägereien, und – bei Frauenraub – auch zu bewaffneten Auseinandersetzungen zwischen verschiedenen Dörfern. Heute sind Frauenangelegenheiten die häufigsten Fälle vor den „Volksgerichten" (früher: *"tribunaux du premier degré"*) in den Kreisstädten. Einmaliger oder auch mehrmaliger Ehebruch sind allerdings lange noch nicht so schlimm wie der Versuch eines „Liebhabers", die Ehefrau eines anderen ganz zu entführen und für sich zu behalten. Eine Buß- oder Kompensationszahlung des erwischten Liebhabers an den gekränkten Ehemann gibt es bei den Lyela nicht.

Die folgende, recht drastische Erzählung (LYE-E314) ist auch bei den Bulsa in Nordghana bekannt:

> Ein Mann hat eine (sehr attraktive) Frau geheiratet, die auch nach ihrer Eheschließung noch viele Verehrer hat. Statt ruhig zu Hause zu sitzen, macht diese Frau viele „Spaziergänge" in andere Dörfer.
> Der Mann ärgert sich so sehr über das Verhalten seiner Frau, daß er mit ihr in ein anderes Dorf zieht. Dort geht er zum Dorfchef und sagt ihm: „Falls die jungen Leute dieses Dorfes meine Frau vielleicht schön finden sollten, ist es doch geraten, sie vor ihr zu warnen. Denn meine Frau reißt allen Männern, die sich ihr (in sexueller Absicht) nähern, den Penis ab. Sage das besser den jungen Männern dieses Dorfes."
> Der Dorfchef ruft alle jungen Männer des Dorfes zusammen und berichtet ihnen, was der Ehemann ihm gesagt hat.
> Ein Junge will dem Dorfchef nicht glauben. Er findet die Frau sehr hübsch und beschließt, sie zu besuchen. Er berichtet ihr von der Zusammenkunft beim Dorfchef und fragt sie dann, ob sie denn auch zwei Vaginas habe, denn hier in diesem Dorf hätten die Männer nicht nur einen Penis, sondern zwei.
> Um seinen Worten Glaubwürdigkeit zu verleihen, fängt er an, sich vor der Frau auszuziehen, in der Hoffnung, sie verführen zu können.
> Die Frau tritt einen Schritt vor, um den Penis des Jungen zu berühren und zu sehen, ob er wirklich zwei hat. Er springt entsetzt zurück, und die Frau sagt, daß sie es nie zulassen würde, wenn ein Mann mit zwei Penissen versuchen würde, ihr nahezukommen.
> Danach lebte der Mann ruhig und in Frieden mit seiner Frau in diesem Dorf, denn von nun an ging sie nicht mehr aus, um „Dummheiten" zu machen.

In anderen Ehebruchschwänken finden wir abgeschnittene Ohren (LYE-E069),[19] Hände oder Arme (LYE-E071). Vorwitzige Liebhaber werden verprügelt, verbrannt (LYE-E338) und auf grausame Art gedemütigt. Diese Brutalitäten werden in grotesken und burlesken Szenen zum besten gegeben und vom Publikum mit schallendem Gelächter aufgenommen. Besonders beliebt sind Erzählungen dieser Art unter jungen Männern im Alter von 15 bis 30 Jahren. In der Phantasie werden möglicherweise auf diese Weise Aggressionen und Frustrationen abreagiert, die besonders auf den Mitgliedern dieser sozialen Kategorie zu lasten scheinen. Junge Männer müssen bei den Lyela ihre Sexualität unterdrücken, denn die Mädchen werden im Durchschnitt etwa zehn Jahre früher an einen älteren Mann verheiratet. Vorehelicher Geschlechtsverkehr findet statt, wird aber (milde) diskreditiert. Ehebruch der jungen, unverheirateten Männer mit verheirateten Frauen wird dagegen vom Erdherrn streng bestraft, wenn das ehebrecherische Paar aus demselben Dorf stammt. Macht sich ein junger Mann an eine verheiratete Frau eines fremden Dorfes heran, muß er damit rechnen, daß die Männer der gesamten Klan-Sektion, in die sie verheiratet ist, über ihn herfallen und ihn verprügeln. In der Ausschmückung immer neuer Listen, in der sich die ungezügelte Sexualität doch immer wieder über die Regeln der menschlichen Gesellschaft hinwegsetzt, überbieten sich die jungen Erzähler gegenseitig.

Es kommt nur an besonders „gelungenen" Erzählabenden zu vorgerückter Stunde zu einer Serie anzüglicher Erzählungen. Dabei werden die Kinder niemals fortgeschickt. Diejenigen, die noch nicht eingeschlafen sind, spitzen noch einmal besonders die Ohren, um von diesem spannenden, aber oft noch nicht ganz verständlichen Thema so viel wie möglich mitzubekommen (vgl. Lallemand 1985: 14–15).

Die folgende Erzählung zeigt einen Dorfchef in der Rolle des Ehebrechers, einen „reichen" Mann mit mehreren eigenen Ehefrauen, der sich aber dennoch an der Ehefrau eines Mannes desselben Dorfes vergreift (LYE-E069):

> Ein Mann verdächtigt seine Frau des Ehebruchs. Er kündet eine siebentägige Reise an. Die Frau verabredet sich prompt mit ihrem Liebhaber, dem Dorfchef, in einem verfallenen Gehöft. Dort macht das ehebrecherische Paar (scherzhaft?) aus, daß derjenige, der beim nächsten Rendez-vous später komme als der Partner, von diesem ein Ohr abgeschnitten bekommen solle.
> Der Ehemann hat die Unterhaltung belauscht, er verkleidet sich abwechselnd als Frau und als Mann und schneidet auf diese Weise sowohl seiner Frau als auch dem Dorfchef ein Ohr ab.
> Als der Ehemann von seiner „Reise" nach Hause zurückkehrt, erzählt ihm seine Frau Lügen über Räuber, die in seiner Abwesenheit ins Dorf gekommen seien, alles Vieh gestohlen und ihr obendrein noch das Ohr abgeschnitten hätten.

---

19 Das Motiv der abgeschnittenen Ohren als Rache des Ehemannes findet sich auch in einer Erzählung der Fon (Lallemand 1985: 71).

7.6. Das Stereotyp der treulosen Frau

Als der Ehemann zum Dorfchef geht, um sich dort über die Vernachlässigung seiner Aufsichtspflicht zu beschweren, verteidigt der sich schwach damit, daß auch er Opfer der räuberischen Diebe geworden sei.
Das betrügerische Paar wußte jedoch ganz genau, daß der Ehemann ihnen die Ohren abgeschnitten hatte.

Ein charakteristisches Detail dieser Erzählung, das nur aus dem Gesamtzusammenhang der Lyela-Kultur verstanden werden kann, besteht darin, daß der Dorfchef, der seine Machtposition über die einfachen Bauern des Dorfes mißbraucht, um die Ehefrau eines Mannes „seines" Dorfes zu verführen, sich mit ihr in ein verfallenes Gehöft zurückzieht. Der Geschlechtsverkehr auf dem nackten Erdboden stellt nämlich eine Beleidigung der Erde dar. Der Dorfchef, ein Amt, das, wie ausgeführt, vermutlich erst seit der Kolonialzeit existiert, stammt zudem in den meisten Dörfern aus der *lineage* des Erdherrn (*cɛcə̀bal*), der obersten religiös-politischen Instanz dieser akephalen Gesellschaft. Gerade die Männer dieses Klanes, unter ihnen der Dorfchef (*cɔcə̀bal*), der heute eine immer wichtigere Rolle als Vermittler zum modernen Staat gewinnt, dürfen als klassifikatorische „Brüder" oder „Söhne" des Erdherrn *nicht* die Erde durch außerehelichen Koitus auf dem nackten Erdboden beleidigen. Aus diesem Grunde trifft sich wohl der Dorfchef der Erzählung mit seiner verheirateten Geliebten in einem verfallenen Gehöft.

Wenn die Verletzung des Erdtabus auch auf diese sehr dubiose Weise vermieden wurde, so hat der Dorfchef doch das Gebot der dörflichen Solidarität verletzt. Vergehen dieser Art müssen traditionsgemäß mit der Opferung mindestens eines Rindes auf dem Erdaltar geahndet werden, wenn sie dem Erdherrn mitgeteilt werden. Nun ist es jedoch für den gemeinen Bauern offensichtlich nicht ganz leicht, das Vergehen eines Höherstehenden, in diesem Falle vermutlich auch noch eines Mitglieds der Erdherrnlineage, öffentlich anzugreifen. Also schreitet der betrogene Ehemann zu drastischer Selbsthilfe, er verstümmelt den Dorfchef im Gesicht und stigmatisiert ihn auf diese Weise für den Rest seines Lebens, was seiner hohen sozialen Stellung sehr abträglich sein dürfte.

Nicht nur bei den Lyela, sondern z.B. auch bei den islamischen Hausa, wo viele Frauen in Seklusion leben, finden wir das Thema, daß ein *übermäßig eifersüchtiger Mann* seine Frau genau zu kontrollieren sucht (vgl. Steinbrich 1982: 171–185). Er verdächtigt sie des Ehebruchs und versucht jeden ihrer Schritte so genau zu überwachen, daß sie nicht mehr fremdgehen kann. Das kleinliche Mißtrauen des Mannes liefert den Hintergrund für die aberwitzigsten Tricks und Listen, mit denen die untreue Frau dann doch fremdgeht (LYE-E061, LYE-E317, LYE-E624):

> Ein Mann sagt sich, daß er seine Frau schon entsprechend überwachen werde, daß sie ihm nicht untreu wird. Die Frau sagt ihm, daß ihm das niemals gelingen werde. Sie

werde im Gegenteil vor seinen eigenen Augen Ehebruch begehen.[20]
Der Mann sagt, das werde ihr nie gelingen. Die Zeit vergeht.
Eines Tages, in Abwesenheit des Mannes, versteckt die Frau ihren Geliebten im Hühnerstall.[21]
Als der Mann vom Feld zurückkommt, schreit sie laut und durchdringend, sie sei von einem Skorpion gestochen worden (ein Stich der nach Auffassung der Lyela unter bestimmten Umständen auch tödlich wirken soll).
Sie schreit und schreit und sagt ihrem Ehemann, er solle sie in den Hühnerstall schieben, das sei eine Behandlung, die in ihrer Herkunftsfamilie üblicherweise gegen Skorpionsstiche angewendet würde.
Im Hühnerstall hat die Frau Geschlechtsverkehr mit ihrem Liebhaber, ein Resultat, das sie am Ende der Erzählung triumphierend dem Manne mitteilt.

In der Phantasiewelt der Erzählungen verbergen sich die Liebhaber auf Bäumen (LYE-E322), im Gebälk des Hauses (LYE-E340), in großen Tonkübeln (LYE-E752), sie werden in Matten eingerollt (LYE-E1014) usw. Ein verheirateter Mann hat also ständig gegen die „Triebhaftigkeit" seiner Frau zu kämpfen und seine sexuellen Rechte über sie gegen eine stets „angriffsbereite" Schar von Liebhabern zu verteidigen. Vom Ehemann wird dabei „Stärke" verlangt; er sollte weder zu ängstlich-eifersüchtig, noch zu unbekümmert mit seiner Ehefrau umgehen. Er darf sie wegen sexueller Eifersucht nicht in ihren wirtschaftlichen Aktivitäten behindern. Sie muß auf den Markt gehen können und ihre Arbeit auf den Feldern verrichten dürfen. Ein verheirateter Mann muß präsent sein, seine Autorität muß spürbar sein, und er muß seine Frau verteidigen. Aber wenn er sie zu sehr belauert und bewacht wie in Erzählung LYE-E752, wo er ihr sogar zum Brunnen und zum Defäkieren hinterherläuft, dann wird das die Frau gerade reizen, ihn zu hintergehen. Den Frauen muß trotz aller Schlechtigkeit, die man ihnen unterstellt, Bewegungsfreiheit und eine gewisse Autonomie in ihrem eigenen Bereich zugestanden werden.

Die „Triebhaftigkeit" der beiden Geschlechter wird auch von den Lyela und anderen westafrikanischen Gesellschaften in einer sexuellen Doppelmoral verschieden bewertet. Für den Mann ist es schon wegen der polygynen Familienstruktur selbstverständlich, daß er sexuelle Beziehungen zu mehr als einer Frau unterhält. Von einer verheirateten Frau erwarten die Lyela dagegen, daß sie ihrem

---

20 Eine recht ähnliche Geschichte, in der Liebhaber und Ehefrau vor den Augen des Ehemannes Ehebruch begehen, findet sich in Rattrays Sammlung von Hausa-Erzählungen: Der Liebhaber lockt den eifersüchtigen Ehemann mit künstlich präparierten Baobab-Früchten, die er mit Kaurischnecken gefüllt hat, auf einen Baum. Dann zieht er die Leiter fort und begeht unten den Geschlechtsakt mit der Ehefrau des Eifersüchtigen. Der Eifersüchtige versteht die Lektion richtig und kehrt mit der Ehefrau in die Gemeinschaft zurück, die er aus Eifersucht gegenüber seiner Frau verlassen hatte, um mit ihr allein im Busch zu leben (Rattray 1913: 248).

21 Die Hühnerställe der Lyela sind etwa zwanzig bis dreißig Zentimeter hohe Lehmkästen, in die sich ein Mensch nur schwer hineinzwängen kann. Man muß sich durch den noch niedrigeren Eingang regelrecht hineinwinden, um den ganzen Körper hineinzuzwängen.

Ehemann treu ist. Leider werden diese Erwartungen nicht immer erfüllt, und was die Ehemänner in den Erzählungen besonders in Rage zu versetzen scheint, ist ihr begründeter Verdacht, daß ihre untreuen Ehefrauen ihren Liebhabern nicht nur Sex, sondern auch noch besseres Essen geben als ihnen selbst. Im Laufe dieser Arbeit wurde wiederholt auf die enge symbolische Assoziation von Essen und Sexualität hingewiesen, die in Erzählung LYE-E338 zu der bizarren Szene ausgebaut wird, daß eine Frau ein Loch in die Wand ihrer Küche schlägt und von dort ihren Liebhaber füttert, der sich am Fuß der Außenmauer verborgen hält.

In zwei Erzählungen wird der Ehebruch einer Frau nicht nur als verwerflich dargestellt, weil damit die sexuellen Rechte des Mannes, die er bei der Heirat über sie erwirbt, verletzt werden. Hier haben auch die Kinder der ehebrecherischen Frau darunter zu leiden, daß ihre Mutter sie vernachlässigt, um sich nachts mit ihren Verehrern aus der Jugendzeit zu amüsieren. Bezeichnenderweise wird das verwerfliche Verhalten der Frau von ihrer eigenen Familie gedeckt, die die nächtlichen Eskapaden der Tochter vor dem Ehemann zu vertuschen sucht. Die Geschichte LYE-E612, erzählt von Erneste Bazie aus Goundie (32 Jahre), der sich mit der Rolle des Ehemannes identifiziert, endet mit der Botschaft, daß es unklug von einem Mann sei, eine Frau aus demselben Dorf zu heiraten. Mit der Schwiegerfamilie im selben Dorf sei es für einen Ehemann schwer, die Frau unter Kontrolle zu halten, da sie jederzeit Unterstützung bei den eigenen Verwandten finden könne.

7.7. Konflikte zwischen Ehepartnern um Nahrung

Wenn auch die Frauen als sexuell treulos beschrieben werden und als unfähig, ihre sexuelle Triebhaftigkeit zu beherrschen, so gibt es aber auch Geschichten, in denen die Männer mit bestimmten, stereotypen Charakterfehlern behaftet werden. Wie gesagt, werden Frauen gelegentlich verdächtigt, der Familie Essen vorzuenthalten, um es einem Liebhaber zu geben. Noch häufiger kommt es aber vor, daß ein Familienvater seine Angehörigen hintergeht, um Nahrungsmittel oder Vorräte aus dem gemeinsamen Familienbesitz für sich allein zu verbrauchen. In diesen Geschichten tritt der Familienvater gerne in Tiergestalt auf, so als sei der Sachverhalt, der z.B. in der folgenden Geschichte angesprochen wird, zu krass und zu ungeheuerlich, als daß man ihn mit echten Menschen in Verbindung bringen könnte. Die Fülle der Versionen (LYE-E001, LYE-E364, LYE-E492, LYE-E615, LYE-E834, LYE-E950), in denen die Geschichte erzählt wurde, weist darauf hin, daß es sich bei dieser Geschichte um ein Thema handelt, das die Lyela sehr beschäftigt:

> Die Hyänenfamilie hat gemeinsam einen fetten Ziegenbock gemästet. Hyänenvater will den selbst ganz allein auffressen, ohne das Fleisch mit irgend jemandem zu teilen. Als seine Frau eines Tages vom Markt kommt, findet sie ihren Ehemann jammernd und wehklagend am Feuer liegen. Er sagt, er sei sterbenskrank, und die Frau solle den Wahrsager hinter dem heiligen Baum konsultieren, um herauszufinden, wie man Hyänes Leben noch retten könne.

Die Frau macht sich auf, Hyäne hat sich inzwischen aus dem Hintereingang des Gehöftes geschlichen und sich als „Wahrsager" hinter die Büsche gesetzt.
Der „Wahrsager" unterstreicht die Gefährlichkeit von „Hyänes" Krankheit und sagt der Frau, es helfe nun kein anderes Mittel mehr, als den fetten Ziegenbock zu opfern. Hyäne solle das Tier weit in den Busch hineintreiben an eine Stelle, an der es keine Fliegen mehr gebe, und dort solle er das Tier mit Salz, rotem Pfeffer und Karitébutter zubereitet verzehren.
Die Frau kehrt heim und berichtet ihrem Mann, was der Wahrsager ihr gesagt hatte. Hyäne ist „sehr bestürzt" und „weint".
Er macht sich mit seinen Küchenutensilien auf den Weg in den Busch, wo es keine Fliegen mehr gibt. Er schlachtet und kocht das Tier, und während er darauf wartet, daß das Fleisch gar wird, fängt er sich ein paar Frösche als Vorspeise.
Er dreht große Steine um, unter denen Frösche sitzen. Dabei stößt er auf ein *necĕculu*, das ihn mit Zauberformeln zwingt, es mitzunehmen. Das *necĕculu* tötet Hyäne auf der Stelle, erweckt ihn dann wieder zum Leben und zwingt ihn auf diese Weise, das zu tun, was das *necĕculu* will.
Das Zauberwesen frißt den Ziegenbock auf, es zwingt Hyäne, es nach Hause mitzunehmen. Dort frißt es auch alles auf und drangsaliert die Hyänenfamilie so arg, daß sie beschließen, in der Nacht fortzuschleichen (LYE-E001, LYE-E364).
Weil sie einen Schöpflöffel vergessen haben, schicken sie Katze zurück, ihn zu holen. Davon wacht das Monster auf und setzt die Drangsalierung der Hyänenfamilie fort (LYE-E001, LYE-E364).
Hyäne erhält Hilfe von einem Raubvogel (in manchen Versionen von mehreren). Der rät ihm, das *necĕculu* zu waschen, mit Karitéfett einzuölen und dann auf das Terrassendach zu setzen (LYE-E492, LYE-E834, LYE-E950). Von dort hebt es der Raubvogel auf und steigt hoch in die Luft. Er läßt es fallen, und das *necĕculu* stirbt.
In Version LYE-E615 fällt das *necĕculu* auf die Erde, als die Menschen gerade ihre Felder abbrennen. Es verbrennt zu Asche, von der Hyäne etwas aufleckt. Danach fängt Hyänes Ohr an zu klingeln, und er bittet seine Frau, ihm den Gegenstand aus dem Ohr zu entfernen. Weil nichts hilft, verpaßt sie ihm schließlich einen heftigen Schlag mit dem Stil ihrer Hacke und Hyäne stirbt.
In Version LYE-E834 frißt der halbverhungerte Hyänenmann nach der Befreiung vom *necĕculu* so viel, daß er starke Diarrhöe bekommt und stirbt.
Seitdem sagt man, daß niemand die Sachen seiner Familie alleine aufessen soll (LYE-E615).

Hyäne betrügt in der vorliegenden Erzählung seine Ehefrau (in Version LYE-E615 zusammen mit seiner Mutter) und die Kinder. Die Teile der Familie, die von religiösen Dingen nichts verstehen, werden vom falschen Wahrsager hereingelegt, der sie um ihr begehrtestes Nahrungsmittel (fettes Fleisch) prellt. Die Frauen werden als gutwillige, naive Ernährerinnen ihrer Familie beschrieben. Sie versorgen den zu seinem „Opfer" in den Busch ziehenden „kranken" Familienvater zusätzlich mit Mehl, Fett und Gewürzen und geben bereitwillig den kostbarsten Familienbesitz an das „bedürftige" Familienoberhaupt ab. Auch in Wirklichkeit haben besonders die *alten* Männer ein höheres Konsumniveau als die Jungen und die Frauen. Sie trinken mehr Bier und leisten sich die Luxusartikel Kolanüsse und Tabak. In den Erzählungen findet sich eine verhüllte, metaphorisierte Warnung gegen Mißbrauch der männlichen Privilegien. Grundsätzlich angezweifelt wird die sozio-ökonomische Ordnung in den Erzählungen jedoch nicht. Auch in den Erzählungen über den „Bösen König" ging es nicht um eine grundlegende Gesellschaftskritik, sondern die Erzählungen konzentrierten sich darauf, die bösen Folgen mißbräuchlicher „Übertreibungen" der bestehenden Verhältnisse anzuprangern.

Wie am Beispiel der Geschichte über die „Frau im Geisterhaus" ausgeführt wurde (Kap.5.6.), nehmen Frauen in Erzählungen oft die Rolle der umsichtigen, verantwortungsvollen, tüchtigen Ernährerin der Familie ein, eine Darstellungsweise, die der Wirklichkeit entspricht. Die Männer verhalten sich im Gegensatz zur *"femme nourricière"*, die für das Wohl ihrer Familie arbeitet, oft selbstsüchtig, gierig und betrügerisch. An Körperkraft stehen die afrikanischen Bäuerinnen den Männern selten nach. Die Lyela-Frauen arbeiten heute ebenso hart auf den Feldern wie die Männer (vgl. Steinbrich 1987: 235–256), und in den Erzählungen werden sie ebenfalls als „stark" und „geschickt" beschrieben. Das überkommene westliche Klischee des „schwachen Weibchens", das sich an einen starken Mann anlehnt, hat in der westafrikanischen Oratur keinen Platz. In Erzählung LYE-E005 ist die Hyänenfrau im Ringkampf stärker und geschickter als ihr eitler Ehemann, der sich selbst als besten Ringer ansieht und jedermann auf seiner Flöte zum Kampf auffordert. Zwar sind die Frauen in den patrilinearen Gesellschaften der westafrikanischen Savanne in sozialer, vor allem aber in rechtlicher und religiöser Hinsicht untergeordnet. Was Körperkraft und Leistungsvermögen angeht, wird jedoch erwartet, daß sie den Männern ebenbürtige Arbeitsleistungen erbringen. Neben der Feldarbeit müssen sie schwere Lasten tragen und über Stunden die kräftezehrende Arbeit des Kornstampfens verrichten.

Die Tüchtigkeit der Frauen auf wirtschaftlichem Gebiet kontrastiert mit einer ihnen unterstellten „Unfähigkeit" auf magisch-religiösem Gebiet.

7.8. Eifersüchtige Ehefrauen zerstören die Zaubermittel ihrer Ehemänner

In den vorangegangenen Geschichten wurde immer wieder die Trennung der Geschlechter gefordert. Sie zeigen, wie lächerlich und verderblich es ist, wenn der Mann seiner Frau zum Wasserschöpfen an den Brunnen folgt, und wie unangebracht und verfehlt es ist, wenn ein Mann seine Freundschaften mit anderen Männern wegen einer Frau aufgibt. Viele Geschichten verkünden nun auch die Moral, daß man die Frauen davon abhalten müsse, zu weit auf männliches Territorium vorzudringen. Vertrauensseligkeit der Männer gegenüber ihren Frauen wird besonders verurteilt, wenn es sich um religiöse oder magische Dinge handelt.

Wie bereits deutlich wurde, spielen Zaubermittel oder „Kraftträger" (*cŏ*, pl. *cèmè*) im religiösen Leben der Lyela eine wichtige Rolle. Die Männer benutzen *cèmè* in den verschiedensten Formen, um mehr „Kraft" (*jàn*) zu bekommen, sei es um eine Krankheit abzuwehren, Jagdglück zu haben, oder die eigene wirtschaftliche und soziale Stellung zu erhöhen. Die Frauen kennen eigene Medizinen, die sie

7. Geschlechterverhältnisse, Heirat, Ehe und Familie

zur Säuglingspflege und als „Hausmittel" gegen verschiedene Krankheiten benutzen. Bis auf einen Ausnahmefall habe ich aber keine Frauen kennengelernt, die zauberkräftige Heilmittel besessen hätten (vgl. Steinbrich 1987: 377).

Die folgende Geschichte (LYE-E261) ist eine von vielen, die die Lyela sich erzählen, um die Auffassung aufrechtzuerhalten, daß die Männer ihre Zaubergegenstände und ihr magisches Wissen vor ihren Ehefrauen geheimhalten sollen. Sie wurde von einem jungen Mann von etwa 20 Jahren erzählt. Eine Mosi-Variante findet sich bei Tauxier (1917: 478):

> Ein Mann geht auf die Jagd, und im Busch trifft er ein weißes Perlhuhn. Als er es abschießen will, spricht das Tier zu ihm und bittet darum, es zu verschonen. Er solle in drei Tagen wiederkommen, dann werde er reich belohnt.
> Der Mann ist einverstanden und schießt andere Tiere. Nach drei Tagen kehrt er zum weißen Perlhuhn zurück und erhält einen zauberkräftigen Kuhschwanz, mit dem man tote Menschen wieder zum Leben erwecken kann. Das weiße Perlhuhn rät dem Mann dringend, den Zaubergegenstand nicht im Haus seiner Frau, sondern in dem seiner Mutter aufzubewahren.
> Der junge Mann kehrt mit dem „Fetisch" ins Dorf zurück, wo er aufgrund seiner magischen Fähigkeiten zu einem angesehenen Mann wird. Entgegen der Weisung des Perlhuhns bewahrt der Mann den Zaubergegenstand in der Hütte seiner Frau auf.
> Nach einiger Zeit wird die Frau wütend und eifersüchtig auf ihren Mann, sie schüttet das Zauberpulver aus dem Fetisch fort und ersetzt es durch pulverisierte Holzkohle.
> Wenig später stirbt die Lieblingsfrau des Dorfchefs. Der Mann wird mit seinem Kuhschwanz herbeigerufen, aber es gelingt ihm nicht, die Frau wieder zum Leben zu erwecken.
> Der wütende Dorfchef läßt den Mann töten und neben der Frau begraben. Das Perlhuhn kommt singend aus dem Busch, es erweckt den Mann wieder zum Leben und sagt ihm, das habe er nun davon, daß er nicht auf seinen dringenden Ratschlag gehört habe, den Fetisch im Haus seiner Mutter aufzubewahren.
> Am Ende wird der Mann in einen wilden Affen verzaubert.

Nur den alten Frauen jenseits der Menopause sollte man in religiösen Dingen Vertrauen schenken, sagt die Erzählung. Das ist eine Botschaft, die der tatsächlichen Entwicklung des weiblichen Lebenszyklus bei den Lyela entspricht (vgl. Steinbrich 1987: 372–378). Es ist üblich, daß ein Mann seine Kultgegenstände und seine Zaubermittel im Haus seiner Mutter aufbewahrt, und wichtige Rituale finden vor dem Wassertopf der alten Mutter des Gehöftherrn statt. Junge Frauen, die noch menstruieren und die noch als „Fremde" im Gehöft gelten, weil sie nicht durch (erwachsene) Söhne an ihre Prokreationsfamilie gebunden sind, sollte man von allen religiösen Dingen fernhalten, so verkünden die Geschichten.

Die wiedergegebene Erzählung von der Frau, die aus „Eifersucht" den Fetisch ihres Ehemannes zerstört, findet sich bei den Lyela in zahlreichen Varianten (LYE-E523, LYE-E646, LYE-E657, LYE-E686, LYE-E706 u.a.m). Besonders aufschlußreich ist eine Passage aus Geschichte LYE-E646. Dort erhält der Mann, ein Jäger, seinen Fetisch von einem Waldgeist. Entgegen der Warnung des Geistes hängt auch hier der Mann nicht nur den Zaubergegenstand im Haus seiner Ehefrau auf, sondern er erklärt ihr darüber hinaus, welche Verbote für den Fetisch wirksam

7.8. Eifersüchtige Ehefrauen zerstören die Zaubermittel ihrer Ehemänner 279

seien. Der Fetisch dürfe nie mit Kinderkot verunreinigt werden, sonst verliere er seine Wirkung. Die Jahre vergehen, der Mann erwirbt mit seinem Fetisch Reichtümer, der Hof expandiert, und der Mann heiratet immer mehr Frauen.

> Seine erste Frau wohnte mitten im Hof. Nachdem der Mann alle diese Frauen geheiratet hatte, hatte er die Älteste verlassen. Der Bauch der Ältesten [ihre Gefühle] wurde[n] bitter, und eines Tages sagte sie zu ihrem Mann: „Du hast neue Frauen gefunden, du bist reich geworden, du liebst mich nicht mehr. Ich werde die Sache, die dir all diese Frauen verschafft hat, zerstören."

Die älteste Frau geht zu einer der jungen Mitfrauen, da sie selbst keine kleinen Kinder mehr hat, und bietet ihr an, dem Kind den traditionell üblichen, täglichen Einlauf zu geben. Sie beschmiert den Fetisch mit Kinderkot, so daß er explodiert wie ein Gewehrschuß. Ähnlich wie in der vorangegangenen Version stirbt wenig später der Sohn des Dorfchefs, und der *"féticheur"* kann ihn nicht wieder zum Leben erwecken. Er wird getötet, vom Buschgeist wiedererweckt und in einen Schakal verwandelt.[22] In anderen Versionen verliert der Mann sein Leben entweder ganz und muß sterben, oder er verliert alle Merkmale der Kultur und muß als Affe im Busch leben. Weil er seinen Zaubergegenstand nicht von seiner Frau entfernt gehalten hat, wird er selbst aus dem Bereich der Kultur verbannt und als Tier aus der menschlichen Gemeinschaft ausgeschlossen.

In diesem Erzähltypus bekommen Mann und Frau gegensätzliche symbolische Merkmale zugeordnet. Der Mann erhält seinen Kraftträger entweder bei der Jagd im Busch oder als Erbstück von seinem Vater. Es wurde ausgeführt, daß der Jäger, der in ganz Afrika als Protagonist von Mythen und Erzählungen bekannt und beliebt ist, den besonders *männlichen* Mann symbolisiert (Kap. 4.1.). Seine Merkmale sind: Reinheit, Kraft, Mut und spirituelle Stärke, die durch sexuelle Abstinenz gewonnen werden. Er begegnet den wilden Tieren und den Buschgeistern und erhält von ihnen – nicht nur in Erzählungen, sondern auch in „Wirklichkeit" – übernatürliche Gaben und Fähigkeiten, die seine Stellung in der menschlichen Gesellschaft ausmachen.

Den Frauen werden dem Manne gegensätzliche tatsächliche und/oder symbolische Eigenschaften zugesprochen: Unreinheit, Ängstlichkeit, (charakterliche) Schwäche, sexuelle Zügellosigkeit. Interessant ist auch der Symbolgehalt der verderblichen Substanzen, die die Kraft der Fetische zerstören. Die wunderbare Zauberkraft des Kuhschwanzes, mit der man einen toten Menschen wieder zum Leben erwecken kann, wird durch Kinderkot zerstört. Ich möchte mich nicht der gewagten tiefenpsychologischen Hypothese vom „Gebärneid der Männer" an-

---

22 Als Schakal (Orakeltier) soll der Mann nach seinem Tode den Menschen dienen. In einem Sandorakel sagen die Schakale den Lyela und auch ihren nördlichen Nachbarn, den Samo und den Dogon, was die höheren Mächte mit den Menschen vorhaben. Das Schakalorakel funktioniert wie das Mäuseorakel; ein Spezialist zeichnet eine Symbolkarte in eine Sandfläche. Der Schakal (oder entsprechend die Maus) berührt beim Herüberlaufen bestimmte Symbole, und aus ihrer Kombination kann der Orakelspezialist signifikante Aussagen für die Lebenssituation seines Klienten herauslesen.

schließen, wie sie etwa von Dundes in seinem Aufsatz über den *"Earth-Diver"* Mythos der nordamerikanischen Indianer (1962) vorgebracht wurde. Dennoch ist im vorliegenden Lyela-Beispiel ein Gegensatzpaar von natürlicher Schaffung neuen Lebens und der magischen Wiedererweckung verloschenen Lebens implizit enthalten. Die Frauen reproduzieren durch die Geburt und Pflege kleiner Kinder das Leben auf natürliche Weise, hier symbolisch zusammengefaßt in der Substanz des Kinderkots, der gleichzeitig unrein ist und mit der Reproduktion der menschlichen Gesellschaft zu tun hat. Dem wird auf einer höheren, spirituellen Ebene die magische Fähigkeit des Mannes entgegengesetzt, mit Zaubermitteln, die er als Jäger im Busch erworben hat, bereits verloschenes Leben wieder neu zu erwecken. Der Kinderkot ist der Medizin im Fetisch symbolisch entgegengesetzt, und – was ich für bedeutsam halte – er ist „stärker" als der Fetisch. Der Kraftträger wird von dieser Substanz „bedroht", er muß vor dieser Substanz geschützt und bewahrt werden.

Eine ähnliche Vorstellung von der „Unreinheit" frühkindlicher Fäkalien findet sich bei den Mosi. Lallemand bringt die gefährliche Unreinheit dieser Substanz mit der des weiblichen Menstruationsblutes in Zusammenhang:

„Daß das Blut der menstruierenden Frau oder der Frau, die gerade geboren hat, unrein ist, eine *'saleté'* (*regedo*) wie die Mosi sagen, ist allgemein bekannt. Aber das Neugeborene hat noch auf eine andere Weise an der weiblichen Unreinheit teil, und zwar besonders durch seine Fäkalien: die Faeces der ersten Woche sehen unnormal aus [...], was darauf zurückgeführt wird, daß das Kind noch eine Zeitlang die ‚verborgene Nahrung' ausscheidet, die es aus den ‚inneren Brüsten' (*pugum biinsa*) [im Mutterleib] zu sich genommen hat; schließlich werden die Fäkalien ungefährlich, da sie ja nun eine Transformation der Milch aus den ‚äußeren Brüsten' (*ying biinsa*) darstellen." (Lallemand 1978: 312)

In einer anderen Lyela-Version darf der „Fetisch" nicht mit Honig, dem Symbol der sexuellen Verführung, in Berührung kommen. Auch in dieser Geschichte zerstört die Frau den Fetisch „aus Eifersucht auf die Reichtümer" des Mannes. Wie gesagt, bedeutet in Afrika „Reichtum" vor allem den „Besitz" vieler Frauen und Kinder, so daß der Patriarch über einen großen Hof herrscht. Die erste Frau ist jedoch eifersüchtig auf die jüngeren, fruchtbaren Frauen, denen der Mann seine sexuelle Aufmerksamkeit und Kinder schenkt. Der ältesten Frau wäre es lieber, als arme Frau allein mit ihrem Mann in einem ärmlichen kleinen Gehöft zu sitzen und als seine Gefährtin anerkannt zu bleiben, als „im Reichtum" unter der Konkurrenz jüngerer Frauen zu leiden. Die polygyne Ehe als Thema westafrikanischer Erzählungen soll im nächsten Abschnitt behandelt werden.

Ich möchte noch etwas bei der Symbolik des Kinderkots und des Honigs bleiben. Sie repräsentieren die Fruchtbarkeit und die Sexualität der Frauen. In der Variante, in der die Frau den zauberkräftigen Kuhschwanz ihres Mannes mit Honig beschmiert, windet der sich auf dem Boden wie eine verwundete Schlange. Schließlich zuckt er zusammen und stirbt. Die explizite Moral dieser Geschichte lautet, daß die Männer den Frauen nicht das Wissen über die Handhabung, die „Regeln" ihrer Zaubermedizinen verraten dürfen. Geheimes Wissen dient der Distanzierung der Geschlechter voneinander. Die Frauen werden von diesem

7.8. Eifersüchtige Ehefrauen zerstören die Zaubermittel ihrer Ehemänner 281

Wissen ausgeschlossen und auf diese Weise den Männern untergeordnet. Das Reine, Magische, Spirituelle, Männliche wird von den „natürlichen" Eigenschaften der Frauen – Unreinheit, Fruchtbarkeit und Sexualität – bedroht und muß deshalb gegen diesen Bereich des menschlichen Lebens abgeschirmt werden.

Dazu muß gesagt werden, daß sich Männer untereinander auch nicht die Geheimnisse ihrer „Fetische" verraten. Sie werden entweder vererbt oder in weit entfernt liegenden Dörfern käuflich erworben. Für eine (heutzutage oft recht bedeutende Geldsumme) verkauft ein Besitzer mächtiger Fetische „Ableger" seines Zaubermittels. Er erklärt seinen Kunden dabei, welche Verhaltensvorschriften und Verbote (*súsúlú*) einzuhalten sind, damit der Fetisch seine Kraft entfalten kann. Der Verkäufer nennt dem Käufer dabei auch die Opfergaben, die dem Fetisch zu entrichten sind, um seine Kraft zu regenerieren. Die meisten *cèmè* enthalten darüber hinaus ein „Medikament" in flüssiger oder pulverisierter Form, dessen Bestandteile dem Kunden mitgeteilt werden, so daß er selbst in der Lage ist, die „Medizin" aus Rinden, Wurzeln und anderen Pflanzenteilen zu ersetzen, wenn sie verbraucht ist. Der neue Fetischbesitzer hält sein magisches Wissen geheim, denn mit Hilfe seines Zaubergegenstandes will er stärker werden als die anderen Menschen. Sei es, daß er sich mit der Medizin gegen andere Menschen und ihre übernatürlichen Angriffe schützt, sei es, daß er „Reichtümer" erwerben will: Hirse, Vieh, Frauen und Kinder. In jedem Fall behält er sein magisches Wissen für sich und verkauft es nur gegebenenfalls an Kunden weit entfernter Dörfer, mit denen er keinen oder wenig Sozialkontakt hat, so daß er von ihnen keine Rivalität zu fürchten braucht.

Da Frauen als klatschsüchtig und bestechlich verrufen sind, ist es auch deshalb nicht geraten, ihnen zu viel über Zaubermittel zu erzählen, denn sonst kann es passieren, daß sie einem anderen Mann die magischen Geheimnisse des Ehemannes verraten (vgl. Kap.4.2.). So geschieht es in der folgenden Geschichte (LYE-E523):

Ein Mann hat einen Sohn, und die Mutter des Jungen stirbt. Der Junge heiratet, und die drei leben in Armut zusammen.
Der Vater spürt seinen Tod nahen, und er sagt, er habe dem Sohn nichts anderes zu vererben als den kleinen Finger seiner linken Hand. Damit werde der Junge jedoch reich werden. Er solle ihn in ein Paket verschnüren und damit die Runde unter den reichen Gehöftbesitzern machen. Denen solle er die Aufgabe stellen, den Inhalt des Pakets zu erraten. Wenn ihnen das nicht gelänge, sollten sie dafür zehn Kühe geben; andernfalls hätten sie das Recht, den jungen Mann zu töten.
Auf diese Weise wird er reich, bis eines Tages einer der „Chefs" die Frau des Jungen dazu verführt, für ihn den Inhalt des Fetisches herauszubekommen.
Die Frau macht kein Waschwasser mehr für ihn heiß, sie kocht ihm nichts mehr zu essen, bis der Mann sie nach dem Grund ihrer Verstimmung fragt.
Sie sagt, sie wolle die „Geheimnisse" des Zaubermittels wissen, mit dem der Mann zu Reichtum gekommen sei. Es sei gefährlich, sie nicht darüber aufzuklären, denn so könne sie doch versehentlich etwas Falsches tun, das die Zauberkraft seines Fetischs zerstöre.

Der Mann lenkt nach längerem Widerstand ein und gibt den Inhalt des Fetischbündels preis. Die Frau verrät ihn an den Chef, der so tut, als habe er richtig geraten. Der Mann soll getötet werden.
Sein Peul-Freund nähert sich dem festgebundenen Mann und fragt ihn, warum er getötet werden solle. Der junge Mann erzählt seine Geschichte.
Der Peul tötet heimlich den Lieblingssohn des Chefs auf magische Weise, und er erklärt ihm anschließend, er könne den Jungen wieder zum Leben erwecken, wenn der Chef ihm die notwendigen Zutaten für ein weiteres Zaubermittel zur Verfügung stelle. Er brauche die Zunge einer Verräterin, und er schlage dazu die Frau seines Freundes vor. Sie sei die übelste Verräterin, die er kenne.
Die Frau wird geköpft, der Peul bereitet das „Medikament", und der Sohn des Dorfchefs erwacht wieder zum Leben.
„Wenn du eine Frau geheiratet hast, und du findest ein Zaubermittel, dann solltest du ihr nicht alle Verbote (súsúlú) verraten, die für das Zaubermittel gelten. Und eine Frau sollte nicht alles weitertragen, was sie hört."

Wir erfahren hier, mit welchen Mitteln Frauen auf ihre Männer Druck ausüben: Sie kochen nicht mehr, so daß die Ehemänner hungern müssen, denn andere Nahrungsquellen sind in der westafrikanischen Savannenzone, wo die Nahrungszubereitung aus Körnerfrüchten eine zeit- und kraftaufwendige Angelegenheit ist, nicht so leicht zu erschließen. Nahrungsentzug wird neben der Verweigerung des Geschlechtsverkehrs immer wieder genannt, wenn die Männer den Frauen erpresserische Methoden, ihren Willen durchzusetzen, vorwerfen wollen.

Die übersteigerte „Verweigerung" der Frauen in den Erzählungen weist auf ihre Unentbehrlichkeit als Gebärerinnen von Kindern und als Ernährerinnen hin. Die Männer sind von den Frauen abhängig, und das nehmen sie ihnen offenbar übel. Ein Mann ohne Frau zählt nichts, und eine oder sogar mehrere Frauen zu bekommen und mit ihnen auszukommen, ist oft nicht einfach. Es scheint so, als ob die Männer das unangenehme Gefühl der Abhängigkeit durch misogyne Erzählungen zu bekämpfen suchten.

Die Lyela-Männer vertrauen ihren Ehefrauen in den Erzählungen wenig. In manchen Geschichten wird den Frauen sogar unterstellt, daß sie ihren Ehemännern oder gar deren Vätern nach dem Leben trachteten (LYE-E611). Frauen geraten schnell in Wut, sie werden von Eifersucht, Mißgunst, Neid, Neugier und Haß überwältigt, und dann tun sie Dinge, die den Männern gefährlich werden:

Ein Mann hat eine Frau geheiratet, die er sehr liebt. Eines Tages warnt ihn ein Wahrsager vor dieser Frau und sagt ihm, daß der Mann sich von dieser Frau trennen werde.
Der Mann sagt, daß es auf der Welt nichts gebe, was ihn von seiner Frau trennen könne, obwohl der Wahrsager mehrfach seinen „Befund" wiederholt.
Der Mann betont, wie gut er sich mit seiner Frau verstehe und daß er sogar seine „Medikamente" mit ihr teile. Er erkläre ihr sogar, wo er seine Zaubermittel finde und welche Verbote (súsúlú) mit welchem Medikament verbunden seien.
Eines Tages gibt der Wahrsager dem Mann ein Ei und sagt ihm, daß dieses Ei niemals zerbrechen dürfe, denn dann müsse der Mann sterben.
Der Mann gibt seiner Frau das Ei zur Aufbewahrung. Sie verwahrt es in einem Tontopf, auf den sie noch etliche andere Töpfe stapelt, damit dem Ei bloß nichts passiere.

Eines Tages streiten sich die beiden Kinder der Frau, ein Junge und ein Mädchen. Die Mutter ergreift Partei für das Mädchen und schlägt den Jungen. Der Vater fordert die Mutter auf, die Kinder zu trennen und macht ihr Vorwürfe, weil sie den Jungen geschlagen hat.
Die Frau beschimpft den Mann als *yibelyolo* (Unhold, Bösewicht, brutaler Mensch, der anderen [auf übernatürliche Weise] Böses tut) und sagt ihm, daß sie sein Leben in der Hand halte. Nun müsse er sterben.
Sie wirft das Ei in die Mitte des Hofes, und der Mann läuft weinend zum Wahrsager. Der beruhigt ihn und sagt ihm, er müsse nicht sterben; er habe die Sache mit dem Ei nur gemacht, um ihm eine Lehre zu verpassen.
„Der Mann hat mehr Körperkraft und kann die Frau schlagen, deshalb ist die Wut der Frau größer als die des Mannes. Sie wird darum versuchen, ihren Mann mit Zaubermitteln zu töten."

Wieder einmal erweist es sich als fatal für einen Mann, einer Frau zu vertrauen. Die Frau schreckt nicht einmal davor zurück, das Leben ihres Mannes zu zerstören. Sie handelt völlig emotionsgeleitet und mißachtet in einem Wutanfall jegliche Abmachungen und Vereinbarungen. Die Schlußmoral dieser Erzählung erinnert an die Geschichte vom „Mann, der die Sprache der Tiere versteht" (vgl. Kap.8.2.). Eine Erzählung verweist auf eine andere, eine Schlußmoral kreuzt sich mit der Botschaft einer weiteren; die Erzählungen der Lyela bilden ein Geflecht von Botschaften und Bedeutungen, ein komplexes Symbolsystem. Die einzelne Geschichte erhält ihre Bedeutsamkeit nicht allein aus den gelebten Verhältnissen der (Alltags-) Wirklichkeit. Sie erhält einen Teil ihrer Bedeutung aus anderen Erzählungen.

In der Geschichte von der „Sprache der Tiere", die von Paulme in ihrem berühmt gewordenen Aufsatz *Littérature Orale et comportements sociaux en Afrique Noire* (1961) in Varianten der Dogon (Mali), Baoulé (Elfenbeinküste), der Ashanti (Ghana), Popo (Bénin), Ekoi (Nigeria), Mbaka (Angola) und der Azande (Sudan) analysiert wurde, erlernt ein Mann auf der Jagd oder im Traum das Geheimnis der Sprache der Tiere. Er darf es niemandem verraten, sonst muß er sterben. Mit dieser besonderen Fähigkeit wird der Mann reich. Eines Tages lacht er über die Unterhaltung zweier Tiere, und seine Frau fühlt sich brüskiert, weil sie nicht verstehen kann, worüber der Mann so laut lacht. Die Frau tut beleidigt und verlangt vom Mann, ihr den Grund für seine Heiterkeit mitzuteilen. Diese Konfliktsituation wird vom Mann in den Varianten verschiedener Kulturen unterschiedlich bewältigt. In einer Variante aus den „Geschichten aus 1001 Nacht" (zit. in Paulme 1976: 67) setzt sich der Ehemann mit Gewalt durch. Nach islamischem Vorbild bringt auch in den Varianten der Lyela (LYE-E127, LYE-E755) und der Fulbe (Taylor 1929) der Mann seine neugierige Frau mit einer Tracht Prügel zum Schweigen. Er befolgt den guten Rat seines Haushahns, der weiß, wie man sich gegen Frauen durchsetzt, schlägt seine Frau mit einer Peitsche und behält so das Geheimnis für sich, dessen Preisgabe ihn das Leben kosten würde.

Dagegen gehen viele andere schwarzafrikanische Varianten für den Ehemann schlecht aus. Die Frau droht in den Bété-, Dogon-, Zandé- und Aschanti-Varianten, zu ihrer Familie zurückzukehren, wenn der Mann nicht tut, was sie verlangt.

Dort muß er dem Willen seiner Frau und ihrer Familie, der er als Schwiegersohn lebenslang verpflichtet ist, nachgeben.

Die Erzählungen von der „Sprache der Tiere" und vom „Lebensei" zeigen uns, daß es trotz fortschreitender islamischer Beeinflussung bei den Lyela verschiedene Meinungen dazu gibt, ob man seine Frau schlagen sollte oder nicht. Nach seinen Rechten befragt, würde jeder Lyela-Mann antworten, daß es ihm auf jeden Fall gestattet sei, seine Frau für bestimmte Verfehlungen zu schlagen. In Wirklichkeit kommt es jedoch sehr selten vor, daß Männer Frauen schlagen. Ich habe selbst nur einen einzigen Fall erlebt, in dem ein Trunkenbold seine Frau verprügelte, und dabei griffen sofort die Nachbarn ein, um die Frau zu verteidigen. Aus der Erzählung vom Lebensei geht hervor, daß man sich der Tatsache bewußt ist, daß Schläge die ehelichen Konflikte nicht zu lösen vermögen, sondern sie eher noch verstärken.

Zwar ist die Frau in Geschichte LYE-E611 sehr negativ charakterisiert, aber wir finden sie dennoch als Bewahrerin der Fruchtbarkeit, die hier durch ein Ei repräsentiert wird. Fruchtbarkeit ist so viel wie Leben, und damit ist das Leben des Mannes in der Hand der Frau. In der Geschichte bewahrt die Frau das Ei in einem Tontopf auf, ein Gefäß, das überall in Westafrika eine enge symbolische Assoziation mit „der Frau" besitzt. Wie an anderer Stelle ausgeführt, werden bei den Lyela wichtige Rituale der Ahnenverehrung und des *vur*-Kultes vor dem Wassertopf einer Frau durchgeführt. Nur den alten Frauen, die durch ihr langes Leben in der Familie des Ehemannes ihre Loyalität zur Prokreationsfamilie bewiesen haben, wird das persönliche *yí*-Heiligtum[23] ihrer Söhne anvertraut. Einer jungen Frau, bei der die Gefahr besteht, daß sie von einem fremden Mann „gestohlen" wird, vertraut man keine sakralen Gegenstände an. Somit wiederholt die vorliegende Erzählung ein Gebot, das im religiösen Leben volle Gültigkeit besitzt.

Das Weiterleben nach dem Tod als Ahne ist nur garantiert, wenn eine Frau einem Mann einen Sohn gebiert. Auch auf der religiösen Ebene ist ein Mann von der Fruchtbarkeit der Frauen abhängig; diese Abhängigkeit scheint in den Männern (eine unbewußte?) Hilflosigkeit auszulösen, die sich in den Mythen und Erzählungen als Mißtrauen und Groll gegen die jungen, gebärfähigen Frauen ausdrückt.

Bei den Lyela ist die Ehe ebensowenig eine individuelle Angelegenheit wie bei anderen Gur-sprachigen Gesellschaften der westafrikanischen Savanne. Eine Frau wird an einen Bruder ihres Ehemannes „weitervererbt", wenn ihr Mann stirbt. Dabei hat sie Wahlfreiheit unter den Brüdern einer Klan-Sektion, und wenn

---

23 *yí*, pl. *yǝ* : Ein Begriff mit vielfältigen Bedeutungen, Gott, Sonne, Himmel, Gottheit u.a.m. Im vorliegenden Ausdruck ist der persönliche Schrein gemeint, den man für ein Individuum auf Anraten eines Wahrsagers errichtet. Das *yí* ist ein aus der Erde des Regenzeitflusses geformter Lehmwulst, der vor dem Wassertopf der Mutter in den Boden gedrückt wird. Nach dem Tode des Mannes oder der Frau, für die das *yí* implantiert wurde, wird dieser Schrein zum *dayi* bzw. zum *náyi*, und er erhält Opfergaben von den Nachkommen des (der) Verstorbenen. Aus einem persönlichen Schrein wird auf diese Weise ein Ahnenschrein.

7.8. Eifersüchtige Ehefrauen zerstören die Zaubermittel ihrer Ehemänner   285

sie nach der Menopause gar nicht mehr heiraten will, nimmt sie einen kleinen Jungen aus der *lineage* des Ehemannes in ihr Haus, um auf diese Weise zu zeigen, daß sie weiterhin im Gehöft des Verstorbenen leben will (vgl. Steinbrich 1987: 344).

Die Ehe reicht auf diese Weise oft über die Lebensspanne des Individuums hinaus. Auch wenn eine Frau stirbt und die Beziehungen ihres Mannes zu ihrer Herkunftsfamilie gut waren, kann es geschehen, daß ihm eine ihrer „jüngeren Schwestern" als Ersatz für die Verstorbene gegeben wird. Das ist wohl vor allem der Fall, wenn die Verstorbene Kinder zurückließ. Es gibt bei den Lyela keine Ehescheidung, und zu einer Aufhebung der Ehe kommt es nur in wirklich schweren Konfliktfällen. Frauen sind in dieser polygynen Gesellschaft knapp, und die Heirat mit einer Frau ist für einen Mann eine kostspielige Angelegenheit, die für ihn und seine Familie mehrere Jahre harter Arbeit bedeutet. Eine Ehefrau wird deshalb nicht leichtfertig aus einem Gehöft verstoßen. Allerdings greift man doch zu diesem letzten Mittel, wenn eine Frau verdächtigt wird, Zaubermittel (*bira*, pl. *byese*) gegen ihren Mann zu verwenden. Früher, als es für die Frauen noch nicht die Möglichkeit gab, mit einem anderen Mann an die Elfenbeinküste zu entlaufen, soll es nach Meinung der Leute von Sanje doch häufiger vorgekommen sein, daß eine Frau dem Mann Gift oder verbotene Pflanzen ins Essen gab, um auf diese Weise ihre Vertreibung aus dem Gehöft zu provozieren. Da sie dabei ihre Kinder zurücklassen mußte, kann es nur in extremen Fällen von Unverträglichkeit zwischen den Ehepartnern zu solchen Fällen gekommen sein.

Ob es sich um ethnographische Befragungen handelt, in denen „wirkliche Vorkommnisse" geschildert werden, oder um Geschichten, die bewußt als fiktiv ausgewiesen werden; in beiden Diskursformen werden Frauen als unglückbringend für die Patrilinie des Ehemannes dargestellt. „Man hüte sich vor den Frauen", lautet eine verbreitete implizite oder explizite Botschaft, wie sie auch aus der nächsten Geschichte (LYE-E176) abzuleiten ist, die von einer Frau (!) erzählt wurde:

Vater, Mutter und Sohn leben zusammen. Der Vater verheiratet den Sohn, und die Mutter stirbt. Der Vater wird alt [und muß von der Schwiegertochter versorgt werden]. Eines Tages sagt die junge Frau zu ihrem Mann, er solle seinen Vater aus dem Gehöft schaffen, sie könne keine zwei Junggesellen (!) ernähren. Der junge Mann setzt seinen Vater auf einen Esel und geht mit ihm in den Busch. Nach langem Marsch kommen sie zu einem Baum, und der Sohn will den Vater dort in den Schatten setzen. Der Karité-Baum läßt die beiden nicht in seinen Schatten eintreten und schickt sie fort. Schließlich akzeptiert der Kailcédrat-Baum, daß der Sohn den Vater in seinem Schatten niedersetzt.
Der Sohn läßt den alten Vater dort zurück, und er muß sterben, nachdem sein Trinkwasservorrat erschöpft ist.
Der Mann bekommt seinerseits einen Sohn und lebt nach dem Tod seiner Frau mit dem Sohn und der Schwiegertochter zusammen.
Das gleiche wiederholt sich, der Sohn bringt auf Betreiben der Ehefrau den Alten in den Busch, um ihn dort sterben zu lassen.
Gott steigt danach vom Himmel, er „belohnt" den Karitébaum, (der den Frevel des Altenmordes in seinem Schatten nicht duldete), mit schmackhaften Früchten, aus

denen man zusätzlich auch noch Öl herstellen kann. Seitdem hat der Kailcédrat zwar eine glatte, seidige Rinde, aber er bringt keine Früchte [mehr?] hervor.

Auch in der Familie des Behinderten (wahrscheinlich jemand, der von Polio verkrüppelt ist) stirbt die Mutter, und der Sohn lebt mit seinem Vater und seiner Frau.

Die Frau sagt, sie könne keine zwei Männer ernähren, und der Sohn schickt den Vater ins Dorf, wo er sich seine Nahrung zusammenbetteln muß.

Der Vater tut das, aber eines Tages kehrt er nach Hause zurück und sagt, sein Gewand sei völlig zerschlissen. Er brauche ein neues, um seine Scham zu bedecken.

Der Sohn fordert seinen kleinen Sohn auf, ein Stück Stoff, das als Hüfttuch getragen wird, für den Großvater von der Leine zu holen.

Der Junge zerreißt vor den Augen des Vaters den Stoff und reicht die Hälfte dem Großvater. Der Vater des Jungen wundert sich darüber und fragt ihn nach dem Grund seines Tuns.

Der Junge sagt, die andere Hälfte sei für den Vater (den Mann der mittleren Generation). Wenn er alt werde, werde er (der Sohn) ihn auch auf die Straße zum Betteln schicken, und wenn er dann nach Hause komme und Kleidung brauche, dann bekomme er die andere Hälfte des *"pagne"*.

Daraufhin holt der Vater den Großvater wieder in das Gehöft zurück, und seit dieser Zeit sagt man, daß die Behinderten ihre Verwandten im Alter gut versorgen.

Diese Geschichte wird mit der gleichen Familienkonstellation eingeleitet wie die Erzählung LYE-E523: Ein Vater und ein Sohn leben zusammen mit der Frau des Sohnes „in Armut", wie es heißt. Die wirtschaftliche Situation eines Gehöftes, in der das Zahlenverhältnis zwischen Männern und Frauen nicht ausgewogen ist, ist unbefriedigend. In Geschichte LYE-E176 kann der Sohn diesen Mangel durch einen Fetisch aufheben, den er vom Vater erbte. Er kommt zu Wohlstand und kann mehrere Frauen heiraten. In Geschichte LYE-E523 macht die Ehefrau des Sohnes den empörenden Vorschlag, sich des alten Vaters zu entledigen, weil ihr seine Versorgung zu viel Arbeit mache. Diese Szene ist eine der vielen, in denen ein Alltagsproblem in der Phantasie der Erzählungen „ins Extreme" übertrieben wird. Es ist, als experimentiere man mit der Frage, wie weit man die Wirklichkeit überziehen dürfe. Welche Folgen kann es haben, dieses und jenes Gebot in dieser oder jener Weise zu verletzen?

Die Lage des alten Mannes in Geschichte LYE-E176 wird erst prekär, nachdem seine Frau gestorben ist. Die Schwiegertochter, die vorher unter der Autorität der Schwiegermutter stand, scheint sich nach deren Tod an ihrem wehrlosen, alten Mann zu rächen. Die schandbare Tat, einen alten Mann im Busch auszusetzen und dort verdursten zu lassen, wird nicht nur von den Menschen, sondern auch von den „Geistern" der Natur verurteilt. Der Name des Helden in der Geschichte LYE-E176 lautet Opin, seine Seele wohnte vor seiner Empfängnis in einem *pyìnu* (pl. *pyìndi*, bot. Khaya senegalensis). Zwischen dem Baum und dem jungen Mann besteht eine besondere Beziehung, so daß dieser Baum es zuläßt, den alten Vater in seinem Schatten auszusetzen.

Ähnlich wie bei den Mosi besteht bei den Lyela die Glaubensvorstellung, daß die Menschen in einem Kreislauf von Geburt, Tod und Wiedergeburt entstehen und wieder vergehen (vgl. Lallemand 1978: 3077ff). Ganz lückenlos ist mir von den Lyela selbst ein solcher Kreislauf nicht beschrieben worden. Es ist mir z.B.

nicht klar, ob und wie die Ahnen (*cilə*) sich in *ywəlsɛ* (pl.) „Seelen" verwandeln. Bei einer Minderheit von Kindern erkennt der Wahrsager, daß es sich bei ihnen um direkt wiedergeborene Ahnen handelt. Die meisten haben jedoch eine Existenz als *ywəlsɛ* in Bäumen, Flußläufen, Grotten usw. geführt, bevor sie sich im Leib einer Frau zu einem neuen Menschen entwickelten. In Geschichte LYE-E176 wird man aber doch stark an die Vorstellungen der Mosi erinnert, nach denen die Anzahl der Seelen begrenzt ist, die sich in einem immerwährenden Kreislauf in verschiedenen Formen als Seelen, Geister, Menschen und Ahnen reproduzieren, denn in der Erzählung stirbt der alte Vater ja unter demselben Baum, aus dem sein Sohn bei seiner Empfängnis die Seele erhielt.

Am Ende wird der Baum von Gott (*yi*) mit „Unfruchtbarkeit" bestraft, weil er das furchtbare Sakrileg der Altentötung duldete. Die spirituelle Belebtheit der Natur als kosmologisches Prinzip schlägt sich in diesem Text deutlich nieder. Er wurde von einer Frau und außerhalb eines rituellen Kontextes erzählt; von seiner „ernsten" Botschaft her könnte man ihn jedoch beinahe als Mythos ansehen.

Den Männern in den besten Jahren, die für die schwachen und abhängigen Menschen in der Gehöftgemeinschaft verantwortlich sind, wird in der Geschichte nahegelegt, diese Verantwortung angemessen zu erfüllen. Die Schwäche des Vaters wird nach dem Tod seiner Ehefrau akut, eine Darstellung, die durchaus der Wirklichkeit entspricht. In zahlreichen Lyela-Gehöften hatte ich den Eindruck, daß die Partner monogamer und auch polygyner Ehen im Alter näher zusammenrückten. Nachdem die Jahre der sexuellen Eifersucht vorüber waren und die nachfolgende Generation die Verantwortung für das wirtschaftliche Schicksal der Gehöftgemeinschaft übernommen hatte, schien der Umgang der alten Menschen untereinander von Wärme und Harmonie geprägt zu sein (vgl. Steinbrich 1987: 380). Immer mehr Menschen der gleichen Altersklasse sterben, und die Überlebenden fühlen sich gegenüber der jüngeren Generation als eine Gemeinschaft.

Dagegen halte man sich die Gewaltsamkeit in der Auseinandersetzung zwischen den Ehepartnern der Erzählung LYE-E611 noch einmal vor Augen: Die Frau beschimpft den Mann mit dem übelsten Schimpfwort, das man sich bei den Lyela vorstellen kann. Der Mann schlägt sie deshalb, und in ihrer ohnmächtigen Wut will die Frau ihren Mann töten. Der Antagonismus zwischen den Eltern wird auf die Kinder übertragen; Mutter ergreift für die Tochter Partei und Vater für den Sohn. Das ist das Ende einer Beziehung, in der der Mann anfangs als so verliebt in seine Frau dargestellt wurde, daß er sie sogar in die Geheimnisse seiner Zaubermittel einweihte. Am Ende der Erzählung wird uns eine psychologische Lebensweisheit mitgeteilt: „Weil die Frauen körperlich schwächer sind als die Männer und sich nicht dagegen wehren können, wenn sie von ihnen geschlagen werden, kommen Wut und Haß in ihnen auf". Es ist also geraten, zu den Ehefrauen einen sicheren Abstand zu wahren und ihnen nicht zu nahe zu kommen.

Dieses Thema leitet direkt zum nächsten Abschnitt, der polygynen Ehe in westafrikanischen Erzählungen, über.

7.9. Die polygyne Ehe als unerschöpfliches Thema westafrikanischer Erzählungen

In einem Artikel aus dem Jahre 1992 resümiert Agovi die von europäischen Beobachtern geführte Diskussion um die Institution der Polygynie in Afrika. Er charakterisisiert die traditionelle anthropologische Position, entwickelt von Fortes (1949), Radcliffe-Brown und Forde (1950), Beattie (1964), Clignet (1970), Finnegan (1967) und E. und J. Goody (1973) als eine Auffassung, nach der es für die polygyne Ehe in Afrika zahlreiche vernünftige, wirtschaftliche und soziale Gründe gebe. Altersversorgung, soziale Sicherung der Witwen, Prosperität größerer Wirtschaftseinheiten, Sicherung der Fertilität und vereinfachte innerhäusliche Arbeitsteilung begründen die Rationalität der polygynen Familienform. Bis in die siebziger Jahre seien die Argumente der anthropologischen Position am Beispiel zahlreicher afrikanischer Gesellschaften wiederholt worden. Agovi zitiert als ein Beispiel Mbiti, der in seiner Einleitung einer Erzählsammlung der Akamba (Kenya) die „Polygynie als akzeptierte und respektable Institution" beschrieb, „die viele nützliche und notwendige Aufgaben in der Gesellschaft erfüllt" (1966: 5).

Dem stand stets die von Anthropologen als ethnozentrisch verurteilte Auffassung christlicher Missionare gegenüber, die die polygyne Ehe als unmoralisches, heidnisches Greuel ansahen. Diese Eheform beeinträchtige die soziale Position der Frauen, und deshalb sei es in der Folge der Christianisierung und Modernisierung anzustreben, überall in Afrika die monogame Ehe durchzusetzen.

> „Obwohl es hier und da ein Bewußtsein darüber gab, daß die Frauen selbst die polygyne Ehe gleichzeitig sowohl als Fluch, als auch als Segen ansahen, war es [bis heute] die distanzierte, ‚wissenschaftliche' Betrachtungsweise des [fremden] Beobachters, die sowohl die geistlichen, wie die gelehrten Schriften zu diesem Thema beherrschte.
> Die moderne Forschung in den Sozial- und Humanwissenschaften verlagert die Untersuchung der [fremden] Kultur [jedoch] immer mehr auf die [eigenen] Stellungnahmen der Angehörigen dieser Kultur. Man erkennt heute, daß die Ansichten und Erfahrungen derjenigen, die eine bestimmte Realität erleben, es verdienen, näher untersucht zu werden." (Agovi 1992).

Agovi weist darauf hin, daß sich die Frauen verschiedenster afrikanischer Gesellschaften in Werken der oralen Literatur schon seit jeher über die für sie wichtigen Institutionen der Gesellschaft geäußert hätten, über Heirat, Familie, Geschlechterbeziehungen u.a.m.

> „Geschichtenerzählen, Gesang, Tanz, Dichtung und Ritual sind oft benutzt worden, um darin Themen zur Sprache zu bringen, die für die Frauen besonders wichtig waren. Dort legen sie ihre verborgenen Gedanken offen und setzen sich öffentlich mit wichtigen sozialen Problemen auseinander".

Die Erzählungen der Lyela werden das gewaltsame und destruktive Bild der polygynen Ehe bestätigen, von dem Agovi aufgrund seiner Forschungen in Südwestghana spricht. Einen noch düstereren und gewalttätigeren Eindruck

7.9. Die polygyne Ehe in westafrikanischen Erzählungen

gewinnt man aus den „Mythen" der Sakata (Zaire), die von Hochegger zum Thema der Polygynie gesammelt und veröffentlicht wurden (Hochegger 1977). In diesem Werk wurde jedoch auf eine tendenziöse Weise die orale Literatur für den christlichen Missionierungsanspruch nutzbar gemacht.

„Im Gegensatz zu der weitverbreiteten Auffassung [von der Polygynie] als einer wirtschaftlich wohltätigen und prestige-orientierten Einrichtung in Afrika, haben ihr die afrikanischen Frauen selbst, ebenso wie die Missionare, stets Feindseligkeit entgegengebracht und [die polygyne Ehe] als unmenschliche Lebensform dargestellt." (Agovi 1992: 13)

Nach dieser allgemeinen Einleitung möchte ich von der Problematik der Beurteilung: ist die polygyne Ehe gut oder schlecht? Für wen ist sie gut oder schlecht? wieder abrücken und zeigen, wie dieses Thema bei den Lyela und verwandten Kulturen der westafrikanischen Savanne dargestellt wird.

Die folgende Geschichte (LYE-E396) wurde von Ezuna Kando, einer etwa sechzigjährigen Frau, in einer Runde erzählt, die im wesentlichen aus Frauen und Kindern bestand:

Ein Mann hat zwei Frauen geheiratet, die verschiedenen Vogelarten angehören. Er baut der ersten Frau ein Haus ganz aus Soumbara und Salz. Die zweite Frau bekommt nur ein gewöhnliches Haus aus Lehm.
Während der Ehemann einmal fort ist, kommen die Tiere des Waldes und fressen am Haus der ersten Ehefrau. Sie versucht den Ehemann um Hilfe herbeizurufen, aber er hört sie nicht, weil sie nur eine schwache Stimme hat.
Die zweite Frau, die eine viel lautere und kräftigere Stimme besitzt, stimmt ebenfalls ein Lied an, um den Mann herbeizurufen. Er hört sie, kommt und vertreibt die Tiere.
Die erste Frau behauptet, die zweite hätte ihre Not überhaupt nicht zur Kenntnis genommen und sie lange Zeit vergeblich rufen lassen, statt ihr zu helfen.
Wiederholung derselben Szene, Beschuldigung der zweiten Frau. Der Ehemann verprügelt sie und bricht ihr dabei ein Bein.
Wieder kommen die Tiere des Waldes und fressen am Haus der ersten Frau. Die zweite schleppt sich mit dem gebrochenen Bein aus dem Haus, um der ersten mit ihrer kräftigeren Stimme zu Hilfe zu kommen. Aber diese wiederholt ihre Lügen beim Ehemann.
Der Ehemann schlägt die (zu unrecht beschuldigte) Frau so sehr, daß er sie dadurch tötet.
Nach dem nächsten Ausflug in den Busch findet der Ehemann das Haus seiner ersten Frau aufgefressen und erkennt so, daß sie ihn betrogen hat.
„Deshalb sagt man: Wenn ein Mann zwei Frauen heiratet, und die erste redet sehr viel [auf ihn ein], dann soll man ihr nicht sofort antworten und gleich auf die zweite [beschuldigte] böse werden. Besser ist, [der Mann] schläft eine Nacht und denkt über die Worte der Frau nach. Sie will [wahrscheinlich], daß er die zweite Frau verstößt."

Diese Geschichte ist der Kommentar einer Frau dazu, wie zwei Mitfrauen sich *nicht* miteinander verhalten sollten. Sie bestätigt Agovis Beobachtung, daß die Polygynie als „Frauenproblem" betrachtet wird, das von Frauen selbst gelöst werden sollte. Wir haben es in dieser Erzählung offenbar nicht mit der Präferenzehe der Lyela zwischen einer Frau, einem Mann und der Bruderstochter der ersten

Frau zu tun. Die metaphorische Darstellung der beiden Frauen als Vogelfrauen unterschiedlicher Arten dürfte dagegen bedeuten, daß es sich bei ihnen um Frauen aus verschiedenen Herkunfts-Klanen handelt. Häufig wird die Verschiedenheit im Charakter, im Aussehen und in der Abstammung der Frauen hervorgehoben. Das zeigt, wie schwer es für einen Mann ist, mit diesen verschiedenartigen Frauen auszukommen. Jede ist anders und stellt andere Ansprüche an ihn; der Mann untersteht dennoch dem Gebot der strengen Gleichbehandlung seiner Frauen.

Zentrales Thema der vorliegenden Erzählung ist die Beziehung einer schon längere Zeit mit einem Mann verheirateten Frau mit einer jüngeren, neu in den Hof aufgenommenen „Rivalin". Unterschwellig erscheint hier wieder das im letzten Abschnitt diskutierte Problem einer „zu engen" oder „zu nahen" Beziehung zwischen Ehepartnern einer temporär monogamen Ehe. Je enger die Beziehung zwischen einem Mann und seiner ersten Frau wird, desto größer ist die Gefahr, daß ihre Gefühle in der in Erzählung LYE-E611 beschriebenen Weise umschlagen und sich in Wut und Haß gegen die Rivalin, aber auch gegen den Mann, verwandeln, wenn der Mann eine zweite Frau nimmt. In unserem letzten Erzählbeispiel von den Vogelfrauen verletzt die erste den unter Frauen gültigen Ehrenkodex, Eifersuchts- und Rivalitätsprobleme untereinander zu lösen. Statt dessen schwärzt sie die zweite Frau hinter deren Rücken beim Ehemann an und verbreitet Lügen über sie.

Unter den Frauen einer polygynen Ehe hat bei den Lyela die erste eine besondere Stellung inne. Sie verteilt die Geschenke des Ehemannes an die anderen Frauen, damit dem Mann nicht der Vorwurf einer wirtschaftlichen Bevorzugung, bzw. Benachteiligung einzelner Frauen gemacht werden kann. Neben der sexuellen ist die wirtschaftliche Eifersucht der Frauen bei den Lyela akut, denn wie in anderen westafrikanischen Gesellschaften sind Geschenke stets der Ausdruck für (mehr oder weniger sexuell gefärbte) Liebe. Ein Mann, der mit einer Frau (außerhalb des Kreises der engsten Blutsverwandten) Beziehungen unterhält, muß ihr Geschenke machen, so wie es für die Frau undenkbar ist, einem Mann, den sie mag oder liebt, kein Essen zu geben. In einigen Lyela-Gehöften war zu beobachten, daß alle Frauen Festtagskleider aus Stoff mit demselben Muster trugen. Offenbar schien es dem Ehemann dieser Frauen geraten, bei den Geschenken an seine Frauen allerstrengste Gleichbehandlung walten zu lassen, um den häuslichen Frieden nicht zu gefährden.

Besonders wenn die Mutter eines polygamen Familienvaters nicht mehr lebt, kann die erste Frau großen Einfluß gewinnen. Sie wird vom Ehemann als erste über wichtige Neuigkeiten informiert, die das Gehöft als ganzes betreffen und den anderen Frauen von der ältesten Frau mitgeteilt werden. Die erste Frau verteilt in manchen Familien auch die Hirse an die jüngeren Frauen weiter, die der Familienvater aus seinem Speicher entnimmt. Die vorliegende Geschichte warnt die „ältesten Frauen" davor, ihre Vertrauensstellung beim Ehemann oder Gehöftherrn zu mißbrauchen. Dem Ehemann wird am Schluß nahegelegt, nicht nur einseitig die Meinung der ältesten Frau, die aufgrund ihrer längsten Verweildauer im Gehöft die höchste Stellung und das stärkste Selbstbewußtsein genießt, zu berücksichtigen. Der Mann soll auch die anderen Frauen in einem Konflikt anhören und erst nach reiflicher Überlegung folgenschwere Entscheidungen treffen.

Als „Nebenbotschaft" finden wir wieder die Warnung vor wirtschaftlicher Bevorzugung einer Frau gegenüber einer anderen. In drastischer Überzeichnung eines Negativbeispiels – beliebtes stilistisches und pädagogisches Mittel zur Verkündung sozialer Botschaften – wird die Geschichte damit eingeleitet, daß der Mann der ersten Frau ein Haus „aus Soumbara und Salz" baut und der anderen Frau ein einfaches Lehmhaus. „Soumbara und Salz" sind von den Frauen begehrte und für ihre Verhältnisse kostspielige Gewürze, die sie auf dem Markt gegen andere, selbstproduzierte Güter eintauschen (oft vermittelt über Geld). Dafür verbringen sie oft lange Stunden auf dem Markt und legen weite Wege zurück. In der Geschichte bekommt die verräterische Frau von ihrem Mann gleich ein ganzes Haus aus diesen kostbaren Stoffen gebaut.

Beim Tod einer Frau werden vier Soumbara-Kugeln über der Eingangstür zu ihrer Hütte aufgehängt, eine rituelle Verwendung, die die symbolische Assoziation dieses Würzmittels mit „Weiblichkeit" nahelegt. Der Ehemann hat mit dem Bau des sonderbaren und nicht sehr zweckmäßigen Hauses eine symbolische Grenze überschritten. Er hat sich in den Bereich der Frauenarbeit eingemischt und damit die Beziehungen zwischen seinen beiden Frauen beeinträchtigt. Die heftigen Schläge, die er der zweiten Frau verpaßt – noch dazu als Folge der verleumderischen Beeinflussung durch die erste Frau – sind ebenfalls ein Verstoß gegen die üblichen Verhaltensnormen. Der Ehemann der Erzählung bildet sich kein eigenes Urteil, sondern er läßt sich von der selbstgerechten ersten Frau als Werkzeug ihrer Eifersucht mißbrauchen.

Die Lyela benutzen zwei verschiedene Ausdrücke, wenn sie von der Eifersucht der Frauen eines polygynen Haushaltes sprechen. Das erste Wort ist *byàa kene* und läßt sich ungefähr wörtlich mit „der Lärm der Frauen" übersetzen. Der Ausdruck bezieht sich auf den Ausbruch wütender Wortgefechte und lautstark ausgetragener Streitereien zwischen mehreren Frauen eines Mannes. Diese Ausbrüche sind selten und werden in der Regel von den anwesenden Männern unterdrückt. Wenn der Gehöftherr oder der Ehemann nicht da sind, haben die Frauen eher Gelegenheit, einmal „Dampf abzulassen". Normalerweise wird jedoch von ihnen gefordert, daß sie sich im Alltag kooperativ und gesittet benehmen und nicht die gemeinsame Arbeit des Gehöftes als Wirtschaftseinheit (bzw. der aus den Frauen einer Klan-Sektion bestehenden Arbeitsgruppen) durch Streitereien zu belästigen. Wut und Eifersucht müssen im Alltagsleben unterdrückt werden. Allenfalls in der Höhe der Trennmauern zwischen den Gehöftabteilen der einzelnen Mitfrauen spiegeln sich die freundlichen oder feindlichen Gefühle der Frauen desselben Mannes füreinander.

In der Geschichte von den beiden Vogelfrauen (LYE-E396) wird ein anderer Ausdruck für die Eifersucht der ersten Frau gewählt. Der Ausdruck *bwen* läßt sich nach Nicolas nicht mit einem korrespondierenden französischen Ausdruck übersetzen. Er wird für den Schmerz benutzt, den jemand empfindet, wenn er sich von einem liebgewordenen Gegenstand oder einer geliebten Person trennen muß (Trennungsschmerz, Abschiedsschmerz). *Bwen* hat aber gleichzeitig die negative

Konnotation von „Geiz", der mangelnden Bereitschaft, mit anderen zu teilen (1953: 219). In diesem Sinne wird das Wort in der Geschichte gebraucht. Die erste Frau hat zunächst alleine mit ihrem Mann zusammengelebt; sie hatte ihn für sich, und sie weiß aus dieser Zeit, daß ihr Mann an ihr hängt. Als nun die zweite Frau in den Hof kommt, ist sie nicht bereit, ihren Ehemann mit dieser Frau zu teilen. Sie verhält sich unsozial und „geizig", weil ihr Mann sie zu sehr verwöhnt hat.

Die nächste Erzählung gehört m.E. zu den schönsten Geschichten der Lyela überhaupt. Sie wird auch bei den Mosi erzählt und bekam von Canu den ätiologischen Titel: „Wie der Calao-Vogel schwarz wurde" (1969: 41–49).

Hase hat je nach Version vier oder fünf Ehefrauen: Perlhuhn, Rebhuhn, Huhn, Katze und Calao.[24] Er liebt nur die Calao-Frau, weil sie die dickste ist (LYE-E028, LYE-E074, LYE-E292, LYE-E465, MOS-CAN).

> Hase hat ein eigenes Haus, und abends kommen die Frauen, um ihm Essen zu bringen. Zuerst[25] kommt die Calao-Frau (LYE-E465), sie bittet den Hasen singend um Einlaß, um ihm das Essen zu servieren. Hase öffnet ihr die Tür und verzehrt ihre Mahlzeit, deren Sauce aus Erdwürmern hergestellt ist.
> Die anderen Frauen erscheinen ebenfalls vor der Tür und bitten singend um Einlaß. Hase fragt in einem Gegenlied, wer vor der Tür sei, und dann sagt er den anderen Frauen (Perlhuhn, Katze, Huhn und Rebhuhn), er möge ihr Essen nicht, sie sollten es fortnehmen und in den Hundenapf schmeißen.
> Dabei kocht die Katzenfrau stets Sauce aus geräuchertem Fleisch, die Hühnerfrau Sauce aus Eiern, die Perlhuhnfrau verwendet getrockneten Fisch u.ä.
> Eines Tages ziehen die Frauen gemeinsam auf die Felder zur Arbeit und bitten den Ehemann, zu Hause die Kinder zu versorgen. Wenn eines der Kinder weine (MOS-CAN), solle er ins Haus der Mutter gehen und ihm zu essen geben.
> Kaum sind die Frauen fort, geht Hase in die Hütte der ersten Frau (Perlhuhn) und schaut, was dort an Nahrung steht. Er probiert die Sauce, findet sie köstlich, frißt sie auf und füttert das Kind mit trockenem Hirsebrei. Dasselbe wiederholt sich in den Hütten der anderen Frauen. Als Hase entdeckt, daß er die ganze Zeit Erdwürmer gefressen hat, nimmt er die Sauce samt Topf und schmeißt beides zum Gehöft hinaus.
> Voller Scham über die ungerechte Behandlung seiner Frauen geht Hase auf Reisen (LYE-E074); in Version LYE-E028 verläßt er sein Gehöft, „um die Wahrheit über seine Frauen herauszubekommen". Er geht zur Wanderarbeit in die Elfenbeinküste (LYE-E465).
> Die Monate verstreichen, Hase schickt keine Briefe (LYE-E074), und schließlich muß man ihn für tot erklären.
> Die erste Frau (Perlhuhn) stimmt das Klagelied für Hase an, alle Frauen stimmen ein, und gemeinsam singen sie, wie traurig Hases Tod für sie sei. Sie wünschten, sie könnten Hase ins Land der Toten folgen etc. Nur die Calao-Frau stimmt ihr eigenes Lied an, in dem sie singt, wie froh sie sei, den Hasen endlich los zu sein. Nun könne man sich über die Speicher des Gehöftes hermachen und sich an den Vorräten gütlich tun.

---

24 *Dono*, pl. *dwende*, zool. Bucorvus abyssinicus, frz. *Bucorve caronculé, ou Calao*.
25 In anderen Versionen (LYE-E074, LYE-E292) bringt die Calao-Frau ihr Essen als letzte.

7.9. Die polygyne Ehe in westafrikanischen Erzählungen

(Diese Episode fehlt in der Mosi-Version).
Hase hat alles mitangehört, bzw. er kommt nach Hause zurück, während seine Frauen wieder auf den Feldern arbeiten und fordert seine Kinder auf, die Lieder zu wiederholen, die die Mütter in seiner Abwesenheit gesungen hätten (LYE-E028, LYE-E074).
Hase verteilt nach seiner unerwarteten und glücklichen Rückkehr Geschenke an seine Frauen. Jede bekommt am Vorabend des Sonntagsmarktes[26] ihr Geschenk in der eigenen Hütte, ohne daß die anderen Frauen es sehen können. Die Frauen bekommen bedruckte Stoffe, Plastiksandalen und rote Hüftperlen, während Calao nur ein Hüfttuch aus Rindenbast, bzw. einer alten Ziegenhaut bekommt, dazu eine Hüftkette aus Schneckenhäusern (LYE-E074, LYE-E465).
Calao ist davon überzeugt, daß sie als einzige Frau Geschenke bekommen hat. Sie hat es eilig, die anderen Frauen aus ihren Hütten zu treiben und zusammen auf den Markt zu gehen, um ihre Geschenke zu zeigen. Als sie sieht, welch wunderbare Geschenke die anderen Frauen bekommen haben, flieht sie vor Scham in den Busch. Seitdem lebt der Calao-Vogel im Busch.
In der Mosi-Version treibt die Calao-Frau die Mitfrauen an, zum Fluß zu gehen. Sie will mit ihren Hüftschnüren protzen. Am Wasser angekommen, reißt sie ihr Hüfttuch herunter und stolziert vor den Mitfrauen herum. Die anderen Frauen wickeln langsam ihre Tücher von den Hüften und entblößen doppelte und dreifache Reihen prächtiger roter Perlenketten. Beschämt und gedemütigt ergreift die Calao-Frau ihren rußigen Kochtopf und bindet ihr Kind auf den Rücken, um in den Busch zu fliehen. Wie sie klagend und weinend umherläuft, gibt es einen heftigen Regenguß. Der Ruß des Kochtopfes wird vom Wasser aufgeweicht und läuft ihr über den Rücken. Seit dieser Zeit sind die Calao-Vögel schwarz.

Essen und Sexualität sind in dieser Erzählung wieder ebenso eng miteinander verbunden wie in der Sprache der Lyela. Wie oben ausgeführt, heißt "*ń nən jí gùl*" – „er ißt Hirsebrei";[27] "*ń nən jí kẽ*" – „er heiratet eine Frau, er hat Geschlechtsverkehr mit einer Frau". In beiden Zusammenhängen ist wohl die Idee des „Sich Einverleibens" und des „Verschlingens" enthalten, wie wir in der Geschichte über den *Conjoint Animal* gesehen haben. Hase ißt nur das Essen der Frau, die er auch sexuell begehrt. Seine Schwäche für diese Frau macht ihn blind dafür, daß sie ihm ekelhafte Würmer serviert, "*anti-nourriture*", Produkte von Fäulnis und Verwesung.

Bei den Lyela ist es – wie auch in den anderen polygynen Gesellschaften der westafrikanischen Savannenzone – üblich, daß eine Frau jeweils drei Tage für ihren Ehemann kocht und daß er in dieser Zeit auch in ihrem Gehöftabteil schläft. Die anderen Frauen, die während dieser Zeit von einem Teil der schweren häuslichen Pflichten „frei haben", kochen für sich selbst und die Kinder. In manchen Gehöften geben sie eine Schüssel von ihrem Essen an den Gehöftherrn,

---

26 Der sogenannte „Einundzwanzigste" ist der alle drei Wochen stattfindende Sonntagsmarkt. Bei den Lyela gibt es einen dreitägigen Marktzyklus, so daß alle drei Wochen der Markt auf einen Sonntag fällt. Dieser Tag ist ein großes soziales Ereignis.
27 Für den Verzehr harter, roher ungekochter Speisen sowie für Fleisch, das längere Zeit gekaut werden muß, benutzt man das Verb *dɔm*: knabbern, beißen, kauen.

der es an die unverheirateten jungen Männer und die Alten weitergibt. In den drei Tagen, in denen eine Frau für ihren Mann kocht, hat sie ein „Anrecht" auf Geschlechtsverkehr mit ihrem Ehemann, es sei denn, sie ist schon im vorgerückten Stadium der Schwangerschaft, oder sie hat ein Kind unter zwei Jahren, das noch nicht entwöhnt ist.

Hases Schwäche für die dicke Calao-Frau hat zur Folge, daß er seine anderen Frauen grob verletzt. Er weigert sich, die Nahrung seiner Frauen zu verzehren und sagt sogar, sie sollten ihr gutes Essen aus Fleisch, Fisch und Eiern in den Topf werfen, in dem den Hunden der Abfall zum Fressen hingeworfen wird. Essen ist in der gesamten Sahel- und Savannenzone, wo die Bauern auf schwierigen Böden in einem harten Klima um ihre Subsistenz kämpfen, ein kostbares Gut. Essen wegzuwerfen ist somit ein Affront in einer Gesellschaft, in der die Menschen jedes Jahr ein bis zwei Monate hungern müssen. Die Köchinnen empfinden die Ablehnung ihrer Mahlzeiten als Ablehnung ihrer ganzen Person.

Der eitlen und verblendeten Calao-Frau, die sich etwas auf ihre sexuelle Attraktivität einbildet und die Normen des ehelichen Zusammenlebens verletzt (Servieren ungenießbarer Speisen, dreister „Trauergesang" mit dem Vorschlag, die Vorräte zu plündern), steht die „erste Frau" gegenüber. Anders als in Geschichte LYE-E396 ist die erste Frau hier die gute Frau. Sie verrichtet ordnungsgemäß ihre rituellen Pflichten als älteste Frau des Hofes und führt das Trauerzeremoniell für ihren verstorbenen Ehemann durch. Das Klagelied ist in jeder Version etwas verschieden; gemeinsam ist allen Lyela-Versionen jedoch, daß die vernachlässigten und beleidigten Ehefrauen trotzdem respektvoll, manchmal sogar zärtlich um ihren Mann trauern. Die „verwöhnte" und vom verblendeten Ehemann „verdorbene" Calao-Frau, die doch alle Gunstbezeichnungen von ihrem Ehemann bekommen hatte, singt dagegen ein dreistes Spottlied.

In zwei Episoden ist in dieser Erzählung von „Scham" (*tizhil*) die Rede: das erste Mal in der Szene in der Hase entdeckt, wie ungerecht er sich gegen seine „guten" Frauen benommen hat und in welcher Weise die geliebte Calao-Frau seine blinde Verliebtheit ausgenutzt hat. Hase flieht vor „Scham" darüber, daß seine Lieblingsfrau sich so derb über ihn lustig machte, in den Busch. Am Ende der Geschichte, als die Calao-Frau sich dumm und eitel mit ihren schäbigen Geschenken herausputzt, ist sie über die viel schöneren Schmuck- und Kleidungsstücke der anderen Frauen so beschämt, daß sie in den Busch flieht und nicht wieder hervorkommt.

Die roten Hüftketten der anderen Frauen in der Mosi-Version signalisieren, daß nun endlich die guten Frauen die Liebe und die sexuelle Gunst des Mannes errungen haben, die ihnen eigentlich ja schon lange gebührt. Görög fand den Gegensatz zwischen (guten) ungeliebten Frauen und (schlechten) geliebten Frauen auch in den Erzählungen der Bambara in Mali, bei denen ebenfalls die polygyne Ehe das kulturelle Ideal darstellt und weit verbreitet ist. Der Handlungsablauf der Erzählungen dreht sich oft um die Aufdeckung des wirklichen Wesens der geliebten und ungeliebten Frauen.

„Die sexuelle und ästhetische Anziehungskraft einerseits und die Fruchtbarkeit andererseits stellen die wichtigsten Trümpfe dar, über die die Frauen im ehelichen Wettstreit verfügen. Danach gestalten sich die Kräfteverhältnisse zwischen den Frauen eines Mannes." (Görög 1983: 153)

An der selbstgefälligen Calao-Frau, die ihre Rolle als *"nourricière"* pervertierte, indem sie dem Mann Anti-Nahrung zu essen gab, war die Zuneigung des Ehemannes verschwendet. So ist es richtig, daß er ihren Kochtopf vor das Gehöft wirft und damit die Ehe für aufgehoben erklärt. Der vom Ehemann zerbrochene Kochtopf symbolisiert nicht nur die Verstoßung der Frau in unserer Geschichte, sondern bei den Lyela auch in Wirklichkeit (vgl. Steinbrich 1987: 181). Am Ende wird die normale Ordnung wieder hergestellt. Die illoyale Frau verläßt die Gemeinschaft, und die herabgesetzten Frauen werden durch Geschenke entschädigt.

In der nächsten Erzählung wird den Frauen empfohlen, was sie tun sollten, um die Zuneigung ihres Mannes in einer polygynen Ehe zu erringen. Die Geschichte wurde von einem etwa zwanzigjährigen jungen Mann erzählt (LYE-E313):

Eine Frau ist mit einem Mann verheiratet, den sie sehr liebt. Der Mann heiratet eine zweite Frau, aber die erste Frau „behandelt die zweite nicht wie eine Person". Sie will, daß ihr Mann alle Geschenke weiterhin nur ihr selbst gibt.
Eines Tages geht die Frau zum *"féticheur"* und bittet um ein Zaubermittel, das bewirkt, daß der Mann nur sie allein liebt.
Der Wahrsager sagt, er könne ihr wohl eine solche Medizin machen, aber dazu brauche er die Milch einer Löwin.
Die Frau schlachtet eine Ziege und geht damit zu einem Dickicht, in dem eine Löwin mit ihren Jungen lebt. Stückweise verfüttert sie das Fleisch der Ziege an die Löwin und schließt Freundschaft mit dem Tier.
Sie geht täglich mit Fleisch zu der Löwin und bittet sie schließlich um etwas Milch. Die Löwin sagt, sie könne der Frau diese Bitte nicht abschlagen, denn sie habe ihr doch so viel Gutes getan.
Die Frau kommt mit der Milch der Löwin zum Wahrsager. Der fragt sie, wer denn wohl böser und schwerer zu zähmen sei, eine Löwin oder der eigene Ehemann? Sie habe es geschafft, sich mit einem wilden Tier zu verstehen, da müsse es doch auch möglich sein, sich mit dem Ehemann so zu arrangieren, daß der Mann mit ihr zufrieden sein könne.

Wie in mehreren vorangegangenen Erzählbeispielen greift hier ein Wahrsager in die Beziehungen zwischen Eheleuten ein. Er „reguliert" die Verhaltensweisen zwischen den Geschlechtern im Sinne der traditionellen Normen und „löst" familiäre Konflikte nach den Geboten der überkommenen Sozialordnung. Harmonie und gute Zusammenarbeit unter den Mitfrauen, wie auch zwischen Mann und Frau, sind die Wertvorstellungen, die das Funktionieren einer polygynen Ehe in Westafrika garantieren sollen. Dieses Ideal, das den Frauen im Unterschied zur monogamen Ehe eine bedeutende Arbeitsentlastung und eigenen wirtschaftlichen Freiraum bringen kann, wird jedoch leider im Alltagsleben nicht immer erreicht. Die vorliegende Erzählung, die sich vom heutigen westlichen Standpunkt weiblicher Emanzipation aus ebenso befremdlich anhört wie die folgende Geschichte LYE-E133, enthält die Botschaft, daß es einer Frau gelingen muß, ihre Eifersucht zu beherrschen. Mit Geduld und der angemessenen Erfüllung ihrer Rolle als

Ernährerin gelingt es ihr dann, in der polygynen Ehe ihren Platz zu finden und einen Teil der Zuneigung ihres Mannes zu erringen.

Wie wir bereits gesehen haben, ist es dieses Problem der richtigen Aufteilung der männlichen Zuwendungen, das die Geschichten immer wieder in den Vordergrund stellen. Ich erinnere an die Geschichte LYE-E262, die im Kapitel 5.2. über „Hungersnot und die verzweifelte Suche nach Nahrung" wiedergegeben wurde. Dort wird ein Dilemma formuliert, das auch in anderen Zusammenhängen immer wieder thematisiert wird: alle Frauen eines Mann haben sich hilfreich und treu gezeigt, aber vom Mann wird am Ende der Erzählung verlangt, daß er eine von ihnen opfert. Daraus leite ich die implizit enthaltene Botschaft ab, daß es sehr schwer, wenn nicht unmöglich ist, mehrere Frauen in einer polygynen Ehe gleich zu behandeln. Die Beziehungen zu jeder einzelnen Frau entwickeln sich verschieden, und daraus ergeben sich Widersprüche zum Grundsatz der Gleichbehandlung mehrerer Frauen. Wie wir bereits aus den Geschichten gelernt haben, ist es jedoch auf keinen Fall zulässig, die Frauen aufgrund ihrer äußeren Erscheinung zu diskriminieren. Dazu noch eine andere Erzählung (LYE-E027, LYE-E133), die von einem etwa vierzigjährigen und einem ungefähr sechzigjährigen Mann erzählt wurde:

Ein Mann hat drei Frauen geheiratet, eine von sehr dunkler Hautfarbe, eine braunhäutige und eine helle. Die letzte Frau ist die schönste, die mittlere sieht passabel aus und die schwarze Frau ist ziemlich häßlich.
Aber die schwarze Frau ist eine gute Köchin, während die anderen Frauen sich nicht sehr dafür interessieren, was der Mann zu essen bekommt.
Eines Tages kommen alle drei Schwiegermütter des Mannes zu Besuch. Sie verbringen ihre Zeit und wollen dann nach Hause zurückkehren. Die Töchter sind auf den Feldern, als der Mann die Geschenke vorbereitet, die die Schwiegermütter anläßlich ihres Besuches beim Schwiegersohn erwarten.
Er verpackt seine Geschenke in Körbe und überreicht sie den Schwiegermüttern beim Abschied. Die Frauen gehen los und bemerken nach einiger Zeit des Weges, daß das Gewicht der Körbe sehr unterschiedlich ist. Sie schauen hinein, und die Mutter der schwarzen Frau findet einen geschlachteten Ziegenbock und sieben gebratene Perlhühner mit Hirsebrei. Die Mutter der braunhäutigen Frau findet zwei gebratene Perlhühner mit Hirsebrei, und die Mutter der hellen Frau findet einen gebratenen Hahn mit Brei.
Die Schwiegermütter kehren zum Schwiegersohn zurück und verlangen eine Erklärung. Der sagt nichts und bittet die Frauen, sich ins Haus zu setzen, um auf die Rückkehr der Töchter von den Feldern zu warten.
Die Frauen kommen bei Sonnenuntergang mit ihren Holzbündeln von den Feldern, die Säuglinge auf den Rücken gebunden. Der Mann steht im Hof mit einer Kalebasse voller Hirse in der Hand und einem Bündel roten Pfeffers.
Er bittet die schöne, helle Frau, ihm aus diesen Zutaten Hirsewasser zuzubereiten, denn er habe den ganzen Tag noch nichts zu sich genommen. Die Frau gibt ihm eine unwirsche Antwort und fragt ihn, wie sie denn mit einem dicken Holzbündel auf dem Kopf und einem Kind auf dem Rücken Hirse stampfen solle. Er solle mit seinem Zeug verschwinden.

7.9. Die polygyne Ehe in westafrikanischen Erzählungen

Ähnlich antwortet ihm die mittlere Frau, nur die schwarze lädt ihr Bündel vom Kopf und das Kind vom Rücken, um sich unverzüglich für den Mann an die Arbeit zu machen.
Die drei Mütter kehren nach Hause zurück, ohne weitere Erklärungen zu verlangen.
„Deshalb sagt man, daß man eine Frau nicht wegen ihres Aussehens heiratet, sondern wegen ihres Herzens. Ich sage allen Frauen, daß sie gut für ihren Ehemann sorgen sollen."

Diese Geschichte beschreibt keine Situation, die tatsächlich in einer Lyela-Familie vorkommen könnte, sondern sie statuiert ein Exempel. Männer beschreiben, welche Eigenschaften sie sich besonders an ihren Frauen wünschen. In Wirklichkeit würde kein Schwiegersohn wagen, seinen drei Schwiegermüttern verschiedene Geschenke zu machen. Die Schwiegermutter ist eine Respektsperson, zu der der Schwiegersohn eine komplizierte, von zahlreichen Meidungstabus geprägte Beziehung unterhält (vgl. Kap.7.3.). Ein Schwiegersohn dürfte sich nie erdreisten, drei Schwiegermütter gegeneinander auszuspielen.

Wenn auch in recht überspitzter Form, gibt das vorliegende Erzählbeispiel dennoch Aufschluß über die geschlechtlichen Rollenerwartungen bei den Lyela. Obwohl die Frauen hart auf den Feldern arbeiten müssen und erst am Abend mit großen Bündeln Feuerholz auf dem Kopf und einem pflegebedürftigen Säugling auf dem Rücken aus dem Busch zurückkommen, wünscht sich der Ehemann, daß sie sofort zu seiner Verfügung stehen. Auch diese Erwartung wird in der Realität nicht immer erfüllt, sonst bräuchte die Geschichte von den drei Frauen ja auch gar nicht erzählt zu werden. Ich kann mir nicht vorstellen, daß ein Mann es tatsächlich wagen würde, seine müde vom Feld heimkehrende Frau in der beschriebenen Weise mit seinen Wünschen zu behelligen. Die Wahrscheinlichkeit, daß er sich damit eine Ablehnung einhandeln würde, ist doch recht groß.

Zur Herstellung von Hirsewasser müssen die Frauen Kolbenhirse dreschen, worfeln, waschen, entspelzen, noch einmal waschen und schließlich auf der Steinmühle zerreiben. Wenn sie gerade kein frisches Wasser im Hause haben, und das ist wahrscheinlich, wenn die Frauen gerade von den Feldern kommen, müssen sie auch noch Wasser vom Brunnen holen, um dem Mann das gewünschte Getränk zuzubereiten. Die Tatsache, daß die beiden „schönen" Frauen die Bitte des Mannes ablehnen, zeigt immerhin, daß die Frauen nicht sofort springen *müssen*, wenn der Mann etwas anordnet. Der Mann kann ihnen nichts auf ihre Weigerung erwidern, auch wenn sie ihm nicht gefällt. Er kann nur seine besondere Zufriedenheit mit der dritten Frau durch ein üppiges Geschenk an ihre Mutter zum Ausdruck bringen. Die beiden anderen Frauen, die sich ziemlich grob weigerten, dem Mann auf der Stelle zu Diensten zu sein, sollen in Gegenwart ihrer Mütter beschämt werden. Die Mütter wiederum sollen sich für den mangelnden hausfraulichen Einsatz ihrer Töchter schämen. Sie werden indirekt dafür verantwortlich gemacht, daß aus ihren Töchtern schlechte Hausfrauen wurden. Aufgabe der Mütter ist es, die Töchter entsprechend dem Ideal der *"femme nourricière"* zu erziehen.

Früher, als Wanderarbeit, demographischer Druck und Holzknappheit noch keine so belastende Rolle für die traditionelle Wirtschaftsweise der Lyela spielten, wurden die Frauen nicht so stark im Ackerbau gefordert wie heute. Der in der

Geschichte enthaltene Widerspruch zwischen den Anforderungen der Hausarbeit und der Feldarbeit verschärft sich erst in rezenter Zeit. Als die Männer noch den größten Teil der Feldarbeit allein verrichteten, stand das von Bassonon beschriebene traditionelle Frauenideal sicher noch nicht in dem Mißverhältnis zur produktiven Verantwortung der Frauen wie heute.

> *"La femme idéale (kẽbyá)*[28]*: La femme idéale est douce (wu bwabwɛ cekẽ), elle reconnaît et respecte la souveraineté de son mari sur elle (ń byal pyèlè), elle ne l'insulte pas en feignant insulter ses enfants (surh tùrhì), elle sait qu'il lui cède ce qu'elle veut par la flâterie (ń solo) et non par la force (jàn), elle compatit à sa douleur, le réconforte, cause régulièrement avec lui (zherə), elle lui donne à manger à satiété (ń jí ń sú), elle prend soin de lui surtout quand il est vieux ou malade, bref elle se consacre entièrement à son service jusqu'à sa mort."* (Bassonon, unveröffentlichtes Manuskript)

Die Geschlechterrollen waren auch bei den Lyela früher stärker komplementär als heute, in einer Zeit, in der Christianisierung, moderne Schulbildung und wachsende wirtschaftliche Eigenverantwortung die gesellschaftliche Rolle der Frauen grundlegend verändern. Entsprechend der Komplementarität der traditionellen Geschlechterrollen enthalten zahlreiche ältere Geschichten Appelle zur Zusammenarbeit von Mann und Frau. In der folgenden, mythologischen Erzählung wird der Gegensatz zwischen den Geschlechtern aufgehoben, Mann und Frau schließen sich zusammen, um gemeinsam als Vertreter des Menschengeschlechts den *nɔ̀cílsé*, den Buschgeistern, entgegenzutreten. Eine neue Dichotomie tut sich auf, die zwischen den Menschen und den Geistern, vor der das Gegensatzpaar Mann – Frau zu einer Einheit verschmilzt.

---

28 lit.: *kẽ* – Frau, *b(y)a(l)* – Mann. Eine Frau so stark wie ein Mann, tüchtig und arbeitsam. Sprichwort: *"Kẽbyá munciri be nor zwé* – der Mehlkorb der tüchtigen Frau geht nie mit leerem Bauch zu Bett, sie mahlt jeden Tag ausreichend Mehl." (Nicolas 1953: 279)

8. DORF UND BUSCH, LEBEN UND TOD, MENSCHEN UND GEISTER MYTHISCHE MOTIVE IN WESTAFRIKANISCHEN ERZÄHLUNGEN

8.1. Erzählungen über die Buschgeister

Die folgende mythologische Erzählung handelt davon, wie sich die Menschen in grauer Vorzeit die wichtigen Kulturgüter des Feuers, des Pfeilgiftes und der Herstellung von Karitéfett aneigneten. Nicolas veröffentlichte 1952 diese mit reichhaltigen Details ausgeschmückte „Mythe", wie er sagt, die über die Akquisition des Feuers und anderer kultureller Errungenschaften Auskunft gibt. Ich habe dreißig Jahre später nur noch Rudimente dieser Mythe, die von den Erzählern selbst als *səswalá* bezeichnet wurden, aufnehmen können. Man erkennt den ungefähren Inhalt wieder, aber die Struktur der von mir aufgenommenen Varianten ist im Vergleich zu dem von Nicolas aufgenommenen Text doch sehr vereinfacht. Wie in der Einleitung ausgeführt und begründet (Kap. 2.5.), halte ich mich bei meiner Abgrenzung der beiden Gattungen „Mythos" und „Erzählung" im wesentlichen daran, daß der Mythos für mich einen sakralen, „wahren" Text darstellt. Ich glaube nicht an einen klaren Gegensatz zwischen Mythos und Erzählung, erachte aber dennoch eine Unterscheidung für sinnvoll. Die im folgenden behandelten Geschichten sind für mich Erzählungen mit mythischen oder religiösen Motiven. Sie verweisen auf übernatürliche Instanzen, die auch im kultischen Leben eine Rolle spielen, aber sie werden nicht als „Wahrheit", als heilige Worte verstanden.

Nach den knappen Aussagen zum Erzählkontext, die Nicolas für den von ihm veröffentlichten Text macht, würde ich ihn nicht als Mythos klassifizieren. Das Geschehen und die Auseinandersetzung zwischen Menschen und Geistern um den Erwerb des Feuers usw. wurde von einem etwa dreißigjährigen Mann in einer abendlichen Runde vor Kindern erzählt (Nicolas 1953: 1353). Ich muß mich hier auf eine äußerst knappe Zusammenfassung des Textes beschränken:

> Früher hatten die Menschen kein Feuer und aßen ihre Nahrung roh. Eines Tages geht ein Mann in den Busch und beobachtet einen *nòcílí* dabei, wie er ein Holz auf einem anderen dreht und auf diese Weise ein Stück Kapokwolle entfacht. Der Mann folgt dem *nòcílí* und beobachtet ihn dabei, wie er sein Essen kocht.
> Als der Buschgeist fort ist, sammelt der Mann die Dinge ein, die er zum Feuermachen und Kochen benutzte, und trägt sie zu seiner Wohnung. Die Menschen finden, daß gekochte Nahrung gut schmeckt, und seit diesem Tag haben sie das Feuer bewahrt.
> Der Buschgeist weiß, daß der Mann ihm das Geheimnis des Feuers gestohlen hat. Er bereitet seine Giftpfeile vor, um sich am Menschen zu rächen. Als er ihn sieht, schießt er einen Pfeil auf seinen Kopf ab, so daß der Hut des Mannes Feuer fängt. Danach brennt er mit einem anderen Feuerpfeil sein Hemd an usw. Der Mann flieht voller Panik nach Hause.

Die Frau des Mannes zieht im Haushalt des Koboldes ein, und sie beobachtet ihn, wie er aus verschiedenen Rinden, Kräutern und Ingredienzen „Medizin" herstellt, die er für seine Brandpfeile benutzt.

Sie beobachtet dazu auch noch die Frauen des *nɔ̀cílí* bei der Herstellung von Karitéfett. Im Besitz der Geheimnisse der Brandpfeile und der Karitébutter, kehrt die Frau zu ihrem Mann zurück. Sie beschreibt ihm die Herstellungsweise des wunderbaren Pfeilgiftes. Der Mann präpariert sämtliche Pfeile in seinem Köcher und begibt sich dann, angetan mit mehreren Schichten Kleidung: drei Hüte, drei Hosen, drei Hemden usw. in einen Schießwettkampf mit dem Geist. Schließlich landet der Mann einen Pfeil in den von Elephantiasis krankhaft vergrößerten Hoden des *nɔ̀cílí* und setzt ihn auf diese Weise in Brand. Der Buschkobold flieht in eine Grotte und bleibt dort.

Eines Tages nimmt der *nɔ̀cílí* eine menschliche Form an und geht zu dem Mann und seiner Frau. Er beredet den Mann, seine Frau zu töten, denn sie sei steril und werde ihm nie Nachkommen schenken. Jeden Tag wiederholt er dasselbe, bis er den Mann überredet hat und er zustimmt, seine Frau noch am selben Tage umzubringen.

Die Frau geht zum Brunnen, um dort Wasser zu holen. Dort trifft sie einige Hirten, die ihr Honig schenken, und sie gibt ihnen Wasser als Gegengabe.

Die Frau kehrt mit dem Honig zurück und läßt den Mann davon kosten. Als er fragt, was das Köstliches sei, antwortet sie, das sei das Fett eines *nɔ̀cílí*. Davon gebe es viele im ausgetrockneten Flußbett. Alle Kameraden des Mannes seien schon losgegangen, um sich etwas von dem „Fett" zu verschaffen.

Der Mann ergreift den kleinen Holzstampfer aus dem Gewürzmörser und macht sich auf die Jagd nach dem Kobold. Der entwischt aus dem Gehöft, der Mann verfolgt ihn, aber der *nɔ̀cílí* kann sich in einer Felsengrotte verstecken.

Nach einer Weile ist der Mann gerade damit beschäftigt, auf seinem Feld Unkraut zu jäten, als er plötzlich den Buschgeist entdeckt. Der kommt näher und bittet den Mann, ihm die Haare zu schneiden, da sie übermäßig lang gewachsen seien. Der Mann weiß nicht, wie man ein Rasiermesser benutzt, aber der Buschgeist zeigt es ihm, und dann weicht er sein Haar mit Wasser ein, und der Mann rasiert ihm das Haupthaar ab.

Kaum ist die Rasur beendet, verlangt der *nɔ̀cílí* vom Mann, daß er ihm die Haare wieder ankleben solle. Der Mann müht sich vergeblich, es gelingt ihm nicht, die Haare wieder am Kopf zu befestigen. Gepeinigt gibt er nach einiger Zeit auf und sagt, er wolle kurz nach Hause gehen, bevor er seine Bemühungen fortsetze.

Er geht nach Hause zu seiner Frau, und bei seiner Ankunft sagt er kein Wort. Sie gibt ihm Hirsewasser, damit er wieder zu Kräften komme. Der Mann erzählt schließlich die Geschichte, und die Frau sagt zu ihm, er solle mit einem Korb zum *nɔ̀cílí* zurückkehren und den Buschgeist auffordern, alle seine Fußabdrücke einzusammeln und in den Korb zu legen, bevor er, der Mann, weitere Versuche unternehme, ihm die Haare wieder an der Kopfhaut zu befestigen.

Wütend und überfordert durch die listige Gegenaufgabe, flieht der Kobold wieder in seine Grotte. Der Mann geht nach Hause, und die Frau macht ihn darauf aufmerksam, daß sie ihn vor dem *nɔ̀cílí* gerettet habe, der doch so schlechte Verleumdungen gegen sie vorgebracht habe.

Eine Weile später findet der Mann an einer Stelle mit salziger Erde mehrere Antilopen und Gazellen, die er mit einer Lanze tötet, als er plötzlich wieder den *nɔ̀cílí* trifft, der ebenfalls eine Lanze auf eine große Koba-Antilope geworfen hatte. Es erhebt sich die Frage, wem das Jagdwild gehört, demjenigen, der eine Lanze mit einem weißen Schaft geworfen hat oder mit einem schwarzen. Der *nɔ̀cílí* teilt das Fleisch der Tiere auf eine

für den Mann sehr unvorteilhafte Weise, und der Mann erzählt seiner Frau zu Hause von diesem neuen Konflikt mit dem Kobold.
Die Frau sagt dem Mann, er solle ihr Seile aus Hibiskusfasern geben, und sie folgt dem Mann zu seinem Jagdplatz. Wieder kommt es zum Streit über die Jagdbeute zwischen dem Mann und dem *nòcílí*. Da erscheint plötzlich ein seltsames Wesen aus lauter Zotteln, von dem man nur die Augen sieht. Es ist die Frau des Jägers, die sich unter den Fasern verborgen hält. Sie kriecht auf den Kobold zu, der dabei ist, die Jagdbeute zu zerteilen und aus Angst vor dem seltsamen Wesen immer mehr Fleisch in den Korb des Mannes füllt. Schließlich befindet sich das ganze Tier im Korb, aber das „Zottelwesen" bedroht den *nòcílí* weiter, bis er wieder in seine Felsgrotte flieht.
Seit dieser Zeit leben die *nòcílsé* nicht mehr mit den Menschen zusammen, sondern sie haben sich für immer in die Felsspalten zurückgezogen.

Vor der Beschreibung der *nòcílsé* (lyele), der *kinkirsi* (moore), der *kikita* (buli) und wie sie auch immer in den verschiedenen Gur-Sprachen genannt werden, soll diese Geschichte unter dem Aspekt studiert werden, was sie über Mann und Frau in der mythischen Urzeit aussagt.
In der mythologischen Erzählung wird ein Paar gezeigt: Mann und Frau in monogamer Ehe. Die beiden sind stark aufeinander bezogen und tun vieles zusammen. Ohne die enge Zusammenarbeit, die sie zeigen, könnten sie auch gar nicht im großen, weiten Buschland, umgeben von Geistern und wilden Tieren, überleben. Anders als im profanen Alltagsleben, in dem die Frau eng mit dem Feuer und der Feuerstelle aus drei Steinen assoziiert wird, ist es im „Mythos" der Mann, der das Feuer zum Kochen der Nahrung aus der Welt der Geister zum Gebrauch für die Menschen herbeiholt. Dem Buschgeist bleibt eine mächtige Medizin, mit der man tödliche Brandpfeile herstellen kann.
Im Gegensatz zu dem, was bisher in Geschichten über den mutigen Mann als Jäger und Erforscher des Buschlandes gesagt wurde, dringt in der vorliegenden Geschichte die Frau in das Territorium der Buschgeister ein. Sie zieht sogar in den Haushalt des Buschkoboldes ein und verschafft dem Mann das Rezept für die Herstellung von Brandpfeilen. Sie reiht sich in die Anzahl der Ehefrauen des Geistes ein und wird nicht als Menschenfrau erkannt. Menschen und Geister sind einander so ähnlich, daß man sich geschlechtliche Verbindungen, sogar Ehen zwischen ihnen vorstellen kann. Dieses Motiv findet sich auch in zahlreichen anderen Erzählungen. Zwischen kleinen Geistern und menschlichen Säuglingen ist die Verwechslungsgefahr besonders groß, wie wir noch sehen werden.
Durch ihre „Gastrolle" im Haushalt des Geistes erlernt die Frau ein anderes wichtiges Geheimnis, das die Kultur der Menschen bereichern wird. Sie schaut zu, wie ihre zeitweiligen Mitfrauen aus Karaténüssen Fett herstellen. Die Menschenfrau ist aufmerksam und intelligent. Sie merkt sich die Prozedur der Fettgewinnung ebenso wie alle einzelnen „Medizinen", die man zur Herstellung des magischen Pfeilgiftes braucht, und kehrt mit diesem neuen kulturellen Wissen zu ihrem Mann zurück. Der beschließt daraufhin, den Buschkobold mit seinen eigenen Waffen zu schlagen. In der von mir aufgenommenen Version LYE-E642 wird erklärt, daß der Grund für die gewaltsame Auseinandersetzung zwischen

dem Mann und dem Geist darin liege, daß der Mann nicht mit der vom Geist vorgeschlagenen Gebietsaufteilung einverstanden sei:

> „Der Geist war zum Haus des Menschen gekommen und hatte gesagt: ‚Ich werde [von nun an] über das Buschland herrschen, und du wirst über das Dorf herrschen. Das nächste Mal, wenn ich dich im Busch treffe, dann werde ich dich töten'".

Der Mann ist mit dieser Grenzziehung nicht einverstanden, denn er will weiterhin im Busch auf die Jagd nach eßbaren Tieren gehen. So kämpfen der Mann und der Geist gegeneinander. Nach der Episode mit dem Pfeilgift und der Karitébutter weiß der Geist, daß ihm die Frau ebenso gefährlich werden kann wie der Mann. Deshalb versucht der Geist, den Menschen auf seine Seite zu ziehen; er verwandelt sich in einen normal aussehenden Mann und redet seinem Gegner ein, seine Frau sei unfruchtbar. Mann und Frau sollen getrennt werden zugunsten einer Assoziation von Mann und Geist. Mit dieser List will der *nə̀cílí* die Menschen ausrotten und vernichten.

Gleich im nächsten Abschnitt wird aber symbolisch auf die Unverzichtbarkeit der Frau für die Reproduktion der Gemeinschaft verwiesen. Sie steht am Brunnen (die bekannte Assoziation von Wasser und menschlicher Fruchtbarkeit), wo sie mit einigen Hirten Wasser gegen Honig tauscht. Wie oben ausgeführt, ist Honig Symbol der Sexualität, muß aber mit Wasser zusammengebracht und „verdünnt" werden, um als fruchtbarkeitsstiftende Substanz wirken zu können (vgl. Calame-Griaule 1987: 271–285). Die Frau wird beim Gabentausch gezeigt, eine Tätigkeit, die ebenfalls auf die positive, unentbehrliche Rolle der Frauen für die menschliche Gemeinschaft verweist. Mit einer weiteren List, in der vorliegenden Geschichte nicht die letzte schlaue Idee der Protagonistin, sorgt sie dafür, daß der Mann Jagd auf den Buschkobold macht und ihn aus dem Dorf vertreibt. Sie will ihn nicht in ihrer Nähe, im kultivierten Areal des Dorfes, in dem sie als Hausfrau und Bäuerin lebt und arbeitet.

Bei den Mosi ist das Verhältnis zwischen Frauen und Buschgeistern nach der Beschreibung von Bonnet weniger antagonistisch geprägt. Die Mosi sagen, daß die Buschgeister die Fruchtbarkeit der Frauen fördern. Deshalb nehmen Frauen, die schwanger werden wollen, Süßigkeiten mit zum Regenzeitfluß oder an andere Stellen, wo sich die Geister gerne aufhalten. Angelockt von den Naschereien, soll der Buschkobold der Frau zum Gehöft folgen und dort warten, bis sie mit ihrem Ehemann Geschlechtsverkehr hat. Dann schlüpft er in den Leib der Frau und wird als Menschenkind geboren (Bonnet 1988: 40; Bruyer 1987: 96).

Bis zum Alter von zwei bis drei Jahren, wenn sie die Sprache ihrer Eltern erlernen, bleiben die Nachkommen der Menschen *kinkirse* (pl.). Nach den ersten Lebensjahren, dem Spracherwerb, der Namengebung mit den entsprechenden Riten, in denen dem Kleinkind das Haupthaar geschoren wird, vollzieht sich der Übergang des kleinen Menschen von der Welt des Übernatürlichen in die der Menschen.

Bruyer geht sogar so weit, daß sie die Frauen und die Buschgeister einerseits den Männern, Gott und den Ahnen andererseits gegenüberstellt.

„Wenn die [Mosi-] Frauen [in den Busch] gehen, um dort die Geister anzulocken, verlassen sie den Schutzbereich der Ahnen. Dieses Risiko müssen sie eingehen, wenn sie fruchtbar werden wollen. Dazu [zur Empfängnis] müssen sie sich zeitweise unter den Einfluß Gottes und der *kinkirse* begeben." (Bruyer 1987: 102)

Im ganzen Nigerbogen sind die Buschgeister schillernde Fabelwesen zwischen Mensch und Geist, Vermittler zwischen dem Dorf und der Wildnis. Sie sind überwiegend schädlich, unberechenbar, launisch und unstet. Es macht wenig Sinn, diese Phantasiegestalten mit festen Charakteristika versehen zu wollen und sie in starre Kategorien zu bringen. Ihre Ambivalenz im Grenzbereich zwischen Wildnis und Zivilisation ist ihre wichtigste Eigenschaft.

Es könnte aber so sein – dieser Erklärungsansatz ist nicht mehr als eine heute kaum mehr zu überprüfende Hypothese –, daß bei den Lyela die Männer eine engere Verbindung zu den Mächten der Wildnis gesucht haben als bei den Mosi. Dafür spricht bei den Lyela die wichtige Rolle des *vur*-Kultes und verschiedener Jagdbünde. Der *vur* ist, wie der *nàcílu* (Vergrößerungsform von *nàcíli*) ein mächtiges Wesen der Wildnis. Er „erwählt" einzelne Menschen, meistens Männer, die er manchmal schon seit der Kindheit mit Krankheit und Leiden „verfolgt". Für die vom *vur* Verfolgten wird auf Anraten des Wahrsagers ein *nàcílu*-Schrein am Wassertopf der Mutter errichtet, der in mehreren Ritualen beopfert wird. Entweder läßt der *vur* nach diesen Opfern von seiner Verfolgung ab, der Mensch wird wieder gesund und von seinen Leiden befreit, oder er muß in den Geheimbund der *vura* (sg. *vurbal*) initiiert werden.

Das heißt, die Lyela haben im *vur*-Geheimbund eine Institution geschaffen, in der bestimmte, ausgewählte Männer enge Beziehungen zu den Mächten der Wildnis unterhalten. Frauen werden zu diesem Geheimbund nicht zugelassen. Anders als in der mythologischen Erzählung haben sie heute keine Verbindung mehr zu den Geistern des Waldes, es sei denn in symbolischer Form. Auch ein voll initiierter *vurbal* verrichtet die jährlichen Opferhandlungen auf dem Wahrsagerbeutel stets vor dem Wassertopf seiner Mutter.

Allein mit der Analyse von Erzählungen, die die Verwicklungen der Menschen mit den Geistern der Wildnis beschreiben, könnte man mehrere Bände füllen. Die Beziehung zwischen der „geglaubten", religiösen Wirklichkeit und ihrer fiktiven Brechung in der erzählerischen Imagination stellt ein interessantes, aber methodisch gesehen ein äußerst schwierig zu bearbeitendes Thema dar.

"Ce monde invisible, création du rêve, du cauchemar, de l'imagination ingénue, existe dans toutes les cultures [ouest-africaines]: il engendre des pratiques religieuses dont l'incidence sur la vie courante est souvent plus grande que celle des systématisations que réalise l'intelligence d'une caste ou d'une classe autour d'un mythe"

schreiben Tiendrebeogo und Pageard (1974: 31) über die Mosi. Vorstellungen darüber, wie etwa ein Buschgeist aussieht, was er tut und ißt, wovon er lebt, usw. variieren von einem „Gewährsmann" zum anderen. Solche „Fabelwesen", wie man früher sagte, bilden eine Projektionsfläche für individuelle Phantasien, bei deren Fülle und Verschiedenheit es schwierig ist, kulturelle Muster herauszuarbeiten. Gleichzeitig spielen Buschgeister auch eine Rolle in der

Religion; sie haben eine Verbindung zu den Ahnen und zu Gott, und sie erhalten in bestimmten Ritualen, etwa den Namengebungs- und Pubertätszeremonien für Zwillinge, Opfergaben. Ihre „Existenz" ist also keineswegs auf den Bereich der Erzählungen beschränkt.

Ich werde im folgenden von Erzählungen über Buschgeister (nòcilse), Wassergeister (bwǐ-lyì), die Totengeister (cílə́), Gewittergeschwister und Gott (yí) ausgehen und versuchen, ihre wichtigsten Aussagen zu entschlüsseln. Wo die entsprechenden ethnographischen Informationen zur Verfügung stehen, werde ich den „Gebrauch" der wichtigsten Symbole im Alltagsleben und vor allem im Ritual beschreiben. Wie in den vorangegangenen Kapiteln bleibt dieser Vergleich im wesentlichen auf die Gur-sprachigen Völker der westafrikanischen Savanne beschränkt.[1]

Zunächst zu den wichtigsten äußerlichen Merkmalen, die die Lyela den nòcílsé im allgemeinen zuschreiben: Sie sind von menschlicher Gestalt, aber kleiner als die normalen Menschen (lumbyínsi). Ihr Kopf ist im Verhältnis zum Körper groß und dick (Kindchenschema?) und mit dichten, struppigen Haaren bewachsen. Ein Erzähler verglich die Haare mit den "dread-locks" der jamaikanischen Rastafarai, die er einmal an der Elfenbeinküste gesehen hatte. Die meisten Leute sagen, die nòcílsé seien unsichtbar, andere wollen sie gesehen haben und können sie detailgetreu beschreiben. Bei den Hautfarben, die man den Buschkobolden zuschreibt, dominieren *schwarz* (Bulsa, Lyela), *rot* (Mosi) und *weiß* (Konkomba, Nyonosi), die klassischen Symbolfarben der westafrikanischen Savanne. Unter den Buschgeistern, die ihre eigenen, oft durch eine magische Formel verschließbaren Häuser unter der Erde haben, gibt es Männer, Frauen und Kinder, wie bei den richtigen Menschen. Manchmal werden sie in der Weise als Kulturwesen beschrieben, daß sie Ackerbau betreiben; andere Menschen sagen, daß die Buschkobolde selbst nichts produzieren und daß sie die Ernte der Menschen stehlen.[2]

„Alle *kinkirsi* sind domestiziert und nicht domestiziert, sie stehen gleichzeitig unter dem Schutz der Ahnen wie unter dem des Himmelsgottes. Sie leben sowohl in Häusern als auch unter Steinen, sie sind ständig in Bewegung und suchen sich ihren Unterschlupf da, wo es ihnen gerade einfällt"

schreibt Bruyer über die Buschgeister in den Vorstellungen der Mosi (1987: 102). Für die Lyela lassen sich zusätzlich noch Felsgrotten, „heilige Haine" und Löcher

---

1   Ausnahme ist die bereits erwähnte Studie von Geider (1990) über den ostafrikanischen Zimu, eine Art verschlingenden Ahnengeist. Diese „Figurenmonographie", wie der Verfasser sie selbst nennt, ist in ihrer Gründlichkeit und methodischen Reflektiertheit vorbildhaft, so daß ich gelegentlich auf diese Untersuchung verweisen werde, obwohl diese Geistergestalten vom Motiv- und Symbol-Repertoire eines anderen Kulturkreises geprägt sind.
2   Brüggemann berichtete von einem „Fetisch" gegen Felddiebstahl (sə̀mə́) in Form eines Topfes auf einem Dreibein, in dem sich ein „Medikament" befindet, das die nòcílsé von den Feldern fernhalten soll (persönliche Kommunikation).

am Fuße der Bäume nennen, in denen die nɔ̀cílsé besonders gerne leben. Dort begegnen die Menschen den Buschgeistern meistens mittags oder nachts.³

Vor der Errichtung eines neuen Gehöftes geht nach Beschreibung einiger Lyela der zukünftige Gehöftherr abends auf dem Terrain, das in Frage kommt, herum, um seinen Siedlungsplatz auszuwählen. Er versucht, die besonders „kühlen" Stellen von „heißen" Plätzen zu unterscheiden. Letztere werden gemieden. In Westafrika wird allgemein Kühle mit Gesundheit und Wohlergehen assoziiert. Im Lyele wird nur ein einziges Wort (besazuli) für „Kühle" und „Gesundheit" gebraucht, während Hitze auf der Seite von „Fieber", Krankheit und Sterilität steht. Die Lyela sagen darüber hinaus: „Dort, wo der Boden heiß ist, haben die Buschgeister ihre Herdfeuer." Die Menschen sollten sich davon fernhalten.

In der mythologischen Geschichte vom „Kampf des Urelternpaares gegen die Buschgeister" (LYE-E642, LYE-ENIC) zieht der Mann dreifache Kleidung (Hut, Kittel, lange Hosen, Sandalen) an, um sich gegen die Brandpfeile des nɔ̀cílí zu schützen. Diese Kleidung stellt nicht nur einen Schutz des Körpers gegen Verbrennungen sondern auch eine symbolische „Wappnung" des Menschen gegen die zerstörerischen Mächte der Wildnis mittels eines Kulturgutes (Kleidung) dar.

Das Feuer besitzt aber natürlich nicht nur die genannten negativen Konnotationen, sondern es ist *auch* ein entscheidendes Element in der Kulturentwicklung der Menschen. Erst besaßen die Geister das Feuer, dann gelangte es über den mutigen Jäger zu den Menschen. Aber die nɔ̀cílse gönnten den Menschen das Feuer nicht und wollten es ihnen wieder fortnehmen. In einer von Bruyer aufgenommen Mosi-Variante ist es umgekehrt: Dort gehen die kinkirsi zu den Menschen, um Feuer zu holen, weil sie Heuschrecken rösten wollen (1987: 336). Menschen und Geister werden in beiden Fällen im Konflikt um das Element gezeigt.

In der folgenden Erzählung LYE-E618, die in Version LYE-E683 und einer Variante der Mosi (Tauxier 1917: 459) vorliegt, rettet ein Mann ein Geistkind, „das wie ein Mensch aussieht", aus einem Buschbrand:

> Die Mutter des vor dem Tode erretteten Kindes dankt dem Mann sehr und sagt ihm, er solle bis zur nächsten Wegkreuzung gehen. Dort werde er einen großen Termitenhaufen finden, und er solle mit dem Fuß dagegentreten. Auf diese Weise werde er sein Glück (shɜ̀rh) machen.
> Frohen Herzens bricht der Mann zur Wegkreuzung auf, tritt vor den Termitenhaufen und wird im selben Augenblick blind. Er irrt im Busch herum und erhält Hilfe von einem großen Vogel.

---

3 Ossora N'Do aus Sanje stellt sich die nɔ̀cílsé folgendermaßen vor: „Es gibt unter ihnen schöne und häßliche, genau wie unter den Menschen. Sie können im Dunkeln sehen. Sie wohnen in den swaale (dornigem Dickicht), und sie kommen mittags heraus, wenn niemand im Busch ist. Abends bereiten sie ihr Essen zu, genau wie die richtigen Menschen. Manchmal, wenn man abends spät aus dem Busch zurückkehrt, kann man den Geruch ihrer Saucen riechen, aber das darf man niemandem sagen, man muß sie in Ruhe lassen, sie mögen Indiskretionen überhaupt nicht. Natürlich sind sie nicht nur in den Geschichten, sie sind wirklich da."

Weil ihm selbst Gutes mit Schlechtem vergolten wurde, rupft der Mann dem Vogel die Federn aus und läßt ihn hilflos im Busch zurück. Der Raubvogel erhält Hilfe von einer Schildkröte und vergilt ihr seinerseits die rettende Tat damit, daß er sie aus großer Höhe fallen und zerschellen läßt.

Diese makabre Geschichte wurde von Tauxier mit dem Titel *La méchanceté des êtres* überschrieben (1917: 459). Sie verkündet eine Botschaft, auf die wir bereits an anderer Stelle im Zusammenhang mit der sozialen Stellung behinderter Menschen gestoßen waren: Diejenigen, die selbst hartes Leid und Unrecht erfahren mußten, haben nun einen „bitteren Magen" (*nwũ zhílí*), und sie begegnen ihrer Umwelt mit Haß- und Rachegefühlen.

An dieser Stelle interessiert die Tatsache, daß das „Böse" vom Buschgeist in die Welt gesetzt wurde, obwohl ihm selbst ja gerade Gutes getan wurde. Der Held der Geschichte gibt in einer Version (LYE-E618) den letzten Rest Wasser aus seiner Kürbisflasche her, um damit den Brand zu löschen und das Geistkind zu retten. Er setzt sich selbst der Gefahr des Verdurstens aus, um das kleine, hilflose Wesen vor den Flammen zu retten. Er wird gleichwohl das Opfer eines gemeinen Betrugs von seiten der Geistmutter. Sie verspricht ihm „Glück", Befreiung von allen irdischen Übeln (vermutlich durch ein Zaubermittel), aber tatsächlich wird der Mann blind. Undankbarkeit, Betrug, asoziales Verhalten, bösartige Lust am zerstörerischen Umgang mit den Menschen, werden den Buschgeistern hier zugeschrieben.

Sie sind trotz aller Ähnlichkeit mit den Menschen wilde Wesen, was vor allem in der Episode des „abgeschorenen Haupthaares" immer wieder thematisiert wird (vgl. Nicolas 1952: 1366). Die Szene, in der sich ein Buschgeist mit struppigem Haar an einen Menschen wendet, um von ihm den Kopf rasiert zu bekommen, findet sich in unzähligen Versionen und Varianten als eigene Geschichte oder als Episode in den Erzählsammlungen der westafrikanischen Savannenvölker: bei den Bulsa (Schott, unveröffentlichte Erzählsammlung), Kasena (Zwernemann 1985: 65–66), den Mosi (Tauxier 1917: 476), Nunuma (Yago 1980), Nyonyosi (Schweeger-Hefel 1986: 344) und vermutlich noch bei vielen anderen. Die folgende Geschichte LYE-E156 ist eine Variante vom „Geretteten Geistkind":

Eine Frau findet ein kleines Mädchen auf ihrem Hirsefeld, das in der prallen Mittagssonne liegt. Sie bringt es in den Schatten ihrer Hirsepflanzen. Am Abend nach der Arbeit nimmt sie es mit nach Hause.
Es wächst im Hof der Menschen heran, aber es bekommt sonderbar rotes Haar. Die Frau pflegt und wäscht das kleine Mädchen und rasiert ihm auch das Haupthaar ab.
Eines Tages findet die Geistmutter dank ihres guten Geruchssinnes ihr Kind wieder. Es sitzt im Hof der Menschen auf einer Matte. Die Geistfrau dankt der Menschenfrau dafür, daß sie ihr Kind so gut versorgt habe, aber sie ist zornig über die Haarrasur und verlangt, daß die Frau die Haare wieder an den Kopf kleben müsse, sonst werde sie sie töten und ihr das Blut aus dem Körper ziehen.
Im letzten Moment rät ihr der „dümmste" ihrer drei Söhne zu einer Gegenlist. Die Mutter solle vom *nòcílí* verlangen, alle Fußstapfen einzusammeln, die sie im Sandboden vor dem Gehöft hinterlassen habe. Die Geistfrau macht sich an die Arbeit, aber immer, wenn sie einige Fußstapfen entfernt hat, hat sie schon wieder neue gemacht.

Völlig entnervt verwandelt sich die Geistfrau in einen Wirbelwind; sie ergreift ihr Kind, und die beiden wurden nicht mehr gesehen.

Die Vorstellung, daß in den heißen, trockenen Wirbelstürmen der ausgehenden Trockenzeit Buschgeister durch die Luft fliegen, findet sich bei den Lyela wie bei den Mosi. Die nòcílsé haben verschiedene Verwandlungsmöglichkeiten: Sie können menschliche Gestalt annehmen oder sich unsichtbar machen und „im Wind" verstecken. Wie der ostafrikanische Zimu-Oger sind die westafrikanischen Buschgeister „mit Sturmwinden und scharfen Luftzügen" verbunden. Gleichzeitig sagen diese Attribute etwas über seine [des Ogers] Körperlichkeit aus, die sich durch größtmöglich denkbare Schnelligkeit, Energie und Ungreifbarkeit auszeichnet", meint Geider (1990: 186).

Wie gesagt, ist bei Kleinkindern die Ähnlichkeit zwischen Menschen und Geistern am stärksten. Diese Vorstellung wird etwa von den Mosi, den Lyela und den Tuareg in ähnlicher Weise vorgebracht:

„[...] man sagt, daß er [der Säugling] sich noch nicht erheben und nicht laufen kann, er ist struppig, er kann nicht sprechen und besitzt keine Intelligenz; alle diese Merkmale entfernen ihn von einem wirklich menschlichen Zustand und damit ähnelt er einem kəl əsuf [einem Buschgeist]." (Casajus 1983: 59)

schreibt Casajus über die Auffassung der Kel Ferwan Tuareg im nördlichen Niger. Der Spracherwerb des Kindes und seine Fähigkeit, laufen zu lernen, entfernen es schrittweise vom ursprünglichen Zustand der Wildheit. Dieser Prozeß wird durch verschiedene Rituale gestützt, von denen Namensgebung und Haarrasur die wichtigsten sind. Über die Samo, die nördlichen Nachbarn der Lyela, berichtet Tauxier, daß man dort die ersten Haare eines Kindes, die man ihm einige Monate nach der Geburt abschneidet, auf den Ahnenaltar wirft. Dazu wird ein Huhn geopfert, und die Ahnen erhalten eine Libation von Hirsebier (1917: 596). Das Kind wird dem Schutz der Ahnen überantwortet, die seiner „Ablösung" aus der Wildnis, der Welt der Geister, helfen sollen (vgl. auch Bruyer 1987: 98 für die Mosi).

Zur Entschlüsselung der Haarsymbolik, wie sie sich in westafrikanischen Geschichten über Buschgeister häufig findet, scheint mir die Theorie von Hallpike – verglichen mit zahlreichen anderen psychologischen und anthropologischen Ansätzen – immer noch am meisten herzugeben. Unter dem knappen Titel *Social Hair* verfaßte er im Jahre 1969 einen Aufsatz in Replik auf Leachs Essay *Magical Hair* (1958). Firth wies 1973 darauf hin, daß die von Hallpike vorgenommene Assoziation von „langem Haar und Ausschluß aus der Gesellschaft" sowie die symbolische Gleichsetzung von „Haareschneiden und Wiedereingliederung in die Gesellschaft" nicht in allen menschlichen Kulturen gesehen werde. Das ist sicher richtig, aber für die westafrikanische Savannenzone läßt sich der Zusammenhang zwischen Haareschneiden und sozialer Integration an vielen Beispielen zeigen.

Erzählung LYE-E156 ist hierfür besonders aufschlußreich. Die Bäuerin, Heldin der Geschichte, findet das kleine Mädchen allein in der Sonne liegend (Assoziation von Geistern und „Hitze"). Sie legt es in den Schatten, was man mit einem menschlichen Säugling tut, um ihn vor gesundheitlichen Schäden zu bewahren. Die Frau glaubt, daß das äußerlich wie ein normales Kind aussehende Baby von den Eltern verlassen wurde. Sie nimmt es aus seinem angestammten Lebensbereich, dem wilden Buschland, heraus und behandelt es wie ihr eigenes Kind. Die Frau hat selbst drei Söhne, aber keine Tochter. Die Bäuerin pflegt das „gefundene" kleine Mädchen dementsprechend liebevoll, es wird gewaschen und mit Karitéfett eingeölt, es spielt auf einer Matte in der Mitte des Hofes, behütet und geborgen in einer menschlichen Familie. Die sonderbaren roten Haare des Kindes weisen es jedoch als Geistwesen aus, dessen „wilde Natur" durch die sorgsamste menschliche Sozialisation nicht verändert werden kann.

„Haare und Nägel wachsen stetig, und darin liegt sicher ein guter Grund, daß man von ihnen glaubt, sie seien mit einer besonderen Vitalität ausgestatt" schreibt Hallpike (1969: 259). Die Haare der Buschgeister sind noch viel dicker und länger als die der normalen Menschen, ein Symbol für hypertrophe, wilde, ungezügelte Energie, die gar nicht domestiziert werden *kann*. Die Nyonosi im Norden Burkina Fasos fügen hinzu, daß die *kinkirsi* nicht nur über und über mit Haaren bedeckt seien, sondern auch lange Fußnägel hätten, da sie keine Scheren zum Schneiden besitzen und sie die langen Nägel benötigen, um in den Grotten, in denen sie leben, besser gehen und klettern zu können (Schweeger-Hefel 1986: 34).

In Geschichten, in denen die Buschgeister auf eigenen Wunsch von den Menschen die Haare geschnitten bekommen, wird anschließend verlangt, daß dieser irreversible Akt anschließend wieder rückgängig gemacht werden soll. Auch im vorliegenden Erzählbeispiel verlangt die Mutter des kleinen Geistmädchens, daß ihre menschliche Adoptivmutter die abgeschorenen Haare wieder am Kopf befestigen soll. Das geht natürlich nicht, und die übliche „Antwort" auf diese unmögliche Aufgabe liegt meistens darin, daß der in Verlegenheit gebrachte Mensch – allein oder angeregt durch einen Helfer – die Erfüllung einer unmöglichen Gegenaufgabe verlangt. Der Geist soll seine Fußabdrücke einsammeln, das heißt, er soll aus betretenem Land unbetretenes Land machen; ein gleichfalls irreversibler Akt soll genauso ungeschehen gemacht werden wie die Haarrasur.

Wie in den Geister-Erzählungen, die in Kap. 5.4. vorgestellt und interpretiert wurden, tragen auch hier wieder Menschen und Buschkobolde *Konflikte über ein bestimmtes Terrain* aus. Der moralisierende Anteil dieser Geschichte wurde dort bereits behandelt, d.h. der Appell an den Helden oder die Heldin, auf den weisen Ratschlag der Väter, Ehemänner usw. zu hören. Hier interessiert eine Botschaft auf einer verdeckteren Ebene: Im Motiv der Haarrasur ist ein Verweis auf den menschlichen Entwicklungsprozeß zu erkennen. Der Säugling wird ja, wie gesagt, von der Mutter und anderen engsten Verwandten in verschiedenen Ritualen erst zum *richtigen Menschen* gemacht. Der Sozialisationsprozeß ist ebensowenig wie die Haarrasur als ritueller Teilschritt der einzelnen Integrationszeremonien, umkehrbar. Mit jeder Haarrasur (als Säugling, als Pubertierende[r], während der Eheschließung) wird der Mensch auf eine neue Stufe der sozialen Integration gehoben. Besonders deutlich wird dieser rituell-symbolische Sozialisationsprozeß, der das körperliche Heranwachsen der Kinder begleitet, bei Zwillingen, von denen man meint, daß sie in *noch engerer* Beziehung zu den Geistern stehen als die einzeln geborenen Kinder.

Lyela, Mosi und Bulsa benennen Zwillinge mit demselben Ausdruck, den sie auch für die Buschgeister benutzen. Ob Zwillinge tatsächlich Buschgeister in Menschengestalt „sind", oder ob zwischen den beiden doch noch ein irgendwie gearteter Unterschied besteht, ist von einer Gesellschaft zur anderen verschieden und läßt sich nicht klar beantworten.

Bulsa und Mosi betrieben früher Zwillingstötung, wenn der Wahrsager herausgefunden hatte, daß es sich bei ihnen um Buschgeister in Menschengestalt handelte, was nicht bei allen Zwillingspaaren der Fall war (vgl. Schott 1970: 81, Brüggemann 1986: 25ff.) Bei den Lyela wählt man nicht diesen extremen Weg, um die Geister aus der menschlichen Gemeinschaft fernzuhalten, sondern eher den der Besänftigung: in einem jährlich stattfindenden Ritual werden Gott, die Ahnen und die Buschgeister gebeten, das Leben der Zwillinge zu beschützen. Bei den Nyonyosi glaubt man, daß mindestens einer der Zwillinge, eher aber noch beide *kinkirsi* sind. Man freut sich über gegengeschlechtliche Zwillinge und über zwei Mädchen. Nur bei zwei Jungen hat man Angst. Man fürchtet, daß entweder der Vater oder die Mutter sterben müßten, wenn nicht einer der Zwillinge stirbt (vgl. Schweeger-Hefel 1986: 36).

8.2. Blindheit, Hellsehen und Geistesgestörtheit

Trotz aller Anstrengungen der Menschen dringen die Geister immer wieder in ihren Lebensbereich ein. Eine endgültige, klare Scheidung des „Wilden" vom „Zivilisierten" ist nicht zu erreichen. Der zweite Weg, mit den Mächten der Wildnis zurechtzukommen, besteht darin, daß bestimmte, besonders starke Menschen als Mittler zwischen den *lumbyínsi* (den normalen Menschen), den Geistern und anderen übernatürlichen Mächten aktiv werden. Bei den Lyela hört man immer wieder Geschichten von Männern und vereinzelt auch von Frauen, die von den Buschgeistern „ergriffen" worden seien. Sie hätten sich im Busch verirrt und dort mehrere Wochen oder Monate zugebracht. In dieser Zeit hätten sie von den *nòcílsé* bestimmte Geschenke erhalten und/oder Geheimnisse erfahren. Es sei ihnen aber verboten worden, den anderen Menschen nach der Rückkehr ins Dorf davon zu erzählen. Die Strafe dafür, Geheimnisse der Buschgeister auszuplaudern, besteht in Blindheit oder noch häufiger in Geistesgestörtheit. Eine erfolgreiche Begegnung mit den Geistern, die den Mitmenschen nach Rückkehr aus dem Busch diskret verschwiegen wird, kann einem Menschen dagegen besondere Klarsicht verschaffen. Die Geister belohnen ihn mit einer „tiefgründigeren Realitätserfahrung", wie es Tengan (1990: 48) formuliert, metaphorisch ausgedrückt im Bild der „vier Augen", die Statusträger wie Erdpriester, Wahrsager, Klanchefs und "*big men*" (*pyǎ*) besitzen sollen. Sie brauchen diese besondere Art spiritueller Scharfsicht, um die Menschen in ihrem Verantwortungsbereich beschützen zu können.

Mythische Erzählungen berichten, wie ein bestimmter, mit wohltätiger übernatürlicher Kraft geladener Gegenstand (*cŏ*), ein „Fetisch", in den Besitz eines Menschen kam, der ihn dann später als „Familienheiligtum" aufbewahrte und beopferte. Dabei handelt es sich auf keinen Fall um eine „zum Spaß" erfundene Geschichte, die keinerlei Wahrheitsanspruch erhebt, sondern um einen „Tatsachenbericht" (zɔmà).

Die Masken verschiedener Familien, bestehen aus zwei Teilen: einem *cŏ* (Kraftträger) und der aus Holz geschnitzten Maske (*nyɔmo*), die heute nur noch bei Totenfesten wichtiger Persönlichkeiten zum Tanz erscheinen. Der *cŏ* soll im Busch gefunden worden sein, so zum Beispiel die heilige Maske einer Familie in Sanguié-Bepoadir:

> „Eine Frau dieses Klanes fand vor vielen, vielen Jahren die Maske des Klans im Busch. Aber sie wollte den seltsamen Gegenstand [lit.: die Sache] weder anfassen noch mitnehmen. Dennoch kehrte sie später zu dieser Stelle zurück. Als sie wieder fortgehen wollte, schlossen sich ihre Augen, und sie wurde blind. Sie ging wieder zur Maske, diesmal um sie aufzuheben, und sie konnte wieder sehen. Sie wanderte und wanderte, dann warf sie [voller Angst?] die Maske zu Boden. Ihre Augen verschlossen sich wieder, so war sie gezwungen, die Maske mit nach Hause zu nehmen. Weil sie eine Frau war, durfte sie kein Opfer geben. So gab sie die Maske ihren Brüdern, dann heiratete sie. Deshalb kommen heute alle Schwesterkinder [besonders im Falle von Krankheit] ‚auf die Maske' und bringen ihr Opfer dar. Die Maske steht ‚hinter' den *nəkó-byă* [den Schwesterkindern], sie unterstützt die Schwestern des B.-Klanes, so daß sie viele Kinder ‚aus der Maske' zur Welt bringen." (Ozhilu B., „Besitzer des Opfermessers")

Die Kinder, deren Seelen „aus der Maske" kommen, wie ihr Opferpriester erklärte, werden auf die Namen Onyomo, Nyema, Nyembye, Nyembwe (mask.), bzw. Enyomo, Enyima, Enyimbye und Enyimbwe (fem.) getauft. Der Bericht zur Herkunft der Maske nimmt auf ein wichtiges Prinzip des religiösen Lebens der Lyela Bezug: im rituellen und kultischen Leben spielen die Beziehungen zur *Familie der Mutter* eine bedeutende Rolle. Meiner Beobachtung nach gehen mehr Menschen im Falle einer Krankheit oder anderer Kalamitäten des Lebens an ein Heiligtum der mütterlichen Herkunftsfamilie (*nebə́ə́*), um dort die übernatürlichen Mächte um Beistand und Heilung zu bitten, als zu den religiösen Instanzen der väterlichen Herkunftsfamilie. Jeder Wahrsager hat in seinem Symbolrepertoire die wichtigsten Heiligtümer doppelt vorrätig: zum Beispiel den *nebə́ə́-lăli*, die heilige Schmiede im Klan der Mutter, und auch den *kwálá-lăli*, die heilige Schmiede der eigenen Patrilinie. Die meisten Menschen begeben sich eher in das Dorf der Mutter, um dort ein bestimmtes Heilritual durchzuführen, als daß sie sich an ein Naturheiligtum der eigenen Klansektion wenden. So nimmt die Patrilinie der Mutter wichtigen Einfluß auf das Schicksal ihrer Schwesterkinder.

Diesen wichtigen Aspekt kann ich an dieser Stelle nicht weiter verfolgen. Mir geht es hier um die Themen Blindheit, „Hellsehen" und Geisteskrankheit, die im Ritual und in Erzählungen eng miteinander verwoben sind und mit der Beziehung der Menschen zu den Geistern des Buschlandes zu tun haben. Verschiedene Lyela sagten, daß die im Busch gefundenen *cèmè* (Kraftträger) sehr schwer gewesen seien. Als Materialien nennen sie Eisen oder Schlacke, oder sie sprechen von sehr schweren Steinen, womit möglicherweise Meteoriten gemeint sind. Zu den meisten „Fetischen" haben die Buschgeister den Menschen ein entsprechendes „Medikament" dazugegeben (d.h. sie haben den Menschen erklärt, aus welchen

8.2. Blindheit, Hellsehen und Geistesgestörtheit

Bestandteilen und nach welchem Rezept ein bestimmtes Medikament herzustellen sei). Wie oben ausgeführt (Kap.3.1.), bedeutet „Medikament" (*cə̀m*) im Verständnis der Lyela und anderer westafrikanischer Völker nicht nur „Heilmittel" gegen bestimmte Krankheiten. Es ist eine kraftgeladene Substanz (meistens bezieht es seine magische Energie aus einem „Fetisch"), die man sich oral verabreicht oder auf der Haut. Sie soll gegen Krankheiten helfen, aber auch gegen Sterilität, Armut und „Unglück".

Viele Kraftträger, so auch der *vur-cŏ*, das Heiligtum der in einer Geheimgesellschaft zusammengeschlossenen Wahrsager der Lyela, treten paarweise auf und bestehen aus einem männlichen und einem weiblichen Teil. Ihre Doppelgeschlechtlichkeit verweist darauf, daß sie Leben generieren und den Menschen Fruchtbarkeit bringen sollen. Leider habe ich zur Herkunft und Bedeutung der *vur*-Schreine nie eine ätiologische Erklärung erhalten; auch die Wahrsager, mit denen ich am meisten vertraut war, sagten, es sei „zu hart", über die Herkunft ihrer Fetische zu sprechen.

Schweeger-Hefel meint: „Derart große magisch-mystische Kräfte werden durch Profanierung gefährdet, sie vermindert den Schutz, den sie dieser ‚esoterischen' Gesellschaft geben" (1986: 50). Daran ist etwas Richtiges, aber bei den Lyela ist außerdem nicht zu übersehen, daß die *vura* so große wirtschaftliche und soziale Privilegien gegenüber den einfachen Bauern besitzen, daß allein der Schutz dieser ökonomischen Sonderstellung eine Geheimhaltung ihrer Rituale, Fetische und ihres „besonderen Wissens" verlangt.

Was die verschiedenen übernatürlichen Mächte angeht, mit denen die initiierten Wahrsager in Verbindung stehen, und in deren Namen sie vom gemeinen Bauern eine Unzahl einschränkender Verhaltensregeln verlangen, so scheinen sich unter ihnen „Geister" verschiedener Größenordnungen zu befinden. Jedenfalls legt die Sprache eine hierarchische Staffelung verschiedener großer und kleiner Mächte nahe.

Zuunterst stehen die *nə̀cílsé*, die aus den Geschichten bekannten Buschgeister, die dort zumeist als plumpe, haarige Kobolde mit rückwärts stehenden Füßen imaginiert werden. Ein Synonym (?) für diese Wesen findet sich in der Bezeichnung *gɔ-lyi* „Buschleute". Im Zusammenhang mit dem *vur*-Kult sprachen meine Gewährsleute jedoch meistens von *nə̀cílu*, pl. *nə̀cùùli*, was nach Nicolas das Augmentativ von *nə̀cílí* sein soll (1953: 355). Das Wort *nə̀cílu* wird auch für den kleinen Schrein aus Erde verwendet, den man vor dem Wassertopf der Mutter eines Menschen in Form eines halbkreisförmigen Wulstes errichtet. Darauf opfern die initiierten *vura* für Menschen, die von einem *nə̀cilu* verfolgt werden. Das Verfolgtwerden äußert sich in Sterilität, geistiger oder körperlicher Krankheit (vgl. Steinbrich 1996 im Druck).

Schweeger-Hefel berichtet, daß sich bei den Nyonosi in der burkinischen Nordprovinz Yatenga das Ergriffensein der Adepten durch die Geister vorrangig in Form einer Geisteskrankheit manifestiere. Die *kinkirsi* „nehmen" jemanden, d.h. die betreffende Person wird „verrückt", bekommt eine Krise, geht in den Busch, erhält evtl. von den *kinkirsi* dort eine Medizin, um wieder gesund zu werden und „sieht klar", wenn sie geheilt ist (Schweeger-Hefel 1986: 88).

Von den Samo berichtet Tauxier, daß dort Wahrsager-Adepten häufig an Epilepsie leiden. Diese Krankheit wird als „Schlägerei" zwischen dem kranken Menschen und den Geistern interpretiert. Der Kranke muß den Wahrsager aufsuchen und sich die richtigen Opfergaben an den Buschgeist zeigen lassen. Wenn der Kranke durch diese Opfer geheilt ist, werden die Wahrsager der Umgebung zusammengerufen, und man veranstaltet ein weiteres Opferritual an die Buschgeister: dazu gehört diesmal eine Ziege, der stets obligate Honig und Bier. Auf diese Weise sollen die Buschgeister zu Hilfsgeistern des Initianden gemacht werden. Zwei bis drei Tage später kommen die Bewohner seines Dorfes und stellen den neuen Wahrsager auf die Probe. Sie denken sich ein Wort aus, das der Mann raten muß. Wenn er es nicht rät, sagen die Leute, er sei ein Lügner, und keiner wird seine Wahrsagedienste in Anspruch nehmen. Wenn er es errät, gehört er zu den geachteten und gut besuchten Wahrsagern, die man gerne konsultiert (Tauxier 1917: 602).

Ich muß mich bei meiner vergleichenden Analyse zum Themenkomplex „Blindheit, Hellsehen und Geistesgestörtheit" auf wenige Beispiele beschränken. Es scheint mir aber für das Verständnis des genannten Syndroms wichtig, nicht nur die Erzählungen zu betrachten, sondern auch die religiöse „Wirklichkeit" im Ritual. Gerade bei religiösen Erzählungen wird deutlich, daß das Genre der fiktiven, zum Spaß erzählten, märchenhaften Texte nur *eine* Möglichkeit darstellt, bestimmte Vorstellungen und Glaubensinhalte auf eine spezifische Art zu präsentieren. Die gleichen Symbole (Haare, Feuer, Honig, Medizin, Klarsehen, Kampf gegen die Geister usw.) finden über die Erzählungen hinaus Verwendung im rituellen Kontext. Das Verhältnis zu den Geistern der Wildnis wird im erzählerischen und im rituellen "*Code*" auf eine unterschiedliche und doch ähnliche Art thematisiert. Diese Beobachtung legt erneut die Frage nahe, wie weit sich diese Erzählungen mit religiösen Inhalten nicht doch den *Mythen* annähern, eine Frage, die am Schluß dieser Arbeit in einer abschließenden Diskussion über „Imagination" und „Realität" wieder aufgenommen werden muß.

Vor der Initiation müssen die Adepten aller betrachteten Ethnien eine Zeit der Krankheit, des körperlichen, geistigen und/oder sozialen Unwohlseins durchleben. Dieser Zustand wird von den Mächten der Wildnis verursacht und kann durch Opfer und/oder Medizin, die oft „aus dem Busch" von den Geistern selbst kommt, verbessert werden. In bestimmten Fällen wollen die Geister ausdrücken, daß sie eine besondere, persönliche Beziehung zum Kranken wünschen. Diese wird durch weitere Opferhandlungen und durch die Initiation in einen geheimen Bund hergestellt und besiegelt. Die Zeit des Verfolgtseins durch die Geister sollte zu einer spirituellen Stärkung des zeitweilig Erkrankten führen, die ihn befähigt, eine Mittlerrolle zwischen den Menschen und den übernatürlichen Mächten zu spielen. Dazu gehören Gott, die atmosphärischen Mächte des Himmels, die Erde, die Ahnen und die Buschgeister.

Dort, wo sich die Begegnung zwischen Menschen und Geistern im Busch unerfreulich und unbefriedigend entwickelte, kehren die Menschen geistesgestört, taubstumm oder blind zurück. Geistgestörte werden nicht aus der Gemeinschaft ausgeschlossen, sie bekommen das Nötigste zu essen und einen Winkel im Gehöft

8.2. Blindheit, Hellsehen und Geistesgestörtheit

zugewiesen. Sie verelenden aber auch äußerlich, sind an ihrem überlangen, struppigen Haar sofort erkennbar. Schwere Fälle laufen nach einiger Zeit nackt herum, verlieren selbst ihre Kleidung, essentielles Merkmal der Menschenwürde. Solange die geistesgestörten Menschen keine Gefahr für die Gemeinschaft darstellen, läßt man sie frei herumlaufen, und besonders die Frauen geben ihnen Almosen. Die gesunden Menschen haben ihnen gegenüber eine gewisse Scheu, die der ähnelt, die man auch gegenüber Verkrüppelten und Leprösen empfindet. Man sieht sie im Zusammenhang mit übernatürlichen Mächten, die man tunlichst nicht durch Geiz und Hartherzigkeit brüskieren sollte.

Bei chronischer Geistesgestörtheit scheinen nach längerer Zeit die Erklärungsansätze zu wechseln. Aggressive, wilde „Verrückte" werden eher als Hexen verdächtigt, als daß man ihren Zustand mit den Buschgeistern in Verbindung bringen würde. Ich habe jedoch zu diesem Thema keine eigenen Untersuchungen angestellt und möchte mich deshalb nicht weiter auf dieses schwierige Terrain vorwagen.

Während Blindheit eher mit der Verletzung bestimmter Regeln und Tabus in Zusammenhang gebracht wird (Ausnahmen sind die Erzählungen LYE-E618 und LYE-E683, in der ein Buschgeist die Retter seines Kindes aus reiner Bosheit mit Blindheit schlägt), scheint Geistesgestörtheit eher eine Folge der Tatsache zu sein, daß jemand der Begegnung mit den Geistern nicht „standhalten" kann.

Schweeger-Hefel spricht von einer sich in Geistesgestörtheit ausdrückenden *Krise* als Folge des Ergriffenwerdens durch die Geister (1986: 140). Diese Krise bringt die Gefahr mit sich, daß man möglicherweise auf immer den Verstand verliert, aber sie stellt auch eine Chance dar. Durch sein Leben im Busch, das auch bei den Nyonosi gleichzeitig eine Zeit des Schweigens ist, kann ein Mann, der seine Krise überwindet, besondere Kräfte erlangen, die ihn für eine hohe soziale Stellung prädestinieren. Sie finden oft symbolischen Ausdruck in dem „Medikament", das er nach der Rückkehr von den *kinkirsi* mitbringt.

Das „Klarsehen" ist eine komplexe Vorstellung, die – wie gesagt – nicht nur auf die visuelle Dimension beschränkt ist. Die Lyela sagen: "*ń yírhə nɔn* – seine Augen sehen". Oder man sagt: "*N yírhə wɔ nəna* – er hat vier Augen". Er hat zwei Augen außen, wie alle Menschen, dazu hat er noch „innere Augen". Mit diesen „inneren Augen" kann z.B. ein Wahrsager die Bedeutung der Wahrsagesymbole lesen. Zu diesem Zwecke muß er aber die Geister nicht nur sehen, sondern er muß mit ihnen sprechen können, er muß *verstehen* können, was die Geister ihm sagen. Bei den Konkomba in Nordtogo hat der Wahrsager seine Begegnungen mit den Geistern oft im Traum. Auch die Konkomba sagen, er habe zwei Augenpaare, davon eines im Innern des Kopfes, mit denen er die Geister sehen kann, die für normale Menschen unsichtbar sind. Konkomba-Wahrsager nehmen direkten Kontakt mit den Geistern in Felsgrotten auf und sprechen dort zu ihnen. Die Buschkobolde antworten angeblich mit einem Murmeln (Froelich 1954: 189). Andere Lyela sagten auch, daß Wahrsager, „Fetisch"-Besitzer und andere religiöse Spezialisten mit ihren inneren Augen Hexen (*càálɛ*) und Zauberer (*sherhe*) erkennen („sehen") können. Mit dem „Hellsehen" ist die Vorstellung von „Weisheit" und

„geheimem Wissen" verbunden, von dem wir wiederholt gehört haben, daß man es durch magische Substanzen erwerben kann.

Auf der erzählerischen, fiktionalen Ebene findet sich eine Variante dieser Vorstellung in der Geschichte vom „Geheimnis der Sprache der Tiere", von der weiter oben einige Versionen wiedergegeben wurden, die besonders aufschlußreich für die Mann-Frau Beziehung waren (vgl. Kap.7.6.).

Version LYE-E711, erzählt vom etwa siebzigjährigen, blinden Odabwe Bado aus Pwa, legt den Akzent auf die Begegnung eines Menschen mit den Buschgeistern und die darauffolgende Wendung seines Schicksals. Eine recht ähnliche Version der Mosi findet sich bei Tauxier (1917: 518), die allerdings um ein „deftiges", lustiges Ende der Geschichte bereichert wird:

Ein Waisenknabe irrt nach dem Tod seiner Eltern mit langgewachsenen Haaren und Nägeln im Busch umher. Er hat kein Haus zum Schlafen, er sucht seine Nahrung in den Felsgrotten und trinkt Wasser direkt aus dem Fluß. Er lebt hauptsächlich von roten Eidechsen.
Eines Tages fragt ihn eine Stimme aus einer Grotte, warum er, der Waisenknabe, ihm so [dreist] ins Haus schaue.
Der Waisenknabe weicht erschreckt zurück, erzählt dem Buschgeist dann aber seine traurige Lebensgeschichte.
Der Buschgeist sagt, er habe ein Geschenk für ihn, das aber erst am kommenden Tag seine Wirkung entfalten werde. Er werde am nächsten Tag verstehen, was die Hunde sagten, die Kühe, die Hähne und andere Tiere.
Der Waisenknabe begibt sich an den Hof des Chefs von Kion [Nachbarort des Erzählers]. Dort sagt ihm der Hahn, der Chef würde demjenigen eine seiner Töchter zur Frau geben, der ihn mit Feuerholz versorgen werde.
Der Waisenknabe ergreift die Gelegenheit und beschafft das Holz. Aber bevor er die Frau bekommt, muß er erst eine Freierprobe bestehen und eine bestimmte Frau aus einer langen Reihe von Mädchen heraussuchen.
Der Hahn sagt ihm, er solle die allerletzte nehmen, die nur ein Auge hat. Waisenknabe trifft die Wahl trotz des Murrens der männlichen Familienmitglieder des Chefs.
Als er mit der Frau fortgeht, schließen sich ihr zwei ihrer „kleinen Schwestern" an, die darauf bestehen, ihrer „großen Schwester" zu folgen. So hat er drei Frauen auf einmal heiraten können.
Er baut den Frauen Häuser, pflanzt Hirse für seine Familie und lebt glücklich und in Freuden.
Eines Tages kommt es zu einem Mißverständnis zwischen ihm und der einäugigen Frau, als der Mann über einen Witz der Hühner lacht. Die einäugige Frau hat sein unmotiviertes Lachen als Spott über ihre Behinderung verstanden.
Die Krise zwischen dem Mann und seinen Frauen spitzt sich zu, die drei drohen, geschlossen in ihre Herkunftsfamilie zurückzukehren.
Schließlich erklärt der Mann seinen Heiterkeitsausbruch noch einmal aufs neue. Er kann seine Frauen zum Bleiben überreden, indem er ihnen erneut klarmacht, wie sehr sich sein Schicksal durch die Frauen gewandelt habe. Früher sei er eine arme Waise gewesen, und heute erfreue er sich dank seiner Frauen einer angesehenen Stellung als Gehöftherr über mehrere Frauen und zahlreiche Kinder.

8.2. Blindheit, Hellsehen und Geistesgestörtheit

Der Anfang der Geschichte zeigt einen Menschen in verzweifelter Lage. Seine Einsamkeit und Hilflosigkeit sind so groß, daß er ein eher tierisches als menschliches Leben führt. Er wurde aus der Gemeinschaft der Menschen verstoßen und hat nun nicht einmal mehr jemanden, der ihm die Haare schneidet. Seine Nahrung, seine unzivilisierte Art zu trinken, seine Behausung unter einem Baum, nichts hat mehr menschliche Züge. Der ausgestoßene Mensch (ausgestoßen, weil ihn die Gemeinschaft beschuldigt, seine Eltern getötet zu haben?) ist selbst schon beinahe zum Buschgeist geworden. Von dem erhält er dann schließlich die Gabe, durch die sich sein Schicksal wendet: er versteht die Sprache der Tiere.

Nach den Vorstellungen der Konkomba, Lyela, Mosi, Nyonyosi und vermutlich noch anderer Völker der westafrikanischen Savanne, sind Wildtiere die Haustiere der Buschgeister. Buschgeister können sich auch selbst in Tiere verwandeln. Die „Seelen" der Haus- und Wildtiere können nach den Vorstellungen der Lyela Männer wie Frauen „verfolgen" und sie steril machen oder ihnen die Kinder töten. Auch der *vur*-Kult weist Parallelen mit einem Jagdkult auf, indem dort ebenfalls auf die „Stimmen" der Tiere gehört und der Umgang mit den Seelen der Buschtiere von verschiedenen Verhaltensmaßregeln bestimmt wird.

In der wiedergegebenen Erzählung werden alle diese Vorstellungen zum Motiv vom „Geheimnis der Sprache der Tiere" verdichtet. Dieses Geheimnis hat die Macht, das Schicksal des Ausgestoßenen umzukehren: aus dem Einsamen, Wilden und Marginalen wird nach typischer Art des Märchens ein angesehener Gehöftherr mit mehreren Frauen und vielen Kindern. Das *"happy end"*, das sich relativ selten am Ende afrikanischer Erzählungen findet und das auch lange nicht in allen Versionen dieses Erzähltyps zu finden ist, wird noch einmal durch ein Mißverständnis bedroht, das sich aber eben noch ausräumen läßt.

Vorstellungen von „Klarsehen" und „Klarhören" gehen in dieser Geschichte ineinander über, und beide sind mit der Idee eines besonderen, schicksalswendenden Geheimwissens verbunden.

Fortes zeigt, daß bei den Tallensi in Nordghana der abstrakte Begriff der „Intelligenz" (*cleverness*) mit dem Ausdruck „scharfe Augen" in Worte gefaßt wird (1970: 23). Jemand, der mehr und schärfer sieht als die anderen, lernt mehr und besser und ist infolgedessen „klüger" als seine Kameraden. Jemand, der hingegen gar nichts sieht, der blind (geworden) ist, was in Westafrika wegen der immer noch verbreiteten Flußblindheit häufig vorkommt, ist darum in einer umso schlimmeren Lage. Er ist praktisch „tot", wie sich ein Gewährsmann von Wolf Brüggemann ausdrückte, es sei denn, er habe jemanden, der sich für ihn verantwortlich fühlt und für ihn sorgt.

Auch dieses belastende und bedrückende Thema wird in den Erzählungen oft in der Struktur von List und Gegenlist, falscher Freundschaft (vgl. Dundes 1971, Haring 1972), Hilfeleistung, die mit Undankbarkeit beantwortet wird, behandelt. Blinder und Lepröser gehen einen Pakt ein und betrügen sich dann doch gegenseitig. Ein Mann rettet ein Chamäleon von einem brennenden Baum, und das Tier spuckt ihm in die Augen, so daß er erblindet (LYE-E747) usw.

Nebila Bayulu, ein zwölfjähriger Junge aus Pwa, erzählte die folgende Geschichte (LYE-E641):

Ein blindes Mädchen geht in den Busch. Dort trifft sie einen Buschgeist, der ihr anbietet, ihr einmal [für eine Zeitlang] seine Augen zu leihen, wenn sie ihm dafür Erdnüsse vom Feld ihrer Mutter gebe.
Der Geist ißt die Erdnüsse, das Mädchen schaut eine Weile mit seinen Augen herum. So machen sie es wiederholte Male.
Eines Tages rennt das Mädchen mit den Augen des Buschgeistes davon, und er wartet vergeblich auf ihre Rückkehr.
Später geht das Mädchen mit ihren Freundinnen zum „Weintrauben-Pflücken" (Früchte der Lannea Microcarpa). Sie warnt die Freundinnen, sie nicht mit Namen anzurufen, denn sonst könne der Geist, der sich eventuell in der Nähe des Baumes aufhalte, sie wiederfinden und ihr die Augen wieder wegnehmen.
Die Mädchen sitzen längere Zeit auf dem Baum und essen Früchte, dann steigt die erste hinunter, wobei sie von einem Buschgeist am Fuß ergriffen wird.
Sie singt ein Lied, in dem sie den Buschgeist bittet, ihren Fuß fahren zu lassen, denn sie sei nicht das Mädchen Shĕwula, das die Augen gestohlen habe.
Der Geist läßt den Fuß los und ergreift das zweite Mädchen, die dasselbe Lied wiederholt. Wiederholung mit der dritten.
Schließlich steigt die „Augendiebin" vom Baum und sagt dem Geist, daß es ihm nicht gelingen werde, sie zu fangen. Er verfolgt sie eine Weile, aber sie hängt ihn schließlich dadurch ab, daß sie über einen Brunnen springt, in den er hineinfällt.

Obwohl sie nicht explizit genannt wird, findet sich wahrscheinlich hinter dieser Geschichte die Vorstellung, daß der Buschgeist zwei Augenpaare besitzt, von denen er eines zeitweilig entfernen und an das blinde Mädchen „ausleihen" kann. Ansonsten könnte man sich schwer erklären, wie es dem (blinden) Geist gelingt, die Mädchen zum Traubenpflücken zu verfolgen, und in dem Moment, wo sie vom Baum heruntersteigen, am Fuß festzuhalten. Die Vorstellung, daß die Buschgeister zwei Augenpaare besitzen, was auch ihre Fähigkeit, im Dunkeln sehen zu können, erklärt, findet sich jedenfalls auch bei den Nyonyosi (vgl. Schweeger-Hefel 1987: 326). Dort werden auch die Masken mit zwei übereinanderliegenden Augenpaaren versehen.

Die heranwachsende Heldin dieser Erzählung ist von ebensolcher Kühnheit und Geistesgegenwart wie die Protagonistin der Geschichte LYE-E278, die mit Mut und List die Nahrungsmittelvorräte ihrer Familie verteidigt. Es gelingt ihr, sich von der Blindheit zu befreien. Kaltblütig läßt sie den Buschgeist in einen Brunnen fallen und geht als Siegerin aus dem Zweikampf mit dem Kobold hervor, ein Ende, das besonders die jugendlichen Zuhörer befriedigt.

Das Motiv der vom Körper abgelösten Organe und Gliedmaßen findet sich in verschiedenen Geistererzählungen. In Geschichte LYE-E420 geht ein *nàcíli* zum Fluß, um dort seine Arme, Beine, seinen Kopf, schließlich sogar seine Eingeweide vom Körper abzulösen und sie im Fluß zu waschen. Manche Buschgeister haben nur einen halben Körper, es fehlt ihnen ein Arm, ein Bein, der halbe Kopf, sie sind wahre Traumschöpfungen, alptraumartige Gestalten der kindlichen Phantasie. Auch die Tiere, in die sich manche Buschgeister sich verwandeln, erstaunen durch ihre bizarre Körperlichkeit. Ich verweise auf die Geschichte von den „Frevelhaften Zwillingen" bzw. den „Gewittergeschwistern", die am Ende dieses Kapitels in ihren Lyela-Versionen vorgestellt wird. Dort kommt es zu einer sonderbaren

8.2. Blindheit, Hellsehen und Geistesgestörtheit 317

Episode, in der ein Widder mit überlangen Hoden den frevelhaften Zwillingsbruder mit seiner Zaubermedizin wieder zum Leben erweckt. Der Schafsbock hat so lange Hoden, daß sie beim Laufen auf der Erde schleifen. Er muß sie über die Schultern werfen, um schnell laufen zu können. Damit schockieren auch die Buschkobolde der Konkomba in Nordtogo die Zuhörer. Die Geschlechtsteile dieser im wörtlichen Sinne fabelhaften Buschbewohner werden als hypertroph dargestellt, sie sind Ausweis einer unzivilisierten, „wilden" Sexualität (vgl. Froelich 1954: 202).

In immer wieder neuen Geschichten werden den schillernden Gestalten der Wildnis weitere Facetten hinzugefügt. Der Sieg der Menschen wird in einer anderen Erzählung mit dem Triumph der Geister kontrastiert, in einer Art unendlicher Geschichte. Ein Gegenstück zur Erzählung über die „Blinde Augendiebin" findet sich in der makabren Geschichte (LYE-E724) über „Ein aufsässiges Mädchen, das seinen Eltern nicht gehorcht":

Das Mädchen geht mit den Kameradinnen in den Busch, um dort Holz zu holen, und erwidert als einzige den Gesang eines Buschgeistes. Sie tut dieses auch noch in spöttischer Weise und gegen ausdrückliche Warnung der Freundinnen.
Das Mädchen wird vom Geist bis ins eigene Gehöft verfolgt; sie versteckt sich schnell unter ihren Freundinnen, die sich angstvoll in einer Hütte aneinanderdrängen. Aber der *nòcílí* erkennt das zuletzt gekommene Mädchen daran, daß ihr Herz vor Angst und Anstrengung nach der Verfolgung rasend klopft.
Er zerrt sie aus der Hütte und stopft ihr Hirsetrester in den Rachen, um auf diese Weise ihren frechen, respektlosen Gesang zu strafen. In letzter Minute wird der Geist vom Haushund in die Flucht geschlagen.

Eine wahrhaft schreckenerregende Warnung vor Respektlosigkeit und kindlichem Übermut, in der das Motiv des Verschlungenwerdens durch einen Geist oder Oger auf makabre Art umgekehrt wird. Der unfolgsamen Heldin wird zur Strafe für freches Reden der Rachen gestopft.

In beiden Erzählungen wird – vermittelt über die phantastischen Figuren der *nòcílsé* – auch über das Thema Individuum und Gruppe gesprochen. In Version LYE-E641 steht die Heldin am Anfang isoliert da, durch ihre Blindheit in ewige Dunkelheit verbannt. Sie verschafft sich die Augen des Geistes, wird dann aber von der Gruppe verraten. Nacheinander singen alle vier Mädchen, daß sie dem Geist die „Augendiebin" zeigen werden, wenn er sie selbst verschone. Statt ihrer Kameradin zu helfen, liefern sie sie an den *nòcílí* aus. In der Kontrastversion ist es das Individuum, das sich unfair gegenüber der Gruppe verhält. Durch ihren Gesang bringt die Heldin nicht nur sich selbst, sondern auch die Freundinnen in Gefahr. Aus Übermut und Spaß an bösem Schabernack nimmt sie Kontakt mit dem Buschkobold auf. Dann wieder sucht sie Zuflucht in der Gruppe, drängt sich zwischen die Leiber ihrer am Boden liegenden Kameradinnen, um sich zwischen ihnen zu verstecken.

Die letzte Erzählung zum Abschluß meines kleinen Geisterportraits handelt von zwei Brüdern, die während einer Dürre zusammen ihr Heimatdorf verlassen müssen (LYE-E577). Diese spiegelbildlich angelegte Geschichte leitet gleichzeitig über zu den Geschichten über die Wassergeister, in denen dieser Strukturtyp besonders häufig erscheint.

> Großer Bruder betrügt den jüngeren um seinen Reiseproviant, indem er vorschlägt, erst die Hirsevorräte des jüngeren zu verbrauchen, sich dann aber später weigert, etwas von seiner Hirse abzugeben.
> Der jüngere wird durch den Nahrungsmangel so geschwächt, daß er unter dem „Baum der Geister und wilden Tiere" in Ohnmacht fällt. Der ältere Bruder läßt ihn einfach zurück und setzt seinen Weg fort.
> In der Nacht kommt ein Buschgeist und bittet Kleinen Bruder ins Haus. Dort sind alle Tiere des Waldes versammelt, und sie verkünden dem Kleinen Bruder, daß sie wohl wüßten, wo es Wasser gebe, daß man aber jemanden brauche, der zu den Menschen gehe und ihnen die Wasserquelle zeige. Sobald sich nämlich eines der Tiere dem Dorf der Menschen nähere, werde es von ihnen bedroht und verjagt.
> Die Tiere und der Buschgeist erklären dem Kleinen Bruder in allen Einzelheiten, welche Opfergaben in welchem Ritual an einem *kaco*-Baum dargebracht werden müßten, so daß die Menschen wieder zu Wasser kommen würden.
> Der Junge geht zum Haus des Dorfchefs und sagt ihm, er sei dabei zu verdursten. Der Chef gibt ihm das letzte bißchen Wasser aus seiner Kalebassenflasche, und dann erklärt der Junge das geforderte Opfer: Hirsewasser, ein schwarzes Rind, eine schwarze Ziege und ein schwarzes Huhn müßten vor einem *kaco*-Baum geopfert werden. Dann gelte es, den Baum, der mit zahlreichen Luftwurzeln mit der Erde verbunden ist, aus dem Grund zu ziehen, ohne dabei die Wurzeln mit einer Hacke oder einem anderen scharfen Gegenstand zu verletzen.
> Die Leute des Dorfes tun wie ihnen geheißen, und aus dem Baumloch sprudelt Wasser hervor. Ein riesiger Fluß entsteht, in dem alle Menschen baden.
> Kleiner Bruder wird Chef des Dorfes. Als Großer Bruder ihn in der Rolle des Dorfchefs findet, geht er gleichfalls zum Haus der Geister, wird aber dort getötet.

Auch bei den Mosi besitzen manche *kinkirsi* die Gabe, Wasser zu finden, und auf diese Weise treten sie als mächtige Hilfsgeister der Menschen auf. Das Schicksal der Bauern ist in ihrer Hand; so sind die Menschen darauf angewiesen, sich den Geistern gegenüber gut und richtig zu verhalten.

Im Zusammenhang mit den Wassergeistern (lyele: *bwĭ-lyì*) finden wir besonders häufig Geschichten mit spiegelbildlicher Struktur, so wie im vorliegenden Beispiel. Die Gegenüberstellung von „Gutem und Schlechtem Helden" entsteht immer aus einer pädagogisch-moralischen Absicht der Erzählungen. Im Kontrast von Gut und Böse soll das geforderte, richtige Verhalten besonders klar hervortreten. Die Abhängigkeit vom Wasser, von regelmäßigem, ausreichendem Regenfall, führt dazu, daß die Bauern der westafrikanischen Savanne den Wassergeistern eine besonders wichtige Stellung in ihrer moralischen Weltordnung zuweisen.

8.3. Geschichten über Wassergeister

Nach Vorstellungen der Lyela sind Brunnen und Gewässer von den *bwĭ-lyì* (Wassergeistern) bewohnt. Über das Aussehen dieser Wesen war weder in Erzählungen noch in Befragungen etwas in Erfahrung zu bringen. Offenbar besitzen sie im Unterschied zu den Buschgeistern keine äußerlich wahrnehmbare Gestalt. Die *bwǐ-lyì*, wörtlich „Leute des Regenzeitflusses", greifen aber dennoch in das Leben der Menschen ein, und zwar sowohl auf der fiktiven Ebene der Erzählungen als auch in der geglaubten, religiösen „Wirklichkeit".

Die einzelnen Gewässer (*bwǐsi*), von denen die meisten nur während der Regenzeit Wasser führen, sind nichts anderes als temporär mit Regenwasser angefüllte Erdlöcher. Das Wort für Regen (*dwà*) enthält Konnotationen, die auf die schweren, gewitterartigen Wolkenbrüche der westafrikanischen Savanne Bezug nehmen. *Dwà* bedeutet nicht nur Regen, sondern auch „der Himmel als Erzeuger und Zentrum aller atmosphärischen Erscheinungen: Regen, Donner und Blitz" (Nicolas 1953: 234). Eine Fülle idiomatischer Ausdrücke verweist auf atmosphärische Erscheinungen: „Der Regen, der sich ‚vorbereitet', dann aber wieder zurückweicht", ein Phänomen, das auch in Erzählungen beschrieben wird, „der grollende Donner", der „Totschlag" eines Diebes oder eines Lügners durch den Blitz. Die mythologisch gefärbten Erzählungen über Odwa und Edama, die „Gewittergeschwister", verweisen auf die Unberechenbarkeit der kosmischen Mächte, die über das Schicksal der Menschen bestimmen.

Die wenigen, ganzjährig Wasser führenden Flüsse, der größte unter ihnen die Schwarze Volta (*mú*, pl. *mwísi*), spielen ebenfalls eine bedeutende Rolle im religiösen und im räumlichen Denken der Lyela. Wie bei anderen afrikanischen Völkern ist der Fluß die Grenze zwischen der Welt der Menschen (*lumbyínsi*) und der Totengeister (*cílə*). In Erzählungen ist der Fluß oft das „Eingangstor" zur übernatürlichen Welt: Verzweifelte, hungrige, marginale Menschen verlassen zu Beginn zahlreicher Erzählungen die Gemeinschaft der hartherzigen und verständnislosen Mitmenschen und wandern in die Welt hinaus. Wenn sie den Mut haben, in einen Fluß zu springen oder in ein Erdloch hinabzusteigen, gelangen sie auf diese Weise in eine andere, jenseitige Welt, in der sie – ihren guten Charakter vorausgesetzt – Erlösung von den Übeln der realen Welt erhalten. Nach der Rückkehr aus der Unter- oder Wasserwelt hat der Held einen höheren Status erlangt, der ihn für seine marginale oder unterdrückte Rolle zu Anfang der Geschichte entschädigt (vgl. Kuper 1987: 194).

Kaurischnecken (*səbyí*, pl. *səbyǎ*), die auch bei den Lyela ein in vorkolonialer Zeit übliches Zahlungsmittel waren, kommen aus einem geheimnisvollen Meer, das nach Meinung einiger Gewährsleute die ganze Welt umgibt. Kaurischnecken erinnern in ihrer Form an das weibliche Geschlechtsteil. Gleichzeitig symbolisiert ihre weiße Farbe ein reines Herz, Freude und langes Leben. Ihr Wert als Fruchtbarkeits- und Reichtumssymbol machte die Kaurischnecken auch bei den Samo, den nördlichen Nachbarn der Lyela beliebt. Sie trugen früher mit Kaurischnecken benähte Lederriemen als Festtagsschmuck für alle wichtigen Übergangsriten des Lebens (vgl. Tauxier 1917: 592).

Zwei aneinandergebundene Kaurischnecken symbolisieren nach Erklärung von Yombwɛ Bado, Wahrsager aus Pwa, für die Lyela vor allem Gesundheit (*besazuli*). *Besazuli* ist, wie gesagt, gleichzeitig die Verdunstungskühle frischen Wassers, Voraussetzung für jede Form des Lebens. Die weiße Farbe der Schnecken wird von Yombwɛ mit den weißen Haaren alter Menschen in Verbindung gebracht, Metapher für ein langes Leben, das nicht vorzeitig durch Krankheit oder einen „schlechten Tod" (Zauberei, Hexerei, Selbstmord) beendet wurde.

Regenzeitflüsse (*"marigots"*) sind gleichfalls heilige Stätten, die den noch ungeborenen Seelen (*ywəlse*) als vorgeburtlicher Aufenthaltsort dienen. Die heiligen Stätten werden von religiösen Spezialisten (*bwĭ-cìnə*) beopfert und betreut. Frauen, die keine Kinder bekommen können, die Fehlgeburten erleiden mußten oder deren Kinder gestorben sind, werden vom Wahrsager zum Regenzeitfluß geschickt, um dort ein Versprechen abzugeben, daß sie dem Fluß Opfer darbringen werden, wenn ihr Kinderwunsch erfüllt wird. Ein geläufiges Fruchtbarkeitsritual besteht darin, daß die Frauen Erde aus einem Bachbett mit etwas Wasser anfeuchten und sich mit dem feuchten Lehm ein Kreuz auf die Stirn zeichnen. Wird die Frau nach einem solchen Versprechen schwanger, und ihr Kind kommt gesund zur Welt, gibt man dem Neugeborenen den Namen Obu. Das versprochene Opfer muß in angemessener Zeit entrichtet werden, sonst läuft die Frau Gefahr, in ihren Träumen von den Wassergeistern geplagt zu werden.

Auch der Schmiedepriester (*lăli-cə̀bal*), der in enger Beziehung zu den himmlischen Mächten (*dwà*) steht, weil er von ihnen das Schmiedefeuer erhalten hat, führt Rituale am Fluß aus. Dazu gehören Versöhnungsriten, die die Wassergeister veranlassen sollen, die Leichen ertrunkener Menschen wieder frei zu geben u.a.m. Die himmlischen Mächte werden von den Bauern als willkürlich und unberechenbar erlebt, was ja den klimatischen Bedingungen der westafrikanischen Savanne durchaus entspricht. Die Lyela ziehen eine Verbindung zwischen den wohltätigen, bzw. verheerenden Folgen der himmlischen Erscheinungen (für ihr Land und für sich selbst) und ihrem eigenen Verhalten. Immer wieder hörte ich von alten Leuten, daß nur deshalb in rezenter Zeit immer weniger Regen falle, weil sich die heutige Jugend nicht mehr an den traditionell überlieferten Rechts- und Sittenkodex (*lùl-ɛ-pùrsɛ*) halte.

Die Erzählungen kreisen um zwei Themen: Der Fluß, die Flußgeister und die im Wasser lebenden Tiere werden mit Fruchtbarkeit, mit Weiblichkeit und mit „Reichtümern" assoziiert. Gleichzeitig treten die Wassergeister als richtende und strafende Instanzen auf, die denjenigen bestrafen, der die „Reichtümer" der Flüsse begehrt, aber aufgrund seiner unmoralischen Lebensführung kein Recht dazu hat.

Das spiegelbildliche Erzählschema der *"contes initiatiques"* ist, wie gesagt, besonders dazu prädestiniert, moralische Botschaften unters Publikum zu bringen. Eine kleine Minderheit von *"trickster tales"* bietet dagegen eine „Erholung" von den moralisierenden Initiationserzählungen. Trickster Hase handelt allen gültigen Normen und Prinzipien zuwider, kommt aber ungeschoren aus der Unterwasserwelt zurück.

Tauxier nahm die folgende Mosi-Erzählung auf, in der eine Mutter ihre Tochter in den Fluß wirft, weil sie ihr zu häßlich ist (1917: 472):

Weil sie aber eine Hilfe für den Haushalt braucht, holt sie sich eine große Kröte aus dem Fluß, die ihr beim Hirsestampfen helfen soll.
Das Mädchen ertrinkt nicht im Fluß, sondern lebt mit den „bösen Geistern" unter Wasser zusammen; beide, Kröte und Mädchen wachsen heran.

8.3. Geschichten über Wassergeister

Immer wenn die Mutter der Kröte Hirse zu stampfen gibt, bricht das Tier in Tränen aus, weil es diese Arbeit gar nicht verrichten kann. Das Mädchen kommt aus dem Wasser heraus, als es die Klagen und Seufzer der Kröte hört und macht die Arbeit für sie.
Eines Tages beichtet Kröte der Mutter des Mädchens, daß sie die ihr aufgetragenen Arbeiten nicht selbst verrichte, sondern daß sie regelmäßig Hilfe von einem schönen Mädchen aus dem Fluß erhalte.
Die Mutter lauert ihrer Tochter auf (die sie nicht als solche erkennt) und hält sie fest. Aber die Tochter sagt, daß sie in der Welt der Wassergeister viel Gutes erfahren habe und daß sie dorthin zurückwolle.
Die Frau protestiert und schreit so laut, daß ihr Ehemann herbeigelockt wird. Ohne das Mädchen loszulassen, bringen sie den Flußgeistern ein Opfer dar, mit dem sie „um Verzeihung bitten" und ihnen für das schöne Mädchen danken. Die Kröte wird anstelle des Mädchens ins Wasser geworfen.

Von Barbara Meier erfuhr ich, daß bei den Bulsa in Nordghana Frauen keine Kröten aus dem Gehöft werfen dürfen. Auch in dieser Gesellschaft ist die symbolische Assoziation zwischen „der Frau" und diesem Tier sehr eng. Eine Bulsa-Erzählung (BUL-E902), von der ich zwei Varianten bei den Lyela aufgenommen habe (LYE-E293, LYE-E555) handelt von einer Frau, die keine Vagina hat und sich das Geschlechtsteil einer Kröte ausborgt:

Die Frau wird in den Haushalt eines Häuptlings verheiratet. Eines Tages geht sie mit ihren Mitfrauen Holz suchen und findet unterwegs eine schwangere Kröte. Die Frau bittet die Kröte, ihr ihre Vagina zu leihen, die Kröte sagt zu, bittet aber um pünktliche Rückgabe, wenn bei ihr selbst der „Entbindungstermin" gekommen sei.
Zu Hause entkräftet die Frau das böse Gerücht ihrer Mitmenschen, daß sie keine Vagina besitze.
Bei Kröte setzen die Wehen ein, sie begibt sich zum Gehöft des Häuptlings und singt ein Lied, in dem sie ihre Vagina zurückfordert.
Kröte erklettert mühsam das Terrassendach, auf dem Mann und Frau liegen, und sie wiederholt immer wieder ihr Lied, in dem sie ihre Vagina zurückfordert.
Die Frau ergreift die Kröte und wirft sie vom Dach, aber das Tier macht sich erneut daran, die Wand zu erklimmen. Schließlich findet es das Loch am Fuße der Gehöftwand, durch das das Wasser aus dem Innenhof nach außen abfließt.
Seit dieser Zeit versuchen die Kröten andauernd, durch das Wasserabflußloch am Fuße der Gehöftmauern ins Innere des Hofes zu gelangen.

Eine der beiden Varianten (LYE-E555), die erklärt, warum Frauen Geschlechtsteile von Fröschen haben, handelt in der mythischen Urzeit, als *alle* Frauen noch keine Vagina hatten. Erst durch den Betrug der Heldin an der schwangeren Kröte kamen die Menschenfrauen in den Besitz ihrer Geschlechtsteile. An anderer Stelle wurde beschrieben, wie auf dem *shyabol*, dem Wasserabflussloch am Fuße der Gehöftmauer, Opfer dargebracht werden, mit denen bei den Lyela die Ehe vor der heiligen Macht der Erde geschlossen wird (Steinbrich 1987: 139). Hier wird auch nach einer Geburt die Plazenta vergraben. Die Frau im Gehöft, die sich als nächstes ein Kind wünscht oder der bereits Kinder gestorben sind, begräbt die Nachgeburt am *shyabol* und bittet dabei Gott und die Ahnen um Kindersegen.

In zwei Erzählungen (LYE-E495, LYE-E675) rettet eine Kröte die Tiere des Waldes aus einer Dürre. Vom Verdursten bedroht, schließen sich die Tiere zusammen, um Gott (*yí*) und den Himmel (*dwà*) in einem Lied um Regen anzuflehen. Ähnlich wie in der Erzählung vom „Chamäleon, das den Regen zurückhält" (Kap. 4.1.) stimmen zuerst die starken, mächtigen Tiere (Löwe, Elefant, Panther) ihren Bittgesang an, um die kosmischen Mächte anzuflehen, ihnen den dringend benötigten Regen zu gewähren. Aber hinter ihrem Gesang scheint zu viel „Kraft" (*jàn*) zu stecken. Anstatt sich zu Regen zu verdichten, weichen die Wolken beim Gesang der starken, mächtigen Tiere wieder zurück. Die Naturgewalten lassen sich nicht zwingen. Sie reagieren allein auf die demütigen Bitten der kleinen, häßlichen, schwachen und weiblichen Wesen. In einer Version (LYE-E675) nimmt Elefant die Kröte auf den Rücken, als offenbar wird, daß die kosmischen Mächte allein auf den Gesang dieses bescheidenen Tieres reagieren, das eine symbolische Mittlerrolle zwischen Wasser und Erde spielt. Elefant fordert Kröte auf, in ihrem Gesang nicht nachzulassen, bis sich der langersehnte Regen wirklich in ausreichender Menge entladen hat. In diesem Bild drückt sich die Unterordnung des Machtanspruches politischer Führer (*pyä*) unter die Herrschaft der Erdherren aus (vgl. Kap. 4.1.). Die einzig legitime Form der Herrschaft ist die, die die Fruchtbarkeit der Erde durch die richtige Menge Regen, Sonne und Wind erhält. Und dazu gehört, wie ausgeführt wurde, die richtige Ausübung des Erdkultes durch die Erdherren.

Die beiden Erzählungen vom Ursprung der weiblichen Geschlechtsteile und von Kröte als Retterin der Menschheit (hier metaphorisch dargestellt durch die Tiere des Waldes) verweisen auf eine symbolische Assoziation zwischen „der Frau" und der „kosmischen Fruchtbarkeit", die eine so wichtige Rolle in Calame-Griaules Untersuchung *La parole chez les Dogon* (1965) spielt. Zwar erscheinen die Bilder, in denen die Frau als Lebensspenderin in den Erzählungen der Lyela dargestellt wird, im Vergleich zu den eleganten kosmologischen Systemen der Dogon vergleichsweise einfach und trivial, aber die zugrundeliegenden Vorstellungen ähneln sich doch recht deutlich.

> „Das wichtigste Anliegen der Dogon-Gesellschaft besteht in der Fortdauer der Gruppe, und die Frau spielt dabei eine zentrale Rolle als Erzeugerin und als Gebärerin neuen Lebens. Sie ist auch die Ernährerin der Familie, die [ihre Angehörigen] mit Nahrung und Wasser versorgt, den lebensspendenden Substanzen. Weil sie eine symbolische Verbindung zur Lebenskraft der Pflanzen besitzt, sowie auch zum Getreide und zum Licht, ist die Frau ein Bild der kosmischen Fruchtbarkeit […]. Mehr Frauen zu erlangen, um von ihnen mehr Kinder zu bekommen, ist ein offenes oder ein verdecktes Motiv für die meisten individuellen und sozialen Handlungen." (Calame-Griaule [1965] 1986: 341)

Bei den Lyela wird die Hirse, das wichtigste Grundnahrungsmittel, mit „Männlichkeit" assoziiert, ein Tatbestand, der sich vielleicht mit ihrer vorkolonialen, geschlechtlichen Arbeitsteilung erklären läßt, in der der Hirseanbau überwiegend von Männern geleistet wurde (vgl. Baumann 1928; Steinbrich 1987: 55–57). Dafür wird bei den Lyela immer wieder die enge symbolische Verbindung der Frauen zum Wasser, den Wassergeistern und den Wassertieren thematisiert (vgl.

8.3. Geschichten über Wassergeister

auch Görög 1980: 45 für den Frosch als Weiblichkeitssymbol bei den Bambara). In verschiedensten Motiven wird die Idee variiert, daß die Fruchtbarkeit der Frauen „aus dem Wasser kommt". Dahin kann sie aber auch wieder zurückkehren, wie manche Erzählungen zeigen.

Geschichten über Geschlechtsteile, die sich vom menschlichen Körper getrennt haben und ein Eigenleben führen, scheinen eine typisch afrikanische Phantasie zu sein. Sie sind mir aus der europäischen Erzähltradition jedenfalls nicht bekannt, und im Motiv-Index von Thompson sind sie auch nicht verzeichnet. Das Motiv weiblicher Geschlechtsteile, die während einer Flußüberquerung ins Wasser fallen, findet sich in ganz Westafrika. Lallemand bringt Erzählbeispiele der Kotokoli oder Temne im Süden Togos, von den Tyokossi oder Anufom im Norden desselben Landes (1985: 81–84). Bei den Lyela wird die Episode der ins Wasser gefallenen Vagina meistens in Form eines Dilemmas dargeboten, so in den Versionen LYE-E084 und LYE-E187:

> Ein Mann überquert einen Fluß in Begleitung seiner Schwiegermutter und seiner Frau. Beide sind schwanger. Mitten im Fluß fallen beiden Frauen die Vaginas ab. Der Mann sucht unter Wasser nach den Geschlechtsteilen, findet aber nur eins. Wem soll er es geben?

Aus der Geschichte, die erklärt, warum die Frauen dieselben Geschlechtsteile wie die Kröten haben, haben wir gelernt, daß eine Frau, die ihre Vagina verloren hat, nicht mehr gebären kann und sterben muß, weil der Ausgang für das Kind blockiert (bzw. gar nicht mehr da) ist. Der Mann in der vorliegenden Erzählung muß also entweder den Tod seiner eigenen Frau oder den ihrer Mutter verantworten. Natürlich würde er die eine Vagina, die er gefunden hat, lieber seiner Frau geben, aber die Schwiegermutter ist eine Respektsperson, und der Schwiegersohn kann sie nicht übergehen.

Mutter und Tochter werden als Konkurrentinnen um die Gebärfähigkeit gezeigt; die Aussage der Erzählung scheint zu sein, daß es Zeit ist, die Mutter von der Gebärarbeit „ausruhen" zu lassen, wenn die Tochter so weit ist, daß sie Kinder bekommt. Diese Botschaft wird auch in einem eigenen kleinen Ritual verkündet, das die Lyela durchführen, wenn eine Frau mit gebärfähigen Töchtern doch noch einmal schwanger wird. Nach Dinslages Beobachtung geht die älteste Tochter zur Mutter, steigt auf das Dach ihres Hauses und ruft dreimal ihrer Mutter zu: „Mutter ruhe Dich aus. Ich werde jetzt diese Arbeit für dich tun!" Danach soll die potentielle oder tatsächliche Großmutter nicht mehr gebären (vgl. Dinslage 1986: 44; Fortes 1967: 223).

In Erzählungen der Bété (Elfenbeinküste) und der Dogon (Mali), aufgenommen von Paulme (1976: 52), sind es die Frauen selbst, die in den Fluß fallen und von einem Mann gerettet werden müssen. In einer Lyela-Geschichte fallen Kinder, die „Produkte der weiblichen Fruchtbarkeit" ins Wasser, und ihr Vater muß einige von ihnen den Flußgeistern opfern, um die anderen zu retten (LYE-E282).

Im Kapitel 6.4. über die Beziehungen zwischen Brüdern wurden drei Lyela-Versionen einer Geschichte vorgestellt, in denen sich Fische in Mädchen verwandeln und den Fluß verlassen, um Menschenmänner zu heiraten. Im Stil einer

Initiationserzählung werden die Brüder vor eine Wahl gestellt. Es gibt weiße (schöne) und schwarze (häßliche) Mädchen, zwischen denen eine Anzahl junger Männer ihre Wahl treffen müssen. Wir erinnern uns, daß es in den Initiationserzählungen darauf ankommt, „Reife" zu zeigen, das heißt, Entscheidungen nicht nach oberflächlichen Eindrücken und Gesichtspunkten zu fällen, sondern „hinter die Dinge" zu schauen und auch das Verdeckte und Verborgene wahrzunehmen. So wird der Held, der (auf Betreiben seiner Mutter) die schwarzen, häßlichen Mädchen wählt, am Ende „mit Reichtümern" belohnt. Die schwarzen Mädchen, die nur deshalb schwarz aussehen, weil sie sich im Ruß gewälzt haben, werden in der Geschichte beim Kornreiben gezeigt. Sie schwitzen bei dieser Arbeit, die sie für ihre Schwiegermutter ausführen. Der Ruß läuft ihnen vom Körper, und ihre schöne helle Haut kommt zum Vorschein (Erzählung LYE-E192). Die *"femme nourricière"* ist auch hier die richtige Wahl. Bei den Dogon werden die „guten Frauen" mit dem Terminus *yàana* bezeichnet. *Yà* bedeutet „Frau, Weiblichkeit" und *nà* „die Mutter". Damit ist die Frau in ihrer Rolle als Mutter der Kinder ihres Ehemannes gemeint und als Ehefrau, die die Schwiegermutter (HM) in ihrer Rolle als Hausfrau und Vorsteherin ihres Gehöftabteiles ersetzt (Calame-Griaule 1986 [1965]: 343).

Als die in Menschenfrauen verwandelten Fische eines Tages ihre Verwandten besuchen, wollen ihre Ehemänner sie begleiten. Am Fluß angekommen, gestehen die Mädchen, daß sie keine echten Menschen seien, sondern Wassergeister (*bwĭlyĭ*). Nur der Mann der schwarzen Mädchen bringt den Mut auf, mit seinen Frauen in den Fluß zu springen und sich auf diese Weise in die „Unterwelt" zu begeben, um dort die eheliche Verbindung durch Verhandlungen mit ihren Angehörigen zu legalisieren. Die Begegnung mit den Wassergeistern wird zur Initiationsreise in eine fremde Welt. Der Bewerber wird zunächst einmal zerstückelt und von den Tieren unter Wasser verschlungen (LYE-E170, LYE-E192, LYE-E803). So erleidet er seinen rituellen Tod. Nach neuntägiger Trauer der Mutter um ihren Sohn erscheint der „Herr der Geister" am Flußufer und fragt sie nach dem Grund ihres Schmerzes. Von der Liebe der Mutter zu ihrem Sohn beeindruckt, ordnet der Herr der Wassergeister an, daß die schon verteilten Fleischstücke des Sohnes wieder zusammengetragen werden sollen. In zwei Versionen (LYE-E192, LYE-E803) fehlt das wichtigste Organ, die Leber als Sitz des Lebens. Frosch hat sie schon verspeist, zusammen mit einem Stück roten Sorghums (Farbe des Blutes). Frosch wird auf Befehl des Ältesten geschlachtet, die Leber wieder an ihren Platz gebracht und der junge Mann wieder zum Leben erweckt. „Guter Held" kehrt mit Frauen und Reichtümern beschenkt aus dem Reich der Wassergeister zu seiner Familie zurück.

Wie eng auch heute noch bei den Lyela „Reichtum" (*necende*) mit der Macht der Wassergeister verknüpft ist, wurde mir in dem kleinen Ritual einer etwa fünfzigjährigen Frau deutlich, das sie in einem ausgetrockneten Regenzeitfluß durchführte. Nach Schlachtung eines Hühnchens und einer Ziege und der Opferung von Hirsebier durch den Flußpriester ging die professionelle Bierbrauerin (*"dolotière"*) in die Mitte des ausgetrockneten Bachbettes, hob eine Handvoll Erde auf und sagte:

„Ich bin Bierbrauerin, ich verdiene Geld, aber dieses Geld bleibt nicht in meiner Hand. Ich bitte dich [den Fluß], mir bei meiner Arbeit zu helfen. Denn das Geld [das ich verdiene] bleibt nicht bei mir."

Die Hinwendung zu neuen, marktwirtschaftlich orientierten Wirtschaftsaktivitäten ist nicht notwendigerweise mit einer Abkehr von traditionellen religiösen Vorstellungen verbunden. Die Bierbrauerin war außerdem eine getaufte Christin, die, wie so viele Frauen ihrer Altersklasse, sonntags regelmäßig die Kirche besuchte. Bei persönlichen, im vorliegenden Fall finanziellen Problemen, wandte sie sich jedoch „sicherheitshalber" noch an einen Wahrsager, der ihr und ihren „jüngeren Schwestern" auch das geschilderte Ritual vorgeschlagen hatte.

8.4. Die Wassergeister als Hüter der überlieferten Weltordnung

Bettelheim sieht einen Wesenszug des Märchens darin, daß es die „existentiellen Fragen im Leben der Menschen aufwerfe".

„Manche [europäischen] Märchen rühren an das Dilemma der Sehnsucht nach dem ewigen Leben mit dem Schluß: ‚Und wenn sie nicht gestorben sind, so leben sie noch heute'." (1980 [1975]: 17)

Wenn man vom spiegelbildlichen Typus der Initiationserzählungen (mit einem guten und einem schlechten Helden) einmal absieht, gibt es in Afrika kaum Geschichten, die mit einem "happy end" abschließen. Die „Sehnsucht nach dem ewigen Leben" drückt sich in afrikanischen Erzählungen eher in dem Motiv der magischen Wiedererweckung durch einen zauberkräftigen Gegenstand aus. Nach der Wiedererweckung trifft die Helden jedoch oft erneut ein Unglück, das sie nicht selten als Folge eigener Verfehlungen oder Tabu-Übertretungen ereilt. Aus zahlreichen Erzählungen scheint man eine resignierte und pessimistische Botschaft herauszuhören: es ist, als könnte es dem Menschen niemals gelingen, die Gebote der moralischen Weltordnung wirklich zu erfüllen. Der Mensch hindert sich selbst daran, das Glück zu erreichen.

Damit kommen wir zum nächsten Thema, das oft im Zusammenhang mit den Wassergeistern aufscheint: Vergeltung und Strafe normwidrigen Verhaltens. Auch in der wirklichen Welt (wie in der Märchenwelt) fühlen sich die Lyela von übernatürlichen Mächten in ihrer Lebensführung überwacht. Die Ahnen (*daba*), Gott (*yí*) und die himmlischen Mächte (*dwà*), die Wassergeister (*bwǐ-lyì*) und die Erde (*cɛ*) bestrafen die Menschen, die dem überlieferten Sittenkodex zuwiderhandeln. Während die sakrale Macht der Erde und der Ahnen so heilig ist, daß sie im fiktiven und oft kindlichen Genre der Märchen nur selten und in „verhüllten" Motiven angesprochen wird, treten die Wassergeister häufiger in Geschichten auf.

Brüggemann beschreibt „Diebesfallen" (*somdɛ*), die religiöse Spezialisten bei den Lyela zum Schutz der Feldfrüchte herstellen. Sie reißen zum Beispiel eine Handvoll harten Sumpfgrases aus, das am Ufer eines Regenzeitflusses wächst. Das Gras wird zu einem Bündel gedreht und, an einem Stock befestigt, in einem

Erdnuß- oder Hirsefeld aufgestellt. Damit wird das Feld unter den Schutz der Wassergeister gestellt.

> „Wenn jetzt einer kommt und davon stiehlt, dann bringen ihn die Wassergeister um, auch wenn er nur wenig genommen hat. Er fällt in einen Brunnen oder Fluß, oder er verunglückt beim Fischen, wenn er im Wasser steht [...]. Die Wassergeister ziehen ihn hinunter, dorthin wo sie wohnen, und richten und töten ihn." (Brüggemann, mündliche Mitteilung)

In den Diebesfallen macht sich also ein Mensch die übernatürliche Macht des Flusses zunutze, um sich gegen Übergriffe anderer Menschen auf sein Eigentum zu wehren. Ähnlich kann auch die gefährliche Macht von Blitz und Donner (*dwà*) in einem Abwehrzauber versinnlicht und instrumentalisiert werden. Man nimmt ein Stück Holzkohle von einem Baum, der vom Blitz getroffen wurde und bindet ihn als eigenen *sɔmɔ* (Abwehrzauber) ebenfalls an einen Stock, um potentielle Diebe zu warnen und abzuschrecken: „Wenn du etwas von meinem Feld stiehlst, wird dich der Blitz erschlagen".

Noch häufiger werden Blitz und Donner meiner eigenen Beobachtung nach auf einen Menschen herabgewünscht, gegen den man große Wut hat, weil man sich von ihm (oder von ihr) ungerechterweise bezichtigt fühlt. A bezichtigt B eines Diebstahls, B bestreitet ihn; A wiederholt seine Beschuldigungen, B beharrt auf seiner Unschuld. Nach mehrmaligem verbalen Schlagabtausch, in dem A und B sich in Wut geredet haben, verliert einer die Nerven und schleudert Blitz und Donner gegen den Widersacher. Der *dwà* solle B erschlagen, wenn B etwas von A gestohlen haben sollte, was er immer noch bestreitet.

Wenn Blitz und Donner in Form eines Fluches auf die beschriebene Art und Weise auf einen Menschen herabzitiert wurden, bringt dieser Tatbestand nicht nur für denjenigen Gefahren mit sich, der von seinem Gegner verwünscht wurde, sondern auch für denjenigen, der den *dwà* angerufen hat. Bleiben wir beim Beispiel des Diebstahls: A hat eine übernatürliche Strafe in Form eines Fluches auf B herabgewünscht. Er muß nun aber damit rechnen, daß B das Diebesgut verkauft, von dem Geld etwas zu essen kauft (Kolanüsse, Tabak oder Hirsebier) und A etwas davon anbietet. In dem Moment, wo A etwas vom Diebesgut verzehrt hat, können Blitz und Donner auch ihn selbst treffen.

Die Lyela sagen deshalb, daß zwei Personen, zwischen denen der Fluch hängt, nicht mehr miteinander essen und trinken dürfen. Handelt es sich dabei um nahe Verwandte (Eltern – Kinder, Ehepartner) wird die häusliche Harmonie dadurch auf eine so empfindliche Art und Weise gestört, daß ein Versöhnungsritual unumgänglich wird. Die beiden Kontrahenten gehen zu einem Schmied, auch bei den Lyela die Mittlerperson par excellence (vgl. Calame-Griaule 1986: 316). Der Schmied schlägt Eisenteile gegeneinander, damit ruft er die höheren Mächte an und bittet sie, den Kontrahenten zu vergeben. Beide Parteien „leeren" in einer erneuten Darstellung des Konfliktfalles „ihr Herz" (wenn wirklich etwas gestohlen wurde, wird die Rückgabe des Diebesgutes vorausgesetzt), und mit einem Hühneropfer auf dem Schmiedealtar (*lăli*) werden die kosmischen Mächte gebeten, wieder in den Himmel hinaufzusteigen.

Auch in Erzählungen erscheinen der Fluß, die Flußgeister oder die unter Wasser lebenden Tiere als übernatürliche Wesen, die Lügen, Meineid, Diebstahl oder andere Verletzungen der überlieferten Normen und Werte dadurch bestrafen, daß sie die Schuldigen unter Wasser ziehen und dort töten. In der folgenden Tiererzählung wird der Tatsache der Normverletzung jedoch die Spitze genommen. Trickster Hase, im folgenden Erzählbeispiel mit männlichen *und* weiblichen Merkmalen ausgestattet, begeht eine ganze Serie von Rechtsverletzungen, kann aber am Schluß der Geschichte ungestraft entkommen (LYE-E285, LYE-E485, LYE-E940).

8.5. *Trickster* und *"Enfants Terribles"*

Die Tante (nə̀kẽ, FZ) der Tiere ruft die Tiere des Waldes zusammen und bittet darum, für sie Feuerholz zu sammeln. Unterwegs finden die Tiere Karitéfrüchte; sie essen die reifen und vergraben die noch grünen in einem Loch, um sie nachreifen zu lassen.
Vor dem vereinbarten Datum, an dem die Früchte gemeinsam verzehrt werden sollen, stiehlt Hase alle Früchte aus dem Loch und verrichtet dort anschließend seine Notdurft.
Die anderen Tiere entdecken den Betrug, sind böse und wollen den Dieb fangen. Man einigt sich darauf, den nahegelegenen Fluß zu überqueren. Der Dieb, gleichzeitig Lügner, weil er seine Tat abgestritten hat, soll auf diese Weise vom Fluß identifiziert und bestraft werden.
Die Tiere stimmen nacheinander ein Lied an, in dem sie um Gerechtigkeit bitten, dann überqueren sie den Fluß. Schließlich ist Hase dran und wird vom Wasser fortgetrieben. Hase behauptet, es seien die schweren Kleidungsstücke, die ihn (sie) unter Wasser zögen. Er (sie) steigt mehrfach aus dem Wasser, um ein Kleidungsstück nach dem anderen abzulegen und um gleichzeitig Atem zu schöpfen. Schließlich wird er (sie) aber dennoch unter Wasser gezogen.
In der Unterwelt trifft Hase auf „Tante" Krokodil, die in manchen Versionen als blind oder schlecht sehend beschrieben wird.
Hase stellt sich auch dieser „Tante" als Nichte vor, Tochter ihres Bruders, die geschickt worden sei, um Krokodil in der Zeit der Krankheit zur Seite zu stehen, Holz zu holen und Essen zu kochen.
Zur Bereitung der Sauce zum Hirsebrei verwendet Hase täglich Krokodileier, bis nur noch ein einziges Ei übrig ist. Krokodil lobt das junge Mädchen für seine Kochkunst.
Eines Tages verlangt Krokodil – je nach Version auf eigenen Wunsch oder auf Veranlassung des Chefs – ihre Eier zu zählen. Hase reicht ihr jedesmal dasselbe Ei an. Es wird von Krokodil markiert und zur Seite gelegt. Heimlich wäscht Hase die Markierung wieder ab und legt der Tante erneut dasselbe Ei vor.
Schließlich entdeckt Krokodil aber doch den Betrug und beschließt, Hase zu fangen. Das gelingt auch, in Version LYE-E940 dadurch, daß Krokodil einem Esel gekochte Erdbohnen in den Anus einführt und das auf diese Weise „präparierte" Tier zum Hasen schickt. Verführt durch eine schmackhafte Kostprobe gekochter Bohnen, klettert Hase dem Esel in den Anus. Esel kehrt zu Tante Krokodil zurück und „katapultiert" ihr den Hasen vor die Füße.
Hase wird gefangen, überredet aber Krokodil, sie nicht zu töten. Vorher wolle Hase ihr noch einen ordentlichen Vorrat Holz sammeln.

Krokodil führt Hase an einem Seil in den Busch. Hase klettert mit einer Axt auf einen Weintraubenbaum und beginnt, Äste abzuschlagen. Nach einer Weile tut Hase so, als antworte sie jemandem, den sie von oben aus dem Baum sehen könne. Je nach Version „meldet" sie Krokodil Hirten, Jäger, Leute des Häuptlings u.a., die gerade auf der Suche nach einem Krokodil seien.
Voller Panik flieht Krokodil in den Fluß.

Die Geschichte beginnt mit der Verletzung eines Erdtabus. Bei verschiedenen voltaischen Völkern, so auch bei den Lyela, gehört es zu den Pflichten des Erdherrn, die Kariténußernte „freizugeben". Der Erdherr prüft traditionsgemäß den Reifegrad dieser wichtigen Feldfrüchte, deren Nüsse eine bedeutende Rolle als Fettlieferant spielen, und gibt dann die Erlaubnis zur Ernte der Karitéfrüchte. Grüne, unreife Karitéfrüchte zu essen, gilt als Verletzung eines Gesetzes der Erde. Die „Mädchen" der vorliegenden Erzählungen vermeiden darum den Genuß noch unreifer Früchte und vergraben sie in der Erde, um sie dort nachreifen zu lassen. Nur Hase, furchtlos, respektlos, hemmungslos, aber im Gegensatz zur Hyäne doch immer noch eine sympathische Figur, schert sich nicht um Vorschriften, Tabus und Regeln und stiehlt die unreifen Früchte. Er „ersetzt" die nahrhaften Karitéfrüchte durch Exkremente (*anti-nourriture*).

Hases Tricks, die er versucht, um einer Bestrafung für seine Freveltaten auszuweichen, sind zunächst wirkungslos gegen die richtende Macht des Flusses: Obwohl er mehrfach wieder aus dem Wasser klettert mit der Begründung, daß er nur wegen seiner zu schweren Kleidung nach unten gezogen würde, helfen keine Ausreden. Hase wird unter Wasser gezogen, fährt dort allerdings in gewohnter Weise mit seinen Betrügereien fort. Krokodil, bei vielen Ethnien des Nigerbogens ein heiliges Tier, das eine enge Verbindung zu den Ahnen besitzt, regelmäßig Opfergaben erhält und in manchen Ethnien früher sogar feierlich bestattet wurde, wird von Hase als „Tante" angeredet.

Hase und Krokodil in der Verwandtschaftsbeziehung von Vatersschwester und Bruderstochter zu sehen, produziert einen grotesken Effekt. Der steht in einem gewissen Gegensatz zur tatsächlichen Stellung des Krokodils in verschiedenen Religionen der westafrikanischen Savanne. Fortes schreibt über die Tallensi:

> „Jeder Tallensi weiß, daß diese Krokodile [in den heiligen Seen] die Inkarnation wichtiger Klanältester sind. Eins von ihnen zu töten, wäre wie eine Person zu töten. Es ist Mord von der abscheulichsten Sorte, der dem ganzen Klan Verderben bringen würde." (1987: 249)

In der Erzählung gelingt es dem kleinen Hasen zwar nicht, das große Krokodil zu töten, aber dafür vernichtet er die Krokodilseier. Durch die List mit der abgewaschenen Markierung bringt Hase Krokodil dazu, den eigenen Nachwuchs zu fressen und erhält dafür noch Lob als gute Köchin.[4] Mehrere Lyela-Versionen der Geschichte vom *"Enfant chez l'ogre"* zeigen Vatersschwester als verschlingendes Ungeheuer (Steinbrich 1988). Auch dort gelingt es der Bruderstochter am Ende der Erzählung, die Tante so zu überlisten, daß sie ihre eigenen Kinder verschlingt. In der vorliegenden Geschichte handelt es sich um einen ähnlichen Racheakt der „kleinen Schwester" (BD) gegenüber der Vatersschwester, die sie im realen Leben wie eine Dienstmagd behandelt. Auf dieses Verschlingemotiv passt eine Interpretation, die von Geider (1990: 384) in seiner Arbeit über den Zimu-Oger der ostafrikanischen Pokomo vorgeschlagen wurde. „Verschlingen" ist danach eine Metapher für die aggressive Ausübung von Macht über eine Person mit untergeordnetem Sozialstatus:

> „Verschiedene Merkmale bauen ihn [den Zimu] als eine böse Figur auf, deren großes Ziel das Verschlingen oder Fressen von Menschen ist. Diese Handlungsfunktion leitet sich nicht zuletzt aus dem synchronen Pokomo-Sprachgebrauch von *kudya*, ,essen', als eine Machtmetapher ab.[5] Ihr liegt eine aggressive Vereinnahmung zugrunde, die sich semantisch von Objekten der Ernährung ausgehend über nicht-eßbare Objekte bis hin zu zwischenmenschlichen und politischen Beziehungen erstreckt." (Geider 1990: 384)

In der Geschichte wird die Vatersschwester, die bei verschiedenen westafrikanischen Völkern wichtige rituelle Funktionen für die Bruderskinder ausübt, und die ihre Autorität über Neffen und Nichten durch deren Vater (ihren Bruder) bezieht, in der Figur des Krokodils als Ahnengeist dargestellt. Bei den Bulsa wird die Vatersschwester oft mit dem gleichen Terminus wie der Vater angesprochen (vgl. Schott 1970: 28), und bei den Tallensi läßt sich der Terminus *bapok*, mit dem man die Vatersschwester anspricht, zerlegen in *ba* „Vater" und *pok* „Frau" (vgl. Fortes 1947 [1967]: 165). Auch Frauen werden in den voltaischen Kulturen als Ahninnen verehrt.

Eigentlich werden die Ahnen und die Erde in den Erzählungen der Lyela ja nicht erwähnt. In der Tat scheint die einzige Ausnahme die vorliegende Geschichte mit einer weiblichen und darum nicht ganz regulären Ahnenfigur zu sein. Sie ist

---

4 Ein ähnliches Motiv findet sich in einer Variante der „Chamäleonskinder" als Gewitterschwister, wie sie von Frobenius bei den Mosi aufgenommen wurde (1922: 170–177). Sohn und Tochter des Chamäleons verlassen nach dem Mord an ihren Eltern ihr Heimatdorf. Die beiden Waisenkinder werden von einer mitleidigen Löwin aufgenommen, die die beiden Geschwister beauftragt, für ihre Jungen zu sorgen, während sie selbst auf der Jagd ist. Die frevelhaften Geschwister töten erst ein Löwenjunges, dann das zweite. Wenn die Mutter von der Jagd zurückkommt und ihre Kinder verlangt, um sie zu säugen, reichen die frevelhaften Geschwister ihr stets dasselbe. Der Mutter fällt auf, daß „ihre Jungen" kaum Milch trinken. Die Chamäleonskinder erklären, daß sie sie bereits mit Bohnenmus gefüttert hätten, und werden für ihre Voraussicht von der Löwin gelobt (vgl. zu diesem Motiv auch Görög 1980: 17; Seydou 1980: 225–228).

5 Dem entspricht im Lyele das mehrfach zitierte Verb *ji:* essen, einverleiben, herunterschlucken, heiraten. *N ji pyèlè*, wörtl. „er hat die Macht gegessen", er ist mächtig geworden. Er ist (als Chef) inthronisiert worden.

eine Trickster-Erzählung, eine Geschichte mit einem doppelgeschlechtlichen Protagonisten (Hase) und einem ebenso doppeldeutigen Gegenspieler (Krokodil).

Das Krokodil ist, wie der ostafrikanische Zimu, äußerst stark und sehr gefährlich, stellt also eine Bedrohung dar. Aber in der Geschichte ist es gleichzeitig blind, bzw. ziemlich dumm und läßt sich leicht hereinlegen. Hase entgeht am Ende der Geschichte jeglicher Bestrafung. Trotz der Verletzung religiöser Werte bleibt das Ende offen. Trickster Hase ähnelt in dieser Geschichte dem Spinnenmann der Waldlandregion, dessen üble Streiche jenseits von Gut und Böse stehen und sich jeder Bewertung entziehen (vgl. Pelton 1980; Kuper 1987). Die spielerische und groteske Leichtigkeit, mit der in diesen Erzählungen zentrale religiöse Wertvorstellungen über den Haufen geworfen werden, bedeutet keine grundsätzliche Aufhebung oder Entwertung der religiösen Grundsätze. Der respektlose Umgang mit den Ahnen ist nur der Trickster-Figur gestattet. Über die Identifikation mit dieser Figur wird dem Publikum eine kurze „Erholungspause" von der moralischen Weltordnung gegönnt, die jedoch grundsätzlich in Kraft bleibt.

Aus dem vierten Kapitel dieser Arbeit sollte noch erinnerlich sein, daß die Starken und Mächtigen häufig von kleinen und schwachen, aber schlauen Protagonisten (wie dem *"Enfant Malin"*) überlistet werden. Le Moal bezeichnete die *"attitude que les Bobo [du Burkina Faso] ont à l'égard du pouvoir [comme] un mélange de respect, de méfiance et de ruse"* (1980: 51). Diese sehr treffende Formulierung läßt sich auf verschiedene andere Gesellschaften der Volta-Region übertragen.

Der kleine Hase hat gegen das riesengroße, mit mächtigen Zähnen versehene Krokodil gar keine andere Chance, als es zu überlisten. Er erregt trotz seiner frechen Respektlosigkeit die Bewunderung der Zuhörerschaft, weil er sich nicht von Angst und Panik gegenüber dem verschlingenden Tier überwältigen läßt. Pythonschlangen, Krokodile, Kaimane, Warane, Eidechsen, Giftschlangen, Chamäleons und Kröten spielen nicht nur häufig eine Rolle in Erzählungen und Mythen, sondern die „Heiligkeit" der Reptilien drückt sich darüber hinaus im rituellen *"Code"* und bei manchen Gur-sprachigen Völkern auch in der bildenden Kunst aus.

In der vorliegenden Geschichte wird eine unheilvolle, bedrohliche Ahnenfigur von Trickster Hase besiegt. Fortes hält das Krokodil für eine besonders gelungene Verbildlichung der Beziehungen zwischen den Lebenden und den Ahnen bei den Tallensi. Trotz der angestrengtesten Bemühungen in Gebeten und Opferzeremonien gelinge es den Tallensi nicht, in ihrem Verhältnis zu den Ahnen Sicherheit und Berechenbarkeit zu erlangen. Die Ahnen lassen sich weder zwingen noch kontrollieren.

"[...] it is their power to injure and their sudden attacks on routine well-being that make men aware of them rather than their beneficent guardianship. It is by aggressive intervention in human affairs that they safeguard the social order. Do what they will, men can never control the ancestors. Like the animals of the bush and the river, they are restless, elusive, ubiquitous, unpredictable, aggressive. The relations of men with

animals in the world of common-sense experience are an apt symbolism of the relations of men with their ancestors in the sphere of mystical causation." (Fortes 1945: 145)

Scholand untersuchte in einer unveröffentlichten Magisterarbeit *Tötungs- und Speiseverbote in Bezug auf Tiere bei den Gur-Völkern Westafrikas*. Unter den heiligen Tieren, die bei einzelnen Klanen der insgesamt 34 berücksichtigten Ethnien mit einem Tötungs- und Speiseverbot belegt waren, dominierten deutlich Schlangen und Krokodile. Diese Tiere retteten die Menschen vor dem Verdursten oder halfen demjenigen, der sich im Busch verirrt hatte, wieder heraus. Es ist ihre *Mittlerrolle* zwischen den Elementen Wasser und Erde, die sie vielen westafrikanischen Völkern als heilige Tiere erscheinen lassen. Die Vielfalt der Glaubensvorstellungen und die Diversität der religiösen Praktiken, die mit diesen Tieren verbunden waren und z.T. noch sind, läßt es nicht angeraten sein, den Begriff des „Totemismus" in diesem Teil der Erde zu verwenden, zumal fast nirgendwo gesagt wird, daß ein bestimmter Klan von einem hilfreichen Tier „abstammt" (Scholand, unveröffentlichtes Manuskript; Schott 1973).

In der folgenden mythologischen Erzählung von den *"Enfants Terribles"* oder den Gewittergeschwistern wird vor einer Ehe zwischen einer Menschenfrau und einem Chamäleon *gewarnt*, denn die Kinder eines solchen Paares geraten zu wahrhaftigen „Banditen":

Eine Frau besteht darauf, keinen normalen Mann zu heiraten, sondern ein Tier mit vier Beinen. Auf ihrem Weg in den Busch trifft sie Chamäleon, das sie dadurch bezaubert, daß es die gleiche helle Hautfarbe annimmt wie sie. Sie ist von diesem Tier fasziniert, nimmt es mit nach Hause und heiratet es (LYE-E541).

Die Frau gebiert Zwillinge von ihrem Mann, denen die Namen Odoa und Edama gegeben werden. Der Chamäleonsvater bekommt Angst vor seinem heranwachsenden Sohn, der sich zu einem „Banditen" entwickelt, und zieht sich in den Wald zurück. Der Sohn lauert seiner Schwester Edama auf, die dem Vater regelmäßig Essen bringt und tötet seinen Vater.

Die Mutter schickt ihre Kinder, die in den Versionen LYE-E330, LYE-E431, LYE-E438, LYE-E468, LYE-E531 die Namen Oloa und Elema[6] tragen, aufs Feld, Bohnenblätter zu suchen. Der Junge verbirgt eine Giftschlange unter den Blättern, um die Mutter zu töten. Auf dieselbe Weise begeht der Zwillingsbruder dann auch Vatermord. In den meisten Versionen gehen die Chamäleonskinder nach dem Mord an den Eltern von zu Hause fort. Sie fliehen in ein fremdes Dorf, wo der Chef anordnen läßt, niemand dürfe den fremden Waisenkindern zu essen geben. Die Lieblingsfrau des Chefs mißachtet aus Mitleid mit den Waisen dieses Verbot und gibt ihnen heimlich zu essen. Trotz ihrer eindringlichen Warnung bedanken sich die Kinder anderntags ostentativ bei ihr für das Essen. Die Frau wird bloßgestellt und vom Häuptling verprügelt (LYE-E468, LYE-E531) oder getötet (LYE-E431).

Die Kinder setzen ihre Flucht fort und treffen unterwegs eine Frau, die auf ihrem Gombo-Feld arbeitet. Sie hüten ihr Kind, das mit einer Heuschrecke spielt, während

---

6 abgeleitet von *gomelwa:* Chamäleon

die Frau Wasser holt. Oloa tötet das Kind, „um es der Heuschrecke zum Spielen zu geben" (LYE-E330, LYE-E431, LYE-E438, LYE-E468, LYE-E541).
Fortsetzung der Flucht in ein weiteres Dorf. Die Kinder steigen auf einen hohen Caïlcédrat, unter dem der Chef sein Essen einnimmt (LYE-E330, LYE-E468, LYE-E531). Oloa läßt seinen Nasenschleim in die Speisen des Chefs fallen. Der Chef läßt von seinen Leuten den Baum abhacken, der sich aber immer wieder aufrichtet, weil Elema ein Stück Eidechse in der Hand hält, das magische Wirkung besitzt. Oloa nimmt ihr das Zaubermittel weg, und der Baum kracht zu Boden.
In Version LYE-E330 werden Oloa und Elema von Gott in den Himmel emporgehoben, in Version LYE-E468 stürzen sie ab und kommen um. In Version LYE-E531 werden sie von einem Raubvogel in die Luft emporgehoben. Trotz oder wegen der Warnung des Vogels sticht Oloa ihm in den Anus, und alle stürzen ab.
Die Zwillinge werden von einem Schafsbock mit überlangen Hoden durch ein Zaubermittel wieder zum Leben erweckt. Trotz Wehklagens der Schwester tötet der Bruder auch dieses Tier (LYE-E468, LYE-E531).
In Version LYE-E468 werden die beiden für eine Weile im „Brunnen der Ahnen" festgehalten, aus dem die Schwester sie mit der Zaubermedizin des Widders wieder befreien kann.
In Versionen LYE-E431, LYE-E438, LYE-E468, LYE-E541, treffen die beiden auf ihrer weiteren Flucht einen Schmied bei der Arbeit. Oloa bietet seine Hilfe an und erweist sich als äußerst geschickter Lehrling. Der Schmied legt sich zum Schlafen, und Oloa kastriert ihn mit einem glühenden Eisenteil, bzw. er tötet ihn dadurch, daß er ihm ein glühendes Eisenstück auf den Kopf legt.
Die frevelhaften Zwillinge werden von den Angehörigen des ermordeten Schmiedes gefangen und in einen Lederbeutel gesteckt. Oloa gelingt es, durch ausgestreute Hirse die Enkelkinder des Schmiedes an ihren Platz zu locken, so daß sie an Stelle der Zwillinge verbrannt werden.
In allen Versionen steigen die frevelhaften Zwillinge am Ende in den Himmel empor, in Version LYE-E431 mit ausdrücklicher Billigung und tatkräftiger Hilfe Gottes. Oloa verwandelt sich in lauten Donner und Blitz, Elema wird das leisere Echo des Donners, das nach wie vor den Bruder ermahnt, leiser zu sein und nicht die Menschen auf der Erde zu erschrecken.
In Version LYE-E541 ist Elema der Wind, der die Feldfrüchte wachsen läßt, und Oloa befruchtet mit seinem Urin, das er drei Monate lang auf die Erde herabregnen läßt, die Felder. Aber er trifft als Blitzschlag (*dwà*) auch die Diebe und tötet sie.

Die Lyela-Versionen von den Chamäleonszwillingen sind denen der Bambara-Malinké erstaunlicherweise ähnlicher als denen ihrer direkten nördlichen Nachbarn, der Samo (vgl. Görög 1980: 13–57, Platiel 1980: 141–175). Sogar das typische Mande-Motiv der Drachentötung, das aus dem "*Enfant Terrible*" Oloa in letzter Episode noch einen Kulturheros macht, der eine ganze Gemeinde von einem verschlingenden Monster befreit, findet sich in einer Lyela-Version (LYE-E531). Es kommt bei den Lyela jedoch nirgendwo zu einer Reintegration des "*Enfant Terrible*" in die Gesellschaft, wie Görög dieses von einigen Bambara-Versionen beschreibt (1980: 25, 35, 36).

Auch die fünf, mir bekannten Mosi-Versionen (Frobenius 1922: 280–281, Görög et al. 270–277) sind den Lyela-Versionen von den Gewittergeschwistern sehr ähnlich; die Abstammung von einem Chamäleon findet sich bei den Mosi jedoch nur noch in einer Version. In den anderen ist der Junge, das *"Enfant Terrible"*, meistens von übernatürlicher Geburt. Er wurde nach einem besonderen Fruchtbarkeitszauber aus dem Oberschenkel geboren, oder er ist Teil eines Zwillingspaares, wie auch in der von Schott dokumentierten Version der Bulsa, wo die Zwillinge Amagdala und Akawuruk personifizierte Buschgeister sind (1970, 1988).

Trotz der erstaunlich „getreuen" Übernahme der Bambara-Motive läßt sich bei den Lyela die Geschichte vom *"Enfant Terrible"* nicht als Geschichte eines *"grand initié"* (Görög 1980: 47) lesen, als eines Priesters, der durch einen langen Lernprozeß besonderes esoterisches und mythisches Wissen zu erwerben sucht. Darin kann für den Lyela-Helden nicht die Rechtfertigung für seine Lossagung von der menschlichen Gemeinschaft liegen. Denn bei den Lyela gibt es ja – wie ausgeführt – keine Initiationsbünde nach dem Muster der streng gestaffelten und systemisch angeordneten Kultbünde der Bambara.

Eine „kosmische" Lesart macht für die Lyela-Versionen von den *"Enfants Terribles"* mehr Sinn. Wie am Beispiel der Geschichte vom „Chamäleon, das den Regen zurückhält" gezeigt wurde, steht dieses Tier in besonderer Beziehung zu den atmosphärischen Mächten des Himmels (Kap. 4.1.). In Version LYE-E541 nennt Chamäleon seine Zwillingskinder ja auch Bedoa und Edama, abgeleitet von *dwà:*

"*1. Ciel, producteur ou centre des phénomènes atmosphériques; pluie, tonnerre, foudre [...] dwà ne kini – la tornade se forme [...] dwà ne byà – le tonnerre gronde.*

2. Ces mêmes phénomènes personnifiés: génie de la pluie et des orages, de la foudre et du tonnerre." (Nicolas 1953: 234)

Zahan verweist auf die enge symbolische Verbindung zwischen Zwillingen und atmosphärischen Mächten bei den Bambara, die sich in folgendem Ritual ausdrückt:

„Wenn der Regen nicht zur rechten Zeit fällt, und wenn die Feldfrüchte anfangen zu vertrocknen, werden zwei Zwillingspärchen im Alter von vier bis fünf Jahren in die Sonne gestellt, wo sie bleiben müssen, bis der langersehnte Regen endlich fällt.
Einige Beobachter, etwa Tauxier, haben in dieser Sitte ein Menschenopfer gesehen. Aber das scheint mir nicht mit den Fakten zusammenzupassen; eher erscheinen [die Zwillinge] als Repräsentanten des Himmels, über den sie unbestrittene Macht ausüben." (1974: 15)

Einer der Gegenspieler des Chamäleonsohnes ist der Schmied, auch hier eine Parallele zu den Bambara. Der frühreife, frevelhafte Held besitzt eine besondere Affinität zum Schmiedehandwerk. Als der Schmied, dem er anbietet, ihn ein wenig bei der Arbeit abzulösen, bezweifelt, ob denn ein „Kind" wie Oloa bereits dieses kunstvollste aller Handwerke ausüben könne, antwortet der Knabe: „Wir [die Chamäleonskinder] konnten schon schmieden, als wir noch nicht einmal Zähne besaßen [LYE-E431]."

„Überall in der sudanesischen Mythologie besitzt der Schmied einen besonderen religiösen Status. Er wurde als erster Mensch geschaffen und stellt deshalb eine Art menschlichen Archetypus dar. Als erster Besitzer des Feuers hat er in seiner beruflichen Tätigkeit mit den Elementen Erde, Luft und Feuer zu tun. Der Bauer und der Jäger sind von ihm abhängig, dem ersten stellt er das Werkzeug her, dem zweiten die Waffen, und auf diese Weise nimmt er eine Schlüsselstellung in der sozialen Arbeitsteilung ein." (Görög 1980: 49)

Wie ausgeführt, ist bei den Lyela der Schmied auch häufig Streitschlichter, Vermittler zwischen Menschen, die miteinander in Konflikt geraten und die kosmischen Mächte im Zorn auf den Widersacher herabwünschen. Umso gräßlicher ist Oloas sinnlos erscheinende, grausame Kastration des Schmiedes, der die beiden Waisen gastfreundlich bei sich aufgenommen hatte. Es ist zu vermuten, daß Oloa, der Chamäleonssohn, „eifersüchtig" auf den Schmied ist, weil dieser, wie er selbst, mit dem „himmlischen Feuer" in Verbindung steht.

In Version LYE-E531 ist der Schmied durch die „kosmische" Symbolgestalt des Widders ersetzt:

„Wir treffen hier auf einen sehr alten Mythos, der im ganzen tropischen Westafrika belegt ist. Als Gott des Gewitters und des Donners spaziert der göttliche Widder auf den Wolken herum, von wo seine Hilfsgestalten den Regen fallen lassen und Donnerkeile auf die Erde schmettern"

schreibt Paulme über den Mythos der Kalebasse und des Widders (1976: 289). Sie führt Belege aus dem alten Ägypten über Meroe bis ins Niger-Delta an. Mythen der Dogon (Mali), der Dagomba (Nordtogo), der Fon (Benin) und der Yoruba (Nigeria) befinden sich darunter.

Wie bei den Bambara erhält das "Enfant Terrible" in den Versionen der Lyela Gottes Unterstützung, als es nach der geschilderten Serie frevelhafter Vergehen keinen Platz mehr für ihn und seine Schwester auf der Erde gibt. Gott erscheint in einer Situation größter Not als "deus ex machina" und hebt die Zwillinge zu sich empor (vgl. Görög 1980: 31). Der Erzähler von Version LYE-E541 betonte extra noch einmal, daß Gott von den verheerenden Taten des Chamäleonssohnes (Elternmord, Kindesmord, Mißbrauch der Gastfreundschaft, Beleidigung des Chefs, Tötung der hilfreichen Tiere, Zerstörung des heiligen Baumes) gewußt habe, ja daß er die Zwillinge in ihren Freveltaten sogar unterstützte:

"Toutes les péripéties absurdes de l'histoire n'auront apparemment pour objectif final qu'un but transcendant, le dépassement de la condition humaine dans sa quotidienneté"

schreibt Görög über die Geschichte von den "Enfants Terribles" bei den Bambara (1980: 50).

Schott interpretierte die Erzählung von den frevelhaften Zwillingen, die auch bei den Bulsa in Nordghana erzählt wird, in Anlehnung an die Mythen-Auffassung von Victor Turner:

„'Myths are liminal phenomena', sagt Turner; ihr die Grenzen des Irdischen überschreitender Symbolismus sei überaus reich an ausgesprochenen oder figürlichen Übertretungen der Moralkodizes, die im gewöhnlichen sozialen Leben gelten. Diese Transgressionen seien jedoch nicht einfach als Verstöße gegen beliebige Normen zu werten, sondern sie meinen im Mythos ein Transzendentes, ein menschliche Kraft und Vermögen Übersteigendes, und sollen auf diese Weise die geltende Sittenordnung nicht nur zum Bewußtsein bringen, sondern auch im Jenseits begründen." (1970: 82)

Diese Überlegungen führen uns zurück zum Problem der Abgrenzung von Erzählung und Mythos, das in der Einleitung dieser Arbeit angesprochen wurde. Bei den Bambara, wo nach Ansicht der französischen Forscher der Erzähltypus der *"Enfants Terribles"* seinen Ursprung nahm, ist die Erzählung eng mit dem rituellen Leben, mit verschiedenen religiösen Bünden und mit einer formalen Initiation der Jugendlichen in den Erwachsenenstatus verbunden. Bei den Bulsa, Lyela, Mosi und Samo, Gesellschaften ohne Altersklassen und ohne vergleichbare Initiationsriten, fand der Erzählstoff von den *"Enfants Terribles"* gleichfalls Interesse und Verbreitung. Für diese Gesellschaften scheint eher das Thema der Abhängigkeit von den Naturgewalten im Vordergrund zu stehen.

9. ZUSAMMENFASSUNG UND SCHLUSS

9.1. Erzählungen als ethnologische Quellen

Zum Abschluß der Untersuchung möchte ich mich – nach Zusammenfassung der wichtigsten Ergebnisse – erneut der anfänglich gestellten Frage zuwenden, was Erzählungen als Quellenmaterial für die Ethnologie hergeben.

Die vergleichende Analyse Gur-sprachiger Erzähltraditionen vor ihrem ethnographischen Hintergrund hat erneut gezeigt, wie wenig die Erzählungen als Produkte der geistigen Kultur einer bestimmten Ethnie oder Sprachgemeinschaft angesehen werden können. Von allen Genres der Oratur verbreiten sie sich am leichtesten über Sprachgrenzen hinweg. Die großen Ähnlichkeiten in den Erzählrepertoires der westafrikanischen Savannenvölker geben einen Hinweis auf intensiven und langandauernden Kulturkontakt zwischen den verschiedenen ethnischen Gruppen. Besonders die *"griots"* der Mande-sprechenden Kulturen haben zur Diffusion bestimmter Erzählstoffe über ganz Westafrika beigetragen (vgl. Finnegan 1976: 245). Die monolithische Auffassung von einer „Ethnie" als Träger einer eigenständigen Kultur, die auch in anderen Unterdisziplinen der Ethnologie vermehrt kritischer Reevaluierung ausgesetzt wird, erscheint nach der Betrachtung westafrikanischer Oralliteratur erneut als fragwürdiges Konzept. Die Erzähltraditionen des Savannengürtels Westafrikas sind Transformationen derselben, allen untersuchten Kulturen zugrundeliegenden Themenkomplexe.

Charakteristische Erzähltypen zirkulieren in einem Areal, in die Menschen ähnlichen naturräumlichen Gegebenheiten ausgesetzt sind. In der vorliegenden Arbeit wurde gezeigt, wie die Erzähltypen von verschiedenen Kulturen, von verschiedenen sozialen Kategorien und manchmal auch vom einzelnen Erzähler unterschiedlich ausgeformt werden. Interkultureller *Variantenvergleich* zeigte, welche Episoden der Erzähltypen von einer Gesellschaft zur anderen verändert wurden. Ich erinnere an das besonders markante Beispiel vom „Schlauen Knaben" und dem „Bösen König" in Kapitel 4.2. Die Mosi als streng hierarchisch geordnete Gesellschaft mit einem sakralen Königtum vermeiden es in ihren Varianten, einen offenen Konflikt zwischen den beiden Hauptfiguren darzustellen. Der übermäßig intelligente „Starke Knabe" wird in den Hofstaat des Herrschers integriert. Die Lyela überzeichnen dagegen die negativen Charakteristika des Herrschers und setzen einen überall in Westafrika bekannten Erzähltyp zur Rechtfertigung ihrer eigenen, akephalen Gesellschaftsordnung ein.

Es sind die morphologischen Grundgerüste, die einfachen Handlungsabläufe (engl. *plots*), die von einer Kultur zur nächsten weitergegeben werden. Dagegen sind die einzelnen Symbole, Bilder und Metaphern meistens kulturspezifischer. Zahlreiche Symbole, die in den Erzählungen der Lyela vorkommen, finden auch

Verwendung in den Symbolrepertoires der Wahrsager. Hinter der oralen Literatur scheint sich eine weitere Sinnebene aufzutun, das „religiöse Weltbild", das sich in der Dichtung, im Ritus, in der Auffassung vom Raum und in der bildenden Kunst (die allerdings gerade bei den Lyela wenig entwickelt ist), ausdrückt.

Der Variabilität der Erzähltypen sind Grenzen gesetzt. Die *"tale types"* sind von internen, syntagmatischen Strukturen geprägt, die den mündlich überlieferten Erzählungen oft eine erstaunliche Stabilität in Raum und Zeit verleihen. Sachverhalte und Begebenheiten der Alltagswirklichkeit werden nur punktuell in die Erzählungen übernommen.

Die Routine, der Alltag, das Selbstverständliche, stellen keinen Anreiz für die erzählerische Imagination dar. Die Geschichten bauen Spannung auf, enthalten Wunderliches, Witziges, moralisierende Belehrung und phantastische Bilder. Sie bieten der Imagination im Abrücken von der harten Wirklichkeit eine Ruhepause, sie bieten einen Freiraum in einer Welt voller Zwänge und Widerstände. Darin liegt eine Begrenztheit der Erzählungen als ethnographisches Quellenmaterial. Sie geben die Sachverhalte der Lebenswelt nicht in berichtender Weise wieder, sondern sie dramatisieren sie. Ein Gegensatz zwischen der „realen" Welt mit ihren Problemen und Konflikten, die die Menschen täglich zu überwinden haben, und der fiktiven Welt der Geschichten wird von den westafrikanischen Bauern gesehen und bewußt genutzt. Während die „wirkliche Welt", besonders das soziale Leben, von Vorschriften, Geboten und Verboten, Normen, Sitten und Gebräuchen geregelt wird, unterliegen die Protagonisten der Erzählungen nicht diesen Beschränkungen.

Zwar verkünden zahlreiche Erzählungen – oft in einem mehr oder weniger überzeugenden Schlußsatz – eine recht vordergründige, simple Moral (deshalb darf man den Frauen nicht vertrauen, darum müssen die Kinder ihren Eltern gehorchen usw.), aber dennoch gibt es genug gegenteilige Beispiele, die den geforderten Verhältnissen konträrlaufen. Oft werden die realen Beziehungen umgekehrt: der Schlaue Knabe besiegt den König, das Waisenkind gelangt nach Auflösung einer dramatischen Verstrickung in die Rolle des Mächtigen. Als Zentrum eines ihm unterstellten Sozialverbandes (Familie, eigenes Dorf, Königreich) herrscht der einst Ausgestoßene nun über andere Menschen, die er mit seinen „Reichtümern" versorgt und an sich bindet.

Westafrikanische Erzählungen sind – wie die Märchen weltweit – von Wunscherfüllungsphantasien des „kleinen Mannes" geprägt. Aber auch in Geschichten, die ein *reversal of fortune* des Mächtigen und des Elenden nacherzählen, wird die soziale Ordnung nicht grundlegend in Zweifel gezogen. Es ist, als ruhe man sich während des Erzählens und Zuhörens ein wenig von den wirklichen Verhältnissen aus, um dann wieder seinen (untergeordneten) Platz im sozialen System einzunehmen. Hier liegt wohl doch eine kathartische Funktion der Erzählungen, wenn auch festgestellt wurde, daß es unmöglich ist, einen solchen kathartischen Effekt am Ende eines Erzählabends in der Zuhörerschaft konkret nachzuweisen.

Erzählungen warnen nicht selten vor Mißbrauch der hohen Statuspositionen. Die Alten dürfen ihre Autorität über die Jungen nicht überziehen und ihre Verfügungsgewalt über heiratsfähige Frauen nicht allein zum eigenen Vorteil ausnutzen. Der ältere Bruder darf den jüngeren nicht schikanieren, die erste Frau einer polygynen Ehe darf in ihrer Machtposition über die jungen Frauen nicht die Grenzen überschreiten.

Viele Geschichten zeigen einen *jugendlichen Protagonisten*. Sie beginnen häufig mit einer Krise im elterlichen Gehöft und zeigen dann den jungen Mann oder das junge Mächen auf ihrem Weg ins wilde Buschland. Die Gedemütigten, Verzweifelten, Kranken, Einsamen und Hungrigen, deren Bedürfnisse in der menschlichen Gemeinschaft nicht erfüllt werden, verlassen die zivilisierte Welt und suchen in der Wildnis Zuflucht. Ähnlich wie im europäischen Märchen setzen sie sich dort Gefahren aus und fühlen sich von feindlichen Mächten (Geister, Hexen, Buschkobolde) bedroht. Aber sie treffen auch auf hilfreiche Figuren (alte Frauen, sprechende Tiere, Gottes Gesandte oder gar Gott selbst), die ihnen aus der Notsituation helfen und ihnen die verbesserte Reintegration in die Gemeinschaft ermöglichen.

Das zeitweilige Verlassen der menschlichen Gemeinschaft, die Abenteuerreise ins wilde Buschland, das von Geistern und sonderbaren übernatürlichen Gestalten bewohnt ist, stellt eine Dramatisierung des menschlichen Reifungsprozesses dar. Im afrikanischen Denken sei der Mensch allein in „Termini des Werdens" (*"en fonction du devenir"*) zu definieren, meint der französische Religionsethnologe Dominique Zahan:

> „[...] Empfängnis und Geburt reichen nicht aus, um dem Individuum den Status eines Menschen zu gewähren. Volle ‚Menschlichkeit' erreicht man erst im Alter in der letzten Phase der Existenz." (1970: 21)

Unter den konflikthaften Lebensphasen, die in Erzählungen dramatisiert werden, tritt die *pubertäre Krise* hervor. In Westafrika werden besonders gerne Geschichten erzählt, die den Ablauf der Initiation nachzeichnen. Sie rekapitulieren die Phasen der Separierung von der Gemeinschaft, den rituellen Tod, die Wiedererweckung und die Reintegration in die Gemeinschaft als erwachsener Mensch. Die Initiationserzählungen vieler Völker enthalten symbolische Assoziationen auf den „rituellen Code" der Initiation. Wie anhand verschiedener Erzählbeispiele ausgeführt wurde, sind bestimmte, immer wiederkehrende Motive in den Erzählungen auf verschiedenen Sinnebenen zu deuten: Verschlungenwerden, ritueller Tod und Wiedergeburt, eine klassische Motivfolge zahlreicher westafrikanischer Erzählungen, verweisen nicht nur auf den konfliktgeladenen Übergang von der Kindheit in den Erwachsenenstatus, sondern

> „es ist ein [...] Wesenselement aller agrarischen Kulturen, daß sie das Sterben und Auferstehen zum zentralen Element ihres Weltbildes machen. Aufgrund der Erfahrungen mit den Setzlingen und Körnern wissen sie, daß alles dem ‚Stirb- und Werde-Rhythmus' unterworfen ist. Man weiß in diesen Kulturen, daß in Wirklichkeit das Sterben nicht ewig ist. Die agrarischen Kulturen sind derart vom Lebensrhythmus durchdrungen, daß der Tod zu einem Ritus umgedeutet wird. [...] Agrarische Kulturen sind ganz auf die Periodisierung der Zeit eingestellt. Für sie läuft Zeit nicht linear, sondern zyklisch ab: die Jahreszeiten, das Werden und Vergehen der Pflanzen, Tiere und Menschen." (Thiel 1984: 48)

Wie an zahlreichen Textbeispielen ausgeführt wurde, geht es während der Initiationsreise des Helden, der gelegentlich in einem Antihelden gespiegelt wird, neben dem rituellen Tod um Prüfungen, Bewährungsproben, Wissen, Erkennen (geheimer) Zeichen, angemessene Nutzanwendung bestimmter symbolhafter Gegenstände, um „Verstehen" und richtige Deutung. Christianisierung und Islamisierung drängen die formelle Initiation der Jugendlichen in den Erwachsenenstatus in vielen westafrikanischen Gesellschaften immer mehr zurück: nur noch in Erzählungen findet sich ein schwacher Abglanz einer einst gelebten, spirituellen Realität.

9.2. Erzählungen und „Wirklichkeit"

Grundsätzlich können Erzählungen aber nicht mit der beobachtbaren Realität „erklärt" werden. Mit der Feststellung

> „der Mythos[1] sei keine Widerspiegelung einer von ihm unabhängigen, objektiven Realität, sondern das Produkt genuiner Schöpfungstätigkeit des menschlichen Geistes, eine unabhängige Bilderwelt des menschlichen Gefühlslebens und eine aktive Ausdruckskraft"

wehrt sich Bidney (1955: 382) gegen reduktionistische Versuche, mythisches Geschehen auf die „Wirklichkeit" zurückführen zu wollen. Mythen und Erzählungen, zwischen denen keine klare Abgrenzung errichtet werden kann, wenn man nicht mehr an der alten Dichotomie zwischen dem „Sakralen" und dem „Profanen" festhalten will, beiden Genres ist gemeinsam, daß sie eigene, sich überschneidende Symbolsysteme mit charakteristischen inneren Strukturierungen und Regeln bilden. Unterschiede zwischen den beiden Genres finden sich im sozialen Umfeld ihrer Performanz sowie in ihren Bezügen zur Realität und in ihren Funktionen.

Das besondere Merkmal von Erzählungen im Unterschied zu zahlreichen anderen Gattungen der in Afrika so wichtigen Wortkunst besteht darin, daß sie keine *direkte Wirkung* haben. Man braucht sie nicht zu glauben, weil sie frei erfunden sind, und bei den meisten von ihnen darf man an irgendeiner Stelle lachen. Die positive Energie, die beim Erzählen lustiger Geschichten freigesetzt wird, wird in den Dienst der Pflege sozialer Beziehungen gestellt. Gemeinsames Erzählen und Zuhören ist immer noch wichtig für die Kommunikation der Menschen auf dem Land. Es trägt zur Lebensqualität einfacher Bauern bei, die heute durch niedergedrückte materielle Verhältnisse beeinträchtigt ist, die aber dennoch etwas besitzt, was der westlichen Gesellschaft heute fehlt. Anders als bei der Rezitation von Sprichwörtern, noch mehr aber von Preis- und Satznamen, geschieht zwischen jemandem, der Geschichten erzählt, und denjenigen, die zuhö-

---

1 Wieder handelt es sich hier um den erweiterten Mythosbegriff in der Folge von Lévi-Strauss, der alle Arten von spontan erzählten Prosatexten einschließt.

ren, nichts direkt Handgreifliches. Die Zuhörer werden nicht zu bestimmten Handlungen oder Gesten – außer vielleicht gelegentlich einem Lied – aufgefordert. Ihr Eigenstolz wird nicht direkt angestachelt oder geschmäht. Anders als vom Mythos – einer heiligen Erzählung von den letzten Dingen – sind von profanen Geschichten keine direkten Legitimierungsfunktionen oder die „Erklärung" eines mehr oder weniger wichtigen Ritus zu erwarten.

Die Welt der Fabeln und Erzählungen wird, wie gesagt, auch von den westafrikanischen Bauern in eine deutliche Distanz zur Realität der Lebenswelt mit all ihren Widerständen gebracht. Wie die Mythen enthalten die meisten Erzählungen phantastische, übersinnliche und übernatürliche Elemente. Die Gesetze der in der Alltagswirklichkeit gültigen Realität werden aufgehoben. Dennoch holt die Alltagswirklichkeit die „Imagination" der Erzählungen immer wieder ein. Die grundlegenden Härten der mundanen Realität, strukturelle soziale Konflikte und Spannungen zwischen den Generationen brechen sich auch in diesem fiktiven Genre immer wieder Bahn. Hinter dem Charaktersymbol des „Bösen Königs" kann man den Vater entdecken, die „Verschlingende Hyäne" ist eine Metapher für einen illoyalen Ehemann, der das letzte Essen nicht mit der Familie teilen will. Das Verschlungenwerden durch den „Schlangenmann" ist eine Thematisierung des konfliktgeladenen Heranwachsens der Mädchen, die den Eintritt in die verschlingende Schwiegerfamilie fürchten. Die Lebenswelt greift immer wieder in die Geschichtenwelt hinein.

In den „lügenhaften", „albernen", „kindischen" Erzählungen finden wir andererseits ein neutrales, unverfängliches, spielerisches Terrain, wo die Auseinandersetzung mit sozialen Regeln und Gegebenheiten bildhaften Ausdruck finden kann. Hier sind Übersteigerungen, Verzerrungen und Ausschmückungen üblich. Oosten schreibt über die indo-europäische Mythologie:

„Die Mythen [Erzählungen] selbst sind zweifelhafte Wegweiser zur sozialen Realität, denn Mythen handeln oft von Aufhebungen, Inversionen und phantastischer Übertreibung. Man kann lediglich auf *Themen* achten, die immer wieder vorkommen. Bei ihnen kann man dann tatsächlich davon ausgehen, daß sie die Erzählgemeinschaft wirklich beschäftigen." (1985: 161)

Diese Feststellung läßt sich auf westafrikanische Erzählungen übertragen. Sie liefert eine Begründung dafür, warum in dieser Arbeit ein so umfangreiches Korpus im Hinblick auf politische, wirtschaftliche, soziale und religiöse Aussagen untersucht wurde. Erst vor dem Hintergrund eines möglichst „vollständigen" Korpus wird erkennbar, welche Themen die westafrikanischen Bauern am stärksten herausfordern, sie immer wieder erzählerisch zu variieren.

Zwar ist es wegen der genannten Verzerrungen schwierig, über Erzählungen und Mythen zu den Auffassungen der Menschen über ihre soziale Realität zu gelangen, aber die aus der oralen Literatur gefilterten Stellungnahmen sind dafür von umso größerer A u t h e n t i z i t ä t. Anders als über die Erzählungen wäre es im Falle der Lyela vielleicht noch über die Analyse religiöser Riten möglich gewesen, bespielsweise zum Vater-Sohn-Verhältnis andere als rein normative Aussagen zu erhalten: der Sohn muß dem Vater gehorchen, ihn lieben, ihm zu Diensten sein usw. Unsicherheit, Rivalität, Haß, Neid und Mißgunst zwischen

Vater und Sohn, zwischen älterem und jüngerem Bruder, auch zwischen Eheleuten und erst recht zwischen mehreren Frauen einer polygynen Ehe kommen im Alltagsleben selten zum Ausdruck.

Den Wunsch, sich der täglichen Mühsal zu entziehen und durch List und Betrug schneller und einfacher zum Ziel zu kommen, die Höherstehenden „auszutricksen", kann sich in einer kleinen Dorfgemeinschaft, in der die Menschen in einem eng gespannten Netz sozialer Kontrolle zusammenleben, niemand erfüllen. Umso stärker kommt dieser Wunsch in den zahllosen Hase-und-Hyäne-Erzählungen zum Ausdruck, in denen sich besonders die jugendlichen Zuhörer mit dem Hasen identifizieren. In vielen Erzählungen werden für *Defizite* und Spannungen der sozialen Realität fiktive Lösungen gesucht. Im Unterschied zu anderen Genres, etwa der mündlich vorgetragenen Poesie, finden wir in den Erzählungen der westafrikanischen Savanne keine individuellen Phantasien. Es sind stets soziale Kategorien, die miteinander agieren.

9.3. Möglichkeiten und Grenzen der ethnologischen Textforschung

In der Einleitung wurde darauf verwiesen, wie stark in Westafrika die sozialen Rollen formalisiert sind und daß vom Individuum erwartet wird, die Normen und Regeln, die mit diesen Rollen verbunden sind, sorgfältig zu respektieren. „Selbstreflexion" und individuelle Lebensgestaltung, die in unserem modernen Denken heute eine so große Rolle spielen, sind in ländlichen afrikanischen Gesellschaften wenig ausgebildet. Aber in der Oratur ist ein Medium gegeben, in dem strukturelle Konflikte, immer wiederkehrende Auseinandersetzungen zwischen verschiedenen sozialen Kategorien, behandelt werden können. Dem fremden Beobachter bieten sie einen indirekten Zugang zur Gefühls- und Gedankenwelt der afrikanischen Bauern. Sie lassen erkennen, wie sich die Menschen als Mitglieder bestimmter sozialer Kategorien fühlen. Dort, wo direktes Befragen zu nichts führt, ist der indirekte Zugang über die orale Literatur oder das Ritual erfolgversprechender. Es ist bekannt, daß Afrikaner trotz ihrer verbalen Überschwenglichkeit wenig von ihren inneren Empfindungen preisgeben. Sie lassen ihre tieferen Gedanken im Dunkeln, sie lassen oft ihre Gesprächspartner im Zweifel darüber, wie sich die Dinge wirklich verhalten. Wenn nicht unbedingt gefordert, werden Sachverhalte nicht erklärt und Zusammenhänge nur offengelegt, wenn dies absolut notwendig ist. Besonders im Bereich der sozialen Beziehungen und der Religion herrschen Diskretion, Scham und Geheimnis. In Afrika gilt das Verhüllte und Verborgene als wahrhaftiger als das Sichtbare.

In der Identifikation mit dem Helden einer Erzählung findet eine mittelbare Reflexion über die eigene soziale Rolle statt. Wie stark die Identifikation mit den Protagonisten der Erzählwelt in Westafrika noch ist, wurde mir bei den Lyela dadurch deutlich, daß manche Erzähler mitten in der Geschichte – auf dem Höhepunkt der Spannung – unbewußt vom Pronomen der dritten Person („er" oder „sie") zur ersten Person („ich") überwechselten. Die Erregtheit, mit der das Dilemma am Ende mancher unlösbarer Geschichten diskutiert wurde, weist in die gleiche Richtung: Erzähler und Zuhörer gehen im imaginierten Geschehen mit.

Offenbar ist es manchmal für sie so, als geschähe die dramatische Verwicklung, das Unrecht oder das Wunder in der Geschichte ihnen selbst.

Der Erkenntniswert der Erzählungen für den Ethnologen wird auch dadurch begrenzt, daß die westafrikanischen Bauern es für unzulässig halten, im fabulierenden Sprachstil der Erzählungen über die grundlegenden, ernsthaften Einrichtungen ihrer Kultur zu sprechen. So ist der Erdkult, die zentrale rechtliche, politische und religiöse Institution der Sozialordnung der Lyela und anderer Gur-sprachiger akephaler Gesellschaften, nicht Thema von Erzählungen. Die Geheimkulte des *vur* und des *shú*, Geistwesen des Buschlandes, die in vorkolonialer Zeit vermutlich eine noch wichtigere Rolle in der Religion gespielt haben, werden ebenfalls in Erzählungen nicht erwähnt. Ohne eigene Kenntnisse einer Gesellschaft erhielte man – allein durch die Lektüre von Erzählungen – ein sehr bruchstückhaftes und unvollständiges Bild einer Kultur.

Umfänglichere ethnographische Kenntnis ist auch zur Erhellung der symbolischen Assoziationen notwendig, die mit Bildern, Gegenständen, Orten, Pflanzen, Namen usw. in den Geschichten verknüpft sind. Hier liegt natürlich eine weitere Begrenzung nicht nur des ethnologischen Interpretationsansatzes. Für die Symbolanalyse von Mythen und Erzählungen gibt es keine „objektive, wissenschaftliche" Methode. Wir können uns nicht in die afrikanischen Zuhörer finden und werden ihr Erleben der Erzählungen nicht ergründen können. Selbst afrikanische Forscher, die aufgrund besserer Sprachbeherrschung leichteren Zugang zur oralen Literatur ihrer Kultur bekommen, haben sich von der bäuerlichen Lebenswelt, aus der die Tier-, Geister- und Ogergeschichten entstammen, oft schon sehr weit entfernt. Auch ihr Verständnis von den überlieferten Erzählungen entspricht nicht mehr dem der Menschen, die die Geschichten erzählen und ihnen zuhören.

Trotz der Tatsache, daß sich die Erzählforschung mit theoretischen Ansätzen und Methoden zufriedengeben muß, mit denen man nur jeweils einen begrenzten Ausschnitt ihrer Bedeutungen erfassen kann, stellt die mündlich überlieferte Literatur eine Quellengattung dar, die sich die Ethnologie stärker nutzbar machen sollte. Im poststrukturalistischen Zeitalter halte ich hermeneutische Ansätze wieder für gefragt, um die Wechselbeziehungen zwischen oraler Literatur und Gesellschaft zu erhellen. Auch und gerade weil mit simpler Widerspiegelung sozialer Normen und Werte in der Oratur nicht zu rechnen ist, bietet die mündliche Dichtung der Ethnologie die Chance, ihren Realitätsbegriff weiter zu überdenken. Auch in einfachen Gesellschaften konstruieren sich die Menschen verschiedene Arten mythischer, literarischer und symbolhafter Welten. Die Ethnologie ist m.E. darauf angewiesen, über ihre klassische Methode der teilnehmenden Beobachtung hinaus weitere, textanalytische Methoden fortzuentwickeln und sich stärker an die Erforschung mündlich überlieferter Literatur zu machen, wenn sie der geistigen Kultur der von ihr untersuchten Gesellschaften besser gerecht werden will als bisher.

BIBLIOGRAPHIE

Aarne, A. and S. Thompson
1964 The Types of the Folktales. A Classification and Bibliography. FF Communications No. 184. Helsinki.

Abrahamsson, H.
1951 The Origin of Death. Studies in African Mythology. Uppsala. Almquist & Wiksells.

Abu-Lugnod, L.
1986 Veiled Sentiments: Honor and Poetry in a Bedouin Society. Berkeley. University of California Press.

Agalic, J.
1978 Story-Telling among the Bulsa of Northern Ghana. *Zeitschrift für Ethnologie* 103, 2: 261–278. Berlin.

Agovi, K.E.
1992 Many Wives, many Powers in Africa? *Passages. A Chronicle of the Humanities* 3: 13–14.

Ardener, S.
1975 Perceiving Women. London. Malaby Press.
1978 Defining Females: The Nature of Women in Society. London. Croom Helm.
1984 Gender Orientation in Analysis. In: R.F. Ellen. (Hrg.): Ethnographic Research. London. Academic Press.

Bâ, A.H. et G. Dieterlen
1961 Koumen. Texte initiatique des pasteurs peul. Paris. Mouton.

Bamony, P.
1984 Equilibre social et pouvoirs chez les Lyela de la Haute Volta. *Anthropos* 79: 433–440. Fribourg.

Barber, K.
1984 Yoruba Oriki and Deconstructive Criticism. *Research in African Literatures* 15, 1: 495–518.
1991 I Could Speak Until Tomorrow. Oriki, Women and the Past in a Yoruba Town. Edinburgh. Edinburgh University Press.

Barral, H.
1968 Tiogo, village de Haute Volta. Etude géographique d'un territoire léla. Atlas des structures agraires au sud du Sahara II. Paris. La Haye. Mouton.

Bascom, W.R.
1965 The Forms of Folklore Prose Narratives. *Journal of American Folklore* 78: 3–20.
1972 African Dilemma Tales. An Introduction. In: R. M. Dorson (Hrg.): African Folklore: 143–155. Bloomington und London. Indiana University Press.

Baumann, H.
1928 The Division of Work according to Sex in African Hoe Cultures. *Africa* 1, 3: 289–319. London.
1936 = 1964 Schöpfung und Urzeit des Menschen im Mythos der afrikanischen Völker. Berlin. Reimer.
1959 Mythos in ethnologischer Sicht. *Studium Generale* 12, 1: 1–17. Berlin. Springer.

Beattie, J.M.
1964 Other Cultures. London. Cohen and West.
1980 On Understanding Sacrifice. In: M. Fortes und M.F.C. Bourdillon (Hrg.): Sacrifice. London. Academic Press.

Beidelman, T.O.
1964 Ten Kaguru Texts. Tales of an East African Bantu People. *Journal of African Languages* 3/1, 1–37. London.
1972 Approaches to the Study of African Oral Literature. *Africa* 42, 140–147. London.
1972 The Filth of Incest: A Text and Comment on Kaguru Notions of Sexuality, Alimentation and Aggression. *Cahiers d'Etudes Africaines,* 12: 164–172. Paris.
1974 Kaguru Texts: The Ambiguity of the Hare in Kaguru Folklore. *Baessler Archiv* 22: 247–263. Berlin.
1975 Ambiguous Animals: Two Theriomorphic Metaphors in Kaguru Folklore. *Africa* 45, 2: 183–200. London.
1986 Moral Imagination in Kaguru Modes of Thought. Bloomington. Indiana University Press.

Berry, J.
1961 Spoken Art in West Africa. London. Oxford University Press.

Bettelheim, B.
1985 Kinder brauchen Märchen. München. Deutscher Taschenbuchverlag. Frz. "Psychanalyse des contes de fées" 1975.

Bidney, D.
1955 Myth, Symbolism and Truth. *Journal of American Folklore* 68: 379–392. Philadelphia.

Biebuyck, B.
1984 Many Faces of E.R.A. 246 "Langage et Cultures en Afrique de l'Ouest". *Research in African Literatures* 15: 262–288. Austin/Texas.

Boas, F.
1916   Tsimshian Mythology. Bureau of American Ethnology. Annual Report No 31. Washington.
1935   Kwakiutl Culture as Reflected in Mythology. Memoirs of the American Folklore Society No 28. 190 S. New York.
1938   Mythology and Folklore. In: F. Boas (Hrg.): General Anthropology. Washington. Heath and Co.

Bon, G. und J.F. Nicolas
1953   Grammaire L'Elé, Glossaire L'Elé-Français. Dakar. I.F.A.N.

Bonnet, D.
1982   Le proverbe chez les Mossi du Yatenga Haute-Volta. Paris. S.E.L.A.F.
1982   Proverbes et contes mossi. Paris. edicef.
1988   Corps biologique, corps social. Procréation et maladies d'enfants en pays mossi, Burkina Faso. Paris. O.R.S.T.O.M.

Bonvini, E.
1988   Anthroponymes et zoonymes comme négation de l'évènement. In: W. Möhlig et al. (Hrg.): La littérature orale en Afrique comme source pour la découverte des cultures traditionnelles. 215–225. Berlin. Reimer.

Bremond, C.
1968   Spécificité du thème africain de l'impossible restitution. *Cahiers d'Etudes Africaines* 8, 2: 201–205.
1975   Principe d'un index des ruses. *Cahiers d'Etudes Africaines* 15, 4: 601–618.
1977   The clandestine Ox: The transformations of an African tale. *Poétique, revue de théorie et d'analyse littéraires* 30: 393–410.

Brüggemann, A.
1986   Amagdala und Akawuruk. Das Zwillingsmotiv in westafrikanischen Erzählungen der Bulsa, Mossi und Bambara. Kulturanthropologische Studien Bd. 13, hrg. von R. Schott und G. Wiegelmann. Hohenschäftlarn. Renner.

Brüggemann, W.
1993   Das Leben eines Diebes ist nicht einmal eine Erdnuß wert. Wie die Lyela von Burkina Faso ihre Felder und Gärten gegen Diebstahl schützen. In: W. Krawietz, L. Pospisil, S. Steinbrich (Hrg.), Sprache, Symbole und Symbolverwendung in Ethnologie, Kulturanthropologie, Religion und Recht. Berlin. Duncker und Humblot.

Bruyer, A.
1987   Que font en brousse les enfants du mort? Morphologie et rituels chez les Moosi. Paris.

Calame-Griaule, G.
1954   Esotérisme et Fabulation au Soudan. *Bulletin I.F.A.N.* 16, 3–4, 307–321.
1965   Ethnologie et Langage. La parole chez les Dogon. Paris. Gallimard.
1969   L'arbre au trésor. In: G. Calame-Griaule (Hrg.): Le thème de l'arbre dans les contes africains. Paris. S.E.L.A.F.
1970   Pour une étude ethnolinguistique des littératures orales africaines. *Langages* 18: 21–47.

1972	Une affaire de famille. Réflexions sur quelques thèmes de "cannibalisme" dans les contes africains. *Nouvelle Revue de Psychanalyse* 6: 171–202. Paris.
1976	La calebasse brisée. Etude du thème initiatique dans quelques versions africaines des "Deux Filles". *Cahiers de Littérature Orale* 1: 23–66. Paris.
1977a	De l'huile au miel. *Recherche, pédagogie et Culture* 29/30: 9–13. Paris.
1980	L'arbre et l'imaginaire. *Cahiers O.R.S.T.O.M série sc.h.* 17, 3–4: 315–320. Paris.
1982	Ce qui donne du goût aux contes. *Littérature* 45: 45–60. Paris.
1986	Words and the Dogon World. Philadelphia. Institute for the Study of Human Issues.
1987	Des cauris au marché. Essais sur des contes africains. Paris. Société des Africanistes.
1993	La nasalité et la mort. In: N. Revel und D. Rey-Hulman (Hrg.): Pour une anthropologie des voix. Paris. L'Harmattan.
1994	Mohamed Ag Agar ou Oedipe au Sahel. In: V. Görög-Karady (Hrg.): Le mariage dans les contes africains. Etudes et anthologie. Paris. Karthala.

Calame-Griaule, G. und V. Görög-Karady
1972   La calebasse et le fouet: Le thème des objets magiques an Afrique Occidentale. *Cahiers d'Etudes Africaines* 12, 1: 12–75.

Calame-Griaule, G. und P.F. Lacroix
1970   La mère vendue. Essai d'analyse d'un thème de conte africain. In: J. Pouillon und P. Maranda (Hrg.): Echange et communications. Paris, The Hague. Mouton.

Calame-Griaule, G. (Hrg.)
1969–1974 Le thème de l'arbre dans les contes africains. 3 vols. Paris S.E.L.A.F.
1977   Langage et cultures africaines. Essais d'ethnoliguistique. Paris. Maspéro.

Calame-Griaule, G., V. Görög-Karady, M. Chiche (Hrg.)
1985   Le conte, pourquoi, comment? Paris. Editions du C.N.R.S.

Canu, G.
1969   Contes mossi actuels. Etude ethno-linguistique. Dakar. I.F.A.N.
1975   Contes du sahel. Les récits de la calebasse de bière de mil. Paris. Fleuve et Flamme.

Capron, J.
1976   La place du miel dans le système de représentation bwa. *Notes et documents voltaiques* 10: 10–24. Ouagadougou.

Casajus, D.
1983   Autour du rituel de la nomination chez les Touaregs Kel Ferwan. In: V. Görög-Karady (Hrg.): Genres, Forms, Meanings. Essays in Oral Literature. *Journal of the Anthropological Society of Oxford.* JASO. 13, 1.

Chevrier, J.
1986   L'arbre à palabres. Essai sur les contes et récits traditionnels d'Afrique Noire. Paris. Hatier.

Clignet, R.
1970   Many Wives, many Powers. Authority and Power in Polygynous Families. Evanston. Northwestern University Press.

Cosentino, D.
1982   Defiant Maids and Stubborn Farmers. Tradition and Invention in Mende Story Performance. Cambridge. Cambridge University Press.

De Heusch, L.
1987   Ecrits sur la royauté sacrée. Bruxelles. Université de Bruxelles.

Derive, J.
1975   Collecte et traduction des littératures orales: un exemple négro-africain. Les contes ngbaka-ma'bo de la République Centrafricaine. Paris. S.E.L.A.F.

Dieterlen, G.
1950   Essai sur la religion bambara. Paris. Presses Universitaires de France.

Dinslage, S.
1986   Kinder der Lyela. Kindheit und Jugend im kulturellen Wandel bei den Lyela in Burkina Faso. Kulturanthropologische Studien Bd. 12, hrg. von R. Schott und G. Wiegelmann. Hohenschäftlarn. Renner.

Dinslage, S. und S. Steinbrich
1993   Ethnologische Symbolanalyse am Beispiel der Namengebung in Westafrika. In: W. Krawietz, L. Pospisil, S. Steinbrich (Hrg.), Sprache, Symbole und Symbolverwendung in Ethnologie, Kulturanthropologie, Religion und Recht. S. 13–49. Berlin. Duncker und Humblot.

Dittmer, K.
1961   Die sakralen Häuptlinge der Gurunsi im Obervolta-Gebiet. Hamburg. Cram & de Gruyter.
1979   Die Obervolta-Provinz. In: H. Baumann (Hrg.): Die Völker Afrikas und ihre traditionellen Kulturen II: 495–542. Wiesbaden. Steiner.

Dorson, R.M.
1972   Africa and the Folklorist. In: R.M Dorson (Hrg.): African Folklore. New York. Anchor Books.

Douglas, M.
1970   Natural Symbols. Explorations in Cosmology. New York. Penguin. Dtsch. 1974 Ritual, Tabu und Körpersymbolik. Frankfurt. Fischer.
1975   Implicit Meanings. London. Routledge & Kegan.

Dundes, A.
1962   Earth-Diver: Creation of the Mythopoeic Male. *American Anthropologist* 64: 1033–1051. Washington.
1964   Texture, Text and Context. *Southern Folklore Quarterly* 28: 251–265.
1971   The Making and Breaking of Friendship as a Structural Frame in African Folktales. In: P. Maranda und E. Köngäs-Maranda (Hrg.): Structural analysis of Oral Tradition. Philadelphia. University of Pennsylvania Press.

1985 The Symbolic Equivalence of Allomotifs. Towards a Method of Analyzing Folktales. In: G. Calame-Griaule et al. (Hrg.): Le conte. Pourquoi? Comment? Paris. Editions du C.N.R.S.

Duperray, A.
1984 Les Gourounsi de Haute Volta. Conquête et Colonisation 1896–1933. Wiesbaden. Steiner.

Duval, M.
1985 Un totalitarisme sans état. Essai d'anthropologie politique à partir d'un village burkinabé. Paris. L'Harmattan.

Eliade, M.
1963 = 1988 Mythos und Wirklichkeit. Frankfurt. Insel.

Equilbecq, F.V.
1972 Contes populaires d'Afrique Occidentale précédés d'un essai sur la littérature merveilleuse des Noirs. Paris. Maisonneuve & Larose.

Equipe de Recherche "Langage et Culture en Afrique de l'Ouest". U.R.A. 1024, (Hrg.):
1989 Graines de Parole. Puissance du verbe et traditions orales. Textes offerts à G. Calame-Griaule. Paris. Editions du CNRS.

Fahrenhorst, B.
1988 Der Versuch einer integrierten Umweltpolitik. Das Entwicklungsmodell Burkina Fasos unter Sankara. Hamburg. Institut für Afrika-Kunde.

Ferry, M.P.
1983 Les dits de la nuit. Contes tenda Sénégal Oriental. Paris. Karthala.

Fiedermutz-Laun, A.
1983 Architekturforschung in Obervolta und ihre ethnologische Aussage. *Paideuma* 29: 141–220.

Finnegan, R.
1967 Limba Stories and Storytelling. Oxford. Clarendon Press.
1970 Oral Literature in Africa. London. Oxford University Press.
1976 = 1992 Oral Poetry, its Nature, Significance and Social Context. Bloomington. Indiana University Press.

Firth, R.
1973 Symbols. Public and Private. London. George Allen and Unwin.

Fischer, J.L.
1963 The Sociopsychological Analysis of Folktales. *Current Anthropology* 4, 3: 235–295.

Förster, T.
1985 Divination bei den Kafibele-Senufo. Zur Aushandlung und Bewältigung von Alltagskonflikten. Berlin. Reimer.

Fortes, M.
1940	The Political System of the Tallensi. In: M. Fortes und E.E. Evans-Pritchard (Hrg.): African Political Systems. London. Oxford University Press.
1945	The Dynamics of Clanship among the Tallensi, Being the First Part of an Analysis of the Social Structure of a Trans-Volta Tribe. London. Oxford University Press.
1949	The Web of Kinship among the Tallensi. London. Oxford University Press.
1959	Oedipus and Job in West African Religion. Cambridge. Cambridge University Press.
1961	Pietas in Ancestor Worship. *Journal of the Royal Anthropological Institute* 91: 166–191.
1962	Ritual and Office in Tribal Society. In: M. Gluckman (Hrg.): Essays on the Ritual of Social Relations. Manchester. Manchester University Press.
1970	Time and Social Structure and other Essays. London. Athlone Press.
1970	Education in Taleland. In: J. Middleton (Hrg.): From Child to Adult. Studies in the Anthropology of Education. New York. Natural History Press.
1974 = 1987	The First Born. In: J. Goody (Hrg.): Religion, Morality and the Person. Essays on Tallensi religion. Cambridge. Cambridge University Press.

Fortes, M. und G. Dieterlen (Hrg.)
1965	African Systems of Thought. Oxford. Oxford University Press.

Frobenius, L.
1922	Erzählungen aus dem Westsudan. Atlantis. Volksmärchen und Volksdichtungen Afrikas VIII. Jena. Diederichs.
1928	Dichtkunst der Kassaiden. Atlantis. Volksmärchen und Volksdichtungen Afrikas XIII. Jena. Diederichs.

Froelich, J.C.
1954	La tribu Konkomba du Nord-Togo. Dakar. I.F.A.N.

Ganay, S. de
1941	Les devises des Dogons. Paris. Institut d'Ethnologie.

Geider, T.
1990	Die Figur des Oger in der traditionellen Literatur und Lebenswelt der Pokomo in Ost-Kenya. Köln. Köppe.

Gessain, M. und T. Kinzler
1975	Miel et insectes à miel chez les Bassari et d'autres populations du Senegal oriental. In: L'homme et l'animal. Premier colloque d'ethnozoologie. Paris. 247–254.

Goody, E. N.
1975	Delegation of Parental roles in West African and the West Indies. In: J. Goody (Hrg.): Changing Social Structure in Ghana. London.

Goody, J.
1958 = 1966	The Developmental Cycle in Domestic Groups. Cambridge. Cambridge University Press.
1959	The Mother's Brother and the Sister's Son in West Africa. In: *Journal of the Royal Anthropological Institute* 59: 61–88. London.

1962	Death, Property and the Ancestors. A Study of the Mortuary Customs of the LoDagaa of West Africa. Stanford. Stanford University Press.
1956 = 1967	The Social Organization of the Lowilii. London. Oxford University Press.
1972	The Myth of the Bagre. Oxford. Clarendon Press.
1982	Cooking, Cuisine and Class. Cambridge. Cambdridge University Press.

Görög-Karady, V.
1970	L'arbre justicier. In: G. Calame-Griaule (Hrg.): Le thème de l'arbre dans les contes africains II: 23–62. Paris. S.E.L.A.F.
1979	Contes Bambara du Mali. Paris. Publications Orientalistes de France.
1983	Conte et identité sociale. A propos de trois récits bambara. *Cahiers de Littérature Orale* 14: 151–172.
1985	Conte et mariage: A propos de quelques récits Bambara-Malinké. *Research in African Literatures* 16: 349–369.
1981	Littérature orale d'Afrique Noire. Bibliographie analytique. Paris. Maisonneuve et Larose.
1992	Bibliographie annotée de littérature orale africaine. Paris. Conseil International de la Langue Française.
1995	Tales and Ideology. The revolt of sons in Bambara-Malinke tales. In: G. Furniss und E. Gunner (Hrg.): Power, Marginality and Oral Literature. Cambridge. Cambridge University Press.

Görög-Karady, V. (Hrg.)
1984	Genres, Forms, meanings. Essays in oral Literature. Paris. Maison des Sciences de l'Homme.
1990	D'un conte à l'autre. La variabilité dans la littérature orale. Paris. C.N.R.S.

Görög, V. (Hrg.)
1994	Le mariage dans les contes africains. Etudes et anthologie. Paris. Karthala.

Görög, V., S. Platiel, D. Rey-Hulman, C. Seydou (Hrg.)
1980	Histoires d'Enfants Terribles. Afrique Noire. Paris. Maisonneuve et Larose.

Griaule, M.
o.J.	Dieu d'Eau. Entretiens avec Ogotemmeli. Paris. Editions du Chêne.

Griaule, M. und G. Dieterlen
1965	Le renard pâle. Paris. Institut d'Ethnologie.

Grindal, B.T.
1973	The Sisala Trickster Tale. *Journal of American Folklore* 86, 340: 173–175.

Guillot, R.
1933	Contes d'Afrique. *Bulletin de l'Enseignement de A.O.F.*, numéro spéciale: 1–94. Dakar.

Haaf, E.
1967	Die Kusase. Eine medizinisch-ethnologische Studie über einen Stamm in Nordghana. Stuttgart. Fischer.

Hallpike, C.R.
1969	Social Hair. *Man* 4, 2: 256–264.

Hammond-Tooke
1977 Lévi-Strauss in a Garden of Millet: The Structural Analysis of a Zulu Folk-Tale. *Man* 12: 76–86.
1992 Twins, Incest and Mediators: The Structure of Four Zulu Folktales. *Africa* 62, 2: 203–220.

Haring, L.
1972 A Characteristic African Folktale Pattern. In: R.M. Dorson (Hrg.): African Folklore. New York. Anchor Books.
1982 Malagasy Tale Index. Helsinki. Academia Scientiarum Fennica.

Hemmings-Gapihan, G.
1982 International Development and the Evolution of Women's Economic Roles. A Study from Northern Gulma, Uppervolta. In: E.G. Bay (Hrg.): Women and Work in Africa. Boulder, Colorado. Westview Press.

Herskovits, M.& F.
1958 Sibling Rivalry, the Oedipus Complex, and Myth. *Journal of American Folklore* 71, 279: 1–15.
1958 Dahomean Narrative. A Crosscultural Analysis. Evanston. Northwestern University Press.

Hirschberg, W.
1988 Frosch und Kröte in Mythos und Brauch. Wien. Böhlau.

Hochegger, H.
1977 La polygymie dans les mythes Sakata. Badundu. Publications du Centre d'Etudes Ethnologiques.

Houis, M.
1963 Le nom individuel chez les Mosi. Dakar. I.F.A.N.

Izard, M.
1979 Transgression, transversalité, errance. In: M. Izard und P. Smith (Hrg.): La fonction symbolique. Paris. Gallimard.

Jackson, M.
1979 Prevented Successions: A commentary upon a Kuranko Narrative. In: R.H. Hook (Hrg.): Fantasy and Symbol. Studies in Anthropological Interpretation. London. Academic Press.
1982 Allegories of the Wilderness. Ethics and Ambiguity in Kuranko Narratives. Bloomington & London. Indiana University Press.

Jensen, J.
1988 Wirtschaftsethnologie. In: H. Fischer (Hrg.): Ethnologie. Berlin. Reimer.

Jones, A.
1990 Kolonialherrschaft und Geschichtsbewußtsein. *Historische Zeitschrift* 250: 72–92.

Jungraithmayr, H.
1981 Märchen aus dem Tschad. Düsseldorf. Diederichs.

Junod, H.
1912–1913 The Life of a South African Tribe. Neuchâtel.

Köhler, O.
1975 Geschichte und Probleme der Gliederung der Sprachen Afrikas. In: H. Baumann (Hrg.): Die Völker Afrikas und ihre traditionellen Kulturen I: 135–373. Wiesbaden. Steiner.

Kosack, G.
1991 Gibua – du wirst sterben. Ethnosoziologische Deutung einer Mafa-Geschichte (Nord-Kamerun). *Paideuma* 37: 73–91.

Kramer, F. und Sigrist, C. (Hrg.)
1978 Gesellschaften ohne Staat. Bd. 1. Gleichheit und Gegenseitigkeit. Frankfurt. Syndikat.

Kröger, F.
1978 Übergangsriten im Wandel. Kindheit, Reife und Heirat bei den Bulsa in Nordghana. Kulturanthropologische Studien 1, hrg. von R. Schott und G. Wiegelmann. Hohenschäftlarn. Renner.

Krüger-Kahloula, A.
1983 The Sad Fate of Mr. Fox in the Cow's Belly: Stability and Transformation in an Afro-Amercian Folktale. *Cahiers de Littérature Orale* 14: 97–125. Paris.

Kuper, A.
1987 South Africa and the Anthropologist. London. Routledge and Kegan.

Labouret, H.
1931 Les tribus du rameau Lobi. Paris. Institut d'Ethnologie.
1952 La langue des Peuls ou Foulbe. Dakar. I.F.A.N.
1958 Nouvelles notes sur les tribus du rameau Lobi, leurs migrations, leur évolution, leurs parlers et ceux de leurs voisins. Dakar. I.F.A.N.

Lacoste-Dujardin, C.
1982 Le conte kabyle, étude ethnologique. Paris. Maspéro.

Lallemand, S.
1977 Une famille mossi. *Recherches Voltaiques 17*. Ouagadougou.
1978 Le bébé-ancêtre mossi. In: Systèmes de signes, textes réunis en hommage à Germaine Dieterlen. Paris. C.N.R.S.
1985 L'apprentissage de la sexualité dans les contes de l'Afrique de l'Ouest. Paris. L'Harmattan.

Le Moal, G.
1980 Les Bobo. Nature et Fonction des Masques. Paris. O.R.S.T.O.M.

Leach, E.R.
1958 Magical Hair. *Journal of the Royal Anthropological Institute*: 147–164. London.

Lebeuf, J.P.
1961 L'habitation des Fali, montagnards du Cameroun septentrional. Technologie, sociologie, mythologie, symbolisme. Paris. Hachette.

Lévi-Strauss, C.
1955 The Structural Study of Myth. *Journal of American Folklore* 68, 428–444. Austin. Texas.
1958/59 La geste d'Asdiwal. Annuaire de l'Ecole Pratique des Hautes Etudes, Section des Sciences Religieuses. Paris.
1962 La pensée sauvage. Paris. Plon.
1964 Mythologiques I. Le cru et le cuit. Paris. Plon.
1966 Mythologiques II. Du miel aux cendres. Paris. Plon.
1978 Myth and Meaning. London. Routledge and Kegan.
1987 Anthropology and Myth. Lectures 1951–1982. Oxford. Oxford University Press.

Lifchitz, D.
1940 La littérature orale chez les Dogons du Soudan français. *Africa* 13, 3: 235–249. London.

Lifchitz, D. und D. Paulme
1936 Les animaux dans le folklore dogon. *Revue du Folklore Français et de Folklore Colonial* 7, 6: 282–292. Paris.
1938 Devinettes et proverbes dogon (Soudan français). *Revue de Folklore français et de Folklore coloniale* 9, 3: 117–146. Paris.

Malinowski, B.
1971 (1926) Myth in Primitive Psychology. New York. University Press.

Manessy, G.
1979 Contribution à la classification généalogique des langues voltaiques. Paris. S.E.L.A.F.

Mauss, M.
1975 Soziologie und Anthropologie II. Hrg. von W. Lepenies und H. Ritter. München & Wien. Hauser.

Mbiti, J.
1966 Akamba Stories. Oxford. Clarendon Press.

McCaskie, T.C.
1983 Accumulation, Wealth and Belief in Asante History I: To the close of the 19th century. *Africa* 53, 1: 23–43. London.

Meier, P.
1981 Kunst und Religion der Lobi. Zürich. Museum Rietberg.

Meillassoux, C.
1978   Die wilden Früchte der Frau. Über häusliche Produktion und kapitalistische Wirtschaft. Frankfurt. Syndikat.

Meinhof, C.
1921   Afrikanische Märchen. Jena. Diederichs.

Nicolas, F.J.
1950   Les surnoms-devises des L'éla de la Haute Volta. A.O.F. *Anthropos* 45: 81–117.
1952a   Sept contes des L'éla de la Haute Volta. A.O.F. *Anthropos* 47, 1–2: 80–94.
1952b   Un texte des L'éla de la Haute Volta. A.O.F. *Afrika und Übersee* 36, 4: 163–172.
1952c   Mythes et êtres mythiques des L'éla de la Haute Volta. A.O.F. *Bulletin de l'I.F.A.N* 14, 4: 1353–1384.
1953a   Un conte à refrain chanté des L'éla de la Haute Volta. A.O.F. *Anthropos* 48, 1-2: 158–170.
1953b   Onomastique personnelle des L'éla de la Haute Volta. *Bulletin de l'I.F.A.N* 15, 2: 818–847.
1954   Enigmes des L'éla de la Haute Volta. A.O.F.. *Anthropos* 49, 5–6: 1013–1040.
1956   Les notions d'âme et de divinité en Afrique Occidentale. *Anthropos* 51: 551–594.

Nicolas, F.J. und G. Bon
1953   Glossaire L'élé-Français. Mémoires I.F.A.N 24. Dakar.

Nitschke, A.
1977   Soziale Ordnungen im Spiegel der Märchen. Band II. Stabile Verhaltensweisen der Völker in unserer Zeit. Stuttgart.

Okpewho, I.
1983   Myth in Africa. A Study of its Aesthetic and Cultural Relevance. Cambridge. Cambridge University Press.
1992   African Oral Literature. Backgrounds, Character and Continuity. Bloomington & London. Indiana University Press.

O'Laughlin, B.
1983   Mediation of Contradiction. Why Mbum Women Do not Eat Chicken. In: M.Z. Rosaldo und L. Lamphere (Hrg.): Woman, Culture and Society. Stanford. Stanford University Press.

Oosten, J.G.
1985   The War of the Gods. The Social Code in Indo-European Mythology. London. Routledge and Kegan.

Parin, P. und F. Morgenthaler
1963   Die Weissen denken zu viel. Psychoanalytische Untersuchungen bei den Dogon in Westafrika. Zürich. Atlantis.
1964   Ego and Orality in the Analysis of West Africans. In: W. Muensterberger und G. Axelrad (Hrg.): The Psychoanalytic Study of Society III: 197–202 New York. International University Press.

Parsons, A.
1964 Is the Oedipus Complex Universal? The Jones-Malinowski Debate Revisited and a South Italian "Nuclear Complex". In: W. Muensterberger und G. Axelrad (Hrg.): The Psychoanalytic Study of Society III: 278–328: New York. International University Press.

Pasquier, A.
1975 Interprétation symbolique d'un conte mossi. *Cahiers d'Etudes Africaines* 15, 4: 669–698: Paris.

Paulme, D.
1940 Organisation sociale des Dogon Soudan Français. Paris. Donat-Montchrestien.
1961 Littérature orale et comportements sociaux en Afrique Noire. *L'Homme* 1, 1: 37–49. Paris.
1967 Two Themes on the Origin of Death in West Africa. *Man* 21, 48–61.
1968 Sur trois textes africains bété, dogon, kikuyu. *Cahiers d'Etudes Africaines,* 8, 2: 190-200.
1971 Thème et variations: L'épreuve du "nom inconnu" dans les contes de l'Afrique Noire. *Cahiers d'Etudes Africaines* 11, 2: 189–205. Paris.
1972 Morphologie du conte africain. *Cahiers d'Etudes Africaines* 12, 1: 131–163.
1975 Hyène, monture de Lièvre: vingt versions d'un conte africain. *Cahiers d'Etudes Africaines* 15, 4: 619–633.
1976 La mère dévorante. Essai sur la morphologie des contes africains. Paris. Gallimard.
1984a Qui mangera l'autre? Le thème du "Conjoint Animal" dans les contes d'Afrique noire. *Cahiers d'Etudes Africaines* 24, 2: 205–234. Paris.
1984b La Statue du Commandeur. Essais d'ethnologie. Paris. Le Sycomore.

Paulme, D. und C. Seydou
1972 Le conte des "alliés animaux" dans l'Ouest Africain. *Cahiers d'Etudes Africaines* 12, 1: 76–108.

Pecquet, L.
1993 Permanence et moralité dans l'habitat Lela (Burkina Faso). Papers of the 7th International Conference on the Study and Conservation of Earthen Architecture. Lissabon.
1996 La matière première de construction des maisons lyela (Burkina Faso) comme puissance. *Cahiers du Reseau, Architecture, Anteropologie* 1: 41–70. Paris.

Pelton, R. D.
1980 The Trickster in West Africa. A Study of Mythic Irony and Sacred Delight. Berkeley. University of California Press.

Père, M.
1988 Les Lobi. Tradition et changement. Paris. Laval Cedex.

Platiel, S.
1974 L'univers végétal dans les contes samo. In: G. Calame-Griaule (Hrg.): Le thème de l'arbre dans les contes III: 39–63. Paris. S.E.L.A.F.
1980 Les contes de l'enfant terrible dans la littérature orale San. In: G. Calame-Griaule et al. (Hrg.): Histoires d'enfants terribles Afrique noire. Paris. Maisonneuve et Larose.
1983 Des Animaux et des Hommes. Contes Sanan de Haute-Volta. Paris. Nubia.
1984 La fille volage et autres contes du pays san. Paris. Colin.

Ponton, G.J.
1933 Les Gourounsi du groupe voltaique. *Outre mer, revue générale de colonisation* 5: 80–126.

Radcliffe-Brown, A.R. und D. Forde
1950 African Systems of Kinship and Marriage. London. Oxford University Press.

Rattray, R.S.
1913 Hausa Folk-lore, Customs, Proverbs etc. I. Oxford. Clarendon Press.

Röhrich, L.
1974 Märchen und Wirklichkeit. Wiesbaden. Steiner.
1984 Erotik-Sexualität. Enzyklopädie des Märchens. Handbuch zur historischen und vergleichenden Märchenforschung. Berlin. Walter de Gruyter & Co.
1985 Die Moral des Unmoralischen. Zwischen Schwank und Exempel. Rheinisches Jahrbuch für Volkskunde 26: 209–220. Bonn.

Rose, H.J.
1955 Griechische Mythologie. München. Beck.

Roulon, P.
1988 Monde imaginaire et réalité quotidienne. L'exemple de la cuisine dans les contes gbáyá bòdoè Centrafrique. In: W. Möhlig et al. (Hrg.): La littérature orale en Afrique comme source pour la découverte des cultures traditionnelles. Berlin. Reimer.

Sandor, J.
1967 Dramaturgy of tale-telling. *Acta ethnographica Academiae scientarum hungaricae* XVI, 3–4: 304–338. Budapest.

Sapir, D.
1976 The fabricated child. *Poetics. International Review for the Theory of Literature 5:* 157–184. Amsterdam.

Saul, M.
1983 Work Parties, Wages, and Accumulation in a Voltaic Village. American Ethnologist 10. 1: 77–97.

Scheub, H.
1975 The Xhosa Ntsomi. New York. Clarendon Press.
1977 Body and Image in Oral Narrative Performance. *New Literary History* VII, 3: 345–368.

Scheub, H. und N.M. Zenani
1992   The World and the Word. Tales and Observations from the Xhosa Oral Tradition. Wisconsin. University of Wisconsin Press.

Schmidt, S.
1991   Aschenputtel und Eulenspiegel in Afrika. Entlehntes Erzählgut der Nama und Damara in Namibia. Köln. Köppe.
1994   Zaubermärchen aus Afrika. Erzählungen der Damara und Nama. Köln. Köppe.

Schott, R.
1970   Aus Leben und Dichtung eines westafrikanischen Bauernvolkes. Ergebnisse völkerkundlicher Forschungen bei den Bulsa in Nord-Ghana 1966/67. Köln, Opladen. Westdeutscher Verlag.
1973   Haus- und Wildtiere in der Religion der Bulsa Nordghana. *Paideuma* 19/20: 280–305. Frankfurt.
1973   Kisuk-Tiere der Bulsa – Zur Frage des „Totemismus" in Nordghana. In: K. Tauchmann (Hrg.): Festschrift zum 65. Geburtstag von Helmut Petri. 439–459. Köln. Böhlau.
1978   Das Recht gegen das Gesetz: Traditionelle Vorstellungen und moderne Rechtsprechung bei den Bulsa in Nordghana. In: F. Kaulbach und W. Krawietz (Hrg.) Recht und Gesellschaft. Festschrift für Helmut Schelsky. 605–636. Duncker und Humblot.
1982   Der gegessene Gott – Mensch und Kosmos in afrikanischen Weltbildern. In: H. Seebass (Hrg.): Die Entdeckung des Kosmos durch den Menschen. 89–135. Münster. Westfälische Wilhelms-Universität.
1986   Fetische Gur-sprachiger Völker Tallensi, Bulsa, Lyela in der westafrikanischen Savanne. In J.F. Thiel (Hrg.): Was sind Fetische? Roter Faden zur Ausstellung 171–230. Frankfurt. Museum für Völkerkunde.
1988   Eidos und Ethos – über einige Fragen der ethnographischen Inhaltsanalyse afrikanischer Erzählungen. Festschrift Laszló Vajda. 205–217. München.
1988   Les histoires d'enfants terribles chez les Bulsa du Ghana du Nord et les Mossi Burkina Faso comme sources ethnographiques. S. 125–138. In: W. Möhlig et al. (Hrg.): La littérature orale en Afrique comme source pour la découverte des cultures traditionnelles. Berlin. Reimer.
1989   Bericht über laufende Forschungen zur Motivanalyse afrikanischer Erzählungen im Seminar für Völkerkunde der Universität Münster. *Fabula, Zeitschrift für Erzählforschung* 30, 1/2: 83–95. Göttingen.
1989   Gott in Erzählungen der Bulsa. *Paideuma* 35: 257–272. Frankfurt.
1990   Afrikanische Erzählungen als religionsethnologische Quellen – dargestellt am Beispiel der Bulsa in Nordghana. Köln & Opladen. Westdeutscher Verlag.
1990   Das Gesetz gegen die Religion? Recht und Religion im sozialen Wandel-dargestellt an Beispielen aus Westafrika. In: L. Hagemann und E. Pulsfort (Hrg.): Ihr alle aber seid Brüder. Festschrift für A.Th. Khoury. Würzburg. Echter.

Schweeger-Hefel, A.
1980   Masken und Mythen. Sozialstrukturen der Nyonyosi und Sikomse in Obervolta. Wien. Schendl.
1986   Kinkirsi, Boghoba, Saba. Das Weltbild der Nyonyosi in Burkina Faso. Wien. Schendl.

Schweeger-Hefel, A. und W. Staude
1972   Die Kurumba von Lurum. Monographie eines Volkes in Obervolta (Westafrika). Wien. Schendl.

Seydou, C.
1976   Contes et fables des veillées. Paris. Nubia.
1978   Contes de l'enfant de beurre. *Notre Librairie* 42/43: 53–75.
1984   La fille recluse. Papers of the 8th Congress for the International Society for Folk narrative research. Bergen. 181–201.
1990   La fille recluse, variations sur un thème. In: V. Görög (Hrg.): D'un conte...à l'autre. La variabilité dans la littérature orale. 503–522. Paris. CNRS.

Skinner, E.P.
1968   Intergenerational Conflict among the Mossi: Father and Son. In: P. Bohannan und J. Middleton (Hrg.): Marriage, Family and Residence. New York. The Natural History Press.
1989   The Mossi of Burkina Faso. Stanford. Illinois. Waveland Press.

Skinner, N.
1969   Hausa Tales and Traditions. An English Translation of Litafi tasuniyoyi na Hausa, originally compiled by Frank Edgar. 2 vols. London. Frank Cass.

Sperber, D.
1974   Rethinking Symbolism. Cambridge. Cambridge University Press.

St. John-Parsons, D.
1958   Legends of Northern Ghana. London.
1960   More Legends of Northern Ghana. London.

Stagl, J.
1988   Politikethnologie. In: H. Fischer (Hrg.): Ethnologie. Berlin. Reimer.

Stanek, M.
1982   Geschichten der Kopfjäger. Mythos und Kultur der Iatmul auf Papua-Neuguinea. Düsseldorf. Diederichs.

Steinbrich, S.
1982   Gazelle und Büffelkuh. Frauen in Erzählungen der Fulbe und Haussa. Kulturanthropologische Studien. Bd. 6, hrg. von R. Schott und G. Wiegelmann. Hohenschäftlarn. Renner.
1987   Frauen der Lyela. Die wirtschaftliche und soziale Lage der Frauen von Sanje (Burkina Faso). Kulturanthropologische Studien. Bd. 15. Hohenschäftlarn. Renner.
1988   Femmes dans les contes ouest-africains. Une variante lyela du conte de "L'enfant chez l'ogre" Burkina Faso. In: W. Möhlig et al. (Hrg.): Die Oralliteratur in Afrika als Quelle zur Erforschung der traditionellen Kulturen. S. 139–153. Berlin. Reimer.
1990   The Social and Legal Position of Lyela Women (Burkina Faso). *Journal of Legal Pluralism and Unofficial Law* 30/31: 139–164.
1990   „Sie wird Dir wegfliegen wie ein Perlhuhn, wenn Du nicht gut zu ihr bist". Traditionelle Strukturen und moderner Wandel in Frauenbeziehungen bei den Lyela von Burkina Faso. *Geschichte und Kulturen. Münstersche Zeit-*

	schrift zur Geschichte und Entwicklung der Dritten Welt II, hrg. von J. Bellers und H. Gründer. 1–31.
1993	Körpermetaphorik und soziale Übergänge in westafrikanischen Erzählungen. In: W. Möhlig et al. (Hrg.): *IX. Afrikanistentag. Beiträge zur afrikanischen Sprach- und Literaturwissenschaft.* Köln. Köppe. 285–302.
1995a	Images of Chiefs in Lyela Folktales. In: G. Furniss and E. Gunner (Hrg.): Power, Marginality and Oral Literature in Africa. Cambridge. Cambridge University Press.
1995b	Erzählungen und Mythen in Afrika. Abhandlungen der Nordrhein-Westfälischen Akademie der Wissenschaften 95: 51–78. Köln, Opladen. Westdeutscher Verlag.
im Druck	Divination in Westafrika. Mitteilungen aus dem Museum für Völkerkunde Hamburg.

Stephens, C.
1991   Marriage in the Hausa Tatsuniya Tradition: A Cultural and Cosmic Balance. In: C. Coles und B. Mack (Hrg.): Hausa women in the 20th century. Madison. University of Wisconsin Press.

Struck, B.
1909   Das Chamäleon in der afrikanischen Mythologie. *Globus* 96. 74–177. Braunschweig.

Tait, D.
1964   The Konkomba of Northern Ghana. London. Oxford University Press.

Tauxier, L.
1917   Le Noir du Yatenga. Mossis, Nioniossés, Samos, Yarsés, Silmi-Mossis, Peuls. Paris. Larose.

Taylor, F.W.
1929   Fulani-Hausa Readings in the Native Script. Oxford.

Tengan, E.
1991   The Land as Being and Cosmos. The Institution of the Earth Cult among the Sisala of Northwestern Ghana. Frankfurt etc. Lang.

Thiel, J.F.
1984   Religionsethnologie. Berlin. Reimer.

Thompson, S.
1961   Motif-Index of Folk-Literature. A Classification of Narrative Elements in Folktales, Ballads, Myths, Fables, Medieval Romances, Exempla, Fabliaux, Jest-Books and Local Legends. Bloomington and London. Indiana University Press.
1977   The Folktale. New York. Holt, Rinehart & Winston.

Tiendrebeogo, Y.
1963   Contes du Larhallé. Suivis d'un recueil de proverbes et de devises du pays Mossi. Rédigés et présentés par R. Pageard. Ouagadougou.

Tremearne, A.J.N.
1913	Hausa Superstitions and Customs. An Introduction to the Folklore and the Folk. London. Frank Cass.

Van Beek, W. und P. M. Banga
1992	The Dogon and their Trees. In E. Croll and D. Parkin (Hrg.): Bush Base: Forest Farm. Culture, Environment and Development. London. Routledge.

Verdier, R.
1982	Le pays Kabiyé, cité des dieux, cité des hommes. Paris. Karthala.

Westermann, D.
1936	The Cameleon and the Sun-God Lisa on the West African Coast. In: Custom is King, Essays presented to R.R. Marett. 143–153. London. Hutchinson's.

Yahaya. I.Y.
1973	Kishi-Feelings among Hausa Co-Wives. *Kano-Studies* 1: 83–87.

Zahan, D.
1969	Essai sur les mythes africains d'origine de la mort. *L'Homme* 9, 4: 41–50.
1970	Religion, spiritualité et pensée africaines. Paris. Payot.
	engl. 1979 The Religion, Spirituality and Thought of Traditional Africa. Chicago. Chicago University Press.

1974	The Bambara. Leiden. Brill.
1980	Antilopes du Soleil. Arts et Rites Agraires d'Afrique Noire. Wien. Schendl.

Zwernemann, J.
1958	Shall we use the word "Gurunsi"? *Africa* 28: 123–125. London.
1959	Der Widder und seine Verbindung zu Sonne und Gewitter in Afrika. *Anthropos* 34: 433–459. Fribourg.
1963	Zur Sozialordnung der Kassena von Pô (Obervolta). *Tribus* 12, 33–103.
1964	La querelle pour l'enfant pas encore né. Une légende historique des Gurunzi et ses parallèles. *Notes Africaines* 101: 26. Dakar.
1968	Die Erde in Vorstellungswelt und Kultpraktiken der sudanischen Völker. Berlin. Reimer.
1985	Erzählungen aus der westafrikanischen Savanne (Gurma, Moba, Kassena, Nuna). Wiesbaden. Steiner.

Unveröffentlichte Manuskripte

Bassonon, A.J.
1982   Approche de l'Alliance Matrimoniale chez les Lyela.

Bayili, E.
1983   Les populations Nord-Nuna (Haute Volta) des origines à 1920. Thèse de troisième cycle. Paris.

Liberski, D.
1991   Les Dieux du Territoire. Unité et morcellement de l'espace en pays Kasena (Burkina Faso). These de doctorat. Vième section. Paris.

Meier, B.
1988   Kikita in Erzählungen der Bulsa. Eine Untersuchung über Buschgeister und andere Phantasiegestalten.

N'Da, K.P.
1978   Le personnage de l'enfant dans les contes africains. Thèse de troisième cycle. Lille.

Scholand, A.
1972   Tötungs- und Speiseverbote in Bezug auf Tiere bei den Gur-Völkern Westafrikas. Magisterarbeit. Münster.

Stanford, R. und L.
1989   Glossaire Lyele-Français.

54 **A.B.C. Ocholla-Ayayo: The Luo Culture.** A Reconstruction of the Material Culture Patterns of a Traditional African Society. XV, 210 S. m. 75 Abb., kart. DM 76,– (64,60)
ISBN 3-515-02925-7

55 **Andreas Massing: The Economic Anthropology of the Kru (West Africa).** 1980. XIII, 281 S. m. 43 Abb. u. 19 Ktn, kart. DM 84,– (61,40) ISBN 3-5 15-03162-6

56 **Gordon D. Gibson, Thomas J. Larson, Cecilia R. McGurk: The Kavango Peoples.** 1981. VIII, 276 S. m. 3 Abb. u. 5 Tab., 15 Taf. m. 27 Abb., 1 Faltkte., kart. DM 64,– (54,40)
ISBN 3-515-03343-2

57 **Barbara Frank: Die Kulere.** Bauern in Mittelnigeria. 1981. XIV, 270 S. m. 2 Ktn, 56 Taf. m. 112 Abb., kart. DM 96,– (81,60) ISBN 3-515-03268-1

58 **Waltraud** und **Andreas Kronenberg: Die Bongo.** Bauern und Jäger im Südsudan. Mit einem Anhang von Georg Schweinfurth: Beschreibung der Bongo und Originalzeichnungen. 1981. XIV, 357 S. m. 150 Abb., 34 Taf., kart. DM 96,– (81,60) ISBN 3-515-03301-7

59 **Christoph Staewen** und **Friderun Schönberg: Ifa, das Wort der Götter.** Orakeltexte der Yoruba in Nigeria. 1981. XIV, 235 S., kart. DM 62,– (52,70) ISBN 3-515-03604-0

60a **Christraud Geary: Things of the Palace: A Catalogue of the Bamum Palace Museum in Foumban (Cameroon).** With Drawings by Gisela Wittner. 1983. XVI, 279 S. m. 24 Fotos, 153 Abb. u. 2 Ktn, 80 Taf. m. 124 Fotos, kart. (engl. Ausgabe) DM 94,– (79,90)
ISBN 3-515-02924-9

60b **Christraud Geary: « Les choses du palais »: Catalogue du Musée du Palais Bamoum à Foumban (Cameroun).** 1984. XVI, 299 S. m. 24 Fotos, 153 Abb. u. 2 Ktn, 80 Taf. m. 124 Fotos, kart. (édition française) DM 94,– (79,90) ISBN 3-515-03793-4

61 **Werner J. Lange: History of the Southern Gonga (Southwestern Ethiopia).** 1982. XVIII, 348 S. m. 26 Tab. u. 7 Ktn, 12 Taf. m. 36 Abb. kart. DM 98,– (83,30) ISBN 3-515-03399-8

62 **Y. Georges Madiéga: Contribution à l'histoire précoloniale du Gulma (Haute-Volta).** 1982. XII, 260 S. m. 11 Ktn, kart. DM 76,– (64,60) ISBN 3-515-03222-3

63 **Wolf Leslau: Gurage Folklore.** Ethiopian Proverbs, Beliefs, and Riddles. 1982. XIV, 327 S., kart. DM 152,– (121,60) ISBN 3-515-03513-3

64 **Karl Heinz Striedter: Felsbilder Nordafrikas und der Sahara.** Ein Verfahren zu ihrer systematischen Erfassung und Auswertung. 1983. VIII, 287 S. m. 19 Abb., zahlr. Tab., 2 Ktn, kart. DM 76,– (64,60) ISBN 3-515-03397-1

65 **Ulrich Braukämper: Die Kambata.** Gechichte und Gesellschaft eines südäthiopischen Bauernvolkes. 1983. XIV, 330 S., 9 Taf. u. 7 Ktn, kart. DM 108,– (86,40) ISBN 3-515-03747-0

66 **Adam Jones: German Sources for West African History, 1599–1669.** 1983. XII, 417 S. m. 4 Abb. u. 7 Kartenskizzen, kart. DM 96,– (81,60) ISBN 3-515-03728-4

67 **Peter Fuchs: Das Brot der Wüste.** Sozio-Ökonomie der Sahara-Kanuri von Fachi. 1983. XIV, 240 S. m. 26 Abb., 16 Taf. u. 7 Ktn, kart. DM 90,– (76,50) ISBN3-515-03764-0

68 **Adam Jones: From Slaves to Palm Kernels.** A History of the Galinhas Country (West Africa), 1730–1890. 1983. XVIII, 220 S. m. 29 Abb., 13 Taf., kart. DM 64,– (54,40)
ISBN 3-515-03878-7

69 **Roland Mischung: Religion und Wirklichkeitsvorstellungen in einem Karen-Dorf Nordwest-Thailands.** 1984. XIII, 362 S. m. 4 Ktn, 6 Digr., 3 Tab. u. 12 Taf. m. 24 Abb., kart. DM 96,– (81,60)
ISBN 3-515-03227-4

70 **Leo Frobenius: Mythes et contes populaires des riverains du Kasaï.** Traduction de l'allemand par Claude Murat. 1983. XII, 326 S., kart. DM 96,– (81,60) ISBN 3-515-03922-8

72 **Anne-Marie Duperray: Les Gourounsi de Haute-Volta.** Conquête et colonisation 1896–1933. 1984. XIV, 280 S. m. 26 Ktn, kart. DM 76,– (64,60) ISBN 3-515-04097-8

73 **Steven Kaplan: The Monastic Holy Man and the Christianization of Early Solomonic Ethiopia.** 1984. XIV, 150 S. m. 1 Skizze, kart. DM 54,– (45,90) ISBN 3-515-03934-1

74 **Renate Wente-Lukas: Handbook of Ethnic Units in Nigeria.** With the Assistance of Adam Jones. 1985. VIII, 466 S., kart. DM 144,– (115,20) ISBN 3-515-03624-5

75 **Beatrix Heintze: Fontes para a história de Angola do século XVII.** I. Memórias, relações e outros manuscritos da Colectânea Documental de Fernão de Sousa (1622–1635). Transcrição dos documentos em colaboração com Maria Adélia de Carvalho Mendes. 1985. XV, 419 S. m. 13 Abb. u. 17 Fotos, kart. DM 126,– (100,80) ISBN 3-515-04260-1

76 Jean-Pierre Warnier: **Echanges, développement et hiérarchies dans le Bamenda précolonial (Cameroun).** 1985. XIV, 323 S., 16 Ktn, 14 Abb., 1 Taf., kart. DM 78,– (66,40)
ISBN 3-535-04281-4

77 **Adam Jones: Brandenburg Sources for West African History 1680–1700.** 1985. XIV, 356 S. m. 7 Abb. u. 13 Taf., kart. DM 108,– (86,40)   ISBN 3-515-04315-2

78 **Peter Mark: A Cultural, Economic and Religious History of the Basse Casamance since 1500.** 1985. XII, 136 S. m. 6 Taf. u. 4 Ktn, kart. DM 54,– (46,90)   ISBN 3-515-04355-1

79 **Kidana Wald Kefle: Haymanota Abaw Qaddamt.** La foi des pères anciens. Enseignement de Mamher Kefla Giyorgis. Recueilli par son disciple Dasta Takla Wald. Avec une introduction sur la vie et l'œuvre de ces trois savants par Berhanou Abebbé. 1986. VII, 287 S., kart. DM 64,– (54,40)   ISBN 3-515-04168-0

80 **Leo Frobenius: Ethnographische Notizen aus den Jahren 1905 und 1906. I**: Völker am Kwilu und am unteren Kasai. Bearb. u. hrsgg. von **Hildegard Klein**. 1985. XXIV, 223 S. m. 555 Abb., 27 Fotos u. 3 Ktn, kart. DM 96,– (81,60)   ISBN 3-515-04271-7

81 Jürgen Zwernemann, Hrsg.: **Erzählungen aus der westafrikanischen Savanne (Gurma, Moba, Kassena, Nuna).** 1985. XII, 184 S. kart. DM 63,– (53,55)   ISBN 3-515-04218-0

82 **Christoph Staewen** und **Karl Heinz Striedter: Gonoa. Felsbilder aus Nord-Tibesti (Tschad).** 1987. 327 S. m. zahlr. Abb., 2 Ktn, 2 Tab. u. 20 Fototafeln m. 33 Fotos. kart. DM 80,– (66,–)   ISBN 3-515-04218-0

83 **Leo Frobenius: Peuples et sociétés traditionnelles du Nord-Cameroun.** Etudes de Leo Frobenius, traduites par Eldridge Mohammadou. 1987. 175 S. m. 13 Abb. kart. DM 48,- (40,80)   ISBN 3-515-04650-9

84 **Leo Frobenius: Ethnographische Notizen aus den Jahren 1905 und 1906. II**: Kuba. Leele, Nord-Kete. Bearb. u. hrsgg. von **Hildegard Klein**. 1987. XX, 232 S. m. 437 Abb. auf 168 Taf., 11 Fotos, 5 Ktn, kart. DM 78,– (66,40)   ISBN 3-515-04671-2

85 **Kurt Beck: Die Kawahla von Kordofan.** Ökologische und ökonomische Strategien arabischer Nomaden im Sudan. 1988. 421 S., 5 Ktn, kart. DM 96,– (81,60)ISBN 3-515-04921-5

86 **Dierk Lange: A Sudanic Chronicle: The Borno Expeditions of Idris Alauma (1564-1576).** According to the account of Ahmad b. Furtu. Arabic text, Engl. transl. commentary and geogr. gazetteer. 1987. 250 S. (68 S. arab.), 7 Abb. kart. DM 66, (56,10)   ISBN 3-515-04926-6

87 **Leo Frobenius: Ethnographische Notizen aus den Jahren 1905 und 1906. III**: Luluwa, Süd-Kete, Bena Mai, Pende, Cokwe. Bearb. u. hrsgg. von **Hildegard Klein**. 1988. XXI, 268 S. m. 500 Zeichn., 15 Fotos, 12 Ktn, kart. DM 98,– (83,30)   ISBN 3-515-04979-7

88 **Beatrix Heintze: Fontes para a história de Angola do século XVII. II.** Cartas e documentos oficiais da Colectânea Documental de Fernão de Sousa (1624–1635). Transcrição dos documentos em colaboração com Maria Adélia de Carvalho Mendes. 1988. XXIV, 431 S. m. 18 Abb., 12 Fotos, Kt. DM 130,– (104,–)   ISBN 3-515-04964-9

89 **Gerd Spittler: Dürren, Krieg und Hungerkrisen bei den Kel Ewey (1900–1985).** 1989. XIV, 199 S. m. 18 Tab., 20 Taf. m. 42 Fotos. kart. DM 58,– (49,30)   ISBN 3-515-04965-7

90 **Peter Fuchs: Fachi.** Sahara-Stadt der Kanuri. 1989. 405 S. m. 14 Abb., 82 Fotos u. 8. Tab., kart. DM 100,– (85,–)   ISBN 3-515-05003-5

91 **Bawuro Mubi Barkindo: Sultanate of Mandara to 1902.** History of the Evolution, Development and Collapse of a Central Sudanese Kingdom. 1989. 252 S., kart. DM. 74,– (63,90)
ISBN 3-515-04416-7

92 **Mamadou Diawara: La graine de la parole.** Dimension sociale et politique des traditions orales du royaume de Jaara (Mali du XVème au milieu du XIXème siècle). 1990. 189 S., kart. DM 48,– (40,80)   ISBN 3-515-05021-3

93 **Mathias G. Guenther: Bushman Folktales.** Oral Traditions of the Nharo of Botswana and the /Xam of the Cape. 1989. 166 S., kart. DM 48,– (40,80)   ISBN 3-515-05060-4

94 **Klaus Schneider: Handwerk und materialisierte Kultur der Lobi in Burkina Faso.** 1990. 409 S. m. 278 Abb., 5 Ktn, 32 Taf. m. 121 Fotos, 2 Diagr. kart. DM 90,– (76,50)
ISBN 3-515-05235-6

95 **Dorothee Gruner: Die Lehm-Moschee am Niger.** Dokumentation eines traditionellen Bautyps. 1990. 504 S. m. zahlr. Abb., 7 Tab., 16 Taf., 11 Ktn im Text sowie 116 Fotos, kart. DM 148,– (119,40)   ISBN 3-515-05357-3

96 **Jörg Adelberger: Vom Sultanat zur Republik: Veränderungen in der Sozialorganisation der Fur (Sudan).** 1990. 246 S., 11 Fig., 4 Ktn, 15 Tab., kart. DM 58,– (49,30)
ISBN 3-515-05512-6

97 **Leo Frobenius: Ethnographische Notizen aus den Jahren 1905 und 1906. IV**: Kanyok, Luba, Songye, Tetela, Songo Meno/Nkutu. Bearb. und hrsgg. von **Hildegard Klein**. 1990. XX, 224 S. m. 410 Zeichn., 4 Ktn, 13 Fotos auf 8 Taf., kart. DM 80,– (68,–)
ISBN 3-515-05383-2

98 **Gudrun Geis-Tronich: Materielle Kultur der Gulmance in Burkina Faso.** 1991. 522 S. m. 556 Abb., dav. 6 Farbtaf., kart. DM 128,– (108,80) ISBN 3-515-05729-3

99 **Adam Jones: Zur Quellenproblematik der Geschichte Westafrikas 1450–1900.** 1990. 229 S. u. 23 Taf. m. 40 Abb., kart. DM 64,– (54,40) ISBN 3-515-05418-1

100 **Eike Haberland: Hierarchie und Kaste.** Zur Geschichte und politischen Struktur der Dizi in Südwest-Äthiopien. 1993. IV, 320 S., 13 Taf. m. 25 Fotos. kart. DM 98,– (83,30)
ISBN 3-515-05592-4

101 **Friederike Kemink: Die Tegreñña-Frauen in Eritrea.** Eine Untersuchung der Kodizes des Gewohnheitsrechts 1890–1941. 1991. IX, 183 S., kart. DM 58,– (49,30) ISBN 3-515-05425-1

102 **Andreas Grüb: The Lotuho of the Southern Sudan.** An Ethnological Monograph. 1992. 194 S. kart. DM 64,– (54,40) ISBN 3-515-05452-9

103 **Ulrich Braukämper: Migration und ethnischer Wandel: Untersuchungen aus der östlichen Sudanzone.** 1992. 318 S., 14 Ktn, kart. DM 88,– (74,80) ISBN 3-515-05830-3

104 **Reidulf K. Molvaer (ed.): Prowess, Piety and Politics.** The Chronicle of *Abeto* Iaysu and Empress Zewditu of Ethiopia (1909–1930). Recorded by *Aleqa* Gebre-Igziabiher Elyas. Köln 1994. 596 S. mit 1 Tab. u. 1 s/w Foto, kart. DM 128,– (102,40) ISBN 3-927620-20-3

105 **Andrea Reikat: Handelsstoffe: Grundzüge des europäisch-westafrikanischen Handels vor der Industriellen Revolution am Beispiel der Textilien.** Köln 1997, 280 S., 7 Abb., kart. DM 48,– (40,80) ISBN 3-89645-200-2

106 **Sabine Steinbrich: Imagination und Realität in westafrikanischen Erzählungen.** Köln 1997. 361 S., 1 Kt., kart. ISBN 3-89645-201-0

107 **Till Förster: Zerrissene Entfaltung: Alltag, Ritual und künstlerische Ausdrucksformen im Norden der Côte d'Ivoire.** Köln 1997. 599 S., 82 s/w Fotos, 3 Ktn., 20 Graf., kart.
ISBN 3-89645-202-9

AFRIKA-ARCHIV
Herausgegeben von Beatrix Heintze

1 **Beatrix Heintze: Alfred Schachtzabels Reise nach Angola 1913–1914 und seine Sammlungen für das Museum für Völkerkunde in Berlin**: Rekonstruktion einer ethnographischen Quelle. Köln 1995. 378 S., 174 s/w Fotos, zahlr. Abb., 14 Ktn., kart. ISBN 3-927620-21-1

VARIA

Beatrix Heintze: Studien zur Geschichte Angolas im 16. und 17. Jahrhundert: Ein Lesebuch. Köln 1996. 327 S., 38 Abb., 10 Ktn., kart. ISBN 3-927620-96-3